Responsabilidade Objetiva e Subjetiva do Empregador em Face do Novo Código Civil

1ª edição — 2007
2ª edição — 2008
3ª edição — 2015

Enoque Ribeiro dos Santos

*Professor Associado da Faculdade de Direito da Universidade de São Paulo.
Desembargador do Trabalho do Tribunal Regional do Trabalho da 1ª Região.
Ex-Procurador do Trabalho do Ministério Público do Trabalho. Mestre pela Unesp.
Doutor e Livre-Docente em Direito do Trabalho pela Faculdade de Direito da USP.*

Responsabilidade Objetiva e Subjetiva do Empregador em Face do Novo Código Civil

**3ª edição
revisada e ampliada**

LTr®

EDITORA LTDA.

Rua Jaguaribe, 571
CEP 01224-001
São Paulo, SP — Brasil
Fone (11) 2167-1101
www.ltr.com.br
Setembro, 2015

Produção Gráfica e Editoração Eletrônica: R. P. TIEZZI
Projeto de Capa: FABIO GIGLIO
Impressão: PIMENTA GRÁFICA E EDITORA

Versão impressa — LTr 5283.7 — ISBN 978-85-361-8546-0
Versão digital — LTr 8805.8 — ISBN: 978-85-361-8608-5

Dados Internacionais de Catalogação na Publicação (CIP)
(Câmara Brasileira do Livro, SP, Brasil)

Santos, Enoque Ribeiro dos

Responsabilidade objetiva e subjetiva do empregador em face do novo Código Civil. — 3. ed. rev. e ampl. — São Paulo : LTr, 2015.

Bibliografia

1. Direito civil — Legislação — Brasil 2. Direito do trabalho — Brasil 3. Empregadores — Responsabilidade — Brasil 4. Responsabilidade (Direito) — Brasil 5. Risco — Administração I. Título.

15-06477 CDU-347.51:331.15(81)

Índice para catálogo sistemático:

1. Brasil : Empregadores : Responsabilidade objetiva e subjetiva : Direito do trabalho 347.51:331.15(81)

Ofereço essa humilde obra
a Maria José Seki, Michelle de Freitas dos Santos,
Evelyn Ribeiro dos Santos e Ellan Ribeiro dos Santos.

Ao Roquinho, com eterna saudades.

Sumário

Capítulo II
Teoria do Risco e da Responsabilidade Civil Aplicáveis ao Direito do Trabalho

Capítulo III
A Responsabilidade Objetiva e Subjetiva da Empresa na Prática do Direito do Trabalho (A posição dos Tribunais do Trabalho)

Notas do Autor à Terceira Edição

Novamente, tenho o enorme privilégio de agradecer aos amigos leitores a generosa recepção a este livro, que deu ensejo a terceira edição, ampliada e revisada, com os novos posicionamentos dos Tribunais do Trabalho e do Colendo Tribunal Superior do Trabalho.

Entre outros assuntos de relevância e interesse para o dia a dia do jurista que milita na área do Direito do Trabalho, foram feitas, ainda, as seguintes novas reflexões:

- Contratação temporária por ente da Administração Pública;
- Preterição em concurso público em decorrência de terceirização de serviços advocatícios e direito subjetivo à nomeação por empresa pública federal;
- Obrigatoriedade de motivação na dispensa de empresa pública ou sociedade de economia mista;
- Prazo prescricional no acidente de trabalho;
- O significado atual da responsabilidade objetiva;
- Teorias sobre o nexo causal na Justiça do Trabalho;
- Teoria da equivalência dos antecedentes causais;
- Teoria da causalidade adequada;
- Teoria do dano direto e imediato;
- Interrupção do nexo causal;
- A relativização ou mitigação do nexo causal na aferição da responsabilização objetiva.

Notas do Autor à Segunda Edição

Em primeiro plano, agradeço de coração aos leitores, pela gentil acolhida deste livro, proporcionando a publicação desta segunda edição, revisada e ampliada.

Nesta nova edição, merecem destaques, as seguintes inserções:

- Execução de bens particulares dos administradores de sociedade anônima;
- Natureza jurídica das ações afirmativas;
- O positivismo e o pós-positivismo;
- Alterações para obtenção do seguro acidente do trabalho;
- Possibilidade de quebra de sigilo bancário do empregador;
- Herdeiros postulando verbas trabalhistas do espólio ex-empregado (danos moral e material), envolvendo interesses de menor. Ausência de intimação do MPT. Consequências;
- Intervenção do MPT nas lides envolvendo menores;
- Trabalho escravo;
- Alcances da responsabilidade objetiva na visão do STF;
- Termo de conciliação do MPT com a União objetivando a substituição de terceirizados;
- Suspensão dos efeitos do art. 39 da CF/88, sobre contratação de servidores públicos;
- Dívida trabalhista dos correios e precatórios;

• Direito de greve do servidor público. Nova posição do STF;

• Improbidade administrativa de prefeitos na contratação de servidores públicos, sem concurso público;

• Prescrição dos direitos, difusos, coletivos e individuais homogêneos;

• Competência trabalhista para julgar lides envolvendo o meio ambiente do trabalho;

• Competência trabalhista ou civil para julgar lides envolvendo o trabalhador temporário.

Espero continuar contando com o apoio de sempre, no intuito de melhor servir os operadores do Direito.

São Paulo, julho de 2008.

Enoque Ribeiro dos Santos
enoque-ribeiro@uol.com.br

"E ao anjo da Igreja, que está em Filadélfia escreve:

Isto diz o que é santo,
O que é verdadeiro,
O que tem a chave de Davi;
O que abre e ninguém fecha;
E fecha e ninguém abre;
Eu sei as suas obras;
Eis que diante de ti pus uma porta aberta,
E ninguém a pode fechar;
Tendo pouca força;
Guardaste a minha palavra,
E não negaste o Meu nome".

(Apocalipse 3: 7)

Prefácio

Como é sabido, o principal objetivo do prefácio é apresentar ou justificar o texto de uma obra e, no presente caso, um trabalho científico, fruto de um estudo do jurista Enoque Ribeiro dos Santos a respeito de tormentoso tema do momento, intitulado pelo Autor como *Responsabilidade Objetiva e Subjetiva do Empregador em face do Novo Código Civil.*

Tivemos oportunidade de conhecê-lo quando, na senda do curso de pós-graduação *stricto sensu*, na Faculdade de Direito da Universidade de São Paulo, fomos honrados ao compor a Banca Examinadora seu Doutorado, então apresentada com o título "A problemática da negociação coletiva de trabalho frente ao fenômeno da descoletivização".

Na oportunidade em 2 de outubro de 2003, foi aprovado em razão de brilhante defesa de referida tese. Ali, vislumbrávamos o futuro de um especialista notoriamente vocacionado, quer para a docência, quer como pesquisador.

Hoje, no exato momento que elaboramos a apresentação de mais uma de suas obras, temos a constatação inegável de que, naquela oportunidade acertávamos: em tão exíguo espaço de tempo, tornou-se ele, por Concurso de Provas e Títulos, Professor Doutor em Direito do Trabalho e da Seguridade Social da Universidade de São Paulo. Não bastasse, também por Concurso Público de Provas e Títulos, fora aprovado em 2º (segundo) lugar, para o cargo de Procurador do Trabalho, da respeitada e importantíssima instituição, qual seja o Ministério Público do Trabalho, tendo tomado posse no dia 9 de novembro de 2006.

Tais fatores engrandecem e dignificam a função do prefaciante, na exata medida em que outorgam-lhe maior responsabilidade.

O convite para o prefácio de referida pesquisa científica não decorreu do acaso. Por ocasião do honroso convite, o próprio Autor referiu saber de nossos estudos e algumas publicações sobre o intrigante tema da responsabilização objetiva e subjetiva do empregador, ante as normas da Lei n. 10.406, de 10.1.2002, que inseriu no ordenamento jurídico pátrio o Novo Código Civil.

A respeito do assunto, conforme já tivemos oportunidade de ponderar, destacamos a súmula de nosso pensamento, em escritos diversos[1], e mais especificamente no que se refere às acertadas inovações constantes do art. 927 e seu parágrafo único do atual Código Civil.

Sobre o tema, em alguns ensaios escrevíamos que muitos estudiosos vislumbraram na lei nova um avanço em direção à responsabilização objetiva do empregador, conforme as circunstâncias, em especial ante o disposto no parágrafo único do art. 927, a saber:

> Parágrafo único. "Haverá obrigação de reparar o dano, independentemente de culpa, nos casos especificados em lei, ou quando a atividade normalmente desenvolvida pelo autor do dano implicar, por sua natureza, risco para os direitos de outrem".

Tem-se entendido que o novel dispositivo inseriu na legislação civil em exame a chamada teoria do *risco criado*, considerando-se, pois, que o dever de reparar o dano "surge da atividade normalmente exercida pelo agente, que cria risco a direitos ou interesses alheios". Cuida-se, então, de atividade potencialmente geradora de risco a terceiros. Não há confundir-se com outras teorias a respeito do risco, como *v. g.*, a do *risco integral* (que exige, tão só, o nexo etiológico como condicionante do dever de indenizar), tampouco com a do *risco proveito* (fundamentada apenas na ideia da vantagem auferida pelo causador do dano), nem, ainda, com a dos *atos normais e anormais* ("medidos pelo padrão médio da sociedade")[2].

Ora, assim, torna-se induvidoso que em duas hipóteses a responsabilização do autor do dano será objetiva: a) nos casos especificados em lei; ou b) quando a atividade normalmente desenvolvida pelo "autor do dano" implicar, por sua natureza, risco para os direitos de outrem. Destarte, a questão que parece mais complexa será a análise do novo dispositivo e, especialmente, seu confronto — em casos de acidente do trabalho, ou de patologias de origem ocupacional, hipóteses que representam grande parte dos litígios no contexto ora em exame —, ante o disposto no art. 7º da Constituição Federal, que assegura, entre os direitos dos trabalhadores urbanos e rurais, em seu inciso XXVIII — "seguro contra acidentes de trabalho, a cargo do empregador, sem excluir a indenização a que está obrigado, quando incorrer em dolo ou culpa".

---

(1) BELTRAN, Ari Possidonio. Da responsabilidade subjetiva e objetiva do empregador por acidente do trabalho, ante as disposições do novo código civil. *Revista do Dep. de Dir. do Trabalho e da Seguridade Social — FDUSP,* São Paulo, p. 15-27, jan./jun. 2006.

(2) SILVA, Regina Beatriz Tavares da; FIÚZA, Ricardo (coord.). *Novo código civil comentado.* São Paulo: Saraiva, 2003. p. 820.

Analisando as hipóteses inseridas no dispositivo do Código Civil supramencionado, Giovanni Ettore Nanni, exemplifica: "nos casos especificados em lei, como ocorre, por exemplo, na responsabilidade civil do Estado, nas relações de consumo, na legislação ambiental, nos acidentes aéreos, nos acidentes nucleares etc."; [...] ou "quando a atividade normalmente desenvolvida pelo autor do dano, logo preponderante e não esporádica e/ou eventual, implicar, por sua natureza, risco para os direitos de outrem, que se pode citar, à luz da jurisprudência italiana em relação a dispositivo legal similar, o transporte marítimo de petróleo, o transporte e estocagem de combustível, a produção de explosivos, a produção e comercialização de fogos de artifício etc."(3).

O mesmo autor argumenta, com razão, que em matéria de acidente do trabalho (e por extensão, de doenças de origem ocupacional), não há como aplicar-se a regra de lei ordinária — como estabelecido no parágrafo único do art. 927 do Código Civil —, quando a responsabilidade do empregador, em tal hipótese, por força da norma constitucional já mencionada alude, de forma expressa, à condição deste "incorrer em dolo ou culpa". Em reforço de argumentação, salienta que quando o legislador constitucional desejou dispensar a demonstração de culpa do agente para fins de responsabilização, fê-lo de forma expressa, como no art. 21, inciso XXIII, *c, verbis*: "a responsabilidade civil por danos nucleares independe da existência de culpa".

Cumpre observar assim que, quanto à principal questão levantada, — ou seja, as hipóteses de acidentes do trabalho e de doenças do trabalho —, prevalecem, como regra geral, os pressupostos tradicionais da responsabilidade civil, a saber: a) a ação ou omissão de qualquer pessoa que venha a acarretar dano a outrem; b) a ilicitude, consistente em culpa ou dolo do agente; c) a relação de causalidade, ou seja relação de causa e efeito entre a ação ou omissão do agente e o dano verificado; d) a ocorrência do dano, pois que, sem a prova do dano, ninguém pode ser responsabilizado civilmente(4).

O trabalho que ora temos a honra de apresentar, levou o Autor a profunda análise, a saber, as noções introdutórias sobre as responsabilidades objetiva e subjetiva ante o novo Código; percuciente análise da teoria do risco e a responsabilidade civil aplicáveis ao Direito do Trabalho; a responsabilidade objetiva e subjetiva da empresa na prática do Direito do Trabalho, assinalando-se a posição dos Tribunais do Trabalho; a responsabilidade da empresa e dos sócios ante as disposições do novo Código Civil; tudo seguido pelas conclusões do Autor.

---

(3) NANNI, Giovanni Ettore. Responsabilidade no acidente do trabalho. *Jornal Gazeta Mercantil*, Caderno Legal & Jurisprudência, p. 1, 13.10.2003.

(4) GONÇALVES, Carlos Roberto. *Responsabilidade civil*. 6. ed. São Paulo: Saraiva, 1995. p. 25-28.

A propósito, eis a súmula final do pensamento do pesquisador, com a qual concordamos: "Somente com o aprimoramento de nossos institutos, teremos condições de mitigar a perpetração de ofensas materiais e principalmente morais à pessoa do trabalhador, pois ela, dependendo da pessoa, atinge as profundezas do ser, o recôndito do espírito, aquilo que ele possui de mais íntimo, que deveria ser indevassável, e uma vez atingido, de forma violenta e injusta, dificilmente desaparece".

Não resta, pois, qualquer dúvida a respeito da importância da obra que temos a honra de prefaciar. O jurista Enoque Ribeiro dos Santos apresenta mais um trabalho indispensável ao operador do Direito do Trabalho. Contribui ele, de forma notável para a compreensão do importantíssimo papel do Direito do Trabalho — ou mesmo do "Direito Social", como enfatizava o saudoso Prof. Cesarino Júnior —, para a preservação dos Direitos Humanos na sociedade de trabalho pós-moderna.

Ari Possidônio Beltran

Advogado em São Paulo. Graduado, Mestre, Doutor e Livre Docente pela Faculdade de Direito da Universidade de São Paulo. Professor de Direito do Trabalho da FDUSP. Membro da Academia Nacional de Direito do Trabalho, do Instituto de Direito Social Cesarino Júnior. Conselheiro da AASP — Associação dos Advogados de São Paulo. Ex-1º Secretário do Centro Acadêmico "XI de Agosto".

Capítulo I

Responsabilidade Objetiva e Subjetiva do Empregador em Face do Novo Código Civil

1. *Noções introdutórias*

A responsabilidade civil objetiva e subjetiva do empregador constitui-se em um dos institutos mais relevantes do Direito na atualidade, principalmente após o advento do Novo Código Civil de 2002, que deu uma nova roupagem jurídica ao conceito de responsabilidade civil.

Exemplo disso é a possibilidade atual de indenização pelo dano exclusivamente moral, que a Constituição Federal de 1988[1] já passara a contemplar.

O escopo do presente trabalho é o desenvolvimento da responsabilidade civil nas relações de trabalho, procurando sempre que possível alinhar a legislação, doutrina e jurisprudência, nas situações de ocorrências de danos patrimoniais, extrapatrimoniais ou ambos.

O vocábulo "responsabilidade" é utilizado para designar uma série de situações na seara das relações jurídicas. Em sentido mais flexível, a responsabilidade suscita a atribuição a um sujeito, do dever ou obrigação de assumir as consequências ou efeitos de uma determinada atitude, evento ou ação. Diz-se, por exemplo, dessa forma, que alguém é responsável por outrem, como o pai pelos filhos menores, o empregador por seus serviçais ou empregados etc. Em outro sentido, a responsabilidade denota a capacidade da pessoa. Os menores de 16 anos, por exemplo, são absolutamente incapazes de exercer pessoalmente os atos da vida civil, como se depreende do art. 3º do novo Código Civil[2].

(1) Constituição Federal de 1988, art. 5º, inciso V: é assegurado o direito de resposta, proporcional ao agravo, além da indenização por dano material, moral ou à imagem; Inciso X: São invioláveis a intimidade, a vida privada, a honra e a imagem das pessoas, assegurado o direito à indenização pelo dano material ou moral decorrente de sua violação.

(2) Art. 3º São absolutamente incapazes de exercer pessoalmente os atos da vida civil: I — os menores de dezesseis anos; II — os que, por enfermidade ou deficiência mental, não tiverem o necessário discernimento para a prática desses atos; III — os que, mesmo por causa transitória, não puderem exprimir sua vontade.

No desenvolvimento do presente trabalho, interessa a responsabilidade da empresa ou do empregador por fato ou ato punível ou moralmente reprovável que implique violação de direito na interpretação do novo Código Civil, que venha a ensejar reflexos ou consequências jurídicas.

A rigor, o que se aprecia em sede de responsabilidade civil é a conduta do agente, pessoa jurídica ou física, isto é, a concatenação ou a sequência de atos ou fatos que produza efeitos geralmente lesivos no patrimônio material ou extrapatrimonial(3) do ofendido. Apenas um único ato pode ser capaz de gerar, por si só, a obrigação ou o dever de indenizar.

No campo da responsabilidade civil, o que nos interessa é a identificação da conduta comissiva ou omissiva que produz o dever de indenizar. Nesse domínio, uma pessoa é responsável quando é capaz de sofrer uma sanção, independentemente de ter cometido um ato ilícito ou antijurídico pessoalmente. Nesse âmbito, a responsabilidade pode ser direta, quando liga o próprio causador do dano ao ilícito, ou indireta, quando o terceiro que comete o ato ou a sequência de atos lesivos a outrem é, de uma ou outra forma, ligado ao ofensor, de acordo com o ordenamento jurídico.

No Direito Civil, terceiros só podem ser chamados a indenizar quando a lei expressamente o determinar, diversamente do que ocorre no campo do Direito Penal, no qual a pena não pode passar da pessoa do agente, noção que já sofre contestação na doutrina penalista contemporânea.

Uma das grandes inovações do novo Código Civil foi a contemplação da responsabilidade objetiva, presente em várias leis, que desconsidera a noção de culpabilidade. A tendência jurisprudencial do alargamento do conceito de culpa, sob o prisma do dever genérico de não prejudicar, possibilitou a criação da Teoria do Risco em várias configurações.

Por essa teoria, o sujeito responsável por riscos inerentes à atividade econômica, ou perigos que sua atuação possa promover deve arcar com a indenização, mesmo que envide todos os esforços no sentido de evitar o dano. Já que o sujeito é privilegiado pelas vantagens ou benefícios do negócio ou atividade, deve responder por possíveis indenizações que essa atividade possa ocasionar. A legislação dos acidentes de trabalho constitui o exemplo claro da teoria da responsabilidade objetiva.

Foi Raymond Saleilles(4) que iniciou os estudos dos critérios objetivos de imputação da responsabilidade civil, com a proposição de que este princípio

---

(3) De acordo com a Lei n. 10.224/01, o empregador (superior hierárquico) que, usando da função, constrange alguém a lhe prestar favores sexuais, está sujeito à pena de detenção de um a dois anos. A empresa, por seu turno, poderá ser punida se a vítima ajuizar uma ação reclamatória em face da empresa, e se condenada deverá geralmente pagar uma indenização pecuniária por danos morais e/ou materiais.

(4) SALEILLES, Raymond. *Les acidentes de travail et la responsabilité civile. Essai d´une theorie objective de la responsabilité délictuelle.* Paris: Arthur Rousseau, 1897.

fosse substituído por um princípio de causalidade, prescindindo, desta forma, da perquirição sobre o comportamento do causador do dano. No mesmo sentido, Louis Josserand[5] passou a defender a noção de risco como critério de responsabilização, utilizando-se da jurisprudência francesa que tinha passado a aplicar a responsabilidade por guarda da coisa também de forma objetiva.

Para Anderson Schreiber[6] "na esteira das obras de Saleilles e Josserand, a culpa tornou-se objeto do que já foi referido como o mais intenso dos ataques doutrinários que talvez se tenha registrado na evolução de um instituto jurídico. Por toda a parte, autores notáveis filiaram-se à ideia de uma responsabilidade objetiva, fundada na teoria do risco, e não menos notáveis foram os autores que se ergueram em defesa da culpa. Como fruto deste profícuo debate, a responsabilidade objetiva veio a ser adotada em quase todos os ordenamentos jurídicos, por meio de leis especiais, aplicáveis a setores específicos, relacionados aos anseios sociais mais graves no campo da responsabilidade civil. Na maior parte dos casos, todavia, fez-se necessário um longo período de maturação antes que a responsabilidade objetiva ganhasse espaços mais abertos".

Ainda de acordo com este autor[7], no Brasil, por exemplo, embora não estranha ao Código Civil de 1916, a responsabilidade objetiva ingressou efetivamente no ordenamento positivo por meio de diplomas especiais, como a Lei de Estradas de Ferro (Decreto n. 2.681/12), o Código Brasileiro de Aeronáutica (Lei n. 7.565/86) e a Lei n. 6.453/77, relativa às atividades nucleares. A Constituição Federal de 1988 abriu novos caminhos, não apenas por força da previsão das hipóteses específicas (art. 7º, XXVIII, art. 21, XXIII, art. 37, § 6º), mas, sobretudo, pela inauguração de uma nova tábua axiológica, mais sensível à adoção de uma responsabilidade que, dispensando a culpa, se mostrasse fortemente comprometida com a reparação dos danos em uma perspectiva marcada pela solidariedade social.

O Código de Defesa do Consumidor foi outro exemplo notável de responsabilidade objetiva no ordenamento jurídico. Sérgio Cavalieri Filho[8] afirma que a Lei n. 8.078/90 introduz uma nova área de responsabilidade no Direito brasileiro, a responsabilidade nas relações de consumo, tão vasta que não haveria nenhum exagero em dizer estar hoje a responsabilidade civil dividida em duas partes: a responsabilidade tradicional e a responsabilidade nas relações de consumo.

Não obstante, remanesce ainda entre nós que o princípio da responsabilidade extracontratual civil no novo Código Civil de 2002 continua sendo o da

(5) JOSSERAND, Louis. Evolução da responsabilidade civil. *Revista Forense*, Rio de Janeiro, v. LXXXVI, p. 548 e ss., 1941.

(6) SCHREIBER, Anderson. *Novos paradigmas da responsabilidade civil:* da erosão dos filtros da reparação à diluição dos danos. São Paulo: Atlas, 2007. p. 19.

(7) SCHREIBER, Anderson. *Op. cit.*, p. 19-20.

(8) FILHO, Sérgio Cavalieri. *Programa de responsabilidade civil*. 2. ed. São Paulo: Malheiros, 2000. p. 28.

responsabilidade subjetiva, ou seja, responsabilidade fundada na culpa que recai nos institutos da negligência, imprudência ou imperícia do ofensor. A responsabilidade objetiva, ou responsabilidade sem culpa, somente pode ser aplicada, como dito, quando existe lei expressa que assim a autorize.

Podemos dizer que a maior inovação do Código Civil de 2002 foi a criação da cláusula geral de responsabilidade objetiva, nas atividades de risco, na redação que deu ao art. 927, parágrafo único:

> "Art. 927. Aquele que, por ato ilícito (arts. 186 e 187), causar dano a outrem, fica obrigado a repará-lo.
>
> Parágrafo único. Haverá obrigação de reparar o dano, independentemente de culpa, nos casos especificados em lei, ou quando a atividade normalmente desenvolvida pelo autor do dano implicar, por sua natureza, risco para os direitos de outrem."

Assim sendo, na ausência de lei expressa, a responsabilidade por ato antijurídico será subjetiva, pois esta é a norma geral aplicável no ordenamento jurídico pátrio. Entretanto, na análise do caso concreto, o magistrado, em casos excepcionais, considerando os aspectos da nova lei, poderá entender como aplicável a responsabilidade objetiva no caso *sub judice*(9).

2. *Gênese e evolução histórica da responsabilidade*

O Código de Hamurabi, gravado em uma estrela de basalto negro, que se acha conservada no Louvre, em Paris, tratava da responsabilidade entre 1792/1750 antes de Cristo. Tinha como princípio a proteção aos mais fracos e oprimidos. Era constituído por um sistema de leis sumérias e acadianas, que foram revisadas, adaptadas e ampliadas por Hamurabi. O Código estabelecia uma ordem social baseada nos direitos do indivíduo e aplicada na autoridade das divindades babilônicas e do Estado.

O texto do Código demonstra uma preocupação de Hamurabi em conferir ao lesado uma reparação equivalente. Essa noção pecuniária da reparação do dano possibilitava aos súditos do rei Hamurabi valerem-se das normas ditadas pelo seu Código. Nesse aspecto, os parágrafos do Código são ricos de interpretações do que foi um sistema de leis, fruto dos hábitos e costumes de uma civilização pujante e atraente.

Assim, o célebre axioma primitivo "olho por olho, dente por dente", constituía uma forma de reparação do dano, inserto nos §§ 196, 197 e 200 do Código. Este axioma expressava a Lei do Talião, isto é, a justiça feita pelas próprias mãos, que originou a autotutela dos dias atuais(10).

---

(9) REIS, Clayton. *O dano moral*. 4. ed. Rio de Janeiro: Forense, 1999. p. 9.

(10) SANTOS, Enoque Ribeiro dos. *O dano moral na dispensa do empregado*. 3. ed. São Paulo: LTr, 2002. p. 53.

Clayton Reis[11] desenvolve o tema afirmando que "a ideia, hoje vigente, de reparação do dano por um valor monetário tinha por objetivo repor as coisas lesadas ao seu *status quo ante*, ou ainda, dar uma compensação monetária à vítima, em virtude do sofrimento experimentado por esta. Portanto, a imposição de uma pena econômica consistia, sem dúvida, em uma forma de, à custa da diminuição do patrimônio do lesante (que por si só constituía uma pena), proporcionar à vítima uma satisfação compensatória. Além dessa satisfação, a pena objetivava ainda a exclusão da vindita, sentimento contrário à unidade e harmonia do grupo social".

Certo é que naquela época já havia uma preocupação social, cabendo ao Direito da época, por meio da codificação estabelecida pelo Rei da Babilônia, atribuir aos ofensores uma espécie de multa, ou compensação pecuniária, cujo objetivo fundamental consistia em coibir os abusos de violência, bem como reprimir o sentimento de vingança[12].

No Direito Romano, a *Lex Aquilia* é o divisor de águas da responsabilidade civil. Esse diploma, de uso restrito a princípio, atinge dimensão ampla na época de Justiniano, como remédio jurídico de caráter geral; como considera o ato ilícito uma figura autônoma, surge, desse modo, a moderna concepção da responsabilidade extracontratual. O sistema romano de responsabilidade extrai da interpretação da *Lex Aquilia* o princípio pelo qual se pune a culpa por danos injustamente provocados, independentemente de relação obrigacional preexistente. Funda-se aí a origem da responsabilidade extracontratual[13].

Por essa razão, denomina-se também responsabilidade aquiliana essa modalidade de responsabilidade extracontratual. A *Lex Aquilia* foi um plebiscito aprovado provavelmente em fins do século III ou início do século II antes de Cristo, que possibilitou atribuir ao titular de bens o direito de obter o pagamento de uma penalidade em dinheiro de quem tivesse destruído ou deteriorado seus bens. Como os escravos eram considerados coisas, a lei também se aplicava na hipótese de danos ou morte deles. Punia-se por uma conduta que viesse a ocasionar danos. A ideia de culpa é centralizadora nesse intuito de reparação. Em princípio, a culpa é punível, traduzida pela imprudência, negligência ou imperícia, ou pelo dolo[14].

Coube à Escola do Direito Natural ampliar o conceito da Lei Aquilia, até então casuística, a partir do século XVII. A teoria da reparação de danos somente começou a ser perfeitamente compreendida quando os juristas equacionaram que o fundamento da responsabilidade civil situa-se na quebra do equilíbrio

(11) REIS, Clayton. *O dano moral*. 4. ed. Rio de Janeiro: Forense, 1999. p. 10-11.
(12) *Op. cit.*, p. 11.
(13) VENOSA, Sílvio de Salvo. *Direito civil*. 3. ed. São Paulo: Atlas, 2003. p. 18.
(14) *Op. cit.*, p. 19.

patrimonial provocado pelo dano. Nesse sentido, transferiu-se o enfoque da culpa, como fenômeno centralizador da indenização, para a noção de dano. O Direito francês aperfeiçoou as ideias romanas, estabelecendo princípios gerais de responsabilidade civil[15].

É inolvidável a contribuição de Fischer[16], que preconizava que a "responsabilidade civil é pura resultante do equilíbrio violado pelo dano. Ela visa a repor o prejudicado à situação que desfrutava anteriormente, da forma mais completa possível, ou seja, *restitutio in integrum*. A eficiência do reparo será diretamente proporcional ao quanto mais perto alcance reconduzir a vítima ao *status quo ante*".

A propósito, Fischer[17] ainda afirma que "a indenização tem caráter sucedâneo. Ela põe-se no lugar do dano. O acontecimento danoso interrompe a sucessão normal dos fatos: o dever do indenizante, em tal emergência, é provocar um novo estado de coisas que se aproxime o mais que for possível à situação frustrada daquela situação, que, segundo os cálculos da experiência humana e às leis da probabilidade, seria existente a não ter-se interposto o dano".

Em se tratando o Direito do Trabalho de um ramo da árvore frondosa do Direito Civil, no qual a proteção do trabalhador hipossuficiente suscita uma maior proteção, preconizamos não apenas o maior rigor dos magistrados na apuração e determinação da reparação subjetiva e objetiva, como também a incorporação em nosso ordenamento jurídico dos institutos do *punitive and exemplary damage*[18] (perdas e danos exemplares) oriundos do Direito norte-americano, na aferição e na reparação dos danos morais e materiais em sede trabalhista, mormente os perpetrados contra o empregado.

3. *Conceito e fundamento jurídico*

Responsabilidade civil pode ser conceituada como a obrigação de responder pelas consequências jurídicas decorrentes do ato ilícito praticado, reparando o prejuízo ou dano causado.

Essa responsabilidade pode ser contratual ou extracontratual, ou aquiliana, derivada da *Lex Aquilia*, oriunda do Direito Romano, que se traduz na violação de um preceito de lei, sem conexão com uma norma contratual.

(15) VENOSA, Sílvio de Salvo. *Direito civil*. 3. ed. São Paulo: Atlas, 2003. p. 19.

(16) FISCHER, H. *A reparação dos danos no direito civil*. Tradução de Ferrer de Almeida. Coimbra: Armênio Amado, 1938. p. 165.

(17) *Ibidem*, p. 166.

(18) Sob o tema, nosso artigo: Contribuições à fixação da indenização do dano moral trabalhista — a tese da aplicação dos *exemplary* ou *punitive damages*. *Revista Justiça do Trabalho*, Porto Alegre, ano 21, n. 246, p. 7-17, jun. 2004.

Silvio Rodrigues[19] informa-nos que a responsabilidade civil vem definida por Savatier[20] como a obrigação que tem uma pessoa de reparar o prejuízo causado a outra, por fato próprio, ou por fato de pessoas ou coisas que dela dependam.

A responsabilidade civil, entre nós, vem regulada, entre outros, pelos arts. 186 e 927 do novo Código Civil de 2002. Estatui o art. 186, *in verbis*:

> "Aquele que, por ação ou omissão voluntária, negligência ou imprudência, violar direito e causar dano a outrem, ainda que exclusivamente moral, comete ato ilícito."

Por seu turno, o art. 927 do Código Civil assim se expressa:

> "Aquele que, por ato ilícito (arts. 186 e 187), causar dano a outrem, fica obrigado a repará-lo. Parágrafo único. Haverá obrigação de reparar o dano, independentemente de culpa, nos casos especificados em lei, ou quando a atividade normalmente desenvolvida pelo autor do dano implicar, por sua natureza, riscos para os direitos de outrem."

Já o art. 187 do Código Civil diz:

> "Também comete ato ilícito o titular de um direito que, ao exercê-lo, excede manifestamente os limites impostos pelo seu fim econômico ou social, pela boa-fé ou pelos bons costumes."

Dessa forma, não apenas o ato lícito, como também o ato ilícito são considerados espécies do gênero ato jurídico.

Na seara do Direito do Trabalho, o art. 8º da CLT (Consolidação das Leis do Trabalho), por sua vez, preceitua que na falta de disposições legais ou contratuais, o Direito do Trabalho subsidiariamente recorrerá ao Direito Comum naquilo que não for incompatível com os princípios fundamentais deste.

Dessa forma, constituem requisitos da responsabilidade civil:

a) a ação ou omissão (fato lesivo);

b) o dano ou prejuízo;

c) o nexo de causalidade; e

d) a culpa ou o dolo do agente, bem como eventual ato abusivo (art. 187 do código civil).

4. A bipartição da responsabilidade civil

A responsabilidade civil biparte-se em responsabilidade civil objetiva e responsabilidade civil subjetiva.

---

(19) RODRIGUES, Silvio. *Direito civil.* São Paulo: Saraiva, 2003. v. 4, p. 6.

(20) SAVATIER, René. *Traité de la responsabilité civile en droit français civil.* Paris, 1939. v. 1, n. 1: Les sources de la responsabilité civile.

A responsabilidade civil objetiva já é tratada pelo Direito do Trabalho há décadas, conforme preceitua o art. 2º, § 2º, da CLT, que enuncia:

"sempre que uma ou mais empresas, tendo, embora, cada uma delas, personalidade jurídica própria, estiverem sob a direção, controle ou administração de outra, constituindo grupo industrial, comercial ou de qualquer outra atividade econômica, serão, para os efeitos da relação de emprego, solidariamente responsáveis a empresa principal e cada uma das subordinadas."

Esse tipo de responsabilidade funda-se na Teoria do Risco, independentemente de dolo ou culpa. Neste caso, o empregador, ou a empresa, assume os riscos da atividade econômica, em qualquer circunstância (recessão, crise econômica, cambial, financeira, de competitividade, ou até mesmo na força maior e casos fortuitos, conforme dispõem os arts. 501 e 502[21] da Consolidação das Leis do Trabalho).

O art. 504 da CLT ainda declara que, comprovada a falsa alegação do motivo de força maior, é garantida a reintegração aos empregados estáveis, e aos não estáveis o complemento da indenização já percebida, assegurado a ambos o pagamento da remuneração atrasada.

4.1. O fato do príncipe

Visualizamos nestes artigos da CLT a ocorrência do *factum principis*, ou seja, a paralisação do trabalho por ato de autoridade, que constitui uma das espécies da força maior. Se uma lei municipal impede ou obstrui as atividades de uma empresa, o município responderá solidariamente pelos débitos trabalhistas.

Mozart Victor Russomano[22] declara que o *factum principis* é ato de autoridade pública que determina a suspensão temporária ou definitiva das atividades da empresa, evidentemente, na forma da definição do art. 501 e ss., é modalidade de força maior.

Declara ainda que sobre o *factum principis* existe norma especial, contida no art. 486 da CLT, que transfere a responsabilidade pelo pagamento das verbas

---

(21) Art. 501 da CLT. Entende-se como força maior todo acontecimento inevitável, em relação à vontade do empregador, e para a realização do qual este não concorreu, direta ou indiretamente. § 1º A imprevidência do empregador exclui a razão de força maior. § 2º À ocorrência do motivo de força maior que não afetar substancialmente, nem for suscetível de afetar, em tais condições, a situação econômica e financeira da empresa, não se aplicam às restrições desta Lei referentes ao disposto neste Capítulo.

Art. 502 da CLT. Ocorrendo motivo de força maior que determina a extinção da empresa, ou de um dos estabelecimentos em que trabalhe o empregado, é assegurada a este, quando despedido, uma indenização da seguinte forma: I — sendo estável, nos termos dos arts. 477 e 478. II — não tendo direito à estabilidade, metade da que seria devido em caso de rescisão sem justa causa. III — havendo contrato por prazo determinado, aquela a que se refere o art. 479 desta Lei, reduzida igualmente à metade.

(22) RUSSOMANO, Mozart Victor. *CLT anotada*. 5. ed. Rio de Janeiro: Forense, 2003. p. 149.

rescisórias à pessoa jurídica de Direito Público, que praticou o ato determinador da suspensão (temporária ou definitiva) do trabalho da empresa(23).

A título ilustrativo, transcrevemos as seguintes ementas dos Tribunais do Trabalho sobre o tema:

> FGTS — EXPURGOS *INFLACIONÁRIOS* — PARALISAÇÃO DA ATIVIDADE DA EMPRESA — AUSÊNCIA DE PROVA — *FACTUM PRINCIPIS* — NÃO CARACTERIZAÇÃO — "*Factum principis.* Expurgos inflacionários. Ausência de prova da paralisação da atividade. Não caracterizado. A imputação pela reclamada, de responsabilidade da Caixa Econômica Federal — CEF por ato lesivo causador das diferenças da multa de 40% do FGTS, em razão da omissão daquela instituição em proceder ao pagamento no Fundo de Garantia, dos índices dos expurgos inflacionários, não é suficiente para caracterizar a ocorrência de *factum principis*. Ainda que não se considerasse a restrição do *factum principis* à esfera da Administração Pública, aceitando-se assim, a incidência desse instituto às empresas privadas em face do impacto de normas legais ou atos de governo, melhor sorte não colhe a demandada vez que, em face do disposto no art. 486 consolidado, à ela incumbia fazer prova da paralisação temporária ou definitiva do trabalho, em decorrência da Lei Complementar n. 110/01, encargo do qual não se desvencilhou. Assim, à mingua de comprovação da paralisação do trabalho, no todo ou em parte, advindos da prática cuja responsabilidade a reclamada imputa à CEF, temos que inocorre a hipótese contemplada no art. 486 da CLT". (TRT 2ª R. — RO em Rito Sumaríssimo n. 00147200846602009 — (Ac. 20080658380) — 4ª T. — Rel. Des. Ricardo Artur Costa e Trigueiros — DJe 19.8.2008)

> *FACTUM PRINCIPIS* — ART. 486 DA CLT — INOCORRÊNCIA — MEDIDA PROVISÓRIA N. 168/04 — BINGO — APLICAÇÃO DO PRINCÍPIO DA ALTERIDADE — O fato do príncipe representa hipótese de término do pacto laboral em face de um ato emanado da Administração Pública, transferindo para a esfera do governo responsável o pagamento de indenização ao empregado dispensado. A imprevidência do empregador, bem como sua concorrência para a deliberação do ato, todavia, exclui a ocorrência do *factum principis*, devendo ele próprio arcar com as consequências advindas da rescisão contratual, por aplicação do princípio da alteridade inserto no art. 2º da CLT. A edição da Medida Provisória n. 168/2004, que proibiu a "exploração de todas as modalidades de bingo e jogos em máquinas eletrônicas denominadas 'caça-níqueis', independente dos nomes fantasia", não faz atrair a hipótese prevista no art. 486 da CLT; primeiro porque indemonstrada nos autos a existência de autorização governamental a tornar regular a atividade empresarial; segundo porque, ainda que existente tal aval, o ato da Administração seria precário e, portanto, reversível a qualquer tempo. (TRT 10ª R. — RO 00351-2004-811-10-00-7 — 1ª T. — Relª Juíza Maria Regina Machado Guimarães — J. 4.5.2005)

> JOGO DE BINGO — MEDIDA PROVISÓRIA N. 168/04 — *FACTUM PRINCIPIS* — INOCORRÊNCIA — A proibição do jogo de bingo, nos termos da Medida

(23) RUSSOMANO, Mozart Victor. *CLT anotada*. 5. ed. Rio de Janeiro: Forense, 2003. p. 149.

Provisória n. 168, de 20 de fevereiro de 2004, não tem nos contratos de trabalho o efeito previsto no art. 486 da CLT, de transferir para o governo responsável pela paralisação da atividade o pagamento de indenização aos empregados. É que o *factum principis*, como assentado na doutrina, tem na imprevisibilidade o seu elemento essencial. Ocorre que toda autorização do poder público, em essência, tem caráter precário, na medida em que pode ser revogada a qualquer momento, o que repele a ideia de imprevisibilidade. Recurso a que se nega provimento. (TRT 24ª R. — RO 0608/2004-001-24-00-1 — Rel. Juiz Márcio Eurico Vitral Amaro — DJMS 21.6.2005)

CLÍNICA MÉDICA "SANTA GENOVEVA". *FACTUM PRINCIPIS*. FATO NOTÓRIO. PROVA. O *factum principis* supõe ato estatal, um ato de império, e não se caracteriza se a administração pública age como contratante e intervém na contratada que, por má administração, causou a morte de quase uma centena de pacientes, bem como não acarreta a responsabilidade do ente público pelos encargos trabalhistas do empregador. Portanto, a decisão que, sob exame da prova, reconheceu a notoriedade do fato descrito, para efeito de recusar a alegação de que houve um fato do príncipe, não viabiliza o recurso de natureza extraordinária. Cabia à Reclamada o ônus da contraprova (CPC, art. 333, II). Agravo de instrumento a que se nega provimento. (Tribunal: TST Decisão: 6.11.2002, Proc: AIRR n. 699730. Ano: 2000. Região: 1. Agravo de Instrumento em Recurso de Revista Turma: 5. Órgão Julgador — Quinta Turma Relator: Juiz Convocado Walmir Oliveira da Costa, DJ 22.11.2002)

Com exceção desses casos, a responsabilidade é sempre da empresa que deve arcar com o risco do negócio. O empregado não pode ser constrangido a socializar prejuízos para os quais não concorreu. Não acarreta, ademais, a responsabilidade do ente público pelos encargos trabalhistas do empregador.

Se o empregador, por sua culpa exclusiva, der causa à interdição de um ou mais de seus estabelecimentos ou plantas industriais, pelo órgão fiscalizador, deverá assumir, na integralidade, a responsabilidade por sua incúria ou negligência na administração de seus negócios, como aliás preconiza o art. 501 da CLT, anteriormente enunciado. Nesse caso, não poderá invocar a ocorrência de força maior, nem o enquadramento do evento na Teoria da Imprevisão para tentar se desincumbir do pagamento dos encargos.

Para a configuração do fato do príncipe, de forma que o empregador possa elidir a sua responsabilidade pelo evento, será necessária a ocorrência das seguintes situações fáticas, quais sejam:

a) a imprevisibilidade do evento danoso;

b) a inexistência de concurso direto ou indireto do empregador no aludido fato;

c) a necessidade imperativa de que o evento atinja frontalmente e significativamente a situação econômico-financeira do empreendimento do empregador.

5. *A Responsabilidade social ou ética e as ações afirmativas* (affirmative actions)

Além da responsabilidade civil objetiva e subjetiva, poderíamos até mesmo dizer que existe um terceiro gênero de responsabilidade, ou um desdobramento implícito das duas primeiras enunciadas, a responsabilidade social ou ética da empresa ou do empregador, que deve permear a realização de todos os negócios jurídicos, com base nos princípios da boa-fé, da razoabilidade, da proporcionalidade, bem como na função social do contrato.

Essa responsabilidade ética ou social também é conhecida como governança corporativa ou responsabilidade corporativa, por meio da qual as empresas responsáveis realizam seus negócios jurídicos. Como a empresa constitui uma associação de interessados, este tipo de responsabilidade visa à garantia das minorias, dos hipossuficientes em face da supremacia do poder econômico das grandes organizações empresariais.

A ética, como ciência da moral, é uma forma de comportamento humano que se encontra em todos os tempos e em todas as sociedades. Constitui, assim, uma forma específica de comportamento humano, cujos agentes são os indivíduos concretos, indivíduos, porém, que só agem moralmente quando em sociedade, dado que a moral existe necessariamente para cumprir uma função social. Os indivíduos ou grupos defrontam-se com a necessidade de pautar o seu comportamento por normas que julgam mais apropriadas ou mais dignas de ser cumpridas. Estas normas são aceitas intimamente e reconhecidas como obrigatórias: de acordo com elas, os indivíduos compreendem que têm o dever de agir desta ou daquela maneira[(24)].

Karl Marx considerava que a moral, a política e o direito nada mais são do que produtos necessários das forças econômicas que agem na sociedade, e que essas forças econômicas não agem sozinhas: são apropriadas, não por indivíduos isolados uns dos outros, mas por uma classe social que os agrupa segundo seus próprios interesses. Para ele, a classe dominante — a burguesia capitalista — procura transformar o interesse próprio da classe dominante, em interesse comum de toda a sociedade, sob a forma moral, de direito e de legitimidade política[(25)].

Com efeito, no mundo atual, caracterizado pelo desemprego, pela automação, pelo risco onipresente de uma guerra nuclear, não há como não concordar com Hannah Arendt, quando afirma: "os acontecimentos políticos, sociais e

(24) SANCHEZ VAZQUEZ, Adolfo. *Ética*. 16. ed. São Paulo: Civilização Brasileira, 1996. p. 14.

(25) MARX, Karl. *A ideologia alemã*: crítica da filosofia alemã mais recente. Lisboa: Presença, 1980. p. 1082.

econômicos de toda parte conspiram silenciosamente com os instrumentos totalitários inventados para tornar os homens supérfluos"[26].

Na verdade, nunca o mundo vivenciou tamanha prosperidade, e é inegável que todos vivemos em melhores condições materiais. Devido ao progresso científico estamos vivendo mais tempo. Mas, também, nunca as diferenças entre os ricos e os pobres foram tão acentuadas. O processo de acumulação de riqueza capitalista tem sido responsável, em grande parte, pela exclusão social, que provoca toda sorte de desequilíbrios no tecido social.

Analisando os dois grandes modelos políticos e ideológicos que se confrontaram no século XX, é oportuno trazer a interessante observação de Domenico de Masi, quando declara que "o comunismo demonstrou saber distribuir a riqueza, mas não saber produzi-la; o capitalismo demonstrou saber produzi-la mas não distribuí-la — nem distribuir equitativamente o trabalho, o poder e o saber"[27].

E é com este pensamento em mente que não podemos esquecer as advertências, de enorme atualidade, de Hannah Arendt, sobre o totalitarismo e os enormes riscos que dele emanam: transformar grande parte da população do planeta em seres descartáveis, e sem esperança, o que pode, eventualmente, suscitar um retorno ao terror dos regimes de exceção, afastados do Estado Democrático de Direito.

É preciso que nos unamos para que as normas fundamentais que protegem a dignidade da pessoa humana, ou seja, os direitos humanos fundamentais, em todas as suas dimensões, tenham aplicabilidade e eficácia imediata na órbita do mundo do trabalho e da sociedade como um todo.

Temos atualmente notáveis exemplos que atestam um progresso na ética e na responsabilidade das empresas, nas suas relações com os empregados e com a comunidade.

Criado em 1982, o Prêmio Eco reconhece anualmente os melhores projetos de ação social desenvolvidos por empresas privadas nas áreas de cultura, educação, preservação ambiental, participação comunitária e saúde. A Ethos — Instituto de Empresas e Responsabilidade Social — é uma organização não governamental que atua na área da cidadania empresarial ou corporativa. Possui 134 empresas associadas e promove a responsabilidade social das empresas com todos os públicos com os quais se relaciona[28].

---

(26) LAFER, Celso. *A reconstrução dos direitos humanos:* um diálogo com o pensamento de Hannah Arendt. São Paulo: Cia das Letras, 1998. p. 154.

(27) DE MASI, Domenico. *O futuro do trabalho:* fadiga e ócio na sociedade pós-industrial. Rio de Janeiro: José Olympio, 1999. p. 15.

(28) Cresce cidadania empresarial. *Folha de S. Paulo*, São Paulo, 2 abr. 1999, Caderno Dinheiro, p. 1.

A responsabilidade social das empresas tem como base uma relação ética com os trabalhadores, os sindicatos, a comunidade e outros parceiros sociais. Pressupõe a transformação dos sistemas de gestão, mediante a utilização de um conjunto de ferramentas que agirão sobre todos os relacionamentos organizacionais. Em outras palavras, a responsabilidade social envolve a redefinição dos relacionamentos em todos os quadrantes da organização (trabalhadores, sindicatos, acionistas, fornecedores, entidades governamentais etc.).

A responsabilidade social das empresas apresenta similitude com o conceito de governança corporativa, que consiste no conjunto de procedimentos de gestão que lida com o poder de aplicar os recursos da empresa segundo o interesse de seus diversos financiadores e colaboradores (incluindo aqui os trabalhadores), cabendo aos gestores evitar que haja expropriação de um grupo por outro. Dessa forma, prevê a participação democrática de todos os parceiros, primando pela proteção e representação das minorias, dentro do princípio da boa-fé e da transparência nas relações.

Logo, a responsabilidade social da empresa envolve a contabilidade de dados verdadeiros, tornados públicos, por meio de auditorias independentes, comprometidas com os princípios da transparência. A Ford Brasil, por exemplo, criou recentemente uma gerência de responsabilidade social e, em parceria com o Sindicato dos Metalúrgicos do ABC Paulista, estabeleceu o MOVA (Movimento de Alfabetização de Jovens e Adultos), que atua desde 1999. Caberá a essa gerência envolver-se com todas as políticas relacionadas com os empregados[(29)].

Recentemente, como provável fruto das pressões e demandas por parte das organizações sindicais, as políticas de empregos em favor da igualdade de oportunidade a segmentos sociais que se encontram em posições desfavoráveis (mulheres, negros, deficientes físicos etc.) têm conseguido, finalmente, ser objeto da pauta das negociações coletivas. Em alguns casos, o interesse de corrigir tradicionais práticas discriminatórias e de superar suas novas transformações tem levado várias empresas a ser protagonistas na preparação e execução de políticas de empregos, promovendo ações que afirmam os princípios de igualdade de oportunidades. É assim que elas vêm sendo chamadas — ações afirmativas (*affirmative actions*)[(30)].

As ações afirmativas, estabelecidas pelos países da União Europeia em 1984, por meio da Comissão Europeia, na direção-geral Emprego, Relações Industriais e Questões Sociais, têm como objetivo contribuir para cancelar ou corrigir as desigualdades de fato, de maneira a promover a presença e a participação de mulheres em todos os setores profissionais e em todos os níveis

(29) CAMPOS, Stela. Um cargo inédito para o assunto do momento: responsabilidade social. *Jornal Valor Econômico,* São Paulo, p. D4, 12 fev. 2001.

(30) CAPPELLIN, Paola. Ações afirmativas, gênero e mercado de trabalho: a responsabilidade social das empresas na União Europeia. In: ROCHA, Maria Isabel Baltar da (org.). *Trabalho e gênero:* mudanças, permanências e desafios. São Paulo: Editora 34, 2000. p. 265.

de responsabilidade. Logo, tais iniciativas visam predispor a condutas que afirmam os princípios de igualdade de tratamento, remuneração, ascensão de carreira, promoção e formação entre homens e mulheres nos locais de trabalho. Muitas ações afirmativas nas empresas refletem o novo patamar do diálogo negociado entre trabalhadores, sindicatos, Estado e empresários em favor da igualdade de fato[31].

De acordo com Paulo Lucena de Menezes, ações afirmativas, nos dias correntes, é uma expressão de amplo alcance que designa o conjunto de estratégias, iniciativas ou políticas que visam favorecer grupos ou segmentos sociais que se encontram em piores condições de competição em qualquer sociedade, em razão, na maior parte das vezes, da prática de discriminações negativas, sejam elas presentes ou passadas. Colocando-se de outra forma, pode-se asseverar que são medidas especiais que buscam eliminar os desequilíbrios existentes entre determinadas categorias sociais até que eles sejam neutralizados, o que se realiza por meio de providências efetivas em favor das categorias que se encontram em posições desvantajosas[32].

Paradigmático a esse respeito é o pensamento de Ronald Dworkin, que defende veementemente as ações afirmativas sob o prisma distributivo, ainda que calcado em argumentos voltados para a utilidade social. Declara ele: "não obstante o objetivo imediato da ação afirmativa ser o de favorecer uma maior participação de determinados grupos na sociedade, a sua finalidade última reside na redução das desigualdades sociais nela existentes, especialmente aquelas relacionadas com a divisão do poder e da riqueza. Dessa forma, os custos e os sacrifícios exigidos para tal redução, que são suportados pelos indivíduos não beneficiados pela política da ação afirmativa implantada, são plenamente justificáveis pelo fato de eles reverterem em favor de um bem maior (distribuição de justiça) que alcança toda a comunidade, visto que uma sociedade igualitária tende a ser uma sociedade mais justa"[33].

O fato mais importante dessas afirmações consiste na sua dupla fundamentação: o fulcro no princípio da igualdade, assegurado pelas Constituições e leis federais de virtualmente quase todos os países do globo, em conjunto

---

(31) CAPPELLIN, Paola. Ações afirmativas, gênero e mercado de trabalho: a responsabilidade social das empresas na União Europeia..., cit., p. 266.

(32) MENEZES, Paulo Lucena de. *A ação afirmativa* (affirmative action) *no direito norte-americano*. São Paulo: Revista dos Tribunais, 2001. p. 27. Prefaciando esta obra, Manoel Gonçalves Ferreira Filho afirma: "A *affirmative action* inscreve-se na visão clássica da justiça, pois, consiste esta, na expressão de Rui Barbosa, em tratar igualmente os iguais e desigualmente os desiguais, na medida em que se desigualam? Com efeito, é nesse ponto que mais sofrem as minorias em relação a situações anteriores de discriminação, de desigualização negativa. Não é fácil, porém, estabelecer a justa medida da desigualização a ser corrigida, como nem sempre é o determinar quem realmente integra um grupo penalizado pela discriminação. Ademais, pode ela ter efeitos indesejados e indesejáveis, como o mostra a vivência norte-americana, prejudicando muitos quando desiguala para favorecer a outros".

(33) DWORKIN, Ronald. *Los derechos en serio*. 3. reimpr. Tradução de Marta Guastavino. Barcelona: Ariel, 1997. p. 327-348.

com práticas que combatem qualquer forma de discriminação e injustiças, em perfeita sincronia com o princípio primacial de proteção dos direitos humanos fundamentais.

As transformações no mundo do trabalho, o aumento da competitividade, uma democratização maior nas relações de trabalho encaminham-se para que as empresas sejam levadas a considerar, como parte de sua estratégia, o relacionamento com seus interlocutores sociais: as entidades sindicais. Essas mediações institucionais das ações afirmativas, inseridas como parte das estratégias das relações industriais, podem gerar fruto a médio e longo prazo.

Nesse caso, tais ações colocam-se como um instrumento que incentiva adesão e participação crescentes, aprimorando o estilo de performance/qualidade da própria empresa. É interessante o exemplo da Bélgica: quando as empresas assinaram as convenções com os sindicatos para implementarem as ações afirmativas — setor metalúrgico, de construção, da eletrônica — conseguiram responder às necessidades de recrutamento e manutenção do pessoal qualificado. Tais empresas conseguiram qualificar o segmento de mão de obra feminina recém-desempregada, que já formava o exército de reserva, possibilitando sua nova reinserção nos ofícios técnicos tradicionalmente ocupados apenas por homens(34).

No Brasil, os sindicatos e as centrais sindicais podem se apresentar como os principais protagonistas da inserção das ações afirmativas na pauta das negociações coletivas, não isoladamente, mas de maneira difusa no meio sindical. A partir de sua disseminação e efetiva utilização prática nas negociações coletivas, não resta dúvida de que elas irão fortalecer as propostas de igualdade de oportunidades entre os trabalhadores, ou seja, a igualdade profissional, que constitui uma das metas principais das ações afirmativas.

A Lei n. 6.404/76 (Lei das Sociedades Anônimas), o art. 50 do novo Código Civil, e vários outros artigos desse diploma legal referentes à Teoria da Empresa atribuem responsabilização dos dirigentes, administradores e gerentes, por abuso de direito e desvio de finalidade na gestão do negócio empresarial.

Assim estatui o art. 117 da Lei n. 6.404/76, que trata da responsabilidade do acionista controlador:

> "Art. 117. O acionista controlador responde pelos danos causados por atos praticados com abuso de poder. § 1º São modalidades de exercício de abuso de poder: a) orientar a companhia para fim estranho ao objeto social ou lesivo ao interesse nacional, ou levá-la a favorecer outra sociedade, brasileira ou estrangeira, em prejuízo da participação dos acionistas minoritários nos lucros ou no acervo da companhia, ou da economia nacional; b) promover a liquidação de companhia próspera, ou a transformação, incorporação, fusão ou cisão da companhia, com

(34) CAPPELLIN, Paola. Ações afirmativas, gênero e mercado de trabalho: a responsabilidade social das empresas na União Europeia. In: ROCHA, Maria Isabel Baltar da (org.). *Trabalho e gênero:* mudanças, permanências e desafios. São Paulo: Editora 34, 2000.p. 274.

o fim de obter, para si ou para outrem, vantagem indevida, em prejuízo dos demais acionistas, dos que trabalham na empresa ou dos investidores em valores mobiliários emitidos pela companhia; c) promover alteração estatutária, emissão de valores mobiliários ou adoção de políticas ou decisões que não tenham por fim o interesse da companhia e visem a causar prejuízo a acionistas minoritários, aos que trabalham na empresa ou aos investidores em valores mobiliários emitidos pela companhia; d) eleger administrador ou fiscal que sabe inapto, moral ou tecnicamente; e) induzir, ou tentar induzir, administrador ou fiscal a praticar ato ilegal, ou, descumprindo seus deveres definidos nesta Lei e no estatuto, promover, contra o interesse da companhia, sua ratificação pela assembleia-geral; [...] § 2º No caso da alínea *e* do § 1º, o administrador ou fiscal que praticar o ato ilegal responde solidariamente com o acionista controlador."

O art. 158 dessa Lei trata da Responsabilidade dos Administradores e assim estatui:

"Art. 158 da Lei n. 6.404/76. O administrador não é pessoalmente responsável pelas obrigações que contrair em nome da sociedade e em virtude de ato regular de gestão; responde, porém, civilmente, pelos prejuízos que causar, quando proceder:

I — dentro de suas atribuições ou poderes, com culpa ou dolo;

II — com violação da lei ou do estatuto.

§ 1º O administrador não é responsável por atos ilícitos de outros administradores, salvo se com eles for conivente, se negligenciar em descobri-los ou se, deles tendo conhecimento, deixar de agir para impedir a sua prática. Exime-se de responsabilidade o administrador dissidente que faça consignar sua divergência em ata de reunião do órgão de administração ou, não sendo possível, dela dê ciência imediata e por escrito ao órgão da administração, no conselho fiscal, se em funcionamento, ou à assembleia geral?

§ 2º Os administradores são solidariamente responsáveis pelos prejuízos causados em virtude do não cumprimento dos deveres impostos por lei para assegurar o funcionamento normal da companhia, ainda que, pelo estatuto, tais deveres não caibam a todos eles.

[...]

§ 5º Responderá solidariamente com o administrador quem, com o fim de obter vantagem para si ou para outrem, concorrer para a prática de ato com violação da lei ou do estatuto."[35]

---

(35) TRT da 3ª Região 5.7.2006 — TRT/MG: Bens de administradores de S/A. podem ser penhorados em caso de má-gestão.

O TRT de Minas, por sua 5ª Turma, determinou o prosseguimento de execução em face dos bens particulares dos administradores de sociedade anônima, devedora de contribuições previdenciárias decorrentes de créditos deferidos em ação trabalhista.

A Turma entendeu que, embora o administrador não seja pessoalmente responsável pelas obrigações que contrai em nome da sociedade em ato regular de gestão (art. 158 da Lei n. 6.404/76), responde civilmente pelos prejuízos que causar quando proceder com culpa ou dolo e com violação da lei ou do estatuto social, isto é, em caso de gestão fraudulenta ou ilícita.

Nestes casos, compete à companhia, mediante prévia deliberação da assembleia geral, a ação de responsabilidade civil contra o administrador pelos prejuízos causados a seu patrimônio. Essa deliberação poderá ser tomada em assembleia-geral ordinária ou extraordinária.

Poderá ser responsabilizado não apenas o administrador, sócio do empreendimento, como o administrador não sócio, desde que seu comportamento omissivo ou comissivo se enquadre no tipo legal, uma vez que a lei não discrimina a espécie de administrador. E onde o legislador não especifica, não cabe ao intérprete fazê-lo.

Qualquer acionista poderá promover a ação, se não for proposta no prazo de 3 (três) meses da deliberação da assembleia geral e se esta deliberar pela não propositura da ação, poderá ser proposta por acionista que represente 5% (cinco) por cento, pelo menos, do capital social, conforme estatui o art. 159 da Lei n. 6.404/76.

De outra sorte, a responsabilidade social das empresas veio dar ensejo à discussão nas negociações coletivas de trabalho, por meio de seus instrumentos jurídicos: acordo ou convenção coletiva de trabalho, das ações afirmativas (*affirmativa actions* do Direito norte-americano), que tem como objetivo a proteção de minorias étnicas, negros, hispânicos, mulheres e classes desfavorecidas de trabalhadores, como acabamos de desenvolver anteriormente.

Além disso, a responsabilidade social da empresa também inclui preceitos da Constituição Federal de 1988, notadamente a função social da propriedade urbana e rural, estabelecidos em seus arts. 182 e 184, como segue:

"§ 2º A propriedade urbana cumpre sua função social quando atende às exigências fundamentais de ordenação da cidade expressas no plano diretor.

§ 4º É facultado ao Poder Público municipal, mediante lei específica para área incluída no plano diretor, exigir, nos termos da lei federal, do proprietário do solo urbano não edificado, subutilizado ou não utilizado, que promova seu adequado aproveitamento, sob pena, sucessivamente, de:

I — parcelamento ou edificação compulsórios;

Aplicou-se também ao caso o disposto na Lei n. 8.620/93 que, em seu art. 13, parágrafo único, dispõe sobre a responsabilidade solidária dos acionistas controladores, administradores, gerentes e diretores de sociedade limitada quanto às obrigações para com a Seguridade Social, se comprovada sua culpa. Ficou provada no processo a má gestão por parte da diretora da executada, que levou a sociedade a grave crise financeira, comprometendo todo o seu patrimônio e impossibilitando a execução direta contra esta. A própria falta de recolhimento das contribuições previdenciárias devidas, em violação a dispositivos legais, configura gestão temerária, ensejando a responsabilização dos administradores, que devem responder com seu patrimônio particular pelos débitos não quitados pela sociedade. A decisão é também respaldada pelo art. 28, § 5º do Código de Defesa do Consumidor, aplicável subsidiariamente no processo trabalhista, o qual determina a desconsideração da personalidade jurídica da empresa para que a execução recaia diretamente sobre o sócio. (AP n. 00905-1998-036-03-00-6)

II — imposto sobre a propriedade predial e territorial urbana progressivo no tempo;

III — desapropriação com pagamento mediante títulos da dívida pública de emissão previamente aprovada pelo Senado Federal, com prazo de resgate de até dez anos, em parcelas anuais, iguais e sucessivas, assegurados o valor real da indenização e os juros legais.

Art. 186. A função social é cumprida quando a propriedade rural atende, simultaneamente, segundo critérios e graus de exigência estabelecidos em lei, aos seguintes requisitos:

I — aproveitamento racional e adequado;

II — utilização adequada dos recursos naturais disponíveis e preservação do meio ambiente;

III — observância das disposições que regulam as relações de trabalho;

IV — exploração que favoreça o bem-estar dos proprietários e dos trabalhadores."

Além disso, a responsabilidade social da empresa também inclui o dever de cumprir todas as leis ambientais, ecológicas e do meio ambiente de trabalho, provendo um ambiente hígido, equilibrado, e de bem-estar para seus empregados, orientados pelos princípios da precaução, prevenção, poluidor pagador, participação, informação, função socioambiental da propriedade e responsabilização integral, que esteja em consonância com o desenvolvimento econômico e social do país, nos termos dos arts. 200 e 225[36] da Constituição Federal de 1988.

Vemos assim que os princípios nucleares de criação do novo Código Civil brasileiro — eticidade, operabilidade e socialidade — já eram princípios imanentes no Direito do Trabalho, sendo exercidos na prática do dia a dia pela jurisprudência predominante de nossos Pretórios.

O empregador, ainda que não tenha contribuído para o evento danoso ou deletério, é responsável pelo pagamento dos salários e demais direitos trabalhistas, inclusive os acidentes de trabalho[37] e as doenças profissionais. Esse tipo de responsabilidade deriva apenas da exigência do dano sofrido pelo empregado (material ou moral, ou ambos) e da correspondente imposição legal de indenização, independentemente de culpa ou dolo.

---

(36) § 3º As condutas e atividades consideradas lesivas ao meio ambiente sujeitarão os infratores, pessoas físicas ou jurídicas, a sanções penais e administrativas, independentemente da obrigação de reparar os danos causados.

(37) A Lei n. 10.778, de 2003, determina que, em caso de violência física ou psíquica contra a mulher trabalhadora, os serviços de saúde são obrigados a fazer a notificação compulsória ao Ministério da Saúde. O art. 11 da Lei n. 6.259, a que a Lei n. 10.778 faz remissão expressa, diz que "recebida a notificação, a autoridade sanitária é obrigada a proceder à investigação epidemiológica pertinente para elucidação do diagnóstico e averiguação da disseminação da doença na população sob risco".

Já a responsabilidade subjetiva do empregador tem como pressuposto a culpabilidade do agente, seja na forma de culpa estrita (negligência ou imprudência) ou de dolo, que vem a ser a intenção deliberada de produzir um resultado danoso para a vítima.

6. *A natureza jurídica das ações afirmativas*

A natureza jurídica das ações afirmativas ou discriminações positivas é de políticas públicas e privadas, voltadas à concretização do mandamento constitucional da igualdade material, e não de igualdade meramente formal, e à mitigação ou neutralização dos efeitos da discriminação racial, de gênero, de idade, de origem, de sexo, de cor, de higidez física etc.

As ações afirmativas podem ser definidas, nas palavras do ministro Joaquim B. Barbosa Gomes[(38)] "como um conjunto de políticas públicas e privadas de caráter compulsório, facultativo ou voluntário, concebidas com vistas ao combate à discriminação racial, de gênero, por deficiência física e de origem nacional, bem como para corrigir ou mitigar os efeitos presentes da discriminação praticada no passado, tendo por objetivo a concretização do ideal de efetiva igualdade de acesso a bens fundamentais como a educação e o emprego. Diferentemente das políticas governamentais antidiscriminatórias baseadas em leis de conteúdo meramente proibitivo, que se singularizam por oferecerem às respectivas vítimas tão somente instrumentos jurídicos de caráter reparatório e de intervenção *ex-post factum*, as ações afirmativas têm natureza multifacetária e visam evitar que a discriminação se verifique nas formas usualmente conhecidas — isto é, formalmente, por meio de normas de aplicação geral ou específica, ou por meio de mecanismos informais, difusos, estruturais, enraizados nas práticas culturais e no imaginário coletivo. Em síntese, trata-se de políticas e de mecanismos de inclusão concebidos por entidades públicas, privadas e por órgãos dotados de competência jurisdicional, com vistas à concretização de um objetivo constitucional universalmente reconhecido — o da efetiva igualdade de oportunidades a que todos os seres humanos têm direito".

As ações afirmativas objetivam dar concretude ao princípio constitucional da igualdade de oportunidades no mercado do trabalho, por meio de exigências legais de inserção de categorias menos privilegiadas em funções privadas e públicas, por meio de reservas de vagas para negros em universid3ades, para portadores de deficiência nos concursos públicos (reservas de vagas) e mesmo cumprimento pelas empresas privadas ou públicas com mais de 100 empregados da cota de 2% a 5% (art. 93 da Lei n. 8.213/91).

---

(38) GOMES, Joaquim B. Barbosa. *Ação afirmativa & princípio constitucional da igualdade*. Rio de Janeiro: Renovar, 2001. p. 78 e ss.

Alguns autores entendem que ações afirmativas envolvendo direitos humanos fundamentais, como o direito à saúde, à educação e à vida, por si só constituem títulos executivos constitucionais e podem ser exigidos, de plano, do Estado, por meio de ações de execução.

Pelo fato de considerarmos os serviços essenciais (educação, saúde, transporte e segurança, entre outros), a serem providos pelo Estado, como direitos públicos subjetivos, a tutela jurisdicional desses direitos poderá ser exercida por meio de ações individuais em face do Estado, cujo patrimônio constitui a hipoteca legal(39) e garantia desses direitos, aplicando-se por analogia o art. 466 do Código de Processo Civil.

Como alhures, defendemos esses direitos essenciais à dignidade humana são exequíveis de plano, já que possuem o *status* jurídico semelhante aos títulos(40) executivos constitucionais(41), exigíveis tão logo não providos pelo Estado, principalmente por atos omissivos, por meio da obtenção em juízo de uma sentença liminar.

O fundamento legal para esse tipo de tutela escora-se no fato de que nos dias de hoje deve-se dar uma interpretação social às demandas, especialmente aquelas que emanam de direitos constitucionais do cidadão, e não uma interpretação meramente literal ou gramatical.

Entendemos que deve-se aplicar nas demandas aqui mencionadas os preceitos do art. 273, combinado com o art. 461, ambos do CPC, por constituir fato de extrema relevância social, providos de emergencialidade(42). O art. 273 do CPC assim dispõe:

> "Art. 273. O juiz poderá, a requerimento da parte, antecipar, total ou parcialmente, os efeitos da tutela pretendida no pedido inicial, desde que, existindo prova inequívoca, se convença da verossimilhança da alegação e:
>
> I — haja fundado receio de dano irreparável ou de difícil reparação."

Já o § 3º do art. 461 do CPC, *in verbis:*

---

(39) Art. 466. A sentença que condenar o réu no pagamento de uma prestação, consistente em dinheiro ou em coisa, valerá como título constitutivo de hipoteca judiciária, cuja inscrição será ordenada pelo juiz na forma prescrita na Lei de Registros Públicos.

(40) DOS REQUISITOS NECESSÁRIOS PARA REALIZAR QUALQUER EXECUÇÃO DO INADIMPLEMENTO DO DEVEDOR. Art. 580. Verificado o inadimplemento do devedor, cabe ao credor promover a execução. Parágrafo único. Considera-se inadimplente o devedor que não satisfaz espontaneamente o direito reconhecido pela sentença, ou a obrigação, a que a lei atribuir a eficácia de título executivo.

(41) Art. 566. Podem promover a execução forçada:
I — o credor a quem a lei confere título executivo.

(42) Consideramos emergência, tanto a adoção de medidas urgentes no sentido de eliminar os riscos contra a saúde e segurança do trabalhador no local de trabalho, a eliminação de condições nocivas ao meio ambiente e aos bens difusos (em geral, poluição, gases na atmosfera), bem como manter uma criança desprovida do ensino fundamental e obrigatório.

"§ 3º Sendo **relevante o fundamento da demanda** e havendo justificado receio de ineficácia do provimento final, é lícito ao juiz conceder a tutela liminarmente ou mediante justificação prévia, citado o réu. A medida liminar poderá ser revogada ou modificada, a qualquer tempo, em decisão fundamentada."

Por sua vez, a tutela dos direitos do meio ambiente, em particular do meio ambiente de trabalho, serão exigíveis tanto de forma individual como coletiva, já que não existe litispendência entre as ações individuais e coletivas, provenientes do mesmo pedido e causa de pedir, conforme se deflui do art. 104 do Código de Defesa do Consumidor (Lei n. 8.078/90). A nosso sentir, aplicam-se nesses casos, os fundamentos mencionados.

No entanto, cremos que após o cancelamento do Enunciado n. 310 do TST, o sindicato da categoria profissional, como substituto processual, tem ampla legitimidade para postular os direitos coletivos de seus associados, de acordo com o art. 8º, inciso III, da Constituição Federal de 1988.

Transcrevemos algumas ementas para ilustras juridicamente a matéria:

AÇÃO POPULAR — PROGRAMAS DO MINISTÉRIO DA CULTURA — NEGROS E PARDOS — DESTINAÇÃO EXCLUSIVA — AÇÕES AFIRMATIVAS — CONSTITUCIONALIDADE — "Direito constitucional e administrativo. Princípio da isonomia. Programas do Ministério da Cultura. Destinação exclusivamente a negros e pardos. Ações afirmativas. Constitucionalidade. Ação popular. Antecipação de tutela. Reforma da decisão. 1. Quatro programas lançados pelo Ministério da Cultura são questionados na ação popular: 1. 'Tem por objeto o fomento a 6 (seis) obras audiovisuais de curta-metragem, de 10 (dez) a 15 (quinze) minutos, dirigidos ou produzidos por jovens negros, de 18 a 29 anos, pessoa física, com temática livre, podendo ser ficção ou documentário, com a possibilidade de utilização de técnicas de animação'; 2. Constitui objeto 'a seleção de projetos de pesquisa para concessão de bolsas, propostos por pesquisadores e pesquisadoras negras, visando incentivar a produção de trabalhos originais, em território brasileiro, em qualquer uma das áreas e subáreas do conhecimento definidas pelo CNPq'; 3. 'Tem como objeto a formação de parcerias para o desenvolvimento de projetos editoriais sob a forma de coedição, a fim de produzir publicações de autores brasileiros negros, na forma de livros, em meio impresso e/ou digital, com o propósito de divulgar, valorizar, apoiar e ampliar a cultura brasileira dos afrodescendentes, em geral, e dar maior acessibilidade a sua produção cultural, artística, literária e científica'; 4. Constitui objeto 'a premiação de 33 projetos nas áreas de artes visuais, circo, dança, música, teatro e preservação da memória, que se enquadrem nas linguagens e especificações descritas no item 1.2, a serem realizados por proponentes autodeclarados negros (pretos e pardos, de acordo com o Instituto Brasileiro de Geografia e Estatística — IBGE)'. 2. Em todos os editais há referência à Lei n. 8.666/93, ainda que a título de aplicação supletiva ou no que couber (no quarto edital nem há a restrição 'supletiva ou no que couber'). 3. Prevê a Lei n. 8.666/93, art. 22, que 'são modalidades de licitação: I — concorrência; II — tomada de preços; III — convite; IV — concurso; V — leilão'. No § 4º, está dito que 'concurso é a modalidade de licitação entre quaisquer interessados para escolha de trabalho técnico, científico ou artístico, mediante a instituição de prêmios ou remuneração aos vencedores, conforme critérios constantes de edital publicado na imprensa oficial com antecedência mínima de 45 (quarenta e cinco dias)'. No art. 3º, § 1º, já fora estabelecido que 'é vedado aos agentes públicos: 'I — admitir, prever, incluir ou tolerar, nos atos de convocação, cláusulas ou condições que comprometam, restrinjam ou frustrem o seu caráter competitivo e estabeleçam preferências ou distinções em razão da naturalidade, da sede ou domicílio dos licitantes ou de qualquer outra circunstância impertinente ou irrelevante para o específico objeto do contrato'. 4. Numa concepção positivista, para excepcionar essas regras, ainda que com a nobre finalidade de destinar os concursos, a título de ação afirmativa, exclusivamente a negros e pardos, haveria, no mínimo, a necessidade de outra lei. 5. Coincidentemente, neste exato momento, para instituir cota para negros em concurso público (instituto semelhante ao da licitação) está em tramitação projeto de lei federal no qual se prevê reserva de 20% das vagas. Todavia, em caso também semelhante — ingresso nas universidades mediante exame vestibular —, a jurisprudência chancelou a instituição de cotas por meio de resoluções administrativas. Admitiu, portanto, a aplicação direta dos princípios constitucionais. Só mais tarde veio a Lei n. 12.711/12 estabelecer o sistema de cotas (50% das vagas) para 'estudantes que tenham cursado integralmente o ensino médio em escolas públicas'. Esse percentual de vagas será preenchido, em cada curso e turno de instituição federal de ensino superior, 'por autodeclarados pretos, pardos e indígenas, em proporção no mínimo igual à de pretos, pardos e indígenas na população da unidade da Federação onde está instalada a instituição, segundo o último censo do Instituto Brasileiro de Geografia e Estatística (IBGE)' (art. 3º). 6. O autor da ação popular não discute a propriedade, em si, das ações afirmativas traduzidas em cotas sociais, mas o fato de que '4 (quatro) dos 5 (cinco) editais em questão ostentam grave vício de constitucionalidade, na medida em que limitam a participação no certame, em caráter de exclusividade, a pessoas negras que trabalhem com linguagens de cinema, de literatura, de pesquisa de bibliotecas, de artes visuais, de circo, de música, de dança e teatro'. Argumenta que 'tal prática revela-se discriminatória, na medida em que, com base em critério exclusivamente racial ou étnico-racial, retira das pessoas que possuem outra cor de pele, a possibilidade de participação nos certames e, por via de consequência, de obtenção do prêmio oferecido a partir de recursos públicos'. 7. A União busca justificar a peculiaridade — destinação dos concursos apenas a negros — com o fato de que, 'desde o ano de 1997 lançou um total de 55 (cinquenta e cinco) editais voltados a diversos segmentos específicos da cadeia produtiva, sendo apenas 1 (um) destinado a ações afirmativas, justamente este que vem sendo questionado'. 8. Não faz muita diferença destinar aos negros a fatia de um programa ou um programa inteiro dentro de um conjunto de programas. Essa observação é mais válida no caso em referência porque os programas instituídos não são de execução continuada, tal como acontece em curso universitário. 9. A justiça de uma discriminação define-se pela relação lógica e razoável (razão suficiente) entre o critério empregado e o fim que se busca alcançar (Celso Antônio Bandeira de Mello). 10. Provimento ao agravo de instrumento." (TRF 1ª R. — AI 0029353-66.2013.4.01.0000/MA — Rel. Des. Fed. João Batista Moreira — DJe 28.1.2014)

AÇÃO CIVIL PÚBLICA — INSERÇÃO DE PORTADORES DE DEFICIÊNCIA E REABILITADOS NO MERCADO DE TRABALHO — OBSERVAÇÃO — "Ação civil pública. Inserção de portadores de deficiência e reabilitados no mercado de trabalho. Cumprimento do disposto no art. 93 da Lei n. 8.213/91. Ao tratar da inclusão das pessoas com deficiência no mercado de trabalho, o art. 93 da Lei n. 8.213/91 visa a garantir o pleno acesso ao emprego, a conferir concretude ao princípio fundamental da dignidade da pessoa humana e a vedar a discriminação. O fundamento da inclusão dos deficientes físicos no mercado laboral está relacionado à política social ou institucional, voltada a alcançar a igualdade de oportunidades entre as pessoas, por meio das chamadas ações afirmativas, modificando positivamente a situação de desvantagem de determinados grupos. Demonstrada a inadimplência da ré, no que diz com o dever de contratar e manter em seus postos de trabalho quantitativo correspondente a 4% de portadores de deficiência e/ou reabilitados em relação ao quadro total de empregados, impositiva a condenação ao cumprimento das obrigações de fazer e não fazer pretendidas, bem como ao pagamento de indenização por dano moral coletivo. Recursos ordinários conhecidos e não providos." (TRT 10ª R. — RO 0000010-80.2013.5.10.0003 — Rel. Des. Douglas Alencar Rodrigues — DJe 4.4.2014 — p. 225)

ENSINO — VESTIBULAR — COTAS RACIAIS — CONSTITUCIONALIDADE — "Constitucional e administrativo. Vestibular. Vagas destinadas através de critérios socioeconômicos e étnico-raciais. Constitucionalidade do regime de cotas raciais estabelecido pela Universidade Federal de Alagoas. 1. A questão da constitucionalidade das cotas raciais instituídas em processo seletivo por uma Universidade é matéria que se encontra pacificada na jurisprudência pátria. 2. O Pleno desta Corte, nos autos do INAC 469 454-AL, declarou a constitucionalidade do regime de cotas raciais estabelecido pela Ufal, por meio da Resolução Normativa n. 9/2004-Cepe/Ufal. 3. O Supremo Tribunal Federal, a seu turno, no RE 597285/RS, com repercussão geral, Plenário, Relator Ministro Ricardo Lewandowski, por maioria, decidiu pela constitucionalidade do sistema de cotas raciais, através da política de ações afirmativas, em 9.5.2012. 4. Ausência de direito da embargada à obtenção da matrícula na Ufal, tendo em vista que ela não foi aprovada dentro das vagas destinadas aos candidatos não optantes do sistema de cotas. 5. Embargos infringentes providos". (TRF 5ª R. — EINFAC 2008.80.00.002631-5/02 — (465298/AL) — TP — Rel. Des. Fed. Marcelo Navarro Ribeiro Dantas — DJe 15.10.2012)

Observe que as ações afirmativas podem ser efetivadas por meio de processo legislativo (federal, estadual ou municipal), por meio da negociação coletiva de trabalho e seus instrumentos jurídicos (contrato coletivo dos portuários, acordos e convenções coletivas), bem como por meio de regulamento empresarial e por intermédio de sentença judicial emanada do poder judiciário.

Considerando que a Constituição Federal de 1988 é um instrumento inacabado e uma obra aberta, suscetível de inclusão de novos direitos (art. 5º, § 2º, CF/88), nada obsta e tudo favorece que novos tipos de direitos e de ações afirmativas sejam inseridos, por meio de reconhecimento de tratados ou convenções internacionais versantes sobre direitos humanos, exigíveis pelos cidadãos do Estado, pelos instrumentos jurídicos anteriormente mencionados.

É justamente neste sentido que assistimos à ratificação de várias Convenções da OIT — Organização Internacional do Trabalho, versando sobre direitos humanos, e que incorporam ao ordenamento jurídico nacional como normas (emendas) constitucionais, consoante art. 5º, § 3º, da Constituição Federal de 1988.

7. Em direção à completude em matéria de responsabilidade civil no novo Código Civil

É inegável para nós que o Código Civil de 2002, embora tenha mantido a responsabilidade civil subjetiva, ou seja, a responsabilidade que tem como fundamento a culpa (nas modalidades de imprudência e negligência) e o dolo, no art. 186, também veio contemplar a responsabilidade objetiva, embora não com base no risco integral, mas sim com fundamento na teoria do risco criado ou desenvolvido pelo agente, conforme preceitua o art. 927.

Hoje as duas teorias se completam em nosso ordenamento jurídico, em face da enorme desigualdade econômica e social que prevalece em nossa economia, especialmente entre empregado e empregador, fazendo crescer a necessidade de se abolir qualquer indagação sobre os aspectos subjetivos do lesante ou perpetrador de atos ensejadores da reparação civil.

Incontestável dizer que houve uma evolução salutar no conceito da responsabilidade civil, passando-se de um conceito em que se exigia a existência de culpa para a noção de responsabilidade civil sem culpa, com fundamento no risco.

O conceito de completude no ordenamento jurídico em termos de responsabilidade civil que ora contemplamos tem como escopo a conjugação dos dois tipos de responsabilidade: objetiva e subjetiva em nosso sistema jurídico, tornando mais eficaz a prestação jurisdicional, porém, não se confunde com o dogma da completude jurídica, conceito ligado à corrente do positivismo jurídico.

O positivismo jurídico[43] ao contemplar o dogma da completude apresentava o direito como um sistema fechado de normas e tinha como escopo

(43) A derrocada do positivismo jurídico coincidiu com a época em que o homem passou a se preocupar mais com os direitos sociais, atribuindo uma dimensão superior à necessidade de solucionar os conflitos independentemente das leis. De acordo com Miguel Reale, na Teoria Tridimensional do Direito (fato, valor e norma), nem sempre a lei é legítima e nem sempre ela corresponde aos anseios e à vontade social.

Doutrinadores da estirpe de Ronald Dworkin e Alexis começaram a dar a configuração atual e a densidade do **pós-positivismo jurídico**, que em linhas gerais, atribui uma maior importância aos

a miragem da codificação, isto é, a completude de uma regra para cada caso concreto. Com o advento dos códigos não mais existiriam lacunas[44], sejam

---

princípios do direito e não apenas e tão somente às leis. Ninguém melhor conceituou princípios que Celso Bandeira de Mello, para o qual: princípio é, por essência, "mandamento nuclear de um sistema, verdadeiro alicerce dele, disposição fundamental que se irradia sobre diferentes normas compondo-lhes o espírito e servindo de critério para sua exata compreensão e inteligência, exatamente por definir a lógica e a racionalidade do sistema normativo, no que lhe confere a tônica e lhe dá sentido harmônico". Nessa tônica, considerando que as normas jurídicas desdobram-se em princípios e regras jurídicas, os princípios, como espécies de normas, inegavelmente possuem um campo muito mais abrangente de aplicação, uma vez que têm o condão de interferir nas demais normas inferiores, no sentido de obter daquela, seu verdadeiro sentido e alcance, mas tudo no sentido de garantir efetivamente os direitos sociais da pessoa humana. Na ótica do pós-positivismo jurídico, os princípios jurídicos assumem uma dimensão muito mais importante no direito, na medida em que perpassam a mera função integradora do direito, utilizada na colmatação de lacunas, assumindo e conquistando o *status* de normas jurídicas vinculantes. Temos inúmeros exemplos de positivação de normas jurídicas constitucionais e infraconstitucionais em nosso ordenamento jurídico: exemplos são o princípio da dignidade da pessoa humana (art. 1º, III, CF/88), fundamento de validade do Estado Democrático de Direito e o princípio da boa-fé objetiva (art. 113 do novo Código Civil). Daí, podemos concluir com aqueles doutrinadores estrangeiros e entre nós, com Luís Roberto Barroso, que a superação histórica do jusnaturalismo e o fracasso político do positivismo jurídico deram ensejo ou mesmo pavimentaram o caminho para a formação de um conjunto amplo e ainda inacabado de reflexões sobre o Direito, sua função social e uma nova interpretação. O pós-positivismo posta-se, dessa forma, como uma designação provisória e genérica de um ideário difuso, no qual se incluem a definição das relações entre valores, princípios e regras, aspectos da chamada Nova Hermenêutica Constitucional e a Teoria dos Direitos Fundamentais, toda ela edificada sobre o fundamento da dignidade da pessoa humana. A valorização dos princípios e sua incorporação, explícita ou implícita, nos textos constitucionais, bem como o reconhecimento de sua normatividade pela ordem jurídica faz parte desse ambiente de reaproximação entre Direito e Ética.

(43) Entendemos por lacuna, a incompletude insatisfatória dentro da totalidade jurídica prevalecente, advinda do progresso econômico, técnico, cultural, político e social, por meio do qual ocorrem modificações de situações fáticas, aparecendo posteriormente novos regramentos para suprir e regular tais comportamentos humanos ou negócios jurídicos. Para suprir essas omissões, o intérprete recorre à heterointegração (integração por meio de recurso a ordenamentos jurídicos diversos e a fontes diversas daquela que é dominante) — lei, e à autointegração (integração do ordenamento suprida por meio do mesmo ordenamento — mesma fonte dominante — sem se recorrer a outros ordenamentos). De outra parte, podemos conceituar *lacunas normativas* como o silêncio da lei sobre determinado tema (não regulação positiva do Direito), exigindo à ordem jurídica a integração, nesses casos, pelo magistrado para a solução no caso concreto. Esse tipo de lacuna normativa se diferencia do *silêncio eloquente*, pois nesse último caso o legislador, de forma deliberada, se recusa a contemplar uma dada situação no ordenamento jurídico. Exemplo disso é a não contemplação na Constituição Federal do instituto da estabilidade no emprego, no rol dos direitos no art. 7º, posto que a Lei n. 8.036/90 passou a regular, de forma ampla, o Fundo de Garantia do Tempo de Serviço (FGTS), que, com o advento da Constituição, em 5.10.1988, espancou o instituto da estabilidade, remanescendo entre nós, no setor privado, apenas a garantia provisória no emprego, espécie daquela, com os exemplos do trabalhador acidentado, dirigente sindical, empregadas gestantes, diretor de cooperativa eleito pelos empregados, empregados eleitos para as CIPAs, empregados com assento nos Conselhos do FGTS e do INSS etc. Não podemos confundir aqui a estabilidade que ainda remanesce no setor público, disposta no art. 41 da CF/88, após a Emenda Constitucional n. 19/98 e os casos de estabilidade de espécies diferenciadas de servidores públicos (Magistrados, membros do Ministério Público, Procuradores, Advogados da União etc.). *Lacunas ontológicas*, por outro lado, ocorrem quando determinado instituto jurídico, normalmente positivado pelo ordenamento jurídico, não mais corresponde aos fatos sociais. Em outras palavras, as lacunas ontológicas são decorrentes do ancilosamento (envelhecimento) da regra positiva, fruto do avanço tecnológico, cultural, histórico, político ou social de uma dada realidade social. Temos, nesse caso, a quebra do equilíbrio que deve existir entre o fato social, o valor e a norma, na filosofia da teoria tridimensional do Direito de Miguel Reale. Finalmente, as *lacunas axiológicas ou*

elas de natureza normativa, ontológica ou axiológica. Por esse conceito, então, o código bastava a si próprio, pois o problema das lacunas restaria superado, sendo que para o magistrado esse código seria como um prontuário infalível, dada a confiança cega e absoluta na suficiência das leis para regular cada caso concreto que lhe fosse submetido.

Já dizia um sábio filósofo grego: "O mundo é o mais perigoso dos lugares, a vida é a mais perigosa das experiências, e o homem é o mais perigoso dos animais. Contemplá-lo é a essência da sabedoria. Não conviver com ele é o rumo mais sábio de todos". Autores do gabarito do eminente Professor Goffredo da Silva Telles Junior, em sua obra *Iniciação à Ciência do Direito*, asseveram que as formigas e as abelhas formam comunidades que preservam mais seus semelhantes que o homem, que, nem no passado, e muito menos no presente, usa de solidariedade ou caridade para com seu próximo.

As ameaças à vida, à integridade, à saúde, aliadas aos perigos e às vicissitudes da vida moderna, à multiplicidade, à diversidade de acidentes e de doenças do trabalho, à crescente dificuldade de se provar a causa de grande parte dos sinistros e mesmo a culpa do autor do ato, seja ele ilícito ou lícito (temos hipóteses de ressarcimento de prejuízos sem que se cogite da ilicitude da ação), entre outras, foram responsáveis pelo aparecimento da Teoria do Risco ou da responsabilidade objetiva, como para colocar uma pá de cal na dialética de que o direito surge dos fatos econômicos, sociais, políticos, culturais, históricos etc., que constituem as fontes materiais do Direito.

Desse modo, a Teoria do Risco ou da responsabilidade objetiva não tem como escopo a cogitação ou perquirição da intenção ou modo de atuação do agente. Basta provar o nexo etiológico (relação de causalidade) entre a ação lesiva e o dano ou prejuízo provocado, pois neste caso também podemos aplicar o adágio: *pas de indemnization sans grief* (não há indenização sem prejuízo), princípio de grande aplicação prática no Direito Processual Civil.

Neste sentido, importante decisão do STJ, como segue:

"Responsabilidade civil do Estado. Dano decorrente de assalto por quadrilha de que fazia parte preso foragido vários meses antes. — A **responsabilidade do Estado, embora objetiva** por força do disposto no art. 107 da Emenda Constitucional n. 1/69 (e, atualmente, no § 6º do art. 37 da Carta Magna), não dispensa, obviamente, o requisito, também objetivo, do nexo de causalidade entre a ação ou a omissão atribuída a seus agentes e o dano causado a terceiros. — Em nosso sistema jurídico, como resulta do disposto no art. 1.060 do Código Civil, a teoria

---

valorativas, as quais Norberto Bobbio denominava de lacunas ideológicas, acontecem sempre que se observa a ausência de uma norma justa para um determinado caso concreto ou situação fático-normativa. O exemplo mais corriqueiro para esse tipo de lacuna se manifesta na existência de uma norma jurídica, que se for aplicada no caso concreto produzirá uma solução injusta, e, portanto, indesejável para a sociedade.

adotada quanto ao nexo de causalidade e a teoria do dano direto e imediato, também denominada teoria da interrupção do nexo causal. Não obstante aquele dispositivo da codificação civil diga respeito a impropriamente denominada responsabilidade contratual, aplica-se ele também a responsabilidade extracontratual, inclusive a objetiva, até por ser aquela que, sem quaisquer considerações de ordem subjetiva, afasta os inconvenientes das outras duas teorias existentes: a da equivalência das condições e a da causalidade adequada. — No caso, em face dos fatos tidos como certos pelo acórdão recorrido, e com base nos quais reconheceu ele o nexo de causalidade indispensável para o reconhecimento da responsabilidade objetiva constitucional, e inequívoco que o nexo de causalidade inexiste, e, portanto, não pode haver a incidência da responsabilidade prevista no art. 107 da Emenda Constitucional n. 1/69, a que corresponde o § 6º do art. 37 da atual Constituição. Com efeito, o dano decorrente do assalto por uma quadrilha de que participava um dos evadidos da prisão não foi o efeito necessário da omissão da autoridade pública que o acórdão recorrido teve como causa da fuga dele, mas resultou de concausas, como a formação da quadrilha, e o assalto ocorrido cerca de vinte e um meses após a evasão. Recurso extraordinário conhecido e provido." (RE 130764, Relator(a): Min. Moreira Alves, Primeira Turma, julgado em 12.5.1992, DJ 7.8.1992 PP-11782 Ement v. 1669-02 p. 350 RTJ v. 143-01 p. 270)

8. O significado atual da responsabilidade objetiva

A responsabilidade objetiva, em que não se perquire sobre a culpabilidade do ofensor, de certo modo afastou o foco sobre o elemento culpa e o fixou no nexo de causalidade, na exata medida em que não havendo a prova do nexo etiológico descabe a responsabilização do suposto ofensor.

Percebe-se que a lei ao dispor sobre a objetivação da responsabilidade civil àqueles que se utilizam do risco em suas atividades empresariais, tirando proveito econômico, ao mesmo tempo em que expõem outrem neste desiderato, embora disponham de instrumentos para mitigá-lo ou preveni-lo, adotando as medidas acautelatórias, não pretendeu inibir o desenvolvimento das atividades econômicas empresariais, mas, sobretudo, assegurar a devida reparação ou indenização àqueles que forem lesados e que devem receber do direito uma proteção especial.

Hodiernamente verifica-se uma progressiva conscientização de que a responsabilidade objetiva advém de um tipo de responsabilização não mais fulcrada na causa do ilícito (geralmente relacionada à conduta do ofensor — na conduta displicente, negligente ou suscitadora de risco), mas muito voltada ao resultado, ou seja, ao dano ou lesão que pode provocar. Em outras palavras, a responsabilidade objetiva afastou-se do conceito de socialização dos riscos para se aproximar mais de uma discussão teleológica voltada a socialização das perdas, tendo como pano de fundo o princípio da solidariedade humana que caracteriza o Estado social.

Sabemos que o próprio conceito de empresa, de empreendimento econômico, traz o conceito de risco embutido em sua atividade empresarial. Empresa é risco, e isto vem muito bem disposto no art. 2º, § 2º da CLT. O risco, portanto, constitui o elemento objetivo que traz sentido à organização empresarial e que justifica a receita do empresário.

Ana Frazão[45] ao discorrer sobre o tema informa que "[...] responsabilidade fundada na culpa começa a se tornar insuficiente, principalmente na chamada era das máquinas. Vários acidentes em ferrovias, fábricas, começam a mostrar as dificuldades de um sistema que se baseia na culpa, que tem uma prova difícil de culpa, cujo ônus até cabe à vítima. Portanto, a grande questão que se colocava diante de algumas hipóteses, inclusive de acidente de trabalho é: mesmo a culpa da vítima, que é uma excludente tradicional de responsabilidade subjetiva, é algo realmente justo, equitativo que possa afastar a responsabilidade do empresário? Será que não há outro modelo de responsabilidade em que a culpa da vítima possa ser vista sob outra perspectiva? Em que medida isso poderá ser contemplado por esse novo modelo de responsabilidade? É claro que, paralelamente a mudanças, que são essencialmente econômicas, houve também uma grande mudança jurídica — estamos falando do final do século XIX e começo do século XX —, uma transição, portanto, do Estado Liberal para o Estado Social, maior preocupação com a solidariedade, com a justiça distributiva, com a igualdade material. É claro que esses raciocínios são todos muito correlacionados à ideia de responsabilidade objetiva".

E continua a autora[46]: "A propósito, não é sem razão que vários autores se referiam à responsabilidade subjetiva como responsabilidade por equidade. É interessante ressaltar isso porque, muitas vezes, somos condicionados a pensar na responsabilidade objetiva sempre a partir de uma definição de nexo causal. Aquela ideia de que temos o dano, o nexo causal, a conduta e a culpa, na responsabilidade objetiva, é claro, tiramos a culpa e ficamos com o restante. [...] Em um resumo muito apressado, essa responsabilidade objetiva, fundada na equidade e não mais na culpa, não deixa de ser técnica de socialização de danos. Isso pode e normalmente é levado às últimas consequências. Ou seja, quando pensamos numa responsabilidade objetiva do empresário, essa responsabilidade, via de regra, impacta no aumento de custos, que, por sua vez, impacta no preço final de produtos e serviços, que, por sua vez, é pago pelos consumidores finais. Então, estamos falando, sim, em uma socialização plena sobre esses danos diante de uma sociedade cada vez mais complexa, e, portanto, dependente de máquinas, de atividades econômicas que são arriscadas e com base em parâmetros distributivos".

---

(45) FRAZÃO, Ana. Exclusão da responsabilidade: caso fortuito interno e caso fortuito externo. Palestra proferida no Tribunal Superior do Trabalho *Perfil contemporâneo da responsabilidade civil*, 10 e 11.11.2014.

(46) *Idem.*

E conclui a autora(47), citando Saleilles e Josserand: "[...] justificar-se-ia esse novo modelo de responsabilidade, que tem como foco prioritário, nesse momento, a responsabilidade de patrões e também de empresários. Vejam que há uma questão interessante também. É a ideia de que esses autores já defendem um rompimento com aquela ideia de causalidade, pelo menos, aquela ideia de causalidade clássica tão comum na responsabilidade subjetiva. A ideia, portanto, é de que essa responsabilidade teria como fundamento a assunção voluntária do risco, inclusive dos proveitos desse risco. Portanto, a responsabilidade pelos danos seria tão somente a contrapartida pela assunção também dos proveitos do risco. [...] Alguns autores têm salientado recentemente que a responsabilidade pelo risco não onera tanto a macroempresa, porque ela tem condições de lidar com esse risco de uma maneira muito mais competente, de dilui-lo, de calculá-lo, de repassar esse risco para o preço final de produtos e serviços. São situações que nem sempre estão presentes na pequena empresa, ou seja, são autores que já procuram mostrar que talvez até a modulação e a compreensão desse risco devem acontecer, levando-se em consideração sim, o tamanho da empresa e as condições em que a própria atividade está sendo exercida pelo empresário. [...] A responsabilidade objetiva foi pensada diversas vezes principalmente nesses primeiros momentos, para hipóteses em que o dano foi causado pelo empregador, que, muitas vezes, não se utilizou de um procedimento de que deveria ter-se utilizado ao mexer em determinada máquina e, exatamente em razão disso ocorreu o acidente. Mas a partir do momento em que pensamos no risco, a ideia fundamental a orientar o nosso raciocínio não é propriamente a de quem causou o acidente, e sim a quem cabe o risco pelo acidente. Ou seja, em que medida esse acidente pode ser conectado ou não à atividade do empresário; em que medida pode ser considerado ou não como um risco do empresário para ser, aí sim, uma hipótese de responsabilização dele. A primeira lei de 1919 quando trata da responsabilidade pelo acidente de trabalho, diz ser salvo força maior ou dolo da própria vitima ou de terceiros. Então a culpa da vítima não aparece como excludente de responsabilidade, mas só o dolo".

Percebe-se, desta forma, que o foco da responsabilidade objetiva atualmente repousa muito mais na pessoa da vítima (do ofendido) e na situação econômica e financeira do ofensor, visando a uma reparação ou indenização em que houve o afastamento do elemento culpa, porém, ensejando a análise percuciente pelo magistrado do nexo causal para a cientificidade jurídica na formação de seu convencimento em relação à determinação do *quantum* indenizatório devido.

(47) FRAZÃO, Ana. Exclusão da responsabilidade: caso fortuito interno e caso fortuito externo. Palestra proferida no Tribunal Superior do Trabalho *Perfil contemporâneo da responsabilidade civil,* 10 e 11.11.201.

Anderson Schreiber[48], a propósito, declara que: "[...] em tais situações, a responsabilidade objetiva parece revelar a sua verdadeira essência na contemporaneidade: não a de uma responsabilidade por risco, mas a de uma responsabilidade independente de culpa ou de qualquer outro fator de imputação subjetiva, inspirada pela necessidade de se garantir reparação pelos danos que, de acordo com a solidariedade social, não devem ser exclusivamente suportados pela vítima — uma proposição, portanto, essencialmente negativa".

Por isso é que se faz necessário, neste momento, a análise das várias teorias do nexo causal, bem como a teoria ora prevalecente na doutrina e jurisprudência trabalhistas.

9. Teorias sobre o nexo causal na Justiça do Trabalho

É cediço que o dever ou obrigação de reparar um dano depende da existência de nexo causal entre certa conduta e o resultado danoso. Esta conduta analisada na Justiça do Trabalho é do empregador, diante de seus deveres de proteção em face do empregado, e também do empregado, nos casos que se procura o rompimento da cadeia causal, por força da culpa exclusiva da vítima, ou fato da vítima ou de terceiros, bem como as excludentes dos fortuitos interno e externo (força maior).

Portanto, o nexo causal, nexo etiológico ou ainda relação de causalidade é geralmente conceituado como o vínculo que se estabelece entre dois eventos, de maneira que um se apresenta como consequência do outro. Por mais simples que pareça esta conceito, o nexo causal é considerado na doutrina e jurisprudência como o mais difícil elemento da responsabilidade civil de ser aferido em concreto.

Com o advento da cláusula geral da responsabilidade objetiva entre nós, no código civil brasileiro, e o afastamento da perquirição do elemento culpa, exige-se redobrada atenção em relação ao elemento nexo causal, pois nas palavras de Anderson Schreiber[49]: "cuja interrupção consiste, em tais hipóteses,

(48) SCHREIBER, Anderson. *Novos paradigmas da responsabilidade civil:* da erosão dos filtros da reparação à diluição dos danos. São Paulo: Atlas, 2007. p. 29. Importante ressaltar que sobre a presunção do nexo causal este autor assim se pronuncia: "[...] certo é que, muitas vezes, o que se chama de presunção do nexo causal não passa de uma etapa lógica de sua verificação, em que o juiz recorre a regras comuns da experiência ou a uma suposta normalidade dos fatos para aferir se há relação de causalidade entre a atividade lesiva e o dano. Verifica-se, contudo, em diversas ocasiões, o recurso a expedientes drásticos, como a desconsideração de uma excludente de causalidade ou a aplicação de teorias que, sem se propor a explicar o significado da causalidade jurídica, logram expandir a margem de discricionariedade do juiz na imposição da responsabilidade civil". *Op. cit.,* p. 63.

(49) *Ibidem,* p. 52. Alega ainda o autor que "chega-se, hoje, a afirmar que o juízo de responsabilidade, nos casos de responsabilidade objetiva acaba por traduzir-se no juízo da existência de nexo de causalidade entre o dano e o fato". E os tribunais têm mesmo declarado, com algum exagero, que o "nexo causal é a primeira questão a ser enfrentada na solução de demandas envolvendo responsabilidade

no único caminho concedido ao réu para o afastamento da condenação. Assim, não apenas o convencimento acerca da causalidade perdeu seu antecedente moral justificador da responsabilização — a prova da culpa — mas também toda a discussão, nas ações de responsabilidade objetiva, passou a gravitar em torno da noção jurídica de nexo causal".

Existe uma grande cizânia e perplexidade na doutrina civilista e trabalhista no sentido de que o nexo de causalidade é feita de forma intuitiva, atécnica, às vezes sem cientificidade, ora sob a influência de uma escola doutrinária, ora sobre o respaldo de outra, mas invariavelmente com uma preocupação excessiva de proteger o empregado, a qualquer custo, ainda mais se foi vítima de uma doença profissional ou acidente de trabalho.

Gisela Sampaio da Cruz Guedes[50] informa que "tantas foram as teses que se desenvolveram, principalmente na Alemanha, França e Itália, com o objetivo de estabelecer os limites definidores do nexo causal na ordem jurídica, que a jurisprudência se perdeu em meio a um emaranhado de teorias — tanto mais no Brasil, diante da redação do art. 403 do CC, que é tão pouco explicativa. Se é assim na justiça comum, não é diferente na trabalhista, seara em que o nexo causal chega a ser até mesmo desconsiderado, sob o fundamento de que a natureza é objetiva, como se essa espécie de responsabilidade também não dependesse da prova da relação de causalidade. [...] na esfera trabalhista. Confunde-se também frequentemente nexo causal com culpa, tamanha é a associação feita entre esses dois elementos da responsabilidade civil".

E continua[51]: "o problema se acentua, no campo trabalhista, com a constatação de que o empregador responde na maioria dos casos por omissão, seja porque não ofereceu ao seu empregado o equipamento de segurança adequado, seja porque não o treinou para a prática daquela atividade de risco ou mesmo porque não o advertiu a respeito de um perigo especial ou simplesmente não cumpriu com o seu dever de informar. O exame do nexo de causalidade na responsabilidade por omissão é ainda mais dramático, porque passa pela questão de se saber quando a "omissão" equivale realmente à conduta comissiva para fins de responsabilização. Os tribunais também costumam confundir as teorias. É comum encontrar no inteiro teor das decisões referências à teoria da causalidade adequada ou à teoria do dano direto e imediato, quando, em realidade, todo o fundamento da decisão aponta para a aplicação da malfadada teoria da equivalência das condições. Ou então, decisões invocando a teoria da causalidade adequada, mas aplicando a ideia de interrupção do nexo".

---

civil e sua comprovação exige absoluta segurança quando ao vínculo entre determinado comportamento e o evento danoso" (TJRJ, Ap. Civ. 2004.001.10228. Rel. Des. Sergio Cavalieri Filho, j. 4.8.2004).

(50) GUEDES, Gisela Sampaio da Cruz. Causalidade em acidentes de trabalho. In: TEPEDINO, Gustavo; MELLO FILHO, Luiz Philippe Vieira de; FRAZÃO, Ana; DELGADO, Gabriela Neves (coords.). *Diálogos entre o direito do trabalho e direito civil.* São Paulo: Revista dos Tribunais, 2013. p. 505.

(51) *Ibidem,* p. 510.

Um cuidado especial deve ser tomado na análise dos elementos da responsabilização para não se confundir a natureza da responsabilidade, se objetiva ou subjetiva, com o próprio nexo de causalidade.

Tomemos um exemplo. Um empregador é responsabilizado objetivamente por doença profissional, uma vez que o empregado trabalhou na empresa por dez anos em ambiente com ruído superior a 85 dcb, e foi acometido de disacusia plena em um dos ouvidos, ou seja, ficou surdo de um dos ouvidos, de forma irreversível. Porém, o fato é que veio aos autos, provas de testemunhas que o empregado se recusava a se utilizar dos equipamentos de proteção auricular e jamais os utilizou, pelo que o empregador pleitou o enquadramento da situação em culpa exclusiva da vítima. Passemos à análise. Observe-se que a própria natureza da atividade da empresa é de risco. Será que a conduta da vítima (se agiu com culpa ou dolo) é suficiente para alterar a natureza jurídica da responsabilidade? Sabemos que a natureza da responsabilidade é aferida e depende do risco que a própria atividade empresarial provoca em relação a seus empregados e a terceiros. Contudo, tal fato coisa nenhuma tem a ver com o nexo de causalidade, na medida que em ambas a responsabilidade subjetiva e a objetiva dependem da prova do nexo de causalidade, ainda que a responsabilidade objetiva desconsidera ou não perquire sobre o elemento "culpa".

Na análise deste caso, a culpa ou o fato exclusivo da vítima, embora não altere a natureza jurídica da responsabilidade (de risco ou não da empresa), acaba por influenciar a decisão judicial, pois provoca o rompimento da cadeia ou ciclo causal que poderia relacionar a conduta omissiva da empresa ao dano. Este constitui apenas um mero exemplo de confusão entre o nexo causal e o elemento culpa, e principalmente o momento em que ocorre o rompimento da cadeia causal, que, se não tivesse ocorrido, poderia conduzir à responsabilização do empregador.

Para elucidarmos as principais teorias sobre o nexo causal, pedimos vênia para reproduzirmos a síntese do estudo de Gisela Sampaio da Cruz Guedes[52] sobre o tema, como segue.

9.1. Teoria da equivalência dos antecedentes causais

Também chamada de teoria da equivalência das condições, teoria objetiva da causalidade ou teoria da *conditio sine qua non* é atribuída ao penalista alemão Maximiliano von Buri. A origem dessa teoria remonta, consoante abalizada doutrina aos estudos de John Stuart Mill, que em 1843, na obra *A system of*

(52) GUEDES, Gisela Sampaio da Cruz. Causalidade em acidentes de trabalho. In: TEPEDINO, Gustavo; MELLO FILHO, Luiz Philippe Vieira de; FRAZÃO, Ana; DELGADO, Gabriela Neves (coords.). *Diálogos entre o direito do trabalho e direito civil.* São Paulo: Revista dos Tribunais. 2013. p. 505-515.

logic afirmou que "todas as condições eram igualmente indispensáveis para a produção do consequente e o estabelecimento da causa é incompleto se não introduzirmos, de uma ou outra forma, todas elas".

A ideia central desta teoria é a de que é causa toda a condição da qual dependeu a produção do resultado, sem considerar sua maior ou menor proximidade ou importância, pois, para seus defensores, todas as condições são equivalentes. Tanto as causas quanto as condições assumem, indistintamente, funções de concausa, daí, a denominação "equivalência dos antecedentes causais". Tal equivalência decorre da assertiva de que todo efeito tem uma multiplicidade de condições causais e cada uma delas é necessária para a produção do resultado.

De acordo com esta teoria, quando há pluralidade de causas, todas devem ser consideradas igualmente eficientes na produção do dano. Assim, uma relação de causalidade só poderá existir entre uma concausa e sua consequência quando for possível afirmar que tal consequência não teria ocorrido, não fosse a atuação daquela causa, isto é, quando não se puder eliminar a causa sem prejuízo da consequência. Significa dizer, por outras palavras, que um fenômeno é condição de outro, quando o primeiro não puder ser suprimido mentalmente, sem que o resultado desapareça em sua forma particular.

Em seu auge, a teoria da equivalência dos antecedentes causais chegou a influenciar estatutos penais de diversos países, inclusive o Código Penal Brasileiro em vigor, não obstante, quanto ao tema da superveniência de causa relativamente independente, a legislação brasileira tenha acolhido a concepção de condição qualificada. No âmbito do direito civil, entretanto, a teoria da equivalência dos antecedentes causais acabou sendo considerada por demais ampla quanto aos seus efeitos, razão pela qual críticas não lhe faltaram.

Neste sentido, observa Wilson Mello da Silva[53] que a teoria da equivalência dos antecedentes causais "[...] pela nenhuma restrição à ampla regra do estabelecimento da relação de causa e efeito entre condições necessariamente dependentes uma das outras, embora lógica, pode conduzir a resultados aberrantes dentro do direito". Com efeito, responderia por homicídio culposo o sujeito que ao ferir levemente com uma pedra certo transeunte, acaba matando-o em razão de sua condição de homofílico, desconhecida pelo agressor. Diante disso, até os autores, como Demogue[54], a consideravam a única teoria cientificamente exata, "acusam-na de transformar a série causal em uma cadeia sem fim, por meio dos mais pitorescos exemplos. Ao afirmar que o nascimento de uma pessoa não pode, em absoluto, servir de causa do acidente de que ela própria foi vitima, o referido autor deixa entrever o ponto fraco da teoria".

---

(53) SILVA, Wilson Mello da. *Responsabilidade sem culpa.* 2. ed. São Paulo: Saraiva, 1974. p. 122.

(54) DEMOGUE, René. *Traité des obligations en general:* sources des obligations. Paris: Librarie, 1931. v. I, t. IV.

A teoria da equivalência dos antecedentes causais mereceu, portanto, as críticas da doutrina, em razão de seu excessivo apego à causalidade natural. Em passagem elucidativa, afirma Serpa Lopes[55] que não se deve confundir a relação de causalidade, que importa a determinação de elementos objetivos, externos, consistentes na atividade ou inatividade do seu sujeito atentatório dos direitos de terceiros, com a imputabilidade, que diz respeito a um elemento subjetivo, interno. A primeira trata de *impuctatio facti*; a segunda, de *impuctatio juris*. Além disso, conforme já advertia Wilson Mello da Silva[56]: "[...] quanto mais se procura remontar a causa primeira do evento, mais se aprofundaria, em verdadeira progressão geométrica, na infinita serie de antecedentes causais".

Esta teoria conduz o julgador a exageros inaceitáveis e, por consequência, a soluções invariavelmente injustas, razão pela qual deve ser afastada — tanto do âmbito do direito civil como no do direito do trabalho. Das reiteradas tentativas de evitar seus devaneios, acabou por derivar a distinção entre as diversas concausas. Isto é, já não mais se reconhece como causa toda *conditio sine qua non* do dano, senão apenas uma ou algumas determinadas, a serem individualizadas conforme o critério particular que se adote.

9.2. Teoria da causalidade adequada

A teoria da causalidade adequada examina a adequação da causa em função da probabilidade de determinado resultado vir a ocorrer, à luz da experiência comum. Significa dizer que a ação tem que ser idônea para conduzir o resultado. E, para que se verifique a adequação da causa, realiza-se um juízo retrospectivo de probabilidade que, no âmbito doutrinário, é denominado *"prognose póstuma"* e cuja fórmula se resume na seguinte indagação: *"la accion ou omision que se juzga era per se apta o adecuada para produzir normalmente esta consecuencia?"*

De acordo com esta teoria, quanto maior é a probabilidade com que determinada causa se apresenta para gerar um dano, tanto mais adequada é em relação a este dano. Não basta, então, que um fato seja condição de um evento. É preciso que se trate de uma condição tal que, normal ou regularmente, provoque o mesmo resultado. Esse é o chamado "juízo de probabilidade", realizado em abstrato — e não em concreto, considerando os fatos como efetivamente ocorreram. Assim, diante de uma pluralidade de concausas, indaga-se qual delas, em tese, poderia ser considerada apta a causar o resultado. Respondida esta primeira pergunta, questiona-se se essa causa, capaz de provocar o dano, é também hábil segundo as leis naturais.

---

(55) SERPA LOPES, Miguel Maria. *Curso de direito civil.* 4. ed. Rio de Janeiro: Freitas Bastos, 1995. v. 5, p. 219.

(56) SILVA, Wilson Mello da. *Responsabilidade sem culpa.* 2. ed. São Paulo: Saraiva, 1974. p. 122.

Nesse sentido, o processo hipotético de eliminação não é suficiente para que se determine a existência de uma relação de causalidade. É necessário que o julgador em sua análise, retroaja mentalmente até o momento da ação ou omissão para estabelecer se essa era ou não adequada para produzir o dano. Realize-se, assim, uma *"prognose póstuma"*, já que o julgador se coloca no momento da ação, como se o resultado não tivesse ocorrido, a fim de determinar sua probabilidade.

Nesse juízo ou prognóstico *a posteriori* de adequação abstrata, deve-se atender — e esta foi a opinião que prevaleceu — tanto as circunstâncias cognoscíveis à data da produção do fato, por uma pessoa normal (concepção objetivista ou prognóstico objetivo) como àquelas conhecidas do agente (concepção subjetivista ou prognóstico subjetivo). "Exemplo. C agride D com um pequeno encontrão, o qual em todo o caso lhe ocasiona a morte, devido a uma grave lesão craniana. A agressão de C a D não é, em princípio, adequada a pôr em perigo a vida deste último. Porém, se a deficiência de D era conhecida de C ou se este tinha a obrigação de conhecê-la, já existirá um nexo de causalidade adequado entra a agressão e a morte."[57]

Os críticos também não pouparam a teoria da causalidade adequada considerando-a demasiadamente filosófica, além de complexa e imprecisa. Até mesmo os autores que a defenderam com convicção admitem hoje que é preciso introduzir na teoria da causalidade adequada ao menos uma correção: a adequação não deve abranger apenas a causa e o efeito isoladamente considerados, mas todo o processo causal. É que, conforme adverte Pessoa Jorge, pode acontecer de o comportamento do agente ser adequado, por si e em abstrato, a provocar o dano, mas este se produza por um processo diferente.

> "Quando se diz que disparar um tiro contra alguém é causa adequada da morte, está naturalmente a pensar-se na hipótese de o projétil atingir órgãos vitais do visado: é pensando neste processo que podemos afirmar constituir causa adequada da morte o comportamento de quem aponta uma pistola para outra e prime o gatilho. Suponhamos, porém, que a vitima, apenas ligeiramente ferida venha a morrer num desastre da ambulância que a conduza ao hospital. Há aqui os dois polos da adequação causal (o disparar da pistola e a morte), simplesmente, o resultado não se produziu concretamente pelo processo porque o fato era abstratamente sua causa adequada."[58]

Neste exemplo, o agente que disparou a pistola não deve responder pela morte. Analisando-se todo o processo causal, fica claro que ocorreu interrupção do nexo causal por fato de terceiro: a conduta do motorista da ambulância que provoca o acidente (por exemplo, com o avanço indevido de um sinal de

---

(57) SILVA, Wilson Mello da. *Responsabilidade sem culpa*. 2. ed. São Paulo: Saraiva, 1974. p. 122.
(58) COSTA, Mário Júlio de Almeida. *Direito das obrigações*. 7. ed. Coimbra: Almedina, 1999. p. 675.

trânsito), interferiu na primeira série causal, provocando a sua interrupção. Hoje, quem defende a teoria da causalidade adequada acaba desta forma, ao final, analisando se houve ou não interrupção do nexo causal. Daí a teoria da causalidade adequada e a teoria do dano direto e imediato estarem, num certo sentido, convergindo, embora cada uma delas tenha seus próprios defensores.

Apesar das críticas, a teoria da causalidade adequada tem prevalecido em vários ordenamentos e é uma das teorias mais invocadas no Brasil, onde doutrina e jurisprudência se dividem entre esta e a teoria do dano direto e imediato, exposta a seguir.

9.3. Teoria do dano direto e imediato

A escola que teve mais êxito ao explicar a teoria do dano direto e imediato e, bem assim, o significado da expressão "direto e imediato", contida na redação do art. 403 do CC, foi a doutrina da necessariedade da causa que, criada por Dumoulin e Pothier[(59)], contou, aqui no Brasil, com o apoio de Agostinho Alvim. De acordo com a escola da necessariedade, o dever de reparar somente surge quando o evento danoso é efeito necessário de determinada causa.

Para seus defensores, a expressão "direto e imediato" deve ser interpretado, em conjunto, como "necessário". Segundo essa escola, ainda que a inexecução resulte de dolo do devedor, este só responde pelos danos que são consequência necessária do inadimplemento, mas, não pelos originados de outras circunstâncias de mera ocasião[(60)]. Excluem-se, pois, os danos ulteriores, oriundos de novas causas, sempre que estas não sejam efeito imediato e direto do inadimplemento da obrigação. A teoria do dano direto e imediato distingue portanto, entre o conjunto de antecedentes causais, a causa das demais condições.

Nesse sentido, conforme lição de Agostinho Alvim[(61)], a causa direta e imediata nem sempre é a mais próxima do dano, mas sim aquela que neces-

---

(59) POTHIER, R. J. *Tratado das obrigações*. Tradução de Adrian Sotero de Witt Batista e Douglas Dias Ferreira. Campinas: Servanda, 2002. p. 148-149.

(60) Anderson Schreiber informa neste particular que: "desenvolveu-se, deste modo, no âmbito da própria teoria da causalidade direta e imediata, a chamada subteoria da necessariedade causal, que entende que as expressões dano direto e dano imediato de forma substancial, como reveladoras de um liame de necessariedade — e não de simples proximidade — entre a causa e o efeito. Haverá assim, dever de reparar quando o evento danoso for efeito necessário de determinada causa. Desta forma, podem-se identificar danos indiretos, passíveis de ressarcimento, desde que sejam consequência necessária da conduta tomada como causa. De fato, a melhor doutrina conclui, atualmente, que a necessariedade consiste no verdadeiro núcleo da teoria da causalidade direta e imediata, não se excluindo a ressarcibilidade excepcional de danos indiretos, quando derivados necessariamente da causa em questão". *Novos paradigmas...*, cit., p. 58.

(61) ALVIM, Agostinho. *Da inexecução das obrigações e suas consequências*. 3. ed. São Paulo: Saraiva, 1995. p. 384.

sariamente o ensejou, pois não é a distância temporal entre a conduta e o dano que rompe o nexo causal. "A ideia central, enunciada e repetida pelos autores é, pois, a de que o aparecimento de outra causa é que rompe o nexo causal e não a distância entre a inexecução e o dano." O dano indireto pode ser passível de ressarcimento, contanto que seja consequência direta de um ato ilícito ou de uma atividade objetivamente considerada. Em regra, conforme salienta Agostinho Alvim, os danos indiretos ou remotos não são indenizáveis, porque quase sempre deixam de ser efeito necessário, em decorrência do aparecimento de concausas, mas se isso não ocorrer, eles devem ser indenizados.

A teoria do dano direto e imediato mostra-se mais apta a enfrentar o problema da causalidade múltipla do que as teorias expostas anteriormente. É a teoria adotada no Brasil, segundo grande parte da doutrina, não obstante a jurisprudência ainda vacile, invocando sem precisão científica outras teorias.

A teoria do dano direto e imediato não tem, como reconhece, o próprio Agostinho Alvim[62], o condão de resolver todas as dificuldades práticas que o tema suscita, mas é a que de modo mais simples traduz a ideia expressa no art. 403 do cc. A simples demonstração de que outra concausa concorreu com a conduta do agente para a produção do dano não o exime do dever de indenizar, no máximo atenua sua responsabilidade. Para que se exclua seu dever de indenizar, é preciso que se comprove que houve interrupção da cadeia causal, com a verificação de certos pressupostos.

Na prática, como se vê, a difícil questão de se saber onde chega o nexo causal, como já salientava Enneccerus[63], em que não se pode resolver *"nunca de uma maneira plenamente satisfactoria mediante reglas abstracas, sino que em los casos de duda há de resolverse por el juez segun su livre conviccion, poderando todas las circunstancias"*. E, ressalte-se, sem perder de vista a vítima, que deve ser sempre que possível amparada pelo direito, embora não a qualquer custo.

9.4. Interrupção do nexo causal

A interrupção do nexo de causalidade pode ocorrer, como reconhece a doutrina, por fato exclusivo de terceiro, da própria vítima ou por um evento de caso fortuito ou de força maior e, pressupõe: (i) a existência de um nexo de causalidade, a ser interrompido, entre o 1º fato e o dano; (ii) que o 2º fato seja completamente independente do primeiro, no sentido de que não seja uma consequência necessária (ou adequada) sua; (iii) que o 2º fato tenha provocado o efeito independentemente do 1º fato, de tal maneira que só a eficácia causal do 2º fato tenha operado o dano.

(62) ALVIM, Agostinho. *Da inexecução das obrigações e suas consequências*. 3. ed. São Paulo: Saraiva, 1995. p. 372.

(63) ENNECCERUS, Ludwig; KIPP, Theodor; WOLF, Martin. *Tratado de derecho civil:* derecho de obligaciones. 2. ed. Barcelona: Bosch, 1954. t. II, p. 67.

Sem o primeiro desses pressupostos não há que se falar de interrupção do nexo causal, mas apenas em ausência de causalidade. O segundo pressuposto refere-se à relação entre o 1º e o 2º fato (e não mais entre o 1º fato e o dano). Se não existir qualquer relação entre estes dois fatos, ou se entre o 1º fato existir apenas uma relação de mera condicionalidade, pode ocorrer a interrupção do nexo causal. No entanto, se entre o 1º e o 2º fato existir uma relação de necessariedade, de tal modo que o 2º fato seja consequência necessária do 1º, não há que se falar em interrupção do nexo causal. O 2º fato, nesta última hipótese, dependeu do 1º, ou seja, o 2º fato não significará uma interrupção do nexo, mas, ao revés, uma fase ou termo do processo causal 1º fato — dano".

Esses dois primeiros pressupostos são imprescindíveis, mas, por si só, não bastam para caracterizar a interrupção do nexo causal. Suponha-se o seguinte exemplo formulado por Pereira Coelho[64]: um veículo muito pesado por culpa do condutor, danifica gravemente uma casa que passa a ameaçar ruína. Poucos dias depois, a casa que já estava com estrutura danificada, desmorona em consequência de um ciclone. Não há dúvida: o 2º fato — ciclone — é independente do 1º fato (acidente com o veículo), que nem sequer o condicionou. Ocorre que foi justamente o estado de ruína da casa, provocado pelo 1º fato, que favoreceu a eficácia causal do 2º fato para a produção do dano. E se foi assim, o 1º fato cooperou efetivamente com o 2º, para o dano concretamente verificado. Nessas circunstâncias, também não se pode considerar interrompida a relação de causalidade".

Conclui-se que a exigência de que o 2º fato seja independente do 1º fato está certa, no sentido de que não seja uma sua consequência necessária, porém não é suficiente. Para ocorrer a interrupção do nexo causal é preciso, ainda, a presença de um terceiro pressuposto, qual seja, que o 2º fato tenha provocado o efeito independente do 1º fato, de forma que só a eficácia causal do 2º fato tenha operado o dano. Aqui uma observação se faz necessária: se o 1º fato for apenas condição do 2º, sem que efetivamente tenha favorecido a sua eficácia, a interrupção deve ser reconhecida. Do contrário, estar-se-ia aplicando a teoria da equivalência dos antecedentes causais.

9.5. A relativização ou mitigação do nexo causal na aferição da responsabilização objetiva

Se o foco jurisprudencial, e de certa forma doutrinário, na responsabilização objetiva passou a ser o de assegurar às vítimas, e no Direito do Trabalho especialmente ao empregado, a reparação pelos danos sofridos, este fato pode

(64) PEREIRA COELHO, Francisco Manuel. *O problema da causa virtual na responsabilidade civil*. Coimbra: Almedina, 1998. p. 32 e ss.

ser atribuído à paulatina ausência ou perda de rigor científico na apreciação do nexo de causalidade.

De acordo com Anderson Schreiber, a análise das decisões em sua totalidade revela, no entanto, o efeito negativo dos expedientes empregados pela jurisprudência. A ampla margem de discricionariedade na aferição da causalidade jurídica não apenas produz decisões incoerentes, mas também resulta, por toda parte, em certa insegurança no que concerne às suas próprias responsabilidades. Pior: a liberdade com que o Poder Judiciário trata a questão do nexo causal estimula pedidos de reparação, fundados mais na desgraça da vítima que em uma possibilidade jurídica de imputação dos infortúnios ao sujeito que se considera responsável. Fala-se, neste sentido, em vitimização social ou *blame culture*"[(65)].

Pelo exame da jurisprudência realmente chega-se à ilação de que o exame do nexo causal não obteve êxito em substituir o elemento culpa como obstáculo à reparação ou indenização na responsabilidade objetiva. E, conforme pensamento de Anderson Schreiber: "à semelhança com o que ocorreu com a prova da culpa, a prova do nexo causal parece tendente a sofrer, no seu papel de filtragem da reparação, uma erosão cada vez mais visível. O resultado desta tendência é a realização do pior temor dos juristas da Modernidade: a extraordinária expansão do dano ressarcível"[(66)].

---

(65) SCHREIBER, Anderson. *Novos paradigmas...*, cit., p. 75. Porém, o autor também destaca que: "é certo que tal cultura responde, em parte, a uma maior conscientização do cidadão e do consumidor com relação aos seus direitos e a um crescente acesso aos seus meios de tutela. Igualmente verdadeiro, que, em muitos casos, a responsabilização acaba alcançando agentes perpetradores de abusos frente aos quais a vítima permaneceria sem remédio na disciplina tradicional da responsabilidade civil. A via escolhida, contudo, embora pareça justificada em face destas premissas, mostra-se inconsistente. A presunção do nexo causal, não raro, imputa a responsabilidade de tragédias pessoais a outros indivíduos ou agentes econômicos que acabam suportando, individualmente, um ônus que uma postura coerente atribuiria à sociedade como um todo, e não simplesmente à pessoa mais próxima da fatalidade".

(66) *Idem*.

Capítulo II

Teoria do Risco e da Responsabilidade Civil Aplicáveis ao Direito do Trabalho

Estaremos desenvolvendo neste capítulo o entendimento sobre a Teoria do Risco e apresentando uma rápida síntese sobre as várias teorias da responsabilidade civil aplicáveis no caso concreto às lides trabalhistas.

1. A aplicação da teoria do risco no direito do trabalho e as teorias da responsabilidade civil

A Teoria do Risco surgiu como um avanço em relação à Teoria da Culpa Administrativa do Estado, uma vez que esta última, também denominada de Teoria do Acidente Administrativo, para identificar a culpa do Estado, exigia a apuração da culpa do serviço público e não a do agente público.

Antes de adentrar a Teoria do Risco propriamente dita, de maneira perfunctória, iremos discorrer sobre a teoria que a precedeu, ou seja, a Teoria do Risco Administrativo ou do Acidente Administrativo.

Na Teoria do Risco Administrativo, o evento culpa poderia ocorrer em três situações: a) em decorrência do não funcionamento do serviço público. Nessa hipótese, o lesado deveria provar que o dano ocorreu pelo simples fato de o serviço público não estar funcionando. Se o serviço estivesse em funcionamento o dano não teria ocorrido; b) na segunda hipótese, o serviço existe e foi realizado, embora com certo atraso, tendo provocado dano a terceiros; c) por último, o mau funcionamento do serviço público. Se o serviço tivesse sido prestado de forma regular, o dano não teria ocorrido.

O problema que se afigurava era justamente a colheita e a demonstração da prova do dano, ou seja, de que o serviço foi mal prestado ou que ocorreu atraso, posto que invariavelmente os padrões de qualidade técnica para se aferir cientificamente a prestação do serviço público são de difícil mensuração.

Nesse sentido, o surgimento da Teoria do Risco representou um grande avanço, pois ela se funda na Responsabilidade Objetiva, ou seja, sem a perquirição da culpa. Por essa teoria, a responsabilização do Estado ou de uma empresa não mais carece da comprovação da culpa de o agente público, ou do serviço público ou mesmo do particular, mas tão somente a demonstração do dano e do nexo etiológico(1) entre o dano e o serviço público ou o ato da empresa ou do empregado.

A Teoria do Risco tem fundamento principalmente na atividade estatal, que envolve o manejo de quantias fabulosas de recursos, bem como de uma grande coletividade de indivíduos, além da solidariedade social, já que toda a sociedade se beneficia da atividade estatal. Assim, o dano causado injustamente deverá ser socializado pela sociedade, no caso dos serviços públicos e ressarcido pela empresa privada, se a sua atividade econômica ensejou riscos para terceiros.

Na verdade, a Teoria do Risco desdobra-se em: Teoria do Risco Integral e do Risco Administrativo.

1.1. A teoria do risco integral

A Teoria do Risco Integral, quando aplicada ao Estado, não admite a possibilidade de qualquer tipo de excludente, ou seja, não isenta o Estado de qualquer responsabilidade, na hipótese de dano a terceiros.

---

(1) Recentemente foram promovidas alterações para obtenção do seguro acidente de trabalho, que irá facilitar a concessão de auxílio-doença, porque o trabalhador passa a não necessitar da CAT (Comunicação de Acidente de Trabalho), emitida pelos patrões. O decreto que regula a Lei n. 11.430/06 entrou em vigor em 1º de janeiro de 2008, mas é uma importante conquista para os trabalhadores e uma antiga reivindicação do movimento sindical.

Entre as medidas previstas no Decreto está a criação do Fator Acidentário de Prevenção (FAP), índice a ser multiplicado pelo número de acidentes da empresa. Quanto maior o número obtido, maior será a alíquota do seguro acidente de trabalho. Atualmente, as empresas pagam entre 1% e 3%; com as novas regras esse percentual irá variar de 0,5% a 6% do valor da folha de pagamento.

A partir do nexo técnico, inverte-se a obrigação do ônus da prova, ou seja, até agora o trabalhador é quem precisava provar que estava doente, ficando a cargo do médico da empresa, ou do INSS, conceder a emissão de CAT. O Decreto permite que a relação entre a doença contraída e o ambiente de trabalho (o nexo técnico) possa ser comprovada por meio de uma lista de doenças relacionadas a cada profissão, baseada em classificação internacional. A lista consta do decreto assinado pelo presidente. A Lei n. 11.430/06 que alterou a Lei n. 8.213/91, regulamenta os Planos de Benefícios da Previdência Social, inserindo o art. 21-A na referida norma, que assim dispõe:

"Art. 21-A. A perícia médica do INSS considerará caracterizada a natureza acidentária da incapacidade quando constatar ocorrência de nexo técnico epidemiológico entre o trabalho e o agravo, decorrente da relação entre a atividade da empresa e a entidade mórbida motivadora da incapacidade elencada na Classificação Internacional de Doenças — CID, em conformidade com o que dispuser o regulamento.

§ 1º A perícia médica do INSS deixará de aplicar o disposto neste artigo quando demonstrada a inexistência do nexo de que trata o *caput* deste artigo (Incluído pela Lei n. 11.430, de 2006).

§ 2º A empresa poderá requerer a não aplicação do nexo técnico epidemiológico, de cuja decisão caberá recurso com efeito suspensivo, da empresa ou do segurado, ao Conselho de Recursos da Previdência Social (Incluído pela Lei n. 11.430, de 2006)".

Em outras palavras, se houve dano ou lesão, o Estado deve ressarcir o lesado, mesmo que este esteja agindo por culpa (negligência, imprudência ou imperícia) e dolo.

Pelo fato de não existir excludentes da responsabilidade nessa teoria, ela poderia dar ensejo a eventual enriquecimento ilícito. Essa teoria nunca foi acolhida no ordenamento jurídico pátrio.

1.2. A teoria do risco administrativo

A Teoria do Risco Administrativo é bem mais moderada. No entanto, aceita a não discussão em relação aos elementos subjetivos da responsabilidade (culpa ou dolo), bem como se houve culpa do serviço público.

Para a responsabilização do Estado ou da empresa basta a verificação do nexo causal, ou seja, a relação fática entre o dano e a atividade estatal ou da empresa, que tenha provocado lesão a terceiros. Pelo fato de a atividade estatal e a das empresas ensejar riscos, decorrentes de suas próprias atividades, deverá existir a Responsabilidade Objetiva.

Não obstante, a Responsabilidade Objetiva não é absoluta, como na teoria anterior. Existem casos em que o Estado e a empresa se eximirão do pagamento da indenização. As excludentes de responsabilidade na Teoria do Risco, então, serão os casos de: a) fato exclusivo da vítima; b) fato exclusivo de terceiro; e c) força maior, que veremos mais adiante nesse trabalho.

É oportuno reafirmar que a Teoria do Risco, que foi incorporada agora ao Código Civil de 2002, no art. 927, constitui instituto já aplicado no Direito do Trabalho, no caso concreto há longa data, conforme preceitua o art. 2º, § 2º, da CLT.

Em rápidas palavras, podemos dizer que em sede de Responsabilidade Objetiva não se perquire sobre a existência ou não de culpa ou dolo do agente, ou seja, basta a existência do nexo causal (relação de causa e efeito) e do dano ou lesão. O que se leva em consideração, neste caso, é a ação ou atividade ou a omissão do agente, por si só considerada como potencialmente perigosa para terceiros.

2. *As teorias da responsabilidade civil*

Entre as várias teorias sobre o risco, podemos enumerar:

a) **a teoria do risco proveito**, baseada na ideia de que quem tira proveito ou vantagem de uma atividade e causa dano a outrem tem o dever de repará-lo;

b) **a teoria dos atos normais e anormais**, medidos pelo padrão médio da sociedade;

c) **a teoria do risco inerente à atividade econômica**. A teoria que melhor explica a responsabilidade objetiva, entretanto, é a do Risco Inerente à Atividade, adotada pelo novo Código Civil, pela qual o dever de reparar o dano surge da atividade normalmente exercida pelo agente que cria risco em potencial a direitos ou interesses alheios. Nesta teoria não se cogita de proveito ou vantagem para aquele que exerce a atividade, mas da atividade em si mesma que é potencialmente perigosa e geradora de riscos a terceiros. Para Caio Mário da Silva[2] ela prescinde de qualquer elemento subjetivo: basta a ocorrência do dano ligado a uma atividade geradora de risco, normalmente exercida pelo agente.

Não podemos deixar de reconhecer que sem embargo de toda a evolução da Teoria da Responsabilidade Objetiva entre nós, em face da disseminação de atividades perigosas na sociedade moderna, decorrentes do inusitado crescimento do macrossistema econômico no modo de produção capitalista, das evoluções tecnológicas, da crescente necessidade de trabalho humano em atividades potencialmente perigosas, que suscitam riscos de explosões, riscos nucleares, gases inflamáveis etc. ensejadores de riscos à saúde e à integridade das pessoas, notadamente de trabalhadores, ainda remanesce entre nós, de acordo com o novo Código Civil, a Teoria Subjetiva fundada na culpa, como a teoria catalisadora da responsabilidade civil.

Em nosso país, em decorrência da extensão territorial e da diversidade econômica e social, convivemos com empresas transnacionais globalizadas, altamente evoluídas no plano tecnológico, que operam com técnicas modernas de gestão e administração da produção, mitigando os riscos à integridade de seus empregados, com métodos modernos de Segurança e Medicina do Trabalho. Simultaneamente, convivemos com uma constelação de micro, pequenas e médias empresas, que, pela absoluta carência de recursos econômicos e financeiros, em muitos casos tendem a negligenciar aspectos inerentes à segurança de seus empregados, expondo, dessa forma, a maiores possibilidades de riscos à integridade física dos mesmos, que podem suscitar reparações na órbita da responsabilidade civil, seja de natureza subjetiva ou objetiva.

Isto não significa dizer que os acidentes de trabalho só ocorram nestas últimas. Eles ocorrem tanto nas grandes corporações, que empregam maior contingente de trabalhadores no mesmo local de trabalho, como nas micro, pequenas e médias empresas.

(2) SILVA, Caio Mário da. *Responsabilidade civil*. Rio de Janeiro: Forense, 1985. p. 284-285.

A saúde é um direito de todos, como preceitua o art. 196[3] da Constituição Federal de 1988 e o princípio da dignidade humana está realçado hoje a direito constitucional[4] e núcleo basilar de virtualmente todos os ordenamentos jurídicos. Basta a condição de ser humano que já lhe cabe a proteção do ordenamento jurídico, muito embora o nosso ordenamento jurídico já proteja o nascituro[5]. Podemos dizer que o princípio da dignidade humana (art. 1º, inciso III, da CF/88) constitui o fundamento de validade do Estado Democrático de Direito e, por que não dizer, fundamento de validade da própria preservação da espécie humana.

3. *Os direitos da pessoa humana e os princípios sensíveis da Constituição Federal de 1988*

Os direitos da pessoa humana também estão incluídos entre os princípios sensíveis da Constituição Federal que têm o condão de suscitar a intervenção da União nos Estados da federação, ou destes últimos nos municípios, como se depreende do art. 34 da Lei Maior, consoante declara:

> "Art. 34: A União não intervirá nos Estados nem no Distrito Federal, exceto para: [...] VII — assegurar a observância dos seguintes princípios constitucionais: a) forma republicana, sistema representativo e regime democrático; b) direitos da pessoa humana; c) autonomia municipal; d) prestação de contas da administração pública, direta e indireta; e e) aplicação do mínimo exigido da receita resultante de impostos estaduais, compreendida a proveniente de transferências, na manutenção e desenvolvimento do ensino e nas ações e serviços públicos de saúde."

Por outro lado, o Brasil ratificou a Convenção n. 155 da Organização Internacional do Trabalho, cujo texto assim dispõe:

> "O termo saúde, em relação ao trabalho, abrange não somente a ausência de afecções ou enfermidades, mas também os elementos físicos e mentais que afetam a saúde e estão diretamente relacionados com a segurança e higiene no trabalho."

Diante desse cipoal legislativo, de índole nacional e supranacional, podemos enunciar explicitamente que a sociedade moderna já não pode mais tolerar atos de discriminação, preconceitos, constrangimentos pessoais, assédio

---

(3) Art. 196 da Constituição Federal de 1988: "A saúde é direito de todos e dever do Estado, garantido mediante políticas sociais e econômicas que visem à redução do risco de doença e de outros agravos e ao acesso universal e igualitário às ações e serviços para sua promoção, proteção e recuperação".

(4) Art. 1º da Constituição Federal de 1988: "Dos Princípios Fundamentais. A República Federativa do Brasil, formada pela união indissolúvel dos Estados e Municípios e do Distrito Federal, constitui-se em Estado Democrático de Direito e tem como fundamentos: I — a soberania, II — a cidadania, III — a dignidade da pessoa humana; IV — os valores sociais do trabalho e da livre iniciativa; V — o pluralismo político".

(5) Art. 2º do novo Código Civil: A personalidade civil da pessoa começa do nascimento com vida; mas a lei põe a salvo, desde a concepção, os direitos do nascituro".

moral ou sexual em relação a certas categorias ou classes de pessoas menos privilegiadas, cuja garantia vem estampada inclusive no Código de Defesa do Consumidor (Lei n. 8.078/90) e em várias leis esparsas.

4. *O art. 93 da Lei n. 8.213/91 (garantia no emprego)*

O art. 93 da Lei n. 8.213/91, na esteira dessa proteção, criou um novo tipo de garantia de emprego aos deficientes físicos, como fica claro pelo texto do citado artigo:

> "Art. 93. A empresa com 100 (cem) ou mais empregados está obrigada a preencher de 2% (dois por cento) a 5% (cinco por cento) dos seus cargos com beneficiários reabilitados ou pessoas portadoras de deficiência, habilitadas, na seguinte proporção:
>
> I — até 200 empregados 2%;
>
> II — de 201 a 500..3%;
>
> III — de 501 a 1.000..4%;
>
> IV — de 1.001 em diante...5%.
>
> § 1º A dispensa de trabalhador reabilitado ou de deficiente habilitado ao final de contrato por prazo determinado de mais de 90 (noventa) dias, e a imotivada, no contrato por prazo indeterminado, só poderá ocorrer após a contratação de substituto de condição semelhante.
>
> § 2º O Ministério do Trabalho e da Previdência Social deverá gerar estatísticas sobre o total de empregados e as vagas preenchidas por reabilitados e deficientes habilitados, fornecendo-as, quando solicitadas, aos sindicatos ou entidades representativas dos empregados."

Existem inúmeros casos em trâmite nos Tribunais do Trabalho, nos quais os empregadores são multados pelos auditores fiscais do Ministério do Trabalho e Emprego pelo fato de não estarem cumprindo a cota legal acima mencionada, e invariavelmente recorrem buscando a anulação dos autos de infração lavrados, bem como das multas respectivas. Neste sentido, acórdão do TRT 1ª Região:

> RECURSO ORDINÁRIO. ART. 93 DA LEI N. 8.213/91. NULIDADE DA MULTA ADMINISTRATIVA. Não comprovado nos autos que a recorrida tenha, efetivamente, buscado a contratação de reabilitados e portadores de deficiência para compor seu quadro funcional, nos limites mínimos exigidos pela legislação (art. 93 da Lei n. 8.213/91), há de se reformar a r. sentença a fim de reconhecer a validade do auto de infração aplicado pelo Ministério do Trabalho. Recurso a que se dá provimento. RO. 00004950620125010411; publicação: 2013-12-03. 5ª Turma. Relator: Des. Enoque Ribeiro dos Santos.

Esse novo posicionamento veio juntar-se à proteção do trabalhador, nos casos de insalubridade, periculosidade, atividades penosas (ainda não regulamentado por lei complementar) e outras formas de proteção ao trabalho em ambientes perigosos ou deletérios à higidez física, mental e psíquica do trabalhador.

A empresa é o *locus* jurídico, por excelência, no âmbito do Direito das Obrigações, capaz de gerar em seu interior e mesmo em suas relações externas, no curso da relação de trabalho, atos suscetíveis de ensejar tal tipo de responsabilidade, seja por parte do empregador ou do empregado, em decorrência de atos ilícitos, atos lícitos ou decorrentes da própria atividade produtiva.

Sabemos que a finalidade precípua do Direito é a realização da justiça social e o ordenamento jurídico assegura a cada indivíduo, seja pessoa física ou jurídica, o exercício pleno de seus direitos, sejam eles de ordem patrimonial ou extrapatrimonial.

O patrimônio do homem, que é o objeto do Direito, é constituído do somatório de seus bens patrimoniais, aquilo que pode ser aferido economicamente, que é tangível, que de uma forma externa se agrega ao homem e se incorpora ao seu patrimônio, bem como aquela parte intangível, imaterial, constituída pelos seus sentimentos, seu caráter, seu pudor, sua honra, o que poderíamos denominar de homem interior.

Na verdade, como o homem possui duas naturezas, uma de ordem material e outra espiritual, possui, por conseguinte, dois patrimônios: um tangível e outro intangível.

Da mesma forma, a pessoa jurídica possui duas espécies de patrimônio: o tangível — constituído pelos bens materiais propriamente ditos — terreno, planta industrial, móveis e equipamentos industriais, máquinas, veículos, ferramentas etc., e o patrimônio intangível — constituído pela sua reputação, sua marca, sua tecnologia ou *know how* (*savoir faire*), sua imagem no mercado de bens e serviços. Esse bem extrapatrimonial da empresa pode também ser objeto de lesão em sua honra objetiva(6) (aquilo que a sociedade pensa da empresa, a imagem que ela tem no mercado), suscitando a ocorrência do dano moral para a pessoa jurídica, fato já pacificado na jurisprudência, consoante entendimento sumular do Superior Tribunal de Justiça(7).

Portanto, cabe ao Direito a proteção de seu objeto, a pessoa (o novo Código Civil, em seu art. 1º, quando trata da matéria substituiu a palavra homem por pessoa), em sua plenitude, ou seja, em ambos os patrimônios, o material e o imaterial. Em outras palavras, partindo da máxima popular "se alguém pode o mais, pode o menos", podemos aduzir, que se o direito protege aquilo que a maioria dos homens considera o "mais", ou seja, o grande contingente de direitos materiais ou patrimoniais, necessariamente também terá de proteger

---

(6) Art. 52. Aplica-se às pessoas jurídicas, no que couber, a proteção dos direitos da personalidade.
(7) STJ Súmula n. 227. A pessoa jurídica pode sofrer dano moral.

aquilo que eles consideram o "menos", ou seja, os direitos extrapatrimoniais, embora saibamos que, na verdade das coisas, prevalece a lógica inversa.

Em outras palavras, inversamente ao comportamento natural da maioria das pessoas e do que ela deixa transparecer, o mais sempre deve ser representado pelo seu patrimônio incorpóreo ou extrapatrimonial, isto é, o seu patrimônio moral, aquilo que representa o ser, o homem interior, que é eterno e o acompanha para sempre, enquanto o menos deve ser representado pelo patrimônio material, o ter, que é transitório, provisório, e se extingue para ele no momento de sua passagem para o outro plano de existência. Antes de ter, a pessoa precisa ser.

É por essas e outras razões que o estudo da responsabilidade subjetiva e objetiva e do dano moral reveste-se, nos dias de hoje, da maior relevância e atualidade para o Direito, tanto que um dos maiores juristas de todos os tempos, Marco Túlio Cicero, já dizia há 45 anos antes de Cristo, em seu livro *Da República*, que "a honra é o patrimônio dos grandes homens".

Portanto, os aspectos da responsabilidade objetiva e subjetiva no Direito do Trabalho, em face do novo Código Civil, apresentam interessantíssimos desdobramentos.

Podemos até mesmo dizer que, se existe um ramo no Direito em que esse tipo de responsabilidade seja fértil, em termos de reincidências, é justamente no Direito do Trabalho, pelo fato de as relações entre empregado e empregador serem perenes, de trato sucessivo e contínuo, diuturnas, possibilitando maior potencial de oportunidades de perpetração de ilícitos por uma das partes do contrato de trabalho, muito além do que ocorre nos contratos comuns do Direito Civil ou Direito Comercial ou mesmo do Código do Consumidor, em que as relações são tipicamente instantâneas, as partes na maioria das vezes estão em nível de igualdade econômica e social e, com exceção das relações de consumo, são raros os aspectos ligados à hipossuficiência de qualquer uma das partes.

5. A responsabilidade civil objetiva e subjetiva no direito do trabalho em face do novo Código Civil

Podemos afirmar com todas as letras que os aspectos da responsabilidade civil subjetiva e objetiva encontram um campo fértil de incidências, repetições e desenvolvimento na órbita das relações de trabalho.

O Direito do Trabalho aparece como o ramo do Direito em cujas delimitações a responsabilidade civil alcança seu máximo desenvolvimento, já que, neste caso, a proteção da personalidade adquire especial dimensão, tanto por sua primordial importância — dado o caráter pessoal, infungível e duradouro da relação de emprego — como por ter sido objeto de uma garantia jurídica especial, fundada nos princípios da proteção do empregado e da continuidade da relação de emprego, com esteio maior no princípio universal da dignidade da pessoa humana, que constitui um dos fundamentos do Estado Democrático de Direito, reafirmado pelo art. 1º, inciso III, da Constituição Federal de 1988.

O contrato de trabalho é caracterizado por ser de trato sucessivo, de atividade, com as prestações num repetir diário, ao longo do tempo, possibilitando o surgimento de danos, tanto ao empregador como ao empregado. A pessoalidade, a perenidade da relação, a infungibilidade, a subordinação, requisitos à configuração da figura do empregado (art. 3º da CLT), acabam por permitir situações em que o empregado pode ser alvo de algumas das situações típicas da responsabilidade civil objetiva ou subjetiva, com repercussões em sua honra, dignidade, boa fama, ou mesmo na sua integridade física e psíquica, como nos casos de acidente de trabalho ou de doença profissional, que invariavelmente podem provocar deformações físicas ou estéticas na pessoa do trabalhador.

Ações que buscam a condenação do empregador por responsabilidade objetiva e subjetiva se encontram entre as mais recorrentes nos Tribunais do Trabalho. Vejamos algumas ementas a respeito:

> "AGRAVO DE INSTRUMENTO. RECURSO DE REVISTA. ACIDENTE DO TRABALHO. RESPONSABILIDADE CIVIL DO EMPREGADOR. INDENIZAÇÃO POR DANOS MORAIS. RESPONSABILIDADE SOLIDÁRIA DA EMPRESA TOMADORA. DECISÃO DENEGATÓRIA. MANUTENÇÃO. O pleito de indenização por dano moral, estético e material resultante de acidente do trabalho e/ou doença profissional ou ocupacional supõe a presença de três requisitos: a) ocorrência do fato deflagrador do dano ou do próprio dano, que se constata pelo fato da doença ou do acidente, os quais, por si sós, agridem o patrimônio moral e emocional da pessoa trabalhadora (nesse sentido, o dano moral, em tais casos, verifica-se pela própria circunstância da ocorrência do malefício físico ou psíquico); b) nexo causal ou concausal, que se evidencia pela circunstância de o malefício ter ocorrido em face das circunstâncias laborativas; c) culpa empresarial, excetuadas as hipóteses de responsabilidade objetiva. Embora não se possa presumir a culpa em diversos casos de dano moral — em que a culpa tem de ser provada pelo autor da ação —, tratando-se de doença ocupacional, profissional ou de acidente do trabalho, essa culpa é presumida, em virtude de o empregador ter o controle e a direção sobre a estrutura, a dinâmica, a gestão e a operação do estabelecimento em que ocorreu o malefício. Na hipótese dos autos, consta no acórdão recorrido ser 'Incontroverso que o Reclamante acidentou-se na condição de trabalhador avulso' nas dependências da tomadora dos serviços (2ª Reclamada). A Reclamada insurge-se tão somente quanto à responsabilidade solidária a ela imputada, sendo, portanto, incontroverso o dano e o nexo causal. Em relação à culpa, o Tribunal Regional consignou que as Reclamadas 'sequer forneciam equipamentos de proteção realmente eficazes e que não fiscalizavam adequadamente as operações'. Diante desse quadro fático delineado, é, de fato, devido o pagamento de indenização pelos danos causados ao Obreiro, em razão do preenchimento dos requisitos legais exigidos (dano, nexo causal

e culpa empresarial). Ademais, como bem salientado pelo Tribunal Regional, a responsabilização solidária atribuída à 2ª Reclamada pelas verbas indenizatórias deferidas ao Autor tem fundamento no art. 942 do CCB, que determina que se a ofensa tiver mais de um autor, todos responderão solidariamente pela reparação. Nesse passo, a condenação solidária não decorreu da existência de grupo econômico, sucessão de empresas ou de terceirização, mas da presença dos elementos caracterizadores da responsabilidade civil, tendo sido demonstrados o dano, o nexo de causalidade e a conduta culposa da ora Agravante. Por outro lado, para analisar as assertivas recursais de inexistência de conduta culposa ou de nexo de causalidade, necessário seria a reanálise de todo o conteúdo fático-probatório dos autos, o que é inviável em se tratando de recurso de revista (Súmula n. 126/TST). Assim, não há como assegurar o processamento do recurso de revista quando o agravo de instrumento interposto não desconstitui os termos da decisão denegatória, que subsiste por seus próprios fundamentos. Agravo de instrumento desprovido." (AIRR 13472620115150039, Data de publicação: 19.9.2014. Orgão julgador: Terceira Turma. Relator: Ministro Maurício Godinho Delgado)

"ACIDENTE DE TRABALHO. INDENIZAÇÃO POR DANO MORAL E ESTÉTICO. CONTRATO DE PRESTAÇÃO DE SERVIÇOS. SOLIDARIEDADE. Comprovada a existência do nexo causal entre o dano e a atividade laborativa, bem como da culpa da empresa contratante e a prestadora de serviços, caracterizando sua negligência ou imprudência, cabe a responsabilização das empresas de forma solidária pela indenização por acidente de trabalho (arts. 932, III, 933 e 942, parágrafo único do Código Civil)." (RO-00480019200750l0246 Desembargadora Edith Maria Correa Tourinho, Terceira Turma, Data de Publicação: 30.1.2009)

"RECURSO DOS RECLAMANTES HERDEIROS. ACIDENTE DE TRABALHO. RISCO ACENTUADO DA ATIVIDADE. RESPONSABILIDADE CIVIL OBJETIVA E SUBJETIVA. A responsabilidade do empregador pelos danos morais e materiais decorrentes do acidente de trabalho, em regra, é subjetiva com base no art. 7º, XXVIII, da CF. Entretanto, há casos em que a atividade econômica explorada, por si só, já representa elevado risco, devendo ser aplicada, nessas hipóteses a responsabilidade objetiva, com fulcro parágrafo único do art. 927 do Código Civil. No caso em apreço, além de a atividade da empregadora caracterizar-se por um risco acentuado, atraindo a responsabilidade objetiva, também restou evidenciada sua culpa no que tange à fiscalização do meio ambiente laboral, de forma a mantê-lo seguro e saudável aos seus empregados, livre de riscos causadores de acidentes graves como o ora analisado." (Recurso obreiro parcialmente provido. Número do documento: 01540003320085010063. Recurso Ordinário. Data de publicação: 2014.3.18. Orgão julgador: Quinta Turma. Relator: Enoque Ribeiro dos Santos)

6. *A Súmula n. 341 do Supremo Tribunal Federal*

O Supremo Tribunal Federal, por meio da Súmula n. 341, atribuiu a responsabilidade ao empregador por atos do empregado ou preposto, como deflui de seu texto:

"É presumida a culpa do patrão ou comitente pelo ato culposo de seu empregado ou preposto."

Atualmente, o art. 932 do novo Código Civil positivou o enunciado dessa Súmula, como dispõe:

"Art. 932. São também responsáveis pela reparação civil:

III — o empregador ou comitente, por seus empregados, serviçais e prepostos, no exercício do trabalho que lhes competir, ou em razão dele."

Já a teoria da responsabilidade objetiva no novo Código Civil é baseada na Teoria do Risco, decorrente da própria atividade do empregador ou da empresa, quando coloca o patrimônio material ou extrapatrimonial de terceiros, entre eles o de seus empregados, em risco potencial. Neste caso, apenas basta a prova do prejuízo e o nexo de causalidade para que o perpetrador do ato seja obrigado à reparação ou indenização.

7. A responsabilidade civil subjetiva

A responsabilidade civil subjetiva vem inserida no art. 186: "aquele que, por ação ou omissão voluntária, negligência ou imprudência, violar direito e causar dano a outrem, ainda que exclusivamente moral, comete ato ilícito".

Logo, para que se configure o ato ilícito, ou seja, o ato praticado em desacordo com a ordem jurídica, violando o direito subjetivo individual, é necessário que haja a concorrência dos seguintes elementos: a) fato lesivo voluntário, causado pelo agente, por ação ou omissão voluntária, negligência ou imprudência; b) ocorrência de um dano patrimonial ou moral, sendo que a Súmula n. 37 do Superior Tribunal de Justiça admite a cumulação das indenizações por danos material e moral decorrentes do mesmo fato; e c) o nexo de causalidade ou etiológico entre o dano e o comportamento do agente.

8. O abuso ou exercício irregular de um direito

O art. 187 do Código Civil traz, também, o conceito de abuso de direito ou exercício irregular do direito que poderá ensejar a responsabilidade civil.

Diz o art. 187:

"Também comete ato ilícito o titular de um direito que, ao exercê-lo, excede manifestamente os limites impostos pelo seu fim econômico ou social, pela boa-fé ou pelos bons costumes."

Sabemos que o uso de um direito, poder ou coisa, além do que é permitido, que extrapole as limitações jurídicas e venha a lesar direito de outrem, acarreta, como consequência, o dever de indenizar. Sob a aparência de um ato lícito ou perfeito, pode estar camuflada a ilicitude no seu resultado, atentando contra os princípios universais da boa-fé e dos bons costumes, seja por desvio de finalidade ou mesmo da função social para a qual o Direito foi criado. Da mesma forma, não cabe qualquer tipo de indenização, por estarem amparados pelo Direito, os atos praticados em legítima defesa ou no exercício regular de um direito reconhecido.

Neste sentido, a ementa do TRT 1ª Região:

> "RECURSO ORDINÁRIO. ABUSO DO PODER DIRETIVO. CONFIGURAÇÃO. DANO MORAL. Considerando que a reclamada manteve labor em abuso de poder diretivo em relação ao autor, entendo presentes os elementos configuradores do dano moral, quais sejam: o ato ilícito, com fulcro no art. 186 e 187 do Código Civil, o nexo causal e o prejuízo (dano) ao patrimônio moral do ofendido. Isto porque, o uso de um direito, poder ou coisa, além do que é permitido, que extrapole as limitações jurídicas e venha a lesar direito de outrem, acarreta, como consequência, o dever de indenizar. Dessarte, sob a aparência de um ato lícito ou perfeito, pode, como no presente caso, estar camuflada a ilicitude no seu resultado, atentando contra os princípios universais da boa fé e dos bons costumes, seja no desvio de finalidade ou mesmo da função social para o qual o Direito foi criado. Apelo a que se nega provimento." (Número do documento: 00022114120125010226; Recurso Ordinário. Data de publicação: 2013.12.17. Órgão julgador: Quinta Turma. Relator: Des. Enoque Ribeiro dos Santos)

9. A responsabilidade objetiva

Por meio de uma interpretação analógica, podemos dizer que o desvio de finalidade do art. 187 pode ser comparado ao desvio de função nas relações de trabalho, que acarreta para o empregador a responsabilidade pelo pagamento das diferenças salariais respectivas.

Declara a Orientação Jurisprudencial (OJ n. 125 da SDI I do TST) *in verbis*:

> "Desvio de Função. Quadro de Carreira. (Alterado em 13.3.2002) O simples desvio funcional do empregado não gera direito a novo enquadramento, mas apenas às diferenças salariais respectivas, mesmo que o desvio de função haja iniciado antes da vigência da CF/1988."

Tal situação configura típico caso de responsabilidade objetiva do empregador pelo pagamento das diferenças salariais.

Da mesma forma que os princípios da eticidade, a operabilidade e a socialidade nortearam a criação do novo Código Civil, podemos dizer que o conceito de responsabilidade civil objetiva e a subjetiva, que agora se complementam no sentido de dar proteção ao ofendido, transmutou-se de uma concepção individual, por que não dizer egoísta, para assumir na atualidade uma concepção fundamentalmente social, com ênfase no pronome "nós", que se reflete com clareza solar no *nos otros* dos castelhanos, postando-se em linha com os institutos modernos de proteção à dignidade da pessoa humana.

Os arts. 931 e 932 também se completam ao referenciar os atos ensejadores de reparação civil.

O art. 931 estatui:

"Ressalvados outros casos previstos em lei especial, os empresários individuais e as empresas respondem independentemente de culpa pelos danos causados pelos produtos postos em circulação."

Esse artigo é compatível com o art. 14 do Código de Defesa do Consumidor(8) (Lei n. 8.078/90), que adotou a teoria da responsabilidade objetiva do empresário pelos danos causados pelos produtos postos em circulação. Podemos aduzir daqui, *a contrario sensu*, que a pessoa jurídica, além de ser agente ativo de atos ensejadores de reparação civil, também pode se colocar no plano passivo, ao figurar como vítima de atos desabonadores à sua honra objetiva, embora, com a devida vênia, não concordamos inteiramente com o disposto na Súmula n. 227, a seguir mencionada.

10. A Súmula n. 227 do Superior Tribunal de Justiça

Estabelece a Súmula n. 227 do ST :

"A pessoa jurídica pode sofrer dano moral."

Pelo fato de a empresa constituir uma ficção jurídica, ou seja, uma criação dos homens, ela só se apresenta como um ente material, desprovido de alma e espírito. Assim sendo, eventual mácula contra tal entidade poderá afetar tão somente a sua honra objetiva, ou seja, a imagem que a sociedade ou o público têm sobre ela. Dessa forma, a empresa não poderá sofrer um dano moral

(8) Art. 14. O fornecedor de serviços responde, independentemente da existência de culpa, pela reparação dos danos causados aos consumidores por defeitos relativos à prestação dos serviços, bem como por informações insuficientes ou inadequadas sobre sua fruição e riscos.

§ 1º O serviço é defeituoso quando não fornece a segurança que o consumidor dele pode esperar, levando-se em consideração as circunstâncias relevantes, entre as quais:

I — o modo de seu fornecimento;

II — o resultado e os riscos que razoavelmente dele se esperam;

III — a época em que foi fornecido.

§ 2º O serviço não é considerado defeituoso pela adoção de novas técnicas.

§ 3º O fornecedor de serviços só não será responsabilizado quando provar:

I — que, tendo prestado o serviço, o defeito inexiste;

II — a culpa exclusiva do consumidor ou de terceiro.

§ 4º A responsabilidade pessoal dos profissionais liberais será apurada mediante a verificação de culpa.

puro decorrente de um ato ilícito, posto que o seu sofrimento jamais será de natureza espiritual.

Nesse sentido, a Súmula n. 227 do STJ no nosso modesto entendimento terá de ser, necessariamente, interpretada com certas restrições: a pessoa jurídica poderá sofrer dano moral, decorrente de ferimento em sua honra objetiva, e daí, o fato imputável será suscetível meramente de indenização por danos materiais, à sua imagem, reputação ou boa fama no mercado de produtos ou serviços, cuja indenização pecuniária poderá eventualmente ser cumulada com uma retratação ou desagravo público com o fito de limpar sua imagem e reconduzi-la ao *status quo ante bellum*.

O mesmo entendimento nunca poderá ser extensivo à pessoa humana, pois, na verdade, quando se demanda em juízo a reparação pelo dano moral sofrido não se busca, em essência, um valor pecuniário para a sua dor espiritual. No fundo, o que se busca é um reconhecimento do Estado, por meio do Judiciário, e por conseguinte da sociedade, de que foi realmente vitimado por um ato ilícito, injusto, desonroso, às vezes de profundo estresse e humilhação, se de natureza subjetiva na clássica configuração: dor — sofrimento — humilhação ou vergonha.

Desse modo, a indenização pecuniária ou mesmo *in natura* devida à pessoa física tem o condão de provocar no lesado um novo e inusitado estado de coisas — um sentimento de consolação, de compreensão, de alívio e mesmo de conforto ao seu "eu interior" — mitigando-lhe a dor outrora sofrida (quando, na maioria das vezes, ele já não tinha mais esperança de se ver recompensado ou reconfortado), proporcionando-lhe um lenitivo para seu espírito, um refrigério para sua alma, para que ele tente apagar, pelo menos em parte, as agruras de que foi vitimado, em decorrência do ato ilícito com que foi acometido[9].

11. A integração do Código de Defesa do Consumidor (Lei n. 8.078/90), do novo Código Civil e do Direito do Trabalho em matéria de responsabilidade objetiva

É relevante também destacar uma acentuada evolução apresentada pela responsabilidade civil das pessoas jurídicas, que, da fórmula limitativa constante do art. 1.522 do Código Civil de 1916, pelo qual somente as pessoas jurídicas que exercessem exploração industrial deveriam ser responsabilizadas pelos atos de seus empregados ou prepostos, passaram a ter a obrigação de ampla reparação, não apenas de índole civil, mas também de natureza penal

(9) SANTOS, Enoque Ribeiro dos. Contribuições à fixação da indenização do dano moral trabalhista. A tese da aplicação dos *exemplary* ou *punitive damages*. *Revista Direito do Trabalho*. Coord: Nelson Mannrich. São Paulo, Revista dos Tribunais, ano 30, n. 114, p. 198, abr./jun. 2004.

nas causas que envolvem o meio ambiente, a ecologia, os direitos metaindividuais, difusos, coletivos, principalmente em face do Código do Consumidor. Podemos aqui citar o exemplo das pessoas jurídicas de direito público que deixaram o princípio da culpa e passaram a adotar a Teoria do Risco Administrativo (Constituição Federal, art. 37[10], § 6º).

A boa hermenêutica passou a considerar toda e qualquer pessoa jurídica como responsável, tenha ou não fins lucrativos (religiosos, empresas de benemerência, literárias, científicas etc.). Com o Código do Consumidor ampliou-se ainda mais a responsabilidade civil das pessoas jurídicas, que, diante de relações de consumo, têm responsabilidade objetiva, independentemente da culpa.

Temos no art. 932 do Código Civil exemplo notável de responsabilidade da empresa:

> "São também responsáveis pela reparação civil: III — o empregador ou comitente, por seus empregados, serviçais e prepostos, no exercício do trabalho que lhes competir, ou em razão dele."

Estes são os típicos casos de responsabilidade objetiva indireta ou oblíqua, se o ato é praticado por terceiro, seja ele empregado, preposto, serviçal ou prestador de serviço ligado ao imputado, e essa ligação deve constar da lei.

Esse tipo de responsabilidade existe porque a antijuridicidade da conduta, por si só, ou seja, a responsabilidade direta do agente não satisfaz o anseio da justiça aristotélica distributiva — com base no brocardo extraído do clássico *Ética a Nicômano — dar a cada um o que é seu* — fazendo com que haja a necessidade de transcender ou ir além da pessoa causadora do ato ilícito, por sua condição de dependência ou subordinação, para atingir a pessoa do responsável pelo agente causador do dano, desde que haja uma vinculação jurídica entre o responsável indireto (empregador ou empresa) e o responsável direto (empregado, preposto, prestador de serviço).

A interpretação da lei na responsabilidade civil indireta é sempre restritiva, a não ser nos casos explicitamente previstos na lei. Podemos dizer que existe certa analogia entre o art. 942 do Código Civil, que trata da responsabilidade solidária, com o art. 37, parágrafo VI, da Constituição Federal, ou seja, a empresa, assim como o Estado (administração pública direta, indireta, fundações, autarquias e empresas concessionárias, permissionárias) respondem pelos atos praticados pelos seus agentes, quando por ação ou omissão agem em nome dessas entidades. Responderão, porém, por dolo ou culpa, por ação autônoma de direito de regresso, com seus patrimônios pessoais.

---

(10) Art. 37 da Constituição Federal. § 6º As pessoas jurídicas de direito público e as de direito privado prestadoras de serviços públicos responderão pelos danos que seus agentes, nessa qualidade, causarem a terceiros, assegurado o direito de regresso contra o responsável nos casos de dolo ou culpa.

Já o art. 933[11] do Código Civil, que trata da responsabilidade indireta ou oblíqua, adota, em sua plenitude, a responsabilidade civil objetiva, independentemente de culpa.

Se o ato lesivo foi perpetrado por pessoa jurídica, devemos distinguir se foi praticado por meio de representante legal ou estatutário ou de empregado (preposto, prestador de serviço, serviçal etc.).

No primeiro caso, a empresa responde, sem que se tenha de fazer qualquer indagação sobre a culpabilidade. No segundo caso, para que a pessoa jurídica possa ser responsabilizada, é necessário que o agente tenha praticado o ato ilícito no exercício de suas funções (inciso III do art. 932), cabendo sempre o direito de regresso contra o causador do dano. Assim sendo, no caso de pessoa jurídica, deve-se sempre verificar a espécie de empresa e a condição do agente, ou seja, se age em nome da entidade ou a seu serviço.

Para a aplicação da teoria da responsabilidade objetiva e subjetiva as disposições legais procuram disciplinar a responsabilidade civil da empresa, dos sócios e dos administradores em se tratando dos vários tipos de sociedade, seja ela sociedade anônima, em nome coletivo, limitada, por comandita simples ou por ações etc. Entretanto, o princípio que prevalece é o da responsabilização da pessoa jurídica, quanto aos atos praticados em sua atividade, levando-se em consideração a sua natureza jurídica.

O art. 50 do novo Código Civil firma a responsabilidade dos administradores e sócios, por meio da despersonalização da pessoa jurídica, em caso de abuso de personalidade jurídica, caracterizado pelo desvio de finalidade ou pela confusão patrimonial.

Diz o art. 50 do Novo Código Civil:

> "Art. 50. Em caso de abuso da personalidade jurídica, caracterizado pelo desvio de finalidade, ou pela confusão patrimonial, pode o juiz decidir, a requerimento da parte, ou do Ministério Público quando lhe couber intervir no processo, que os efeitos de certas e determinadas relações de obrigações sejam estendidos aos bens particulares dos administradores ou sócios da pessoa jurídica."

---

(11) Art. 932. São também responsáveis pela reparação civil:

I — os pais, pelos filhos menores que estiverem sob sua autoridade e em sua companhia;

II — o tutor e o curador, pelos pupilos e curatelados, que se acharem nas mesmas condições;

III — o empregador ou comitente, por seus empregados, serviçais e prepostos, no exercício do trabalho que lhes competir, ou em razão dele;

IV — os donos de hotéis, hospedarias, casas ou estabelecimentos onde se albergue por dinheiro, mesmo para fins de educação, pelos seus hóspedes, moradores e educandos;

V — os que gratuitamente houverem participado nos produtos do crime, até a concorrente quantia.

Art. 933. As pessoas indicadas nos incisos I a V do artigo antecedente, ainda que não haja culpa de sua parte, responderão pelos atos praticados pelos terceiros ali referidos.

Vê-se que esse artigo guarda íntima correlação com o art. 28 do Código de Defesa do Consumidor[12], com o art. 135, inciso III, do Código Tributário Nacional[13], e art. 2º da Consolidação das Leis Trabalhistas.

No que tange aos administradores responsáveis, a lei não distingue entre associados, prestadores de serviços, voluntários, empregados, contadores etc. Seja qual for a natureza da relação jurídica mantida pelo administrador com a pessoa jurídica que administra, ele responde civilmente, em caso de abuso de personalidade jurídica, por atos de sua gestão.

O empregador responde perante terceiros (inclusive em face de outros empregados, clientes etc.) pelos atos de seus prepostos "no exercício do trabalho que lhes competir, ou em razão dele" (art. 932, inciso III), o que lhe assegura o direito de regresso, "salvo se o causador do dano for descendente seu, absoluta ou relativamente incapaz" (art. 934)[14].

Na hipótese de inadimplência contratual do empregador por culpa do empregado, este apenas responderá regressivamente pelas custas, honorários advocatícios e juros de mora acrescidos à prestação principal, bem como pela indenização complementar referida no parágrafo único do art. 404[15] do novo Código Civil. Isso pelo fato de a obrigação principal decorrer da obrigação contratual assumida pelo empregador, da qual ele não pode se esquivar, mesmo que o inadimplemento decorra de ato culposo de seu empregado ou preposto.

---

(12) Art. 28. O juiz poderá desconsiderar a personalidade jurídica da sociedade quando, em detrimento do consumidor, houver abuso de direito, excesso de poder, infração da lei, fato ou ato ilícito ou violação dos estatutos ou contrato social. A desconsideração também será efetivada quando houver falência, estado de insolvência, encerramento ou inatividade da pessoa jurídica provocados por má administração.

§ 1º (Vetado).

§ 2º As sociedades integrantes dos grupos societários e as sociedades controladas, são subsidiariamente responsáveis pelas obrigações decorrentes deste código.

§ 3º As sociedades consorciadas são solidariamente responsáveis pelas obrigações decorrentes deste código.

§ 4º As sociedades coligadas só responderão por culpa.

§ 5º Também poderá ser desconsiderada a pessoa jurídica sempre que sua personalidade for, de alguma forma, obstáculo ao ressarcimento de prejuízos causados aos consumidores.

(13) Art. 135. São pessoalmente responsáveis pelos créditos correspondentes a obrigações tributárias resultantes de atos praticados com excesso de poderes ou infração de lei, contrato social ou estatutos:

I — as pessoas referidas no artigo anterior;

II — os mandatários, prepostos e empregados;

III — os diretores, gerentes ou representantes de pessoas jurídicas de direito privado.

(14) Art. 934. Aquele que ressarcir o dano causado por outrem pode reaver o que houver pago daquele por quem pagou, salvo se o causador do dano for descendente seu, absoluta ou relativamente incapaz.

(15) Art. 404. As perdas e danos, nas obrigações de pagamento em dinheiro, serão pagas com atualização monetária segundo índices oficiais regularmente estabelecidos, abrangendo juros, custas e honorários de advogado, sem prejuízo da pena convencional.

Parágrafo único. Provado que os juros da mora não cobrem o prejuízo, e não havendo pena convencional, pode o juiz conceder ao credor indenização suplementar.

O § 1º do art. 462[16] da CLT estipula que em caso de dolo, o empregado pode sofrer descontos em seu salário, independentemente de autorização. Já na hipótese de ato culposo, o desconto depende de expressa autorização do empregado.

O art. 1.175[17] do novo Código Civil trata da responsabilidade subsidiária (ou secundária) do empregado, quando ele age em nome da empresa causando danos a terceiros pela inadimplência contratual.

Este artigo limita-se ao empregado-gerente por expressa disposição legal. Seria o caso, por exemplo, do gerente que, em nome da empresa, se responsabiliza pelo não pagamento de direitos assegurados aos empregados por norma coletiva. Nessa hipótese, tanto o gerente como a empresa respondem pela inadimplência. Obviamente, a responsabilidade principal é do empregador, já que o pagamento daquelas verbas faz parte de suas obrigações principais.

12. *A* culpa in eligendo *e* in vigilando *da empresa*

Do art. 933 do Código Civil, *retro* mencionado, podemos inferir a culpa *in eligendo* e a culpa *in vigilando* para ensejar a responsabilidade civil. No que respeita ao empregador, a culpa pode se configurar em ambos os casos: *in eligendo* e *in vigilando*. No caso de responsabilidade do empregador por atos de seus empregados, a interpretação jurisprudencial orientava-se no sentido de não aceitar a prova da ausência de culpa *in eligendo* do patrão.

A culpa *in vigilando* cabe nos casos de acidente de trabalho por negligência patronal em exigir, verificar e acompanhar se os equipamentos de segurança estão sendo efetivamente utilizados pelos empregados.

---

(16) Art. 462. Ao empregador é vedado efetuar qualquer desconto nos salários do empregado, salvo quando este resultar de adiantamentos, de dispositivos de lei ou convenção coletiva. (Redação dada ao *caput* pelo Decreto-Lei n. 229, de 28.2.1967)

§ 1º Em caso de dano causado pelo empregado, o desconto será lícito, desde que esta possibilidade tenha sido acordada ou na ocorrência de dolo do empregado. (Antigo parágrafo único renumerado pelo Decreto-Lei n. 229, de 28.2.1967)

§ 2º É vedado à empresa que mantiver armazém para venda de mercadorias aos empregados ou serviços destinados a proporcionar-lhes prestações *in natura* exercer qualquer coação ou induzimento no sentido de que os empregados se utilizem do armazém ou dos serviços. (Parágrafo acrescentado pelo Decreto-Lei n. 229, de 28.2.1967)

§ 3º Sempre que não for possível o acesso dos empregados a armazém ou serviços não mantidos pela empresa, é lícito à autoridade competente determinar a adoção de medidas adequadas, visando a que as mercadorias sejam vendidas e os serviços prestados a preços razoáveis, sem intuito de lucro e sempre em benefício dos empregados. (Parágrafo acrescentado pelo Decreto-Lei n. 229, de 28.2.1967)

§ 4º Observado o disposto neste Capítulo, é vedado às empresas limitar, por qualquer forma, a liberdade dos empregados de dispor do seu salário. (Parágrafo acrescentado pelo Decreto-Lei n. 229, de 28.2.1967).

(17) Art. 1.175. O preponente responde com o gerente pelos atos que este pratique em seu próprio nome, mas à conta daquele.

Atualmente no novo Código Civil, o empregador ou a empresa, no que respeita aos atos praticados pelo empregado, bem como daqueles que, mesmo gratuitamente, tenham participado de produtos de crime, passaram a responder objetivamente pelos danos causados, ou seja, independentemente de culpa.

Deve-se registrar que, em todos os casos de responsabilidade indireta, vigora o princípio do direito de regresso daquele que suporta seus efeitos contra o agente que tiver praticado o ato antijurídico, exceto na hipótese da responsabilidade paterna, em face de motivos de ordem moral e de organização familiar.

13. A responsabilidade civil e a responsabilidade criminal

A responsabilidade civil independe da criminal e o magistrado, no caso concreto não precisa sobrestar o feito para aguardar a decisão do magistrado da Justiça Criminal, caso esteja em desenvolvimento processo neste juízo envolvendo o reclamante de uma ação trabalhista.

O art. 935 do Código Civil dispõe:

> "Art. 935. A responsabilidade civil é independente da criminal, não se podendo questionar mais sobre a existência do fato, ou sobre quem seja o seu autor, quando estas questões se acharem decididas no juízo criminal."

Poderíamos destacar neste tópico alguns casos típicos de dispensa do trabalhador por justa causa, dispostos no art. 482 da CLT[18].

---

(18) Art. 482. Constituem justa causa para rescisão do contrato de trabalho pelo empregador:

a) ato de improbidade;

b) incontinência de conduta ou mau procedimento;

c) negociação habitual por conta própria ou alheia sem permissão do empregador, e quando constituir ato de concorrência à empresa para a qual trabalha o empregado, ou for prejudicial ao serviço;

d) condenação criminal do empregado, passada em julgado, caso não tenha havido suspensão da execução da pena;

e) desídia no desempenho das respectivas funções;

f) embriaguez habitual ou em serviço;

g) violação de segredo da empresa;

h) ato de indisciplina ou de insubordinação;

i) abandono de emprego;

j) ato lesivo da honra ou da boa fama praticado no serviço contra qualquer pessoa, ou ofensas físicas, nas mesmas condições, salvo em caso de legítima defesa, própria ou de outrem;

k) ato lesivo da honra e boa fama ou ofensas físicas praticadas contra o empregador e superiores hierárquicos, salvo em caso de legítima defesa, própria ou de outrem;

l) prática constante de jogos de azar.

Parágrafo único. Constitui igualmente justa causa para dispensa de empregado, a prática, devidamente comprovada em inquérito administrativo, de atos atentatórios à segurança nacional. (Parágrafo acrescentado pelo Decreto-Lei n. 3, de 27.1.1966)

13.1. Quebra do sigilo bancário do empregador. Possibilidade

É possível a quebra do sigilo bancário do empregador, nos casos de pagamento de salário por fora (extrafolha). Nesse caso, existe a possibilidade e cabimento do mandado de segurança?

A quebra do sigilo bancário do empregador é admissível, nos termos do § 4º, inciso VII, da Lei Complementar n. 105/01, para a instrução processual de ação trabalhista em que se discute a existência de pagamento por fora, em razão de esse ato, em tese, configurar ilícito penal (art. 297, § 3º, inciso III e § 4º, do Código Penal).

Entretanto, a quebra de sigilo, por seu caráter excepcional, não pode ser feita de forma indiscriminada e sem que se visualize de antemão a real eficácia prática dessa medida. Assim sendo, se o empregado declara que o pagamento "por fora" foi feito em dinheiro, sem especificar os valores que lhe eram pagos, não se pode concluir pela procedência da quebra do sigilo bancário do empregador, de forma efetiva, por sua real movimentação financeira a essa prática ilícita.

De outro lado, admite-se a quebra na hipótese de serem indicados efetivamente os valores e épocas dos pagamentos realizados de forma extrafolha ou extracontábil.

LC n. 105/01 (sigilo bancário das instituições financeiras):

"Art. 1º

§ 4º A quebra de sigilo poderá ser decretada, **quando necessária para apuração de ocorrência de qualquer ilícito, em qualquer fase do inquérito ou do processo judicial**, e especialmente nos seguintes crimes:

I — de terrorismo;

Art. 483. O empregado poderá considerar rescindido o contrato e pleitear a devida indenização quando:
a) forem exigidos serviços superiores às suas forças, defesos por lei, contrários aos bons costumes, ou alheios ao contrato;
b) for tratado pelo empregador ou por seus superiores hierárquicos com rigor excessivo;
c) correr perigo manifesto de mal considerável;
d) não cumprir o empregador as obrigações do contrato;
e) praticar o empregador ou seus prepostos, contra ele ou pessoas de sua família, ato lesivo da honra e boa fama;
f) o empregador ou seus prepostos ofenderem-no fisicamente, salvo em caso de legítima defesa, própria ou de outrem;
g) o empregador reduzir o seu trabalho, sendo este por peça ou tarefa, de forma a afetar sensivelmente a importância dos salários.
§ 1º O empregado poderá suspender a prestação dos serviços ou rescindir o contrato, quando tiver de desempenhar obrigações legais, incompatíveis com a continuação do serviço.
§ 2º No caso de morte do empregador constituído em empresa individual, é facultado ao empregado rescindir o contrato de trabalho.
§ 3º Nas hipóteses das letras *d* e *g*, poderá o empregado pleitear a rescisão de seu contrato de trabalho e pagamento das respectivas indenizações, permanecendo ou não no serviço até final decisão do processo. (Parágrafo acrescentado pela Lei n. 4.825, de 5.11.1965)

II — de tráfico ilícito de substâncias entorpecentes ou drogas afins;

III — de contrabando ou tráfico de armas, munições ou material destinado a sua produção;

IV — de extorsão mediante sequestro;

V — contra o sistema financeiro nacional;

VI — contra a Administração Pública;

VII — contra a ordem tributária e a previdência social;

VIII — lavagem de dinheiro ou ocultação de bens, direitos e valores;

IX — praticado por organização criminosa."

Falsificação de documento público

"Art. 297. Falsificar, no todo ou em parte, documento público, ou alterar documento público verdadeiro:

Pena — reclusão de 2 (dois) a 6 (seis) anos, e multa.

§ 1º Se o agente é funcionário público, e comete o crime prevalecendo-se do cargo, aumenta-se a pena de sexta parte.

§ 2º Para os efeitos penais, equiparam-se a documento público o emanado de entidade paraestatal, o título ao portador ou transmissível por endosso, as ações de sociedade comercial, os livros mercantis e o testamento particular.

§ 3º Nas mesmas penas incorre quem insere ou faz inserir: (AC)

I — na folha de pagamento ou em documento de informações que seja destinado a fazer prova perante a previdência social, pessoa que não possua a qualidade de segurado obrigatório; (AC)

II — na Carteira de Trabalho e Previdência Social do empregado ou em documento que deva produzir efeito perante a previdência social, declaração falsa ou diversa da que deveria ter sido escrita; (AC)

III — em documento contábil ou em qualquer outro documento relacionado com as obrigações da empresa perante a previdência social, declaração falsa ou diversa da que deveria ter constado. (AC) (Parágrafo acrescentado pela Lei n. 9.983, de 14.7.2000, DOU 17.7.2000)

§ 4º Nas mesmas penas incorre quem omite, nos documentos mencionados no § 3º, nome do segurado e seus dados pessoais, a remuneração, a vigência do contrato de trabalho ou de prestação de serviços". (AC) (Parágrafo acrescentado pela Lei n. 9.983, de 14.7.2000, DOU 17.7.2000)

13.1.1. Falsificação de documento particular

"Art. 298. Falsificar, no todo ou em parte, documento particular ou alterar documento particular verdadeiro."

13.1.2. *Falsidade ideológica*

> "Art. 299. Omitir, em documento público ou particular, declaração que dele devia constar, ou nele inserir ou fazer inserir declaração falsa ou diversa da que devia ser escrita, com o fim de prejudicar direito, criar obrigação ou alterar a verdade sobre fato juridicamente relevante:
>
> Pena — reclusão, de 1 (um) a 5 (cinco) anos, e multa, se o documento é público, e reclusão de 1 (um) a 3 (três) anos, e multa, se o documento é particular.
>
> Parágrafo único. Se o agente é funcionário público, e comete o crime prevalecendo-se do cargo, ou se a falsificação ou alteração é de assentamento de registro civil, aumenta-se a pena de sexta parte."

Em tais situações, deve o magistrado trabalhista enviar ofício ao Ministério Público do Trabalho e Ministério Público Federal, com cópia da sentença ou do acórdão, caso se trate de recursos no Tribunal Regional, para as diligências e procedimentos que se fizerem necessários.

Podemos concluir, também, pelo cabimento do mandado de segurança (direito líquido e certo e prova pré-constituída) para obstar a quebra do sigilo bancário do empregador, de acordo com a Lei n. 1.533/51.

14. *Responsabilidade solidária*

Por seu turno, o art. 942 do Código Civil estatui:

> "Os bens do responsável pela ofensa ou violação do direito de outrem ficam sujeitos à reparação do dano causado; e, se a ofensa tiver mais de um autor, todos responderão solidariamente pela reparação.
>
> Parágrafo único. São solidariamente responsáveis com os autores os coautores e as pessoas designadas no art. 932."

Em princípio, a responsabilidade é individual, mas existem casos de responsabilidade indireta, em que uma pessoa jurídica (ou empregador pessoa física) responde por ato de terceiro (empregado), consoante o art. 932, incisos I a V.

Aplica-se, neste caso, o princípio da solidariedade, em que tanto o agente causador do dano como o seu responsável, por relação vinculativa jurídica, de dependência ou subordinação, são obrigados pela reparação integral do dano.

O mesmo princípio da solidariedade aplica-se diante do concurso de agentes na prática do ilícito, isto é, quando duas ou mais pessoas violam direito de outrem e lhe causam dano. O art. 9º[19] da CLT tem também plena aplicabilidade nessa situação.

---

(19) Art. 9º Serão nulos de pleno direito os atos praticados com o objetivo de desvirtuar, impedir ou fraudar a aplicação dos preceitos contidos na presente Consolidação.

A solidariedade[20] não se presume. Decorre da lei ou da manifestação da vontade, por meio do contrato.

---

(20) Art. 264. Há solidariedade, quando na mesma obrigação concorre mais de um credor, ou mais de um devedor, cada um com direito, ou obrigado, à dívida toda (Súmula n. 26 do STJ). Vigora em nosso sistema a unidade objetiva da prestação. A solidariedade ocorre quando há pluralidade de devedores e/ ou credores.

Art. 265. A solidariedade não se presume; resulta da lei ou da vontade das partes.

A regra quanto à pluralidade de sujeitos vigora no sentido de que cada devedor só se obriga pela sua parte e cada credor tem sua parte na prestação.

A solidariedade pode ser, ainda, convencional (as partes podem estabelecer condições no negócio jurídico); legal, somente a solidariedade pode resultar da lei, enquanto a solidariedade ativa resulta da convenção entre as partes.

Art. 266. A obrigação solidária pode ser pura e simples para um dos cocredores ou codevedores, e condicional, ou a prazo, ou pagável em lugar diferente, para o outro.

Seção II

Da Solidariedade Ativa

Art. 267. Cada um dos credores solidários tem direito a exigir do devedor o cumprimento da prestação por inteiro.

A solidariedade ativa deriva da convenção entre as partes, daí denominada de convencional.

Art. 268. Enquanto alguns dos credores solidários não demandarem o devedor comum, a qualquer daqueles poderá este pagar.

Art. 269. O pagamento feito a um dos credores solidários extingue a dívida até o montante do que foi pago.

Art. 270. Se um dos credores solidários falecer deixando herdeiros, cada um destes só terá direito a exigir e receber a quota do crédito que corresponder ao seu quinhão hereditário, salvo se a obrigação for indivisível.

Art. 271. Convertendo-se a prestação em perdas e danos, subsiste, para todos os efeitos, a solidariedade.

Art. 272. O credor que tiver remitido a dívida ou recebido o pagamento responderá aos outros pela parte que lhes caiba.

Art. 273. A um dos credores solidários não pode o devedor opor as exceções pessoais oponíveis aos outros.

Art. 274. O julgamento contrário a um dos credores solidários não atinge os demais; o julgamento favorável aproveita-lhes, a menos que se funde em exceção pessoal ao credor que o obteve.

Seção III

Da Solidariedade Passiva

Art. 275. O credor tem direito a exigir e receber de um ou de alguns dos devedores, parcial ou totalmente, a dívida comum; se o pagamento tiver sido parcial, todos os demais devedores continuam obrigados solidariamente pelo resto.

Parágrafo único. Não importará renúncia da solidariedade a propositura de ação pelo credor contra um ou alguns dos devedores.

Art. 276. Se um dos devedores solidários falecer deixando herdeiros, nenhum destes será obrigado a pagar senão a quota que corresponder ao seu quinhão hereditário, salvo se a obrigação for indivisível; mas todos reunidos serão considerados como um devedor solidário em relação aos demais devedores.

Art. 277. O pagamento parcial feito por um dos devedores e a remissão por ele obtida não aproveitam aos outros devedores, senão até à concorrência da quantia paga ou relevada.

Art. 278. Qualquer cláusula, condição ou obrigação adicional, estipulada entre um dos devedores solidários e o credor, não poderá agravar a posição dos outros sem consentimento destes.

Art. 279. Impossibilitando-se a prestação por culpa de um dos devedores solidários, subsiste para todos o encargo de pagar o equivalente; mas pelas perdas e danos só responde o culpado.

Art. 280. Todos os devedores respondem pelos juros da mora, ainda que a ação tenha sido proposta somente contra um; mas o culpado responde aos outros pela obrigação acrescida.

Art. 281. O devedor demandado pode opor ao credor as exceções que lhe forem pessoais e as comuns a todos; não lhe aproveitando as exceções pessoais a outro codevedor.

Examine a ementa do TRT 1ª Região:

SUCESSÃO TRABALHISTA. RESPONSABILIDADE SOLIDÁRIA. Ao se estabelecer no mesmo local e desempenhar atividade dantes realizada pela empresa empregadora da acionante, surge para a acionada o encargo probatório de afastar a presunção de ocorrência do fenômeno da sucessão. A prova dos autos conduz em sentido contrário, sendo nítida a sucessão da primeira empresa pela segunda, bem como a existência do grupo econômico, com a solidariedade dos acionados. a que se nega provimento. (00022643020115010461. Tipo de processo: Recurso Ordinário. Data de publicação: 2013-07-22. Órgão julgador: Quinta Turma. Relator: Des. Enoque Ribeiro dos Santos)

15. *Transmissão da responsabilidade*

Grande dúvida remanesce na sociedade quanto à transmissão da responsabilidade em caso de falecimento do obreiro, havendo uma ação trabalhista em que figure no polo ativo da ação, por indenização por danos materiais e morais.

O art. 943 do Código Civil dispõe:

"Art. 943. O direito de exigir reparação e a obrigação de prestá-la transmitem-se com a herança. O herdeiro responde até o limite de sua herança. Feita a partilha, os herdeiros só respondem, cada qual, na proporção da parte que lhe couber na herança."

Encontramos inúmeros casos na jurisprudência trabalhista, em que após a morte do empregador, seus herdeiros são levados a juízo para honrar dívidas trabalhistas decorrentes de valores não pagos em vida pelo empregador, inclusive envolvendo aquelas decorrentes de acidentes de trabalho.

Transcrevemos a ementa:

PROCESSUAL CIVIL — ADMINISTRATIVO — RESPONSABILIDADE CIVIL DO ESTADO — AÇÃO DE INDENIZAÇÃO CONTRA MUNICÍPIO — DANO MORAL DECORRENTE DE MORTE CAUSADA POR ACIDENTE DE TRABALHO — ESPÓLIO — ILEGITIMIDADE — DIREITO PESSOAL DOS HERDEIROS — SUPERVENIENTE ALTERAÇÃO DA COMPETÊNCIA PELA EC N. 45/04 — *PERPETUATIO JURISDICTIONES* — ART. 114, VI, DA CF/88 — SENTENÇA — EXISTÊNCIA — 1. Ação indenizatória intentada contra o Município de

---

Art. 282. O credor pode renunciar à solidariedade em favor de um, de alguns ou de todos os devedores. Parágrafo único. Se o credor exonerar da solidariedade um ou mais devedores, subsistirá a dos demais.

Art. 283. O devedor que satisfez a dívida por inteiro tem direito a exigir de cada um dos codevedores a sua quota, dividindo-se igualmente por todos a do insolvente, se o houver, presumindo-se iguais, no débito, as partes de todos os codevedores.

Art. 284. No caso de rateio entre os codevedores, contribuirão também os exonerados da solidariedade pelo credor, pela parte que na obrigação incumbia ao insolvente.

Art. 285. Se a dívida solidária interessar exclusivamente a um dos devedores, responderá este por toda ela para com aquele que pagar.

Teófilo Otoni — MG, na qual se pleiteia reparação por danos morais e materiais decorrentes da morte, em acidente de trabalho, de prestador de serviço. 2. A Emenda Constitucional n. 45/04 ampliou significativamente a competência da justiça do trabalho, atribuindo-lhe competência para dirimir controvérsias sobre indenização por dano moral ou patrimonial, decorrentes da relação de trabalho, entre outras. 3. O Supremo Tribunal Federal, analisando a questão da aplicabilidade das modificações engendradas pela referida emenda aos processos que se encontravam em curso quando de sua promulgação, assentou o entendimento de que a novel orientação alcança tão somente os processos em trâmite pela justiça comum estadual ainda não sentenciados. Assim, as ações que tramitam perante a justiça comum dos estados, com sentença anterior à promulgação da EC n. 45/04, em respeito ao princípio da *perpetuatio jurisdictionis*, lá devem continuar até o trânsito em julgado e correspondente execução, medida esta que se impõe "em razão das características que distinguem a justiça comum estadual e a justiça do trabalho, cujos sistemas recursais, órgãos e instâncias não guardam exata correlação" (CC n. 7.204-1/MG, Tribunal Pleno, Rel. Min. Carlos Ayres Britto, DJU de 19.12.2005). 4. Consectariamente, na esteira do entendimento firmado pelo pretório Excelso, intérprete maior do texto constitucional, o marco temporal da competência da justiça trabalhista para apreciação das ações indenizatórias vinculadas à relação de trabalho, como sói ser o pedido de reparação por dano moral decorrente de acidente de trabalho, é o advento da EC n. 45/04, devendo ser remetidas à justiça do trabalho, no estado em que se encontrem aquelas que, quando da entrada em vigor da referida emenda, ainda não tenham sido objeto de sentença (precedentes: CC 57.915/MS, primeira seção, Rel. Min. Teori Albino Savascki, DJU de 27.3.2006; e AGRG nos EDCL no CC n. 50.610/BA, segunda seção, Rel. Min. Castro Filho, DJU de 3.4.2006). 5. *In casu*, conforme se depreende dos autos, foi proferida sentença pela justiça comum estadual de primeiro grau, antes da entrada em vigor da Emenda Constitucional n. 45/04, julgando procedente o pedido formulado na inicial, condenando o município ao pagamento de sete salários mínimos, a título de dano material, e duzentos salários mínimos, a título de dano moral, o que revela inconteste a competência desta corte superior para apreciação do Recurso Especial que se apresenta. 6. Controvérsia gravitante em torno da legitimidade ativa do espólio para pleitear a reparação por dano moral resultante do sofrimento causado à família do *de cujus*, em decorrência de seu abrupto falecimento em acidente de trabalho. 7. O art. 1.526 do Código Civil de 1916 (atual art. 943 do CC/2002), ao estatuir que o direito de exigir reparação, bem como a obrigação de prestá-la, transmitem-se com a herança (*droit de saisine*), restringe-se aos casos em que o dever de indenizar tenha como titular o próprio *de cujus* ou sucessor, nos termos do art. 43, do CPC. 8. Precedentes desta corte: RESP 648191/RS, Relator Ministro Jorge Scartezzini, 4ª T., DJ de 6.12.2004; RESP 602016/SP, relator ministro castro filho, 3ª T., DJ de 30.8.2004; RESP 470359/RS, Relator Ministro Felix Fischer, 5ª T., DJ de 17.5.2004; AGRG no RESP 469191/RJ, relator ministro Sálvio de Figueiredo Teixeira, 4ª T., DJ de 23.6.2003; e RESP 343654/SP, Relator Ministro Carlos Alberto Menezes direito, terceira turma, DJ de 1º7.2002. 9. Deveras, cediço que nem sempre há coincidência entre os sujeitos da lide e os sujeitos do processo, restando inequívoco que o dano moral pleiteado pela família do *de cujus* constitui direito pessoal dos herdeiros, ao qual fazem jus, não por herança, mas por direito próprio, deslegitimando-se o espólio, ente despersonalizado, nomine próprio, a pleiteá-lo, posto carecer de autorização legal para substituição extraordinária dos sucessores do falecido. 10. Recurso Especial desprovido. (STJ — RESP 200401483000 — (697141) — MG — 1ª T. — Rel. Min. Luiz Fux — DJU 29.5.2006 — p. 167) JCF.114 JCF.114.VI JCCB.1526 JNCCB.943 JCPC.43

Da mesma forma, encontramos inúmeros julgados envolvendo o espólio do empregado, no qual os herdeiros, inclusive menores, buscam os seus interesses. Vejamos as ementas:

"INTERESSE DE MENOR — AUSÊNCIA DE INTIMAÇÃO DO MPT PARA OFICIAR NO FEITO — NULIDADE — Nos termos dos arts. 84 e 246 do CPC, a falta de intimação do Ministério Público do Trabalho para oficiar no feito em que a esta intimação fosse exigida leva à decretação da nulidade do processo, caso reste evidente o prejuízo da parte cuja razão levou a exigência da intervenção ministerial. Restando latente o prejuízo dos menores legítimos herdeiros do falecido sócio da empresa ré, sem que se tenha havido a intervenção do MPT no feito, deve-se declarar a nulidade da sentença de conhecimento, determinando-se a reabertura da instrução, intimando-se o *Parquet* para oficiar na causa." (TRT 17ª R. — ROS 129600-42.2008.5.17.0181 — Rel. Des. Jailson Pereira da Silva — DJe 3.7.2012 — p. 44)v107

"RECURSO DE REVISTA — ESPÓLIO — NULIDADE DO PROCESSO — INTERESSE DE MENOR — AUSÊNCIA DE INTIMAÇÃO DO MINISTÉRIO PÚBLICO — Na hipótese, a parte reclamante é o espólio do empregado falecido, não se discutindo nos autos, os direitos de menor trabalhador incapaz. Com o falecimento do empregado, os eventuais direitos trabalhistas reconhecidos passam a fazer parte do domínio e posse da herança e tratando-se de litígio que envolve interesse de herdeiro menor do empregado falecido, faz-se necessária a intervenção do Ministério Público, como fiscal da lei, nos termos do art. 82, inciso I, do CPC, não se aplicando, portanto, à hipótese vertente, o comando do art. 793 da CLT, que regula a atuação da Procuradoria do Trabalho no primeiro grau de jurisdição nos casos de reclamações trabalhistas de menor empregado. Recurso de Revista conhecido por afronta ao art. 246 do CPC e a que se dá provimento para, anulando a instrução processual, determinar o retorno dos autos à Vara de origem, a fim de que se determine a intimação do Ministério Público do Trabalho para intervir no processo, como de direito, dando-se prosseguimento ao feito na forma da lei." (TST — RR 537.395/99.1 — 4ª R. — 1ª T. — Rel. Juiz Guilherme Bastos — DJU 29.8.2003 — p. 590) JCPC.82 JCPC.82.I JCLT.793 JCPC.246.

De outro lado, é importante destacar a necessidade de intervenção do Ministério Público nas lides que envolvem menores herdeiros.

Transcrevemos, a seguir, jurisprudência do TRT da 3ª Região, publicada em 27 de novembro de 2007, como segue:

"Em caso de falecimento do empregado, eventuais direitos trabalhistas reconhecidos passam a fazer parte da herança e, como o litígio passa a envolver interesse de herdeiro menor, faz-se necessária a intervenção do Ministério Público, como fiscal da lei, nos termos do art. 82, inciso I, do CPC. Com esse fundamento, a 5ª Turma do TRT de Minas, em julgamento de recurso ordinário interposto por espólio, acatou parecer oral da Procuradoria Regional do Trabalho, que arguiu a nulidade dos atos processuais praticados a partir da audiência, tendo em vista o interesse dos autores menores, justificando a intervenção obrigatória do MPT.

O relator do recurso, Desembargador José Murilo de Morais, ressaltou que o caso não comporta a intervenção do Ministério Público do Trabalho nos moldes do art. 793 da CLT, que trata da atuação do órgão como curador à lide, hipótese em que o menor trabalhador é o próprio reclamante, estando desacompanhado do seu representante legal. Mas, no processo em curso, o Desembargador constatou o manifesto prejuízo dos menores, que, como herdeiros do ex-empregado falecido, reclamam direitos decorrentes de sua morte. O relator salientou também que o próprio TST, em julgamento de recurso de revista, tem se posicionado da mesma maneira. 'Por isto, entendo que deva mesmo ser declarada a nulidade processual, já que a reclamação foi ajuizada pelo espólio do *de cujus* que deixou filhos menores, seus herdeiros, atraindo a aplicação do art. 82, I, c/c o art. 246, do CPC' — concluiu. Processo: 00169-2007-077-03-00-3'."

16. *Indenização*

Já o art. 944 do Novo Código Civil diz:

"A indenização mede-se pela extensão do dano. Parágrafo único. Se houver excessiva desproporção entre a gravidade da culpa e o dano, poderá o juiz reduzir, equitativamente, a indenização."

O Código Civil de 2002 passou a adotar o princípio da gradação da culpa, influenciando o *quantum satis* da indenização, possibilitando sua diminuição em face de eventual desproporção entre a gravidade da culpa e o dano efetivamente causado.

O critério para a fixação do dano material é o cálculo de tudo aquilo que o lesado deixou de lucrar (lucros cessantes) e do que efetivamente perdeu (lucros emergentes). Tendo o evento danoso interrompido a sucessão normal dos fatos e da vida do ofendido, a reparação pecuniária deve provocar um novo estado de coisas que se aproxime tanto quanto possível daquela situação anterior, o *status quo ante bellum*, isto é, daquela situação que, segundo a experiência humana, seria a existente se não tivesse ocorrido o dano.

Como é facilmente observável, o novo Código privilegia ainda mais a função do juiz, conferindo-lhe amplos poderes, tanto na definição da forma como na extensão da reparação cabível no caso concreto.

Anderson Schreiber, comentando o art. 944 do Código Civil brasileiro, informa que, com tal dispositivo, a irrelevância dos graus de culpa permanece válida para fins de configuração do dever de indenizar (*an debeatur*), não já para sua quantificação (*quantum debeatur*). Deve-se ter em mente, contudo, que a norma vem proteger o responsável de um ônus excessivo, em conformidade com o espírito da equidade, que exige a temperança da solução jurídica com as circunstâncias do caso concreto. Não se trata, como se vê, de retomar à *culpa in concreto*. A ninguém, com efeito, passa despercebido o fato de que o legislador não autorizou a elevação da indenização com base na culpa grave ou no dolo do agente, mas exclusivamente permitiu a redução equitativa da indenização quando a culpa for desproporcionalmente tênue frente ao dano provocado"[21].

Defendemos que na aplicação da pena pecuniária ao lesante, no caso de reparação por danos morais, os Tribunais do Trabalho definissem critérios objetivos para que o magistrado, utilizando-se de justa prudência e dos fatores subjetivos chegasse a um valor adequado para a indenização, que *a priori* já fosse de conhecimento de toda a sociedade e principalmente daqueles que possuem maiores probabilidades de, com suas atitudes, provocarem uma lesão de ordem extrapatrimonial.

O art. 945 já declara que:

> "Se a vítima tiver concorrido culposamente para o evento danoso, a sua indenização será fixada, tendo-se em conta a gravidade de sua culpa em confronto com a do autor do dano."

Casos semelhantes são aplicados nas excludentes da responsabilidade do Estado por atos praticados por seus agentes (culpa exclusiva da vítima ou pelo fato da vítima, culpa concorrente, culpa de terceiro, fortuitos interno e externo etc.).

Deverá ser levada em consideração, neste caso, na fixação da indenização, a existência de culpas recíprocas ou concorrentes, cabendo ao juiz verificar, no caso concreto, o grau de participação culposa da vítima.

17. Despesas e lucros cessantes

O dano emergente (*damnum emergens*) é a efetiva diminuição do patrimônio já existente, ao passo que o lucro cessante (*lucrum cessans*) é tudo aquilo que se deixou de ganhar.

No tocante às despesas e lucros cessantes, o art. 949 do Código Civil assim dispõe:

> "Art. 949. No caso de lesão ou outra ofensa à saúde, o ofensor indenizará o ofendido das despesas do tratamento e dos lucros cessantes, até ao fim da convalescença, além de algum outro prejuízo que o ofendido prove haver sofrido."

(21) SCHREIBER, Anderson. *Novos paradigmas da responsabilidade civil...*, cit., p. 43.

Este artigo trata da reparação dos danos materiais (despesas de tratamento médico e lucros cessantes) e dos danos morais (ou estéticos) resultantes da ofensa à integridade física e psíquica, inerentes aos direitos da personalidade.

O dano moral constitui um *danmum in re ipsa*, ou seja, dispensa a prova do prejuízo em concreto, sendo sua existência presumida por se verificar na realidade dos fatos e emergir da própria ofensa causada, já que surge da violação a um direito da personalidade.

18. Responsabilidade civil no dano estético

Estatui o art. 950 do Código Civil:

"Art. 950. Se da ofensa resultar defeito pelo qual o ofendido não possa exercer o seu ofício ou profissão, ou se lhe diminua a capacidade de trabalho, a indenização, além das despesas do tratamento e lucros cessantes até ao fim da convalescença, incluirá pensão correspondente à importância do trabalho para que se inabilitou, ou da depreciação que ele sofreu. Parágrafo único. O prejudicado, se preferir, poderá exigir que a indenização seja arbitrada e paga de uma só vez."

A Lei n. 11.232/05 alterou o art. 475 do Código de Processo Civil, para incluir o que segue, que também pode ser aplicado no caso vertente:

"Art. 475-Q. Quando a indenização por ato ilícito incluir prestação de alimentos, o juiz, quanto a esta parte, poderá ordenar ao devedor constituição de capital, cuja renda assegure o pagamento do valor mensal da pensão.

§ 1º Este capital, representado por imóveis, títulos da dívida pública ou aplicações financeiras em banco oficial, será inalienável e impenhorável enquanto durar a obrigação do devedor.

§ 2º O juiz poderá substituir a constituição do capital pela inclusão do beneficiário da prestação em folha de pagamento de entidade de direito público ou de empresa de direito privado de notória capacidade econômica, ou, a requerimento do devedor, por fiança bancária ou garantia real, em valor a ser arbitrado de imediato pelo juiz.

§ 3º Se sobrevier modificação nas condições econômicas, poderá a parte requerer, conforme as circunstâncias, redução ou aumento da prestação.

§ 4º Os alimentos podem ser fixados tomando por base o salário mínimo.

§ 5º Cessada a obrigação de prestar alimentos, o juiz mandará liberar o capital, cessar o desconto em folha ou cancelar as garantias prestadas." (Artigo acrescentado pela Lei n. 11.232, de 22.12.2005, DOU 23.12.2005, com efeitos a partir de 6 (seis) meses após a publicação)

O artigo mencionado, cuida da ofensa à integridade física que acarreta defeito físico que impossibilite ou diminua a capacidade de trabalho do ofendido, com o estabelecimento de indenização pelos danos materiais: despesas de tratamento médico, lucros cessantes até o fim da convalescença e pensão correspondente à importância do trabalho para que se inabilitou ou da depreciação sofrida.

Este dispositivo não trata do dano moral. Dispõe, sobretudo, do dano estético, assim definido por Tereza Ancona Lopes[22]: "aquele que decorre de modificação duradoura ou permanente na aparência externa de uma pessoa, modificação esta que lhe acarreta um enfeamento e lhe causa humilhações e desgostos, dando origem portanto a uma dor moral".

Na maior parte dos casos, o dano estético acaba por afetar as duas esferas da personalidade do ofendido: a esfera sentimental, ou afetiva, e a esfera social da personalidade do lesado, abrindo-se, portanto, o ensejo para a reparação dupla: por danos materiais e morais.

19. *Responsabilidade na injúria, difamação e calúnia*

O art. 953 dispõe sobre a responsabilidade decorrente dos atos tipificados como injúria, difamação e calúnia.

> "Art. 953. A indenização por injúria, difamação ou calúnia consistirá na reparação do dano que delas resulte ao ofendido. Parágrafo único. Se o ofendido não puder provar prejuízo material, caberá ao juiz fixar, equitativamente, o valor da indenização, na conformidade das circunstâncias do caso."

Este artigo trata da reparação dos danos por violação à honra, que consiste em direito da personalidade, composto de dois aspectos: objetivo — que trata da consideração social, e subjetivo — que se refere à autoestima.

A injúria ofende a honra subjetiva, conceituada como a "manifestação de conceito ou de pensamento que represente ultraje, menosprezo, menoscabo, insulto a outrem"[23].

A difamação atinge a honra objetiva, definida como a atribuição "de fato que constitui motivo de reprovação ético-social"[24].

Já a calúnia viola a honra objetiva, definindo-se como a "imputação de fato qualificado como crime".

Além da possibilidade de cumulação do dano material e do dano moral, pelo mesmo fato (Súmula n. 37 do STJ), o princípio da reparação do dano moral está consagrado pela Constituição Federal de 1988, em seu art. 5º, incisos V e X.

(22) LOPES, Tereza Ancona. *O dano estético:* responsabilidade civil. 2. ed. São Paulo: Revista dos Tribunais, 1999. p. 38.

(23) BITTAR, Carlos Alberto. *Os direitos da personalidade*. 3. ed. Rio de janeiro: Forense, 1998. p. 129.

(24) *Idem*.

20. *Responsabilidade na ofensa à liberdade e cárcere privado*

Este artigo passou a ter um significado especial após os inúmeros casos de cárcere privado e privação da liberdade de trabalhadores em fazendas do Mato Grosso do Sul, Pará e Maranhão, que foram descobertos pelo incessante trabalho do Ministério Público do Trabalho, que culminou em acordos com os fazendeiros por meio de Termos de Ajuste de Conduta, por dano moral coletivo cumulado com o dano material.

O art. 954 assim preceitua:

"Art. 954. A indenização por ofensa à liberdade pessoal consistirá no pagamento das perdas e danos que sobrevierem ao ofendido, e se este não puder provar prejuízo, tem aplicação o disposto no parágrafo único do artigo antecedente. Parágrafo único: Consideram-se ofensivos da liberdade pessoal: I — o cárcere privado[25]; II — a prisão por queixa ou denúncia falsa e de má-fé; III — a prisão ilegal."

O direito à vida e à liberdade constituem os mais expressivos direitos da personalidade e da dignidade da pessoa humana. Têm, como formas de manifestação, a locomoção, a liberdade de pensamento e sua expressão, de crença e prática religiosa, de escolha e exercício da atividade profissional, de relacionamento social etc.

21. *Trabalhadores em situação análoga à de escravo*

Casos típicos que se enquadram no artigo mencionado foram os casos de trabalhadores flagrados em cárcere privado em fazendas do Estado do Pará.

Esses trabalhadores eram mantidos em alojamentos precários, sem as mínimas condições de saúde e de higiene, em ostensivo atentado à dignidade da pessoa humana que demanda reparação por danos morais e materiais. O Estado, para amparar esses trabalhadores e prover-lhes algum tipo de assistência pecuniária, abriu-lhes a possibilidade de enquadramento no Seguro Desemprego, em valor igual ao salário mínimo, pelo prazo de três meses.

A Lei n. 10.803, de 11 de dezembro de 2003 alterou o art. 149 do Código Penal, no sentido de proteger trabalhadores suscetíveis de serem reduzidos à condição análoga à de escravo, cujo contexto apresenta-se a seguir:

(25) O sequestro e cárcere privado estão tipificados no art. 148 do Código Penal, que sofreu modificação em seu § 1º (Lei n. 10.741, de 1º.10.2003), passando a ter a seguinte redação: "Art. 148. Privar alguém de sua liberdade, mediante sequestro ou cárcere privado: Pena — reclusão, de 1 (um) a 3 (três) anos. § 1º A pena é de reclusão, de 2 (dois) a 5 (cinco) anos: I — se a vítima é ascendente, descendente, cônjuge do agente ou maior de 60 (sessenta) anos. II — se o crime é praticado mediante internação da vítima em casa de saúde ou hospital; III — se a privação da liberdade dura mais de 15 (quinze) dias. § 2º Se resulta à vítima, em razão de maus-tratos ou da natureza da detenção, grave sofrimento físico ou moral: Pena — reclusão de 2 (dois) a 8 (oito) anos".

"Art. 149. Reduzir alguém a condição análoga à de escravo, quer submetendo-o a trabalhos forçados ou a jornada exaustiva, quer sujeitando-o a condições degradantes de trabalho, quer restringindo, por qualquer meio, sua locomoção em razão de dívida contraída com o empregador ou preposto:

Pena — reclusão, de dois a oito anos, e multa, além da pena correspondente à violência.

§ 1º Nas mesmas penas incorre quem:

I — cerceia o uso de qualquer meio de transporte por parte do trabalhador, com o fim de retê-lo no local de trabalho;

II — mantém vigilância ostensiva no local de trabalho ou se apodera de documentos ou objetos pessoais do trabalhador, com o fim de retê-lo no local de trabalho;

§ 2º A pena é aumentada de metade, se o crime é cometido:

I — contra criança ou adolescente;

II — por motivo de preconceito de raça, cor, etnia, religião ou origem."

Recentemente a Ementa n. 81, de junho de 2014, alterou a redação do art. 243 da CF/88, que passou a estabelecer:

"Art. 243. As propriedades rurais e urbanas de qualquer região do País onde forem localizadas culturas ilegais de plantas psicotrópicas ou a exploração de trabalho escravo na forma da lei serão expropriadas e destinadas à reforma agrária e a programas de habitação popular, sem qualquer indenização ao proprietário e sem prejuízo de outras sanções previstas em lei, observado, no que couber, o disposto no art. 5º. (Redação dada ao caput pela Emenda Constitucional n. 81, de 5.6.2014, DOU de 6.6.2014)

Parágrafo único. Todo e qualquer bem de valor econômico apreendido em decorrência do tráfico ilícito de entorpecentes e drogas afins e da exploração de trabalho escravo será confiscado e reverterá a fundo especial com destinação específica, na forma da lei." (Redação dada ao parágrafo pela Emenda Constitucional n. 81, de 5.6.2014, DOU de 6.6.2014)

Oportuno trazer, a título ilustrativo, as seguintes ementas:

"AÇÃO CIVIL PÚBLICA — DESCUMPRIMENTO DA LEGISLAÇÃO TRABALHISTA — DANO MORAL COLETIVO — VALOR DA INDENIZAÇÃO — A prática de atos que violam valores de inegáveis significações no seio constitucional, tais como o princípio da dignidade da pessoa humana e o valor social do trabalho, causam reflexos diretos em toda a sociedade, haja vista ser do interesse de todos o cumprimento da legislação. Com efeito, as condutas do requerido, ao suprimir direitos básicos dos trabalhadores, de modo a reduzi-los à condição análoga a de escravo, causaram dano moral coletivo, passível de indenização. Em razão da abstração do dano moral coletivo, o que torna difícil a sua mensuração em valores econômicos, o julgador deve fazer sobressair os aspectos punitivo e pedagógico do instituto, compatibilizando a indenização com a capacidade econômica do ofensor. Se tal diretriz foi observada pelo magistrado sentenciante, nada há o que reparar no julgado." (TRT 14ª R. — RO 0000383-38.2011.5.14.0402 — 2ª T. — Relª Desª Socorro Miranda — DJe 16.12.2011 — p. 77)v93

"TRABALHO EM CONDIÇÕES SUBUMANAS — DANO MORAL COLETIVO PROVADO — INDENIZAÇÃO DEVIDA — Uma vez provadas as irregularidades constatadas pela Delegacia Regional do Trabalho e consubstanciadas em Autos de Infração aos quais é atribuída fé pública (art. 364 do CPC), como também pelo próprio depoimento da testemunha do recorrente, é devida indenização por dano moral coletivo, vez que a só notícia da existência de trabalho escravo ou em condições subumanas no Estado do Pará e no Brasil faz com que todos os cidadãos se envergonhem e sofram abalo moral, que deve ser reparado, com o principal objetivo de inibir condutas semelhantes. Recurso improvido." (TRT 8ª R. — RO 4453/2003 — 1ª T. — Relª Juíza Suzy Elizabeth Cavalcante Koury — J. 30.9.2003)

"DANO MORAL COLETIVO — OCORRÊNCIA — Deve ser considerada a ocorrência de dano moral coletivo, quando se verificar que houve violação a preceitos constitucionais (arts. 3º, inciso IV; 5º, *caput* e 7º, inciso XXX, da Constituição Federal de 1988), em razão da atitude discriminatória praticada pela recorrente em não mais contratar vários ex-empregados que demandaram ou ainda demandam contra si, na Justiça do Trabalho, muito embora, estivessem plenamente aptos e capacitados para o serviço." (TRT 8ª R. — RO 7485/2003 — 4ª T. — Relª Juíza Vanja Costa de Mendonça — J. 16.12.2003)

"ADMINISTRATIVO — DESAPROPRIAÇÃO SANÇÃO — ART. 243 DA CRFB/88 — CULTIVO ILEGAL DE PLANTAS PSICOTRÓPICAS — NATUREZA — LIMITES — NECESSIDADE DE PROVA ACERCA DA ÁREA EM QUE ASSENTADO CULTIVO E SUA EFETIVA PROPRIEDADE — 1) A desapropriação sanção, ou confiscatória, encontra-se prevista no art. 243 da CRFB/88 e tem seu processo disciplinado pela Lei n. 8.257/91 e pelo Decreto n. 577, de 24.6.1992, sendo atribuída à Polícia Federal e ao Instituto de Colonização e Reforma Agrária — INCRA articulação administrativa com vistas à identificação das áreas que apresentam cultivo ilegal e as providências necessárias à execução da lei. 2) Enquanto modalidade de intervenção do Estado no direito de propriedade, a desapropriação sanção independe de solução de eventual processo criminal, com vistas a apurar responsável por conduta típica prevista na Lei criminal, bastando, para sua configuração, a existência de requisitos objetivamente verificados, quais sejam: a) a comprovação da existência de um cultivo ilegal e b) a comprovação da propriedade da área em que presente o cultivo ilegal (RESP 200300172788, José Delgado, STJ Primeira Turma, DJ Data: 24.11.2003 p. 00222 RT VOL.: 00823. P: 174. DTPB:.; AC 199750010082950, Desembargador Federal Guilherme Calmon Nogueira da Gama, TRF2- Sexta Turma Especializada, E-DJF2R- Data: 10.11.2010. Página: 463; AC 9802445568, Desembargador Federal Carlos Guilherme Francovich Lugones, TRF2- Sexta Turma Especializada, DJU Data 5.9.2008. p. 685). 3) À luz da doutrina administrativista, existe o dever de vigilância por parte do proprietário, sendo a sua responsabilidade objetiva, cabendo a inversão do ônus probatório, de modo que incumbe ao proprietário demonstrar que, por razões fundadas, desconhecia o cultivo ilegal em sua propriedade, tendo este se processado à sua revelia. O Supremo Tribunal Federal, no julgamento do RE 635336 RG/PE, reconheceu a existência de repercussão geral quanto ao tema da natureza da responsabilidade do proprietário de terras em que se verifique cultivo ilegal, para os fins do art. 243 da CRFB/88, permanecendo em aberto a discussão, na jurisprudência, sobre se apresenta natureza de responsabilidade subjetiva ou objetiva. 4) A extensão da desapropriação se dará em toda a propriedade, não abarcando apenas a área em que cultivada a espécie ilegal. Nesse sentido, inclusive, já decidiu o Supremo Tribunal Federal (RE 543974, Eros Grau, STF, Plenário 26.3.2009). 5) No caso em apreço, tendo em vista que as provas acostadas aos autos não definiram com exatidão o local em que assentado o cultivo, bem como que não se logrou identificar, exatamente, os efetivos proprietários das áreas em questão, mister se torna a anulação da sentença, com o retorno dos autos à Primeira Instância, para que se dê prosseguimento à instrução probatória, a fim de que solucionadas tais indagações. 6) Apelação provida." (TRF 2ª R. — AC 1999.51.05.500089-1 — 5ª T. Esp. — Rel. Des. Aluisio Gonçalves de Castro Mendes — DJe 15.7.2014 — p. 360)v108.

Existe entendimento recente do Tribunal Superior do Trabalho, no sentido de que a culpa é sempre do empregador e não da União, por prática de trabalho escravo.

Nesse sentido, extrato de decisão do TST, extraída da Revista Consultor Jurídico, de 26 de outubro de 2007, como segue:

"União não responde por trabalho escravo, decide TST:

A culpa pelo trabalho escravo não é da União, mas sim do empregador. O entendimento é da 3ª Turma do Tribunal Superior do Trabalho. Os ministros rejeitaram recurso ajuizado por um grupo de trabalhadores que pretendia receber indenização por danos morais da União. Eles foram submetidos a condições degradantes de trabalho em uma fazenda em Rondônia.

Com base no voto do relator, ministro Carlos Alberto Reis de Paula, a Turma manteve decisão do Tribunal Regional do Trabalho da 14ª Região (RO), que entendeu que a condição danosa não foi causada pela União e sim pelo empregador.

A ação foi ajuizada na Vara do Trabalho de Colorado do Oeste (RO). De acordo com a inicial, em maio de 2003, uma equipe interinstitucional de combate ao trabalho escravo, composta pelo Grupo Especial de Fiscalização Móvel do Ministério do Trabalho e Emprego, pelo Ministério Público do Trabalho e pela Polícia Federal, fez fiscalização na Fazenda São Joaquim, no município de Pimenteiras (RO). Foi constatada, no local, a utilização de mão de obra em condições análogas às de escravo. Na ocasião, foram libertadas cerca de 300 pessoas. Entre elas, os autores da reclamação.

Os trabalhadores, segundo a inicial, 'eram transportados em gaiolas (caminhões para transporte de gado) e jogados no meio da selva, expostos às intempéries, sujeitos a picadas de animais peçonhentos e acometimento de doenças tropicais como malária, dengue e viroses diversas'. Eles dormiam em redes ou estrados de madeira em moradias coletivas, feitas de lonas amarradas em estacas, sem banheiro, bebiam água em buracos cavados por eles mesmos ou em córregos sujos, onde também tomavam banho, e tinham de caçar, se quisessem comer carne. Eram impedidos de sair do local não só pelo isolamento (o povoado mais próximo fica a 70 km de distância), mas também por capatazes armados."

21.1. Alegações e fundamentos

O grupo pediu a condenação da União por danos morais. Para tanto, alegou que "a liberdade e a segurança são deveres constitucionais do Estado". Além disso, argumentou que passou por toda situação degradante antes da fiscalização. A indenização pedida foi de R$ 52 mil "à vista" para cada trabalhador. O pedido tinha como fundamento a Lei n. 10.706/03, que concedeu indenização no mesmo valor para um único trabalhador, José Pereira Ferreira, "por haver sido submetido à condição análoga à de escravo e haver sofrido lesões corporais" na Fazenda Espírito Santo, no Sul do Pará, em 1989. A lei, proposta por iniciativa do presidente da República, conforme a alegação da inicial, equivaleria a uma admissão direta de culpa e de responsabilidade pela ocorrência de escravidão no país.

A defesa da União suscitou a incompetência da Justiça do Trabalho para julgar a ação. Também explicou os motivos pelos quais a União indenizou o trabalhador, beneficiado pela Lei n. 10.706/03. O rapaz, à época, tinha apenas 17 anos e, quando tentou fugir do local do cativeiro, foi atingido por disparos feitos por um empregado da fazenda, o que lhe causou lesões permanentes no olho direito.

O caso foi levado à Comissão Interamericana de Direitos Humanos. Nesta comissão, há um procedimento preliminar que permite solucionar o caso mediante acordo. Caso contrário, o Estado pode ser demandado na Corte Interamericana de Direitos Humanos. O Estado Brasileiro, então, optou por fazer o acordo. "A Lei n. 10.706/03, portanto, representa uma composição entre os demais Estados subscritores da Convenção Americana sobre Direitos Humanos contra um Estado em mora, no caso o Brasil", argumentou a Advocacia-Geral da União.

A primeira instância julgou a ação procedente e condenou a União a pagar os R$ 52 mil a cada trabalhador com base na teoria do risco administrativo, fixada no § 6º do art. 37 da Constituição Federal. Segundo esse dispositivo, o Estado responde pelos danos que seus agentes, nessa qualidade, causarem a terceiros.

O Tribunal Regional do Trabalho da 14ª Região reformou a sentença. Considerou que a responsabilidade objetiva do Estado decorre de danos causados diretamente por agentes que estavam a seu serviço. Com relação à responsabilidade subjetiva, decorrente da alegada omissão do Estado, o TRT observou que, igualmente, não era o caso: os trabalhadores foram admitidos entre março e maio de 2003, e a fiscalização ocorreu entre 29 de maio e 3 de junho do mesmo ano. "Percebe-se que a fiscalização foi bastante ágil", registra o acórdão.

"Ao contrário do que entendem os autores, não se vê conduta ilícita praticada pelo Estado, uma vez que o evento danoso não foi ocasionado por ele; ou seja, não se percebe procedimento contrário ao direito por parte da União, mas, sim, pelo empregador." Com relação à Lei n. 10.706/03, o TRT entendeu que, naquele contexto, a União reconheceu um caso específico de omissão do Estado, que não se estendia à situação do processo. A reclamação foi rejeitada e o recurso ao TST teve seguimento negado. Por isso, houve interposição do Agravo de Instrumento.

Nas razões de Agravo, o grupo de trabalhadores adotou dois fundamentos: a isonomia com o tratamento dispensado ao trabalhador indenizado pela Lei n. 10.706/03 e a responsabilidade da União por omissão. Contudo, o ministro Carlos Alberto destacou que o TRT já havia esclarecido a especificidade da lei e sua inaplicabilidade ao caso em questão. Sobre a alegada omissão do Estado, o ministro lembrou que, embora a doutrina esteja dividida, "prevalece na jurisprudência a teoria subjetiva do ato omissivo, de modo a só ser viável a indenização quando houver culpa ou dolo do agente", conforme decisões do Supremo Tribunal Federal. AIRR 186/2005-051-14-40.4.

22. *Responsabilidade dos notários e titulares de cartórios não oficializados pelos atos de seus empregados e regime jurídico de emprego*

Os titulares de cartórios de registro de imóveis e de tabelionato de notas, ou seja, os notários e tabeliães em geral desempenham atividade delegada do Poder Público.

Com o advento da Constituição Federal de 1988, o sistema de hereditariedade na transmissão dos cartórios e tabelionatos sofreu uma forte alteração, pois a transmissão sucessória dessas entidades já não mais pode se dar de pais para filhos ou descendentes, pelo óbice intransponível da necessidade de concurso público para obtenção da titularidade, em atendimento ao princípio constitucional estampado no inciso II do art. 37 da Constituição Federal e do art. 20 da Lei n. 8.935/94.

O art. 236 da Constituição Federal estatui:

> "Os serviços notariais e de registro são exercidos em caráter privado, por delegação do Poder Público."

Por seu turno, o § 3º do art. 236 assim se expressa:

> "O ingresso na atividade notarial e de registro depende de concurso público de provas e títulos, não se permitindo que qualquer serventia fique vaga, sem abertura de concurso de provimento ou de remoção por mais de seis meses."

A Lei n. 8.935/94[26] veio regulamentar o art. 236 da Constituição Federal e dispõe, em seu art. 20, que a relação de emprego entre os trabalhadores da serventia e o seu titular é regida pela Consolidação das leis do Trabalho.

---

(26) Lei n. 8.935, de 18 de novembro de 1994. Regulamenta o art. 236 da Constituição Federal, dispondo sobre serviços notariais e de registro. (Lei dos cartórios)

O Presidente da República

Faço saber que o Congresso Nacional decreta e eu sanciono a seguinte lei:

TÍTULO I

Dos Serviços Notariais e de Registros

CAPÍTULO I

Natureza e Fins

Art. 1º Serviços notariais e de registro são os de organização técnica e administrativa destinados a garantir a publicidade, autenticidade, segurança e eficácia dos atos jurídicos.

Art. 2º (Vetado).

Art. 3º Notário, ou tabelião, e oficial de registro, ou registrador, são profissionais do direito, dotados de fé pública, a quem é delegado o exercício da atividade notarial e de registro.

Art. 4º Os serviços notariais e de registro serão prestados, de modo eficiente e adequado, em dias e horários estabelecidos pelo juízo competente, atendidas as peculiaridades locais, em local de fácil acesso ao público e que ofereça segurança para o arquivamento de livros e documentos.

§ 1º O serviço de registro civil das pessoas naturais será prestado, também, nos sábados, domingos e feriados pelo sistema de plantão.

§ 2º O atendimento ao público será, no mínimo, de seis horas diárias.

CAPÍTULO II

Dos Notários e Registradores

SEÇÃO I

Dos Titulares

Art. 5º Os titulares de serviços notariais e de registro são os:

I — tabeliães de notas;

II — tabeliães e oficiais de registro de contratos marítimos;

III — tabeliães de protesto de títulos;

IV — oficiais de registro de imóveis;

V — oficiais de registro de títulos e documentos e civis das pessoas jurídicas;

VI — oficiais de registros civis das pessoas naturais e de interdições e tutelas;

VII — oficiais de registro de distribuição.

SEÇÃO II

Das Atribuições e Competências dos Notários

Art. 6º Aos notários compete:

I — formalizar juridicamente a vontade das partes;

II — intervir nos atos e negócios jurídicos a que as partes devam ou queiram dar forma legal ou autenticidade, autorizando a redação ou redigindo os instrumentos adequados, conservando os originais e expedindo cópias fidedignas de seu conteúdo;

III — autenticar fatos.

Art. 7º Aos tabeliães de notas compete com exclusividade:

I — lavrar escrituras e procurações públicas;

II — lavrar testamentos públicos e aprovar os cerrados;

III — lavrar atas notariais;

IV — reconhecer firmas;

V — autenticar cópias.

Parágrafo único. É facultado aos tabeliães de notas realizar todas as gestões e diligências necessárias ou convenientes ao preparo dos atos notariais, requerendo o que couber, sem ônus maiores que os emolumentos devidos pelo ato.

Art. 8º É livre a escolha do tabelião de notas, qualquer que seja o domicílio das partes ou o lugar de situação dos bens objeto do ato ou negócio.

Art. 9º O tabelião de notas não poderá praticar atos de seu ofício fora do Município para o qual recebeu delegação.

Art. 10. Aos tabeliães e oficiais de registro de contratos marítimos compete:

I — lavrar os atos, contratos e instrumentos relativos a transações de embarcações a que as partes devam ou queiram dar forma legal de escritura pública;

II — registrar os documentos da mesma natureza;

III — reconhecer firmas em documentos destinados a fins de direito marítimo;

IV — expedir traslados e certidões.

Art. 11. Aos tabeliães de protesto de título compete privativamente:

I — protocolar de imediato os documentos de dívida, para prova do descumprimento da obrigação;

II — intimar os devedores dos títulos para aceitá-los, devolvê-los ou pagá-los, sob pena de protesto;

III — receber o pagamento dos títulos protocolizados, dando quitação;

IV — lavrar o protesto, registrando o ato em livro próprio, em microfilme ou sob outra forma de documentação;

V — acatar o pedido de desistência do protesto formulado pelo apresentante;

VI — averbar:

a) o cancelamento do protesto;

b) as alterações necessárias para atualização dos registros efetuados;

VII — expedir certidões de atos e documentos que constem de seus registros e papéis.

Parágrafo único. Havendo mais de um tabelião de protestos na mesma localidade, será obrigatória a prévia distribuição dos títulos.

SEÇÃO III

Das Atribuições e Competências dos Oficiais de Registros

Art. 12. Aos oficiais de registro de imóveis, de títulos e documentos e civis das pessoas jurídicas, civis das pessoas naturais e de interdições e tutelas compete a prática dos atos relacionados na legislação pertinente aos registros públicos, de que são incumbidos, independentemente de prévia distribuição, mas sujeitos os oficiais de registro de imóveis e civis das pessoas naturais às normas que definirem as circunscrições geográficas.

Art. 13. Aos oficiais de registro de distribuição compete privativamente:

I — quando previamente exigida, proceder à distribuição equitativa pelos serviços da mesma natureza, registrando os atos praticados; em caso contrário, registrar as comunicações recebidas dos órgãos e serviços competentes;

II — efetuar as averbações e os cancelamentos de sua competência;

III — expedir certidões de atos e documentos que constem de seus registros e papéis.

TÍTULO II

Das Normas Comuns

CAPÍTULO I

Do Ingresso na Atividade Notarial e de Registro

Art. 14. A delegação para o exercício da atividade notarial e de registro depende dos seguintes requisitos:

I — habilitação em concurso público de provas e títulos;

II — nacionalidade brasileira;

III — capacidade civil;

IV — quitação com as obrigações eleitorais e militares;

V — diploma de bacharel em direito;

VI — verificação de conduta condigna para o exercício da profissão.

Art. 15. Os concursos serão realizados pelo Poder Judiciário, com a participação, em todas as suas fases, da Ordem dos Advogados do Brasil, do Ministério Público, de um notário e de um registrador.

§ 1º O concurso será aberto com a publicação de edital, dele constando os critérios de desempate.

§ 2º Ao concurso público poderão concorrer candidatos não bacharéis em direito que tenham completado, até a data da primeira publicação do edital do concurso de provas e títulos, dez anos de exercício em serviço notarial ou de registro.

§ 3º (Vetado).

Art. 16. As vagas serão preenchidas alternadamente, duas terças partes por concurso público de provas e títulos e uma terça parte por meio de remoção, mediante concurso de títulos, não se permitindo que qualquer serventia notarial ou de registro fique vaga, sem abertura de concurso de provimento inicial ou de remoção, por mais de seis meses. (*Caput* alterado pela Lei n. 10.506, de 9.7.2002)

Nota: Assim dispunha redação anterior:

Art. 16. As vagas serão preenchidas alternadamente, duas terças partes por concurso público de provas e títulos e uma terça parte por concurso de remoção, de provas e títulos, não se permitindo que qualquer serventia notarial ou de registro fique vaga, sem abertura de concurso de provimento ou de remoção, por mais de seis meses.

Parágrafo único. Para estabelecer o critério do preenchimento, tomar-se-á por base a data de vacância da titularidade ou, quando vagas na mesma data, aquela da criação do serviço.

Art. 17. Ao concurso de remoção somente serão admitidos titulares que exerçam a atividade por mais de dois anos.

Art. 18. A legislação estadual disporá sobre as normas e os critérios para o concurso de remoção.

Art. 19. Os candidatos serão declarados habilitados na rigorosa ordem de classificação no concurso.

CAPÍTULO II
Dos Prepostos

Art. 20. Os notários e os oficiais de registro poderão, para o desempenho de suas funções, contratar escreventes, dentre eles escolhendo os substitutos, e auxiliares como empregados, com remuneração livremente ajustada e sob o regime da legislação do trabalho.

§ 1º Em cada serviço notarial ou de registro haverá tantos substitutos, escreventes e auxiliares quantos forem necessários, a critério de cada notário ou oficial de registro.

§ 2º Os notários e os oficiais de registro encaminharão ao juízo competente os nomes dos substitutos.

§ 3º Os escreventes poderão praticar somente os atos que o notário ou o oficial de registro autorizar.

§ 4º Os substitutos poderão, simultaneamente com o notário ou o oficial de registro, praticar todos os atos que lhe sejam próprios exceto, nos tabelionatos de notas, lavrar testamentos.

§ 5º Dentre os substitutos, um deles será designado pelo notário ou oficial de registro para responder pelo respectivo serviço nas ausências e nos impedimentos do titular.

Art. 21. O gerenciamento administrativo e financeiro dos serviços notariais e de registro é da responsabilidade exclusiva do respectivo titular, inclusive no que diz respeito às despesas de custeio, investimento e pessoal, cabendo-lhe estabelecer normas, condições e obrigações relativas à atribuição de funções e de remuneração de seus prepostos de modo a obter a melhor qualidade na prestação dos serviços.

CAPÍTULO III
Da Responsabilidade Civil e Criminal

Art. 22. Os notários e oficiais de registro responderão pelos danos que eles e seus prepostos causem a terceiros, na prática de atos próprios da serventia, assegurado aos primeiros direito de regresso no caso de dolo ou culpa dos prepostos.

Art. 23. A responsabilidade civil independe da criminal.

Art. 24. A responsabilidade criminal será individualizada, aplicando-se, no que couber, a legislação relativa aos crimes contra a administração pública.

Parágrafo único. A individualização prevista no *caput* não exime os notários e os oficiais de registro de sua responsabilidade civil.

CAPÍTULO IV
Das Incompatibilidades e dos Impedimentos

Art. 25. O exercício da atividade notarial e de registro é incompatível com o da advocacia, o da intermediação de seus serviços ou o de qualquer cargo, emprego ou função públicos, ainda que em comissão.

§ 1º (Vetado).

§ 2º A diplomação, na hipótese de mandato eletivo, e a posse, nos demais casos, implicará no afastamento da atividade.

Art. 26. Não são acumuláveis os serviços enumerados no art. 5º.

Parágrafo único. Poderão, contudo, ser acumulados nos Municípios que não comportarem, em razão do volume dos serviços ou da receita, a instalação de mais de um dos serviços.

Art. 27. No serviço de que é titular, o notário e o registrador não poderão praticar, pessoalmente, qualquer ato de seu interesse, ou de interesse de seu cônjuge ou de parentes, na linha reta, ou na colateral, consanguíneos ou afins, até o terceiro grau.

CAPÍTULO V
Dos Direitos e Deveres

Art. 28. Os notários e oficiais de registro gozam de independência no exercício de suas atribuições, têm direito à percepção dos emolumentos integrais pelos atos praticados na serventia e só perderão a delegação nas hipóteses previstas em lei.

Art. 29. São direitos do notário e do registrador:

I — exercer opção, nos casos de desmembramento ou desdobramento de sua serventia;

II — organizar associações ou sindicatos de classe e deles participar.

Art. 30. São deveres dos notários e dos oficiais de registro:

I — manter em ordem os livros, papéis e documentos de sua serventia, guardando-os em locais seguros;

II — atender as partes com eficiência, urbanidade e presteza;

III — atender prioritariamente as requisições de papéis, documentos, informações ou providências que lhes forem solicitadas pelas autoridades judiciárias ou administrativas para a defesa das pessoas jurídicas de direito público em juízo;

IV — manter em arquivo as leis, regulamentos, resoluções, provimentos, regimentos, ordens de serviço e quaisquer outros atos que digam respeito à sua atividade;

V — proceder de forma a dignificar a função exercida, tanto nas atividades profissionais como na vida privada;

VI — guardar sigilo sobre a documentação e os assuntos de natureza reservada de que tenham conhecimento em razão do exercício de sua profissão;

VII — afixar em local visível, de fácil leitura e acesso ao público, as tabelas de emolumentos em vigor;

VIII — observar os emolumentos fixados para a prática dos atos do seu ofício;

IX — dar recibo dos emolumentos percebidos;

X — observar os prazos legais fixados para a prática dos atos do seu ofício;

XI — fiscalizar o recolhimento dos impostos incidentes sobre os atos que devem praticar;

XII — facilitar, por todos os meios, o acesso à documentação existente às pessoas legalmente habilitadas;

XIII — encaminhar ao juízo competente as dúvidas levantadas pelos interessados, obedecida a sistemática processual fixada pela legislação respectiva;

XIV — observar as normas técnicas estabelecidas pelo juízo competente.

CAPÍTULO VI
Das Infrações Disciplinares e das Penalidades

Art. 31. São infrações disciplinares que sujeitam os notários e os oficiais de registro às penalidades previstas nesta lei:

I — a inobservância das prescrições legais ou normativas;

II — a conduta atentatória às instituições notariais e de registro;

III — a cobrança indevida ou excessiva de emolumentos, ainda que sob a alegação de urgência;

IV — a violação do sigilo profissional;

V — o descumprimento de quaisquer dos deveres descritos no art. 30.

Art. 32. Os notários e os oficiais de registro estão sujeitos, pelas infrações que praticarem, assegurado amplo direito de defesa, às seguintes penas:

I — repreensão;

II — multa;

III — suspensão por noventa dias, prorrogável por mais trinta;

IV — perda da delegação.

Art. 33. As penas serão aplicadas:

I — a de repreensão, no caso de falta leve;

II — a de multa, em caso de reincidência ou de infração que não configure falta mais grave;

III — a de suspensão, em caso de reiterado descumprimento dos deveres ou de falta grave.

Art. 34. As penas serão impostas pelo juízo competente, independentemente da ordem de gradação, conforme a gravidade do fato.

Art. 35. A perda da delegação dependerá:

I — de sentença judicial transitada em julgado; ou

II — de decisão decorrente de processo administrativo instaurado pelo juízo competente, assegurado amplo direito de defesa.

§ 1º Quando o caso configurar a perda da delegação, o juízo competente suspenderá o notário ou oficial de registro, até a decisão final, e designará interventor, observando-se o disposto no art. 36.

§ 2º (Vetado).

Art. 36. Quando, para a apuração de faltas imputadas a notários ou a oficiais de registro, for necessário o afastamento do titular do serviço, poderá ele ser suspenso, preventivamente, pelo prazo de noventa dias, prorrogável por mais trinta.

§ 1º Na hipótese do *caput*, o juízo competente designará interventor para responder pela serventia, quando o substituto também for acusado das faltas ou quando a medida se revelar conveniente para os serviços.

§ 2º Durante o período de afastamento, o titular perceberá metade da renda líquida da serventia; outra metade será depositada em conta bancária especial, com correção monetária.

§ 3º Absolvido o titular, receberá ele o montante dessa conta; condenado, caberá esse montante ao interventor.

CAPÍTULO VII
Da Fiscalização pelo Poder Judiciário

Art. 37. A fiscalização judiciária dos atos notariais e de registro, mencionados nos arts. 6º a 13, será exercida pelo juízo competente, assim definido na órbita estadual e do Distrito Federal, sempre que necessário, ou mediante representação de qualquer interessado, quando da inobservância de obrigação legal por parte de notário ou de oficial de registro, ou de seus prepostos.

Parágrafo único. Quando, em autos ou papéis de que conhecer, o Juiz verificar a existência de crime de ação pública, remeterá ao Ministério Público as cópias e os documentos necessários ao oferecimento da denúncia.

Art. 38. O juízo competente zelará para que os serviços notariais e de registro sejam prestados com rapidez, qualidade satisfatória e de modo eficiente, podendo sugerir à autoridade competente a elaboração de planos de adequada e melhor prestação desses serviços, observados, também, critérios populacionais e socioeconômicos, publicados regularmente pela Fundação Instituto Brasileiro de Geografia e Estatística.

CAPÍTULO VIII
Da Extinção da Delegação

Art. 39. Extinguir-se-á a delegação a notário ou a oficial de registro por:

I — morte;

II — aposentadoria facultativa;

III — invalidez;

IV — renúncia;

V — perda, nos termos do art. 35.

VI — descumprimento, comprovado, da gratuidade estabelecida na Lei n. 9.534, de 10 de dezembro de 1997. (Inciso acrescentado pela Lei n. 9.812, de 10.8.1999)

§ 1º Dar-se-á aposentadoria facultativa ou por invalidez nos termos da legislação previdenciária federal.

§ 2º Extinta a delegação a notário ou a oficial de registro, a autoridade competente declarará vago o respectivo serviço, designará o substituto mais antigo para responder pelo expediente e abrirá concurso.

CAPÍTULO IX
Da Seguridade Social

Art. 40. Os notários, oficiais de registro, escreventes e auxiliares são vinculados à previdência social, de âmbito federal, e têm assegurada a contagem recíproca de tempo de serviço em sistemas diversos.

Parágrafo único. Ficam assegurados, aos notários, oficiais de registro, escreventes e auxiliares os direitos e vantagens previdenciários adquiridos até a data da publicação desta lei.

TÍTULO III
Das Disposições Gerais

Art. 41. Incumbe aos notários e aos oficiais de registro praticar, independentemente de autorização, todos os atos previstos em lei necessários à organização e execução dos serviços, podendo, ainda, adotar sistemas de computação, microfilmagem, disco ótico e outros meios de reprodução.

Art. 42. Os papéis referentes aos serviços dos notários e dos oficiais de registro serão arquivados mediante utilização de processos que facilitem as buscas.

Art. 43. Cada serviço notarial ou de registro funcionará em um só local, vedada a instalação de sucursal.

Art. 44. Verificada a absoluta impossibilidade de se prover, através de concurso público, a titularidade de serviço notarial ou de registro, por desinteresse ou inexistência de candidatos, o juízo competente proporá à autoridade competente a extinção do serviço e a anexação de suas atribuições ao serviço da mesma natureza mais próximo ou àquele localizado na sede do respectivo Município ou de Município contíguo.

§ 1º (Vetado).

§ 2º Em cada sede municipal haverá no mínimo um registrador civil das pessoas naturais.

§ 3º Nos municípios de significativa extensão territorial, a juízo do respectivo Estado, cada sede distrital disporá no mínimo de um registrador civil das pessoas naturais.

Art. 45. São gratuitos os assentos do registro civil de nascimento e o de óbito, bem como a primeira certidão respectiva.

Parágrafo único. Para os reconhecidamente pobres não serão cobrados emolumentos pelas certidões a que se refere este artigo. (Redação dada ao artigo pela Lei n. 9.534, de 10.12.1997)

Nota: Assim dispunha o artigo alterado:

Art. 45. São gratuitos para os reconhecidamente pobres os assentos do registro civil de nascimento e o de óbito, bem como as respectivas certidões.

Art. 46. Os livros, fichas, documentos, papéis, microfilmes e sistemas de computação deverão permanecer sempre sob a guarda e responsabilidade do titular de serviço notarial ou de registro, que zelará por sua ordem, segurança e conservação.

Parágrafo único. Se houver necessidade de serem periciados, o exame deverá ocorrer na própria sede do serviço, em dia e hora adrede designados, com ciência do titular e autorização do juízo competente.

TÍTULO IV
Das Disposições Transitórias

Art. 47. O notário e o oficial de registro, legalmente nomeados até 5 de outubro de 1988, detêm a delegação constitucional de que trata o art. 2º.

Art. 48. Os notários e os oficiais de registro poderão contratar, segundo a legislação trabalhista, seus atuais escreventes e auxiliares de investidura estatutária ou em regime especial desde que estes aceitem a transformação de seu regime jurídico, em opção expressa, no prazo improrrogável de trinta dias, contados da publicação desta lei.

§ 1º Ocorrendo opção, o tempo de serviço prestado será integralmente considerado, para todos os efeitos de direito.

§ 2º Não ocorrendo opção, os escreventes e auxiliares de investidura estatutária ou em regime especial continuarão regidos pelas normas aplicáveis aos funcionários públicos ou pelas editadas pelo Tribunal de Justiça respectivo, vedadas novas admissões por qualquer desses regimes, a partir da publicação desta lei.

Art. 49. Quando da primeira vacância da titularidade de serviço notarial ou de registro, será procedida a desacumulação, nos termos do art. 26.

Art. 50. Em caso de vacância, os serviços notariais e de registro estatizados passarão automaticamente ao regime desta lei.

Art. 51. Aos atuais notários e oficiais de registro, quando da aposentadoria, fica assegurado o direito de percepção de proventos de acordo com a legislação que anteriormente os regia, desde que tenham mantido as contribuições nela estipuladas até a data do deferimento do pedido ou de sua concessão.

§ 1º O disposto neste artigo aplica-se aos escreventes e auxiliares de investidura estatutária ou em regime especial que vierem a ser contratados em virtude da opção de que trata o art. 48.

Nesse sentido, *data maxima venia*, dissentimos do entendimento de Sílvio de Salvo Venosa[27] para quem "embora o notário exerça serviço de natureza especial e os serviços notariais apontados sejam desempenhados em caráter privado, cuidam-se de serviços públicos delegados, como tantos outros existentes. Os cartorários são detentores de cargos públicos e, portanto, funcionários em sentido amplo".

No nosso entendimento, de acordo com o art. 20 da Lei n. 8.945/94, os trabalhadores de cartórios extrajudiciais, exercendo funções delegadas de Poder Público ostentam uma relação de emprego com o titular da respectiva serventia regida pela Consolidação das Leis do Trabalho (CLT) e não uma relação estatutária.

Desse modo, tais trabalhadores ou cartorários detêm todos os direitos trabalhistas previstos na CLT, inclusive o FGTS. Entretanto, pelo fato de estarem albergados na CLT não fazem jus à estabilidade prevista no art. 41 da Constituição Federal de 1988, após o estágio probatório de três anos.

O vínculo trabalhista celetista se aperfeiçoa entre o trabalhador cartorário e o titular pessoa física da serventia, que foi erigido a esse cargo por meio de concurso público (art. 37, inciso II, da Constituição Federal) ou aquele que detinha a titularidade do cartório antes da data da promulgação da Constituição Federal (5.10.1988), pelo fato de os cartórios não possuírem personalidade jurídica.

De acordo com o art. 236 da Carta Magna, os serviços notariais e de registro são exercidos em caráter privado, por delegação do setor público. Logo, os notários são agentes públicos delegados, com a incumbência da execução de determinadas atividades ou serviços, em seu próprio nome, por conta e risco,

---

§ 2º Os proventos de que trata este artigo serão os fixados pela legislação previdenciária aludida no *caput*.

§ 3º O disposto neste artigo aplica-se também às pensões deixadas, por morte, pelos notários, oficiais de registro, escreventes e auxiliares.

Art. 52. Nas unidades federativas onde já existia lei estadual específica, em vigor na data de publicação desta lei, são competentes para a lavratura de instrumentos traslatícios de direitos reais, procurações, reconhecimento de firmas e autenticação de cópia reprográfica os serviços de Registro Civil das Pessoas Naturais.

Art. 53. Nos Estados cujas organizações judiciárias, vigentes à época da publicação desta lei, assim previrem, continuam em vigor as determinações relativas à fixação da área territorial de atuação dos tabeliães de protesto de títulos, a quem os títulos serão distribuídos em obediência às respectivas zonas.

Parágrafo único. Quando da primeira vacância, aplicar-se-á à espécie o disposto no parágrafo único do art. 11.

Art. 54. Esta Lei entra em vigor na data da sua publicação.

Art. 55. Revogam-se as disposições em contrário.

Brasília, 18 de novembro de 1994; 173º da Independência e 106º da República.

(27) VENOSA, Sílvio de Salvo. *Direito civil*. 3. ed. São Paulo: Atlas, 2003. p. 185.

mas segundo as normas do Estado, sob permanente fiscalização do delegante. Essa categoria exerce função pública e inicialmente era incluída no Regime Próprio de Previdência (art. 40 da CF).

O Supremo Tribunal Federal mudou entendimento e decidiu que a condição de agente público delegado não autoriza aos Notários e Registradores a condição de filiados aos Regimes Próprios de Previdência. Anteriormente, o STJ tinha jurisprudência uniforme de que seria aplicável a aposentadoria compulsória aos 70 anos aos Titulares de Cartório (art. 40, § 1º, II, CF/88).

Atualmente, o Supremo Tribunal Federal (STF) entende que os Notários e Registradores não são servidores públicos em sentido estrito, para que se sujeitem à aposentadoria compulsória aos 70 anos. Pela nova redação do art. 40 da CF/88, a Excelsa Corte entende que a norma constitucional só se aplica aos servidores em sentido estrito, ou seja, aos titulares de cargos efetivos da União, dos Estados, do DF e dos Municípios, incluídas Autarquias e Fundações. O INSS editou Instrução Normativa n. 100/03 estabelecendo que os Notários e Registradores figuram como filiados obrigatórios do Regime Geral de Previdência.

Emenda do STF:

"NOTÁRIOS E OFICIAIS DE REGISTRO

1. A resistência dos titulares dos serviços notariais e de registro à aposentadoria por idade — à qual os entendia sujeitos a jurisprudência do STF — se tem reputado plausível à vista da nova redação do art. 40 e § 1º da CF, ditada pela EC n. 20/98.

2. A norma constitucional — ainda quando o possa ser — não se presume retroativa: só alcança situações anteriores, de direito ou de fato, se o dispuser expressamente.

3. Assim, a eventual conclusão no sentido de que a EC n. 20/98 haja liberado os titulares de serventias da aposentadoria compulsória aos 70 anos de idade não beneficiaria os que os tiverem completado ANTES de sua promulgação. Rel. Sepúlveda Pertence. 1ª T. DJ. 15.4.2003."

Observa-se, portanto, que resta afastada a hipótese de que os titulares dos serviços notariais e de registro devam se aposentar, compulsoriamente, aos 70 anos, consoante antiga jurisprudência do Superior Tribunal de Justiça (STJ).

Transcrevemos abaixo algumas ementas, apresentando o entendimento de nossos Tribunais em relação ao vínculo laboral existente entre os cartorários e os titulares de serventias e cartórios não oficializados.

"COMPETÊNCIA DA JUSTIÇA DO TRABALHO. EMPREGADO DE CARTÓRIO NÃO OFICIALIZADO. 1. O titular do *cartório*, ao contratar serventuário, assume a obrigação de assalariar seu empregado, dirigindo os serviços notariais e de registro, em virtude do que se equipara a empregador. É certo que o Estado *não* assume qualquer ônus financeiro ou orçamentário em razão da contratação celebrada, ficando a cargo do titular do *cartório* assumir todos os riscos econômicos pela admissão ou demissão de seus empregados, assim como pela arrecadação dos valores que remuneram os serviços notariais. 2. Embora se argumente, em sentido contrário à tese da competência da Justiça do Trabalho para processar e julgar os feitos dessa natureza em que se pede verbas de natureza trabalhista, que aos serventuários de *cartórios* são reconhecidos direitos próprios da legislação estatutária, tais assertivas *não* têm o condão de tornar o vínculo de emprego ora reconhecido em regime administrativo, visto que os direitos previstos na CLT são considerados 'mínimos legais', o que *não* impede que o empregador, na relação de trabalho, confira ao seu empregado situação mais vantajosa." (Tribunal: TST Decisão: 30.10.2002 Proc: RR n. 612462 Ano: 1999 Região: 2 Recurso de Revista Turma: 5 Órgão Julgador — Quinta Turma Relatora: Juíza Convocada Maria de Assis Calsing DJ Data: 15.8.2003)

"RECURSO DE REVISTA. NATUREZA JURÍDICA DA RELAÇÃO JURÍDICA DO ESCREVENTE DE CARTÓRIO NÃO OFICIALIZADO. LEI N. 8.935/94. O art. 236, *caput*, da Constituição da República, ao expressar o 'caráter privado' dos 'serviços notariais e registro', *não* deixa dúvidas quanto à adoção, pelo titular do *cartório*, do regime celetista para fins de contratação de seus auxiliares e escreventes, mesmo no período anterior à Lei n. 8.935/94, pois efetivamente o titular do *cartório*, como pessoa física que é, equipara-se ao empregador comum, mormente porque 'a entidade cartorial *não* é ente dotado de personalidade jurídica'. Ademais, a referida norma é conclusiva, e autoaplicável, que dispensa complementação via lei ordinária." (Tribunal: TST Decisão: 2.4.2003 Proc: RR n. 528287 Ano: 1999 Região: 2 Recurso de Revista Turma: 3 Órgão Julgador — Terceira Turma DJ Data: 9.5.2003 Relator: Juiz Convocado Paulo Roberto Sifuentes Costa)

"VÍNCULO DE EMPREGO COM CARTÓRIO NÃO OFICIALIZADO. ART. 48 DA LEI N. 8.935/94. O art. 48 da Lei n. 8.935/94 em nenhum momento estabelece a qual regime estavam submetidos os serventuários dos *cartórios* extrajudiciais antes da edição dessa lei. Apenas dispõe que os notários e os oficiais de registro poderiam, a partir da edição da norma, contratar sob o regime celetista seus escreventes e auxiliares que fossem contratados sob regime estatutário ou especial, desde que esses fizessem opção expressa no prazo de trinta dias. Ocorre que, no caso dos autos, foi comprovado que os reclamantes já eram regidos pela CLT desde a admissão, de modo que esse dispositivo legal *não* tem aplicação. Recurso de Revista *não* conhecido." (Tribunal: TST Decisão: 17.4.2002 Proc: RR n. 703230 Ano: 2000 Região: 15 Recurso de Revista Turma: 5 Órgão Julgador — Quinta Turma DJ Data: 31.5.2002 Relator: Ministro Rider Nogueira de Brito)

"CARTÓRIO NÃO OFICIALIZADO. RELAÇÃO DE EMPREGO COM ESCREVENTE E AUXILIARES. APLICAÇÃO DA LEI N. 8.935/94. Para que fosse observado o direito adquirido e o ato jurídico perfeito, tal como previsto no art. 5º, inciso XXXVI, o legislador publicou a Lei n. 8.935/94, que, no *caput* do art. 48, faculta aos *cartórios* contratarem, pelo regime da CLT, caso os escreventes e auxiliares concordem com esta reforma, bem como manifestem sua opção por ela, no prazo improrrogável de 30 dias, contados da data da publicação da referida lei. Pedido de vínculo de emprego, posterior a esta data, *não* pode encontrar guarida nesta Justiça Especializada." (Tribunal: 2ª Região Acórdão n. 20010137070 Decisão: 19.2.2001 Tipo: RO 1 n. 20000543068 Ano: 2000 Número Único Proc: RO 1 — Recurso Ordinário Turma: 9 Órgão Julgador — Nona Turma DOE SP, PJ, TRT 2ª Data: 3.4.2001 Revisor: Antonio José Teixeira de Carvalho)

"CONSTITUCIONAL. ADMINISTRATIVO. ART. 19 DO ADCT. FUNCIONÁRIO DE CARTÓRIO. AUSÊNCIA DE VÍNCULO COM A ADMINISTRAÇÃO. ESTABILIDADE. IMPERTINÊNCIA. 1. A norma do art. 19 do ADCT não socorre o recorrente, que admite jamais ter recebido remuneração dos cofres públicos e ser contratado apenas do Cartório de Distribuição do Tribunal de Justiça do Distrito Federal e Territórios, pelo regime da Consolidação das Leis do Trabalho. 2. Dispositivo constitucional transitório que se aplica somente àqueles servidores públicos em exercício, há pelo menos cinco anos antes da promulgação da Carta de 1988, na administração direta da União, dos Estados, do Distrito Federal e dos Municípios, bem como em suas autarquias e fundações públicas. 3. Recurso extraordinário conhecido e improvido. RE 388589, DF, Recurso Extraordinário." Rel. Ministra Ellen Gracie. Julgamento 15.6.2004. 2ª T. Publicação. DJ 6.8.2004, PP 00062, EMENT VOL 02158-07, p. 01269.

"SERVENTUÁRIOS DE CARTÓRIO NÃO OFICIALIZADO X TITULARES DAS SERVENTIAS — RELAÇÃO JURÍDICA — O § 1º, do art. 236, da Constituição da República, previu a edição de lei complementar disciplinadora das atividades dos serviços notariais e de registro, o que efetivamente ocorreu com a promulgação da Lei n. 8.935, de 18.11.1994. O art. 48 desta Lei, em seus §§ 1º e 2º, *não* deixa dúvidas no sentido de que, até sua publicação, os escreventes e auxiliares das serventias estavam sujeitos a regime especial ou estatutário: tanto que autorizou a transformação do regime jurídico destes para o celetista, mediante opção expressa, no prazo de 30 (trinta) dias. Determinou ainda, que, não ocorrendo referida opção, continuariam regidos pelas normas aplicáveis aos funcionários públicos ou pelas editadas pelo Tribunal de Justiça respectivo (no presente caso, pelo Tribunal de Justiça do Estado de São Paulo). No caso em tela, forçoso concluir que o reclamante esteve sob a égide do regime estatutário até 6 de dezembro de 1994, haja vista que os direitos de opção ao FGTS e à legislação trabalhista só lhe foram outorgados em 7.12.1994, após a publicação da Lei n. 8.935/94. Correto o procedimento de, só a partir daquela data, ter sido seu contrato de trabalho devidamente anotado na Carteira de Trabalho e Previdência Social." (Tribunal: 15ª Região Acórdão 008243/2000 Decisão: 13.3.2000 TIPO: RO n. 024648 ANO: 1998 Número Único Proc: RO — Turma: TU5 — Quinta Turma DOE data: 13.3.2000 Relator: Olga Aida Joaquim Gomieri)

"Com base nesta jurisprudência, não resta dúvida sobre a competência da Justiça do Trabalho para dirimir controvérsias decorrentes da relação de emprego entre os titulares de cartórios não oficializados e seus empregados, de acordo com o art. 114 da Constituição Federal."

Em se tratando de um serviço público exercido sobre delegação a particular, o Estado responderá objetivamente pelos danos causados por esses serviços a terceiros, por exemplo, reconhecimento de firma fraudulento, procuração falsa ou escritura(28) com vícios insanáveis ou falsos, facultado o direito de regresso contra o empregado, se esse incorrer em culpa ou dolo.

A responsabilidade objetiva do Estado(29) vem albergada no art. 37, § 6º, da Constituição Federal, *in verbis*:

> "As pessoas jurídicas de direito público e as de direito privado prestadoras de serviços públicos responderão pelos danos que seus agentes, nessa qualidade, causarem a terceiros, assegurado o direito de regresso contra o responsável nos casos de dolo ou culpa."

22.1. Sucessão trabalhista nos cartórios não oficializados

E como ficaria a sucessão trabalhista nos cartórios não oficializados?

No caso de um novo titular assumir um cartório ou serventia não oficializado, após o competente concurso público, no atendimento ao dispositivo constitucional, sucedendo o antecessor, será responsável pelas obrigações trabalhistas dos empregados do cartório em seu nome pessoal, na pessoa física de proprietário, uma vez que o cartório de notas não possui personalidade jurídica.

Se eventualmente o concurso for anulado, por estar eivado de irregularidades, obviamente a responsabilidade continuará sendo do antecessor.

A jurisprudência sobre a matéria assim se posiciona:

> "Os cartórios, por não deterem personalidade jurídica, e, portanto, capacidade de ser parte, não podem ser demandados em juízo. A possibilidade de entes, sem personalidade jurídica, na relação processual, está restrita às hipóteses legalmente previstas, já que o art. 12 do CPC, encerra rol da modalidade *numerus clausus* (incisos III, IV, VII e IX)."

---

(28) Indenização — Responsabilidade civil — Tabelião. Ato notarial. Lavratura de instrumento de falsa procuração — Transferência de direito imobiliário — Perda do bem adquirido — Insuficiência de cautelas adotadas — Ligeira culpa que produz a obrigação de indenizar — Verba devida — Recurso provido. Em se tratando de responsabilidade civil, resultante de ato notarial, a mais ligeira culpa produz a obrigação de indenizar, respondendo o Tabelião perante aquele que perdeu o imóvel adquirido, pelo qual o criminoso, mediante artifício, conseguiu lavrar instrumento procuratório. (TJSP — Ap. Cível 228.034-1, 8.6.95, 6ª Câmara Civil — rel. Testa Marchi)

(29) Constitucional — Servidor Público — Tabelião. Titulares de ofício de justiça: Responsabilidade civil. Responsabilidade do Estado, art. 37, § 6º, CF. Natureza estatal das atividades exercidas pelos serventuários titulares de cartórios e registros extrajudiciais, exercidas em caráter privado, por delegação do Poder Público. Responsabilidade objetiva do Estado pelos danos praticados a terceiros por esses servidores no exercício de suas funções, assegurado o direito de regresso contra o notário, nos casos de dolo ou culpa (CF, art. 37, § 6º). (STF — ARRE 209354, 2.3.1999, Seção 2 — 2ª Turma — Rel. Min. Carlos Velloso)

O art. 12 do CPC estatui:

"Serão representados em juízo, ativa e passivamente: I — a União, os Estados, o DF e os Territórios, por seus procuradores, II — o Município, por seu Prefeito ou procurador, III — a massa falida, pelo síndico, IV — a herança jacente ou vacante, por seu curador, V — o espólio, pelo inventariante, VI — as pessoas jurídicas, por quem os respectivos estatutos designarem, ou, não os designando, por seus diretores, VII — a pessoa jurídica estrangeira, pelo gerente, representante ou administrador de sua filial, agência ou sucursal aberta ou instalada no Brasil, (art. 88). VIII — o condomínio, pelo administrador ou pelo sindicato. § 2º as sociedades sem personalidade jurídica, quando demandadas, não poderão opor a irregularidade de sua constituição. § 3º O gerente da filial ou agência presume-se autorizado, pela pessoa jurídica estrangeira, a receber citação inicial para o processo de conhecimento, de execução, cautelar e especial."

Transcrevemos ementa do TRT 1ª Região sobre a matéria:

"Ementa: Cartório de Registro de Pessoas Naturais. Natureza jurídica dos serviços notarial e registral. Delegação de serviço público. Titularidade estatal. Bem fora do comércio. Responsabilidade pessoal do notário. Impossibilidade de sucessão. Há sucessão de empregadores no direito do trabalho sempre que a empresa, assim entendida a atividade empresarial, seja transferida a terceiros por qualquer meio, no todo ou em parte, sem solução de continuidade nos contratos de trabalho, isto é, sempre que os contratos de trabalho que tiverem começado com o sucedido continuarem com o sucessor. Se não há transferência da empresa (da atividade do empresário), ou aquele que se diz credor trabalhista nunca foi empregado do sucessor, a hipótese não é de sucessão. Os serviços notariais e registrais são públicos por excelência, executados diretamente ou por delegação. Se se trata de um serviço público, executado por delegação, é coisa fora do comércio, não se transmite a terceiros e não se incorpora ao patrimônio jurídico do concessionário. A delegação volta ao patrimônio do ente público delegante tão logo cesse o prazo delegado ou o concessionário se desinteresse da exploração do serviço ou não o explore segundo as regras da concessão ou dali seja alijado *manu militari*. Não se aplicam os arts. 10 e 448 da CLT porque não há, tecnicamente, subsunção de uma empresa por outra nem aquisição de ativo do antigo delegatário pelo novo, mas simples afetação, por delegação, da possibilidade legal de exploração de um serviço público. O que não é cessível não é susceptível de sucessão. Todo o passivo — inclusive o trabalhista — da serventia é de responsabilidade pessoal do delegatário do serviço notarial que o tiver contraído, de sorte que o novo delegatário somente responde pelas obrigações a que der causa." (Número do documento: 00190003520075010471. Tipo de processo: Recurso Ordinário. Data de publicação: 2010-12-16. Orgão julgador: Sétima Turma. Relator: José Geraldo da Fonseca)

Os cartórios não possuem personalidade jurídica. Portanto, de plano, possível concluir pela impossibilidade deles figurarem em qualquer processo na condição de parte. A figura do cartório nada mais representa senão a unidade administrativa, onde o titular da serventia, por delegação do Poder Público, desempenha seu mister.

Como inexiste a figura do cartório no plano jurídico, não há como lhe reconhecer a capacidade para ser parte, em qualquer um dos polos da relação processual. As únicas exceções a esta regra geral residem naquelas expressas na Lei, CPC. art. 12, hipótese distinta da tratada nestes autos. Aliás, acerca da exclusiva responsabilidade dos titulares de cartórios, pelas obrigações decorrentes do exercício da atividade — inclusive as trabalhistas — já decidiu o Excelso Supremo Tribunal Federal, *in verbis*:

"Ementa. Conflito de jurisdição. Competência. Reclamação trabalhista movida por empregado de ofício extrajudicial, não oficializado, do DF contra o respectivo titular. Lei n. 6.750/79 (Lei de Organização Judiciária do DF e Territórios), arts. 81 e 82. A remuneração dos empregados das serventias não oficializadas do DF deve ser paga pelos titulares, únicos responsáveis pelas obrigações trabalhistas. Os direitos dos empregados não remunerados pelos cofres públicos, vinculados ao titular da serventia, são os previstos na legislação do trabalho. A intervenção da Corregedoria Geral da Justiça do DF, nos referidos contratos de trabalho (Lei n. 6.750/79, art. 81, § 3º), é meramente de natureza fiscalizatória e disciplinar. Constituição, arts. 113 e 236. Competência da Justiça do Trabalho e não da Justiça Comum do DF. Conflito de jurisdição conhecido, declarando-se, no caso, a competência do TST."

"CARTÓRIO EXTRAJUDICIAL — SUCESSÃO TRABALHISTA — O cartório extrajudicial, embora careça de personalidade jurídica a exemplo do condomínio encontra-se inserido no § 1º do art. 2º da CLT, pouco importando o fato de não exercer atividade econômica, propriamente. Embora exerça atividade de natureza pública, não órgão público. No caso, ocorre a sucessão institucional — porque, embora não se trate de empresa, trata-se de ente despersonificado, autêntico empregador." (TRT 3ª R. — RO 7096/03 — 1ª T. — Rel. Juiz Manuel Cândido Rodrigues — DJMG 4.7.2003 — p. 5)

Na sistemática da vigente norma de regência, que seja, Lei n. 8.935, de 1994, recebeu tratamento similar. O seu art. 21 assim dispõe, *ad litteram*:

"Art. 21. O gerenciamento administrativo e financeiro dos serviços notariais e de registro é da responsabilidade do respectivo titular, inclusive no que diz respeito às despesas de custeio, investimento e pessoal, cabendo-lhe estabelecer normas, condições e obrigações relativas à atribuição de funções e remuneração de seus prepostos de modo a obter a melhor qualidade na prestação dos serviços."

O elemento definidor da sucessão trabalhista é a presença, junto à empresa sucessora, dos elementos caracterizadores da atividade empresarial da sucedida, ou seja, a manutenção de idêntico ramo de negócios, a utilização da clientela então formada, a autorização legal para exploração da atividade e o aproveitamento da organização existente, quer material ou de natureza extrapatrimonial.

23. *Outros tipos de responsabilidade*

Desenvolveremos, a seguir, outras espécies de responsabilidade que ainda ensejam grande controvérsia em nossos Tribunais.

24. *Responsabilidade objetiva do Estado*

No Brasil, a responsabilidade do Estado sofreu várias transformações ao longo da história. Na Constituição do Império, de 1824, o art. 99 da Constituição Federal dispunha:

"Art. 99. A pessoa do imperador é inviolável e sagrada; ele não está sujeito a responsabilidade alguma."

Vemos, dessa forma, que se aplicava, na época, a teoria da irresponsabilidade do Estado, com regência no princípio *"The king can do no wrong"*. O fundamento era que a responsabilização do Estado por seus atos poderia comprometer a soberania do Estado e ainda pelo fato de que todos os atos do Estado tinham por objetivo o bem comum da coletividade.

Com base nesse entendimento, os atos ou omissões praticados por agentes públicos, que provocassem danos a terceiros, seriam de sua exclusiva e total responsabilidade, sempre com a observância da demonstração da culpa ou dolo.

Com o advento do Código Civil de 1916, estabeleceu-se uma nova regra de responsabilidade, na medida em que o art. 15[30] previa que as pessoas jurídicas de direito público seriam responsáveis pelos atos de seus agentes, no exercício de suas funções. Já naquela época surgiu intensa disputa doutrinária, para determinar se essa responsabilidade era objetiva ou subjetiva.

No entanto, prevaleceu o entendimento doutrinário e jurisprudencial no sentido de se aplicar a teoria subjetiva da responsabilidade do Estado, no que se refere ao art. 15 do Código Civil de 1916. Entendemos que já se poderia aplicar, na época, a responsabilidade objetiva com base nessa previsão legal, porquanto o texto legal em nenhum momento faz referência expressa da culpa ou dolo na responsabilização do Estado por atos de seus agentes. No que respeita a "faltando a dever prescrito por lei" daquele artigo, certamente ele se referia aos atos omissivos dos agentes públicos, enquanto "procedendo de modo contrário ao direito" não significa expressamente a incidência de culpa.

Logo, poderia prevalecer a posição de que um ato lícito do agente, no exercício de suas funções, que provocasse danos a um indivíduo, geraria o dever do Estado à devida indenização, restando, portanto, caracterizada a responsabilidade objetiva.

A responsabilidade civil do Estado não se submete às regras do direito privado, baseadas na teoria da culpa, ou responsabilidade subjetiva, consoante o art. 186 do Novo Código Civil, mas atém-se à Teoria da Responsabilidade objetiva, ou seja, independentemente de culpa.

(30) Art. 15. As pessoas jurídicas de direito público são civilmente responsáveis por atos dos seus representantes que nessa qualidade causem danos a terceiros, procedendo de modo contrário ao direito ou faltando a dever prescrito por lei, salvo o direito regressivo contra os causadores do dano.

O fundamento jurídico e constitucional encontra-se no art. 43[31] do Código Civil de 2002, e no art. 37, § 6º da Constituição Federal de 1988, *in verbis*:

"As pessoas jurídicas de direito público e as de direito privado prestadoras de serviços públicos responderão pelos danos que seus agentes, nessa qualidade, causarem a terceiros, assegurado o direito de regresso contra os responsáveis nos casos de dolo ou culpa."

Como vimos previamente, enquanto a responsabilidade civil dos particulares tem como pressuposto a prática de um ato ilícito, a responsabilidade objetiva do Estado independe de tal ato, podendo até mesmo ocorrer de eventuais atos que, não obstante lícitos, causem prejuízos a terceiros (ex.: o fechamento de uma avenida para construção de galerias subterrâneas).

A responsabilidade objetiva aplica-se não apenas à Administração Pública Direta (União, Estados, Distrito Federal e Municípios), à Indireta (autarquias, fundações públicas, empresas públicas e sociedades de economia mista), como também a qualquer pessoa jurídica de direito privado, prestadora de serviços públicos delegados (concessionárias e permissionárias).

O Supremo Tribunal Federal recentemente discutiu os alcances da responsabilidade objetiva do Estado. Segue resumo extraído da Revista Consultor Jurídico, de 9 de março de 2007:

"Supremo discute alcances da responsabilidade objetiva

Para o ministro Joaquim Barbosa, do Supremo Tribunal Federal, empresa de transporte público responde objetivamente pelos danos de atropelamento, ainda que a vítima não seja usuária do serviço. Com este entendimento o ministro, relator do caso, rejeitou Recurso Extraordinário contra decisão do Tribunal de Justiça do Estado de Pernambuco, que condenou a transportadora Borborema pelo atropelamento de uma pessoa.

Acompanharam o voto do relator a ministra Cármen Lúcia Antunes Rocha e os ministros Ricardo Lewandowski e Carlos Ayres Britto."

O julgamento foi suspenso com pedido de vista do ministro Eros Grau.

"No recurso, a empresa alega violação ao art. 37 da Constituição Federal, argumentando que no caso não cabe responsabilidade objetiva, já que 'a pessoa atropelada não era usuária do serviço de transporte coletivo em questão'. Por isso, 'se faz necessária a perquirição da culpa, para que possa consubstanciar-se o direito à indenização. Neste caso, a aplicação da responsabilidade objetiva extrapola os termos da vigente Constituição, o que brada por reforma', conclui a empresa.

(31) Art. 43. As pessoas jurídicas de direito público interno são civilmente responsáveis por atos dos seus agentes que nessa qualidade causem danos a terceiros, ressalvado direito regressivo contra os causadores do dano, se houver, por parte destes, culpa ou dolo.

Barbosa disse que o fundamento da decisão do TJ pernambucano é o § 6º, art. 37 (pessoas jurídicas prestadoras de serviços públicos responderão pelos danos que seus agentes causarem a terceiros).

O ministro lembrou que o Brasil adota, desde 1946, 'um regime de responsabilidade do estado que figura entre os mais liberais, um sistema que é mais propício a atender aos interesses da vítima — pessoa física ou jurídica que sofre danos em razão de atos praticados pelo Estado, ou por seus prepostos, agentes ou colaboradores'.

A responsabilidade objetiva do Estado se baseia em dois fundamentos jurídicos irretocáveis, para Barbosa. Primeiro, que ao 'atuar e intervir-nos mais diversos setores da vida social, a administração submete seus agentes e também o particular a inúmeros riscos'.

Para o ministro, os riscos são da essência da atividade administrativa e resultam da multiplicidade das suas intervenções, indispensáveis ao atendimento das diversas necessidades da coletividade. 'O risco administrativo decorre de uma atividade lícita e absolutamente regular da administração, daí o caráter objetivo desse tipo de responsabilidade, que faz a abstração de qualquer consideração a respeito de qualquer culpa do agente causador do dano'.

O segundo fundamento é o da igualdade de todos os cidadãos perante os encargos públicos. Segundo este princípio, os danos sofridos pelos cidadãos, em função das atividades do Estado, devem ser compartilhados por toda a coletividade.

Para ele, o fato de uma prestação de serviço ser transferida para uma empresa privada, não tira da atividade sua natureza eminentemente pública e estatal. 'Na concessão, o particular concessionário apenas faz as vezes do Estado'.

Desta forma, Joaquim Barbosa discorda do entendimento de que a responsabilidade objetiva de empresas privadas, prestadoras de serviços públicos, se refere apenas ao usuário e não em relação às pessoas não integrantes dessa relação.

'Penso ser incabível tal distinção em matéria de responsabilidade civil do Estado. Para fins de fixação dessa responsabilidade, é inteiramente irrelevante uma ou outra qualidade ou condição pessoal da vítima dos danos. Introduzir uma distinção adicional entre os usuários e não usuários do serviço significa um perigoso enfraquecimento do princípio da responsabilidade objetiva, cujo alcance o constituinte de 1988 quis o mais amplo possível', concluiu Joaquim Barbosa. Acompanharam o voto do relator a ministra Cármen Lúcia Antunes Rocha e os ministros Ricardo Lewandowski e Carlos Ayres Britto.

Ao iniciar seu voto, Eros Grau disse que o recurso lembra um caso histórico muito conhecido no meio jurídico, o de Agnès Blanco. Por isso, e por considerar o tema 'extremamente complexo', o ministro Eros Grau pediu vista.

No caso Blanco, a menina Agnès Blanco foi atropelada por uma vagonete da Companhia Nacional de Manufatura de Tabaco, de exploração do Estado, em 1873, em Bordeaux, na França. O pai da menina acionou a justiça, com um pedido de indenização, alegando a responsabilidade civil do Estado por prejuízos causados a terceiros, em face das atividades de seus agentes. O pedido chegou ao Conselho de Estado Francês, que decidiu pela responsabilização do Estado pela reparação dos danos causados à menina atropelada. Recurso Extraordinário n. 459.749."

25. *Responsabilidade subjetiva do Estado*

A responsabilidade subjetiva do Estado acha-se ligada principalmente à omissão estatal que provoque dano a terceiros.

A Constituição de 1934, em seu art. 17, trazia a regra da solidariedade do funcionário público com a Fazenda Pública, em caso de danos a terceiros. Certamente, representava um retrocesso em sede de responsabilidade civil, pois o lesado poderia interpor uma ação em face do Estado e do agente público para se ver ressarcido do prejuízo.

Enquanto a Constituição de 1937 praticamente repetia a de 1934 a respeito da responsabilidade do Estado, a Constituição de 1946, por seu turno, estabeleceu no art. 194 a responsabilidade do Estado, por meio das pessoas jurídicas de direito público, excluindo a solidariedade de seus agentes, como outrora ocorria. As Constituições posteriores (1967, Emenda Constitucional de 1969) virtualmente repetiram idêntica posição.

A Constituição de 1988 veio sedimentar o entendimento da matéria, por meio do art. 37, § 6º acima descrito, optando pela responsabilidade objetiva das pessoas jurídicas de direito público. No entanto, podemos dizer que a novidade trazida pela atual Carta Magna foi a extensão da responsabilidade objetiva também para todas as pessoas jurídicas de direito privado, que prestam serviços públicos (empresas públicas, sociedades de economia mista, agências reguladoras, concessionárias e permissionárias).

Mesmo após a promulgação da Constituição de 1988, o entendimento prevalecente no que diz respeito à responsabilidade subjetiva, foi a permanência do art. 15 do Código Civil de 1916 em plena força e efeito (*full force and effect*), no que respeita aos atos omissivos das pessoas jurídicas de direito público, que, por meio de seus agentes, nessa qualidade, provocarem danos a terceiros. Em face da omissão do Estado que cause dano a terceiros, o lesado deverá provar: a) que o dano foi injusto; b) a culpa da pessoa jurídica; e c) o nexo causal entre a omissão culposa e o dano.

Por outro lado, é imprescindível na configuração da responsabilidade subjetiva a demonstração da culpa da Administração Pública pelo não funcionamento, mau funcionamento ou negligência na prestação do serviço público, como dito alhures.

Para melhor caracterizar a responsabilidade subjetiva do Estado apresentamos as seguintes ementas:

> "RECURSO ESPECIAL — ALÍNEAS *A* E *C* — RESPONSABILIDADE CIVIL DO ESTADO. Ato omissivo. Responsabilidade subjetiva. Negligência na segurança de balneário público. Mergulho em local perigoso. Consequente tetraplegia. Imprudência da vítima. Culpa recíproca. Indenização devida proporcionalmente. O infortúnio ocorreu quando o recorrente, aos 14 anos, após penetrar, por meio de pagamento de ingresso, em balneário público, mergulhou de cabeça em Ribeirão de águas rasas, o que lhe causou lesão medular cervical irreversível. Para a responsabilização subjetiva do Estado por ato omissivo, "é necessário, que o Estado haja incorrido em ilicitude, por não ter acorrido para impedir o dano ou por haver sido insuficiente neste mister, em razão de comportamento inferior ao padrão legal exigível" (BANDEIRA DE MELLO, Celso Antônio. *Curso de direito administrativo.* São Paulo: Malheiros, 2002. p. 855). Ao mesmo tempo em que se exige da vítima, em tais circunstâncias, prudência e discernimento. Já que pelo senso comum não se deve mergulhar em local desconhecido —, imperioso reconhecer, também, que, ao franquear a entrada de visitantes em balneário público, sejam eles menores ou não, deve o Estado proporcionar satisfatórias condições de segurança, mormente nos finais de semana, quando, certamente, a frequência ao local é mais intensa e aumenta a possibilidade de acidentes. "Não há resposta *a priori* quanto ao que seria o padrão normal tipificador da obrigação a que estaria legalmente adstrito. Cabe indicar, no entanto, que a normalidade da eficiência há de ser apurada em função do meio social, do estágio de desenvolvimento tecnológico, cultural, econômico e da conjuntura da época, isto é, das possibilidades reais médias dentro do ambiente em que se produziu o fato danoso" (BANDEIRA DE MELLO, Celso Antônio. *Op. cit., loc. cit.*). Há, na hipótese dos autos, cuidados que, se observados por parte da administração pública estadual, em atuação diligente, poderiam ter evitado a lesão. A simples presença de salva-vidas em locais de banho e lazer movimentados é exigência indispensável e, no particular, poderia ter coibido a conduta da vítima. Nem se diga quanto à necessidade de isolamento das zonas de maior risco, por exemplo, por meio de grades de madeira, cordas, corrimãos etc. Em passeios dessa natureza, amplamente difundidos nos dias atuais sob a denominação de "turismo ecológico", não somente para as crianças, como para jovens e adultos, é de se esperar, conforme as circunstâncias peculiares do local, a presença de cabos de isolamento e a orientação permanente de guias turísticos e funcionários que conheçam o ambiente visitado. Segundo a lição do notável Aguiar Dias, doutrinador

de escol no campo da responsabilidade civil, "a culpa da vítima, quando concorre para a produção do dano, influi na indenização, contribuindo para a repartição proporcional dos prejuízos." (*Da responsabilidade civil.* Rio de Janeiro: Forense, 1960. t. II, p. 727). Recurso Especial provido em parte para reconhecer a culpa recíproca e, como tal, o rateio das verbas condenatórias e das despesas e custas processuais meio a meio, arcando cada parte com a verba honorária advocatícia do respectivo patrono. (STJ — RESP 418713 — SP — 2ª T. — Rel. Min. Franciulli Netto — DJU 8.9.2003 — p. 280)

"CIVIL E PROCESSO CIVIL — AÇÃO DE INDENIZAÇÃO — DANOS MORAIS E MATERIAIS — SERVIDOR DA FUNDAÇÃO HOSPITALAR DO DF — MANUSEIO DE SUBSTÂNCIAS TÓXICAS — RESPONSABILIDADE CIVIL DO ESTADO — ART. 37, § 6º, CF/88 — APLICABILIDADE AO SERVIDOR — OMISSÃO DO DEVEDOR DE ZELAR PELA HIGIDEZ FÍSICA E MENTAL DO AGENTE PÚBLICO — INOBSERVÂNCIA DO DEVER DE SAÚDE — ART. 204, CF/88 — RESPONSABILIDADE SUBJETIVA — PRECEDENTES DO STF — IMPRUDÊNCIA E NEGLIGÊNCIA CONFIGURADAS — REPARAÇÃO QUE SE NÃO PODE RESUMIR AO ADICIONAL DE INSALUBRIDADE, CONCEBIDO PARA NÍVEIS SUPORTÁVEIS DE INSALUBRIDADE — COMPATIBILIDADE ENTRE A INDENIZAÇÃO E A APOSENTADORIA POR INVALIDEZ — FUNDAMENTOS JURÍDICOS DIVERSOS — APELO PARCIALMENTE PROVIDO — 1 — O fato de não se assegurar aos servidores públicos civis o direito previsto no art. 7º, XXVIII, CF/88, não constitui óbice à indenização por danos decorrentes da atividade laboral, sempre que configurada a responsabilidade civil do Estado. 2 — Constatada a omissão do estado quanto ao dever da prestação e do zelo pela saúde e pelas adequadas condições de trabalho de seus servidores, por ato culposo ou doloso de agentes seus, aplica-se o disposto no art. 37, § 6º, CF/88, impondo-se a correspondente indenização por danos morais ou materiais. 3 — A indenização a que faz jus o servidor que lida com substâncias tóxicas ou outras de semelhante natureza não se deve resumir ao adicional de insalubridade, nem se confunde com a aposentadoria por invalidez, que se assenta em fundamento jurídico diverso. 4 — Apelo parcialmente provido." (TJDF — APC 5088698 — DF — 4ª T. Cív. — Rel. p/o Ac. Des. Cruz Macedo — DJU 10.12.2003 — p. 58)

"ADMINISTRATIVO — RESPONSABILIDADE CIVIL DO ESTADO — ACIDENTE EM BURACO (VOÇOROCA) CAUSADO POR EROSÃO PLUVIAL — MORTE DE MENOR — INDENIZAÇÃO — CASO FORTUITO E FORÇA MAIOR — INEXISTÊNCIA — SÚMULA N. 7/STJ — NÃO INCIDÊNCIA — 1. Ação indenizatória proposta em face do Município de Costa Rica/MS, em que se pleiteia pensão vitalícia no montante de dois salários mínimos mensais e despesas de funeral, pela morte de filho menor, em decorrência de acidente em buraco (voçoroca) causado pelas águas da chuva. 2. A instância especial, por suas peculiaridades, inadmite a discussão a respeito de fatos narrados no processo — vale dizer, de controvérsias relativas à existência ou inexistência de fatos ou à sua devida caracterização —, pois se tornaria necessário o revolvimento do conjunto probatório dos autos. 3. Entretanto, a qualificação jurídica de fatos incontroversos, ou seja, seu devido enquadramento no sistema normativo, para deles extrair determinada consequência jurídica, é coisa diversa, podendo ser aferida neste âmbito recursal. Não incidência da Súmula n. 7/STJ. 4. Segundo o acórdão recorrido, a existência da voçoroca e sua potencialidade lesiva era de 'conhecimento comum', o que afasta a possibilidade de eximir-se o Município sob a alegativa de caso fortuito e força maior, já que essas excludentes do dever de indenizar pressupõem o elemento 'imprevisibilidade'. 5. Nas situações em que o dano somente foi possível em decorrência da omissão do Poder Público (o serviço não funcionou, funcionou mal ou tardiamente), deve ser aplicada a teoria da responsabilidade subjetiva. Se o Estado não agiu, não pode ser ele o autor do dano. Se não foi o autor, cabe responsabilizá-lo apenas na hipótese de estar obrigado a impedir o evento lesivo, sob pena de convertê-lo em 'segurador universal'. 6. Embora a municipalidade tenha adotado medida de sinalização da área afetada pela erosão pluvial, deixou de proceder ao seu completo isolamento, bem como de prover com urgência as obras necessárias à segurança do local, fato que caracteriza negligência, ensejadora da responsabilidade subjetiva. 7. Em atenção à jurisprudência da Corte e aos limites do Recurso Especial, deve a indenização ser fixada no montante de 2/3 do salário mínimo, a partir da data em que a vítima completaria 14 anos de idade (28 de agosto de 1994) até o seu 25º aniversário (28 de agosto de 2005), calculado mês a mês, com correção monetária plena. 8. Os honorários advocatícios devem ser fixados em 10% sobre o valor atualizado da condenação, a ser apurado em liquidação de sentença. 9. Recurso Especial conhecido e provido em parte." (STJ — RESP 199700400140 — (135542 MS) — 2ª T. — Rel. Min. Castro Meira — DJU 29.8.2005 — p. 233)

"INDENIZAÇÃO — ACIDENTE DE TRÂNSITO — ARAME FARPADO SEM SINALIZAÇÃO EM VIA PÚBLICA — RESPONSABILIDADE SUBJETIVA DO ESTADO — OMISSÃO — PRESTAÇÃO DE SERVIÇO PÚBLICO DEFICIENTE — INEXISTÊNCIA PROVA DO FATO ALEGADO PELO AUTOR — IMPROCEDÊNCIA DA POSTULAÇÃO — INTELIGÊNCIA DO ART. 159, DA CONSTITUIÇÃO DA REPÚBLICA E ART. 333, I, DO CPC — No caso da responsabilidade subjetiva do Município, para ser deferida a indenização, deve ser comprovado não apenas o nexo de causalidade entre o evento e o dano sofrido, mas a culpa por negligência, imprudência ou imperícia. Não provando o Autor o fato constitutivo de seu alegado direito, impõe-se, de rigor, a improcedência do pedido." (TJMG — APCV 000.317.205-3/00 — 5ª C. Cív. — Rel. Des. Dorival Guimarães Pereira — J. 10.4.2003)

O Colendo Supremo Tribunal Federal entende, porém, não existir responsabilidade civil do Estado por ato omissivo, quando um preso foragido há vários meses comete homicídio. Tal entendimento tem fulcro na Teoria do dano direito e imediato, com embasamento na Constituição Federal de 1988 no que respeita ao nexo etiológico ou de causalidade.

Na mesma esteira, no que trata do prazo decadencial para impetração de Mandado de Segurança contra ato omisso da Administração Pública, a jurisprudência do Supremo Tribunal Federal também é pacífica no sentido de que começa a fluir a partir do momento em que se esgotou o prazo legal estabelecido para a autoridade impetrada praticar o ato, cuja omissão se está atacando.

25.1. Denunciação da lide

Existe o entendimento de cabimento da denunciação da lide em sede de responsabilidade subjetiva do Estado, nos casos de omissão na prestação de serviços públicos, que causam danos a terceiros, consoante demonstrado pelas ementas mencionadas.

Sabemos que a denunciação da lide prevista no art. 70[32] do Código de Processo Civil é obrigatória e se faz necessária nas hipóteses em que o réu possui direito de regresso contra terceiro. Logo, o terceiro deverá ser denunciado na lide, para vir a fazer parte do processo, de modo a se apurar sua eventual culpa ou dolo no objeto do litígio.

A denunciação da lide, em relação ao Estado, nos casos de responsabilidade, somente se aplica nos casos de responsabilidade subjetiva (por atos omissivos), embora alguns doutrinadores de escol, como Humberto Theodoro Júnior entendam que há o cabimento da denunciação da lide nos casos de

---

(32) DA DENUNCIAÇÃO DA LIDE

Art. 70. A denunciação da lide é obrigatória:

I — ao alienante, na ação em que terceiro reivindica a coisa, cujo domínio foi transferido à parte, a fim de que esta possa exercer o direito que da evicção lhe resulta;

II — ao proprietário ou ao possuidor indireto quando, por força de obrigação ou direito, em caso como o do usufrutuário, do credor pignoratício, do locatário, o réu, citado em nome próprio, exerça a posse direta da coisa demandada;

III — àquele que estiver obrigado, pela lei ou pelo contrato, a indenizar, em ação regressiva, o prejuízo do que perder a demanda.

Art. 71. A citação do denunciado será requerida, juntamente com a do réu, se o denunciante for o autor; e, no prazo para contestar, se o denunciante for o réu.

Art. 72. Ordenada a citação, ficará suspenso o processo.

§ 1º A citação do alienante, do proprietário, do possuidor indireto ou do responsável pela indenização far-se-á:

a) quando residir na mesma comarca, dentro de 10 (dez) dias;

b) quando residir em outra comarca, ou em lugar incerto, dentro de 30 (trinta) dias.

§ 2º Não se procedendo à citação no prazo marcado, a ação prosseguirá unicamente em relação ao denunciante.

Art. 73. Para os fins do disposto no art. 70, o denunciado, por sua vez, intimará do litígio o alienante, o proprietário, o possuidor indireto ou o responsável pela indenização e, assim, sucessivamente, observando-se, quanto aos prazos, o disposto no artigo antecedente.

Art. 74. Feita a denunciação pelo autor, o denunciado, comparecendo, assumirá a posição de litisconsorte do denunciante e poderá aditar a petição inicial, procedendo-se em seguida à citação do réu.

Art. 75. Feita a denunciação pelo réu:

I — se o denunciado a aceitar e contestar o pedido, o processo prosseguirá entre o autor, de um lado, e de outro, como litisconsortes, o denunciante e o denunciado;

II — se o denunciado for revel, ou comparecer apenas para negar a qualidade que lhe foi atribuída, cumprirá ao denunciante prosseguir na defesa até final;

III — se o denunciado confessar os fatos alegados pelo autor, poderá o denunciante prosseguir na defesa.

Art. 76. A sentença, que julgar procedente a ação, declarará, conforme o caso, o direito do evicto, ou a responsabilidade por perdas e danos, valendo como título executivo.

responsabilidade objetiva, em ação indenizatória, com fulcro no art. 37, § 6º, da Constituição Federal de 1988.

Entendemos pelo cabimento da denunciação da lide do Estado em face de agente público que tenha causado dano a terceiros, apenas nos casos de responsabilidade subjetiva do Estado, com base no art. 15 do Código Civil de 1916. Se a ação de indenização, ou seja, a ação de regresso contra o agente público tiver fulcro na responsabilidade objetiva (art. 37, § 6º, da CF/88) não haverá cabimento para denunciação da lide.

Em homenagem ao princípio da celeridade, da dignidade da pessoa humana e da rapidez no atendimento ao lesado, que incorreu no prejuízo material, deve o Estado pagar, de imediato, a indenização e posteriormente ajuizar ação de regresso em face do servidor, com fundamento na culpa ou dolo. Evitar-se-á, dessa forma, longas e inúteis delongas no processo em detrimento do cidadão prejudicado.

Nesse sentido, transcrevemos as ementas:

"Recursos de revista não conhecidos. Recurso de revista da Gerdau Açominas S.A. matérias remanescentes. Competência da Justiça do Trabalho. Acidente de trabalho. Denunciação à lide da empresa seguradora. A aplicabilidade do instituto da denunciação à lide no processo do trabalho, a despeito da ampliação da competência desta Justiça Especial, deve ser analisada caso a caso, considerando-se o interesse do trabalhador na celeridade processual, tendo em vista a natureza alimentar dos créditos trabalhistas, bem como a própria competência da Justiça do Trabalho para apreciar a controvérsia surgida. Precedente da col. SBDI-1 de minha relatoria. Recurso de revista não conhecido. Acidente de trabalho. Dano moral. Caracterização. Redução do valor da indenização. O único julgado trazido ao cotejo não se presta ao exame, porque originário de Turma deste Tribunal, fonte não autorizada pelo art. 896 da CLT. No mais, o pedido alternativo de redução do valor atribuído à indenização por danos morais revela-se desfundamentado, à luz do art. 896 da CLT, na medida em que não apontada violação de dispositivos de lei ou da Constituição Federal, tampouco colacionados arestos para caracterização de divergência jurisprudencial. Recurso de revista não conhecido Honorários advocatícios. Credencial sindical. Ausência. Na Justiça do Trabalho o deferimento de honorários advocatícios sujeita-se à constatação da presença concomitante de dois requisitos: o benefício da justiça gratuita e a assistência do sindicato. Neste sentido a Orientação Jurisprudencial n. 305 da SBDI-1 do col. TST. Não preenchidos os requisitos preconizados na lei, a reclamante não faz jus aos honorários advocatícios. Esta col. Corte Superior também já consolidou seu entendimento acerca da matéria, nos termos das Súmulas n.s 219 e 329. Recurso de revista conhecido e provido." (TST — RR 9300-72.2009.5.17.0001 — 6ª T. — Rel. Min. Aloysio Corrêa da Veiga — DJe 24.5.2013)RDM+15+2013+JUL-AGO+205v103

"PROCESSUAL CIVIL E ADMINISTRATIVO — RESPONSABILIDADE CIVIL DO ESTADO — DENUNCIAÇÃO DA LIDE — DIREITO DE REGRESSO — ART. 70, III, DO CPC — 1. A denunciação da lide só é obrigatória em relação ao denunciante que, não denunciando, perderá o direito de regresso, mas não está obrigado o julgador a processá-la, se concluir que a tramitação de duas ações em uma só onerará em demasia uma das partes, ferindo os princípios da economia e da celeridade na prestação jurisdicional. 2. A denunciação da lide ao agente do Estado em ação fundada na responsabilidade prevista no art. 37, § 6º, da CF/88 não é obrigatória, vez que a primeira relação jurídica funda-se na culpa objetiva e a segunda na culpa subjetiva, fundamento novo não constante da lide originária. 3. Não perde o Estado o direito de regresso se não denuncia a lide ao seu preposto (precedentes jurisprudenciais). 4. Embargos de divergência rejeitados." (STJ — ERESP 313886 — RN — 1ª S. — Relª Min. Eliana Calmon — DJU 22.3.2004 — p. 188)

"CONSTITUCIONAL, ADMINISTRATIVO E PROCESSUAL CIVIL — INDENIZAÇÃO POR ACIDENTE DE VEÍCULOS PROVOCADO POR ÔNIBUS DO MINISTÉRIO DA AERONÁUTICA — RESPONSABILIDADE CIVIL DO ESTADO — ADMISSIBILIDADE — DENUNCIAÇÃO À LIDE — REJEIÇÃO — 1. O direito de regresso constitucionalmente assegurado ao poder público contra seu agente que, por dolo ou culpa, tenha causado danos a terceiros não justifica a denunciação à lide. 2. A denunciação à lide (CPC, art. 77, III) pressupõe que a segunda lide instaurada possua o mesmo fundamento da primeira. No caso, isso não acontece, porquanto o fundamento da primeira lide é a responsabilidade objetiva do Estado e o fundamento da segunda, a responsabilidade subjetiva do agente público. 3. A teoria da responsabilidade objetiva do Estado, consagrada no art. 37, § 6º, da Constituição Federal, impõe ao poder público o dever de ressarcir os danos que seus agentes, nessa qualidade, causem a terceiros, independentemente da comprovação de culpa. 4. Na hipótese, encontram-se presentes os elementos caracterizadores da responsabilidade da União: fato lesivo, dano e nexo causal entre o fato lesivo e o dano. 5. Ausência de causa excludente ou atenuante da responsabilidade estatal (culpa exclusiva ou concorrente da vítima). 6. As indenizações por danos material e moral oriundas do mesmo fato são cumuláveis — Súmula n. 37 do Superior Tribunal de Justiça. 7. Apelação e remessa oficial parcialmente providas." (TRF 5ª R. — AC 176913 — (99.05.31911-5) — RN — 2ª T. — Rel. Des. Fed. Francisco Cavalcanti — DJU 3.3.2004 — p. 595)

Com a cancelamento da OJ n. 227[33] da SDI I do TST, não remanesce qualquer dúvida sobre a aplicação da denunciação à lide no Processo do Trabalho, após a promulgação da Emenda Constitucional n. 45/04, que elasteceu a competência material da Justiça do Trabalho.

Neste sentido, as ementas:

"ADMINISTRAÇÃO PÚBLICA — CONTRATAÇÃO IRREGULAR — DENUNCIAÇÃO À LIDE DO GESTOR PÚBLICO — OBRIGATORIEDADE — É obrigatória a denunciação à lide do gestor público responsável pela contratação irregular de empregado público, ante o disposto na EC n. 45." (TRT 22ª R. —

(33) 227. Denunciação da Lide. Processo do Trabalho. Incompatibilidade. Inserida em 20.6.2001 (cancelada).

RORO 00089-2005-106-22-00-3 — Rel. Juiz Wellington Jim Boavista — DJU 23.3.2007 — p. 6)

"DENUNCIAÇÃO À LIDE DE EX-PREFEITO — Previsão na Constituição Federal, no código de processo civi e nas Leis ns. 8.492/92 e 4.717/65." (TRT 22ª R. — RO 00069-2005-106-22-00-2 — Rel. Juiz Francisco Meton Marques de Lima — DJU 27.3.2007 — p. 5-6)

26. Responsabilidade da Administração Pública, o art. 71 da Lei n. 8.666/93 e a Súmula n. 331 do Tribunal Superior do Trabalho

O espírito do Direito do Trabalho tem por escopo a integração do trabalhador no núcleo da atividade econômica da empresa, destacando-o como um colaborador na formação do patrimônio do empregador.

Logo, se o trabalhador colabora na formação do patrimônio do empregador, este patrimônio converte-se numa espécie de hipoteca legal dos créditos trabalhistas, como um direito de sequela, independentemente de se tratar o empregador de pessoa jurídica de direito privado ou entidade pertencente à Administração Pública.

Embora o art. 71 e o § 1º da Lei n. 8.666/93 declarem que:

"Art. 71. O contratado é responsável pelos encargos trabalhistas, previdenciários, fiscais e comerciais resultantes da execução do contrato.

§ 1º A inadimplência do contratado com referência aos encargos trabalhistas, fiscais e comerciais não transfere à Administração Pública a responsabilidade por seu pagamento, nem poderá onerar o objeto do contrato ou restringir a regularização e o uso das obras e edificações, inclusive perante o Registro de Imóveis. (Redação dada pela Lei n. 9.032, de 28.4.1995), a sua aplicação deve se dar em conexão com o § 6º do art. 37 da Constituição Federal de 1988, em obediência aos princípios constitucionais aplicáveis aos órgãos da Administração Pública, notadamente os princípios da moralidade, legalidade e impessoalidade."

Não vemos outra interpretação para o aludido art. 71 da Lei n. 8.666/93, pois de outra forma poderíamos cunhá-lo de materialmente inconstitucional. O E. STF na ADV 16, declarou a constitucionalidade do art. 71, da Lei 8666/93. Ao decidir, a maioria dos ministros se pronunciou pela constitucionalidade do art. 71 e seu parágrafo primeiro, e houve consenso no sentido que o C. TST não poderá generalizar os casos e terá de investigar com mais rigor se a inadimplência tem como causa principal a falha ou falta de fiscalização pelo órgão público contratante.

Peço vênia para transcrever, inteiro teor de um acórdão sobre a Responsabilidade Subjetiva da Administração Pública, de nossa lavra, no TRT 1ª Região, para fins elucidativos da presente matéria, de grande importância no Direito do Trabalho: PROCESSO: 0000900-10.2013.5.01.0281 — RTOrd, como segue:

"RESPONSABILIDADE SUBSIDIÁRIA

Pugna o segundo reclamado pela reforma da sentença no que tange à condenação subsidiária que lhe foi imposta. Não lhe assiste razão. Em primeiro lugar, não há que se falar em conflito entre Súmulas do TST, haja vista que a Súmula 363 trata de trabalhador contratado sem concurso público. Ocorre que não foi pedido vínculo empregatício com o Estado, razão por que inexistente violação ao art. 37 da CRFB e afronta a Súmula n. 363 do C. TST. O caso em análise não se refere a contrato nulo e sim responsabilidade da tomadora dos serviços, para quem o obreiro despende diretamente a sua força de trabalho. A Súmula n. 331 do TST determinava que:

I — A contratação de trabalhadores por empresa interposta é ilegal, formando-se o vínculo diretamente com o tomador dos serviços, salvo no caso de trabalho temporário (Lei n. 6.019, de 3.1.1974).

II — A contratação irregular de trabalhador, através de empresa interposta, não gera vínculo de emprego com os órgãos da Administração Pública Direta, Indireta ou Fundacional (art. 37, II, da Constituição da República).

III — Não forma vínculo de emprego com o tomador a contratação de serviços de vigilância (Lei n. 7.102, de 20.6.1983), e de conservação e limpeza, bem como a de serviços especializados ligados à atividade-meio do tomador, desde que inexistente a pessoalidade e a subordinação direta.

IV — O inadimplemento das obrigações trabalhistas, por parte do empregador, implica na responsabilidade subsidiária do tomador dos serviços quanto àquelas obrigações, inclusive quanto aos órgãos da administração direta, das autarquias, das fundações públicas, das empresas públicas e das sociedades de economia mista, desde que hajam participado da relação processual e constem também do título executivo judicial (art. 71 da Lei n. 8.666/93)."

O tomador (contratante) tem a obrigação não apenas na seleção ou escolha da empresa de prestação de serviços, bem como de sua fiscalização. Aplica-se aqui o desdobramento da responsabilidade civil no que respeita às relações de trabalho, por meio da culpa *in eligendo* e *in vigilando*. O tomador de serviços deverá exigir, mensalmente ou a cada dois meses, a apresentação dos comprovantes de recolhimentos previdenciários, fiscais e trabalhistas até mesmo para sua própria proteção financeira. É cediço que o crédito trabalhista é superprivilegiado, de acordo com os arts. 186 do CTN e do art. 449 da CLT. Verifica-se, no plano fático, a configuração da responsabilidade subsidiária quando a empresa prestadora de serviços for inadimplente em relação aos títulos trabalhistas e previdenciários de seus empregados. Pela experiência forense, é fato corriqueiro que, quando ocorre a finalização dos contratos de prestação de serviços, com a ocorrência de novas licitações e o surgimento, neste plano, de novos vencedores e perdedores, tem-se, assim, a rescisão de contratos de trabalho dos trabalhadores terceirizados e concomitantemente a rescisão de contratos de prestação de serviços entre o tomador e o prestador, com a emergência de inadimplementos de toda sorte em relação aos títulos rescisórios dos empregados terceirizados. Com a finalidade de proteger estes trabalhadores, que carecem até mesmo de proteção sindical, em situações de inadimplemento, aplica-se a teoria da responsabilidade civil, nos vetores da culpa *in eligendo* e *in vigilando,* devendo o tomador ser devidamente responsabilizado. Não remanesce dúvida de que o tomador deve compor a relação jurídica processual, para que possa responder, no plano dos fatos, pelo inadimplemento por parte da empresa prestadora dos serviços. Aplica-se, de forma analógica, o entendimento jurisprudencial da Súmula n. 205 do TST (cancelada em 19.11.2003 — Resolução n. 121/03) em relação ao grupo de empresas.

Embora a inclusão do tomador no polo passivo seja uma medida elogiável, na medida em que integrando a relação jurídica processual poderá requerer e apresentar as provas necessárias, declinar seus argumentos e exercer com plenitude seu direito constitucional de ampla defesa e contraditório, fundamentos do devido processo legal, hodiernamente já não mais se discute do acerto do entendimento de que a execução só pode se voltar às empresas que tenham participado do processo, em sua fase de conhecimento. Em face da dinâmica da vida social, dos efeitos da globalização, na era do conhecimento e da informação e da proliferação da terceirização, que atualmente está presente em praticamente todos os segmentos produtivos, inclusive com intensidade na Administração Pública, a responsabilização dos tomadores de serviços se assemelha aos grupos empresariais, nas palavras do relator Ney José de Freitas (TRT-PR 71350-2003-006-09-00-0. Seção Especializada. DJ PR 4.11.2005): "não se trata de abrir a exceção à regra e permitir que a execução se volte contra quem não participou do processo cognitivo apenas porque pertence ao mesmo grupo econômico, com clara ofensa ao princípio do devido processo legal. Não pode ser desprezada a circunstância de que a embargante não foi incluída no polo passivo, para que o autor se beneficiasse do art. 2º, § 2º, da CLT, pela simples razão de que sequer existia, à época da propositura da ação. Isentá-la de responsabilidade pode criar perigoso precedente, que permitiria ao executado simplesmente constituir outras empresas que, a despeito de plenas condições de arcar com a dívida, podem livrar-se da execução com o singelo argumento de que não participaram do polo passivo da demanda, na fase de conhecimento. Agravo de petição que se nega provimento para manter a penhora sobre o bem da terceira embargante". De acordo com Emília Simeão Albino Sako "...a terceirização de serviços transformou-se em regra geral, pois o risco é aceitável e bastante razoável. Os números mostram que mais de 50% dos processos ajuizados na Justiça do Trabalho contemplam alguma forma de terceirização. E não só as empresas privadas utilizam essa forma nefasta de trabalho, como também o setor público, ou seja, quem, justamente, deveria zelar pelo cumprimento da lei. [...] A terceirização favorece apenas uma das partes da relação, ou seja, favorece apenas o detentor do capital, que com ela reduz os custos de produção com elevação dos lucros. As empresas terceirizadas mal conseguem cumprir o contrato, sendo que na maioria das vezes encerram suas atividades e desaparecem antes do contrato chegar ao fim. O trabalhador é mal remunerado, cumpre extensas jornadas de trabalho, as condições de trabalho são indignas, o contrato precário e de curta duração. Trata-se de uma forma cruel de exploração do trabalhador, pois passa a ser considerado uma simples peça no sistema da produção. As empresas terceirizadas não sobrevivem por muito tempo, deixando milhares de trabalhadores sem emprego, desprovidos de direitos mínimos" (*A prova no processo do trabalho.* São Paulo: LTr, 2006. p. 346). As entidades da Administração Pública Direta e Indireta, bem como as concessionárias de serviços públicos, quando investidas na qualidade de empregadores ou tomadores de serviços devem responder pelos prejuízos que nesta qualidade causaram aos que lhes prestam serviços. Os dizeres anteriores estão em consonância com o art. 37, VI, da CF/88, relativamente à responsabilidade objetiva da Administração Pública, porém, o col. TST, por meio da Súmula 331, veio relativizar aquele entendimento, atribuindo-lhe a responsabilidade subsidiária, em caso de culpa na escolha/seleção e fiscalização das empresas prestadoras de serviços. Por este entendimento é que a jurisprudência cristalizada na Súmula n. 331 do TST há de ser mantida no presente caso concreto. Em face do fenômeno da terceirização, como é o caso dos autos, a jurisprudência do Tribunal Superior do Trabalho adota a tese da responsabilidade civil subjetiva. Neste panorama, o tomador ou contratante dos serviços, seja público ou privado, possui a responsabilidade civil na seleção/escolha e fiscalização no trato das relações trabalhistas da empresa prestadora com seus empregados.

Nesse sentido, também são os seguintes julgados, *verbis:*

"TERCEIRIZAÇÃO — SOCIEDADE DE ECONOMIA MISTA — RESPONSABILIDADE SUBSIDIÁRIA — O STF entendeu, na ADC n. 16/DF, que a Administração Pública Direta e Indireta não pode ser responsabilizada pelo mero inadimplemento das obrigações contraídas pelo prestador dos serviços. Todavia, uma vez demonstrada a falha na fiscalização do cumprimento destas obrigações por parte da administração, pode-se aplicar o instituto da responsabilidade subsidiária, como bem evidenciou, posteriormente, o inciso V da Súmula n. 331 do TST. Ressalte-se, ainda, que de acordo com o art. 173, § 1º, inciso II da CF/88 as sociedades de economia mista exploradoras de atividade econômica sujeitam-se ao regime próprio das empresas privadas, inclusive quanto às obrigações trabalhistas." (TRT 3ª R. — RO 64/2012-015-03-00.5 — Rel. Des. Sebastiao Geraldo de Oliveira —DJe 12.10.2012 — p. 17)

"TERCEIRIZAÇÃO — EMPRESA PÚBLICA —RESPONSABILIDADE SUBSIDIÁRIA —CARACTERIZAÇÃO DA CULPA PELA FALTA DE FISCALIZAÇÃO — A responsabilidade subsidiária exsurge da terceirização de atividades da contratante, com a obtenção de serviços destinados à realização de sua atividade, mediante a prestação pelos empregados da contratada. Assim, os efeitos atinentes à relação de trabalho e obrigações trabalhistas devem ser examinados na perspectiva da função social dos contratos e sua garantia, em razão da qual eles não podem ensejar perdas ou inibição aos direitos trabalhistas. Aplicação da Súmula n. 331, inciso V, TST. A responsabilidade do órgão público, na terceirização decorre da culpa *in vigilando*, e se verifica na omissão quanto aos deveres da atuação administrativa, que envolvem a fiscalização de todas as obrigações assumidas pela contratada. Cabe ao ente público a produção dessa prova, cuja omissão conduz à declaração de sua responsabilidade subjetiva. 2) Execução. Prerrogativas inerentes à Fazenda Pública. Inaplicabilidade. A empresa pública que explora atividade econômica, com capital social integralmente subscrito pela União, observa o regime próprio das empresas privadas, por expressa previsão do art. 173, § 1º, II, da Constituição da República. Recurso ordinário a que nega provimento. (TRT 21ª R. — RO 35500-89.2011.5.21.0016 — (120.948) — Relª Desª Maria do Perpétuo Socorro Wanderley de Castro — DJe 31.10.2012 — p. 98). Consoante ementas supra, verifica-se que a Administração Pública (direta ou indireta), quando terceiriza suas atividades, equipara-se aos empregadores da iniciativa privada (art. 173, § 3º, da CF/88), despindo-se, portanto, do *jus imperii* inerentes às atividades de Estado, e destarte, qualquer exclusão em relação à responsabilidade pelo menos subsidiária feriria de morte o princípio constitucional da igualdade. Com base nestes mandamentos constitucionais que o col. TST inclui, de forma expressa, a responsabilidade subsidiária da Administração Pública em contratos de terceirização. O Tribunal Superior do Trabalho, ao redigir a Súmula n. 331, de forma concreta, colocou uma 'pá de cal' em toda e qualquer discussão que pudesse decorrer da terceirização.

Em primeiro lugar, houve a observância da Súmula n. 331 do col. TST, a qual determina o afastamento do art. 71 da Lei n. 8.666/93. Em segundo lugar, a não aplicação da Lei n. 8.666/93, não implica, necessariamente, em se dizer que a Lei seja inconstitucional para que não seja aplicada. Se assim o fosse, qualquer negativa de aplicação a um dispositivo legal, de forma concreta, exigiria aferir se a lei é constitucional ou não.

Em terceiro lugar, a discussão acerca da responsabilidade subsidiária da Administração Pública por débitos trabalhistas, baseando-se no confronto entre a Lei n. 8.666 e a Súmula n. 331, TST, reside no âmbito infraconstitucional." (STF — 1ª T. — AI 409.572-AgR — Rel. Min. Ilmar Galvão — DJ 7.3.2003; STF — 2ª T. — AI 401.222-AgR — Rel. Min. Nelson Jobim — DJ 29/11/2002; STF — 2ª T. — AI 453.737-AgR — Rel. Min. Celso de Mello — DJ 5.12.2003)

Em quarto lugar, o STF foi provocado a se manifestar sobre a constitucionalidade do art. 71, § 1º, da Lei n. 8.666/93 (Ação Declaratória de Constitucionalidade n. 16, ajuizada pelo Distrito Federal em março de 2007), sob a alegação de que o TST estaria negando vigência ao citado dispositivo, pela reiterada aplicação do entendimento jurisprudencial cristalizado no tópico IV da Súmula n. 331. A ADC n. 16 considerou constitucional o art. 71 da Lei n. 8.666/93, de modo a vedar, de forma expressa, a responsabilidade automática do ente público contratante da empresa prestadora pelos débitos trabalhistas de sua responsabilidade, em caso de inadimplemento.

O E. STF deliberou pela constitucionalidade do art. 71 e o seu § 1º, além da indicação ao TST da não generalização da responsabilidade subsidiária da Administração Pública, devendo, assim, investigar, caso a caso, para que se tenha esta imputação se a inadimplência da empresa prestadora teve por causa principal a falha ou falta de fiscalização pelo órgão público contratante.

A decisão do STF foi no sentido de que o art. 71, § 1º, da Lei n. 8.666/93 afasta a responsabilidade contratual do ente público pelas obrigações trabalhistas da empresa prestadora. Dessa forma, a responsabilidade pelos direitos trabalhistas dos empregados das empresas prestadoras de serviços deverá ser reconhecida, pelo exame de cada caso concreto, verificando se houve a culpa *lato sensu* do ente público contratante, como nos casos de contração sem licitação, dispensa ilegal do processo licitatório etc. Observe-se que a Administração Pública responde pelos danos que seus agentes causarem a terceiros, assegurado o direito de regresso contra o responsável nos casos de dolo ou culpa (art. 37, § 6º, CF).

Saliente-se que a interpretação do art. 71 da Lei n. 8.666/93 não pode ser realizada de forma isolada. Seu alcance impõe a leitura combinada com a legislação que imputa à Administração Pública o dever de fiscalizar a execução dos seus contratos, diante dos princípios da legalidade e da moralidade, previstos no art. 37, *caput*, da Constituição Federal.

Os arts. 54, § 1º, 55, inciso XIII e 66 da Lei n. 8.666/93 determinam que o prestador de mão de obra está obrigado ao cumprimento das obrigações contratuais a partir do momento em que participou da licitação. Ademais, o art. 58, III, assegura à Administração Pública o direito de fiscalizar o efetivo cumprimento dos contratos administrativos.

Por sua vez, o art. 67, *caput* e § 1º, assegura que a execução do contrato deverá ser acompanhada e fiscalizada por um representante da Administração Pública, cabendo ao representante anotar em registro próprio todas as ocorrências relacionadas com a execução do contrato, determinando, inclusive, o que for necessário para a regularização das faltas ou defeitos observados.

O art. 78 dispõe expressamente, como motivo para rescisão do contrato, o não cumprimento ou cumprimento irregular das cláusulas contratuais, especificações, projetos ou prazos, o que também se aplica na hipótese de não cumprimento das obrigações trabalhistas.

No que respeita à responsabilidade subsidiária da Administração Pública, após a decisão do STF, quanto a ADC n. 16, o TST reformulou o teor da Súmula n. 331, conforme a Resolução n. 174, de 24.5.2011, DJe TST 30.5.2011 e promoveu profundas alterações em sua redação, conforme se observa:

a) o tópico IV foi alterado e agora possui a seguinte redação: "IV — O inadimplemento das obrigações trabalhistas, por parte do empregador, implica a responsabilidade subsidiária do tomador de serviços quanto àquelas obrigações, desde que haja participado da relação processual e conste também do título executivo judicial"; b) o tópico V foi inserido: "V — Os entes integrantes da administração pública direta e indireta respondem subsidiariamente, nas mesmas condições do item IV, caso evidenciada a sua conduta culposa no cumprimento das obrigações da Lei n. 8.666/93, especialmente na fiscalização do cumprimento das obrigações contratuais e legais da prestadora de serviço como empregadora. A aludida responsabilidade não decorre de mero inadimplemento das obrigações trabalhistas assumidas pela empresa regularmente contratada".

O item V da Súmula n. 331 do TST reconhece a responsabilidade subsidiária da Administração Pública em caso de não cumprimento com o seu dever de fiscalizar a empresa prestadora quanto ao adimplemento dos direitos trabalhistas dos seus empregados.

Como resultado do julgamento da ADC n. 16 pelo STF e com a nova redação da Súmula 331, a jurisprudência do TST tem se posicionado no seguinte sentido:

"RECURSO DE REVISTA. TERCEIRIZAÇÃO. ENTE PÚBLICO. RESPONSABILIDADE SUBSIDIÁRIA. JULGAMENTO DA AÇÃO DECLARATÓRIA DE CONSTITUCIONALIDADE N. 16 PELO STF. SÚMULA N. 331, INCISOS IV E V, DO TST. 1. No julgamento da Ação Declaratória de Constitucionalidade n. 16, o Supremo Tribunal Federal, ao reconhecer a constitucionalidade do § 1º do art. 71 da Lei n. 8.666/93, não impediu que a Justiça do Trabalho, com base nos fatos da causa e outras normas jurídicas, reconheça a responsabilidade do ente público pelos débitos trabalhistas da empresa prestadora de serviços. 2. A ressalva da Suprema Corte foi sobre a aplicação, de forma irrestrita, do inciso IV da Súmula n. 331 do TST, isto é, sem o exame da conduta culposa da Administração Pública. 3. Em observância ao decidido pelo STF, o Tribunal Superior do Trabalho alterou a redação do inciso IV da Súmula n. 331 do TST, incluindo os incisos V e VI ao verbete. 4. "Os entes integrantes da Administração Pública direta e indireta respondem subsidiariamente, nas mesmas condições do item IV, caso evidenciada a sua conduta culposa no cumprimento das obrigações da Lei n. 8.666, de 21.6.1993, especialmente na fiscalização do cumprimento das obrigações contratuais e legais da prestadora de serviço como empregadora. A aludida responsabilidade não decorre de mero inadimplemento das obrigações trabalhistas assumidas pela empresa regularmente contratada" (Súmula n. 331, inciso V, do TST — Res. n. 174/11, DEJT divulgado em 27, 30 e 31.5.2011). 5. Na hipótese dos autos, o Tribunal Regional afastou a responsabilidade subsidiária dos entes públicos, apesar de evidenciada a culpa in vigilando, pois omissos na fiscalização do cumprimento das obrigações contratuais e legais da prestadora de serviço. 6. Contrariedade ao item V da Súmula n. 331 desta Corte configurada. Recurso de revista conhecido e provido". (RR 105600-85.2009.5.09.0303 , Relator Ministro: Emmanoel Pereira, Data de Julgamento: 11.12.2012, 5ª Turma, Data de Publicação: 19.12.2012)

"RECURSO DE REVISTA. RESPONSABILIDADE SUBSIDIÁRIA. DECISÃO RECORRIDA NA QUAL A MATÉRIA FOI EXAMINADA EM TESE, SEM O

REGISTRO DAS PREMISSAS FÁTICO-PROBATÓRIAS CONCERNENTES ÀS CULPAS *IN ELIGENDO* E *IN VIGILANDO*. 1 — O Pleno do STF, ao declarar a constitucionalidade do art. 71 da Lei n. 8.666/93, somente vedou a transferência consequente e automática, fundada no mero inadimplemento, da responsabilidade da empresa prestadora de serviços para o ente público tomador de serviços, ressalvando que isso não impedirá que a Justiça do Trabalho recorra a outros princípios constitucionais e, invocando fatos da causa, reconheça a responsabilidade da Administração, não pela mera inadimplência, mas por outros fatos. 2 — Em consonância com a jurisprudência do STF, o Pleno do TST deu nova redação à Súmula n. 331 do TST: IV — O inadimplemento das obrigações trabalhistas, por parte do empregador, implica a responsabilidade subsidiária do tomador dos serviços quanto àquelas obrigações, desde que haja participado da relação processual e conste também do título executivo judicial. V — Os entes integrantes da Administração Pública direta e indireta respondem subsidiariamente, nas mesmas condições do item IV, caso evidenciada a sua conduta culposa no cumprimento das obrigações da Lei n. 8.666, de 21.6.1993, especialmente na fiscalização do cumprimento das obrigações contratuais e legais da prestadora de serviço como empregadora. A aludida responsabilidade não decorre de mero inadimplemento das obrigações trabalhistas assumidas pela empresa regularmente contratada. 3 — No caso dos autos, o TRT de origem examinou a matéria em tese, sem, contudo, registrar no acórdão recorrido se houve ou não a culpa *in elegendo* e/ou a culpa *in vigilando*, premissas fático-probatórias indispensáveis para decidir a controvérsia nesta Corte Superior. Nesse contexto, ressalvando entendimento pessoal, curvo-me à conclusão da Sexta Turma, determinando o retorno dos autos à Corte de origem para que prossiga no exame da matéria com base no conjunto fático-probatório relativo à culpa *in eligendo* e/ou à culpa *in vigilando*. 4 — Recurso de revista a que se dá provimento parcial para determinar o retorno dos autos ao TRT de origem." (RR — 20000-77.2008.5.04.0010, Relatora Ministra: Kátia Magalhães Arruda, Data de Julgamento: 6.3.2013, 6ª Turma, Data de Publicação: 8.3.2013).

Nesse sentido, esta egr. Corte Regional, editou a Súmula n. 43, *in verbis:*

"RESPONSABILIDADE SUBSIDIÁRIA DA ADMINISTRAÇÃO PÚBLICA. A constitucionalidade do § 1º do art. 71 da Lei n. 8.666/93, declarada pelo STF no julgamento da ADC n. 16, por si só, não afasta a responsabilidade subsidiária da Administração Pública, quando esta decorre da falta de fiscalização."

O ônus probatório de comprovar que teria procedido à efetiva fiscalização da empresa prestadora de serviços, inclusive com base na IN n. 2/08 do MPOG, analogicamente aplicável ao ente estadual, é do tomador dos serviços, por se tratar de fato impeditivo do direito pretendido relativo à sua responsabilização subsidiária.

Tal questão foi pacificada neste egr. Tribunal com a edição da Súmula n. 41, in *verbis*:

"RESPONSABILIDADE SUBSIDIÁRIA DO ENTE DA ADMINISTRAÇÃO PÚBLICA. PROVA DA CULPA. (ARTS. 29, VII, 58, 67 e 78, VII, DA LEI N. 8.666/93)

Recai sobre o ente da Administração Pública que se beneficiou da mão de obra terceirizada a prova da efetiva fiscalização do contrato de prestação de serviços." Ademais, a Administração tem o dever de exigir a apresentação de documentos que comprovem a regularidade, pela contratada, das obrigações trabalhistas e sociais e, por corolário, ter a posse desses documentos. Nesse plano, o Estado tem plena possibilidade de demonstrar em juízo que não incorreu em culpa *in vigilando*, bastando para tanto a juntada de documentos e a comprovação de que, observado o princípio da legalidade e a regra da não intervenção, fiscalizou a contratada no sentido de evitar o inadimplemento das verbas trabalhistas, o que, no caso sob apreço, não ocorreu eis que não há, nos autos, prova dessa fiscalização.

Oportuno salientar ainda que para que o tomador não seja responsabilizado subsidiariamente, deve ter êxito em demonstrar não apenas que foi diligente na fiscalização, mas sobretudo que tomou providência no sentido de reter os valores correspondentes aos faturamentos da terceirizada, de forma a preservar os pagamentos das verbas salariais (alimentícias) aos respectivos trabalhadores, em conjunto com os consectários legais (FGTS, férias, natalinas etc.). Apenas assim se poderia vislumbrar a possibilidade de haver o afastamento da responsabilidade subsidiária do ente público.

Dessa forma, por não ter havido, no caso concreto, a observância efetiva e profícua da fiscalização do contrato, foi necessário à parte autora que viesse ao Poder Judiciário procurar a satisfação dos seus direitos.

Como o Estado é o tomador e não observou os seus deveres de fiscalização e de escolha, poderá vir a ser responsável em execução, devendo, a sua responsabilidade abranger todos os direitos, inclusive decorrentes da legislação previdenciária e fiscal.

Neste sentido, temos o novo tópico VI da Súmula n. 331:

"A responsabilidade subsidiária do tomador de serviços abrange todas as verbas decorrentes da condenação."

Não é outro o entendimento prevalente nesta Corte Regional, como se infere de sua Súmula n. 13, *in verbis*: 'Cominações dos arts. 467 e 477 da CLT. Terceirização. Responsabilidade subsidiária. Nos casos de terceirização de mão de obra, inserem-se na responsabilidade subsidiária do tomador de serviços, ainda que se tratando de ente da Administração Pública Direta ou Indireta, as cominações dos arts. 467 e 477 da CLT'.

Por todo o exposto, nego provimento ao apelo, neste aspecto, mantendo a responsabilidade subsidiária do Estado, uma vez que não houve a observância efetiva e profícua da fiscalização do contrato com a primeira reclamada no sentido de evitar o inadimplemento das verbas trabalhistas."

27. Responsabilidade das Agências Reguladoras

Com o advento da privatização, o Estado passou a transferir grande parcela da prestação dos serviços públicos à iniciativa privada, cabendo-lhe o poder de regulação e a fiscalização por meio das Agências Reguladoras. O enorme avanço da informática, o crescimento da telefonia celular, da televisão a cabo e da internet colocaram os Estados em face de uma nova realidade, que demanda grande poder de organização e de regulação de novos produtos e serviços à coletividade, que anteriormente eram providos diretamente pelo Estado.

Este poder de organização e de regulamentação do Estado deve ser verificado nos espaços públicos que envolvem a disponibilização de redes de infraestrutura, como as infovias, telecomunicações, energia, água, saneamento, meio ambiente sadio etc. em face de novas necessidades sociais ligadas aos serviços públicos, que demandam enormes investimentos em um momento em que o Estado encontra-se endividado e deficitário, não conseguindo nem mesmo atender aos serviços básicos essenciais (educação, saúde, transporte e educação). Daí a necessidade de se transferir para o setor privado, com melhores condições de investimento, o desenvolvimento de grande parte dessas atividades, com exceção dos monopólios assegurados ao Estado, por norma constitucional (petróleo e energia nuclear).

As Agências Reguladoras surgiram no Direito norte-americano e no Brasil advieram com a política das privatizações, a partir da década de 1990, por meio do Decreto-Lei n. 200/67, art. 5º; Lei n. 6.387/76 e da Lei n. 9.986/00[34], que trata da gestão de recursos humanos das referidas Agências.

As Agências Reguladoras são autarquias em regime especial, tratando-se, portanto, de pessoa jurídica de direito público, sujeitos de direitos e obrigações, com as seguintes características principais:

- Entidade autárquica em regime especial, vinculada aos Ministérios correlatos a seu objeto social;
- Possui personalidade jurídica e patrimônio próprios;
- É dotada de autoridade administrativa independente;

---

(34) Lei n. 9.986, de 18 de julho de 2000.

Dispõe sobre a gestão de recursos humanos das Agências Reguladoras e dá outras providências.

Art. 1º As Agências Reguladoras terão suas relações de trabalho regidas pela Consolidação das Leis do Trabalho, aprovada pelo Decreto-Lei n. 5.452, de 1º de maio de 1943, e legislação trabalhista correlata, em regime de emprego público.

Art. 12. A investidura nos empregos públicos do Quadro de Pessoal Efetivo das Agências dar-se-á por meio de concurso público de provas ou de provas e títulos, conforme disposto em regulamento próprio de cada Agência, com aprovação e autorização pela instância de deliberação máxima da organização.

§ 1º O concurso público poderá ser realizado para provimento efetivo de pessoal em classes distintas de um mesmo emprego público, conforme disponibilidade orçamentária e de vagas.

Art. 13. Os Cargos Comissionados Técnicos são de ocupação privativa de servidores e empregados do Quadro de Pessoal Efetivo, do Quadro de Pessoal Específico e do Quadro de Pessoal em Extinção de que trata o art. 19 e de requisitados de outros órgãos e entidades da Administração Pública.

• Ausência de subordinação hierárquica;

• Mandato fixo e estabilidade de seus dirigentes, por 5 (cinco) anos, vedada a recondução;

• Autonomia financeira e orçamentária;

• Administradas por um presidente e diretores, nomeados pelo Presidente da República, depois de aprovados pelo Senado Federal, consistindo em pessoas de ilibada reputação e reconhecida competência técnica na área de atuação;

• Os seus dirigentes somente perderão o mandato em virtude de: renúncia, condenação judicial transitada em julgado ou processo administrativo disciplinar. A causa da perda do mandato também poderá decorrer da inobservância pelo presidente ou diretor dos deveres e proibições inerentes ao cargo;

• Cabe ao Ministro de Estado instaurar procedimento administrativo disciplinar contra o dirigente da Agência, cabendo ao Presidente da República determinar o seu afastamento preventivo;

• Período de quarentena, após deixar o cargo de direção: o ex-dirigente continuará vinculado à autarquia, mediante remuneração equivalente à do cargo que exerceu durante o período não inferior a três (3) meses;

• O dirigente poderá incorrer em prática de advocacia administrativa e estará sujeito às penas do art. 321[35] do Código Penal;

• As Agências Reguladoras têm suas relações de trabalho regidas pelo regime estatutário, conforme a Lei n. 11.182/05 e Lei n. 11.296/06. A investidura nos cargos se dará por concurso público (art. 37, inciso II, CF/88), muito embora recentemente as Agências contrataram funcionários sem concurso público, com autorização legal, sob alegação de urgência, que recebeu a chancela do Judiciário;

• Receberam também autorização para prorrogar por 24 meses os contratos de trabalho temporário em vigor, a partir da data de seu vencimento e, quando necessário e possível, recebem funcionários de outros órgãos da Administração, sob a forma de cessão.

(35) Advocacia administrativa.

Art. 321. Patrocinar, direta ou indiretamente, interesse privado perante a administração pública, valendo-se da qualidade de funcionário:

Pena — detenção, de 1 (um) a 3 (três) meses, ou multa.

Parágrafo único. Se o interesse é ilegítimo:

Pena — detenção, de 3 (três) meses a 1 (um) ano, além da multa.

Atualmente, o regime jurídico das Agências Reguladoras é o estatutário, sendo obrigatório o concurso público de provas e/provas e títulos, de acordo com o art. 37, II e § 2º, CF/88.

Portanto, as Agências Reguladoras, entre elas a ANATEL, ANNEL, ANP, ANVISA e ANS foram criadas para executar atividades típicas da Administração Pública, que requeiram, para seu melhor funcionamento, gestão administrativa e financeira descentralizada. Suas decisões são técnicas e não políticas e suas decisões não sofrem, ou não deveriam sofrer, qualquer tipo de influência do Chefe do Executivo ou do Ministro de Estado vinculado à área de atuação.

E como fica a responsabilização do Estado em face dos atos da Agência Reguladora e desta em relação aos atos de seus agentes, nessa qualidade?

Como autarquias em regime especial e órgãos dotados de personalidade jurídica própria, as Agências Reguladoras são pessoas diversas da do Estado, e por isso detêm legitimidade para ser parte, ativa ou passiva, judicialmente, haja vista que detêm poderes e obrigações no mundo do Direito.

Logo, possuem capacidade processual para serem acionadas em juízo em qualquer tipo de ação, inclusive naquelas em que seus servidores postulam reajuste de vencimentos, como se depreende da ementa abaixo:

> PROCESSUAL CIVIL. ADMINISTRATIVO — DEPARTAMENTO DE ESTRADAS DE RODAGEM. AUTARQUIA ESTADUAL. LEGITIMIDADE PASSIVA *AD CAUSAM*. O Departamento de Rodagem do Estado de Santa Catarina, na qualidade de autarquia dotada de autonomia de administração econômico-financeira, tem personalidade jurídica e capacidade processual de ser acionado em juízo nas ações em que os seus servidores postulam pagamento de diferenças de vencimentos, o que evidencia a ilegitimidade passiva *ad causam* do Secretário de Estado. Recurso especial conhecido e provido. (STJ — Resp. 235.027 — SC — 6ª T. — Rel. Min. Vicente Leal — DJU 14.2.2000, p. 87)

Depreende-se desta ementa, que as autarquias, e entre elas as Agências Reguladoras, embora de regime especial, são sujeitos de direitos e obrigações, podendo ser acionadas diretamente pelos que se acharem lesados por suas ações e de seus agentes.

Assim sendo, podemos dizer que a responsabilidade civil das Agências Reguladoras decorrentes de atos comissivos é regida pelo disposto no art. 37, § 6º (CF/88), ou seja, responsabilidade objetiva. Por exemplo: se diversas empresas ou consumidores forem prejudicados por uma má decisão gerencial da Agência, decorrente de negligência ou imprudência no desenvolvimento de seu objeto social (planejamento ou fomento de uma atividade econômica), deverá essa responder pelos danos provocados, ainda que indiretamente, pela sua atividade regulatória, posto que a Constituição Federal, em seu art. 37, XXI, garante o equilíbrio econômico-financeiro do contrato administrativo.

Essa matéria também é tratada pela Lei de Licitações (Lei n. 8.666/93), art. 58, I e §§ 1º, 2º, art. 65, II, *d* e §§ 5º e 6º, bem como pela Lei de Concessões (Lei n. 8.987/95), art. 9º, *caput*.

Portanto, se a Agência Reguladora provocar a alteração dos contratos de concessão, de forma unilateral, que venha a romper o equilíbrio econômico-financeiro do contrato administrativo, deverá ressarcir as concessionárias de serviço público pelos danos causados a estas últimas, de forma a restabelecer o preço do serviço público ou tarifa a um valor compatível com a prestação (inclusive com juros e correção monetária).

De outra parte, se a Agência falha por omissão no planejamento de uma atividade ínsita a seu objeto social, provocando danos a outrem, uma vez configurada a omissão ou a falta de diligência no trato da coisa pública, como órgão regulador, deverá ressarcir as vítimas pelos danos causados, com fulcro no art. 15 do Código Civil de 1916 e art. 43 do novo Código Civil.

Quanto à responsabilidade do Estado em face dos atos da Agência Reguladora, cremos que não se justifica a propositura de ação indenizatória em face do Estado, pessoa jurídica de direito público, a quem a Agência esteja filiada, com o objetivo de receber indenização por perdas e danos decorrentes dos atos da Agência. O fundamento é que a Agência possui plena capacidade para se defender em juízo, bem como para contrair obrigações, podendo responder diretamente pelos danos causados a terceiros.

Diante dessa linha de pensamento, a responsabilidade do Estado por atos da Agência Reguladora somente será possível, a título subsidiário, e não solidário. Em outras palavras, se buscará os recursos da União, Estado, Distrito Federal ou Município, a quem estiver a Agência vinculada (mas não subordinada) para solver a indenização tão somente após exauridos os recursos da Agência Reguladora.

De outro lado, se a responsabilidade da Agência for decorrente de ato lesivo provocado por um de seus agentes, nessa qualidade, a terceiros, com base na responsabilidade objetiva (CF, art. 37, § 6º), a Agência deverá arcar com a indenização, e, futuramente, ingressar com ação de regresso, em caso de dolo ou culpa do agente. Ou seja, a Agência paga o prejuízo diretamente ao lesado e depois perquire sobre a culpa ou dolo do agente, para eventualmente ajuizar ação de regresso.

Por derradeiro, neste particular, cabe falar da prescrição à pretensão indenizatória em sede das Agências Reguladoras. O Decreto n. 20.910/32 estabelece a prescrição das ações contra a União, Estados e Municípios, em 5 (cinco) anos, contados do ato ou fato que originou a obrigação. Posteriormente, essa matéria foi disciplinada pelo Decreto-Lei n. 4.597/42, estendendo o privilégio às autarquias e outros órgãos paraestatais.

A prescrição, como se sabe, pode ocorrer não somente em decorrência da inércia do titular em propor a ação, como também pela displicência no curso do processo, comumente denominada de prescrição intercorrente. Se o titular do direito se mantiver inerte, depois de ajuizada a ação, pelo prazo de dois anos e meio, deixando de promover atos judiciais ou diligências necessárias ao desenvolvimento do processo, o seu direito restará fulminado pela prescrição intercorrente, tal prazo começando a fluir a partir do último ato praticado no processo.

A seguir, transcrevemos a ementa a respeito da matéria:

LEI N. 9.472/97 — EFEITOS — A Lei n. 9.472/97 dispõe sobre a organização dos serviços de telecomunicações e criação da respectiva Agência Nacional Reguladora — Anatel. Prevê em seu art. 94, inciso II, sobre a possibilidade de a empresa concessionária valer-se dos serviços de terceiros para o desenvolvimento regular de suas atividades. Não afasta referida disposição legal, invocada pela recorrente neste sentido, a responsabilidade da concessionária pelos contratos de trabalho pactuados com a empresa contratada, nem impede que os empregados desta venham a Juízo buscar o reconhecimento do vínculo de emprego diretamente. Não obsta, ainda, que empregado anteriormente mantenedor de contrato de trabalho com o concessionário que passa a fazê-lo por meio de empresa interposta, intente reclamatória visando ao reconhecimento da unicidade contratual, hipótese tratada nos presentes autos. EMENTA. Princípio da continuidade da prestação laboral. Presunção *juris tantum*. Dentre os princípios que regem o Direito Material do Trabalho, temos o da continuidade da prestação laboral. Prevalece, sob sua óptica, a ininterruptividade do vínculo de emprego, especialmente quando havia efetivo registro em CTPS e, logo em seguida, passa a existir contratação de forma diversa. Consequentemente, há presunção *juris tantum* da unicidade contratual, no caso, admitindo que o empregador faça prova em sentido contrário. (TRT 2ª R. — RO 13045 — (20030557229) — 3ª T. — Relª Juíza Mercia Tomazinho — DOESP 4.11.2003)

28. *Responsabilidade no abuso de autoridade*

O abuso de autoridade está disciplinado na Lei n. 4.898/65(36), que traz o processo de responsabilidade civil, administrativo e penal das autoridades que incorrem nesse tipo de delito, no exercício de suas atividades.

(36) Abuso de Autoridade — Responsabilidade Administrativa Civil e Penal — Direito de Representação. Lei n. 4.898, de 1965. Lei n. 4.898, de 9 de dezembro de 1965 (DOU 13.12.1965). Regula o direito de representação e o processo de responsabilidade administrativa civil e penal, nos casos de abuso de autoridade.

O Presidente da República:

Faço saber que o Congresso Nacional decreta e eu sanciono a seguinte Lei:

Art. 1º O direito de representação e o processo de responsabilidade administrativa civil e penal, contra as autoridades que, no exercício de suas funções, cometerem abusos, são regulados pela presente Lei.

Art. 2º O direito de representação será exercido por meio de petição:

a) dirigida à autoridade superior que tiver competência legal para aplicar, à autoridade, civil ou militar culpada, a respectiva sanção;

b) dirigida ao órgão do Ministério Público que tiver competência para iniciar processo-crime contra a autoridade culpada.

Parágrafo único. A representação será feita em duas vias e conterá a exposição do fato constitutivo do abuso de autoridade, com todas as suas circunstâncias, a qualificação do acusado e o rol de testemunhas, no máximo de três, se as houver.

Art. 3º Constitui abuso de autoridade qualquer atentado:

a) à liberdade de locomoção;

b) à inviolabilidade do domicílio;

c) ao sigilo da correspondência;

d) à liberdade de consciência e de crença;

e) ao livre exercício do culto religioso;

f) à liberdade de associação;

g) aos direitos e garantias legais assegurados ao exercício do voto;

h) ao direito de reunião;

i) à incolumidade física do indivíduo;

j) aos direitos e garantias legais assegurados ao exercício profissional. (Alínea acrescentada pela Lei n. 6.657, de 5.6.1979)

Art. 4º Constitui também abuso de autoridade:

a) ordenar ou executar medida privativa de liberdade individual, sem as formalidades legais ou com abuso de poder;

b) submeter pessoa sob sua guarda ou custódia a vexame ou a constrangimento não autorizado em lei;

c) deixar de comunicar, imediatamente, ao juiz competente a prisão ou detenção de qualquer pessoa;

d) deixar o juiz de ordenar o relaxamento de prisão ou detenção ilegal que lhe seja comunicada;

e) levar à prisão e nela deter quem quer que se proponha a prestar fiança, permitida em lei;

f) cobrar o carcereiro ou agente de autoridade policial carceragem, custas, emolumentos ou qualquer outra despesa, desde que a cobrança não tenha apoio em lei, quer quanto à espécie, quer quanto ao seu valor;

g) recusar o carcereiro ou agente de autoridade policial recibo de importância recebida a título de carceragem, custas, emolumentos ou de qualquer outra despesa;

h) o ato lesivo da honra ou do patrimônio de pessoa natural ou jurídica, quando praticado com abuso ou desvio de poder ou sem competência legal;

i) prolongar a execução de prisão temporária, de pena ou de medida de segurança, deixando de expedir em tempo oportuno ou de cumprir imediatamente ordem de liberdade. (Alínea acrescentada pela Lei n. 7.960, de 21.12.1989)

Art. 5º Considera-se autoridade, para os efeitos desta Lei, quem exerce cargo, emprego ou função pública, de natureza civil, ou militar, ainda que transitoriamente e sem remuneração.

Art. 6º O abuso de autoridade sujeitará o seu autor à sanção administrativa civil e penal.

§ 1º A sanção administrativa será aplicada de acordo com a gravidade do abuso cometido e consistirá em:

a) advertência;

b) repreensão;

c) suspensão do cargo, função ou posto por prazo de 5 (cinco) a 180 (cento e oitenta) dias, com perda de vencimentos e vantagens;

d) destituição de função;

e) demissão;

f) demissão, a bem do serviço público.

§ 2º A sanção civil, caso não seja possível fixar o valor do dano, consistirá no pagamento de uma indenização de quinhentos a dez mil cruzeiros.

§ 3º A sanção penal será aplicada de acordo com as regras dos arts. 42 a 56 do Código Penal e consistirá em:

a) multa de cem cruzeiros a cinco mil cruzeiros;

b) detenção por 10 (dez) dias a 6 (seis) meses;

c) perda do cargo e a inabilitação para o exercício de qualquer outra função pública por prazo até 3 (três) anos.

§ 4º As penas previstas no parágrafo anterior poderão ser aplicadas autônoma ou cumulativamente.

§ 5º Quando o abuso for cometido por agente de autoridade policial, civil ou militar, de qualquer categoria, poderá ser cominada a pena autônoma ou acessória, de não poder o acusado exercer funções de natureza policial ou militar no município da culpa, por prazo de 1 (um) a 5 (cinco) anos.

Art. 7º Recebida a representação em que for solicitada a aplicação de sanção administrativa, a autoridade civil ou militar competente determinará a instauração de inquérito para apurar o fato.

§ 1º O inquérito administrativo obedecerá as normas estabelecidas nas leis municipais, estaduais ou federais, civis ou militares, que estabeleçam o respectivo processo.

§ 2º Não existindo no município, no Estado ou na legislação militar normas reguladoras do inquérito administrativo, serão aplicadas supletivamente as disposições dos arts. 219 a 225 da Lei n. 1.711, de 28 de outubro de 1952 (Estatuto dos Funcionários Públicos Civis da União).

§ 3º O processo administrativo não poderá ser sobrestado para o fim de aguardar a decisão da ação penal ou civil.

Art. 8º A sanção aplicada será anotada na ficha funcional da autoridade civil ou militar.

Art. 9º Simultaneamente com a representação dirigida à autoridade administrativa ou independentemente dela, poderá ser promovida, pela vítima do abuso, a responsabilidade civil ou penal ou ambas, da autoridade culpada.

Art. 10. Vetado.

Art. 11. À ação civil serão aplicáveis as normas do Código de Processo Civil.

Art. 12. A ação penal será iniciada, independentemente de inquérito policial ou justificação, por denúncia do Ministério Público, instruída com a representação da vítima do abuso.

Art. 13. Apresentada ao Ministério Público a representação da vítima, aquele, no prazo de quarenta e oito horas, denunciará o réu, desde que o fato narrado constitua abuso de autoridade, e requererá ao Juiz a sua citação, e, bem assim, a designação de audiência de instrução e julgamento.

§ 1º A denúncia do Ministério Público será apresentada em duas vias.

Art. 14. Se o ato ou fato constitutivo do abuso de autoridade houver deixado vestígios, o ofendido ou o acusado poderá:

a) promover a comprovação da existência de tais vestígios, por meio de duas testemunhas qualificadas;

b) requerer ao Juiz, até setenta e duas horas antes da audiência de instrução e julgamento, a designação de um perito para fazer as verificações necessárias.

§ 1º O perito ou as testemunhas falso o seu relatório e prestarão seus depoimentos verbalmente, ou o apresentarão por escrito, querendo, na audiência de instrução e julgamento.

§ 2º No caso previsto na alínea "a" deste artigo a representação poderá conter a indicação de mais duas testemunhas.

Art. 15. Se o órgão do Ministério Público, ao invés de apresentar a denúncia requerer o arquivamento da representação, o Juiz, no caso de considerar improcedentes as razões invocadas, fará remessa da representação ao Procurador-Geral e este oferecerá a denúncia, ou designará outro órgão do Ministério Público para oferecê-la ou insistirá no arquivamento, ao qual só então deverá o Juiz atender.

Art. 16. Se o órgão do Ministério Público não oferecer a denúncia no prazo fixado nesta Lei, será admitida ação privada. O órgão do Ministério Público poderá, porém, aditar a queixa, repudiá-la e oferecer denúncia substitutiva e intervir em todos os termos do processo, interpor recursos e, a todo tempo, no caso de negligência do querelante, retomar a ação como parte principal.

Art. 17. Recebidos os autos, o Juiz, dentro do prazo de quarenta e oito horas proferirá despacho, recebendo ou rejeitando a denúncia.

§ 1º No despacho em que receber a denúncia, o Juiz designará, desde logo, dia e hora para a audiência de instrução e julgamento, que deverá ser realizada, improrrogavelmente, dentro de cinco dias.

§ 2º A citação do réu para se ver processar, até julgamento final e para comparecer à audiência de instrução e julgamento, será feita por mandado sucinto que será acompanhado da segunda via da representação e da denúncia.

Art. 18. As testemunhas de acusação e defesa poderão ser apresentadas em Juízo, independentemente de intimação.

De Plácido e Silva[37] qualifica abuso de autoridade como o abuso de poder conferido a alguém, seja poder público (administrativo) como poder privado (pátrio poder, poder conjugal). Excesso de limites nas funções administrativas, cujas atribuições são definidas e determinadas em lei. Emprego de violência para execução de um ato, que se efetiva sob a proteção de um princípio de autoridade.

A jurisprudência[38] caracteriza a sua existência, quando ocorrerem os seguintes elementos:

a) que o fato incriminado constitua crime;

b) que o tenha praticado um funcionário público ou pessoa investida de autoridade pública;

Parágrafo único. Não serão deferidos pedidos de precatória para a audiência ou a intimação de testemunhas ou, salvo o caso previsto no art. 14, alínea "b", requerimentos para a realização de diligências, perícias ou exames, a não ser que o Juiz, em despacho motivado, considere indispensáveis tais providências.

Art. 19. À hora marcada, o Juiz mandará que o porteiro dos auditórios ou o oficial de justiça declare aberta a audiência, apregoando em seguida o réu, as testemunhas, o perito, o representante do Ministério Público ou o advogado que tenha subscrito a queixa e o advogado ou defensor do réu.

Parágrafo único. A audiência somente deixará de realizar-se se ausente o Juiz.

Art. 20. Se até meia hora depois da hora marcada o Juiz não houver comparecido, os presentes poderão retirar-se, devendo o ocorrido constar do livro de termos de audiência.

Art. 21. A audiência de instrução e julgamento será pública, se contrariamente não dispuser o Juiz, e realizar-se-á em dia útil, entre dez (10) e dezoito (18) horas, na sede do Juízo ou, excepcionalmente, no local que o Juiz designar.

Art. 22. Aberta a audiência o Juiz fará a qualificação e o interrogatório do réu, se estiver presente.

Parágrafo único. Não comparecendo o réu nem seu advogado, o Juiz nomeará imediatamente defensor para funcionar na audiência e nos ulteriores termos do processo.

Art. 23. Depois de ouvidas as testemunhas e o Perito, o Juiz dará a palavra sucessivamente, ao Ministério Público ou ao advogado que houver subscrito a queixa e ao advogado ou defensor do réu, pelo prazo de quinze minutos para cada um, prorrogável por mais dez (10), a critério do Juiz.

Art. 24. Encerrado o debate, o Juiz proferirá imediatamente a sentença.

Art. 25. Do ocorrido na audiência o escrivão lavrará no livro próprio, ditado pelo Juiz , termo que conterá, em resumo , os depoimentos e as alegações da acusação e da defesa, os requerimentos e, por extenso, os despachos e a sentença.

Art. 26. Subscreverão o termo o Juiz, o representante do Ministério Público ou o advogado que houver subscrito a queixa, o advogado ou defensor do réu e o escrivão.

Art. 27. Nas comarcas onde os meios de transporte forem difíceis e não permitirem a observância dos prazos fixados nesta Lei, o juiz poderá aumentá-los, sempre motivadamente, até o dobro.

Art. 28. Nos casos omissos, serão aplicáveis as normas do Código de Processo Penal, sempre que compatíveis com o sistema de instrução e julgamento regulado por esta Lei.

Parágrafo único. Das decisões, despachos e sentenças, caberão os recursos e apelações previstos no Código de Processo Penal.

Art. 29. Revogam-se as disposições em contrário.

H. Castello Branco-Presidente da República.

(37) SILVA, De Plácido e. *Vocabulário jurídico*. 3. ed. Rio de Janeiro: Forense, 1993. v. I e II, p. 16.

(38) *Idem*.

c) que haja sido cometido no exercício de sua função;

d) que não se verifique motivo legítimo, que o justifique.

O abuso de autoridade também tem previsão legal no Código Penal, art. 350, *in verbis*:

"Exercício arbitrário ou abuso de poder

Art. 350. Ordenar ou executar medida privativa de liberdade individual, sem as formalidades legais ou com abuso de poder:

Pena — detenção, de 1 (um) mês a 1 (um) ano.

Parágrafo único. Na mesma pena incorre o funcionário que:

I — ilegalmente recebe e recolhe alguém à prisão, ou a estabelecimento destinado a execução de pena privativa de liberdade ou de medida de segurança;

II — prolonga a execução de pena ou de medida de segurança, deixando de expedir em tempo oportuno ou de executar imediatamente a ordem de liberdade;

III — submete pessoa que está sob sua guarda ou custódia a vexame ou a constrangimento não autorizado em lei;

IV — efetua, com abuso de poder, qualquer diligência."

Vê-se, assim, que o abuso de autoridade indica o delito cometido pelo funcionário público no exercício de suas funções, seja contra pessoa, seja contra a coisa pública ou privada. Mesmo no desempenho de suas funções, se pratica o ato ou executa a diligência, com excesso de poder ou abusivamente, empenha-se em um abuso, como por exemplo a violação de domicílio e o constrangimento levado a efeito por uma pessoa sobre a outra, em virtude de sua situação, seja decorrente de posição social, idade ou dependência.

Vejamos algumas ementas que ilustram o abuso de autoridade, como segue:

"PROCESSUAL PENAL — RECURSO ESPECIAL — ART. 3º, ALÍNEA *I*, DA LEI N. 4.898/65 — AMPLIAÇÃO DO ROL DOS DELITOS DE MENOR POTENCIAL OFENSIVO — ART. 61 DA LEI N. 9.099/95. DERROGADO PELO PARÁGRAFO ÚNICO DO ART. 2º DA LEI N. 10.259/01 — I — Com o advento da Lei n. 10.259/2001, que instituiu os Juizados Especiais Criminais na Justiça Federal, por meio de seu art. 2º, parágrafo único, ampliou-se o rol dos delitos de menor potencial ofensivo, por via da elevação da pena máxima abstratamente cominada ao delito, nada se falando a respeito das exceções previstas no art. 61 da Lei n. 9.099/95. II — Desse modo, devem ser considerados delitos de menor potencial ofensivo, para efeito do art. 61 da Lei n. 9.099/95, aqueles a que a Lei comine pena máxima não superior a dois anos, ou multa, sem exceção. III — Assim, ao contrário do que ocorre com a Lei n. 9.099/95, a Lei n. 10.259/2001 não excluiu da competência do Juizado Especial Criminal os crimes que possuam rito especial, alcançando, por consequência, os delitos de abuso de autoridade. Recurso desprovido." (STJ — RESP 610211 — RJ — 5ª T. — Rel. Min. Felix Fischer — DJU 7.6.2004 — p. 277)

"PENHORA EM CONTA-CORRENTE — LEGITIMIDADE — Incensurável a decisão do MM. Juízo de origem que, em prol da celeridade e da efetividade da execução, determina o bloqueio de contas bancárias da executada, o que em hipótese alguma consubstancia-se em *abuso de autoridade*, pois tal procedimento está em perfeita consonância com o art. 765 do diploma consolidado, bem como com a gradação estabelecida no art. 655 do Código de Processo Civil. Segurança que se denega." (TRT 2ª R. — MS 12305 — (2004005660) — SDI — Relª Juíza Vania Paranhos — DOESP 16.4.2004)

"DA RESPONSABILIDADE SUBSIDIÁRIA — DO BENEFÍCIO DE ORDEM — Inexiste *abuso de autoridade* pelo MM. Juízo de origem quando, em prol da celeridade e da efetividade da execução, determina o bloqueio de conta bancária da segunda reclamada, devedora em grau de subsidiariedade, diante das infrutíferas ou frustradas diligências para localização da real devedora, primeira reclamada, *ex vi* do art. 765, da CLT. Cabe, entretanto, à segunda ré o direito de regresso em face da principal obrigada, perante o Juízo competente. Mantém-se a penhora efetivada. Agravo de petição a que se nega provimento." (TRT 2ª R. — AP 00433 — (20040137583) — 8ª T. — Rel. Juiz Rovirso Aparecido Boldo — DOESP 6.4.2004)

"MANDADO DE SEGURANÇA — CONCESSÃO DE TUTELA ANTECIPADA PARA REINTEGRAÇÃO NO EMPREGO DE TRABALHADOR MEMBRO SUPLENTE DA CIPA — LEGITIMIDADE DO ATO IMPETRADO — Não há que se falar em ilegalidade ou *abuso* do MM. Juízo impetrado que, nos autos da reclamação trabalhista, concedeu a antecipação dos efeitos da tutela determinando a reintegração do reclamante. E isso porque, dos elementos constantes dos autos verifica-se que, embora a gestão da qual o reclamante fez parte tenha tido seu término, afirmou ele que o mandato havia sido prorrogado, pelo que a D. Autoridade impetrada, convencendo-se da verossimilhança da alegação e, ante a ausência de quaisquer provas documentais juntadas pela reclamada da existência de nova gestão da CIPA, determinou a imediata reintegração do autor. Nessa conformidade, restou configurado que o empregado era detentor da estabilidade provisória garantida nos termos do art. 10, inciso II, alínea *a*, do Ato das Disposições Constitucionais Transitórias, que é estendida aos membros suplentes da CIPA, consoante a atual Jurisprudência do C. Tribunal Superior do Trabalho, consolidada no Enunciado n. 339. Portanto, restaram preenchidos os requisitos necessários à antecipação dos efeitos da tutela, não havendo que se falar que o ato ora impugnado tenha violado direito líquido e certo. Segurança a que se denega." (TRT 2ª R. — MS 11903 — (2003020797) — SDI — Relª Juíza Vania Paranhos — DOESP 16.9.2003)

"*HABEAS CORPUS* — FIEL DEPOSITÁRIO — REITERADAS RECUSAS NA ENTREGA DO BEM — DETERIORAÇÃO PELO DECURSO DO TEMPO — Não há ilegalidade ou *abuso de poder* na ordem de prisão do depositário infiel, quando comprovado nos autos que a autoridade impetrada concedera várias oportunidades para a entrega do bem, e que este, ante o reiterado descumprimento das ordens e o decurso do tempo, deteriorou-se a ponto de frustrar a garantia da execução. *Habeas corpus* admitido e denegado." (TRT 9ª R. — Proc. 26016-2003-909-09-00-5 — (26989-2003) — Rel. Juiz Altino Pedrozo dos Santos — DJPR 5.12.2003)

29. *Responsabilidade e a Teoria do Fato Consumado*

A aplicação da Teoria do Fato Consumado dos atos administrativos tem por finalidade abrigar aquelas situações de fato, constituídas a longo tempo por decisão judicial de caráter provisório e consolidadas no tempo por atraso de prestação jurisdicional do Estado. Por essa teoria, eventuais atos não podem mais ser desconstituídos em razão da segurança jurídica do indivíduo.

Em situações nas quais o trabalhador tomou posse no cargo público, seja no regime celetista ou estatutário, tendo posteriormente perdido o cargo pela não aplicação da Teoria do Fato Consumido, a quem poderia ser atribuída a responsabilidade pelo atraso da prestação jurisdicional do Estado?

O entendimento prevalecente hodiernamente do Supremo Tribunal Federal é pela não aplicação da Teoria do Fato Consumado, muito embora tenhamos posicionamentos diversos aplicados pelos nossos Tribunais. Vejamos:

> "REGISTRO PROFISSIONAL — COREN — DOCUMENTOS — ENCAMINHAMENTO — NEGATIVA — COFEN — PRINCÍPIO DA RAZOABILIDADE — OFENSA — 'Administrativo. Conselho Regional de Enfermagem (Coren). Negativa de encaminhamento de documentos, ao Conselho Federal de Enfermagem (Cofen), para registro de conclusão do curso de pós-graduação devidamente comprovado por declaração fornecida pela instituição de ensino superior. Direito garantido por força de liminar. Situação de fato consolidada. 1. A negativa do Coren de encaminhar ao Cofen os documentos para registro do curso de pós-graduação *lato sensu,* com base em declaração fornecida pela instituição de ensino superior, em razão da não apresentação do respectivo diploma, decorrente de fatos alheios à vontade das impetrantes, obstando, assim, a sua nomeação e posse em cargo público, fere o princípio da razoabilidade. 2. Hipótese, ademais, em que, por força de liminar, confirmada pela sentença, foi garantido às impetrantes o direito vindicado, impondo-se, assim, a aplicação da teoria do fato consumado, haja vista que o decurso do tempo consolidou uma situação fática amparada por decisão judicial, cuja desconstituição não se mostra viável. 3. Remessa oficial desprovida'." (TRF 1ª R. — RN 2008.37.00.002189-1/MA — Rel. Juiz Fed. Conv. Marcelo Dolzany da Costa — DJe 18.01.2013)RSDA+86+2013+-FEV+197+610—2v100
>
> "DIREITO ADMINISTRATIVO — MANDADO DE SEGURANÇA — MATRÍCULA — CURSO DE FORMAÇÃO DE OFICIAIS DA INFANTARIA (CFOINF) DA ACADEMIA DA FORÇA AÉREA DO ANO DE 2003 — LIMINAR DEFERIDA — CONCESSÃO DA SEGURANÇA — SITUAÇÃO CONSOLIDADA — *APLICAÇÃO DA TEORIA DO FATO CONSUMADO* — 1 — Verifica-se do documento de fl. 84, que, por força do cumprimento da liminar concedida neste *writ* (fls. 40/41), o Impetrante foi matriculado no Curso de Formação de Oficiais de Infantaria da

Aeronáutica do ano de 2003 (CFOINF), a contar de 21 de fevereiro de 2003, na Academia da Força Aérea (AFA), na cidade de Pirassununga — SP. 2 — Como se vê, afigura-se descabida a pretensão de modificar essa situação de fato, a qual se consumou ao longo da tramitação do *writ*, sendo óbvio que existe uma situação amparada pela denominada Teoria do Fato Consumado. Essa particularidade, de suma importância, revela-se na circunstância de que, *in specie*, é de rigor manter incólume a situação acadêmica do Impetrante que, pelo decurso do tempo, já se consolidou, devendo, pois, ser mantida a concessão da segurança. 3 — Vale dizer, a prestação jurisdicional não deve traduzir em um mal maior do que aquele que teria sofrido o Impetrante se a instância ordinária não tivesse acolhido a sua pretensão, à evidência, haveria um risco concreto de dano que o mesmo poderia vir a sofrer se alterada sua situação acadêmica. 4 — Apelação e remessa necessária conhecidas, mas improvidas." (TRF 2ª R. — AP-MS 2003.51.01.003744-4 — 4ª T. — Rel. Des. Fed. Arnaldo Lima — DJU 19.3.2004 — p. 185)

"DIREITO ADMINISTRATIVO — INSCRIÇÃO EM CONCURSO PARA PROFESSOR ADJUNTO DA CARREIRA DO MAGISTÉRIO SUPERIOR DA UFRJ — TÍTULO DE DOUTOR OBTIDO NO EXTERIOR NÃO REVALIDADO — REQUISITOS DO EDITAL — EXIGÊNCIA SOMENTE NO MOMENTO DA POSSE — CONCESSÃO DA ORDEM — APLICAÇÃO DA TEORIA DO FATO CONSUMADO — 1 — Não obstante as razões que fundamentaram a concessão da ordem, verifica-se que o presente *mandamus* foi impetrado em março de 2002, com pedido de liminar, com o intuito de assegurar à Impetrante o direito de inscrever-se no concurso para Professor Adjunto da Carreira do Magistério Superior da UFRJ, previsto no Edital n. 3, de 5 de fevereiro de 2002. 2 — Em março de 2002, foi deferida a liminar, determinando-se à Autoridade Coatora (UFRJ), fosse aceita a inscrição da Impetrante sem a exigência do título obtido no Exterior, ressalvando-se que, caso aprovado no concurso, somente tomará posse se comprovada dita exigência. Posteriormente, em 12.7.2002, a sentença ora recorrida confirmou a liminar, tornando efetiva a inscrição da Impetrante no referido concurso. 3 — Como se vê, afigura-se descabida a pretensão de modificar essa situação de fato, a qual se consumou ao longo da tramitação do *writ*, sendo óbvio que existe uma situação amparada pela denominada Teoria do Fato Consumado. Essa particularidade, de suma importância, revela-se na circunstância de que, *in specie*, é de rigor manter incólume a situação acadêmica da Impetrante que, pelo decurso do tempo, já se consolidou. 4 — Vale dizer, a prestação jurisdicional não deve traduzir em um mal maior do aquele que teria sofrido a Impetrante se a instância ordinária não tivesse acolhido a sua pretensão, à evidência, haveria um risco concreto de dano que a mesma poderia vir a sofrer se alterada sua situação acadêmica. 5 — Apelação e remessa necessária conhecidas, mas improvidas." (TRF 2ª R. — AP-MS 2002.51.01.004431-6 — 4ª T. — Rel. Des. Fed. Arnaldo Lima — DJU 1º.3.2004 — p. 126-127)

"REMESSA NECESSÁRIA — MILITAR — PEDIDO DE LIBERAÇÃO PARA OCUPAR CARGO CIVIL TEMPORÁRIO — § 4º DO ART. 42 DA CF/88 — LIMINAR DEFERIDA — TEORIA DO FATO CONSUMADO — 1. A autoridade coatora afirma à fl. 20 que "em momento algum questionou a admissibilidade do determinante constitucional constante do §4º do art. 42 da Carta Magna de 5.

out. 1988, inteiramente aplicável à espécie. 2. Satisfeito o pedido autoral, à espécie aplica-se a Teoria do Fato Consumado, já que a liminar data de 19.2.1993 (fl. 15) e decorridos mais de 10 anos, pelo que, provavelmente já retornou o militar para a vida castrense ou foi transferido para a inatividade. 3. Remessa não provida." (TRF 2ª R. — REO-MS 95.02.15509-2 — 4ª T. — Rel. Des. Fed. Arnaldo Lima — DJU 10.2.2004 — p. 267)

"ADMINISTRATIVO — CONCURSO PÚBLICO — POLÍCIA RODOVIÁRIA FEDERAL — PROVA DE CAPACIDADE FÍSICA — SEGUNDA CHAMADA — INADMISSIBILIDADE — RESPEITO À NORMA EDITALÍCIA E AO PRINCÍPIO DA ISONOMIA — TEORIA DO FATO CONSUMADO — INAPLICABILIDADE — 1. O apelante foi considerado inapto na prova de capacidade física, que se constituía em uma das etapas obrigatórias (eliminatórias) do concurso público realizado para fins de provimento de cargos junto à Polícia Rodoviária Federal. Atribuiu a conclusão pela inaptidão ao fato de ter sofrido lesão (entorse) no joelho, ocasionada pelas más condições em que se encontrava a pista na qual se procedeu ao exame, fazendo referência, inclusive, à ocorrência de chuvas. Reputa caracterizada situação que se enquadraria como caso fortuito/força maior, a fazer emergir o direito subjetivo do candidato à segunda chamada na avaliação desditosa. 2. Nos termos da norma editalícia e de Instrução Normativa — expedida pelo Departamento da Polícia Rodoviária Federal e referenciada expressamente no edital, reguladora da prova de capacidade física no processo seletivo em comento —, 'os casos de alteração psicológica e/ou fisiológica temporários (estados menstruais, indisposições, câimbras, luxações, fraturas etc.) que impossibilitem a realização das provas ou diminuam a capacidade física dos candidatos não serão levados em consideração, não sendo concedido qualquer tratamento diferenciado'. Tratando-se de regra explícita no edital e sendo ele a norma-base de regência do concurso público, não é possível admitir, contra a expressa determinação, a realização de segunda chamada. Em tendo o apelante se submetido às mesmas condições e rigores exigidos dos demais candidatos, não se mostra razoável conferir a ele tratamento diferenciado, o que implicaria em agressão ao princípio da isonomia, mesmo porque problemas também podem ter acometido outros examinandos, sem que a eles se tenha dado a oportunidade de refazer a avaliação. É de se dizer que a vedação à promoção de segunda chamada se compatibiliza, *in casu*, com a necessidade de conclusão do certame em tempo hábil, o que seria inviabilizado se devessem ser tomadas em consideração, inclusive para repetição de fase de concurso, as particularidades físicas e emocionais de cada um dos candidatos. 3. Não é aplicável, ademais, no caso concreto, a teoria do fato consumado, como pretende o apelante, ao fundamento de que, na segunda chamada, realizada por força de liminar, teria sido avaliado apto, tendo mesmo concluído, com aprovação, o curso de formação profissional. Consoante decisão proferida pela Quinta Turma do STJ, com supedâneo em entendimento construído pelo Pretório Excelso, não pode prosperar o argumento de que há fato juridicamente consumado em favor de candidato concluinte do curso de formação e nomeado por força de provimento liminar. Em primeiro lugar, porque a nomeação do candidato aprovado *sub judice*, por si só, não é irreversível. Em segundo lugar, a aplicação dessa 'teoria' só tem cabimento em hipóteses raras e raríssimas, não se justificando para o fim de legitimar a permanência no cargo de candidato aprovado simplesmente porque obteve liminar na ação." (RESP 446077/DF, Rel. Min. Felix Fischer, j. em 7.8.2003, publ. em DJ de 8.9.2003). 4. Pelo não provimento da apelação. (TRF 5ª R. — AC 323123 — (2002.83.00.009685-1) — PE — 2ª T. — Rel. Des. Fed. Francisco Cavalcanti — DJU 18.3.2004 — p. 759)

30. Responsabilidade no contrato preliminar

Contrato preliminar ou pacto *in contrahendo* é aquele, segundo a teoria mais aceita, que como convenção provisória, contém os requisitos do art. 104[39] do novo Código Civil e os elementos essenciais ao contrato e tem por objeto concretizar um contrato futuro e definitivo, assegurando pelo começo de ajuste a possibilidade de ultimá-lo no tempo oportuno[40].

Estatui o art. 462 do novo Código Civil:

> "O contrato preliminar, exceto quanto à forma, deve conter todos os requisitos essenciais ao contrato a ser celebrado."

Por seu turno, os arts. 463 a 465 do Código Civil declaram que concluído o contrato preliminar, e desde que dele não conste cláusula de arrependimento, qualquer das partes terá o direito de exigir a celebração do definitivo, assinando prazo à outra para que o efetive.

> Esgotado o prazo, poderá o juiz, a pedido do interessado, suprir a vontade da parte inadimplente, conferindo caráter definitivo ao contrato preliminar, salvo se a isto se opuser a natureza da obrigação. (art. 464)
>
> Se o estipulante não der execução ao contrato preliminar, poderá a outra parte considerá-lo desfeito, e pedir perdas e danos. (art. 465)

Entendemos o art. 466 perfeitamente aplicável ao Direito do Trabalho. Diz o artigo:

> "Se a promessa do contrato for unilateral, o credor, sob pena de ficar a mesma sem efeito, deverá manifestar-se no prazo nela previsto, ou, inexistindo este, no que lhe for razoavelmente assinado pelo devedor."

Vejamos o seguinte caso concreto: um empregador procura contratar um empregado especializado no mercado de trabalho, que milita na área de finanças e já encontra-se empregado há algum tempo em uma empresa concorrente. Em face de uma proposta altamente compensadora, esse empregado

(39) Art. 104. A validade do negócio jurídico requer:
I — agente capaz;
II — objeto lícito, possível, determinado ou determinável;
III — forma prescrita ou não defesa em lei.

(40) FIUZA, Ricardo. *Novo código civil comentado*. São Paulo: Saraiva, 2003. p. 410.

especializado aceita o convite do potencial contratante, para iniciar a obrigação de fazer a partir de seis meses da assinatura de um termo de comprometimento de contratação, devidamente assinado pelo contratante. Após esse período, o empregado especializado entra em contato e comunica a decisão de início do trabalho no prazo avençado.

Assim sendo, nesse contrato preliminar, de natureza vinculante, o empregado tem a aptidão de exigir a constituição do contrato definitivo, com fulcro no art. 466 do novo Código Civil, pois o contrato preliminar obriga o empregador, que se vinculou por declaração ou termo de comprometimento de contratação.

Se porventura a empresa ou empregador contratante desistir da contratação atrairá para si a responsabilidade pelos danos materiais decorrentes de seu ato, ou seja, lucros emergentes e lucros cessantes. Deverá, ademais, manter a remuneração do empregado até que este consiga uma nova colocação no mercado de trabalho.

Poderíamos ainda aduzir que no caso em espécie aplica-se o art. 444 da CLT, que preconiza:

> "Art. 444. As relações contratuais de trabalho podem ser objeto de livre estipulação das partes interessadas em tudo quanto não contravenha às disposições de proteção ao trabalho, aos contratos coletivos que lhes sejam aplicáveis e às decisões das autoridades competentes."

Considerando que a livre estipulação do contrato de trabalho costuma ocorrer antes de qualquer pactuação formal, pode-se aplicar, também no presente caso, o disposto no art. 427 do novo Código Civil:

> "Art. 427. A proposta de contrato obriga o proponente, se o contrário não resultar dos termos dela, da natureza do negócio, ou das circunstâncias do caso."

Essa previsão legal hoje encontra-se reforçada em nosso ordenamento jurídico em face da aplicação do princípio da boa-fé objetiva (art. 113), em conexão com o art. 422 do novo Código Civil, que declara que:

> "Art. 422. Os contratantes são obrigados a guardar, assim, na conclusão do contrato, como em sua execução, os princípios da probidade e da boa-fé."

31. Responsabilidade na reintegração do empregado pela dispensa sem motivação no curso do estágio probatório

O servidor público submetido a concurso público (art. 37, inciso II, da Constituição Federal), e admitido sob a égide da CLT (Consolidação das Leis do Trabalho), quando impedido de cumprir o estágio probatório, em virtude de dispensa sem motivação pelo órgão ou ente público, sem observância das formalidades legais (processo administrativo ou sindicância), tem direito à reintegração e ao recebimento das verbas trabalhistas que deixou de auferir em virtude desse ato ilícito do empregador.

Encontramos o fundamento jurídico na Súmula n. 21 do Supremo Tribunal Federal, *in verbis*:

> "Funcionário em estágio probatório não pode ser exonerado nem demitido sem inquérito ou sem as formalidades legais de apuração de sua capacidade."

A ementa a seguir joga uma luz a tal entendimento:

> "EMPREGADO PÚBLICO — PREFEITURA MUNICIPAL — ESTÁGIO PROBATÓRIO — NECESSIDADE DE MOTIVAÇÃO DA DISPENSA — A motivação dos atos administrativos é exigência indispensável para a demonstração da obediência aos princípios da moralidade, impessoalidade, eficiência e publicidade ou transparência do comportamento da Administração Pública (art. 37, CF/88). Isso significa dizer que não há direito potestativo de resilição no âmbito da Administração Pública Direta e Indireta, autárquica ou fundacional. Nesse sentido, considerando-se que as pessoas jurídicas de direito público estadual e municipal não podem legislar sobre Direito do Trabalho (CF/88, art. 22, I), aplica-se ao empregado público estadual a legislação federal genérica (CLT) e a específica, Lei n. 9.962/00, destinada aos federais. Destarte, ofende o art. 9º da CLT e ao art. 3º da Lei n. 9.962/00, a despedida imotivada, impondo a reintegração no emprego. Pouco importa que o empregado público ainda estivesse no estágio probatório ao tempo da dispensa, pois, mesmo em tal período, o ente público não está imune aos procedimentos legais, inclusive à motivação — Súmula n. 21 do STF." (TRT 02ª R. — RO 00578-2005-391-02-00-4 — 6ª T. — Relª Juíza Ivani Contini Bramante — DOE/SP 14.12.2007)

> "SERVIDOR PÚBLICO. ADMISSÃO PELO REGIME CELETISTA APÓS A EC N. 20/98. DISPENSA DURANTE O ESTÁGIO PROBATÓRIO. DESOBEDIÊNCIA AO PRINCÍPIO DA IMPESSOALIDADE. REINTEGRAÇÃO. Mormente não se possa discutir acerca de estabilidade na hipótese, independentemente de seu cabimento ou não para os servidores celetistas a partir da EC n. 19/98, porquanto ainda no período de estágio probatório, presentemente tem-se a dispensa, de servidora concursada, sem qualquer motivação, incluindo dispensa de aviso-prévio. Ora, os princípios que norteiam a Administração Pública, principalmente o que trata da impessoalidade (motivação) dos respectivos atos, vedam essa prática de dispensa (CF, art. 37 e incisos), ainda que o da CLT o regime jurídico. E assim deve ser, pois senão, pode o Administrador, a seu bel prazer, burlar inclusive a ordem de classificação do certame: basta que contrate e dispense em seguida até atingir o candidato de sua preferência." (TRT 15ª R. — 5ª T. — 3.807/03 — Ac. 27.931/03-PATR — Rel. Juiz Valdevir Roberto Zanardi — DOE 19.9.2003, p. 83)

O mesmo entendimento não se aplica em se tratando de dispensa de trabalhador por empresa pública, exercente de atividade econômica ou por sociedade de economia mista, conforme ementa:

> "DESPEDIDA. EMPRESA PÚBLICA. AUSÊNCIA DE MOTIVAÇÃO. VALIDADE. De conformidade com a jurisprudência dominante no Tribunal Superior do

Trabalho, a teor do art. 173, § 1º, inciso II, da Constituição Federal, estão sujeitas ao regime próprio das empresas privadas. Assim, dispõem de direito potestativo para dispensa sem justa causa de seus empregados, não se lhes exigindo motivação para tal. Incidência da Orientação Jurisprudencial n. 247 da SBDI — TST. Ressalva do entendimento divergente do Relator. Recurso de revista conhecido e provido para declarar a validade do ato de dispensa e julgar improcedente o pedido de reintegração do Reclamante no emprego." (TST — 1ª T. — RR 55/02-006-13-00.7 — Rel. M. João Oreste Dalazen — DJU 25.6.2004 — p. 493)

"50015139 — APELAÇÃO CÍVEL — EXONERAÇÃO DE SERVIDOR PÚBLICO CONCURSADO — AUSÊNCIA DE JUSTIFICATIVA E DO DEVIDO PROCESSO LEGAL — SERVIDOR AFASTADO DO SERVIÇO POR ATO DA ADMINISTRAÇÃO — ABUSO DE PODER CONFIGURADO — SÚMULA N. 21 DO STF — APELO PROVIDO — DECISÃO REFORMADA — Funcionário público concursado somente pode ser exonerado ou demitido do cargo público mediante justificativas da autoridade administrativa e sempre preservando-se o direito ao devido processo legal, que passa obrigatoriamente pelo direito de audição do funcionário atingido pelo ato administrativo." (TJMT — AC 18801/2002 — 3ª C.Civ. — Rel. Des. João Ferreira Filho — J. 30.4.2003)

Estatui a OJ n. 247 da SBDI do TST:

"Servidor público. Celetista concursado. Despedida imotivada. Empresa Pública ou sociedade de economia mista. Possibilidade."

Não obstante o entendimento dominante do Tribunal Superior do Trabalho, consubstanciado na Orientação Jurisprudencial mencionada, existe uma corrente doutrinária que entende que tal ato de dispensa deve ser motivado, atendendo aos preceitos do art. 93, inciso IX da Constituição Federal de 1988, e atendimento aos princípios da legalidade, impessoalidade, moralidade e publicidade (art. 37 da CF/88), que devem nortear e até mesmo impor limitações às atividades das empresas públicas e sociedades de economia mista.

Nunca é demais lembrar a existência da Súmula n. 390 do Colendo Tribunal Superior do Trabalho, que assim se posiciona sobre o tema, relativamente aos servidores públicos da União, Distrito Federal, Estados, Municípios, autarquias, fundações, empresas públicas e sociedades de economia mista:

"N. 390 — ESTABILIDADE. ART. 41 DA CF/88. CELETISTA. ADMINISTRAÇÃO DIRETA, AUTÁRQUICA OU FUNDACIONAL. APLICABILIDADE. EMPREGADO DE EMPRESA PÚBLICA E SOCIEDADE DE ECONOMIA MISTA. INAPLICÁVEL. (CONVERSÃO DAS ORIENTAÇÕES JURISPRUDENCIAIS NS. 229 E 265 DA SDI-1 E DA ORIENTAÇÃO JURISPRUDENCIAL N. 22 DA SDI-2); I — O servidor público celetista da administração direta, autárquica ou fundacional é beneficiário da estabilidade prevista no art. 41 da CF/88 (ex-OJ n. 265 da SDI-1 — Inserida em 27.9.2002 e ex-OJ n. 22 da SDI-2 — Inserida em 20.9.00); II — Ao empregado de empresa pública ou de sociedade de economia mista, ainda que admitido mediante aprovação em concurso público, não é garantida a estabilidade prevista no art. 41 da CF/88."

Não obstante, o inciso II da Súmula n. 390 do Colendo TST sofreu irreversível mitigação em face de decisão do Supremo Tribunal Federal, que passou a exigir a motivação do ato de dispensa por empresa pública ou sociedade de economia mista, que contratam seus empregados por meio de concurso público.

Vejamos as ementas:

"EMPREGADO PÚBLICO — ESTABILIDADE — NECESSIDADE DE MOTIVAÇÃO DA DISPENSA — Aos empregados das sociedades de economia mista e das empresas públicas não é assegurada a estabilidade do art. 41 da Constituição Federal, aplicável apenas aos servidores ocupantes de cargo público, admitidos mediante concurso (Inteligência da Súmula n. 390 do TST). Todavia, no tocante à necessidade de motivação da dispensa, não obstante o entendimento contido na OJ n. 247 da SBDI1 do TST, a partir do julgamento do RE n. 589.998/PI, realizado em 20.3.2013 (STF, Tribunal Pleno, Rel. Ministro Ricardo Lewandowski, DJ de 12.9.2013), firmou-se o entendimento de que deve ser motivada a dispensa dos empregados públicos admitidos mediante concurso, em atenção aos princípios da impessoalidade e isonomia que regem a admissão por concurso público. No caso específico destes autos, entretanto, não há de se falar em nulidade da dispensa, uma vez que a empresa comprovou por meio da prova documental coligida que a dispensa sem justa causa do reclamante foi motivada e precedida de regular processo administrativo demissional." (TRT 3ª R. — RO 01906/2013-106-03-00.4 — Rel. Des. Marcus Moura Ferreira — DJe 21.7.2014 — p. 253)v108

"EMPREGADO DE EMPRESA PÚBLICA OU DE SOCIEDADE DE ECONOMIA MISTA. OBRIGATORIEDADE DE MOTIVAÇÃO DA DISPENSA. REINTEGRAÇÃO. O Plenário do E. Supremo Tribunal Federal, no julgamento do Recurso Extraordinário n. 589.998/PI, ocorrido em 20.3.2013 (com publicação do respectivo acórdão em 12.9.2013), posicionou-se no sentido de que as empresas públicas e as sociedades de economia mista precisam expor as razões do ato demissional por elas praticado, de forma a motivar o ato de rompimento sem justa causa do pacto laboral. A motivação resguarda o empregado e, indiretamente, toda a sociedade de eventual ruptura dos princípios constitucionais consagrados nos arts. 37 da CRFB/88, 2º e 50 da Lei n. 9784/99, os quais devem ser observados pelo agente estatal investido do poder de demitir. Ademais, a exposição dos motivos torna possível sua compreensão e contestação pelos atingidos, além de permitir o exame da legalidade do ato pelo Judiciário. Dessa forma, a falta de motivação do ato administrativo de resilição contratual acarreta a sua nulidade, com a consequente reintegração do empregado e pagamento integral das verbas devidas durante o afastamento. (Precedente do STF e do TST. Recurso conhecido e provido. 00002718820135010000. Tipo de processo: Recurso Ordinário. Data de publicação: 2014.3.18. Orgão julgador: Quinta Turma. Relator: Des. Enoque Ribeiro dos Santos)

Para além do louvável entendimento jurisprudencial inovador emanado do STF, permanecemos ainda com nossa posição anterior, no sentido de que, na dispensa do servidor público, mesmo os regidos pela CLT, não basta a mera motivação do ato, mesmo porque, por si só, se levada a efeito pelo empregador acaba por deixar o obreiro na mesma situação anterior de ausência de eficaz proteção (OIT, Convenção n. 158), já que o ato do empregador seria considerado perfeito e acabado, não gerando quaisquer direitos aos trabalhadores.

É necessário, isto sim, que a motivação do ato de dispensa seja acompanhada do cumprimento do mandamento constitucional insculpido no art. 5º, LIV, pelo qual "ninguém deve ser privado de seus bens sem o devido processo legal", ou seja, de processo administrativo com ampla defesa e contraditório. Afinal, qual o significado semântico e mesmo sistemático do termo bens no citado inciso constitucional mencionado, que não tenha o sentido de incluir, com clareza solar, que o emprego constitui ao lado da família, os bens mais importantes para a dignidade da pessoa humana e a base de sustentação do sistema capitalista de produção de bens e serviços em um Estado Democrático de Direito?

Em agosto de 2007, o Supremo Tribunal Federal promoveu uma espécie de repristinação do art. 39 da Constituição Federal, que tinha sido modificado pela Emenda Constitucional n. 19/98, retornando à redação original. Neste sentido, transcrevemos:

> "Plenário suspende artigo da Constituição sobre contratações de servidores públicos em 2.8.2007
>
> Ao retomar o julgamento da Ação Direta de Inconstitucionalidade (ADI) n. 2.135, com o voto-vista do ministro Cezar Peluso, o Plenário do Supremo Tribunal Federal (STF) resolveu hoje (2.8.2007), por maioria, conceder liminar para suspender a vigência do art. 39, *caput*, da Constituição Federal, em sua redação dada pela Emenda Constitucional (EC) n. 19/98. A norma, questionada pelo Partido dos Trabalhadores (PT), Partido Democrático Trabalhista (PDT), Partido Comunista do Brasil (PC do B) e Partido Socialista Brasileiro (PSB), eliminava a exigência do Regime Jurídico Único e planos de carreira para os servidores da Administração Pública Federal, das autarquias e fundações públicas. Com a decisão, volta a vigorar a redação anterior do artigo.
>
> Antes do início da sessão já haviam votado para conceder a medida cautelar na ADI n. 2.135 o relator, ministro Néri da Silveira (aposentado), a ministra Ellen Gracie e os ministros Sepúlveda Pertence, Eros Grau e Carlos Ayres Britto. Contra a concessão da liminar haviam votado os ministros Nelson Jobim (aposentado), Ricardo Lewandowski e Joaquim Barbosa.
>
> *Voto-vista*
>
> Na sessão desta tarde, o ministro Cezar Peluso, em seu voto-vista, disse acreditar que o voto do ministro relator, Néri da Silveira (aposentado), teria dado uma solução correta à controvérsia. Ele ressaltou o fato de que a proposta de alteração do *caput* do art. 39 da Constituição Federal não foi aprovada pela maioria qualificada (3/5 dos parlamentares) da Câmara dos Deputados, em primeiro turno, conforme previsto no art. 60, § 2º, da própria Constituição.

Ao elaborar o texto enviado para votação em segundo turno, relatou Cezar Peluso, a comissão especial de redação da Câmara dos Deputados teria deslocado o § 2º do art. 39 — que havia sido aprovado, para o lugar do *caput* do art. 39, cuja proposta de alteração havia sido rejeitada no primeiro turno. O ministro frisou que o próprio Regimento Interno da Câmara dos Deputados, em seu art. 118, assenta que não há como se fazer essa transposição por mera emenda redacional.

Pela concessão da liminar votaram, ainda na sessão de hoje, os ministros Marco Aurélio e Celso de Mello. Eles confirmaram o fato de que a Emenda Constitucional n. 19/98 teria sido aprovada sem a observância do regime bicameral, ou seja, o texto deveria ter sido analisado tanto pela Câmara dos Deputados quanto pelo Senado Federal.

Dessa forma, por oito votos a três, o Plenário deferiu medida cautelar para suspender o *caput* do art. 39 da Constituição Federal, voltando a vigorar a redação anterior à EC n. 19/98. A ministra Ellen Gracie, ao proferir o resultado do julgamento, esclareceu que a decisão tem efeito *ex-nunc*, ou seja, passa a valer a partir de agora. Com isso, toda a legislação editada durante a vigência do art. 39, *caput*, com a redação da EC n. 19/98, continua válida, explicou a ministra, ressaltando que, dessa forma, ficam resguardas as situações consolidadas, até o julgamento do mérito."

Também foi publicada alteração na Orientação Jurisprudencial do Tribunal Superior do Trabalho, relativamente à dispensa de trabalhadores pela Empresa Brasileira de Correios e Telégrafos, *in verbis*:

"O Tribunal Superior do Trabalho publicou, no Diário da Justiça, a Resolução n. 143/07 do Tribunal Pleno, que altera a Orientação Jurisprudencial n. 247 da SDI-1 para excepcionar a Empresa Brasileira de Correios e Telégrafos da possibilidade de demissão imotivada de servidores celetistas. O novo texto da OJ n. 247 é o seguinte:

SERVIDOR PÚBLICO. CELETISTA CONCURSADO. DESPEDIDA IMOTIVADA. EMPRESA PÚBLICA OU SOCIEDADE DE ECONOMIA MISTA. POSSIBILIDADE.

1. A despedida de empregados de empresa pública e de sociedade de economia mista, mesmo admitidos por concurso público, independe de ato motivado para sua validade;

2. A validade do ato de despedida do empregado da Empresa Brasileira de Correios e Telégrafos (ECT) está condicionada à motivação, por gozar a empresa do mesmo tratamento destinado à Fazenda Pública em relação à imunidade tributária e à execução por precatório, além das prerrogativas de foro, prazos e custas processuais.

A alteração foi decidida em setembro, quando o Pleno julgou incidente de uniformização de jurisprudência suscitado pela Seção Especializada em Dissídios Individuais (SDI-1). O fundamento da decisão foi o fato de o Supremo Tribunal Federal, em diversos precedentes, vir assegurando à ECT privilégios inerentes à Fazenda Pública — notadamente, no caso da Justiça do Trabalho, o pagamento de débitos por meio de precatórios. 'Deste modo, merecendo os Correios tratamento privilegiado em relação a tributos fiscais, isenção de custas e execução por precatórios, seus atos administrativos devem se vincular aos princípios que regem a administração pública direta, em especial o da motivação da despedida de empregados', assinalou o relator, ministro Aloysio Corrêa da Veiga."

Neste sentido o extrato jurisprudencial:

"Dívida trabalhista dos Correios deve ser paga por precatório

A Sexta Turma do Tribunal Superior do Trabalho adotou decisão unânime determinando que a execução de dívida trabalhista da Empresa Brasileira de **Correios** e Telégrafos se processe por meio de precatório. A Turma deu provimento parcial a um recurso em que a ECT foi condenada ao pagamento de direitos trabalhistas a um empregado terceirizado. Ao ser demitido, ele entrou com ação contra seu empregador direto e, em função do contrato de prestação de serviços, citou a Diretoria Regional de Minas Gerais da ECT como responsável subsidiária.

A sentença de primeiro grau reconheceu os direitos reclamados pelo trabalhador e, diante da inadimplência por parte do empregador, responsabilizou os **Correios** pelo seu pagamento. A estatal ajuizou recurso visando reformar a sentença, mas o Tribunal Regional da 3ª Região (Minas Gerais) manteve a decisão quanto à responsabilidade subsidiária e concluiu que a execução da dívida não deveria ser procedida por precatório, dada a condição de empresa pública da reclamada.

Diante disso, a ECT apelou ao TST, mediante recurso de revista. O relator da matéria, ministro Aloysio Corrêa da Veiga, deu provimento parcial ao recurso, excluindo da condenação o valor correspondente à multa do art. 477 da CLT e determinando que o pagamento da dívida deve se dar por meio de precatório, considerando o Decreto-Lei n. 509/69, que cria a Empresa Brasileira de **Correios** e Telégrafos. O decreto assegura à ECT os mesmos privilégios inerentes à Fazenda Pública.

O ministro fundamenta seu voto a partir da caracterização da ECT como empresa pública prestadora de serviço de competência da União, a quem cabe sua manutenção. Nesse contexto legal, Aloysio da Veiga considerou que não é aplicável à empresa o art. 173 da Constituição Federal, que estabelece a sujeição das empresas públicas e das sociedades de economia mista exploradoras de atividade econômica ao mesmo regime jurídico das empresas privadas. Como consequência, o pagamento devido em razão de sentença judicial deve ser feito por meio de precatório, 'sob pena de se estar transgredindo literalmente preceito de ordem constitucional', conclui, referindo-se ao art. 100 da Constituição Federal, ressaltando ser este o entendimento já firmado pelo Supremo Tribunal Federal.

O relator assinala que, diante da evolução jurisprudencial neste sentido, adotou-se o entendimento de que a execução contra a ECT só poderá ser efetivada por precatório, na forma do que é determinado pelo Código de Processo Civil e pela Constituição Federal." (RR-796.895/2001.7)

32. *Responsabilidade pelos atos ilícitos na greve (Lei n. 7.783/89)*

A Lei de greve constitui direito constitucional do trabalhador e considera legítimo o seu exercício que se dá por meio da suspensão coletiva, temporária e pacífica, total ou parcial, de prestação pessoal de serviços a empregador.

A responsabilidade pelos atos grevistas enquadram-se nos preceitos da responsabilidade subjetiva, com base na negligência e imprudência do art. 186 do novo Código Civil e estão previstas nos arts. 14 e 15 da Lei n. 7.783/89, bem como nos arts. 200 a 202 do Código Penal, cujos dispositivos assim dispõem:

"Art. 14. Constitui abuso do direito de greve a inobservância das normas contidas na presente Lei, bem como a manutenção da paralisação após a celebração de acordo, convenção ou decisão da Justiça do Trabalho.

Parágrafo único. Na vigência de acordo, convenção ou sentença normativa não constitui abuso do exercício do direito de greve a paralisação que:

I — tenha por objetivo o cumprimento de cláusula ou condição;

II — seja motivada pela superveniência de fato novo ou acontecimento imprevisto que modifique substancialmente a relação de trabalho.

Art. 15. A responsabilidade pelos atos praticados, ilícitos ou crimes cometidos, no curso da greve, será apurada, conforme o caso, segundo a legislação trabalhista, civil ou penal.

Parágrafo único. Deverá o Ministério Público, de ofício, requisitar a abertura do competente inquérito e oferecer denúncia quando houver indício da prática de delito."

Trazemos à colação a seguinte ementa:

"RESCISÓRIA — DESPEDIDA DE EMPREGADO APÓS MOVIMENTO GREVISTA — VIOLAÇÃO DO ART. 19, INCISO 3, DA LEI DE GREVE — INEXISTÊNCIA — 1. Decisão que não defere a pleiteada reintegração dos empregados dispensados sem justa causa, após o movimento grevista. 2. Inexistência de ofensa literal ao artigo dezenove, inciso três, da lei quatro mil trezentos e trinta de sessenta e quatro, visto que ali não se garante qualquer tipo de estabilidade além do período de greve. 3. Pedido de rescisão julgado improcedente." (TST — AR 410669/1997 — SBDI 2 — Rel. Min. João Oreste Dalazen — DJU 26.2.1999 — p. 63)

Deste acórdão extraímos as seguintes informações, que passamos a transcrever:

"Essa resistência, que perdura ainda em alguns países e núcleos trabalhistas, torna-se cada vez mais difícil, pois ao Direito anterior 'engessado' se propôs e impôs outros meios e maneiras de se regular o vínculo entre trabalhador e o tomador de serviços. Para tanto, fundamental foi a migração do capital para localidades sem tradição de práticas sindicais e reivindicativas significativas, o desemprego estrutural e as novas técnicas de gerência e administração de mão de obra (terceirização, trabalho *part-time* etc.). Quando imprescindível, a repressão policial, administrativa, legal e jurídica também foi utilizada, conforme aconteceu na Inglaterra na 'era *Thacher*'; nos EUA nos Governos de Reagan, e no Brasil de Sarney (Lei de Greve, n. 7.783/89, de 1989 e jurisprudência antigreve)."

A Lei de Greve brasileira proíbe, expressamente, o locaute (art. 17, Lei n. 7.783/89). Ainda que o texto legal fosse omisso, tal proibição derivaria, indubitavelmente, de vasto e harmônico conjunto de regras e princípios constitucionais.

O locaute, como visto, é prática proibida na ordem jurídica do país. Sua realização concreta, em descumprimento à CF e à Lei de Greve, provoca, assim, inevitáveis consequências no âmbito do contrato de trabalho. Em primeiro lugar, o respectivo período de afastamento obreiro será considerado como mera interrupção da prestação de serviços (interrupção contratual). Desse modo, todas as parcelas contratuais laborativas serão devidas ao empregado no lapso temporal de desenvolvimento do locaute. É o que deriva da lógica da ordem jurídica e também do texto expresso do parágrafo único do art. 17 da Lei n. 7.783/89.

A anterior Lei de Greve (n. 4.330/64, art. 17), de indissimulável matiz autoritário, rejeitava essa combinação de circunstâncias, considerando inerente à greve a desocupação dos locais de trabalho. A nova ordem jurídica constitucional (art. 9º, CF/88), e mesmo a nova Lei de Greve n. 7.783/89, não estabelecem, porém, tal requisito. E, rigorosamente, não há comprometimento do instituto paredista em vista da adoção da estratégia ocupacional, uma vez que esta mantém-se subordinada à função primária da figura sociojurídica, que é a abstenção coletiva de atividades contratuais pelos trabalhadores.

Do ponto de vista de uma rigorosa interpretação do instituto, poderiam não se enquadrar no conceito de greve, já que não propiciam sustação plena das atividades laborativas. Contudo, essa interpretação muito rigorosa do tipo legal da greve não atende à riqueza da dinâmica social, deixando de aplicar o Direito a fatos sociais que não guardam diferenciação efetivamente substantiva em comparação a outros. Por isso, tem sido criticada por importantes doutrinadores, como Jean-Claude Javillier, Manoel Carlos Palomeque Lópes e, no Brasil, Luiz de Pinho Pedreira e Márcio Túlio Viana. De todo modo, desde que se entenda que o Direito do Trabalho exige para configurar o movimento paredista, paralisação total ou meramente parcial, porém coletiva, das atividades contratuais dos obreiros, as condutas grupais especificadas, de redução concertada do labor, atenderiam à noção jurídica de movimento paredista. Relembre-se, a esse respeito, que a própria Lei de Greve brasileira, em seu art. 2º, conceitua a figura como suspensão coletiva de prestação pessoal de serviços, total ou parcial.

Conforme já debatido, a precedente Lei de Greve n. 4.330/64, oriunda de período autoritário da vida política do país, explicitamente, subordinava o tipo legal da greve à desocupação dos locais de trabalho — exigência que desapareceu com a nova ordem jurídica constitucional (art. 9º, CF/88) e legal (Lei n. 7.783/89). O silêncio da nova ordem jurídica resulta do fato de não haver real comprometimento do instituto paredista em face da adoção da estratégia ocupacional, uma vez que esta mantém-se subordinada à função primária da figura grevista, que é a abstenção coletiva de atividades contratuais pelos trabalhadores.

Ainda com respeito a esses serviços ou atividades essenciais, em que caberá o atendimento das necessidades inadiáveis da comunidade (CF/88, art. 9º, § 1º), a Lei de Greve dispôs que os sindicatos, os empregadores e os trabalhadores ficam obrigados, de comum acordo, a garantir, durante a greve, a prestação dos serviços indispensáveis ao atendimento das necessidades inadiáveis da comunidade (art. 11, Lei n. 7.783/89). Completa a lei que, no caso de inobservância da regra anterior, o Poder Público assegurará a prestação dos serviços indispensáveis (art. 12). O mesmo diploma esclareceu serem necessidades inadiáveis da comunidade aquelas que, não atendidas, coloquem em perigo iminente a sobrevivência, a saúde ou a segurança da população (parágrafo único do art. 11, Lei n. 7.783).

Na esteira da ressalva constitucional, a Lei de Greve dispôs que o sindicato obreiro ou a comissão de negociação, durante o movimento paredista, deverá manter, em ajuste com o empregador ou seu sindicato, equipes de empregados com o propósito de assegurar os serviços cuja paralisação resulte em prejuízo irreparável, pela deterioração irreversível de bens, máquinas e equipamentos, bem como a manutenção daqueles essenciais à retomada das atividades da empresa quando da cessação do movimento (art. 9º, *caput*). Completa o diploma legal que, à falta de acordo nessa linha, assegura-se ao empregador, enquanto perdurar a greve, o direito de contratar diretamente a realização dos correspondentes serviços de manutenção (parágrafo único do art. 9º, Lei n. 7.783).

Há outra limitação trazida pela Lei de Greve que se mostra de duvidosa constitucionalidade: trata-se da proteção especial conferida ao trabalhador que insista em trabalhar. De fato, dispõe a lei que as manifestações e atos de persuasão utilizados pelos grevistas não poderão impedir o acesso ao trabalho[...] (art. 6º, § 3º); completa o diploma legal que, em nenhuma hipótese, também, poderão ser violados ou constrangidos os direitos e garantias fundamentais de outrem (art. 6º, § 1º).

O terceiro requisito é o aviso-prévio à parte adversa (empregadores envolvidos ou seu respectivo sindicato). O aviso será dado, regra geral, com antecedência mínima de 48 horas da paralisação (art. 4º, Lei de Greve).

Em se tratando de serviços ou atividades essenciais, o prazo será de 72 horas da paralisação (art. 13, Lei de Greve). Neste caso, a comunicação deverá contemplar não apenas os empregadores como também o público interessado (a lei fala em usuários).

O quarto requisito é o respeito ao atendimento às necessidades inadiáveis da comunidade, no contexto de greve em serviços ou atividades essenciais (art. 9º, § 1º, CF/88, c/c arts. 10, 11 e 12, Lei de Greve).

São direitos dos trabalhadores paredistas, entre outros: utilização de meios pacíficos de persuasão (art. 6º, Lei de Greve); arrecadação de fundos por meios lícitos (idem); livre divulgação do movimento (idem); proteção contra a dispensa por parte do empregador (o contrato de trabalho encontra-se suspenso, juridicamente — art. 7º, Lei de Greve).

Neste caso, a Lei de Greve introduziu exceção — que deve receber interpretação restritiva, sob pena de frustrar, grosseiramente, o direito fundamental assegurado pela CF. Trata-se da não formação, pelos obreiros ou seu sindicato, de equipes de manutenção de bens e serviços cuja paralisação, na empresa, possa causar prejuízo irreparável, ou que sejam essenciais à futura retomada das atividades empresariais (art. 9º, Lei de Greve). Conforme já exposto no item III.3.B a regra legal confere certa ampliação à noção de abuso acobertada pela CF, devendo, em consequência, receber interpretação restritiva, sob pena de inviabilizar a efetiva realização de movimentos paredistas.

A segunda exceção à contratação de substitutos encontra-se no art. 14 da Lei de Greve. Ela abrange os movimentos considerados ilegais, seja por desrespeitarem a ordem jurídica, seja por se manterem após a celebração de acordo, convenção ou decisão judicial trabalhista a respeito.

A Lei de Greve n. 4.330/64 do regime militar restringia, severamente, o instituto: não só proibia movimentos que não tivessem fins estritamente trabalhistas, como vedava a estratégia ocupacional do estabelecimento nas greves. A par disso, instituía rito cujo cumprimento era considerado inviável pelos sindicalistas. Transformado o Direito em mero simulacro, o diploma foi apelidado de Lei Antigreve.

A partir do cenário aberto pela CF, alguns diplomas legais posteriores fizeram referência ao processo arbitral no plano juscoletivo. É o que se passou com a Lei de Greve, que subordinava a validade do instituto paredista à frustração da negociação coletiva e subsequente inviabilização de recurso à via arbitral (n. 7.783/89, art. 3º, *caput*). O mesmo diploma, referindo-se à cessação do movimento paredista, estipulava que a regulação das relações obrigacionais durante o período de greve seria regida ou por decisão judicial trabalhista ou por instrumento normativo coletivo, entre estes o laudo arbitral (art. 7º, *caput*, Lei n. 7.783).

Impõe referir, por fim, o direito de resistência, sufragado pelo art. 229, § 2º, da Constituição do Estado de São Paulo. Lê-se, no preceito, que em condições de risco grave ou iminente no local de trabalho, será lícito ao empregado interromper suas atividades, sem prejuízo de quaisquer direitos, até a eliminação do risco. Percebe-se, outra vez, a primazia da dignidade humana em contextos de colisão de princípios jurídicos, quando há risco de malferimento grave e iminente à vida e à integridade dos trabalhadores: é legítimo, nesses casos, o exercício da autotutela, com recusa de trabalho sem prejuízo de quaisquer direitos trabalhistas (salários, férias, DSRs, FGTS etc.), até que o risco imediato seja eliminado ou contornado. Preterem-se, episodicamente, os princípios econômicos da livre iniciativa e da propriedade privada, assim como o próprio poder hierárquico do empregador, para assegurar a dignidade e a integridade humanas, mantendo-se, todavia, a contraprestação contratual do empregador, às suas inteiras expensas, *ex vi legis*. Esse direito pode ser exercido individualmente ou coletivamente; nessa última hipótese, dar-se-á a greve como instrumento preventivo nas relações labor-ambientais, em circunstância não contemplada expressamente pela Lei n. 7.783/89, mas de inteira justiça, com amparo na Constituição Estadual e até mesmo no direito natural (direito à autopreservação). Ademais, ilegal à vista da Lei de Greve, eis que o art. 1º, *caput*, garante aos trabalhadores "decidir sobre a oportunidade de exercê-lo [o direito de greve] e sobre os interesses que devam por ele defender" — como, aqui, o interesse por um meio ambiente do trabalho ecologicamente equilibrado.

Baseado na velha parêmia de que quem pode o mais, pode o menos, tem-se que o empregado pode ser punido com a só advertência, embora haja tal previsão somente na Lei de Greve. Ora, se o empregador pode aplicar a suspensão, que acarreta ao trabalhador o prejuízo moral e econômico, este último, por inexistirem trabalho e salário nos dias de suspensão, pode certamente aplicar a advertência, que muitas vezes traz apenas o tom de admoestação ao obreiro, inocorrendo dano para o mesmo.

Somente em 1º.6.1964, entrou em vigor a Lei de Greve (Lei n. 4.330), que prescrevia a ilegalidade da greve:

> "Dessa forma, diante da lacuna existente e, considerando o fenômeno da recepção da atual Lei de Greve pela nova EC n. 19, cabe ao intérprete, pelo menos até que sobrevenha (se é que isso verdadeiramente venha a acontecer) a nova 'lei específica', dar a máxima efetividade à norma constitucional, mediante a integração do sistema."

A discrepância entre os Tribunais Superiores está a revelar que o servidor público estatutário encontra-se em posição de vantagem em relação ao servidor público celetista, o que não deixa de ser um paradoxo, uma vez que o regime contratual mostra-se mais propício a admitir a aplicação analógica da atual Lei de Greve do que o regime estatutário unilateral.

Assinala Orlando Teixeira da Costa que: "a greve exige organização, já que corresponde a um instrumento tácito de luta em prol dos interesses dos trabalhadores". A atual Lei de Greve (Lei n. 7.783, de 28 de junho de 1989), regula o exercício do direito de greve, define as atividades essenciais, exige o atendimento das necessidades inadiáveis da comunidade e dá outras providências.

A submissão do conflito de interesse a órgão de conciliação e mediação é em geral facultativa; mas na Austrália, Canadá, Índia, Malásia, Polônia e Singapura é obrigatória, sendo que essa compulsoriedade é mais frequente em relação aos conflitos coletivos que afetam os serviços públicos. Na Itália, por exemplo, a Lei n. 146, de 1990, dispõe que, na ocorrência de greve na função pública ou em empresa de serviços públicos, e desde que as partes não aceitem proposta a respeito formulada pela "Comissão de Guarda da Lei de Greve", prevista na citada lei, o presidente do Conselho de Ministros pode expedir uma "Ordem Motivada" determinando a submissão à arbitragem.

Daí reiterarmos a crítica quanto à concepção nanica: jamais haverá um modelo arejado de relações de trabalho enquanto não se: I) reformular profundamente a estrutura sindical mussoliniana; II) redefinir o grau de intervenção estatal nas condições de trabalho; III) delinear os limites procedimentais da negociação coletiva; e IV) aprimorar a Lei de Greve — destes quatro elementos fundamentais, o único que se encontra em bom estágio de desenvolvimento.

Todavia, como já dito, a norma agredida há de ser mencionada, não bastando a alusão genérica à violação da "Constituição", da "CLT", da "Lei de Greve" etc.: a invocação do preceito violado há de ser específica, sob pena de indeferimento da inicial.

Para se ter uma ideia, a nossa primeira Lei de Greve surgiu apenas em 1964 — Lei n. 4.330/64 —, durante o regime militar, o que impedia os sindicatos de exercerem seus direitos, com medo de represália.

Entre as penas aplicáveis ao obreiro, a advertência (ou admoestação) surge como a mais leve. Pode ela ser meramente verbal ou assumir forma escrita. Essa pena tem origem na normatividade autônoma, em especial nos costumes trabalhistas (fonte do Direito, conforme art. 8º, CLT), embora também seja referida por alguns instrumentos convencionais coletivos. Raramente a advertência tem sido mencionada pela legislação heterônoma estatal. A título de ilustração, relembre-se que esteve insculpida na antiga Lei de Greve (Lei n. 4.330/64), existindo, ainda, referência à admoestação na atual Lei do Trabalho Portuário (Lei n. 8.630/93).

No caso de inexistência de norma coletiva em vigor — tendo a coisa julgada, no processo coletivo, caráter temporário (vale por período de vigência consignado na sentença normativa), impede que nesse período possa ser ajuizado novo dissídio (vigência mínima de um ano — CLT, art. 873). A única exceção permitida, tal como contemplada na Lei de Greve, é a da superveniência de fato novo ou acontecimento imprevisto que modifique substancialmente a relação de trabalho (Lei n. 7.783/89, art. 14, parágrafo único, II).

Entretanto, esse aparato legal, embora vigente, tornou-se ineficaz na prática, como reconhece Amauri Mascaro Nascimento (NASCIMENTO, 1989, p. 102), principalmente a partir do final da década de 1970, quando os trabalhadores resolveram romper com o cinturão do regime estatal autoritário, com início no ABC paulista e posterior alastramento em todo o país, de norte a sul, deflagrando greves em atividades normais e essenciais.

Verdadeiras astreintes têm sido aplicadas pelo TST e outros Tribunais Trabalhistas, na interpretação dos arts. 11 e 12 da Lei de Greve (Lei n. 7.783/89). E sem expressa previsão legal e com notável eficácia.

Nos Dissídios de Greve em atividades essenciais, as astreintes estão inseridas no art. 11 da Lei n. 7.783/89, da chamada Lei de Greve, que tipifica a obrigação de fazer para os sindicatos, os empregadores e os trabalhadores, no sentido de garantirem, durante a greve, a prestação de serviços indispensáveis ao atendimento das necessidades inadiáveis da comunidade.

O art. 12 da mesma Lei de Greve determina:

> "A Constituição Federal, no § 2º do art. 114, estabelece que '[...] é facultado aos respectivos sindicatos ajuizar dissídio coletivo [...]'. A correta inteligência desse preceito leva ao convencimento de que o constituinte quis se referir a entidades sindicais quando mencionou sindicatos. Significa que só podem integrar os polos da relação processual coletiva entidades sindicais, tanto representativas de categorias profissionais como de categorias econômicas, de 1º Grau (sindicatos), de 2º Grau (federações) e de 3º Grau (confederações). Não há concorrência e sim preferência entre essas entidades, que se resolve por exclusão vertical. Onde há sindicato, a faculdade do § 2º do art. 114 da Constituição Federal é dele; não existindo é da federação; não existindo nem um, nem outro, é da confederação (CLT, art. 857, parágrafo único). Com essas normas harmoniza-se, também, o art. 8º e o seu inciso III, da Carta Magna: 'art. 8º É livre a associação profissional ou sindical, observado o seguinte: [...] III — ao sindicato cabe a defesa dos direitos e interesses coletivos ou individuais da categoria, inclusive em questões judiciais ou administrativa'. Não obstante o *caput* faça alusão à liberdade de associação profissional ou sindical, o direito estabelecido no aludido inciso III ficou reservado ao sindicato. Aliás, o art. 857 da Consolidação das Leis do Trabalho é claro: 'A representação para instaurar a instância em dissídio coletivo constitui prerrogativa das associações sindicais, excluídas as hipóteses do art. 856, quando ocorrer suspensão do trabalho', hipótese em que também a Presidência do Tribunal e o Ministério Público do Trabalho podem instaurar dissídio coletivo." (CLT, art. 856, e Lei de Greve — Lei n. 7.783, de 28.6.1989, art. 8º)

O delito de paralisação do trabalho, seguida de violência ou perturbação da ordem, também vem tipificado no art. 200 do Código Penal, que tem como objetivo jurídico a tutela da liberdade de trabalho.

Diz o texto da Lei Penal: paralisação de trabalho, seguida de violência ou perturbação da ordem.

"Art. 200. Participar de suspensão ou abandono coletivo de trabalho, praticando violência contra pessoa ou contra coisa.

Pena. Detenção de 1 (um) mês a 1 (um) ano e multa, além da pena correspondente à violência.

Parágrafo único. Para que se considere coletivo o abandono de trabalho é indispensável o concurso de, pelo menos, três empregados."

Trata-se de crime doloso, que se consuma com a prática da violência, contra pessoa ou coisa, durante greve ou locaute. Admite-se a tentativa.

Na mesma esteira, temos o art. 201, *in verbis*:

Paralisação de trabalho de interesse coletivo.

"Art. 201. Participar de suspensão ou abandono coletivo de trabalho, provocando a interrupção de obra pública ou serviço de interesse coletivo.

Pena — detenção de 6 (seis) meses a 2 (dois) anos, e multa."

Trata-se de crime doloso, que se consuma com a interrupção da obra pública ou serviço de interesse coletivo, admitindo-se a tentativa.

Já o art. 202 do Código Penal trata da invasão de estabelecimento industrial, comercial ou agrícola. Sabotagem. Diz ele:

"Art. 202. Invadir ou ocupar estabelecimento industrial, comercial ou agrícola, com o intuito de impedir ou embaraçar o curso normal do trabalho, ou com o mesmo fim danificar o estabelecimento ou as coisas nele existentes ou delas dispor.

Pena — reclusão de 1 (um) a 3 (três) anos, e multa."

O sujeito ativo do crime ou ato ilícito pode ser o empregado, o empregador ou outra pessoa. No caso de empregados, para que se considere coletivo o abandono de trabalho, como vimos, é indispensável o concurso de, pelo menos, três trabalhadores.

A conduta típica vem expressa pelo verbo participar, que significa fazer parte, integrar e a participação pode ser de:

a) suspensão coletiva de trabalho, feita por empregadores, denominada locaute[41];

b) abandono coletivo de trabalho por empregados, no caso da greve.

O crime tipificado no art. 202 também trata-se de crime doloso, admitindo-se também a tentativa.

(41) O locaute não é permitido em nosso ordenamento jurídico.

A propósito, inserimos a seguinte ementa:

"CRIME CONTRA A ORGANIZAÇÃO DO TRABALHO — INVASÃO DE ESTABELECIMENTO INDUSTRIAL. Leiteiros que praticam depredações contra a usina pasteurizadora de produto — Delito caracterizado — Inexistência do crime de dano qualificado. Decisão mantida — Voto vencido — Inteligência dos arts. 202 e 163 do CP — Cometem o delito do art. 202 do CP aqueles que, com o fito de impedir o curso normal de atividade industrial do concorrente, eliminando-o do mercado, praticam depredações contra o estabelecimento do mesmo." (TJ SP — RT 3301/179)

Terceiros, desde que afetados pelo movimento grevista que lhes tenha provocado prejuízos ou danos materiais, poderão cobrar reparações decorrentes da abusividade do movimento, constituindo parte legítima para a ações de indenização por perdas e danos até mesmo perante os Juizados de Pequenas Causas (Lei n. 9.099/95 nas causas que não extrapolem o equivalente a 40 (quarenta) salários mínimos) ou na Justiça Comum nos demais casos, sendo que nos casos de reparação de danos em prédios urbanos ou rústicos, em que o valor não ultrapasse 60 (sessenta) vezes o salário mínimo aplica-se o disposto no inciso I, alínea *c* do art. 275[42] do Código de Processo Civil (Procedimento Sumário).

---

(42) Do Procedimento Sumário.

Art. 275. Observar-se á o procedimento sumário: (Redação dada pela Lei n. 9.245, de 26.12.1995):

I — nas causas cujo valor não exceda a 60 (sessenta) vezes o valor do salário mínimo; (Inciso alterado pela Lei n. 10.444, de 7.5.2002)

II — nas causas, qualquer que seja o valor: (Redação dada pela Lei n. 9.245, de 26.12.1995)

a) de arrendamento rural e de parceria agrícola; (Redação dada pela Lei n. 9.245, de 26.12.1995)

b) de cobrança ao condômino de quaisquer quantias devidas ao condomínio; (Redação dada pela Lei n. 9.245, de 26.12.1995)

c) de ressarcimento por danos em prédio urbano ou rústico; (Redação dada pela Lei n. 9.245, de 26.12.1995)

d) de ressarcimento por danos causados em acidente de veículo de via terrestre; (Redação dada pela Lei n. 9.245, de 26.12.1995)

e) de cobrança de seguro, relativamente aos danos causados em acidente de veículo, ressalvados os casos de processo de execução; (Redação dada pela Lei n. 9.245, de 26.12.1995)

f) de cobrança de honorários dos profissionais liberais, ressalvado o disposto em legislação especial; (Redação dada pela Lei n. 9.245, de 26.12.1995)

g) nos demais casos previstos em lei. (Redação dada pela Lei n. 9.245, de 26.12.1995)

Parágrafo único. Este procedimento não será observado nas ações relativas ao estado e à capacidade das pessoas. (Redação dada ao parágrafo pela Lei n. 9.245, de 26.12.1995)

Art. 276. Na petição inicial, o autor apresentará o rol de testemunhas e, se requerer perícia, formulará quesitos, podendo indicar assistente técnico. (Redação dada ao artigo pela Lei n. 9.245, de 26.12.1995)

Art. 277. O juiz designará a audiência de conciliação a ser realizada no prazo de 30 (trinta) dias, citando-se o réu com a antecedência mínima de 10 (dez) dias e sob a advertência prevista no § 2º deste artigo, determinando o comparecimento das partes. Sendo ré a Fazenda Pública, os prazos contar-se-ão em dobro. (Redação dada ao *caput* pela Lei n. 9.245, de 26.12.1995)

§ 1º A conciliação será reduzida a termo e homologada por sentença, podendo o juiz ser auxiliado por conciliador. (Parágrafo acrescentado pela Lei n. 9.245, de 26.12.1995)

Logo, podemos inferir de todo o exposto neste tópico que a responsabilidade pelos atos ilícitos ou crimes cometidos no curso do movimento paredista é de natureza subjetiva, de acordo com a legislação trabalhista, civil e penal, considerando-se a ocorrência do ato omissivo ou comissivo do agente ou trabalhador (dirigente sindical, por exemplo), bem como levando-se em consideração o nexo etiológico (relação de causa e efeito entre o ato e o dano lesivo), além da culpa, independentemente da decisão declaratória da abusividade da greve pelo Judiciário.

É importante destacar que o direito de greve dos servidores públicos, insculpido no art. 37, inciso VII da Carta Magna de 1988, que era vista como norma de eficácia limitada pelo Supremo Tribunal Federal, embora grande parte da doutrina a considerasse uma norma de eficácia contida, corrente a

---

§ 2º Deixando injustificadamente o réu de comparecer à audiência, reputar-se-ão verdadeiros os fatos alegados na petição inicial (art. 319), salvo se o contrário resultar da prova dos autos, proferindo o juiz, desde logo, a sentença. (Parágrafo acrescentado pela Lei n. 9.245, de 26.12.1995)

§ 3º As partes comparecerão pessoalmente à audiência, podendo fazer-se representar por preposto com poderes para transigir. (Parágrafo acrescentado pela Lei n. 9.245, de 26.12.1995)

§ 4º O juiz, na audiência, decidirá de plano a impugnação ao valor da causa ou a controvérsia sobre a natureza da demanda, determinando, se for o caso, a conversão do procedimento sumário em ordinário. (Parágrafo acrescentado pela Lei n. 9.245, de 26.12.1995)

§ 5º A conversão também ocorrerá quando houver necessidade de prova técnica de maior complexidade. (Parágrafo acrescentado pela Lei n. 9.245, de 26.12.1995)

Art. 278. Não obtida a conciliação, oferecerá o réu, na própria audiência, resposta escrita ou oral, acompanhada de documentos e rol de testemunhas e, se requerer perícia, formulará seus quesitos desde logo, podendo indicar assistente técnico. (Redação dada pela Lei n. 9.245, de 26.12.1995)

§ 1º É lícito ao réu, na contestação, formular pedido em seu favor, desde que fundado nos mesmos fatos referidos na inicial. (Redação dada pela Lei n. 9.245, de 26.12.1995)

§ 2º Havendo necessidade de produção de prova oral e não ocorrendo qualquer das hipóteses previstas nos arts. 329 e 330, I e II, será designada audiência de instrução e julgamento para data próxima, não excedente de trinta dias, salvo se houver determinação de perícia. (Redação dada pela Lei n. 9.245, de 26.12.1995)

Art. 279. Os atos probatórios realizados em audiência poderão ser documentados mediante taquigrafia, estenotipia ou outro método hábil de documentação, fazendo-se a respectiva transcrição se a determinar o juiz. (Redação dada ao *caput* pela Lei n. 9.245, de 26.12.1995)

Parágrafo único. Nas comarcas ou varas em que não for possível a taquigrafia, a estenotipia ou outro método de documentação, os depoimentos serão reduzidos a termo, do qual constará apenas o essencial. (Parágrafo acrescentado pela Lei n. 9.245, de 26.12.1995)

Art. 280. No procedimento sumário não são admissíveis a ação declaratória incidental e a intervenção de terceiros, salvo a assistência, o recurso de terceiro prejudicado e a intervenção fundada em contrato de seguro.(NR) (*Caput* alterado pela Lei n. 10.444, de 7.5.2002)

I — não será admissível ação declaratória incidental, nem a intervenção de terceiro, salvo assistência e recurso de terceiro prejudicado; (Inciso acrescentado pela Lei n. 9.245, de 26.12.1995)

II — o perito terá o prazo de 15 (quinze) dias para apresentação do laudo; (Inciso acrescentado pela Lei n. 9.245, de 26.12.1995)

III — das decisões sobre matéria probatória, ou proferidas em audiência, o agravo será sempre retido. (Inciso acrescentado pela Lei n. 9.245, de 26.12.1995)

Art. 281. Findos a instrução e os debates orais, o juiz proferirá sentença na própria audiência ou no prazo de 10 (dez) dias. (Redação dada ao artigo pela Lei n. 9.245, de 26.12.1995)

que nós nos filiávamos[43], sofreu recente alteração substancial, conforme se infere pelo novo posicionamento da Suprema Corte Brasileira, extraído do jornal *Folha de S. Paulo*, de 26.10.2007, como segue:

"STF limita direito a greve de funcionários públicos.

O Supremo Tribunal Federal decidiu ontem aplicar ao funcionalismo público a Lei de Greve do setor privado e, com isso, impôs restrições às paralisações de servidores, que até agora não estavam sujeitos a nenhuma regra específica.

A aplicação é válida até existir uma lei para o serviço público. O governo tem um projeto em análise para enviar ao Congresso, mas ele vem sendo bombardeado pelas centrais sindicais, contrárias às restrições previstas. Sobre a decisão do STF, entidades de servidores fizeram duras críticas porque entendem que o funcionalismo não pode ser submetido a obrigações se não tem os mesmos direitos do setor privado.

Todos os 11 ministros reconheceram o direito de greve do servidor público. Três deles — Ricardo Lewandowski, Joaquim Barbosa e Marco Aurélio Mello — foram contrários à transposição para a administração pública dos limites de greve do setor privado.

A decisão do STF permitirá que o órgão público atingido por greve peça a um tribunal a decretação de sua ilegalidade, a proibição de piquetes, a desocupação de locais e a autorização para não pagar os dias parados. O pedido será feito ao Tribunal de Justiça, se for servidor estadual e municipal, e Tribunal Regional Federal ou Superior Tribunal de Justiça, caso envolva servidor federal, disse o ministro Gilmar Mendes.

O serviço público não poderá ser interrompido: os grevistas terão de manter pelo menos 30% das atividades. A lei do setor privado lista os serviços essenciais que não podem ser interrompidos. Entre eles estão a saúde, as telecomunicações e o controle de tráfego aéreo.

Relator de um dos processos, o ministro Eros Roberto Grau disse que 'todo o serviço público é essencial' e que, assim, terá de manter um funcionamento mínimo. 'O servidor vai ter de encontrar uma maneira de fazer greve sem prejudicar a sociedade. Não pode haver greve prejudicial, que coloque em risco o atendimento à sociedade.'

Os grevistas ficam a partir de agora mais expostos ao risco de corte do salário. A lei permite o desconto dos dias parados por acordo ou decisão judicial.

'A virtude dessa decisão é que agora toda e qualquer paralisação de atividade no serviço público está sujeita a um limite', comemorou Grau. Para ele, foi 'um julgamento histórico'.

---

(43) SANTOS, Enoque Ribeiro dos; SILVA, Juliana Araújo Lemos da. *Direito de greve do servidor público como norma de eficácia contida. Temas modernos de direito do trabalho após o advento da emenda constitucional n. 45/04*. São Paulo: BH, 2005. p. 253-283.

Segundo Grau, 'no setor privado, o que se disputa é o lucro do patrão, que é obrigado a atender às reivindicações. No serviço público não há patrão. O que existe é o interesse da sociedade, do outro lado'.

Duas greves neste ano, no Ibama e no Incra, irritaram até o presidente Lula, que criticou os grevistas. Os servidores do Ibama entraram em greve contra a criação do Instituto Chico Mendes e os funcionários do Incra pararam reivindicando plano de carreira e salários.

A Constituição de 1988 previu o direito de greve do servidor, mas o condicionou à aprovação de uma lei regulamentando-o. O Congresso nunca votou a lei. Os ministros do STF tomaram essa decisão em processos movidos por sindicatos de servidores. Eles entraram com mandados de injunção para que o Congresso fosse declarado omisso e tivesse um prazo para aprovar a lei.

O tribunal decidiu suprir a omissão do Congresso e aplicar a lei do setor privado enquanto não for aprovada a lei específica do setor público. Também deliberou que, no exame de cada caso, a Justiça poderá rejeitar a validade de determinadas normas da Lei n. 7.783 que não valham para o setor público.

Durante a tramitação dos processos, a CUT (Central Única dos Trabalhadores) e sindicatos do funcionalismo pressionaram o STF para deixar a matéria sem regulamentação.

Os ministros chegaram a cogitar dar 60 dias para Congresso aprovar a lei, mas desistiram da fixação do prazo, já que a iniciativa de propor o projeto é exclusiva do governo.

O julgamento começou em maio de 2003, e sofreu sucessivos adiamentos em razão de pedidos de vista dos ministros.

Três ministros defenderam a sua validade apenas para policiais civis do Espírito Santo, servidores do Judiciário do Pará e trabalhadores em educação do município de João Pessoa, representados pelos sindicatos que moveram as ações julgadas. Porém a maioria discordou."

Considerando o novo entendimento do Supremo Tribunal Federal em relação ao inciso VII do art. 37 da Constituição Federal de 1988 (*VII — o direito de greve será exercido nos termos e nos limites definidos em lei específica*), como norma constitucional de eficácia contida, e não mais de eficácia limitada, provocou a ratificação pelo Brasil da Convenção n. 151 da OIT, que trata da negociação coletiva no setor público, bem como possibilitou a negociação coletiva de trabalho por sindicatos de servidores públicos com o Governo Federal (Ministério do Planejamento), que culminou na celebração de vários acordos que levaram a um aumento de 15% para várias categorias em 2012, devidamente transformados em lei pelo Congresso Nacional[44].

(44) SANTOS, Enoque Ribeiro dos. *Temas contemporâneos de direito material e processual do trabalho.* Salvador: Juspodium, 2014. Para maiores informações sobre o tema, remetemos o leitor para análise em capítulo específico do livro ora mencionado.

33. *Responsabilidade subjetiva na Lei da Improbidade Administrativa (Lei n. 8.429/92)*

O estabelecimento da base jurídica para a improbidade administrativa é fixado no art. 37 da Constituição Federal, ao determinar os princípios da Administração Pública (legalidade, impessoalidade, moralidade, publicidade) e a Emenda Constitucional n. 19/98 acrescentou o princípio da eficiência.

O § 4º do referido artigo destaca expressamente a improbidade administrativa, dispondo sobre as sanções aplicáveis aos atos de improbidade:

- Suspensão de direitos políticos;
- Perda da função pública;
- Indisponibilidade dos bens;
- Ressarcimento do erário.

Tais sanções independem da sanção penal cabível, conforme dispõe a Constituição Federal.

Pode-se, dessa forma, conceituar a improbidade administrativa, como atos de natureza civil, tipificados na lei, que atentem contra os princípios da Administração Pública mencionados anteriormente.

33.1. Sujeito ativo na Improbidade Administrativa

O agente público, servidor ou não, que exerça, mesmo que transitoriamente ou sem remuneração, seja por eleição, nomeação, designação, contratação ou por qualquer outra forma de investidura ou vínculo, mandato, cargo, emprego ou função na administração direta ou indireta, em empresa incorporada ao patrimônio público ou em entidade para cuja criação ou custeio o erário tenha concorrido ou concorra com mais de cinquenta por cento (50%) do patrimônio ou da receita anual.

Equipara-se à figura do agente público para os efeitos da lei, aquele que induzir à prática do ato, que com ele concorrer ou em razão dele auferir qualquer vantagem.

A responsabilidade será sempre subjetiva, dependendo para sua ocorrência da existência do dolo ou da culpa na ação do agente público.

O ato de improbidade se configura no ato de auferir qualquer tipo de vantagem patrimonial indevida, em razão do exercício do cargo, mandato, função, emprego ou atividade mencionada no art. 1º da Lei n. 8.429/92.

Os requisitos para a sua configuração são:

• obtenção de vantagem patrimonial pelo agente;

• que esta vantagem não tenha causa lícita e

• nexo causal entre o exercício funcional e a vantagem indevida.

O art. 9º da Lei n. 8.429/92 e incisos são considerados exemplificados e não taxativos, podendo ainda ocorrer outras hipóteses não previstas.

O art. 10 da mencionada Lei exige, para sua concretização, o efetivo dano ou lesão aos cofres públicos, ao Erário Público e não ao Patrimônio Público em todas as suas formas. Existe, todavia, posição doutrinária maximalista, entendendo erário como Patrimônio Público.

Dessa forma, atos lesivos ao Erário Público consistem na ação ou omissão, dolosa ou culposa, que enseje lesão ao erário ou perda patrimonial, desvio, apropriação, malbaratamento ou dilapidação de bens ou haveres públicos.

É necessário, ademais, que a conduta seja ilegal, além da ocorrência de culpa ou dolo. Note-se que os incisos do art. 10 também são meramente exemplificados e não taxativos.

Podemos discriminar os agentes suscetíveis de incorrerem na prática da improbidade administrativa da seguinte forma:

• Agentes Públicos;

• Servidores Públicos (estatutários, celetistas ou remanescentes de outros regimes);

• Contratados: particulares exercendo transitoriamente funções estatais, sem vínculo profissional (Ex.: representantes da sociedade civil em conselhos ou comissões de licitação, jurados, mesários de eleição etc.);

• Agentes Políticos;

• Equiparados (são os não servidores e não agentes públicos que induziram ou concorreram para a prática do ato de improbidade ou dele se beneficiem sob qualquer forma direta ou indireta).[45]

33.2. Sujeito passivo na Improbidade Administrativa

De acordo com a Lei n. 8.429/92, o sujeito passivo imediato é o Estado, uma vez que ela tem por finalidade a proteção do patrimônio público[46] (bens,

(45) SMANIO, Gianpaolo Poggio. *Interesses difusos e coletivos*. 5. ed. São Paulo: Atlas, 2003. p. 110.

(46) Patrimônio público é um complexo de bens e direitos de valor econômico, artístico, estético, histórico e turístico do Estado. Erário Público apresenta noção mais restrita, consistindo em bens e direitos de valor econômico e financeiro.

direitos e valores, com ou sem apreciação econômica). O sujeito passivo imediato é a pessoa jurídica ou ente efetivamente afetado pelo ato lesivo ao seu patrimônio, uma vez incluído no seguinte elenco, conforme dispõe o art. 1º, *caput*, da Lei n. 8.429/92.

- órgão da Administração Direta;
- órgão da Administração Indireta ou Fundacional;
- empresa ou entidade para cuja criação o erário haja concorrido ou concorra com mais de 50% do patrimônio ou da receita anual;
- empresa incorporada ao patrimônio público.

Enquadram-se nesse conceito, portanto, a Administração Pública direta, indireta, fundacional de qualquer dos poderes da União, Estados, Distrito Federal e Municípios, bem como a empresa incorporada ao patrimônio público e ainda empresas públicas e sociedades de economia mista que detenham a participação de mais de 50% do Estado.

33.3. Atos contra os Princípios da Administração Pública

O art. 11 da Lei n. 8.429/92 destaca que o autor de atos contra os princípios da Administração incorrerá nas seguintes sanções:

- ressarcimento integral do dano, se houver;
- perda da função pública;
- suspensão dos direitos políticos, de 3 a 5 anos;
- pagamento de multa civil de até 100 vezes o valor da remuneração percebida pelo agente;
- proibição de contratar com o Poder Público, ainda que por intermédio de pessoa jurídica, por 3 anos.

33.4. Ação Civil Pública e a competência na Lei de Improbidade Administrativa

Para a aplicação das sanções disciplinadas na Lei de Improbidade Administrativa (art. 12) é necessária a promoção da Ação Civil Pública, em face de o bem jurídico tutelado ser de interesse difuso, coletivo ou metaindividual.

O órgão competente é a Justiça Comum ou a Justiça do Trabalho do local do dano, se houver, ou do ato praticado, conforme item 33.4.1, a seguir.

A legitimidade para a postulação da ação, que seguirá o rito ordinário é da pessoa jurídica lesada, de forma concorrente com o Ministério Público, conforme preceitua o art. 129, III, da Constituição Federal.

Qualquer pessoa, no gozo dos seus direitos civis, pode representar à autoridade competente para que seja apurado ato de improbidade praticado pelo servidor, devendo a representação ser necessariamente escrita ou reduzida a termo e assinada.

A ação civil de reparação de danos pela prática de improbidade administrativa terá rito ordinário, como já mencionamos alhures, devendo ser proposta dentro de 30 (trinta) dias da efetivação da medida liminar.

Se o Ministério Público, conforme dispõe o art. 17, § 3º propuser a ação, a pessoa jurídica que sofreu o dano ou a lesão será notificada para integrar a lide, como litisconsórcio ativo facultativo, podendo suprir omissões, falhas e mesmo indicar provas.

De outra parte, ocorrendo o contrário, ou seja, se a ação for proposta por pessoa jurídica, o Ministério Público[47] atuará, obrigatoriamente, como fiscal da lei.

---

(47) AÇÃO CIVIL PÚBLICA — MINISTÉRIO PÚBLICO — LEGITIMIDADE — PRESCRIÇÃO — CERCEAMENTO DE DEFESA — AUSÊNCIA — 1. O Ministério Público é parte legítima para promover Ação Civil Pública visando ao ressarcimento de dano ao erário público. 2. O Ministério Público, por força do art. 129, III, da CF/88, é legitimado a promover qualquer espécie de ação na defesa do patrimônio público social, não se limitando à ação de reparação de danos. Destarte, nas hipóteses em que não atua na condição de autor, deve intervir como *custos legis* (LACP, art. 5º, § 1º; CDC, art. 92; ECA, art. 202 e LAP, art. 9º). 3. A Carta de 1988, ao evidenciar a importância da cidadania no controle dos atos da administração, com a eleição dos valores imateriais do art. 37, da CF, como tuteláveis judicialmente, coadjuvados por uma série de instrumentos processuais de defesa dos interesses transindividuais, criou um microssistema de tutela de interesses difusos referentes à probidade da administração pública, nele encartando-se a Ação Popular, a Ação Civil Pública e o Mandado de Segurança Coletivo, como instrumentos concorrentes na defesa desses direitos eclipsados por cláusulas pétreas. 4. Em consequência, legitima-se o Ministério Público a toda e qualquer demanda que vise à defesa do patrimônio público sob o ângulo material (perdas e danos) ou imaterial (lesão à moralidade). 5. A nova ordem constitucional erigiu um autêntico 'concurso de ações' entre os instrumentos de tutela dos interesses transindividuais e, *a fortiori,* legitimou o Ministério Público para o manejo dos mesmos. 6. A Ação Civil Pública não veicula bem jurídico mais relevante para a coletividade do que a Ação Popular. Aliás, a bem da verdade, hodiernamente ambas as ações fazem parte de um microssistema de tutela dos direitos difusos onde se encartam a moralidade administrativa sob seus vários ângulos e facetas. Assim, à míngua de previsão do prazo prescricional para a propositura da Ação Civil Pública, inafastável a incidência da *analogia legis,* recomendando o prazo quinquenal para a prescrição das Ações Civis Públicas, tal como ocorre com a prescritibilidade da Ação Popular, porquanto UBI *eadem ratio ibi eadem legis* dispositio. 7. O STJ sedimentou o entendimento no sentido de que o julgamento antecipado da lide (art. 330, I, CPC), não implica cerceamento de defesa, se desnecessária a instrução probatória. 8. Recursos Especiais providos para acolher a prescrição quinquenal da ação civil pública. Recurso Especial da empresa a que se nega provimento. (STJ — RESP 406545 — SP — 1ª T. — Rel. Min. Luiz Fux — DJU 9.12.2002)

AÇÃO CIVIL PÚBLICA — COMPETÊNCIA FUNCIONAL INTERNA DO TST — TRIBUNAL PLENO — 1. Ação civil pública originária distribuída no âmbito da Seção de Dissídios Coletivos do TST. 2. A ação civil pública "trabalhista" assemelha-se mais a um dissídio individual plúrimo — pelo fato de visar à observância de normas previamente existentes, presumivelmente descumpridas — que a um dissídio coletivo — que objetiva precipuamente a criação de novas regras de trabalho. 3. Não impressiona a possibilidade, similar ao dissídio coletivo, de consistir em obrigação de fazer, ou de não fazer, o comando emergente da sentença que dirime o litígio na ação civil pública. A um, porque a imposição de prestação dessa natureza não é peculiaridade do dissídio coletivo: também se dá no

O art. 17, § 1º da Lei, veda qualquer tipo de transação, por se tratar de tutela de direito indisponível, embora haja entendimento doutrinário entendendo o cabimento de Termo de Ajustamento de Conduta para ressarcimento do dano, por meio de parcelamento.

A Lei de Improbidade Administrativa admite três tipos de decisões cautelares:

- Indisponibilidade dos bens (art. 7º);
- Sequestro de bens e bloqueio de contas bancárias (art. 16);
- Afastamento do servidor do exercício do cargo (art. 20, parágrafo único).

Entretanto, não são vedadas outras medidas permitidas pelo ordenamento jurídico, como a vistoria *ad perpetuam rei memoriam*, como medida preparatória para o processo judicial.

---

dissídio individual (ordem de reintegração, declaração de estabilidade no emprego etc.). A dois, porque, na ação civil pública, a condenação também pode ter por objeto a condenação em dinheiro, quer exteriorizando-se na responsabilização por danos causados, quer em multa (arts. 1º e 3º da Lei n. 7.347/85). 4. Ausente disposição regimental expressa relativa à competência funcional de um dos Órgãos do Tribunal Superior do Trabalho para a ação civil pública, cabe internamente ao Tribunal Pleno conhecer da causa, por força do disposto na letra *j* do inciso I do art. 3º do Ato Regimental n. 5 (Resoluções Administrativas ns. 743/00 e 815/01). 5. Declara-se de ofício a incompetência funcional absoluta da Seção de Dissídios Coletivos do TST para conhecer e julgar, originariamente, a presente ação civil pública (art. 113, *caput*, do CPC), determinando a redistribuição do processo no âmbito do Tribunal Pleno. (TST — ACP 663643 — SDC — Rel. Min. João Oreste Dalazen — DJU 1º.3.2002) RECURSO DE REVISTA — AÇÃO CIVIL PÚBLICA — COMPETÊNCIA FUNCIONAL — Não serve para comprovar o dissenso interpretativo o acórdão paradigma que, a par de não tratar da competência funcional à luz da Lei da Ação Civil Pública, dirime tal questão levando em conta apenas a natureza dos interesses protegidos, no sentido de que a ação civil pública, em virtude de proteger interesses difusos, tem índole coletiva e, como tal, é de competência dos Tribunais Regionais do Trabalho. Já o v. acórdão recorrido, interpretando o disposto no art. 2º da Lei n. 7347/85 (LACP), define a competência funcional, na ação civil pública, pelo critério da territorialidade, segundo o qual as ações civis públicas serão propostas no local onde ocorrer o dano, cujo juízo de primeiro grau terá a competência funcional para processar e julgar a causa, matéria não tratada no v. acórdão paradigma. Incidente o Enunciado n. 296 do TST. CANCELAMENTO DO PLANO DE DESLIGAMENTO INCENTIVADO — PDI — INTERESSE DE AGIR — Ao contrário do que sustenta a Recorrente, o cancelamento do Programa de Desligamento Incentivado não é suficiente para fazer desaparecer o interesse de agir do Ministério Público do Trabalho, autor da ação civil pública, nem a utilidade do provimento jurisdicional requerido, dada a necessidade de preservação das situações jurídicas constituídas no período de vigência do Programa e em razão do pedido de que a Reclamada se abstenha de repetir em futuros Planos de Demissão cláusulas com conteúdo semelhante. Recurso de Revista não conhecido. (TST — RR 473060 — 5ª T. — Rel. Min. Conv. Walmir Oliveira da Costa — DJU 19.10.2001 — p. 636) A Lei Complementar n. 75/93, em art. 83, III, autoriza o Ministério Público do Trabalho a promover a ação civil pública no âmbito da Justiça do Trabalho, para defesa de interesses coletivos, quando desrespeitados os direitos sociais constitucionalmente garantidos. A lei que introduziu a ação civil pública no ordenamento jurídico brasileiro foi a Lei n. 7.347, de 24.7.1985, portanto, anterior à CF de 1988. Ela não foi redigida com o pensamento voltado para a Justiça do Trabalho. Contudo, é com base nesse diploma legal que o Ministério Público do Trabalho promove o inquérito civil e a ação civil pública.

33.4.1. *Competência penal da Justiça do Trabalho*

Com o advento da Emenda Constitucional n. 45/04, que deu uma nova redação ao art. 114 da CF/88, houve um elastecimento da competência da Justiça do Trabalho, para processar e julgar controvérsias decorrentes da relação de trabalho (e não apenas oriundas da relação de emprego), passando, dessa forma, a ser uma competência em relação à matéria (e não mais em relação às pessoas do empregado e empregador).

Houve a incorporação no art. 114 retrorreferenciado da competência da Justiça do Trabalho para julgar o mandado de segurança, o *habeas data* e o *habeas corpus*. Este último instituto, verdadeiro remédio constitucional, também é considerado pelo Supremo Tribunal Federal como sendo de natureza penal, por estar topicamente inserido no art. 647 do Código de Processo Penal, *in verbis*:

DO *HABEAS CORPUS* E SEU PROCESSO

"Art. 647. Dar-se-á *habeas corpus* sempre que alguém sofrer ou se achar na iminência de sofrer violência ou coação ilegal na sua liberdade de ir e vir, salvo nos casos de punição disciplinar."

Em face de a Justiça do Trabalho já possuir a competência para a prisão do devedor infiel, mesmo antes da alteração da redação do art. 114 da Carta Magna de 1988, entendimento esse pacífico na doutrina e na jurisprudência, com o advento da Emenda Constitucional n. 45/04, parte da doutrina já se inclina a entender que a Justiça do Trabalho detém competência penal, nos crimes ou contravenções decorrentes da relação de trabalho, excluídos, obviamente aqueles crimes cuja competência constitucional foram atribuídos aos Tribunais do Júri (art. 5º, inciso XXXVIII, da CF/88), ou seja, os crimes dolosos contra a vida.

Sabemos que existem inúmeros crimes tipificados no Código Penal que ocorrem no desenvolvimento das relações de trabalho, dos quais podemos enumerar os seguintes:

Lesão corporal

Art. 129. Ofender a integridade corporal ou a saúde de outrem:

Pena — detenção, de 3 (três) meses a 1 (um) ano.

DOS CRIMES CONTRA A HONRA

Calúnia

Art. 138. Caluniar alguém, imputando-lhe falsamente fato definido como crime:

Pena — detenção, de 6 (seis) meses a 2 (dois) anos, e multa.

§ 1º Na mesma pena incorre quem, sabendo falsa a imputação, a propala ou divulga.

§ 2º É punível a calúnia contra os mortos.

Difamação

Art. 139. Difamar alguém, imputando-lhe fato ofensivo à sua reputação:

Pena — detenção, de 3 (três) meses a 1 (um) ano, e multa.

Exceção da verdade

Parágrafo único. A exceção da verdade somente se admite se o ofendido é funcionário público e a ofensa é relativa ao exercício de suas funções.

Injúria

Art. 140. Injuriar alguém, ofendendo-lhe a dignidade ou o decoro:

Pena — detenção, de 1 (um) a 6 (seis) meses, ou multa.

Redução a condição análoga à de escravo

Art. 149. Reduzir alguém a condição análoga à de escravo, quer submetendo-o a trabalhos forçados ou a jornada exaustiva, quer sujeitando-o a condições degradantes de trabalho, quer restringindo, por qualquer meio, sua locomoção em razão de dívida contraída com o empregador ou preposto:

Pena — reclusão, de dois a oito anos, e multa, além da pena correspondente à violência.

§ 1º Nas mesmas penas incorre quem:

I — cerceia o uso de qualquer meio de transporte por parte do trabalhador, com o fim de retê-lo no local de trabalho;

II — mantém vigilância ostensiva no local de trabalho ou se apodera de documentos ou objetos pessoais do trabalhador, com o fim de retê-lo no local de trabalho.

§ 2º A pena é aumentada de metade, se o crime é cometido:

I — contra criança ou adolescente;

II — por motivo de preconceito de raça, cor, etnia, religião ou origem. (NR) (Redação dada ao artigo pela Lei n. 10.803, de 11.12.2003, DOU 12.12.2003)

DOS CRIMES CONTRA A INVIOLABILIDADE DOS SEGREDOS

Divulgação de segredo

Art. 153. Divulgar alguém, sem justa causa, conteúdo de documento particular ou de correspondência confidencial, de que é destinatário ou detentor, e cuja divulgação possa produzir dano a outrem:

Pena — detenção, de 1 (um) a 6 (seis) meses, ou multa.

§ 1º-A. Divulgar, sem justa causa, informações sigilosas ou reservadas, assim definidas em lei, contidas ou não nos sistemas de informações ou banco de dados da Administração Pública: (AC)

Pena — detenção, de 1 (um) a 4 (quatro) anos, e multa. (AC) (Parágrafo acrescentado pela Lei n. 9.983, de 14.7.2000, DOU 17.7.2000)

§ 1º Somente se procede mediante representação.

Violação do segredo profissional

Art. 154. Revelar alguém, sem justa causa, segredo, de que tem ciência em razão de função, ministério, ofício ou profissão, e cuja revelação possa produzir dano a outrem:

Pena — detenção, de 3 (três) meses a 1 (um) ano, ou multa.

Parágrafo único. Somente se procede mediante representação.

Furto

Art. 155. Subtrair, para si ou para outrem, coisa alheia móvel.

Pena — reclusão, de 1 (um) a 4 (quatro) anos, e multa.

§ 1º A pena aumenta-se de um terço, se o crime é praticado durante o repouso noturno.

Apropriação indébita

Art. 168. Apropriar-se de coisa alheia móvel, de que tem a posse ou a detenção:

Pena — reclusão, de 1 (um) a 4 (quatro) anos, e multa.

Apropriação indébita previdenciária (AC)

Art. 168-A. Deixar de repassar à previdência social as contribuições recolhidas dos contribuintes, no prazo e forma legal ou convencional: (AC)

Crime tipificado neste artigo.

Pena — reclusão, de 2 (dois) a 5 (cinco) anos, e multa. (AC)

§ 1º Nas mesmas penas incorre quem deixar de: (AC)

I — recolher, no prazo legal, contribuição ou outra importância destinada à previdência social que tenha sido descontada de pagamento efetuado a segurados, a terceiros ou arrecadada do público; (AC)

II — recolher contribuições devidas à previdência social que tenham integrado despesas contábeis ou custos relativos à venda de produtos ou à prestação de serviços; (AC)

III — pagar benefício devido a segurado, quando as respectivas cotas ou valores já tiverem sido reembolsados à empresa pela previdência social. (AC)

§ 2º É extinta a punibilidade se o agente, espontaneamente, declara, confessa e efetua o pagamento das contribuições, importâncias ou valores e presta as informações devidas à previdência social, na forma definida em lei ou regulamento, antes do início da ação fiscal. (AC)

§ 3º É facultado ao juiz deixar de aplicar a pena ou aplicar somente a de multa se o agente for primário e de bons antecedentes, desde que: (AC)

I — tenha promovido, após o início da ação fiscal e antes de oferecida a denúncia;

II — o valor das contribuições devidas, inclusive acessórios, seja igual ou inferior àquele estabelecido pela previdência social, administrativamente, como sendo o mínimo para o ajuizamento de suas execuções fiscais. (AC) (Artigo acrescentado pela Lei n. 9.983, de 14.7.2000)

Estelionato

Art. 171. Obter, para si ou para outrem, vantagem ilícita, em prejuízo alheio, induzindo ou mantendo alguém em erro, mediante artifício, ardil ou qualquer outro meio fraudulento:

Pena — reclusão, de 1 (um) a 5 (cinco) anos, e multa.

Fraude à execução

Art. 179. Fraudar execução, alienando, desviando, destruindo ou danificando bens, ou simulando dívidas:

Pena — detenção, de 6 (seis) meses a 2 (dois) anos, ou multa.

DOS CRIMES CONTRA A ORGANIZAÇÃO DO TRABALHO

Atentado contra a liberdade de trabalho

Art. 197. Constranger alguém, mediante violência ou grave ameaça:

I — a exercer ou não exercer arte, ofício, profissão ou indústria, ou a trabalhar ou não trabalhar durante certo período ou em determinados dias:

Pena — detenção, de 1 (um) mês a 1 (um) ano, e multa, além da pena correspondente à violência;

II — a abrir ou fechar o seu estabelecimento de trabalho, ou a participar de parede ou paralisação de atividade econômica:

Pena — detenção, de 3 (três) meses a 1 (um) ano, e multa, além da pena correspondente à violência.

Atentado contra a liberdade de contrato de trabalho e boicotagem violenta

Art. 198. Constranger alguém, mediante violência ou grave ameaça, a celebrar contrato de trabalho, ou a não fornecer a outrem ou não adquirir de outrem matéria-prima ou produto industrial ou agrícola:

Pena — detenção, de 1 (um) mês a 1 (um) ano, e multa, além da pena correspondente à violência.

Atentado contra a liberdade de associação

Art. 199. Constranger alguém, mediante violência ou grave ameaça, a participar ou deixar de participar de determinado sindicato ou associação profissional:

Pena — detenção, de 1 (um) mês a 1 (um) ano, e multa, além da pena correspondente à violência.

Paralisação de trabalho, seguida de violência ou perturbação da ordem

Art. 200. Participar de suspensão ou abandono coletivo de trabalho, praticando violência contra pessoa ou contra coisa:

Pena — detenção, de 1 (um) mês a 1 (um) ano, e multa, além da pena correspondente à violência.

Parágrafo único. Para que se considere coletivo o abandono de trabalho é indispensável o concurso de, pelo menos, três empregados.

Paralisação de trabalho de interesse coletivo

Art. 201. Participar de suspensão ou abandono coletivo de trabalho, provocando a interrupção de obra pública ou serviço de interesse coletivo:

Pena — detenção, de 6 (seis) meses a 2 (dois) anos, e multa.

Invasão de estabelecimento industrial, comercial ou agrícola. Sabotagem

Art. 202. Invadir ou ocupar estabelecimento industrial, comercial ou agrícola, com o intuito de impedir ou embaraçar o curso normal do trabalho, ou com o mesmo fim danificar o estabelecimento ou as coisas nele existentes ou delas dispor:

Pena — reclusão, de 1 (um) a 3 (três) anos, e multa.

Frustração de direito assegurado por lei trabalhista

Art. 203. Frustrar, mediante fraude ou violência, direito assegurado pela legislação do trabalho:

Pena — detenção de 1 (um) ano a 2 (dois) anos, e multa, além da pena correspondente à violência.

§ 1º Na mesma pena incorre quem:

I — obriga ou coage alguém a usar mercadorias de determinado estabelecimento, para impossibilitar o desligamento do serviço em virtude de dívida;

II — impede alguém de se desligar de serviços de qualquer natureza, mediante coação ou por meio da retenção de seus documentos pessoais ou contratuais.

§ 2º A pena é aumentada de um sexto a um terço se a vítima é menor de dezoito anos, idosa, gestante, indígena ou portadora de deficiência física ou mental.

Frustração de lei sobre a nacionalização do trabalho

Art. 204. Frustrar mediante fraude ou violência, obrigação legal relativa à nacionalização do trabalho:

Pena — detenção, de 1 (um) mês a 1 (um) ano, e multa, além da pena correspondente à violência.

Exercício de atividade com infração de decisão administrativa

Art. 205. Exercer atividade, de que está impedido por decisão administrativa:

Pena — detenção, de 3 (três) meses a 2 (dois) anos, ou multa.

Aliciamento para o fim de emigração

Art. 206. Recrutar trabalhadores, mediante fraude, com o fim de levá-los para território estrangeiro:

Pena — detenção, de 1 (um) a 3 (três) anos e multa.

Aliciamento de trabalhadores de um local para outro do território nacional

Art. 207. Aliciar trabalhadores, com o fim de levá-los de uma para outra localidade do território nacional:

Pena — detenção de um a três anos, e multa.

§ 1º Incorre na mesma pena quem recrutar trabalhadores fora da localidade de execução do trabalho, dentro do território nacional, mediante fraude ou cobrança de qualquer quantia do trabalhador, ou, ainda, não assegurar condições do seu retorno ao local de origem. (Parágrafo acrescentado pela Lei n. 9.777, de 29.12.1998, DOU 30.12.1998)

§ 2º A pena é aumentada de um sexto a um terço se a vítima é menor de dezoito anos, idosa, gestante, indígena ou portadora de deficiência física ou mental. (Parágrafo acrescentado pela Lei n. 9.777, de 29.12.1998, DOU 30.12.1998)

Assédio sexual (AC)

Art. 216-A. Constranger alguém com o intuito de obter vantagem ou favorecimento sexual, prevalecendo-se o agente da sua condição de superior hierárquico ou ascendência inerentes ao exercício de emprego, cargo ou função. (AC)

Pena — detenção, de 1 (um) a 2 (dois) anos. (AC)

Parágrafo único. (VETADO) (Artigo acrescentado pela Lei n. 10.224, de 15.5.2001, DOU 16.5.2001)

DO LENOCÍNIO E DO TRÁFICO DE PESSOAS

[...]

Art. 227. [...]

§ 1º Se a vítima é maior de 14 (catorze) e menor de 18 (dezoito) anos, ou se o agente é seu ascendente, descendente, cônjuge ou companheiro, irmão, tutor ou curador ou pessoa a quem esteja confiada para fins de educação, de tratamento ou de guarda:

[...]" (NR)

Tráfico internacional de pessoas

Art. 231. Promover, intermediar ou facilitar a entrada, no território nacional, de pessoa que venha exercer a prostituição ou a saída de pessoa para exercê-la no estrangeiro:

Pena — reclusão, de 3 (três) a 8 (oito) anos, e multa.

§ 1º [...]

Pena — reclusão, de 4 (quatro) a 10 (dez) anos, e multa.

§ 2º Se há emprego de violência, grave ameaça ou fraude, a pena é de reclusão, de 5 (cinco) a 12 (doze) anos, e multa, além da pena correspondente à violência.

§ 3º (revogado)." (NR)

Art. 2º O Decreto-Lei n. 2.848, de 7 de dezembro de 1940 — Código Penal, passa a vigorar acrescido do seguinte art. 231-A:

Tráfico interno de pessoas

Art. 231-A. Promover, intermediar ou facilitar, no território nacional, o recrutamento, o transporte, a transferência, o alojamento ou o acolhimento da pessoa que venha exercer a prostituição:

Pena — reclusão, de 3 (três) a 8 (oito) anos, e multa.

Parágrafo único. Aplica-se ao crime de que trata este artigo o disposto nos §§ 1º e 2º do art. 231 deste Decreto-Lei."

Falsificação de documento público

Art. 297. Falsificar, no todo ou em parte, documento público, ou alterar documento público verdadeiro:

Pena — reclusão de 2 (dois) a 6 (seis) anos, e multa.

§ 1º Se o agente é funcionário público, e comete o crime prevalecendo-se do cargo, aumenta-se a pena de sexta parte.

§ 2º Para os efeitos penais, equiparam-se a documento público o emanado de entidade paraestatal, o título ao portador ou transmissível por endosso, as ações de sociedade comercial, os livros mercantis e o testamento particular.

§ 3º Nas mesmas penas incorre quem insere ou faz inserir: (AC)

I — na folha de pagamento ou em documento de informações que seja destinado a fazer prova perante a previdência social, pessoa que não possua a qualidade de segurado obrigatório; (AC)

I — na Carteira de Trabalho e Previdência Social do empregado ou em documento que deva produzir efeito perante a previdência social, declaração falsa ou diversa da que deveria ter sido escrita; (AC)

III — em documento contábil ou em qualquer outro documento relacionado com as obrigações da empresa perante a previdência social, declaração falsa ou diversa da que deveria ter constado. (AC) (Parágrafo acrescentado pela Lei n. 9.983, de 14.7.2000, DOU 17.7.2000)

§ 4º Nas mesmas penas incorre quem omite, nos documentos mencionados no § 3º, nome do segurado e seus dados pessoais, a remuneração, a vigência do contrato de trabalho ou de prestação de serviços. (AC) (Parágrafo acrescentado pela Lei n. 9.983, de 14.7.2000, DOU 17.7.2000)

Falsificação de documento particular

Art. 298. Falsificar, no todo ou em parte, documento particular ou alterar documento particular verdadeiro:

Pena — reclusão, de 1 (um) a 5 (cinco) anos, e multa.

Falsidade ideológica

Art. 299. Omitir, em documento público ou particular, declaração que dele devia constar, ou nele inserir ou fazer inserir declaração falsa ou diversa da que devia ser escrita, com o fim de prejudicar direito, criar obrigação ou alterar a verdade sobre fato juridicamente relevante:

Pena — reclusão, de 1 (um) a 5 (cinco) anos, e multa, se o documento é público, e reclusão de 1 (um) a 3 (três) anos, e multa, se o documento é particular.

Parágrafo único. Se o agente é funcionário público, e comete o crime prevalecendo-se do cargo, ou se a falsificação ou alteração é de assentamento de registro civil, aumenta-se a pena de sexta parte.

Inserção de dados falsos em sistema de informações (AC)

Art. 313-A. Inserir ou facilitar, o funcionário autorizado, a inserção de dados falsos, alterar ou excluir indevidamente dados corretos nos sistemas informatizados ou bancos de dados da Administração Pública com o fim de obter vantagem indevida para si ou para outrem ou para causar dano: (AC)

Pena — reclusão, de 2 (dois) a 12 (doze) anos, e multa. (AC) (Artigo acrescentado pela Lei n. 9.983, de 14.7.2000, DOU 17.7.2000)

Modificação ou alteração não autorizada de sistema de informações (AC)

Art. 313-B. Modificar ou alterar, o funcionário, sistema de informações ou programa de informática sem autorização ou solicitação de autoridade competente: (AC)

Pena — detenção, de 3 (três) meses a 2 (dois) anos, e multa. (AC)

Falso testemunho ou falsa perícia

Art. 342. Fazer afirmação falsa, ou negar ou calar a verdade como testemunha, perito, contador, tradutor ou intérprete em processo judicial, ou administrativo, inquérito policial, ou em juízo arbitral: (Redação dada pela Lei n. 10.268, de 28.8.2001, DOU 29.8.2001)

Pena — reclusão, de 1 (um) a 3 (três) anos, e multa.

§ 1º As penas aumentam-se de um sexto a um terço, se o crime é praticado mediante suborno ou se cometido com o fim de obter prova destinada a produzir efeito em processo penal, ou em processo civil em que for parte entidade da administração pública direta ou indireta. (Redação dada ao parágrafo pela Lei n. 10.268, de 28.8.2001, DOU 29.8.2001)

§ 2º O fato deixa de ser punível se, antes da sentença no processo em que ocorreu o ilícito, o agente se retrata ou declara a verdade. (NR) (Redação dada ao parágrafo pela Lei n. 10.268, de 28.8.2001)

Art. 343. Dar, oferecer ou prometer dinheiro ou qualquer outra vantagem a testemunha, perito, contador, tradutor ou intérprete, para fazer afirmação falsa, negar ou calar a verdade em depoimento, perícia, cálculos, tradução ou interpretação:

Pena — reclusão, de 3 (três) a 4 (quatro) anos, e multa.

Parágrafo único. As penas aumentam-se de um sexto a um terço, se o crime é cometido com o fim de obter prova destinada a produzir efeito em processo penal ou em processo civil em que for parte entidade da administração pública direta ou indireta. (NR) (Redação dada ao artigo pela Lei n. 10.268, de 28.8.2001, DOU 29.8.2001)

Atitudes ilícitas do empregador ou de preposto contra a dignidade do trabalhador, como os casos de assédio moral, ainda não dispõem de regulamentação legal, muito embora alguns Estados da Federação já tenham desenvolvido projetos de lei relacionados ao tema.

Além dos crimes anteriormente tipificados, podemos, ainda, mencionar as seguintes demandas que poderiam ser incluídas no caso vertente, ou seja, nas quais podem incidir a tipicidade criminal:

- Trabalho informal;
- Sonegação de direitos mediante diversas fraudes (recibos em branco, *truck system*, falsificação de assinaturas dos empregados);
- Controle paralelo de jornada;

- Salário por fora (extrafolha);
- Falso cooperativismo (cooperativas fraudulentas);
- Constituição irregular de pessoas jurídicas;
- Discriminações de toda ordem;
- Simulação de ações trabalhistas para constituição de crédito privilegiado e burla a credores (lides simuladas);
- Estelionato na fraude ao seguro desemprego e ao FGTS (art. 171, CP);
- Crime de periclitação à vida ou à saúde nos casos de exposição do trabalhador a risco (art. 132);
- Contravenção penal de retenção indevida de CTPS (Carteira de Trabalho e Previdência Social);
- Discriminações raciais ou religiosas, de orientação sexual praticadas na relação de trabalho (Lei n. 7.761/89);
- Crimes contra pessoa portadora de deficiência (Lei n. 7.853/89);
- Crimes contra admissão irregular de servidor público, sem concurso, Decreto -Lei n. 201/67 e Lei de Improbidade Administrativa;
- Lesão corporal culposa (art. 129 do CP);
- Homicídio culposo em acidente de trabalho (art. 121 do CP);
- Falsidade ideológica (recibos em branco, controles paralelos de jornada, art. 299 do CP);
- Outros crimes Lei n. 9.099/95 e em face da mulher, idoso. Lei n. 10.741/03.

33.4.1.1. Fundamento legal da competência penal da Justiça do Trabalho

O fundamento legal da competência penal trabalhista pode ser retirada do art. 114 da Constituição Federal, nos seguintes incisos:

a) inciso I — competência para processar e julgar as ações oriundas da relação de trabalho;

b) inciso IV — os mandados de segurança, *habeas corpus* e *habeas data*, quando o ato questionado envolver matéria sujeita a sua jurisdição;

c) inciso IX — outras controvérsias decorrentes da relação de trabalho.

A corrente favorável à competência criminal da Justiça do Trabalho entende que o legislador abarcou todas as hipóteses decorrentes da relação de trabalho na órbita da Justiça Especializada, com exceção das estatutárias, inclusive as lides penais, não se observando na redação do art. 114 da Constituição Federal justificativa que autorize o fracionamento da jurisdição para a hipótese.

Como corolário lógico da expressão da jurisdição atribuída no citado art. 114, a Justiça do Trabalho é competente, independentemente da natureza da lide, ou seja, tanto para a ação de natureza cível (patrimonial) como para a de natureza criminal, que se originam da relação de trabalho, ou ainda para as ações referentes às multas administrativas, inclusive aquelas aplicadas pelo próprio juiz do trabalho, sendo certo que esta última competência lhe é atribuída pela CLT.

De outra forma, teríamos a cisão de competência: o juiz do trabalho julgaria apenas o direito patrimonial, e oficiaria o juiz penal para cuidar da lide de natureza penal.

A prevalência da jurisdição especializada há de vir, por analogia, pela própria dicção do art. 78, IV, do Código de Processo Penal, que preceitua:

"No concurso entre a jurisdição comum e a especial, prevalecerá esta."

Há, pois, o reconhecimento no sistema pátrio da importância de que questões complexas sejam analisadas, ainda que criminalmente, por órgão especializado.

Se a relação de trabalho não fosse uma relação jurídica complexa, dinâmica e solidária, também vista como espécie de negócio jurídico bilateral, não em sua acepção liberal — até porque o elemento volitivo é abruptamente mitigado por se tratar de um contrato dirigido e de adesão — mas em concepção solidarista, que reconhece o sujeito de direito não como um ser abstrato e virtual, mas concreto e economicamente desigual, merecendo tutela jurídica a partir dessa desigualdade, nas palavras de José Afonso Dallegrave Neto[48], não haveria necessidade de jurisdição especializada, muito menos do Ministério Público do Trabalho para atender a esta jurisdição, embora suas atribuições não fiquem limitadas à mesma, podendo essa instituição até mesmo demandar em juízo diverso, desde que para atender aos seus fins institucionais e constitucionalmente assegurados.

A competência penal trabalhista, ademais, pode ser fundamentada no art. 83, inciso I, da Lei Complementar n. 75/93[49], que incumbiu ao Ministério Público do Trabalho (MPT) o exercício das ações que lhe sejam atribuídas pela Constituição Federal e pelas leis trabalhistas, sendo certo que o art. 129, I, CF[50], erige como função institucional do MPT em sua totalidade, promover, privativamente, a ação penal púbica, na forma da lei.

---

(48) NETO, José Affonso Dallegrave. *Responsabilidade civil no direito do trabalho*. São Paulo: LTr, 2005. p. 72.

(49) Art. 83. Compete ao Ministério Público do Trabalho o exercício das seguintes atribuições junto aos órgãos da Justiça do Trabalho:

I — promover as ações que lhe sejam atribuídas pela Constituição Federal e pelas leis trabalhistas.

(50) Art. 129. São funções institucionais do Ministério Público:

I — promover, privativamente, a ação penal pública, na forma da lei;

Outrossim, o art. 6º, V, da LC n. 75/93[51] dispõe competir ao Ministério Público da União, o qual é integrado pelo Ministério Público do Trabalho, a promoção da ação penal.

Pode-se ainda citar o art. 15 da Lei n. 7.783/89[52] (Lei de Greve), conjugado ao disposto no art. 114, inciso II[53], da Carta Magna, sem ainda mencionar o exercício do controle externo da atividade policial pelo Ministério Público, a que remete o especifico *caput* do art. 84 da LC n. 75/93.

Portanto, a competência penal da Justiça do Trabalho vem disposta no art. 129, inciso I, da Carta Magna, combinado com os arts. 83, I e 84[54], *caput* e art. 6º, V, da LC n. 75/93.

33.4.1.2. Correntes doutrinárias a respeito da competência penal trabalhista

Hodiernamente, temos duas correntes: uma favorável e outra contra a competência penal da Justiça do Trabalho. Vejamos:

Entre os doutrinadores que apresentam argumentos favoráveis à competência penal da Justiça do Trabalho, encontramos Antônio Álvares da Silva[55] e Marcelo D'Ambrosio[56], entre outros, de cujos entendimentos apresentamos, a seguir, uma breve síntese:

- Com o alargamento da competência da Justiça do Trabalho (nova redação do art. 114, CF/88), a competência agora abrange qualquer tipo de ação envolvendo relação de trabalho, com exceção das relações estatutárias, incluindo-se a ação penal, cuja titularidade é do Ministério Público do Trabalho.

- Não há em nossa Constituição Federal qualquer dispositivo que afaste a competência da Justiça do Trabalho para o julgamento de ações penais, envolvendo a relação de trabalho, exceto o disposto no art. 109, inciso I[57].

---

(51) Art. 6º Compete ao Ministério Público da União:

V — promover, privativamente, a ação penal pública, na forma da lei;

(52) Art. 15. A responsabilidade pelos atos praticados, ilícitos ou crimes cometidos, no curso da greve, será apurada, conforme o caso, segundo a legislação trabalhista, civil ou penal.

Parágrafo único. Deverá o Ministério Público, de ofício, requisitar a abertura de competente inquérito e oferecer denúncia quando houver indício da prática de delito.

(53) Art. 114. Compete à Justiça do Trabalho processor e julgar:

II — as ações que envolvam exercício do direito de greve.

(54) Art. 84. Incumbe ao Ministério Público do Trabalho, no âmbito das suas atribuições, exercer as funções institucionais previstas nos Capítulos I, II, III e IV do Título I, especialmente.

(55) SILVA, Antônio Álvares da. *Competência penal da justiça do trabalho*. São Paulo: LTr, 2006.

(56) D'AMBROSIO, Marcelo. Competência penal da justiça do trabalho. *Revista LTr*, maio 2005.

(57) Art. 109. Aos juízes federais compete processar e julgar:

• O próprio art. 114, CF/88, em sua nova redação, dispõe no inciso IV, expressamente a competência da Justiça do Trabalho para o julgamento do *habeas corpus*. Sabemos que esse remédio constitucional (direito e ao mesmo tempo garantia, direito de ação e um direito que garante outro direito) não se projeta exclusivamente no campo penal, ou processual penal, sendo cabível também em outros ramos do direito. Todavia, o *habeas corpus* é utilizado para tutelar o direito da liberdade corpórea do individuo, de ir e de vir, de locomoção, quando este estiver sendo lesado ou ameaçado de sê-lo, abusivamente por qualquer pessoa(58), incluindo-se o particular.

• O art. 5º, inciso LXVIII, estatui: "conceder-se-á *habeas corpus* sempre que alguém sofrer ou se achar ameaçado de sofrer violência ou coação em sua liberdade de locomoção, por ilegalidade ou abuso de poder".

• Logo, não se pode olvidar que a possibilidade do juiz do trabalho decidir a respeito de *habeas corpus*, tornou-o apto também a conhecer de causas penais decorrentes inclusive em 1º grau de jurisdição.

• Para delimitarmos o poder jurisdicional, encontramos, em primeiro plano, a competência ditada pela Constituição Federal. Distribuindo o poder de julgar entre os vários órgãos jurisdicionais, leva-se em conta a natureza da lide. Daí a Carta Magna prevê, de um lado, as chamadas jurisdições especiais ou justiças especiais. Neste caso, qualquer delito envolvendo relação de trabalho, ficará afastada a competência da Justiça Comum, não ocorrendo a aplicação do art. 109, I, CF, uma vez que a jurisdição especial prevalece sobre a jurisdição comum, esta meramente residual.

• A ação penal deverá ser proposta pelo Ministério Público ou querelante, nos casos de ação penal privada ou subsidiária, na Justiça do Trabalho.

• Deve-se ressaltar que a Lei Complementar n. 75/93 não delimita expressamente poderes ao Ministério Público do Trabalho na propo-

---

I — as causas em que a União, entidade autárquica ou empresa pública federal forem interessadas na condição de autoras, rés, assistentes ou oponentes, exceto as de falência, as de acidentes de trabalho e as sujeitas à Justiça Eleitoral e à Justiça do Trabalho.

(58) É interessante mencionar um caso concreto de fácil confusão pelos operadores do direito, qual seja: caberá *habeas corpus* ou mandado de segurança para tutelar a presença de dirigente sindical na assembleia geral, se este for proibido de participar por ato do presidente do sindicato? No caso vertente, entendemos pelo descabimento tanto do *habeas corpus*, como do mandado de segurança, pois o HC tutela direito de ir e vir e o objeto principal neste caso é o direito de participar da assembléia geral e não do direito de locomoção. Não caberia também o mandado de segurança, uma vez que a autoridade coatora, responsável pela ilegalidade ou abuso de poder, não é autoridade pública ou agente de pessoa jurídica no exercício de atribuições do Poder Público. Entendemos pelo cabimento de outro instrumento processual, mesmo inominado, para a defesa daquele direito.

sição da ação penal. Todavia, tal lacuna ficou suprimida pela nova regra constitucional (art. 114 com nova redação da Emenda n. 45/04).

• Outro fator que conspira a favor da competência penal trabalhista foi delineada pelo próprio Supremo Tribunal Federal, por intermédio do Ministro Ayres Neto, ao discorrer sobre a Teoria da Unidade de Convicção, pela qual o mesmo fato, quando tiver de ser analisado mais de uma vez, deve sê-lo pela mesma Justiça.

• Em outras palavras, o próprio STF reconhece hoje que a cisão ou partilhamento de competência não favorece a aplicação da justiça, e que a divergência de decisões para ações decorrentes da mesma relação de direito material invocada entre órgãos jurisdicionais distintos, pode vir a causar um impacto deletério no jurisdicionado e mesmo sobre a segurança jurídica.

• A cisão de competência provoca mora estatal na apreciação das demandas, o que agride frontalmente o princípio da razoável duração do processo (art. 5º, inciso LXXVIII da CF/88).

• A competência penal seria a mais eficiente ferramenta de afirmação dos direitos do trabalhador na Justiça do Trabalho e a mais potente arma para combater as violações às leis trabalhistas. Hoje ela não dispõe de sanção, apenas condena delitos de natureza patrimonial. Como os juros são insignificantes e a demanda pode se estender por vários anos, como normalmente acontece, a condenação perde o significado. O mesmo fato, julgado pelos juízes do trabalho em seus efeitos patrimoniais, pelo modelo atual, é enviado a outro juiz, para julgar o aspecto penal.

• Há quem sugira que para os crimes penais trabalhistas, poder-se-ia substituir a pena privativa de liberdade, que seria reservada a casos excepcionais, pelas penas restritivas de direito (art. 43 do Código Penal: prestação pecuniária, perda de bens, prestação de serviços à comunidade ou entidades públicas, interdição temporária de direitos, limitação de fim de semana).

• Remeter a outra jurisdição controvérsias penais decorrentes da relação de trabalho significa enfraquecer ou mesmo eliminar o direito de acesso à jurisdição (art. 5º, inciso XXXV da CF/88), ferindo o princípio de que as normas constitucionais devem ter a máxima efetividade.

A corrente doutrinária que resiste à aceitação do cabimento da competência penal da Justiça do Trabalho apresenta os seguintes argumentos:

• a Justiça do Trabalho não está preparada para recepcionar esta atribuição;

• corre-se o risco de descaracterizar a jurisdição trabalhista, ampliando demasiadamente o rol de suas competência (pedaço da jurisdição, de dizer o direito);

• os juízes do trabalho não detêm competência penal;

• o legislador de 2004 retirou da PEC convertida na Emenda Constitucional n. 45/04, o inciso que previa a competência para crimes contra a organização do trabalho;

• não há atribuição expressa de competência criminal no art. 114 da CF/88;

• o STF está julgando em favor da competência da Justiça Federal, nos casos de crime de redução à condição análoga à escravidão (art. 149, CP);

• a nova disposição do art. 109 que possibilita a federalização de crimes contra direitos humanos, advinda da EC n. 45/04, constituiria forte argumento contrário à tese de que a competência para julgar o crime do art. 149 CP agora pertence à Justiça do Trabalho;

• o processo penal é incapaz de solver, de forma satisfatória os conflitos penais, logo, despiciendo trazê-lo à jurisdição trabalhista.

Porém, ao examinar cuidadosamente cada uma dessas proposições, pode-se concluir:

• Com o advento da Emenda Constitucional n. 45/04, a Justiça do Trabalho, na verdade, não estava preparada para nenhuma das novas atribuições prevista no art. 114 da CF/88, com a nova redação trazida por aquela Emenda. Logo, adaptações foram e serão ainda necessárias.

• Não há descaracterização da Justiça do Trabalho porque o legislador a ela agregou questões decorrentes direta e indiretamente de relações de trabalho, às quais ela sempre esteve afeta. Basta dizer que a Justiça do Trabalho está estendida em todo o território nacional, mais do que a Justiça Federal, e ainda é o ramo mais descongestionado do Judiciário, o que lhe autoriza de forma dinâmica e eficaz a lidar com as questões penais.

• A Justiça do Trabalho sofreu profundas modificações na última década, que culminou com a Reforma do Judiciário (Emenda Constitucional n. 45/04), modernizando-se com a extinção da representação classista, da transformação das antigas Juntas de Conciliação e Julgamento em Varas do Trabalho, presididas por um juiz, bacharel em direito.

• Com essa modernização, a Justiça do Trabalho passou a processar e julgar causas submetidas à sua apreciação, envolvendo os mais variados tipos de controvérsias, pela natureza da matéria, utilizando-se, subsidiariamente, em casos de lacuna, o Código Civil, o Código de Defesa do Consumidor (Lei n. 8.078/90), a Ação Civil Pública (Lei n. 7.347/85). Não remanesce qualquer dúvida que as ações coletivas, ações civis públicas, ações individuais plúrimas, interdito proibitório, ações de cessão de crédito, prestação de contas, consignação em pagamento, compensação etc. são de competência da Justiça do Trabalho, desde que a lide relacione-se à relação de trabalho.

• Portanto, a partir do exercício da jurisdição penal trabalhista será viável, a médio prazo, senão debelar, pelo menos arrefecer ou diminuir sensivelmente as práticas delituosas, já que o empregador será punido, e esta punição terá um caráter pedagógico e exemplar para a sociedade, nas práticas de trabalho sem registro, *truck system*, cooperativismo fraudulento etc. Isto até poderá diminuir a litigiosidade e as ações trabalhistas.

• Falta de conhecimento dos juízes. Esta tese não convence, uma vez que os concursos públicos para ingresso na magistratura e no Ministério Público são dificílimos e a matéria penal faz parte do programa do edital. O magistrado deverá estudar direito penal e processo penal, como o fez em relação às demais matérias que passou a ser compelido a conhecer em decorrência de seu trabalho, como por exemplo, as ações civis públicas, ações civis coletivas, direito do consumidor etc.

• O argumento concernente à retirada do inciso, que transferia à Justiça do Trabalho a competência para crimes contra a organização do trabalho, também não prospera. Das lições da hermenêutica jurídica colhe-se que a lei se desvincula da vontade do legislador, para adquirir vida própria. Além disso, o STF entende que o *habeas corpus* detém competência criminal. Logo, pela Teoria da Unidade de Convicção, se a Justiça do trabalho possui competência para julgar o *habeas corpus*, detém competência penal. Não há nenhuma restrição em julgados do STF quanto à jurisdição penal da Justiça do Trabalho.

• Embora se reconheça, anacronicamente, a permanência do inciso VI do art. 109 da CF/88, atribuindo à Justiça Federal competência para julgar os crimes contra a organização do trabalho, tal fato também não pode servir de óbice para o exercício da competência criminal trabalhista, porquanto, na forma mansa e pacífica da interpretação jurisprudencial dos TRFs, a Súmula n. 115 do extinto TFR, ressuscitada pelo STF e STJ, somente os crimes que atinjam a organização do trabalho como um todo — a totalidade dos órgãos federais de proteção ao trabalho — é que estarão sujeitos à jurisdição federal comum. (crimes em face de determinados trabalhadores não têm o condão de atribuir a competência à Justiça Federal)

• A falta de previsão específica de matéria criminal para a Justiça do Trabalho deve ser descartada por dois argumentos: o legislador incluiu, no art. 114, inciso IV, previsão para o *habeas corpus*, ação conceituada pelo STF como de natureza criminal, embora remédio heróico constitucional. Ademais, a Justiça Eleitoral, tão especializada quanto a trabalhista, em cuja regulação de competência prevista nos arts. 118 a 121 da CF/88, em momento algum faz referência à matéria criminal. Todavia, esse ramo do Judiciário julga os crimes eleitorais, de acordo com o código eleitoral.

• A ação criminal é residual e não precisa vir expressa, mesmo assim, deve-se observar que na seara trabalhista, o elastecimento da competência material da Justiça do trabalho eliminou a limitação anterior relativa à competência em razão das pessoas do empregado e empregador, já que a competência agora relaciona-se à relação de trabalho. Pelo disposto no art. 129, I, CF c/c com os arts. 83, I e 84, *caput* e art. 6º, V, da LC n. 75/93 quanto à promoção da ação penal na Justiça do Trabalho pelo Ministério Público do Trabalho, como legitimado, temos os fundamentos legais para tal competência.

• Se a Constituição Federal atribui competência para a Justiça do Trabalho, sem distinções, para o conhecimento e julgamento das ações oriundas do direito de greve, e se o direito de greve nos termos de sua própria lei é analisado em seus aspectos trabalhista, civil, penal e administrativo, não se pode concluir de modo diverso, senão para entender que a competência especializada será a mais ampla possível.

• Somente por puro preconceito se poderá restringir essa possibilidade, já que a Constituição Federal deve ser interpretada pelos contornos da máxima efetividade de suas normas, da concordância prática, da harmonização, da unidade, da prevalência das normas constitucionais e da força normativa de suas normas.

• Ainda, o art. 37, II, da LC n. 75/93 estabelece que o Ministério Público Federal exercerá as suas funções nas causas de competência de quaisquer juízos e tribunais, para a defesa de direitos e interesses dos índios e das populações indígenas, do meio ambiente etc.

• Admitida a hipótese de o Ministério Público atuar perante quaisquer juízos ou tribunais, resta esclarecido que as atribuições e legitimidade do *Parquet* são distintas das competências dos juízos e tribunais e a falta desta não induz a ausência daquelas. Portanto, os membros do Ministério Público do Trabalho podem atuar em quaisquer juízos ou tribunais, na Justiça do Trabalho, de forma predominante, bem como na Justiça Civil e até na Justiça Penal.

• Não é correto, portanto, falar em simetria entre as atividades do ramo do Ministério Público com o correspondente ramo do Judiciário, mas tão somente em mera preponderância de atividades, não competindo ao judiciário decidir quanto a atribuições do *Parquet*, uma vez que essa instituição é una e indivisível.

• Inexistindo qualquer vedação legal ou restrição, na Constituição Federal e na Lei Complementar n. 75/93, ou em qualquer outro diploma legal, acerca do exercício da ação penal pública pelo Ministério Público do Trabalho, a interpretação quanto à ilegitimidade ou ausência de atribuição penal ao Ministério Público do Trabalho é totalmente desprovida de embasamento legal, sob quaisquer perspectivas.

• As hipóteses de atuação penal do Ministério Público do Trabalho estão inseridas na conformidade do art. 84, *caput*, da LC n. 75/93, *in verbis*: "no âmbito das suas atribuições", ou seja, dentro das atividades promovidas na seara trabalhista (órgão agente e órgão interveniente, como fiscal da lei), quando tiver ciência de fato criminoso.

• Nas atividades imanentes do Ministério Público do Trabalho, cabe-lhe promover a ação penal pública, privativamente, na própria Justiça do Trabalho, quando a conduta típica, antijurídica e culpável decorrer da relação de trabalho, abrangidas as questões sindicais e que envolvem o exercício do direito de greve.

• A legitimidade penal do Ministério Público do Trabalho está plenamente assegurada na Constituição Federal, no art. 129, I, e na LC n. 75/93, nos arts. 6º, V, 83, I, e 84, *caput* da LC n. 75/93, sendo que interpretações restritivas ou contrárias colidem com o princípio da reserva legal (art. 5º, inciso II da CF/88).

• O critério para a fixação da competência penal seria o mesmo fixado para a competência trabalhista em geral, ou seja, relacionado à matéria e não mais às pessoas.

• Em outras palavras, se o ilícito decorrente da relação de trabalho, em sentido lato, incluindo as relações entre sindicatos e destes e seus associados e aquelas decorrentes do direito de greve, configurar conduta típica e antijurídica, que faça nascer o interesse de agir para o Ministério Público do Trabalho, em função de sua legitimidade, a competência da ação será da Justiça do Trabalho, excepcionando-se os crimes cuja competência são do Tribunal do Júri, consoante art. 5º, inciso XXVIII, inciso *d*(59).

- A competência da Justiça do Trabalho em matéria criminal resgata a dignidade da jurisdição trabalhista e consolida o respeito aos direitos sociais conquistados, ao princípio do não retrocesso social desenvolvido por J. J. Gomes Canotilho e à atuação do Ministério Público do Trabalho como órgão especializado na defesa da sociedade.

- Nunca é demais relembrar que a Constituição Federal de 1988 considerou o trabalho humano como fundamento da República, juntamente com os valores sociais do trabalho e da livre iniciativa (art. 1º, inciso IV), bem como nele centralizou a ordem econômica, "fundada na valorização do trabalho humano, e na livre-iniciativa" (art. 170) e, finalmente, elevou-o à condição de fundamento da ordem social que "tem como base o primado do trabalho e como objetivo o bem-estar social" (art. 193).

Não obstante, existe uma Ação Declaratória de Inconstitucionalidade ADI n. 3.684, datada de 9 de março de 2006, proposta pelo Procurador Geral da República atendendo a pedido da Associação Nacional dos Procuradores da República, sem a oitiva do Ministério Público do Trabalho, propondo a inconstitucionalidade dos incisos I, IV e IX do art. 114 da CF/88 (com a nova redação dada pela Emenda n. 45/04 — Reforma do Judiciário), apontando a violação dos arts. 60, §§ 2º e 4º, inciso IV e 5º, *caput*, e inciso LIII, todas da CF/88.

Nessa ADIN, alega o Procurador-Geral da República que não foi observado o devido processo legislativo na aprovação da Emenda n. 45/04, uma vez que houve alteração substancial do texto do projeto de emenda, na votação do Senado em primeiro turno, que não foi observada na votação do segundo turno e consequente aprovação, e que os aludidos parágrafos têm gerado confusões interpretativas de alcance normativo não pretendido pelo constituinte derivado, posto que há casos em que o Ministério Público do Trabalho e a Justiça do Trabalho estão praticando atos relativos à matéria criminal, invocando as alterações constitucionais em decorrência da EC n. 45.

Afirma ainda que a interpretação que estende a competência criminal à Justiça do Trabalho viola flagrantemente regras e princípios postos na Constituição Federal relativos ao juiz natural e à repartição de competências jurisdicionais, uma vez que não é razoável depreender-se uma competência de forma implícita, quando a própria Constituição Federal, de forma explícita, já estabelece qual é o órgão do Judiciário que detém a jurisdição em matéria penal.

---

(59) Art. 5º, inciso XXXVIII, da Constituição Federal de 1988: é reconhecida a instituição do júri, com a organização que lhe der a lei, assegurados: d) a competência para o julgamento dos crimes dolosos contra a vida.

A posição doutrinária favorável em relação à competência da Justiça do Trabalho, em matéria criminal, considera que não há qualquer inconstitucionalidade formal nem material da Emenda Constitucional n. 45/04, no atinente aos artigos citados como violados.

Após discorrer sobre todos os fundamentos que legitimam a competência penal da Justiça do Trabalho, não nos resta outra alternativa a não ser aderir à corrente favorável à mesma, até mesmo porque somente seria de se entender o contrário, ou seja, pelo não cabimento da competência penal trabalhista, por motivos de outra ordem, que não os jurídicos, sejam de natureza cultural, histórica ou mesmo política, em face da possibilidade do acúmulo ainda maior de processos nas Varas e Tribunais do Trabalho, na hipótese de que a competência trabalhista venha a ser ampliada além das lides já elastecidas com o advento da Emenda Constitucional n. 45/04.

Para perfeita elucidação da matéria, transcrevemos abaixo, extrato da decisão do STF publicada em 2 de fevereiro de 2007, como segue:

"Justiça do Trabalho não tem competência para julgar ações penais:

O plenário do Supremo Tribunal Federal (STF) deferiu, por unanimidade, liminar na Ação Direta de Inconstitucionalidade (ADI) n. 3.684, ajuizada pelo procurador-geral da República contra os incisos I, IV e IX do art. 114 da Constituição Federal, introduzidos pela Emenda Constitucional (EC) n. 45/04. Esses dispositivos, ao tratarem da competência da Justiça do Trabalho para solucionar conflitos entre trabalhadores e empregadores, teriam atribuído jurisdição em matéria criminal à Justiça do Trabalho.

De acordo com a ADI, o texto da Reforma do Judiciário aprovado pela Câmara foi alterado posteriormente no Senado. O procurador-geral sustenta que, após a alteração feita no Senado, a matéria deveria ter retornado à Câmara dos Deputados, o que não teria ocorrido, configurando a inconstitucionalidade formal do inciso I do art. 114. Aponta ainda que o dispositivo afronta os arts. 60, §§ 2º e 4º, inciso IV, e o art. 5º *caput* e inciso LIII da Constituição Federal.

O PGR alega que, em decorrência da EC n. 45, o Ministério Público do Trabalho e a Justiça do Trabalho estão praticando atos relativos a matéria penal. Diante dos argumentos, o procurador-geral requer, na ADI, a suspensão da eficácia do inciso I do art. 114 ou que seja dada interpretação conforme a Constituição. Pede também o afastamento de qualquer entendimento que reconheça a competência penal da Justiça do Trabalho e a interpretação conforme o texto constitucional dos incisos IV e IX do art. 114, acrescentado pela EC n. 45/04. No mérito, que seja declarada a inconstitucionalidade dos dispositivos impugnados.

Voto

Em seu voto, o relator da ação, ministro Cezar Peluso, afirmou que o Inciso IV do art. 114 determina a competência da justiça do trabalho para julgar *Habeas Corpus, Habeas Data* e Mandados de Segurança, 'quando o ato questionado envolver matéria sujeita a sua jurisdição'. Ele lembra, porém, que o pedido de *habeas* pode ser usado 'contra atos ou omissões praticados no curso de processos de qualquer natureza', e não apenas em ações penais. Se fosse a intenção da Constituição outorgar à justiça trabalhista competência criminal ampla e inespecífica, não seria preciso prever, textualmente, competência para apreciar *habeas*.

O relator ressalta que a Constituição 'circunscreve o objeto inequívoco da competência penal genérica', mediante o uso dos vocábulos 'infrações penais' e 'crimes'. No entanto, a competência da Justiça do Trabalho para o processo e julgamento de ações oriundas da relação trabalhista se restringe apenas às ações destituídas de natureza penal. Ele diz que a aplicação do entendimento que se pretende alterar violaria frontalmente o princípio do juiz natural, uma vez que, segundo a norma constitucional, cabe à justiça comum — estadual ou federal, dentro de suas respectivas competências —, julgar e processar matéria criminal.

Quanto à alegada inconstitucionalidade formal, Peluso argumenta que a alteração no texto da EC n. 45, durante sua tramitação no Legislativo, 'em nada alterou o âmbito semântico do texto definitivo', por isso não haveria a violação ao § 2º, art. 60 da Constituição.

Assim, por unanimidade, foi deferida a liminar na ADI, com efeitos *ex tunc* (retroativo), para atribuir interpretação conforme a Constituição, aos incisos I, IV e IX de seu art.114, declarando que, no âmbito da jurisdição da Justiça do Trabalho, não está incluída competência para processar e julgar ações penais. Processo: ADI n. 3.684."

33.5. Prescrição na Lei de Improbidade Administrativa

Dispõe a Lei n. 8.429/92, em seu art. 23, que para o agente público investido em mandato ou cargo em comissão, a prescrição[60] ocorrerá em até 5 (cinco)

(60) Prescrição é um instituto de Direito Material que significa a perda da pretensão ao direito de ação, ou seja, é a extinção de uma ação ajuizável em virtude da inércia de seu titular durante certo lapso de tempo, na ausência de causas preclusivas de seu curso. O Código Civil de 1916 continha um erro ao enunciar no art. 75 que "a todo direito corresponde uma ação (*anspruch*)", quando o correto seria "a todo direito corresponde uma pretensão", uma vez que o termo *anspruch* foi traduzido erroneamente como ação, quando na verdade significa "pretensão", no sentido de poder exigir, querer, pretender. Tal fato foi devidamente corrigido no novo Código Civil, na medida em que o art. 189 estatui: "violado o direito, nasce para o titular a pretensão, a qual se extingue, pela prescrição, nos prazos a que aludem os arts. 205 e 206". Na verdade, em relação à pretensão podemos dizer que, quando o sujeito passivo (devedor) não cumpre sua obrigação ou dever jurídico, temos uma ação para satisfação do direito. Logo, a prescrição atinge a pretensão (e não a ação), uma vez que a ação é um direito constitucional (art. 5º, inciso 35 da CF/88) que permanece incólume no plano processual. Como atualmente não mais vige a Teoria Imanentista, para a qual para ter o direito de ação era necessário ter o direito, vige no nosso ordenamento jurídico, a ação como um direito autônomo, desvinculado do direito em si. Nem é preciso ter o direito para ter a ação. Basta o preenchimento das condições da ação (possibilidade jurídica do pedido, legitimidade e interesse de agir) — art. 267 do CPC, e dos pressupostos processuais para se ter o direito de postular em juízo a solução da lide. Logo, o direito de ação visto por esse ângulo não pode ser atingido ou extinto. Porém, se o titular de um direito, embora possa exigi-lo, deixa de fazê-lo em relação ao cumprimento da obrigação pelo devedor, pelo decurso do tempo e por sua inércia, estará dando ensejo à prescrição dessa faculdade de exigir o pagamento ou o cumprimento da obrigação. Haverá, a partir de então, ou seja, a partir

anos, podendo a ação ser proposta após o término do exercício do mandato, de cargo em comissão ou de função de confiança.

---

do prazo da prescrição, apenas um direito subjetivo, porém, não mais a pretensão em si, e consequentemente não mais o direito de ação. Aquela obrigação antes exigível na sua plenitude transmuda-se apenas em uma obrigação natural, como por exemplo o pagamento da dívida prescrita. O novo Código Civil utilizou-se do critério científico de *Agnelo Amorim Filho* para estabelecer a diferença entre prescrição e decadência. Assim, podemos dizer que a decadência é a perda do direito pelo seu não exercício, seja pela inação de seu titular que deixa escoar o prazo legal, seja voluntariamente fixado para o seu exercício. (Exemplo: prazo decadencial de 2 anos da ação rescisória e os planos fixados pelo empregador para o empregado aderir ao Plano de Demissão Voluntária). Para o critério científico citado, a prescrição atinge os direitos subjetivos a uma pretensão (positiva ou negativa), isto é, atinge direitos reais e pessoais, onde existe sujeito passivo obrigado a uma prestação positiva (dar ou fazer) ou negativa (não fazer). Esses direitos subjetivos são exercidos sobre os bens da vida e estão reforçados de "pretensão" (do poder de exigir, querer) contra o obrigado. Por seu turno, a decadência envolve os direitos subjetivos de sujeição (direitos potestativos ou formativos), poderes que a lei confere a determinadas pessoas de influírem, com uma declaração de vontade em situações jurídicas de outras pessoas, sem o concurso de vontade destas. (Ex: o poder do mandante na revogação do mandato, do cônjuge na promoção do divórcio; o poder do herdeiro em aceitar ou renunciar à herança, o poder do contratante de rescindir o contrato por inadimplemento e por vícios redibitórios, a ocupação de *res nulius*, o poder do empregador em rescindir o contrato de trabalho). Podemos conceituar o direito potestativo que ampara o instituto da decadência, como a faculdade que tem o sujeito de produzir efeitos jurídicos mediante declaração de vontade sua, em certos casos integrada por decisão judicial. A essa faculdade corresponde, da parte daquele contra quem ela se exerce, um estado de sujeição, consistente em ficar submetido aos efeitos jurídicos produzidos, sem concorrer para eles e sem a eles poder opor-se (*Dicionário jurídico De Plácido e Silva.* 3. ed. Rio de Janeiro: Forense, 1993). Antes da classificação científica do que seja prescrição e decadência, podemos enunciar que hoje já se encontra superada a classificação ternária das ações pelo advento da classificação moderna denominada de "classificação quinária" que assim se desdobra: 1) ações condenatórias: pretende obter do réu uma determinada prestação (positiva ou negativa) pela violação de uma obrigação. O título condenatório servirá como título executivo; 2) ação constitutiva: visa não a uma prestação, mas à criação, modificação ou extinção de relações jurídicas; 3) ações declaratórias: têm o objetivo de obter certeza jurídica, ou existência ou inexistência de relações jurídicas; 4) ações mandamentais: têm por objetivo a obtenção de uma sentença em que o juiz emite uma ordem, cujo descumprimento por quem a receba caracteriza desobediência à autoridade estatal passível de sanções, inclusive de caráter penal (art. 330 do Código Penal — crime de desobediência). (Ex: sentenças proferidas em mandado de segurança, na ação de nunciação de obra nova — art. 958 do CPC). O não cumprimento com exatidão do provimento mandamental sujeita o destinatário da ordem do juiz a multa de até 20% do valor da causa, que reverterá aos cofres públicos, sem prejuízo de imposição das demais sanções criminais, civis e processuais (art. 14 do CPC); 5) ações executivas *lato sensu* (ou ações sincréticas, misto de ação de conhecimento e de execução): por meio delas o autor não necessitará do processo de execução para obter a pretendida alteração no mundo dos fatos. Sua sentença de procedência é exequível no mesmo processo em que foi proferida (Ex.: ações de despejo e tutela de antecipação para reintegração do dirigente sindical — art. 273 e 461-A do CPC). Se as ações executivas objetivam a perseguição do cumprimento forçado de uma obrigação, pela qual responde o patrimônio do devedor, as executivas *lato sensu* correspondem a uma eficácia executiva que se efetiva no mesmo processo em que foi proferida a decisão e que atua independentemente da conduta do réu. Após essa digressão, com apoio no critério científico de Agnello Amorim Filho, podemos classificar as ações sujeitas à prescrição ou à decadência da seguinte forma: 1) todas as ações condenatórias (e somente elas) estão sujeitas à prescrição, conforme o art. 206 do novo Código Civil. Estas ações condenatórias estão embuídas ou armadas de pretensão, do direito de se exigir ou querer o cumprimento da obrigação. Quando a lei não fixar prazo, a prescrição ocorrerá em 10 anos (art. 205 do novo Código Civil), enquanto no art. 177 do Código Civil de 1916, o prazo era de 20 anos. E quando a prescrição deve ser alegada? Na oportunidade e no prazo em que a parte é chamada a se defender em juízo (art. 297 fo CPC), pois toda a matéria de defesa deve ser alegada quando da defesa (art. 300 do CPC), inclusive a prescrição trabalhista. O Código de Processo

Para o agente público de cargo ou emprego efetivo, a prescrição ocorrerá no mesmo prazo previsto em lei para faltas disciplinares puníveis com demissão a bem do serviço público.

Civil, de 1973, erigiu a prescrição ao *status* de mérito. Extingue-se o processo com julgamento do mérito, com base no inciso IV, do art. 295 do CPC: A petição inicial será indeferida: quando o juiz, verificar, desde logo, a decadência ou a prescrição. Em sendo mérito, por dever de obediência ao princípio da oralidade (concentração dos atos judiciais e imediatidade), respeito ao princípio do contraditório e da ampla defesa, deverá a parte invocar a prescrição em primeiro grau, sob pena de permitir-se a supressão de instância. A Súmula n. 153 do TST dispõe que não se conhece de prescrição não arguida na instância ordinária. Dessa forma, é cabível a arguição da prescrição durante todo o processo de conhecimento ou mesmo em sede recursal, ou ainda até o momento da formulação das contrarrazões do recurso ou recurso adesivo. Não é cabível a arguição da prescrição no processo em fase de execução, exceto se superveniente à sentença transitada em julgado (art. 741 do CPC). A prescrição intercorrente poderá acontecer na fase de execução, quando o autor deixar o processo paralisado após o lapso prescricional de dois anos, com fulcro no art. 884, § 1º da CLT e Súmula n. 327 do Supremo Tribunal Federal, muito embora a Súmula n. 114 do Tribunal Superior do Trabalho seja em sentido contrário. A prescrição também não pode ser alegada em ação rescisória. A determinação legal de que a prescrição poderia ser alegada em qualquer instância deve ser entendida em seus devidos termos, isto é, que a alegação só é possível desde que a parte a quem aproveite não tenha ainda falado nos autos. A recente Lei n. 11.280/06 alterou o art. 219, § 5º, fazendo constar: "§ 5º O juiz pronunciará, de ofício, a prescrição" (Redação dada ao parágrafo pela Lei n. 11.280, de 16.2.2006, DOU 17.2.2006). Assim sendo, esse parágrafo derrogou o art. 194 do novo Código Civil que estatuía: "Art. 194. O juiz não pode suprir, de ofício, a alegação de prescrição, salvo se favorecer a absolutamente incapaz." Portanto, a prescrição, assim como a decadência, podem ser alegadas pelo magistrado, *ex officio*, sem qualquer alegação da parte. Resta a dúvida se tal preceito legal aplica-se em sede de direito do trabalho, pois viria a favorecer tão somente o devedor, mesmo em caso de revelia e confissão quanto à matéria de fato, ferindo de morte o princípio da proteção, que constitui fundamento de validade do direito do trabalho. A partir dessa alteração, a prescrição e a decadência passam a constituir matéria de ordem pública, com a diferença que a prescrição pode sofrer suspensão ou interrupção, enquanto os prazos decadenciais geralmente não se interrompem, nem se suspendem, exceto excepcionalmente quanto seguir determinação legal (art. 208. Aplica-se à decadência o disposto nos arts. 195 e 198, inciso I). Outra questão que enseja controvérsias é se o Ministério Público do Trabalho tem ou não legitimidade para arguir a prescrição. A respeito dispõe a OJ n. 130 do SDI-I do TST: o Ministério Público não tem legitimidade para arguir a prescrição a favor de entidade de Direito Público, em matéria de direito patrimonial, quando atua na qualidade de *custos legis*. Alguns doutrinadores admitem a alegação de prescrição pelo Ministério Público, sob a consideração de que suas funções são institucionais, em especial no que tange à defesa da ordem jurídica, do regime democrático, dos interesses sociais, dos interesses individuais homogêneos, enfim, dos direitos difusos e coletivos (art. 129, CF/88 e LC n. 75/93). O termo inicial da contagem da prescrição segue o princípio do *actio nata*, isto é, a partir da lesão ao direito (art. 189, Código Civil). Todavia, em face do entendimento jurisprudencial, esse princípio não é aplicável a uma série de situações fáticas. Assim, a contagem é feita em *dies a quo* (Lei n. 769/49), desconsiderando-se o dia de início e computando-se o dia de vencimento (art. 125, Código Civil). 2) *Decadência*: os únicos direitos para os quais podem ser fixados prazos de decadência são os direitos potestativos (ou de sujeição). Logo, as únicas ações ligadas ao instituto da decadência são as *ações constitutivas*, que têm prazo especial de exercício fixado em lei (arts. 119, 178, 445, 1555 e 1560, entre outros, do novo Código Civil). No Direito do Trabalho temos a decadência do seguro-desemprego se não requerida no prazo de 120 dias. Geralmente, a decadência conta-se em dias, ao passo que a prescrição conta-se em anos. Portanto, a decadência cabe em ações constitutivas positivas ou negativas (direito potestativo), ou seja, ações constitutivas que têm prazo especial de exercício fixado em lei ou de forma convencional entre as partes. 3) As ações *declaratórias* são classificadas como ações imprescritíveis ou perpétuas, o que atinge também aquelas ações constitutivas para as quais a lei não fixa prazo especial de exercício. 4) As ações *mandamentais* estão sujeitas à decadência (Lei n. 1.533/51, art. 18. Mandado de segurança). Encontramos os prazos decadenciais dispersos pelo novo Código Civil em cada situação específica. Podemos asseverar que os prazos —

se de decadência ou de prescrição — são determinados pela natureza da pretensão para o seu efetivo exercício. Quanto à decadência em si também podemos dizer: 1) ela não pode ser alegada pela primeira vez em recursos especiais ou extraordinários (CF/88 arts. 102 e 108), pois exige-se que a matéria impugnada tenha sido decidida na instância inferior ou haja prequestionamento; 2) a decadência é causa extintiva de direito pelo não exercício no prazo estipulado na lei ou na convenção; 3) cabe em ações constitutivas (positivas ou negativas), direitos potestativos ou pretensões constitutivas; 4) cabe em pretensões anulatórias (constitutiva negativa), por exemplo, ação rescisória em 2 anos; 5) a decadência tem natureza jurídica de ordem pública e deve ser conhecida de ofício pelo juiz (art. 210 do novo Código Civil e art. 219 do CPC), independentemente de alegação da parte ou do interessado e não está sujeita à preclusão, devendo ser conhecida a qualquer tempo e em qualquer grau ordinário de jurisdição. 5) a decadência convencional constitui exceção à regra do art. 219 do CPC, em seu § 5º. De acordo com o art. 211 do novo Código Civil, as partes podem convencionar a decadência do direito objeto da relação jurídica que celebram. Logo, a decadência convencional apresenta um regime jurídico híbrido, insuscetível de preclusão (a parte a quem aproveita pode alegá-la a qualquer tempo e grau ordinário de jurisdição). O juiz dela não pode tomar conhecimento de ofício e só pode conhecer da decadência convencional se for alegada pela parte a quem aproveita. Constitui matéria de direito dispositivo (das partes) e tem natureza jurídica de ordem pública, portanto, não preclui. Como exemplos de decadência no Direito do Trabalho podemos enumerar: inquérito para apuração de falta grave (30 dias); ação rescisória (2 anos); prazo fixado em instrumento normativo para a empregada gestante comprovar condição de gravidez para o empregador (a OJ n. 88 da SDI-I do TST foi alterada eliminando essa exigência — de aviso do estado de gravidez ao empregador após eventual dispensa — acompanhando entendimento do Supremo Tribunal Federal, em acórdão da lavra do Ministro Celso Mello para quem o direito da empregada gestante é de natureza constitucional e norma coletiva não tem o condão de desconstituí-lo); prazo aberto para o empregado proceder à opção retroativa pelos depósitos do FGTS relativos ao período anterior à CF/88 (tratando-se de empregado não optante naquele período, o prazo para o exercício do direito potestativo de opção retroativa cessa com extinção do vínculo de emprego). Em relação à decadência e prescrição podemos ainda dizer que o Direito não ampara o que dorme (*dormientibus non succurrit jus*), com base no princípio da razoabilidade e da boa-fé e a jurisprudência trabalhista reiteradamente vem excluindo a indenização pecuniária dos meses em que o trabalhador se manteve inerte na busca de seu direito, reconhecendo-o apenas a partir do ingresso da ação em juízo. O suporte jurídico desse entendimento vem do fato de que com a lesão ao direito obrigacional nasce o direito de ação (*actio nata*) — art. 189 do novo Código Civil — que pode ser exercido no prazo de cinco anos, até o limite de dois anos após a extinção do contrato de trabalho (art. 7º, inciso XXIX da CF/88 e art. 11 da CLT). Para o trabalhador menor não corre qualquer prazo de prescrição (art. 440 da CLT) e após a Emenda n. 28/00, que alterou o inciso XXIX do art. 7º da CF/88, não há mais diferença de prazo de prescrição entre o trabalhador urbano e rural. Nunca é demais repetir que as ações condenatórias sempre estarão sujeitas à prescrição e que o exemplo acima fulcra-se na OJ n. 116 da SDI-I do TST: "Estabilidade provisória. Período estabilitário exaurido. Reintegração não assegurada. Devidos apenas os salários desde a despedida até o final do período estabilitário". Finalmente, cabe-nos, perfunctoriamente apresentar a diferenciação entre prescrição total e parcial no Direto do Trabalho. Ocorre prescrição total nas situações em que se verifica ato único do empregador, se o direito do trabalhador não estiver assegurado em preceito de lei. Exemplo disso encontramos na Súmula n. 294 do TST, *in verbis*: SÚMULA TST N. 294 — PRESCRIÇÃO — ALTERAÇÃO CONTRATUAL — TRABALHADOR URBANO — (Revisão dos Enunciados ns. 168 e 198) — Tratando-se de demanda que envolva pedido de prestações sucessivas decorrente de alteração do pactuado, a prescrição é total, exceto quando o direito à parcela esteja também assegurado por preceito de lei (RA 4/89 — DJU 14.4.1989). Por preceito de lei devem ser entendidos os dispositivos contidos na CLT e legislação complementar, as convenções coletivas, os acordos coletivos, as sentenças normativas e os regulamentos de empresa. Insere-se nesse caso de prescrição total, a complementação dos proventos de aposentadoria que jamais foi paga ao ex-empregado. Tratando-se de pedido de complementação de aposentadoria oriunda de norma regulamentar e jamais paga ao ex-empregado, a prescrição é a total, começando a fluir o biênio a partir da aposentadoria. Logo, O prazo de prescrição é de dois anos, contados da data da jubilação. Daí, a aplicação do Enunciado n. 326 do TST, que enuncia: SÚMULA TST N. 326 — COMPLEMENTAÇÃO DOS PROVENTOS DE APOSENTADORIA — PARCELA NUNCA RECEBIDA

Para o ressarcimento do dano não há prescrição, conforme dispõe o art. 37, § 5º[61] da Constituição Federal de 1988.

A propósito, inserimos as ementas:

"PROCESSUAL CIVIL — AÇÃO CIVIL PÚBLICA — EXORDIAL DEFICIENTEMENTE INSTRUÍDA — APLICAÇÃO INDEVIDA DA LEI N. 7.347/85 — IMPROBIDADE ADMINISTRATIVA — LEI N. 8.429/92 — COMPETÊNCIA POR PRERROGATIVA DE FUNÇÃO DO RÉU — LEI N. 10.628/02 — INCIDÊNCIA IMEDIATA — COMPETÊNCIA DO SUPERIOR TRIBUNAL DE JUSTIÇA PARA PROCESSAR E JULGAR O FEITO — A ação civil pública que verse sobre improbidade administrativa deverá ser instruída com documentos ou justificação que contenham indícios suficientes da existência do ato de improbidade, exigência não atendida pela parte autora nestes autos; — Elastecer o raio da ação de improbidade administrativa é perigoso, pois a mesma não foi instituída para abarcar todas as hipóteses pretendidas pelo Ministério Público; — Não houve por parte do Réu, no exercício da função administrativa de Presidente do TRT — 1ª Região, condutas reveladoras de desonestidade ou inabilidade que configurem ato de improbidade administrativa, tendo em vista não ter sido demonstrado o nexo de causalidade entre o exercício funcional e o desrespeito aos Princípios da Administração Pública; — A Lei n. 7.347/85, invocada pelo órgão ministerial na exordial como diploma disciplinador do caso em tela, não rege a ação de responsabilidade decorrente de improbidade administrativa, tratada por Lei própria, a Lei n. 8.429/92; — Não é razoável transportar para a Lei de Improbidade Administrativa, o que vem inserto na Lei n. 7.347/85, a qual cuida da ação civil pública, já que não é admitida tal mixagem; — O Ministério Público

— PRESCRIÇÃO TOTAL — Em se tratando de pedido de complementação de aposentadoria oriunda de norma regulamentar e jamais paga ao ex-empregado, a prescrição aplicável é a total, começando a fluir o biênio a partir da aposentadoria. (RA n. 18/93 — DJU 21.12.1993). A prescrição parcial, por seu turno, nesse caso, estaria relacionada à diferença de complementação de aposentadoria não paga. Isto é, as parcelas vencem mês a mês, atingindo os últimos dois anos. Diz a Súmula n. 327 do TST, como segue: SÚMULA TST N. 327 — Complementação dos proventos de aposentadoria. Diferença. Prescrição parcial — Tratando-se de pedido de diferença de complementação de aposentadoria oriunda de norma regulamentar, a prescrição aplicável é a parcial, não atingindo o direito de ação, mas, tão somente, as parcelas anteriores ao quinquênio. (Redação dada pela Resolução TST n. 121, DJ 19.11.2003). Por derradeiro, resta anunciar que existe posicionamento contrário ao Enunciado n. 326 do TST, anteriormente mencionado, no sentido de que o entendimento do TST não trilha o melhor caminho, no caso da complementação de aposentadoria nunca recebida pelo empregado, mas prevista em regulamento de empresa, pois se a complementação de aposentadoria foi instituída por regulamento de empresa, já se incorporou ao patrimônio do empregado (Súmula n. 51 do TST), e, daí, a prescrição deveria ser a parcial e não a total, de molde a se respeitar o direito adquirido do empregado (não se enquadraria como caso de ato único do empregador a ensejar a prescrição total, mas sim de prestações sucessivas, devendo recair no caso de prescrição parcial) consoante dispõe o art. 5º, inciso 36 da Constituição Federal de 1988 e o art. 6º da Lei de Introdução ao Código Civil (LICC).

(61) § 4º Os atos de improbidade administrativa importarão a suspensão dos direitos políticos, a perda da função pública, a indisponibilidade dos bens e o ressarcimento ao erário, na forma e gradação previstas em lei, sem prejuízo da ação penal cabível.

§ 5º A lei estabelecerá os prazos de prescrição para ilícitos praticados por qualquer agente, servidor ou não, que causem prejuízos ao erário, ressalvadas as respectivas ações de ressarcimento. (Ver Lei n. 9.873/99 e Lei n. 8.112/90, art. 142).

Federal não argumentou que o Juiz Mello Porto tenha utilizado seu cargo para se promover, mas aduz, tão somente, que tal magistrado estaria fazendo campanha política para exercer cargo no Poder Executivo, o que o tempo demonstrou que nunca existiu; — A ação de improbidade administrativa sofre influência direta da esfera administrativa, tendo em vista que ela, quase sempre, é iniciada após o ato de representação administrativa ou por força de inquérito civil público; — A autoridade judiciária não possui responsabilidade civil quando pratica ato jurisdicional por serem agentes públicos regidos pela Lei Complementar n. 35/79 que não admite a infringência de outros órgãos na atuação do Poder Judiciário; — A competência funcional para processar e julgar a presente ação rege-se pela prerrogativa de função do Réu, regra fixada pelo novo art. 84 do Código de Processo Penal, alterado pela Lei n. 10.628/02, que por possuir caráter processual, tem imediata aplicabilidade; — Os subscritores[(62)] da exordial estão despidos de competência para propositura desta ação de improbidade administrativa contra membro do TRT-1ª Região, tendo em vista competir ao Sub-Procurador da República, com assento no Superior Tribunal de Justiça, esta competência funcional; — Apelação desprovida. Inicial indeferida. (TRF 2ª R. — AC 98.02.39835-7 — 3ª T. — Rel. Des. Fed. Francisco Pizzolante — DJU 14.8.2003 — p. 116) AÇÃO CIVIL PÚBLICA — CONTRATO DE COMODATO — AUSÊNCIA DE AUTORIZAÇÃO LEGISLATIVA — ATO NULO — ATO DE IMPROBIDADE — OFENSA AO PRINCÍPIO DA LEGALIDADE — 'Por considerações de direito e de moral, o ato administrativo não terá que obedecer somente à Lei jurídica, mas também à Lei ética da própria instituição, porque nem tudo que é legal é honesto, conforme já proclamavam os romanos: — *non omne quod licet honestum est.* (Hely Lopes Meirelles). 'O art. 21, inciso, I da Lei n. 8.429/92[(63)] estatui que a aplicação das sanções

---

(62) O Tribunal, por maioria, julgou procedente a ação, nos termos do voto do relator, para declarar a *inconstitucionalidade da Lei n. 10.628*, de 24 de dezembro de 2002, que acresceu os §§ 1º e 2º ao art. 84 do Código de Processo Penal, vencidos os Senhores Ministros Eros Grau, Gilmar Mendes e a Presidente. Ausente, justificadamente, neste julgamento, o Senhor Ministro Nelson Jobim (Presidente). Presidiu o julgamento a Senhora Ministra Ellen Gracie (Vice Presidente). Plenário, 15.9.2005.

O art. 84 do CPP, agora revogado pela inconstitucionalidade da Lei n. 10.628/02, assim preceituava: Art. 84. A competência pela prerrogativa de função é do Supremo Tribunal Federal, do Superior Tribunal de Justiça, dos Tribunais Regionais Federais e Tribunais de Justiça dos Estados e do Distrito Federal, relativamente às pessoas que devam responder perante eles por crimes comuns e de responsabilidade.

§ 1º A competência especial por prerrogativa de função, relativa a atos administrativos do agente, prevalece ainda que o inquérito ou a ação judicial sejam iniciados após a cessação do exercício da função pública.

§ 2º A ação de improbidade, de que trata a Lei n. 8.429, de 2 de junho de 1992, será proposta perante o tribunal competente para processar e julgar criminalmente o funcionário ou autoridade na hipótese de prerrogativa de foro em razão do exercício de função pública, observado o disposto no § 1º."

(63) LEI N. 8.429 de 1992 — Agentes Públicos — Improbidade Administrativa — Enriquecimento Ilícito. LEI N. 8.429, DE 2 DE JUNHO DE 1992 (DOU 3.6.1992).

Dispõe sobre as sanções aplicáveis aos agentes públicos nos casos de enriquecimento ilícito no exercício de mandato cargo, emprego ou função na administração pública direta, indireta ou fundacional e dá outras providências.

CAPÍTULO I
DAS DISPOSIÇÕES GERAIS

Art. 1º Os atos de improbidade praticados por qualquer agente público, servidor ou não, contra a administração direta, indireta ou fundacional de qualquer dos Poderes da União, dos Estados, do

previstas independe da efetiva ocorrência de dano ao patrimônio público'. 'Os comportamentos que atentarem contra os princípios da administração pública merecem também ser punidos.' 'O objetivo do legislador foi permitir a punição dos agentes públicos que embora não tenham se enriquecido ilicitamente nem tenham causado prejuízo ao erário infringiram os princípios constitucionais da moralidade, legalidade e honestidade'." (TJMG — APCV 000.304.661-2/00 — 7ª C.Cív. — Rel. Des. Alvim Soares — J. 24.3.2003)

Distrito Federal, dos Municípios, de Território, de empresa incorporada ao patrimônio público ou de entidade para cuja criação ou custeio o erário haja concorrido ou concorra com mais de 50% (cinquenta por cento) do patrimônio ou da receita anual, serão punidos na forma desta Lei.

Parágrafo único. Estão também sujeitos às penalidades desta lei os atos de improbidade praticados contra o patrimônio de entidade que receba subvenção, benefício ou incentivo, fiscal ou creditício, de órgão público, bem como daquelas para cuja criação ou custeio o erário haja concorrido ou concorra com menos de 50% (cinquenta por cento) do patrimônio ou da receita anual, limitando-se, nestes casos, a sanção patrimonial à repercussão do ilícito sobre a contribuição dos cofres públicos.

Art. 2º Reputa-se agente público, para os efeitos desta Lei, todo aquele que exerce, ainda que transitoriamente ou sem remuneração, por eleição, nomeação, designação, contratação ou qualquer outra forma de investidura ou vínculo, mandato, cargo, emprego ou função nas entidades mencionadas no artigo anterior.

Art. 3º As disposições desta Lei são aplicáveis, no que couber, àquele que, mesmo não sendo agente público, induza ou concorra para a prática do ato de improbidade ou dele se beneficie sob qualquer forma direta ou indireta.

Art. 4º Os agentes públicos de qualquer nível ou hierarquia são obrigados a velar pela estrita observância dos princípios de legalidade, impessoalidade, moralidade e publicidade no trato dos assuntos que lhes são afetos.

Art. 5º Ocorrendo lesão ao patrimônio público por ação ou omissão, dolosa ou culposa, do agente ou de terceiro, dar-se-á o integral ressarcimento do dano.

Art. 6º No caso de enriquecimento ilícito, perderá o agente público ou terceiro beneficiário os bens ou valores acrescidos ao seu patrimônio.

Art. 7º Quando o ato de improbidade causar lesão ao patrimônio público ou ensejar enriquecimento ilícito, caberá à autoridade administrativa responsável pelo inquérito representar ao Ministério Público, para a indisponibilidade dos bens do indiciado.

Parágrafo único. A indisponibilidade a que se refere o *caput* deste artigo recairá sobre bens que assegurem o integral ressarcimento do dano, ou sobre o acréscimo patrimonial resultante do enriquecimento ilícito.

Art. 8º O sucessor daquele que causar lesão ao patrimônio público ou se enriquecer ilicitamente está sujeito às cominações desta Lei até o limite do valor da herança.

CAPÍTULO II
DOS ATOS DE IMPROBIDADE ADMINISTRATIVA

SEÇÃO I
DOS ATOS DE IMPROBIDADE ADMINISTRATIVA QUE IMPORTAM ENRIQUECIMENTO ILÍCITO

Art. 9º Constitui ato de improbidade administrativa importando enriquecimento ilícito auferir qualquer tipo de vantagem patrimonial indevida em razão do exercício de cargo, mandato, função, emprego ou atividade nas entidades mencionadas no art. 1º desta Lei, e notadamente:

I — receber, para si ou para outrem, dinheiro, bem móvel ou imóvel, ou qualquer outra vantagem econômica, direta ou indireta, a título de comissão, percentagem, gratificação ou presente de quem tenha interesse, direto ou indireto, que possa ser atingido ou amparado por ação ou omissão decorrente das atribuições do agente público;

II — perceber vantagem econômica, direta ou indireta, para facilitar a aquisição, permuta ou locação de bem móvel ou imóvel, ou a contratação de serviços pelas entidades referidas no art. 1º por preço superior ao valor de mercado;

III — perceber vantagem econômica, direta ou indireta, para facilitar a alienação, permuta ou locação de bem público ou o fornecimento de serviço por ente estatal por preço inferior ao valor de mercado;

IV — utilizar, em obra ou serviço particular, veículos, máquinas, equipamentos ou material de qualquer natureza, de propriedade ou à disposição de qualquer das entidades mencionadas no art. 1º desta Lei, bem como o trabalho de servidores públicos, empregados ou terceiros contratados por essas entidades;

V — receber vantagem econômica de qualquer natureza, direta ou indireta, para tolerar a exploração ou a prática de jogos de azar, de lenocínio, de narcotráfico, de contrabando, de usura ou de qualquer outra atividade ilícita, ou aceitar promessa de tal vantagem;

VI — receber vantagem econômica de qualquer natureza, direta ou indireta, para fazer declaração falsa sobre medição ou avaliação em obras públicas ou qualquer outro serviço, ou sobre quantidade, peso, medida, qualidade ou característica de mercadorias ou bens fornecidos a qualquer das entidades mencionadas no art. 1º desta Lei;

VII — adquirir, para si ou para outrem, no exercício de mandato, cargo, emprego ou função pública, bens de qualquer natureza cujo valor seja desproporcional à evolução do patrimônio ou à renda do agente público;

VIII — aceitar emprego, comissão ou exercer atividade de consultoria ou assessoramento para pessoa física ou jurídica que tenha interesse suscetível de ser atingido ou amparado por ação ou omissão decorrente das atribuições do agente público, durante a atividade;

IX — perceber vantagem econômica para intermediar a liberação ou aplicação de verba pública de qualquer natureza;

X — receber vantagem econômica de qualquer natureza, direta ou indiretamente, para omitir ato de ofício, providência ou declaração a que esteja obrigado;

XI — incorporar, por qualquer forma, ao seu patrimônio bens, rendas, verbas ou valores integrantes do acervo patrimonial das entidades mencionadas no art. 1º desta Lei;

XII — usar, em proveito próprio, bens, rendas, verbas ou valores integrantes do acervo patrimonial das entidades mencionadas no art. 1º desta Lei.

SEÇÃO II
DOS ATOS DE IMPROBIDADE ADMINISTRATIVA QUE CAUSAM PREJUÍZO AO ERÁRIO

Art. 10. Constitui ato de improbidade administrativa que causa lesão ao erário qualquer ação ou omissão, dolosa ou culposa, que enseje perda patrimonial, desvio, apropriação, malbaratamento ou dilapidação dos bens ou haveres das entidades referidas no art. 1º desta Lei, e notadamente:

I — facilitar ou concorrer por qualquer forma para a incorporação ao patrimônio particular, de pessoa física ou jurídica, de bens, rendas, verbas ou valores integrantes do acervo patrimonial das entidades mencionadas no art. 1º desta Lei;

II — permitir ou concorrer para que pessoa física ou jurídica privada utilize bens, rendas, verbas ou valores integrantes do acervo patrimonial das entidades mencionadas no art. 1º desta Lei, sem a observância das formalidades legais ou regulamentares aplicáveis à espécie;

III — doar à pessoa física ou jurídica bem como ao ente despersonalizado, ainda que de fins educativos ou assistenciais, bens, rendas, verbas ou valores do patrimônio de qualquer das entidades mencionadas no art. 1º desta Lei, sem observância das formalidades legais e regulamentares aplicáveis à espécie;

IV — permitir ou facilitar a alienação, permuta ou locação de bem integrante do patrimônio de qualquer das entidades referidas no art. 1º desta Lei, ou ainda a prestação de serviço por parte delas, por preço inferior ao de mercado;

V — permitir ou facilitar a aquisição, permuta ou locação de bem ou serviço por preço superior ao de mercado;

VI — realizar operação financeira sem observância das normas legais e regulamentares ou aceitar garantia insuficiente ou inidônea;

VII — conceder benefício administrativo ou fiscal sem a observância das formalidades legais ou regulamentares aplicáveis à espécie;

VIII — frustrar a licitude de processo licitatório ou dispensá-lo indevidamente;

IX — ordenar ou permitir a realização de despesas não autorizadas em lei ou regulamento;

X — agir negligentemente na arrecadação de tributo ou renda, bem como no que diz respeito à conservação do patrimônio público;

XI — liberar verba pública sem a estrita observância das normas pertinentes ou influir de qualquer forma para a sua aplicação irregular;

XII — permitir, facilitar ou concorrer para que terceiro se enriqueça ilicitamente;

XIII — permitir que se utilize, em obra ou serviço particular, veículos, máquinas, equipamentos ou material de qualquer natureza, de propriedade ou à disposição de qualquer das entidades mencionadas no art. 1º desta Lei, bem como o trabalho de servidor público, empregados ou terceiros contratados por essas entidades.

SEÇÃO III
DOS ATOS DE IMPROBIDADE ADMINISTRATIVA QUE ATENTAM CONTRA OS PRINCÍPIOS DA ADMINISTRAÇÃO PÚBLICA

Art. 11. Constitui ato de improbidade administrativa que atenta contra os princípios da administração pública qualquer ação ou omissão que viole os deveres de honestidade, imparcialidade, legalidade e lealdade às instituições, e notadamente:

I — praticar ato visando fim proibido em lei ou regulamento ou diverso daquele previsto na regra de competência;

II — retardar ou deixar de praticar, indevidamente, ato de ofício;

III — revelar fato ou circunstância de que tem ciência em razão das atribuições e que deva permanecer em segredo;

IV — negar publicidade aos atos oficiais;

V — frustrar a licitude de concurso público;

VI — deixar de prestar contas quando esteja obrigado a fazê-lo;

VII — revelar ou permitir que chegue ao conhecimento de terceiro, antes da respectiva divulgação oficial, teor de medida política ou econômica capaz de afetar o preço de mercadoria, bem ou serviço.

CAPÍTULO III
DAS PENAS

Art. 12. Independentemente das sanções penais, civis e administrativas, previstas na legislação específica, está o responsável pelo ato de improbidade sujeito às seguintes cominações:

I — na hipótese do art. 9º, perda dos bens ou valores acrescidos ilicitamente ao patrimônio, ressarcimento integral do dano, quando houver, perda da função pública, suspensão dos direitos políticos de 8 (oito) a 10 (dez) anos, pagamento de multa civil de até 3 (três) vezes o valor do acréscimo patrimonial e proibição de contratar com o Poder Público ou receber benefícios ou incentivos fiscais ou creditícios, direta ou indiretamente, ainda que por intermédio de pessoa jurídica da qual seja sócio majoritário, pelo prazo de 10 (dez) anos;

II — na hipótese do art. 10, ressarcimento integral do dano, perda dos bens ou valores acrescidos ilicitamente ao patrimônio, se concorrer esta circunstância, perda da função pública, suspensão dos direitos políticos de 5 (cinco) a 8 (oito) anos, pagamento de multa civil de até 2 (duas) vezes o valor do dano e proibição de contratar com o Poder Público ou receber benefícios ou incentivos fiscais ou creditícios, direta ou indiretamente, ainda que por intermédio de pessoa jurídica da qual seja sócio majoritário, pelo prazo de 5 (cinco) anos;

III — na hipótese do art. 11, ressarcimento integral do dano, se houver, perda da função pública, suspensão dos direitos políticos de 3 (três) a 5 (cinco) anos, pagamento de multa civil de até 100 (cem) vezes o valor da remuneração percebida pelo agente e proibição de contratar com o Poder Público ou receber benefícios ou incentivos fiscais ou creditícios, direta ou indiretamente, ainda que por intermédio de pessoa jurídica da qual seja sócio majoritário, pelo prazo de 3 (três) anos.

Parágrafo único. Na fixação das penas previstas nesta Lei o juiz levará em conta a extensão do dano causado, assim como o proveito patrimonial obtido pelo agente.

CAPÍTULO IV
DA DECLARAÇÃO DE BENS

Art. 13. A posse e o exercício de agente público ficam condicionados à apresentação de declaração dos bens e valores que compõem o seu patrimônio privado, a fim de ser arquivada no Serviço de Pessoal competente.

§ 1º A declaração compreenderá imóveis, móveis, semoventes, dinheiro, títulos, ações, e qualquer outra espécie de bens e valores patrimoniais, localizados no País ou no exterior e, quando for o caso, abrangerá os bens e valores patrimoniais do cônjuge ou companheiro, dos filhos e de outras pessoas que vivam sob a dependência econômica do declarante, excluídos apenas os objetos e utensílios de uso doméstico.

§ 2º A declaração de bens será anualmente atualizada e na data em que o agente público deixar o exercício do mandato, cargo, emprego ou função.

§ 3º Será punido com a pena de demissão, a bem do serviço público, sem prejuízo de outras sanções cabíveis, o agente público que se recusar a prestar declaração dos bens, dentro do prazo determinado, ou que a prestar falsa.

§ 4º O declarante, a seu critério, poderá entregar cópia da declaração anual de bens apresentada à Delegacia da Receita Federal na conformidade da legislação do Imposto sobre a Renda e proventos de qualquer natureza, com as necessárias atualizações, para suprir a exigência contida no *caput* e no § 2º deste artigo.

CAPÍTULO V
DO PROCEDIMENTO ADMINISTRATIVO E DO PROCESSO JUDICIAL

Art. 14. Qualquer pessoa poderá representar à autoridade administrativa competente para que seja instaurada investigação destinada a apurar a prática de ato de improbidade.

§ 1º A representação, que será escrita ou reduzida a termo e assinada, conterá a qualificação do representante, as informações sobre o fato e sua autoria e a indicação das provas de que tenha conhecimento.

§ 2º A autoridade administrativa rejeitará a representação, em despacho fundamentado, se esta não contiver as formalidades estabelecidas no § 1º deste artigo. A rejeição não impede a representação ao Ministério Público, nos termos do art. 22 desta Lei.

§ 3º Atendidos os requisitos da representação, a autoridade determinará a imediata apuração dos fatos que, em se tratando de servidores federais, será processada na forma prevista nos arts. 148 a 182 da Lei n. 8.112, de 11 de dezembro de 1990, e, em se tratando de servidor militar, de acordo com os respectivos regulamentos disciplinares.

Art. 15. A comissão processante dará conhecimento ao Ministério Público e ao Tribunal ou Conselho de Contas da existência de procedimento administrativo para apurar a prática de ato de improbidade.

Parágrafo único. O Ministério Público ou Tribunal ou Conselho de Contas poderá, a requerimento, designar representante para acompanhar o procedimento administrativo.

Art. 16. Havendo fundados indícios de responsabilidade, a comissão representará ao Ministério Público ou à procuradoria do órgão para que requeira ao juízo competente a decretação do sequestro dos bens do agente ou terceiro que tenha enriquecido ilicitamente ou causado dano ao patrimônio público.

§ 1º O pedido de sequestro será processado de acordo com o disposto nos arts. 822 e 825 do Código de Processo Civil.

§ 2º Quando for o caso, o pedido incluirá a investigação, o exame e o bloqueio de bens, contas bancárias e aplicações financeiras mantidas pelo indiciado no exterior, nos termos da lei e dos tratados internacionais.

Art. 17. A ação principal, que terá o rito ordinário, será proposta pelo Ministério Público ou pela pessoa jurídica interessada, dentro de 30 (trinta) dias da efetivação da medida cautelar.

§ 1º É vedada a transação, acordo ou conciliação nas ações de que trata o *caput*.

§ 2º A Fazenda Pública, quando for o caso, promoverá as ações necessárias à complementação do ressarcimento do patrimônio público.

§ 3º No caso da ação principal ter sido proposta pelo Ministério Público, aplica-se, no que couber, o disposto no § 3º do art. 6º da Lei n. 4.717, de 29 de junho de 1965. (Redação dada ao parágrafo pela Lei n. 9.366, de 16.12.1996)

Nota: Assim dispunha o parágrafo alterado:

"§ 3º No caso da ação principal ter sido proposta pelo Ministério Público, a pessoa jurídica interessada integrará a lide na qualidade de litisconsorte, devendo suprir as omissões e falhas da inicial e apresentar ou indicar os meios de prova de que disponha."

§ 4º O Ministério Público, se não intervier no processo como parte, atuará, obrigatoriamente, como fiscal da lei, sob pena de nulidade.

§ 5º A propositura da ação prevenirá a jurisdição do juízo para todas as ações posteriormente intentadas que possuam a mesma causa de pedir ou o mesmo objeto. (NR) (Parágrafo acrescentado pela Medida Provisória n. 2.180-35, de 24.8.2001, DOU 27.8.2001, em vigor conforme o art. 2º da EC n. 32/01)

§ 6º A ação será instruída com documentos ou justificação que contenham indícios suficientes da existência do ato de improbidade ou com razões fundamentadas da impossibilidade de apresentação de qualquer dessas provas, observada a legislação vigente, inclusive as disposições inscritas nos arts. 16 a 18 do Código de Processo Civil. (Parágrafo acrescentado pela Medida Provisória n. 2.225-45, de 4.9.2001, DOU 5.9.2001 — Ed. Extra, em vigor conforme o art. 2º da EC n. 32/01)

§ 7º Estando a inicial em devida forma, o juiz mandará autuá-la e ordenará a notificação do requerido, para oferecer manifestação por escrito, que poderá ser instruída com documentos e justificações, dentro do prazo de quinze dias. (Parágrafo acrescentado pela Medida Provisória n. 2.225-45, de 4.9.2001, DOU 5.9.2001 — Ed. Extra, em vigor conforme o art. 2º da EC n. 32/01)

§ 8º Recebida a manifestação, o juiz, no prazo de trinta dias, em decisão fundamentada, rejeitará a ação, se convencido da inexistência do ato de improbidade, da improcedência da ação ou da inadequação da via eleita. (Parágrafo acrescentado pela Medida Provisória n. 2.225-45, de 4.9.2001, DOU 5.9.2001 — Ed. Extra, em vigor conforme o art. 2º da EC n. 32/01)

§ 9º Recebida a petição inicial, será o réu citado para apresentar contestação. (Parágrafo acrescentado pela Medida Provisória n. 2.225-45, de 4.9.2001, DOU 5.9.2001 — Ed. Extra, em vigor conforme o art. 2º da EC n. 32/01)

§ 10. Da decisão que receber a petição inicial, caberá agravo de instrumento. (Parágrafo acrescentado pela Medida Provisória n. 2.225-45, de 4.9.2001, DOU 5.9.2001 — Ed. Extra, em vigor conforme o art. 2º da EC n. 32/01)

§ 11. Em qualquer fase do processo, reconhecida a inadequação da ação de improbidade, o juiz extinguirá o processo sem julgamento do mérito. (Parágrafo acrescentado pela Medida Provisória n. 2.225-45, de 4.9.2001, DOU 5.9.2001 — Ed. Extra, em vigor conforme o art. 2º da EC n. 32/01)

§ 12. Aplica-se aos depoimentos ou inquirições realizadas nos processos regidos por esta Lei o disposto no art. 221, *caput* e § 1º, do Código de Processo Penal. (NR) (Parágrafo acrescentado pela Medida Provisória n. 2.225-45, de 4.9.2001, DOU 5.9.2001 — Ed. Extra, em vigor conforme o art. 2º da EC n. 32/01)

Art. 18. A sentença que julgar procedente ação civil de reparação de dano ou decretar a perda dos bens havidos ilicitamente determinará o pagamento ou a reversão dos bens, conforme o caso, em favor da pessoa jurídica prejudicada pelo ilícito.

CAPÍTULO VI
DAS DISPOSIÇÕES PENAIS

Art. 19. Constitui crime a representação por ato de improbidade contra agente público ou terceiro beneficiário quando o autor da denúncia o sabe inocente.

Pena — detenção de 6 (seis) a 10 (dez) meses e multa.

Parágrafo único. Além da sanção penal, o denunciante está sujeito a indenizar o denunciado pelos danos materiais, morais ou à imagem que houver provocado.

Art. 20. A perda da função pública e a suspensão dos direitos políticos só se efetivam com o trânsito em julgado da sentença condenatória.

Parágrafo único. A autoridade judicial ou administrativa competente poderá determinar o afastamento do agente público do exercício do cargo, emprego ou função, sem prejuízo da remuneração, quando a medida se fizer necessária à instrução processual.

Art. 21. A aplicação das sanções previstas nesta Lei independe:

I — da efetiva ocorrência de dano ao patrimônio público;

II — da aprovação ou rejeição das contas pelo órgão de controle interno ou pelo Tribunal ou Conselho de Contas.

Art. 22. Para apurar qualquer ilícito previsto nesta Lei, o Ministério Público, de ofício, a requerimento de autoridade administrativa ou mediante representação formulada de acordo com o disposto no artigo 14, poderá requisitar a instauração de inquérito policial ou procedimento administrativo.

CAPÍTULO VII
DA PRESCRIÇÃO

Art. 23. As ações destinadas a levar a efeito as sanções previstas nesta Lei podem ser propostas:

I — até 5 (cinco) anos após o término do exercício de mandato, de cargo em comissão ou de função de confiança;

II — dentro do prazo prescricional previsto em lei específica para faltas disciplinares puníveis com demissão à bem do serviço público, nos casos de exercício de cargo efetivo ou emprego.

A Lei n. 8.112/90 também disciplina os atos de Improbidade Administrativa, em seu Título IV, nos seguintes dispositivos:

CAPÍTULO IV
DAS RESPONSABILIDADES

Art. 121. O servidor responde civil, penal e administrativamente pelo exercício irregular de suas atribuições.

Art. 122. A responsabilidade civil decorre de ato omissivo ou comissivo, doloso ou culposo, que resulte em prejuízo ao erário ou a terceiros.

§ 1º A indenização de prejuízo dolosamente causado ao erário somente será liquidada na forma prevista no art. 46, na falta de outros bens que assegurem a execução do débito pela via judicial.

§ 2º Tratando-se de dano causado a terceiros, responderá o servidor perante a Fazenda Pública, em ação regressiva.

§ 3º A obrigação de reparar o dano estende-se aos sucessores e contra eles será executada, até o limite do valor da herança recebida.

Art. 123. A responsabilidade penal abrange os crimes e contravenções imputadas ao servidor, nessa qualidade.

Art. 124. A responsabilidade civil-administrativa resulta de ato omissivo ou comissivo praticado no desempenho do cargo ou função.

Art. 125. As sanções civis, penais e administrativas poderão cumular-se, sendo independentes entre si.

Art. 126. A responsabilidade administrativa do servidor será afastada no caso de absolvição criminal que negue a existência do fato ou sua autoria.

CAPÍTULO V
DAS PENALIDADES

Art. 127. São penalidades disciplinares:

I — advertência;

II — suspensão;

III — demissão;

IV — cassação de aposentadoria ou disponibilidade;

V — destituição de cargo em comissão;

CAPÍTULO VIII
DAS DISPOSIÇÕES FINAIS

Art. 24. Esta Lei entra em vigor na data de sua publicação.

Art. 25. Ficam revogadas as Leis ns. 3.164, de 1º de junho de 1957, e 3.502, de 21 de dezembro de 1958, e demais disposições em contrário.

Rio de Janeiro, 2 de junho de 1992; 171º da Independência e 104º da República.

Fernando Collor

VI — destituição de função comissionada.

Art. 128. Na aplicação das penalidades serão consideradas a natureza e a gravidade da infração cometida, os danos que dela provierem para o serviço público, as circunstâncias agravantes ou atenuantes e os antecedentes funcionais.

Parágrafo único. O ato de imposição da penalidade mencionará sempre o fundamento legal e a causa da sanção disciplinar. (Parágrafo acrescentado pela Lei n. 9.527, de 10.12.1997)

Art. 129. A advertência será aplicada por escrito, nos casos de violação de proibição constante do art. 117, incisos I a VIII e XIX, e de inobservância de dever funcional previsto em lei, regulamentação ou norma interna, que não justifique imposição de penalidade mais grave. (Redação dada pela Lei n. 9.527, de 10.12.1997)

Art. 130. A suspensão será aplicada em caso de reincidência das faltas punidas com advertência e de violação das demais proibições que não tipifiquem infração sujeita a penalidade de demissão, não podendo exceder de 90 (noventa) dias.

§ 1º Será punido com suspensão de até 15 (quinze) dias o servidor que, injustificadamente, recusar-se a ser submetido a inspeção médica determinada pela autoridade competente, cessando os efeitos da penalidade uma vez cumprida a determinação.

§ 2º Quando houver conveniência para o serviço, a penalidade de suspensão poderá ser convertida em multa, na base de 50% (cinquenta por cento) por dia de vencimento ou remuneração, ficando o servidor obrigado a permanecer em serviço.

Art. 131. As penalidades de advertência e de suspensão terão seus registros cancelados, após o decurso de 3 (três) e 5 (cinco) anos de efetivo exercício, respectivamente, se o servidor não houver, nesse período, praticado nova infração disciplinar.

Parágrafo único. O cancelamento da penalidade não surtirá efeitos retroativos.

Art. 132. A demissão será aplicada nos seguintes casos:

I — crime contra a administração pública;

II — abandono de cargo;

III — inassiduidade habitual;

IV — improbidade administrativa;

V — incontinência pública e conduta escandalosa, na repartição;

VI — insubordinação grave em serviço;

VII — ofensa física, em serviço, a servidor ou a particular, salvo em legítima defesa própria ou de outrem;

VIII — aplicação irregular de dinheiros públicos;

IX — revelação de segredo do qual se apropriou em razão do cargo;

X — lesão aos cofres públicos e dilapidação do patrimônio nacional;

XI — corrupção;

XII — acumulação ilegal de cargos, empregos ou funções públicas;

XIII — transgressão dos incisos IX a XVI do art. 117.

Art. 133. Detectada a qualquer tempo a acumulação ilegal de cargos, empregos ou funções públicas, a autoridade a que se refere o art. 143 notificará o servidor, por intermédio de sua chefia imediata, para apresentar opção no prazo improrrogável de 10 (dez) dias contados da data da ciência e, na hipótese de omissão, adotará procedimento sumário para a sua apuração e regularização imediata, cujo processo administrativo disciplinar se desenvolverá nas seguintes fases:

I — instauração, com a publicação do ato que constituir a comissão, a ser composta por dois servidores estáveis, e simultaneamente indicar a autoria e a materialidade da transgressão objeto da apuração;

II — instrução sumária, que compreende indiciação, defesa e relatório;

III — julgamento.

§ 1º A indicação da autoria de que trata o inciso I dar-se-á pelo nome e matrícula do servidor, e a materialidade pela descrição dos cargos, empregos ou funções públicas em situação de acumulação ilegal, dos órgãos ou entidades de vinculação, das datas de ingresso, do horário de trabalho e do correspondente regime jurídico.

§ 2º A comissão lavrará, até 3 (três) dias após a publicação do ato que a constituiu, termo de indiciação em que serão transcritas as informações de que trata o parágrafo anterior, bem como promoverá a citação pessoal do servidor indiciado, ou por intermédio de sua chefia imediata, para, no prazo de 5 (cinco) dias, apresentar defesa escrita, assegurando-se-lhe vista do processo na repartição, observado o disposto nos arts. 163 e 164.

§ 3º Apresentada a defesa, a comissão elaborará relatório conclusivo quanto à inocência ou à responsabilidade do servidor, em que resumirá as peças principais dos autos, opinará sobre a licitude da acumulação em exame, indicará o respectivo dispositivo legal e remeterá o processo à autoridade instauradora, para julgamento.

§ 4º No prazo de 5 (cinco) dias, contados do recebimento do processo, a autoridade julgadora proferirá a sua decisão, aplicando-se, quando for o caso, o disposto no § 3º do art. 167.

§ 5º A opção pelo servidor até o último dia de prazo para defesa configurará sua boa-fé, hipótese em que se converterá automaticamente em pedido de exoneração do outro cargo.

§ 6º Caracterizada a acumulação ilegal e provada a má-fé, aplicar-se-á a pena de demissão, destituição ou cassação de aposentadoria ou disponibilidade em relação aos cargos, empregos ou funções públicas em regime de acumulação ilegal, hipótese em que os órgãos ou entidades de vinculação serão comunicados.

§ 7º O prazo para conclusão do processo administrativo disciplinar submetido ao rito sumário não excederá 30 (trinta) dias, contados da data de publicação do ato que constituir a comissão, admitida a sua prorrogação por até 15 (quinze) dias, quando as circunstâncias o exigirem.

§ 8º O procedimento sumário rege-se pelas disposições deste artigo observando-se, no que lhe for aplicável, subsidiariamente, as disposições dos Títulos IV e V desta Lei. (Redação dada ao artigo pela Lei n. 9.527, de 10.12.1997)

Art. 134. Será cassada a aposentadoria ou a disponibilidade do inativo que houver praticado, na atividade, falta punível com a demissão.

Art. 135. A destituição de cargo em comissão exercido por não ocupante de cargo efetivo será aplicada nos casos de infração sujeita às penalidades de suspensão e de demissão.

Parágrafo único. Constatada a hipótese de que trata este artigo, a exoneração efetuada nos termos do art. 35 será convertida em destituição de cargo em comissão.

Art. 136. A demissão ou a destituição de cargo em comissão, nos casos dos incisos IV, VIII, X e XI do art. 132, implica a indisponibilidade dos bens e o ressarcimento ao erário, sem prejuízo da ação penal cabível.

Art. 137. A demissão, ou a destituição de cargo em comissão por infringência do art. 117, incisos IX e XI, incompatibiliza o ex-servidor para nova investidura em cargo público federal, pelo prazo de 5 (cinco) anos.

Parágrafo único. Não poderá retornar ao serviço público federal o servidor que for demitido ou destituído do cargo em comissão por infringência do art. 132, incisos I, IV, VIII, X e XI.

Art. 138. Configura abandono de cargo a ausência intencional do servidor ao serviço por mais de 30 (trinta) dias consecutivos.

Art. 139. Entende-se por inassiduidade habitual a falta ao serviço, sem causa justificada, por 60 (sessenta) dias, interpoladamente, durante o período de 12 (doze) meses.

Art. 140. Na apuração de abandono de cargo ou inassiduidade habitual, também será adotado o procedimento sumário a que se refere o art. 133, observando-se especialmente que: (Redação dada pela Lei n. 9.527, de 10.12.1997)

I — a indicação da materialidade dar-se-á: (Inciso acrescentado pela Lei n. 9.527, de 10.12.1997)

a) na hipótese de abandono de cargo, pela indicação precisa do período de ausência intencional do servidor ao serviço superior a 30 (trinta) dias; (Alínea acrescentada pela Lei n. 9.527, de 10.12.1997)

b) no caso de inassiduidade habitual, pela indicação dos dias de falta ao serviço sem causa justificada, por período igual ou superior a 60 (sessenta) dias interpoladamente, durante o período de 12 (doze) meses; (Alínea acrescentada pela Lei n. 9.527, de 10.12.1997)

II — após a apresentação da defesa, a comissão elaborará relatório conclusivo quanto à inocência ou à responsabilidade do servidor, em que resumirá as peças principais dos autos, indicará o respectivo dispositivo legal, opinará, na hipótese de abandono de cargo, sobre a intencionalidade da ausência ao serviço superior a 30 (trinta) dias e remeterá o processo à autoridade instauradora para julgamento. (Inciso acrescentado pela Lei n. 9.527, de 10.12.1997)

Nota: Assim dispunha o artigo alterado:

"Art. 140. O ato de imposição da penalidade mencionará sempre o fundamento legal e a causa da sanção disciplinar."

Art. 141. As penalidades disciplinares serão aplicadas:

I — pelo Presidente da República, pelos Presidentes das Casas do Poder Legislativo e dos Tribunais Federais, e pelo Procurador-Geral da República, quando se tratar de demissão e cassação de aposentadoria ou disponibilidade de servidor vinculado ao respectivo Poder, órgão, ou entidade;

II — pelas autoridades administrativas de hierarquia imediatamente inferior àquelas mencionadas no inciso anterior quando se tratar de suspensão superior a 30 (trinta) dias;

III — pelo chefe da repartição e outras autoridades na forma dos respectivos regimentos ou regulamentos, nos casos de advertência ou de suspensão de até 30 (trinta) dias;

IV — pela autoridade que houver feito a nomeação, quando se tratar de destituição de cargo em comissão.

Art. 142. A ação disciplinar prescreverá:

I — em 5 (cinco) anos, quanto às infrações puníveis com demissão, cassação de aposentadoria ou disponibilidade e destituição de cargo em comissão;

II — em 2 (dois) anos, quanto à suspensão;

III — em 180 (cento e oitenta) dias, quanto à advertência.

§ 1º O prazo de prescrição começa a correr da data em que o fato se tornou conhecido.

§ 2º Os prazos de prescrição previstos na lei penal aplicam-se às infrações disciplinares capituladas também como crime.

§ 3º A abertura de sindicância ou a instauração de processo disciplinar interrompe a prescrição, até a decisão final proferida por autoridade competente.

§ 4º Interrompido o curso da prescrição, o prazo começará a correr a partir do dia em que cessar a interrupção.

TÍTULO V
DO PROCESSO ADMINISTRATIVO DISCIPLINAR

CAPÍTULO I
DISPOSIÇÕES GERAIS

Art. 143. A autoridade que tiver ciência de irregularidade no serviço público é obrigada a promover a sua apuração imediata, mediante sindicância ou processo administrativo disciplinar, assegurada ao acusado ampla defesa.

Nota: ver Portaria SRF n. 699, de 21.7.1999, DOU 23.7.1999, que dispõe sobre a realização de sindicância ou processo administrativo disciplinar no âmbito da Secretaria da Receita Federal.

§ 1º Compete ao órgão central do SIPEC supervisionar e fiscalizar o cumprimento do disposto neste artigo. (Parágrafo acrescentado pela Lei n. 9.527, de 10.12.1997)

§ 2º Constatada a omissão no cumprimento da obrigação a que se refere o *caput* deste artigo, o titular do órgão central do SIPEC designará a comissão de que trata o art. 149. (Parágrafo acrescentado pela Lei n. 9.527, de 10.12.1997)

§ 3º A apuração de que trata o *caput*, por solicitação da autoridade a que se refere, poderá ser promovida por autoridade de órgão ou entidade diverso daquele em que tenha ocorrido a irregularidade, mediante competência específica para tal finalidade, delegada em caráter permanente ou temporário pelo Presidente da República, pelos presidentes das Casas do Poder Legislativo e dos Tribunais Federais e pelo Procurador-Geral da República, no âmbito do respectivo Poder, órgão ou entidade, preservadas as competências para o julgamento que se seguir à apuração. (Parágrafo acrescentado pela Lei n. 9.527, de 10.12.1997)

Art. 144. As denúncias sobre irregularidades serão objeto de apuração, desde que contenham a identificação e o endereço do denunciante e sejam formuladas por escrito, confirmada a autenticidade.

Parágrafo único. Quando o fato narrado não configurar evidente infração disciplinar ou ilícito penal, a denúncia será arquivada, por falta de objeto.

Art. 145. Da sindicância poderá resultar:

I — arquivamento do processo;

II — aplicação de penalidade de advertência ou suspensão de até 30 (trinta) dias;

III — instauração de processo disciplinar.

Parágrafo único. O prazo para conclusão da sindicância não excederá 30 (trinta) dias, podendo ser prorrogado por igual período, a critério da autoridade superior.

Art. 146. Sempre que o ilícito praticado pelo servidor ensejar a imposição de penalidade de suspensão por mais de 30 (trinta) dias, de demissão, cassação de aposentadoria ou disponibilidade, ou destituição de cargo em comissão, será obrigatória a instauração de processo disciplinar.

CAPÍTULO II
DO AFASTAMENTO PREVENTIVO

Art. 147. Como medida cautelar e a fim de que o servidor não venha a influir na apuração da irregularidade, a autoridade instauradora do processo disciplinar poderá determinar o seu afastamento do exercício do cargo, pelo prazo de até 60 (sessenta) dias, sem prejuízo da remuneração.

Parágrafo único. O afastamento poderá ser prorrogado por igual prazo, findo o qual cessarão os seus efeitos, ainda que não concluído o processo.

CAPÍTULO III
DO PROCESSO DISCIPLINAR

Art. 148. O processo disciplinar é o instrumento destinado a apurar responsabilidade de servidor por infração praticada no exercício de suas atribuições, ou que tenha relação com as atribuições do cargo em que se encontre investido.

Art. 149. O processo disciplinar será conduzido por comissão composta de três servidores estáveis designados pela autoridade competente, observado o disposto no § 3º do art. 143, que indicará, dentre eles, o seu presidente, que deverá ser ocupante de cargo efetivo superior ou de mesmo nível, ou ter nível de escolaridade igual ou superior ao do indiciado. (Redação dada pela Lei n. 9.527, de 10.12.1997)

§ 1º A Comissão terá como secretário servidor designado pelo seu presidente, podendo a indicação recair em um de seus membros.

§ 2º Não poderá participar de comissão de sindicância ou de inquérito, cônjuge, companheiro ou parente do acusado, consanguíneo ou afim, em linha reta ou colateral, até o terceiro grau.

Art. 150. A Comissão exercerá suas atividades com independência e imparcialidade, assegurado o sigilo necessário à elucidação do fato ou exigido pelo interesse da administração.

Parágrafo único. As reuniões e as audiências das comissões terão caráter reservado.

Art. 151. O processo disciplinar se desenvolve nas seguintes fases:

I — instauração, com a publicação do ato que constituir a comissão;

II — inquérito administrativo, que compreende instrução, defesa e relatório;

III — julgamento.

Art. 152. O prazo para a conclusão do processo disciplinar não excederá 60 (sessenta) dias, contados da data de publicação do ato que constituir a comissão, admitida a sua prorrogação por igual prazo, quando as circunstâncias o exigirem.

§ 1º Sempre que necessário, a comissão dedicará tempo integral aos seus trabalhos, ficando seus membros dispensados do ponto, até a entrega do relatório final.

§ 2º As reuniões da comissão serão registradas em atas que deverão detalhar as deliberações adotadas.

SEÇÃO I
DO INQUÉRITO

Art. 153. O inquérito administrativo obedecerá ao princípio do contraditório, assegurada ao acusado ampla defesa, com a utilização dos meios e recursos admitidos em direito.

Art. 154. Os autos da sindicância integrarão o processo disciplinar, como peça informativa da instrução.

Parágrafo único. Na hipótese de o relatório da sindicância concluir que a infração está capitulada como ilícito penal, a autoridade competente encaminhará cópia dos autos ao Ministério Público, independentemente da imediata instauração do processo disciplinar.

Art. 155. Na fase do inquérito, a comissão promoverá a tomada de depoimentos, acareações, investigações e diligências cabíveis, objetivando a coleta de prova, recorrendo, quando necessário, a técnicos e peritos, de modo a permitir a completa elucidação dos fatos.

Art. 156. É assegurado ao servidor o direito de acompanhar o processo pessoalmente ou por intermédio de procurador, arrolar e reinquirir testemunhas, produzir provas e contraprovas e formular quesitos, quando se tratar de prova pericial.

§ 1º O presidente da comissão poderá denegar pedidos considerados impertinentes, meramente protelatórios, ou de nenhum interesse para o esclarecimento dos fatos.

§ 2º Será indeferido o pedido de prova pericial, quando a comprovação do fato independer de conhecimento especial de perito.

Art. 157. As testemunhas serão intimadas a depor mediante mandado expedido pelo presidente da comissão, devendo a segunda via, com o ciente do interessado, ser anexada aos autos.

Parágrafo único. Se a testemunha for servidor público, a expedição do mandado será imediatamente comunicada ao chefe da repartição onde serve, com a indicação do dia e hora marcados para inquirição.

Art. 158. O depoimento será prestado oralmente e reduzido a termo, não sendo lícito à testemunha trazê-lo por escrito.

§ 1º As testemunhas serão inquiridas separadamente.

§ 2º Na hipótese de depoimentos contraditórios ou que se infirmem, proceder-se-á à acareação entre os depoentes.

Art. 159. Concluída a inquirição das testemunhas, a comissão promoverá o interrogatório do acusado, observados os procedimentos previstos nos arts. 157 e 158.

§ 1º No caso de mais de um acusado, cada um deles será ouvido separadamente, e sempre que divergirem em suas declarações sobre fatos ou circunstâncias, será promovida a acareação entre eles.

§ 2º O procurador do acusado poderá assistir ao interrogatório, bem como à inquirição das testemunhas, sendo-lhe vedado interferir nas perguntas e respostas, facultando-se-lhe, porém, reinquiri-las, por intermédio do presidente da comissão.

Art. 160. Quando houver dúvida sobre a sanidade mental do acusado, a comissão proporá à autoridade competente que ele seja submetido a exame por junta médica oficial, da qual participe pelo menos um médico psiquiatra.

Parágrafo único. O incidente de sanidade mental será processado em auto apartado e apenso ao processo principal, após a expedição do laudo pericial.

Art. 161. Tipificada a infração disciplinar, será formulada a indiciação do servidor, com a especificação dos fatos a ele imputados e das respectivas provas.

§ 1º O indiciado será citado por mandado expedido pelo presidente da comissão para apresentar defesa escrita, no prazo de 10 (dez) dias, assegurando-se-lhe vista do processo na repartição.

§ 2º Havendo dois ou mais indiciados, o prazo será comum e de 20 (vinte) dias.

§ 3º O prazo de defesa poderá ser prorrogado pelo dobro, para diligências reputadas indispensáveis.

§ 4º No caso de recusa do indiciado em apor o ciente na cópia da citação, o prazo para defesa contar-se-á da data declarada, em termo próprio, pelo membro da comissão que fez a citação, com a assinatura de 2 (duas) testemunhas.

Art. 162. O indiciado que mudar de residência fica obrigado a comunicar à comissão o lugar onde poderá ser encontrado.

Art. 163. Achando-se o indiciado em lugar incerto e não sabido, será citado por edital, publicado no *Diário Oficial da União* e em jornal de grande circulação na localidade do último domicílio conhecido, para apresentar defesa.

Parágrafo único. Na hipótese deste artigo, o prazo para defesa será de 15 (quinze) dias a partir da última publicação do edital."

Atualmente, uma corrente do Ministério Público do Trabalho que defende a competência penal da Justiça do Trabalho, principalmente no Estado de Santa Catarina, tem interposto ações de improbidade administrativa em face de prefeitos municipais, que contrataram ilegalmente trabalhadores por meio de cooperativas de trabalho ilegais, incluindo como pedido, além da perda da função pública e a suspensão dos direitos políticos, o reconhecimento do vínculo empregatício com aquele, bem como o pagamento de todas as verbas rescisórias, uma vez que o mesmo foi responsável pela intermediação ilícita de mão de obra.

Oportuno transcrever matéria do Ministério Público do Trabalho neste sentido:

MPT entra com ação contra prefeito de Santo Afonso (MT) por improbidade administrativa

O Ministério Público do Trabalho (MPT) ajuizou Ação Civil Pública (ACP) em face do prefeito do Município de Santo Afonso (MT), Venceslau Botelho de Campos, por improbidade administrativa. A ação foi impetrada pelo MPT após o descumprimento de notificação recomendatória que determinava que o Município somente promovesse a contratação de servidores mediante concurso público, como determina a Constituição Federal.

Em 2001, o MPT expediu notificação recomendatória ao prefeito solicitando que o município promovesse contratação de servidores mediante concurso público, com o prazo fixado para regularização da situação de seis meses.

No ano passado, o prefeito encaminhou à Procuradoria Regional do Trabalho da 23ª Região (PRT-23/MT), documentação referente ao processo de contratação realizados até aquele período. No entanto, constatou-se novamente a existência de servidores contratados sob caráter temporário, desde 2001, em cargos que somente deveriam ser preenchidos com servidores concursados.

A situação apresentada comprova um desvirtuamento do instituto da contratação de servidores por meio da utilização reiterada do caráter excepcional de temporariedade, o que é ilegal. No dia 30 de outubro de 2006, o MPT expediu nova notificação recomendatória com o objetivo de firmar Termo de Ajustamento de Conduta (TAC) com o Município para promover a adequação das contratações, mediante concurso público.

O Prefeito de Santo Afonso informou ao MPT que não poderia promover o concurso público em razão da assinatura de um convênio com o Ministério da Saúde para promoção do Programa Saúde da Família (PSF), para o qual os servidores foram contratados.

Já com relação à assinatura do TAC, houve discordância por parte do município, sob a alegação de que a atuação do MPT, nesse caso, em nada se relaciona com o interesse público, nem com os interesses da municipalidade e tão menos com os servidores públicos municipais, além de prever multas, o que contraria a lei e o interesse público.

De acordo com o Procurador do Trabalho Eduardo Luis Amgarten, autor da ação, "a atuação do MPT, neste caso, visa buscar na justiça do trabalho a responsabilização do prefeito pelos atos de improbidade administrativa, por recusar-se a cumprir as normas do trabalho, por ofender o ordenamento jurídico e por atentar contra os princípios constitucionais da administração pública", explicou. "Essa atitude também ofende os direitos difusos e coletivos da classe trabalhadora, devendo o mesmo ser responsabilizado pelo dano moral coletivo causado", complementou.

Na ACP, o MPT requer que o Prefeito Venceslau Botelho de Campos seja condenado nos âmbitos penal, civil, trabalhista e administrativo. Além disso, o prefeito deve se responsabilizar pelo pagamento dos direitos trabalhistas dos servidores contratados irregularmente e, ainda, caso seja comprovado, ao ressarcimento do dano causado, bem como a suspensão dos direitos políticos e a perda da função pública.

O Ministério Público do Trabalho pede, ainda, a condenação do prefeito ao pagamento de dano moral coletivo no valor de R$ 200 mil, por entender que existe dano à coletividade daquele município. A ação foi protocolada na Vara do Trabalho de Tangará da Serra.

Nesse mesmo sentido, podemos ainda aduzir que o Ministério Público do Trabalho possui legitimidade para ajuizar ACP tendo como um dos pedidos a improbidade administrativa dos perpetradores do ilícito, principalmente, pela responsabilidade de contratação sem o devido concurso público constitucional. O pedido neste caso seria para que o registro e as verbas rescisórias fossem aperfeiçoadas com os réus, que ficariam solidariamente responsabilizados pelos pagamentos das verbas, inclusive dos 40% do FGTS.

O entendimento prevalecente é que a competência envolvendo ações reparatórias e indenizatórias é do juízo de primeiro grau, enquanto seria do Tribunal de Justiça a competência para julgar os crimes de responsabilidade dos agentes envolvidos (prefeito, por exemplo), inclusive perda do mandato, mas tão somente desses agentes políticos enquanto durar o seu mandato. Após o mandato, entende-se que eles voltam a ter o *status* de cidadão comum, e pelo princípio da igualdade constitucional devem ser processados e julgados pela Justiça de 1º Grau.

Daí, perfeitamente possível o ajuizamento de ACP pelo MPT, com pedidos sancionatórios, inclusive em litisconsórcio envolvendo a pessoa do prefeito. No caso dos crimes de responsabilidade, se a competência para processar e julgar acusado com foro privilegiado é do Tribunal de Justiça, o entendimento é que não pode haver cisão ou desmembramento. Vige nesse caso a tese de prorrogação da competência do foro pela prerrogativa de função, vale dizer, não apenas o prefeito como os demais corréus serão julgados pelo Tribunal de Justiça, não sendo admitida a cisão ou desmembramento.

As controvérsias estão ligadas a se a Lei de Improbidade Administrativa Lei n. 8.429/92 tem ou não natureza penal.

Uma corrente acredita que ela é desprovida de natureza penal, com fulcro na própria CF/88, que trata da independência da esfera cível e penal, ao enumerar no seu art. 37, § 4º, algumas das sanções aplicadas no caso da improbidade administrativa, na forma e gradação prevista em lei, sem prejuízo da ação penal cabível.

Para esse corrente, os arts. 9º, 10 e 11 da Lei de Improbidade Administrativa não se ajustam às exigências do direito penal (obediência ao princípio da reserva penal) e o silêncio da mesma quanto à natureza penal das condutas tipificadas na lei impede que as mesmas sejam consideradas criminais. Pensar o contrário seria violar garantias constitucionais de todos os cidadãos. Para essa corrente, a Lei n. 8.429 aplica efeitos extrapenais ou cíveis *lato sensu*, especialmente os ligados ao Direito Administrativo e jamais penais. Assim sendo, em razão de sua natureza não penal, à Lei de Improbidade Administrativa não se aplicaria o foro por prerrogativa de função nas ações pertinentes.

De outra banda, os casos de foro por prerrogativa de função se restringem à esfera penal, considerando as suas hipóteses: presidente da república, art. 102, I, B, deputados federais e senadores, art. 53, § 1º, CF, governadores, art.

105, I, *a*, juízes estaduais e membros do MP art. 96, III, juízes federais, art. 108, I, *a*, prefeito, art. 29, X etc.

Portanto, a Lei de Improbidade Administrativa deve seguir o rito ordinário, devendo ser ajuizada em primeiro grau de jurisdição.

A Lei n. 10.628/02 que consagrou o foro por prerrogativa de função para as ações de improbidade, inclusive após o término do mandato, desvirtuou o entendimento mencionado, mas foi julgada inconstitucional pelo STF, consoante decisão a seguir.

O plenário do Supremo Tribunal Federal julgou procedente a Ação Direta de Inconstitucionalidade n. 2.797/DF, para declarar a inconstitucionalidade da Lei n. 10.628, de 24 de dezembro de 2002, que acresceu os §§ 1º e 2º ao art. 84 do Código de Processo Penal (Rel. Min. Sepúlveda Pertence, DJ 19.12.2006, p. 37). 3. Assim, em face do efeito vinculante da referida decisão, não há falar em foro especial por prerrogativa de função na ação de improbidade administrativa (Lei n. 8.429/92), tampouco na ação civil pública fundada na Lei n. 7.347/85, bem como em violação do art. 84 e parágrafos, do Código de Processo Penal, com a redação da Lei n. 10.628/02.

> *HABEAS CORPUS* — EX-PREFEITO — DENÚNCIA RECEBIDA PELO TRIBUNAL DE JUSTIÇA — POSTERIOR DECLINAÇÃO DA COMPETÊNCIA — JUÍZO DE PRIMEIRO GRAU — INCOMPETÊNCIA DESTA CORTE — Uma vez firmada a incompetência da corte *a quo* para julgamento da ação penal, já que o agente político deixou de exercer o mandato eletivo, não mais persiste a competência desta corte para julgamento do *mandamus*, impetrado contra decisão a ser refeita pelo juízo de primeiro grau. Ordem não conhecida. (STJ — HC 200401145060 — (37641 MG) — 6ª T. — Rel. Min. Maria Thereza de Assis Moura — DJU 3.9.2007 — p. 225)

33.6. Prescrição nos direitos difusos, coletivos e individuais homogêneos

Existem vários entendimentos quanto à prescrição da pretensão envolvendo os direitos metaindividuais, notadamente os direitos individuais homogêneos.

Alguns doutrinadores entendem que todos esses direitos e interesses — difusos, coletivos e individuais homogêneos estariam imantados pela imprescritibilidade, pois representariam bens maiores da sociedade. Outros, defendem a tese de que apenas os direitos difusos e coletivos seriam imprescritíveis, não o sendo os direitos individuais homogêneos, já que estes poderiam ser exercidos individualmente pelos seus titulares e não dependeriam dos titulares legitimados coletivos.

Para essa corrente doutrinária, os direitos difusos e coletivos são imprescritíveis, pois o não exercício do direito não pode ser atribuído à inércia de seu titular, uma vez que este não está legitimado legalmente para defendê-los. O mesmo não acontece com os direitos individuais homogêneos que podem ser exercidos individualmente e além disso não divisíveis e determinados, materialmente falando.

Aplica-se no caso vertente o art. 95 do Código de Defesa do Consumidor, Lei n. 8.078/90, *in verbis*:

> "em caso de procedência do pedido, a condenação será genérica fixando a responsabilidade do réu pelos danos causados."

Daí, uma vez procedentes os pedidos formulados na ação coletiva (Ação Civil Pública ou Ação Civil Coletiva), fixa-se a responsabilidade genérica do réu, cabendo aos lesados e titulares do direito individual na liquidação e execução discutir apenas o *quantum satis*, já que a responsabilidade encontra-se determinada pela sentença, tornando-se líquida e certa.

Considerando que no caso concreto (liquidação e execução) ocorrerá uma diversificação de sujeitos individuais e os mesmos de forma diversa um do outro poderão ser suscetíveis de serem afetados por causas impeditivas e suspensivas da prescrição, ou ainda causas interruptivas (exemplo, menor de idade art. 440 CLT), o juiz não terá elementos para declarar a prescrição na sentença coletiva, em face da condenação genérica.

Em relação ao trabalhador menor beneficiado por uma sentença coletiva, nenhuma prescrição poderá ser declarada, enquanto o mesmo não pode ser dito em relação a outros beneficiários ou substituídos, que se sujeitam aos ditames do art. 205 e seguintes do Novo Código Civil, aplicado subsidiariamente ao processo do trabalho (art. 889 da CLT).

Assim sendo, a mesma pretensão formulada no mesmo processo, poderá remanescer prescrita para alguns substituídos e não prescrita para outros, dependendo de cada caso concreto e de sua situação particular e específica (de cada um dos substituídos).

Todavia, é digno de nota que a fluência do prazo prescricional ocorre a partir do conhecimento do dano e de sua autoria, consoante art. 27[(64)] da Lei n. 8.068/90.

De outra parte, assim estatui o art. 207 do Novo Código Civil:

> Art. 207. Salvo disposição legal em contrário, não se aplicam à decadência as normas que impedem, suspendem ou interrompem a prescrição.

Este artigo expressamente prevê que leis especiais disponham sobre causas de impedimento, suspensão ou interrupção da decadência. Temos duas dessas

---

(64) Art. 27. Prescreve em 5 (cinco) anos a pretensão à reparação pelos danos causados por fato do produto ou do serviço prevista na Seção II deste Capítulo, iniciando-se a contagem do prazo a partir do conhecimento do dano e de sua autoria.

causas na Lei n. 8.078/90: a reclamação formulada pelo consumidor perante o fornecedor de produto ou serviço e a instauração do inquérito civil. No primeiro caso ocorre a suspensão até que ocorra resposta negativa inequívoca, no segundo, até o encerramento do inquérito civil.

O art. 26 do CDC (Lei n. 8.078), em seu § 2º, diz que fica obstada a decadência desde:

"III — a instauração do inquérito civil, até seu encerramento."

Entretanto, em qual momento começa a correr a prescrição?

Tratando-se de ações coletivas ACP ou ACC envolvendo direitos e interesses individuais homogêneos (art. 90 e ss. da Lei n. 8.078/90), a prescrição deverá ser examinada tão somente após o julgamento da ação. Vale dizer, somente na ocasião da liquidação e execução da sentença pelos substituídos, levando-se em consideração a situação específica e particular de cada um dos substituídos.

De acordo com a Lei n. 8.078/90, o Inquérito Civil obsta a decadência (perda do direito material) até o seu encerramento. Vale dizer, o prazo decadencial (nas ações constitutivas) ou prescricional (nas ações condenatórias) somente começa a correr após o deslinde do inquérito civil.

Portanto, quanto à prescrição e decadência dos direitos individuais homogêneos, por falta de previsão legal específica e por se tratar de espécie de direitos subjetivos, divisíveis e determináveis, em que o próprio titular pode buscar a tutela jurisdicional para satisfação de seus direitos, aplica-se o disposto nos arts. 205 e seguintes do novo Código Civil.

Pode-se dizer, ainda, que em relação aos direitos difusos e coletivos a leitura jurídica deve ser diferenciada. Em outras palavras, não devemos pura e simplesmente utilizar dos institutos da prescrição e da decadência do direito individual e aplicá-las em relação ao direito coletivo, que possui normas, regras, institutos e até instituições próprias e peculiares. Além disso, deve-se levar em consideração, que no ramo especial do Direito do Trabalho, a prescrição e a decadência favorável apenas o polo mais forte desta relação jurídica, ou seja, o empregador, e não se aproveita em favor do empregado.

Portanto, entendo pela imprescritibilidade aplicável aos direitos ou interesses difusos e coletivos, já que estes direitos se apresentam geralmente como de natureza objetiva e de ordem pública primária, em alguns casos, infensos até à negociação coletiva de trabalho. Isto já não se pode dizer em relação aos direitos individuais homogêneos, pois como o próprio *nomen juris* indica, constituem direitos individuais puros, em sua essência, somente se diferenciando daqueles em relação à possibilidade de processamento judicial molecular, com a prolação de sentença judicial genérica, com extensão *in utilibus*, pela classe trabalhadora.

34. Responsabilidade objetiva no dano ao meio ambiente

De acordo com a Lei n. 6.938/91, que traça a Política Nacional do Meio Ambiente, em seu art. 3º, entende-se por meio ambiente:

> "...o conjunto de condições, leis, influências e interações de ordem física, química e biológica, que permite, abriga e rege a vida em todas as suas formas."

Para José Afonso da Silva[65], "meio ambiente é a interação do conjunto de elementos naturais, artificiais e culturais que propiciem o desenvolvimento equilibrado da vida em todas as suas formas".

O meio ambiente desdobra-se em meio ambiente artificial (espaço urbano, áreas construídas etc.), meio ambiente natural (solo, ar, vegetação, água etc.), meio ambiente cultural (tutela do patrimônio histórico, cultural, artístico e paisagístico) e meio ambiente do trabalho, considerado como meio ambiente artificial especial.

O meio ambiente de trabalho pode ser conceituado como um "complexo de bens móveis e imóveis de uma empresa e de uma sociedade, objeto de direitos subjetivos privados e de direitos invioláveis da saúde e da integridade física dos trabalhadores que o frequentam"[66], sendo que o objeto imediato é a qualidade de vida do trabalhador e o objeto mediato as condições de saúde, bem-estar e segurança do trabalhador.

O meio ambiente do trabalho tem amparo constitucional no art. 200, inciso VIII, da Constituição Federal de 1988, *in verbis*:

> "Ao sistema único da saúde, compete, além de outras atribuições, nos termos da lei:
>
> [...] VIII — colaborar na proteção ao meio ambiente, nele compreendido o do trabalho."

O art. 7º, incisos XXII e XXIII da Constituição Federal, assim se expressa:

> "XXII — Redução dos riscos inerentes ao trabalho, por meio de normas de saúde, higiene e segurança.
>
> XXIII — Adicional de remuneração para as atividades penosas, insalubres ou perigosas, na forma da lei."

A Convenção n. 155 da OIT também alude ao meio ambiente do trabalho, quando estabelece:

---

(65) SILVA, José Afonso da. *Curso de direito constitucional positivo*. São Paulo: Malheiros, 1999. p. 134.

(66) FIORILLO, Celso Antonio Pacheco. A ação civil pública e o meio ambiente do trabalho. In: FREDIANY, Yone, TORRES, Jane Granzoto (coords.). *O direito do trabalho na sociedade contemporânea*. São Paulo: Jurídica Brasileira, 2001. p. 183.

"Art. 3º, alínea *a*: o termo saúde, em relação ao trabalho, abrange não somente a ausência de afecções ou enfermidades, mas também os elementos físicos e mentais que afetam a saúde e estão diretamente relacionados com a segurança e higiene no trabalho e

Art. 4º, item 2: sobre a política nacional do meio ambiente: esta política terá por objetivo prevenir os acidentes e os danos para a saúde que sejam consequência do trabalho, guardem relação com atividade laboral ou sobrevenham durante o trabalho, reduzindo, ao mínimo, na medida em que seja razoável e possível, as causas dos riscos inerentes ao meio ambiente do trabalho."

Os fundamentos constitucionais da proteção ao meio ambiente do trabalho têm como fulcro a dignidade da pessoa humana, erigindo o ambientalismo como direito fundamental da pessoa humana. A qualidade do meio ambiente constitui-se, dessa forma, um bem ou patrimônio, cuja preservação, recuperação e revitalização tornam-se um imperativo do Estado.

Logo, cabe ao Estado e a toda a sociedade a preservação pela qualidade do meio ambiente, de forma a criar boas condições de bem-estar para a pessoa humana, no que refere-se à saúde, educação, lazer, segurança etc.

Nesse sentido, o art. 5º, inciso LXXIII, da Constituição Federal de 1988, que trata da Ordem Social estabelece:

"Qualquer cidadão é parte legítima para propor ação popular que vise a anular ato lesivo ao patrimônio público ou de entidade de que o Estado participe, à moralidade administrativa, ao meio ambiente e ao patrimônio histórico e cultural, ficando o autor, salvo comprovada má-fé, isento de custas judiciais e do ônus da sucumbência."

O art. 225 da Magna Carta, que trata do Meio Ambiente expressa:

"DO MEIO AMBIENTE[(67)]:

Art. 225. Todos têm direito ao meio ambiente ecologicamente equilibrado, bem de uso comum do povo e essencial à sadia qualidade de vida, impondo-se ao Poder Público e à coletividade o dever de defendê-lo e preservá-lo para as presentes e futuras gerações.

§ 1º Para assegurar a efetividade desse direito, incumbe ao Poder Público:

I — preservar e restaurar os processos ecológicos essenciais e prover o manejo ecológico das espécies e ecossistemas;

II — preservar a diversidade e a integridade do patrimônio genético do País e fiscalizar as entidades dedicadas à pesquisa e manipulação de material genético;

III — definir, em todas as unidades da Federação, espaços territoriais e seus componentes a serem especialmente protegidos, sendo a alteração e a supressão

---

(67) O meio ambiente é também objeto da Lei n. 6.938/81, Lei n. 9.605/98, Lei n. 8.723/93, Lei n. 7.802/89, Decreto n. 98.816/90 (Regulamenta a Lei n. 7802/89), Lei n. 7.347/85.

permitidas somente através de lei, vedada qualquer utilização que comprometa a integridade dos atributos que justifiquem sua proteção;

IV — exigir, na forma da lei, para instalação de obra ou atividade potencialmente causadora de significativa degradação do meio ambiente, estudo prévio de impacto ambiental, a que se dará publicidade;

V — controlar a produção, a comercialização e o emprego de técnicas, métodos e substâncias que comportem risco para a vida, a qualidade de vida e o meio ambiente;

VI — promover a educação ambiental em todos os níveis de ensino e a conscientização pública para a preservação do meio ambiente;

VII — proteger a fauna e a flora, vedadas, na forma da lei, as práticas que coloquem em risco sua função ecológica, provoquem a extinção de espécies ou submetam os animais a crueldade.

§ 2º Aquele que explorar recursos minerais fica obrigado a recuperar o meio ambiente degradado, de acordo com solução técnica exigida pelo órgão público competente, na forma da lei.

§ 3º As condutas e atividades consideradas lesivas ao meio ambiente sujeitarão os infratores, pessoas físicas ou jurídicas, a sanções penais e administrativas, independentemente da obrigação de reparar os danos causados.

(Súmula n. 91 do STJ)

§ 4º A Floresta Amazônica brasileira, a Mata Atlântica, a Serra do Mar, o Pantanal Mato-Grossense e a Zona Costeira são patrimônio nacional, e sua utilização far-se-á, na forma da lei, dentro de condições que assegurem a preservação do meio ambiente, inclusive quanto ao uso dos recursos naturais.

Nota: Regulamentado pela MP n. 2.186-16, de 23.8.2001;

§ 5º São indisponíveis as terras devolutas ou arrecadadas pelos Estados, por ações discriminatórias, necessárias à proteção dos ecossistemas naturais.

§ 6º As usinas que operem com reator nuclear deverão ter sua localização definida em lei federal, sem o que não poderão ser instaladas".

Entre os principais princípios da Política Nacional do Meio Ambiente que encontramos na Lei n. 6.938/81, podemos citar cinco desses princípios a seguir:

a) Princípio do Desenvolvimento Sustentável: procura compatibilizar o desenvolvimento econômico e o meio ambiente, de modo a considerar as futuras gerações, objetivando um mínimo de degradação ambiental. Esse princípio teve sua origem na Declaração de Estocolmo (1972) e foi citado na Declaração Eco/Rio de 1992, consistindo na seguinte definição: "na exploração equilibrada dos recursos naturais, nos limites da satisfação das necessidades e do bem-estar da presente geração, assim como de sua conservação no interesse das gerações futuras". Possui como motivação a consciência da esgotabilidade dos recursos naturais, conjugados com os perigos da própria subsistência da humanidade. Sua previsão constitucional é encontrada no art. 225, *caput*, da Constituição de 1988 e na Lei n. 6.938/81, art. 4º, bem como no art. 170, inciso VI(68) da Constituição Federal de 1988;

b) Princípio da Prevenção: também chamado de Princípio da Precaução procura evitar a ocorrência do dano e evitar os riscos conhecidos. Adota de antemão as medidas preventivas para sua concretização, como medidas administrativas, licenciamento ambiental, estudo de impacto ambiental, relatório de impacto ambiental etc. Com base nesse princípio, o Estado impõe ao particular sanções administrativas (licenças, fiscalização, autorização, multa);

c) Princípio do Poluidor-Pagador: possui caráter preventivo e procura evitar danos ao meio ambiente. Aqui encontramos os aspectos ligados à Responsabilidade Civil Objetiva pelos danos causados ao meio ambiente. De acordo com a Lei n. 9.605/98 a pessoa jurídica pode ser imputada criminalmente por tais danos, bem como pode incorrer em sanções de índole administrativa e civil. Tem-se como prioridade a reparação específica do dano e a solidariedade na reparação;

d) Princípio da Participação: tem por escopo a participação de toda a sociedade, já que o meio ambiente é visto como um bem jurídico de natureza difusa, ou seja pertence a todos e, ao mesmo tempo, não pertence a ninguém, por ser indivisível, não podendo ser dividido em quotas-partes. Como exemplo podemos considerar a praia da enseada no Guarujá. Portanto, o Poder Público e toda sociedade devem zelar pelo meio ambiente;

e) Princípio do Ônus Social: apresenta-se como antítese ao princípio poluidor -pagador. Esse princípio apregoa que a repartição do ônus ambiental é para toda a sociedade, não importando a utilidade relativa de cada indivíduo. Seu exercício se dá pela cobrança pelo Estado de impostos e taxas ambientais visando à conservação desse bem difuso.

A Constituição Federal de 1988 sistematizou o tratamento jurídico do meio ambiente, estabelecendo, além das competências privativas, competência *comum* para o combate à poluição (art. 23, VI) e *concorrente* para legislar sobre florestas, caça, pesca, fauna, conservação da natureza, defesa do solo e dos recursos naturais, proteção do meio ambiente e controle da poluição (art. 24, VI, CF/88).

Essa repartição de competências ambientais, verificada na Carta Magna, de certa forma estabeleceu a municipalização da questão ambiental, especialmente nas matérias de interesse local.

A Lei n. 9.605/98 introduziu importantíssimos avanços na seara da criminalização das ações lesivas ao meio ambiente, estabelecendo sanções penais e administrativas em relação ao poluidor.

---

(68) Inciso VI — defesa do meio ambiente, inclusive mediante tratamento diferenciado conforme o impacto ambiental dos produtos e serviços e de seus processos de elaboração e prestação. (Redação dada ao inciso pela Emenda Constitucional n. 42, de 19.12.2003)

No campo ambiental, a responsabilidade de pessoa física ou jurídica, de direito público ou privado, é feita com base na conduta ou na atividade que venha a provocar qualquer dano ou lesão ao meio ambiente.

O direito ao meio ambiente sadio e equilibrado não poderá ser individualizado, pois é um bem que pertence a toda a sociedade. Portanto, toda pretensão em juízo que vise a apurar a reparação por lesão causada ao meio ambiente será de natureza difusa, indivisível, tendo como titulares sujeitos indeterminados e ligados por circunstâncias de fato.

A Lei de Política Nacional do Meio Ambiente (Lei n. 6.938/81) adota a sistemática da responsabilidade civil objetiva em seu art. 14, § 1º, tendo sido totalmente recepcionada pelo ordenamento jurídico nacional.

Dessa forma, não é necessária a perquirição da culpa, nas modalidades negligência, imprudência e imperícia, ou do dolo do lesante para lhe atribuir a culpabilidade por sua conduta ilícita, bem como pela sua obrigação jurídica de indenizar e reparar os danos causados.

Logo, a previsão legal em nosso ordenamento em relação ao dano ambiental é feita com base na responsabilidade civil objetiva, tendo surgido pela primeira vez, entre nós, com o advento do Decreto n. 79.347/77, de 1969, que promulgou a Convenção Internacional sobre Responsabilidade Civil por Danos Causados por Poluição por Óleo, tendo acolhido, em seu art. 4º, a tese da admissibilidade da responsabilidade objetiva aos danos provenientes de atividade nuclear.

A Lei n. 6.938/81 também agasalhou a responsabilidade civil objetiva na reparação do dano ambiental (art. 14, § 1º), não sendo mais necessária a comprovação da culpa do poluidor. O legislador optou pelo não exame da conduta ou comportamento do agente poluidor do ponto de vista subjetivo, concentrando a análise do caso concreto no evento lesivo ou danoso ao meio ambiente.

Portanto, para que se verifique a obrigatoriedade da reparação ao dano ao meio ambiente é suficiente tão somente a demonstração do nexo etiológico, ou seja, relação de causa e efeito entre o dano causado ao meio ambiente e a ação ou omissão do agente responsável pelo ato.

A Teoria da Responsabilidade Objetiva encontra seu fundamento na Teoria do Risco Inerente à atividade desenvolvida pelo autor do dano, uma vez que aquele que se beneficia ou lucra com uma determinada atividade econômica deverá responder pelos riscos e danos provocados a outrem em decorrência da mesma.

O Ministério Público do Trabalho tem um papel fundamental nesse campo como um dos titulares da ação civil pública na defesa e proteção ao meio ambiente do trabalho. Ocorrendo o dano ao meio ambiente, por ato humano ou falha técnica, fruto de caso fortuito ou força maior, ou simplesmente pelo normal desempenho de uma atividade econômica, deverá o agente causador responder pela obrigação de arcar com todas as despesas e custos envolvidos pelos danos provocados ao meio ambiente, facultando-se-lhe, todavia, quando possível, o exercício do direito de regresso contra o responsável direto, se este agiu por dolo.

Com o advento da Lei n. 9.605/98, que trata dos Crimes Ambientais, os crimes contra o meio ambiente e as infrações administrativas ambientais passaram a ter tutela específica. Sistematizou as infrações penais ao meio ambiente, anteriormente previstos em um cipoal de leis, revogou vários institutos, reforçou penalidades existentes e impôs maior agilidade ao julgamento dos crimes, com a previsão do rito sumário (Lei n. 9.099/95), com a aplicação da lei das pequenas causas, introduzindo, ademais, várias inovações como a aplicação de penas alternativas como norma geral para as pessoas físicas criminosas, a responsabilidade penal das pessoas jurídicas e a desconsideração da personalidade jurídica[(69)].

Ressalte-se que o artigo que previa a responsabilidade objetiva criminal foi vetado, mas a responsabilidade na esfera civil continua em vigor, por força do art. 14, § 1º, da Lei n. 6.936/81, que traça a Política Nacional do Meio Ambiente, e ainda pelo fato da presente lei tratar apenas de ilícitos penais e administrativos contra o ambiente.

A Lei n. 9.605/98 introduziu as penas restritivas de direitos que foram criadas como uma alternativa à prisão. Consoante o art. 8º, as penas restritivas de direito correspondem à prestação de serviços à comunidade ou à entidade ambiental; interdição temporária de direitos, cassação de autorização ou licença concedida pela autoridade competente, suspensão parcial ou total de atividades; prestação pecuniária; recolhimento domiciliar. Tais penas são autônomas e substituem as penas privativas de liberdade, no caso de crime culposo ou se a pena privativa de liberdade for inferior a quatro anos, ou se a culpabilidade, os antecedentes, a conduta social e a personalidade do condenado, os motivos e as circunstâncias do crime o justificarem[(70)].

Outra novidade da Lei n. 9.605/98 foi a responsabilização criminal das pessoas jurídicas. Dessa forma estabelece o art. 3º:

> "As pessoas jurídicas serão responsabilizadas administrativa, civil e penalmente conforme o disposto nesta Lei."

Resta mencionar que, certamente, somente serão aplicadas às pessoas jurídicas sanções como a multa, pena restritiva de direitos e a prestação de

(69) SANTOS, Fabiano Pereira dos. Meio ambiente e poluição. *Jus Navigandi*, n. 201, p. 9, 23.1.2004.
(70) *Ibidem*, p. 10.

serviços à comunidade ou a entidade ambiental. Para a prestação de serviços à comunidade foram previstos: o custeio de programas e projetos ambientais, a execução de obras de recuperação de obras degradadas, a manutenção de espaços públicos e contribuições a entidades ambientais ou culturais públicas.

A pena restritiva de direitos poderá consistir na suspensão parcial ou total de atividades, interdição temporária de estabelecimento, obra ou atividade, ou na proibição de contratar com o Poder Público ou de obtenção de subsídios ou doações pelo prazo máximo de 10 anos.

De outra parte, o art. 13 da Lei n. 7.347/85 (Lei da Ação Civil Pública) dispõe que:

> "Havendo condenação em dinheiro, a indenização pelo dano causado reverterá a um fundo gerido por um Conselho Federal ou por Conselhos Estaduais de que participarão necessariamente o Ministério Público e representantes da comunidade, sendo seus recursos destinados à reconstituição dos bens lesados."

Foi criado em 1994, por meio do Decreto n. 1.306/94, o Fundo de Defesa dos Direitos Difusos com o objetivo de coordenar as ações para reconstituição aos bens lesados.

Apresentamos as seguintes ementas alusivas à presente matéria:

> "COMPETÊNCIA — CRIME AMBIENTAL PREVISTO NA LEI N. 9.605/98, NÃO PRATICADO EM DETRIMENTO DE BENS OU INTERESSE DA UNIÃO — JUSTIÇA ESTADUAL — OCORRÊNCIA — Compete à Justiça Estadual e não à federal, processar e julgar o crime ambiental, previsto na Lei n. 9.605/98, na hipótese em que a infração não é praticada em detrimento de bens ou interesse da União, ou seja, de uma unidade de conservação federal." (TACRIMSP — RSE 1232703/7 — 14ª C. — Rel. Juiz Oldemar Azevedo — DOESP 21.2.2001)

> "EMBARGOS DE DECLARAÇÃO CONTRA ACÓRDÃO PROFERIDO EM AGRAVO REGIMENTAL — DANOS AMBIENTAIS — AÇÃO CIVIL PÚBLICA — RESPONSABILIDADE — ADQUIRENTE — TERRAS RURAIS — RECOMPOSIÇÃO — MATAS — 1. A Medida Provisória n. 1.736-33, de 11.2.1999, que revogou o art. 99 da Lei n. 8.171/99, foi revogada pela MP n. 2.080-58, de 17.12.2000. 2. Em matéria de dano ambiental a *responsabilidade é objetiva*. O adquirente das terras rurais é responsável pela recomposição das matas nativas. 3. A Constituição Federal consagra em seu art. 186 que a função social da propriedade rural é cumprida quando atende, seguindo critérios e graus de exigência estabelecidos em lei, a requisitos certos, entre os quais o de 'utilização adequada dos recursos naturais disponíveis e preservação do meio ambiente'. 4. A Lei n. 8.171/91 vigora para todos os proprietários rurais, ainda que não sejam eles os responsáveis por eventuais desmatamentos anteriores. Na verdade, a referida norma referendou o próprio Código Florestal (Lei n. 4.771/65) que estabelecia uma limitação administrativa às propriedades rurais, obrigando os seus proprietários a instituírem áreas de reservas legais de, no mínimo, 20% de cada propriedade, em prol do interesse coletivo. 5. Embargos de Declaração parcialmente acolhi-

dos para negar provimento ao Recurso Especial." (STJ — EDcl no Ag. no REsp 255.170 — SP — 1ª T. — Rel. Min. Luiz Fux — DJU 22.4.2003)

"ADMINISTRATIVO — AÇÃO CIVIL PÚBLICA — DANO AO MEIO AMBIENTE DECORRENTE DE OBRA — RESPONSABILIDADE CIVIL — ATERRAMENTO — 1. A responsabilidade civil por dano ambiental é objetiva, pois independe da perquirição de culpa do agente. A Lei de Política Nacional do Meio Ambiente (Lei n. 6.938/81), dispõe em seu art. 14, § 1º, que o poluidor é obrigado, independentemente da existência de culpa, a indenizar ou reparar danos causados ao meio ambiente e a terceiros afetados por sua atividade. 2. Hipótese em que os fatos que ensejaram a dedução em juízo da presente pretensão ressarcitória restaram sobejamente comprovados no decorrer da instrução processual, evidencia o crescimento progressivo da interferência causadora do dano ambiental. 3. Apelação parcialmente provida para condenar o réu a reparar o dano na forma constante dos itens *a* e *c* da inicial." (TRF4ª R. — AC 2000.04.01.132370-0 — SC — 3ª T. — Relª Juíza Maria de Fátima Freitas Labarrère — DJU 26.9.2001)

"AÇÃO CIVIL PÚBLICA. APLICAÇÃO AOS ATOS MATERIAIS PRATICADOS AINDA QUE ANTERIORES À SUA EDIÇÃO. 1. O Ministério Público tem legitimidade para propor ação civil pública objetivando a responsabilidade por danos ambientais decorrentes de atividade lesiva (queimada) anterior à edição da Lei n. 7.347/85. 2. A Lei n. 6.938/81, além de instituir o regime da *responsabilidade civil objetiva*, já havia legitimado o órgão ministerial, estadual e federal, para propositura da ação visando à reparação do dano ambiental. 3. A Lei n. 7.347/85 apenas ampliou a legitimidade para propositura da ação civil pública, antes atribuída apenas ao Ministério Público, para uma parcela maior da sociedade, o que foi totalmente recepcionado pela nova ordem constitucional, na medida em que o art. 225, da Carta Magna impôs ao Poder Público e a toda coletividade o dever de defender e preservar o meio ambiente. 4. A presente ação civil pública encontra fundamento: 1) nas disposições da Lei n. 6.938/81 no que se refere à questão da legitimidade *ad causam* ativa do órgão ministerial e à questão da responsabilidade objetiva pelos danos ambientais causados pela prática de queimada na vigência dessa lei (art. 14, § 1º); 2) nas disposições da Lei n. 7.345/85, de natureza processual, em vigor à época da propositura desta ação. 5. Tendo em vista o tempo decorrido até o julgamento deste recurso, deverá ser feita a devida adequação do objeto da perícia, para justificar sua pertinência e necessidade atuais. 6. Apelação provida para anular a sentença e determinar a baixa dos autos para regular processamento do feito." (TRF3ª R. — AC 62078 — (91030439747) — SP — 6ª T. — Relª Desª Fed. Consuelo Yoshida — DJU 28.3.2003)

"AÇÃO INDIVIDUAL — AÇÃO CIVIL PÚBLICA — LITISPENDÊNCIA — INEXISTÊNCIA — EFEITOS — De acordo com a própria legislação aplicável à ação civil pública (art. 21 da Lei n. 7.347/85 e art. 104 da Lei n. 8.078/90), não há litispendência ou óbice para o ajuizamento de ação individual concomitante com a ação civil pública. Entretanto, os efeitos da coisa julgada *erga omnes* e *ultra partes* (incisos I, II e III do art. 103 da Lei n. 8.078/90 e art. 16 da Lei n. 7.347/85) da ação civil pública não beneficiarão os autores das ações individuais, se não for requerida sua suspensão no prazo de trinta dias, a contar da ciência nos autos do seu ajuizamento. Ação individual. Ação civil pública. Litispendência. Inexistência. Efeitos. De acordo com a própria legislação aplicável à ação civil pública (art. 21 da Lei n. 7.347/85 e art. 104 da Lei n. 8.078/90), não há litispendência ou óbice para o ajuizamento de ação individual concomitante com a ação civil pública. Entretanto, os efeitos da coisa julgada *erga omnes* e *ultra partes* (incisos I, II e III do art. 103 da Lei n. 8.078/90 e art. 16 da Lei n. 7.347/85) da ação civil pública não beneficiarão os autores das ações individuais, se não for requerida sua suspensão no prazo de trinta dias, a contar da ciência nos autos do seu ajuizamento." (TRT 9ª R. — Proc. 30507-1999-012-09-00-2 — (26463-2003) — Rel. Juiz Arnor Lima Neto — DJPR 21.11.2003)

35. *Competência trabalhista ou civil para julgar lides envolvendo o meio ambiente dos servidos públicos estatutários*

Após a decisão do Supremo Tribunal Federal, no que se refere ao art. 114[(71)] da CF/88, atribuindo a competência da Justiça Federal para processar e julgar as lides oriundas dos servidores públicos estatutários (art. 109, I, CF/88), surgiu grande cizânia doutrinária em relação à competência para julgar as lides oriundas do meio ambiente do trabalho daqueles servidores.

O nosso entendimento é pela competência da Justiça do Trabalho em relação ao meio ambiente de trabalho dos estatutários, com fulcro na Súmula n. 73[(72)] do STF e ainda com base nos seguintes pontos:

1. Existindo um único trabalhador na empresa, cuja relação de trabalho seja regida pela CLT, a Justiça do Trabalho será competente para processar e julgar controvérsias decorrentes do meio ambiente de trabalho, mesmo que todos os demais trabalhadores sejam regidos pelo regime estatutário.

2. Nos entes públicos (Administração Pública Direta, Autárquica e Fundacional), cuja relação jurídica de contratação de servidor público seja estatutária, em tese,

(71) CONFLITO NEGATIVO DE COMPETÊNCIA — JUSTIÇA ESTADUAL E JUSTIÇA DO TRABALHO — DEMANDA ENTRE SINDICATO DE SERVIDORES ESTATUTÁRIOS E SINDICALIZADO A RESPEITO DE ELEIÇÃO DE REPRESENTANTES SINDICAIS — INEXISTÊNCIA DE VÍNCULO TRABALHISTA — COMPETÊNCIA DA JUSTIÇA COMUM — 1. O STF, ao apreciar medida cautelar na ADIN n. 3.395 (Min. Cézar Peluso, DJ de 10.11.2006), referendou medida liminar que, interpretando o inciso I do art. 114 da CF/88, excluiu da competência da justiça do trabalho as causas envolvendo entidades de direito público e seus respectivos servidores, submetidos a regime estatutário. 2. A mesma orientação deve ser adotada na interpretação do inciso III do art. 114 da CF, que atribui à justiça do trabalho competência para processar e julgar as demandas "entre sindicatos, entre sindicatos e empregadores e entre sindicatos e trabalhadores". Tal norma de competência não se aplica a demandas entre sindicato e seus sindicalizados, quando estes são regidos por normas estatutárias de direito administrativo. 3. Conflito conhecido e declarada a competência da Justiça Estadual, a suscitada. (STJ — CC 200701334549 — (86387/RS) — 1ª S. — Rel. Min. Teori Albino Zavascki — DJU 10.9.2007 — p. 179)

(72) Compete à Justiça do Trabalho julgar as ações que tenham como causa de pedir o descumprimento de normas trabalhistas relativas à segurança, higiene e saúde dos trabalhadores.

sempre existirão trabalhadores regidos pela CLT, como aqueles que desenvolvem atividades-meio, contratados por meio de terceirização de serviços, envolvendo atividades de conservação, limpeza, vigilância etc. Vale lembrar que o Decreto-Lei n. 200/67, desde aquela data permite esse tipo de contratação como forma de descentralização administrativa. A respeito, a Súmula n. 331 do TST e o malfadado art. 71 da Lei n. 8.666/93, considerado inconstitucional.

3. As normas do meio ambiente de trabalho estão elencadas em normas regulamentadoras (NR) expedidas pelo Ministério do Trabalho e Emprego e em artigos específicos da CLT — normas de higiene, medicina e segurança no trabalho, o que reforça a tese da competência da Justiça do Trabalho.

4. Vale lembrar ainda que na vigência plena da Emenda Constitucional n 19/98, que eliminou o regime jurídico único de contratação de servidores públicos, até o advento da decisão liminar em 2.8.2007, que promoveu um tipo de repristinação atípica do art. 39 da CF/88, a Administração Pública Direta, Autárquica e Fundacional poderia escolher entre dois regimes juridicos de contratação de servidor: o celetista e o estatutário.

Como a decisão liminar de 2.8.2007 produzirá efeitos *ex-nunc*, remanescerão todos os contratos celetistas anteriores (empregados públicos) com a Administração, inclusive com plena vigência da Súmula n. 390, inciso I, do TST, já que lhes aplica o art. 41 da CF 88 (estabilidade após 3 anos do estágio probatório).

Portanto, pelo princípio da unidade de convicção e da incindibilidade da natureza jurídica dos institutos deve prevalecer a tese da competência da Justiça do Trabalho para julgar lides decorrentes do meio ambiente de trabalho do estatutário, com fulcro na Súmula n. 736 do STF.

36. Responsabilidade no contrato de **franchising** *(franquia empresarial)*

Hodiernamente temos assistido a um número crescente de demandas ajuizadas na Justiça do Trabalho, em que se busca o reconhecimento do vínculo de emprego na relação que se forma entre o franqueado, franqueador e empregado, como se configurasse uma relação terceirizada, ensejando a responsabilidade subsidiária do tomador, nos moldes da Súmula n. 331 do Tribunal Superior do Trabalho.

No entanto, a Lei n. 8.955, de 15 de dezembro de 1994, que dispõe sobre o contrato de franquia empresarial (*franchising*) dispõe em seu art. 2º, como segue:

"Art. 2º Franquia empresarial é o sistema pelo qual um franqueador cede ao franqueado o direito de uso de marca ou patente, associado ao direito de distribuição exclusiva ou semiexclusiva de produtos ou serviços, e eventualmente, também ao direito de uso de tecnologia de implantação e administração de negócio ou sistema operacional desenvolvidos ou detidos pelo franqueador, mediante remuneração direta ou indireta sem que, no entanto, fique caracterizado vínculo empregatício."

Já entre os sistemas de remuneração do contrato de franquia, o art. 3º, inciso VIII, letra *a*, estatui:

"a) remuneração periódica pelo uso do sistema, da marca ou em troca dos serviços efetivamente prestados pelo franqueador ao franqueado (*royalties*)."

Fica claro pelos dispositivos acima que tal matéria não se coaduna com os preceitos da Súmula n. 331 do TST, que anuncia a prestação de serviços diretamente entre o tomador e o prestador de serviços, porquanto o contrato de franquia afasta de imediato a figura da terceirização, posto que os empregados da franqueada prestam serviços direta e exclusivamente a essa, que exerce na sua plenitude o poder diretivo, ou seja, o poder de fiscalização e de direção do trabalho, sem qualquer interferência da franqueadora, que lhe aluga a marca ou patente.

O art. 2º da Lei n. 8.955/94 é expresso em afirmar a inexistência de vínculo empregatício no contrato de franquia empresarial (*franchising*).

Neste sentido, julgamos oportuno trazer as seguintes ementas:

"Ementa: CONTRATO DE FRANQUIA. VALIDADE. RESPONSABILIDADE DO FRANQUEADOR. São inerentes ao contrato de *franchising* a padronização dos produtos e a fixação da forma de comercialização, pois é do interesse do franqueador manter sua marca valorizada, exigindo do franqueado a observância de determinadas regras, sem que isso, por si só, configure o desvirtuamento do contrato de franquia, ou mesmo caracterize vínculo empregatício entre trabalhadores da franqueada e a franqueadora. Não havendo prestação de serviços em favor da franqueadora, não há que se falar na sua responsabilidade subsidiária, com base na Súmula n. 331 do TST. Nego provimento." (00014806520105010048. Tipo de processo: Recurso Ordinário. Data de publicação: 2013.9.4. Orgão julgador: Quinta Turma. Relator: Des. Enoque Ribeiro dos Santos)

"CONTRATO DE FRANQUIA. Inexistência de responsabilidade subsidiária. Evidenciada a avença de contrato de franquia entre as empresas reclamadas, regido por legislação específica — Lei n. 8.955, de 15.12.1994, descaracteriza-se a hipótese de grupo econômico ou terceirização — elementos ensejadores da responsabilidade subsidiária ou solidária, conforme disposto no § 2º do art. 2º da CLT e Enunciado n. 331 do C. TST." (TRT-RO 01280-2000-007-00-1, Rel. Juiz Marcos Roberto Pereira)

"FRANQUIA. RESPONSABILIDADE SOLIDÁRIA OU SUBSIDIÁRIA DA LICENCIADORA DA MARCA. INEXISTÊNCIA. Comprovado nos autos que a primeira reclamada autorizou a utilização de sua marca e do seu sistema de prestação de serviços, através do sistema de franquia, inexiste responsabilidade solidária ou subsidiária daquela com relação às empresas franqueadas, posto que ausentes os pressupostos legais para a caracterização de responsabilidade na hipótese, bem como por não se tratar de caso de prestação de serviços, vez que a primeira reclamada não trata de 'tomadora de serviços' como exige o Enunciado n. 331/TST e máxime considerando que a relação de emprego se desenvolveu apenas com a empresa franqueadora, como esclarecido na inicial." (TRT/RO 0724/98, Ac. 2ª T., Rel. Juiz Braz Henriques de Oliveira)

"RESPONSABILIDADE SUBSIDIÁRIA — CONTRATO DE FRANQUIA. Evidenciada a existência de contrato de franquia firmado entre as reclamadas, não há falar em terceirização, meio ensejador da responsabilidade subsidiária. No contrato de franquia não existe a empresa tomadora, em razão de os empregados somente prestarem serviços à empresa franqueada, real empregadora." (TRT 10ª. R. RO 00265-2003-010-10-00-1. Ac. 1ª T., Rel. Juíza Maria Regina Guimarães Dias, 17.12.2003)

37. Responsabilidade no pagamento de invenções do empregado

Uma das perguntas mais correntes, quando se trata de invenções ou de aperfeiçoamentos levados a cabo pelos empregados nas empresas, em alguma máquina, objeto, utilidade ou sistemas de computação, diz respeito a quem pertencem os direitos intelectuais dessa invenção.

Essa matéria é regulada pela Lei n. 9.279, de 14 de maio de 1996, que alterou o art. 454 da CLT, regulando os direitos e obrigações relativos à propriedade industrial e à proteção dos direitos relativos à propriedade industrial, considerando o seu interesse social e o desenvolvimento tecnológico e econômico do País, mediante o que dispõe o seu art. 2º:

- Concessão[(73)] de patentes de invenção e de modelo de utilidade;
- Concessão de registro de desenho industrial;
- Concessão de registro de marca;
- Repressão às falsas indicações geográficas; e
- Repressão à concorrência desleal.

O art. 3º da Lei n. 9.279/96 diz que ela aplica-se também:

- Ao pedido de patente ou de registro proveniente do exterior e depositado no País por quem tenha proteção assegurada por tratado ou convenção em vigor no Brasil;
- Aos nacionais ou pessoas domiciliadas em país que assegure aos brasileiros ou pessoas domiciliadas no Brasil, a reciprocidade de direitos iguais ou equivalentes.

O art. 4º, por sua vez, dispõe:

(73) A concessão de patente pelo INPI (Instituto Nacional de Propriedade Industrial) na área de medicamentos e remédios, passou a exigir, por medida provisória recentemente transformada em lei, a inspeção prévia da Agência Reguladora ANVISA (Agência Nacional da Vigilância Sanitária).

• As disposições dos tratados em vigor no Brasil são aplicáveis, em igualdade de condições, às pessoas físicas e jurídicas nacionais ou domiciliadas no País.

Consideram-se bens móveis, para os efeitos legais, os direitos de propriedade industrial (art. 5º).

Para responder à questão inicial devemos recorrer aos arts. 88 a 93 da aludida Lei n. 9.279/96, como dispõe:

"Da invenção e do modelo de utilidade realizado por empregado ou prestador de serviços:

Art. 88. A invenção e o modelo de utilidade pertencem exclusivamente ao empregador, quando decorrerem de contrato de trabalho, cuja execução ocorra no Brasil e que tenha por objeto a pesquisa ou a atividade inventiva, ou resulte esta da natureza dos serviços para os quais foi empregado contratado.

§ 1º Salvo, expressa disposição contratual em contrário, a retribuição pelo trabalho a que refere este artigo, limita-se ao salário ajustado.

§ 2º Salvo prova em contrário, consideram-se desenvolvidos na vigência do contrato a invenção ou o modelo de utilidade, cuja patente seja requerida pelo empregado até 1 (um) ano após a extinção do vínculo empregatício.

Art. 89. O empregador, titular da patente, poderá conceder ao empregado, autor de invento ou aperfeiçoamento, participação nos ganhos econômicos resultantes da exploração da patente, mediante negociação com o interessado ou conforme disposto em norma da empresa.

Parágrafo único. A participação referida neste artigo *não se incorpora*, a qualquer título, ao salário do empregado.

Art. 90. Pertencerá exclusivamente ao empregado, a invenção ou o modelo de utilidade por ele desenvolvido, desde que desvinculado do contrato de trabalho e não decorrente da utilização de recursos, meios, dados, materiais, instalações ou equipamentos do empregador.

Art. 91. A propriedade de invenção ou de modelo de utilidade será comum, em partes iguais, quando resultar da contribuição pessoal do empregado e de recursos, dados, meios, materiais, instalações ou equipamentos do empregador, ressalvada expressa disposição contratual em contrário.

§ 1º Sendo mais de um empregado, a parte que lhes couber, será dividida igualmente entre todos, salvo ajuste em contrário.

§ 2º É garantido ao empregador o direito exclusivo de licença de exploração e assegurada ao empregado a justa remuneração.

§ 3º A exploração do objeto da patente, na falta de acordo, deverá ser iniciada pelo empregador, dentro do prazo de 1 (um) ano, contado da data de sua concessão, sob pena de passar à exclusiva propriedade do empregado a titularidade da patente, ressalvadas as hipóteses de falta de exploração por razões legítimas.

§ 4º No caso de cessão, qualquer dos cotitulares, em igualdade de condições, poderá exercer o direito de preferência.

Art. 92. O disposto nos artigos anteriores aplica-se, no que couber, às relações entre o trabalhador autônomo ou o estagiário e a empresa contratante e entre empresas contratantes e contratadas.

Art. 93. Aplica-se o disposto nesse Capítulo, no que couber, às entidades da Administração Pública direta, indireta e fundacional, federal, estadual ou municipal.

Parágrafo único. Na hipótese do art. 88, será assegurada ao inventor, na forma e condições previstas no Estatuto ou Regimento Interno da entidade a que se refere este artigo, premiação de parcela no valor das vantagens auferidas com o pedido ou com a patente a título de incentivo."

O novo Código Civil dispõe sobre "invenções" nos seguintes dispositivos legais:

"Da Invenção

Art. 603. Quem quer que ache coisa alheia perdida, há de restituí-la ao dono ou legítimo possuidor.

Correlação com o CC/2002, art. 1.233.

Parágrafo único. Não o conhecendo, o inventor fará por descobri-lo, e, quando se lhe não depare, entregará o objeto achado à autoridade competente no lugar.

Art. 604. O que restituir a coisa achada, nos termos do artigo precedente, terá direito a uma recompensa e à indenização pelas despesas que houver feito com a conservação e transporte da coisa, se o dono não preferir abandoná-la.

Art. 605. O inventor responde pelos prejuízos causados ao proprietário ou possuidor legítimo, quando tiver procedido com dolo.

Art. 606. Decorridos 6 (seis) meses do aviso à autoridade, não se apresentando ninguém que mostre domínio sobre a coisa, será esta vendida em hasta pública, e, deduzidas do preço as despesas, mais a recompensa do inventor (art. 604), pertencerá o remanescente ao Estado, ou ao Distrito Federal, se nas respectivas circunscrições se deparou o objeto perdido, ou à União, se foi achado em território ainda não constituído em Estado." (Redação dada pelo Decreto-Lei. n. 3.725/19)

Tratando-se de controvérsia sobre a invenção no curso da relação de emprego, a competência é da Justiça do Trabalho, com fundamento no art. 114 da Constituição Federal de 1988. Vejamos algumas ementas sobre a matéria:

"DE RECURSO REVISTA. COMPETÊNCIA DA JUSTIÇA DO TRABALHO. INVENÇÃO DO EMPREGADO. CÓDIGO DE PROPRIEDADE INDUSTRIAL. A fixação da competência da Justiça do Trabalho se faz pela matéria ou natureza do litígio, desde que decorrente da relação de trabalho (art. 114 da CF). Não é porque o Código de Propriedade Industrial trata da invenção que a matéria seria exclusiva da jurisdição civil (Vantuil Abdala), ainda mais quando há capítulo específico nessa lei, cuidando 'do invento ocorrido na vigência do contrato de trabalho', disso também falando o vetusto art. 454 da CLT. A competência firma-se em decorrência do contrato de trabalho, sem o qual essa criação não teria ocorrido (Sebastião Machado). Recurso de Revista conhecido e acolhido." (TST — RR 593729 — 2ª Turma — Rel. Min. Conv. José Pedro de Camargo — DJ 16.2.2001)

"ADMINISTRATIVO E COMERCIAL. PROPRIEDADE INDUSTRIAL. PRAZO DE VALIDADE DE PATENTES. LIMINAR DEFERINDO PRORROGAÇÃO. APLICAÇÃO DE LEGISLAÇÃO NOVA, QUE ESTATUI PRAZO DE 20 ANOS PARA PRIVILÉGIO DE INVENÇÃO , ÀS PATENTES DEFERIDAS SOB A ÉGIDE DE LEGISLAÇÃO ANTERIOR QUE PRAZO DE 15 ANOS. AUSÊNCIA SE *FUMOS BONI IURIS*. PRECEDENTE DE E. 4ª TURMA DESTE C. TRIBUNAL. EFEITO RETROATIVO IMPLÍCITO NÃO ADMITIDO. AGRAVO DE INSTRUMENTO PROVIDO. LIMINAR CASSADA. Decisão. A Turma, à unanimidade, deu provimento ao agravo, nos termos do voto do(a) Relator(a)." (TRF 2ª R. — AGV 37939 — Proc. 99.02.17982-7 — RJ — Quarta Turma — Rel. Juiz Rogerio Carvalho — DJU data: 22.2.2000 Outras Fontes DJU. Fls. 227/253 22.2.2000 DJUFLS-259 22.2.2000)

"INVENÇÃO — NÃO CARACTERIZAÇÃO — SIMPLES IDEIA DE SOLUÇÃO PARA RESOLVER PROBLEMA DO COTIDIANO — A expressão inventar existe na língua com uma gama variada de sentidos, desde a fabulação e imaginação — a invenção de ficções — a desculpas ou pretextos — inventar motivos para fazer ou deixar de fazer alguma coisa ou justificar a quebra de um compromisso etc. — até a apresentação de boas ou más ideias novas para alegrar, melhorar, aperfeiçoar o cotidiano e chegando ao invento em sentido estrito aqui examinado, da criação original de algo novo, diferente e diverso de tudo que já existiu e que sirva para uma nova função ou utilidade, inexistente e impensada antes, gerando novidade, progresso e evolução tecnológica. Não sendo o caso, a simples e singela ideia — e não invenção — de se amarrar o telefone público à sua base com um fio de aço para não ser furtado por vândalos. O que é — amarrar objetos para desestimular ou dificultar o furto — tão velho que se perde na memória dos tempos. Não se podendo dizer, pois, que o Autor tenha feito uma invenção, nos sentidos técnico e jurídico do termo, capaz de lhe garantir direitos e a propriedade do 'invento' de maneira tal que ninguém mais no mundo possa prender um telefone na base com um arame sem ter que obter dele a devida licença e pagar taxas pelo uso da invenção. Pela ideia útil, o empregado foi premiado com pequeno incentivo como previsto no regulamento da empresa, não ficando caracterizada invenção, no sentido próprio do termo técnico, para dar-lhe milionária indenização pelo uso dela." (TRT 3ª R. — RO 00812-2002-023-03-00-2 — 3ª T. — Rel. Juiz Paulo Araújo — DJMG 2.8.2003)

"JUSTIÇA DO TRABALHO — COMPETÊNCIA — INVENÇÃO DO EMPREGADO — Da Justiça do Trabalho a competência para apreciar o pedido do empregado referente a indenização ou remuneração pela exploração, em benefício do empregador, de invento de sua autoria, desde que resultante da execução do contrato de trabalho ou de fato a este vinculado. Trata-se de controvérsia decorrente da relação de emprego, cuja competência para conciliar, instruir e julgar atribuída à Justiça do Trabalho, pelo art. 114 da Constituição brasileira, pouco importando a natureza civil do objeto do pedido." (TRT 3ª R. — RO 11737/02 — 4ª T. — Red. Juiz Fernando Luiz Gonçalves Rios Neto — DJMG 4.2.2003 — p. 11)

38. *Responsabilidade na relação de trabalho do Conselho Tutelar*

O Conselho Tutelar é regido pela Lei n. 8.069/90 (Estatuto da Criança e do Adolescente) e a função exercida pelos conselheiros tutelares tem natureza jurídica específica, de caráter administrativo, não sendo regida, pois, pela Consolidação das Leis do Trabalho.

A rigor, os conselheiros tutelares são agentes públicos honoríficos, eleitos pela comunidade, por prazo certo de 3 (três) anos, permitida uma recondução, para prestar serviço público relevante, mas sem qualquer outro vínculo com a Administração Pública, conforme se depreende dos arts. 131 a 135 da Lei n. 8.069/90, *in verbis*:

"*Do Conselho Tutelar*
CAPÍTULO I
Disposições Gerais

Art. 131. O Conselho Tutelar é órgão permanente e autônomo, não jurisdicional, encarregado pela sociedade de zelar pelo cumprimento dos direitos da criança e do adolescente, definidos nesta lei.

Art. 132. Em cada Município haverá, no mínimo, um Conselho Tutelar composto de cinco membros, escolhidos pela comunidade local para mandato de 3 (três) anos, permitida uma recondução. (Redação dada ao artigo pela Lei n. 8.242, de 12.10.1991)

Art. 133. Para a candidatura a membro do Conselho Tutelar, serão exigidos os seguintes requisitos:

I — reconhecida idoneidade moral;

II — idade superior a vinte e um anos;

III — residir no município.

Art. 134. Lei Municipal disporá sobre local, dia e horário de funcionamento do Conselho Tutelar, inclusive quanto à eventual remuneração de seus membros.

Parágrafo único. Constará da Lei Orçamentária Municipal previsão dos recursos necessários ao funcionamento do Conselho Tutelar.

Art. 135. O exercício efetivo da função de conselheiro constituirá serviço público relevante, estabelecerá presunção de idoneidade moral e assegurará prisão especial, em caso de crime comum, até o julgamento definitivo.

CAPÍTULO II
Das Atribuições do Conselho

Art. 136. São atribuições do Conselho Tutelar:

I — atender as crianças e adolescentes nas hipóteses previstas nos arts. 98 e 105, aplicando as medidas previstas no art. 101, I a VII;

II — atender e aconselhar os pais ou responsável, aplicando as medidas previstas no art. 129, I a VII;

III — promover a execução de suas decisões, podendo para tanto:

a) requisitar serviços públicos nas áreas de saúde, educação, serviço social, previdência, trabalho e segurança;

b) representar junto à autoridade judiciária nos casos de descumprimento injustificado de suas deliberações;

IV — encaminhar ao Ministério Público notícia de fato que constitua infração administrativa ou penal contra os direitos da criança ou adolescente;

V — encaminhar à autoridade judiciária os casos de sua competência;

VI — providenciar a medida estabelecida pela autoridade judiciária, dentre as previstas no art. 101, de I a VI, para o adolescente autor de ato infracional;

VII — expedir notificações;

VIII — requisitar certidões de nascimento e de óbito de criança ou adolescente quando necessário;

IX — assessorar o Poder Executivo local na elaboração da proposta orçamentária para planos e programas de atendimento dos direitos da criança e do adolescente;

X — representar, em nome da pessoa e da família, contra a violação dos direitos previstos no art. 220, § 3º, inciso II da Constituição Federal;

XI — representar ao Ministério Público, para efeito das ações de perda ou suspensão do pátrio poder.

Art. 137. As decisões do Conselho Tutelar somente poderão ser revistas pela autoridade judiciária a pedido de quem tenha legítimo interesse.

CAPÍTULO III
Da Competência

Art. 138. Aplica-se ao Conselho Tutelar a regra de competência constante do art. 147.

CAPÍTULO IV
Da Escolha dos Conselheiros

Art. 139. O processo para a escolha dos membros do Conselho Tutelar será estabelecido em Lei Municipal e realizado sob a responsabilidade do Conselho Municipal dos Direitos da Criança e do Adolescente, e a fiscalização do Ministério Público. (Redação dada ao artigo pela Lei n. 8.242, de 12.10.1991)

CAPÍTULO V
Dos Impedimentos

Art. 140. São impedidos de servir no mesmo Conselho marido e mulher, ascendentes e descendentes, sogro e genro ou nora, irmãos, cunhados, durante o cunhadio, tio e sobrinho, padrasto ou madrasta e enteado.

Parágrafo único. Estende-se o impedimento do conselheiro, na forma deste artigo, em relação à autoridade judiciária e ao representante do Ministério Público com atuação na Justiça da Infância e da Juventude, em exercício na Comarca, Foro Regional ou Distrital.

Art. 143. É vedada a divulgação de atos judiciais, policiais e administrativos que digam respeito a crianças e adolescentes a que se atribua autoria de ato infracional.

Parágrafo único. Qualquer notícia a respeito do fato não poderá identificar a criança ou adolescente, vedando-se fotografia, referência a nome, apelido, filiação, parentesco, residência e, inclusive, iniciais do nome e sobrenome. (Redação dada ao parágrafo pela Lei n. 10.764, de 12.11.2003, DOU 13.11.2003)

CAPÍTULO VI
Da Justiça da Infância e da Juventude

SEÇÃO I
Disposições Gerais

Art. 145. Os Estados e o Distrito Federal poderão criar varas especializadas e exclusivas da infância e da juventude, cabendo ao Poder Judiciário estabelecer sua proporcionalidade por número de habitantes, dotá-las de infraestrutura e dispor sobre o atendimento, inclusive em plantões.

SEÇÃO II
Do Juiz

Art. 146. A autoridade a que se refere esta lei é o Juiz da Infância e da Juventude, ou o Juiz que exerce essa função, na forma da Lei de Organização Judiciária local. (Súmula n. 108[74] do STJ).

Art. 147. A competência será determinada:

I — pelo domicílio dos pais ou responsável;

II — pelo lugar onde se encontre a criança ou adolescente, à falta dos pais ou responsável.

§ 1º Nos casos de ato infracional, será competente a autoridade do lugar da ação ou omissão, observadas as regras de conexão, continência e prevenção.

§ 2º A execução das medidas poderá ser delegada à autoridade competente da residência dos pais ou responsável, ou do local onde sediar-se a entidade que abrigar a criança ou adolescente.

§ 3º Em caso de infração cometida através de transmissão simultânea de rádio ou televisão, que atinja mais de uma comarca, será competente, para aplicação da penalidade, a autoridade judiciária do local da sede estadual da emissora ou

---

(74) SÚMULA STJ N. 108 — A aplicação de medidas socioeducativas ao adolescente, pela prática de ato infracional, é da competência exclusiva do juiz.

rede, tendo a sentença eficácia para todas as transmissoras ou retransmissoras do respectivo Estado.

Art. 148. A Justiça da Infância e da Juventude é competente para:

I — conhecer de representações promovidas pelo Ministério Público, para apuração de ato infracional atribuído a adolescente, aplicando as medidas cabíveis;

II — conceder a remissão, como forma de suspensão ou extinção do processo;

III — conhecer de pedidos de adoção e seus incidentes;

IV — conhecer de ações civis fundadas em interesses individuais, difusos ou coletivos afetos à criança e ao adolescente, observado o disposto no art. 209;

V — conhecer de ações decorrentes de irregularidades em entidades de atendimento, aplicando as medidas cabíveis;

VI — aplicar penalidades administrativas nos casos de infrações contra norma de proteção a crianças ou adolescentes;

VII — conhecer de casos encaminhados pelo Conselho Tutelar, aplicando as medidas cabíveis.

Parágrafo único. Quando se tratar de criança ou adolescente nas hipóteses do art. 98, é também competente a Justiça da Infância e da Juventude para o fim de:

a) conhecer de pedidos de guarda e tutela;

b) conhecer de ações de destituição do pátrio poder, perda ou modificação da tutela ou guarda;

c) suprir a capacidade ou o consentimento para o casamento;

d) conhecer de pedidos baseados em discordância paterna ou materna, em relação ao exercício do pátrio poder;

e) conhecer a emancipação, nos termos da lei civil, quando faltarem os pais;

f) designar curador especial em casos de apresentação de queixa ou representação, ou de outros procedimentos judiciais ou extrajudiciais em que haja interesses de criança ou adolescente;

g) conhecer de ações de alimentos;

h) determinar o cancelamento, a retificação e o suprimento dos registros de nascimento e óbito.

Art. 149. Compete à autoridade judiciária disciplinar, através de portaria, ou autorizar, mediante alvará:

I — a entrada e permanência de criança ou adolescente, desacompanhado dos pais ou responsável, em:

a) estádio, ginásio e campo desportivo;

b) bailes ou promoções dançantes;

c) boate ou congêneres;

d) casa que explore comercialmente diversões eletrônicas;

e) estúdios cinematográficos, de teatro, rádio e televisão.

II — a participação de criança e adolescente em:

a) espetáculos públicos e seus ensaios;

b) certames de beleza.

Parágrafo único. Para os fins do disposto neste artigo, a autoridade judiciária levará em conta, dentre outros fatores:

a) os princípios desta lei;

b) as peculiaridades locais;

c) a existência de instalações adequadas;

d) o tipo de frequência habitual ao local;

e) a adequação do ambiente à eventual participação ou frequência de crianças e adolescentes;

f) a natureza do espetáculo.

§ 2º As medidas adotadas na conformidade deste artigo deverão ser fundamentadas, caso a caso, vedadas as determinações de caráter geral."

Caberá ao Ministério Público promover o inquérito civil e a ação civil pública para a proteção dos interesses individuais, difusos ou coletivos relativos à infância e à adolescência, inclusive os definidos no art. 220[75], § 3º, inciso II, da Constituição Federal.

---

(75) Art. 220. A manifestação do pensamento, a criação, a expressão e a informação, sob qualquer forma, processo ou veículo não sofrerão qualquer restrição, observado o disposto nesta Constituição. (CF, art. 5º, IV e IX). Lei n. 5.250/67 (Lei de Imprensa). § 1º Nenhuma lei conterá dispositivo que possa constituir embaraço à plena liberdade de informação jornalística em qualquer veículo de comunicação social, observado o disposto no art. 5º, IV, V, X, XIII e XIV.

§ 2º É vedada toda e qualquer censura de natureza política, ideológica e artística.

§ 3º Compete à lei federal:

I — regular as diversões e espetáculos públicos, cabendo ao Poder Público informar sobre a natureza deles, as faixas etárias a que não se recomendem, locais e horários em que sua apresentação se mostre inadequada;

II — estabelecer os meios legais que garantam à pessoa e à família a possibilidade de se defenderem de programas ou programações de rádio e televisão que contrariem o disposto no art. 221, bem como da propaganda de produtos, práticas e serviços que possam ser nocivos à saúde e ao meio ambiente.

§ 4º A propaganda comercial de tabaco, bebidas alcoólicas, agrotóxicos, medicamentos e terapias estará sujeita a restrições legais, nos termos do inciso II do parágrafo anterior, e conterá, sempre que necessário, advertência sobre os malefícios decorrentes de seu uso. (CF, Lei n. 9.294/96, Decreto n. 2.018/96 e Lei n. 7.802/89).

§ 5º Os meios de comunicação social não podem, direta ou indiretamente, ser objeto de monopólio ou oligopólio.

§ 6º A publicação de veículo impresso de comunicação independe de licença de autoridade.

De outra parte, os membros do Conselho Tutelar não podem ser nomeados ou exonerados livremente como os cargos em comissão (em que tais servidores são demissíveis *ad nutum*).

Assim sendo, podemos afirmar que a relação de trabalho entre a Municipalidade e os membros do Conselho Tutelar são de natureza administrativa, com regulação por lei municipal, inexistindo, portanto, qualquer vínculo de emprego.

A responsabilidade por atos de tais membros, por dolo ou culpa, que venham a afetar terceiros, no exercício da função, enquadra-se no art. 37, § 6º, da Constituição Federal de 1988, ou seja, constitui responsabilidade objetiva da Administração Pública direta, no caso o Município, pelo fato de tais membros se equipararem aos servidores públicos municipais.

Transcrevemos as seguintes ementas emanadas de nossos Pretórios Trabalhistas.

> "CONFLITO NEGATIVO DE COMPETÊNCIA — CONSELHEIRO TUTELAR — VÍNCULO INSTITUCIONAL COM O PODER PÚBLICO — COMPETÊNCIA DA JUSTIÇA COMUM ESTADUAL — ADVENTO DA EC N. 45/04 — DECISÃO DO STF NA ADI N. 3.395-MC — PREVALÊNCIA DA ORIENTAÇÃO FIRMADA NA SÚMULA N. 137/STJ — 1. Na origem, a ação foi ajuizada por membro do conselho tutelar do município de Viamão/RS, que mantém vínculo institucional com o poder público local, disciplinado por Lei específica. 2. A parte autora, portanto, não conserva com a municipalidade contrato trabalhista nos moldes da consolidação das Leis do Trabalho — CLT, o que afasta a competência da justiça especializada para o julgamento da lide. 3. Em verdade, o vínculo estabelecido entre o poder público local e os conselheiros tutelares é institucional, assemelhado ao regime jurídico estatutário, o que determina a competência da justiça comum estadual, considerada a aplicação analógica da Súmula n. 137/STJ. 4. Mesmo em face da alteração promovida pela EC n. 45/04 no texto do art. 114, I, da Constituição Federal, a orientação firmada no referido verbete sumular persiste, ante a concessão de medida cautelar na ADI n. 3.395 pelo Supremo Tribunal Federal. 5. Conflito conhecido para declarar a competência do juízo de direito da 1ª Vara Cível de Viamão/RS, ora suscitado." (STJ — CC 200701082640 — (84886) — RS — 3ª S. — Relª Min. Maria Thereza de Assis Moura — DJU 1º.2.2008 — p. 1)

> "RELAÇÃO DE EMPREGO — CONSELHEIRA TUTELAR — Membro escolhido para o Conselho Municipal dos Direitos da Criança e do Adolescente, cujas atribuições estão elencadas no art. 136 da Lei n. 8.069/90, ainda que o exercício efetivo da função de conselheira constitua serviço público relevante, não detém a situação jurídica de empregado do Município no curso do seu mandato." (TRT 4ª R. — Ac. 00450.531/98-8 RO — 8ª T. — Rel. Juiz Nelson Ribas — DOERS 20.5.2002)

> "CONSELHEIRA TUTELAR — VÍNCULO DE EMPREGO — Não há que se falar em vínculo empregatício entre as partes, por tratar-se a reclamante de membro eleito pelos cidadãos locais, para o Conselho Tutelar dos Direitos da Criança e do Adolescente, cujas atribuições estão opostas no art. 136 da Lei n. 8.069/90, não

obstante o exercício efetivo da função de conselheira constitua serviço público relevante. Por outro lado, não foram observados os requisitos do art. 37, II da CF/88, porquanto a autora não se submeteu a concurso público." (TRT4ª R. — Ac. 00451.531/98-1 RO — 2ª T. — Relª Juiza Dulce Olenca B. Padilha — DOERS 24.9.2001)

"ADMINISTRATIVO — CONSELHEIRO TUTELAR — NATUREZA JURÍDICA DO CARGO — AGENTES PÚBLICOS QUE NÃO SE ENQUADRAM NA CATEGORIA DE SERVIDOR PÚBLICO — REGIME DE REMUNERAÇÃO — LEI ESPECIAL — INAPLICABILIDADE DO ESTATUTO DOS SERVIDORES PÚBLICOS MUNICIPAIS — RECURSO DESPROVIDO — Conquanto seja inegável que os membros do Conselho Tutelar sejam agentes públicos, estes não integram a subespécie servidor estatal; porém, por semelhança, são enquadrados na categoria de agentes honoríficos. Assim, o regime de remuneração, quando cabível, é o previsto em lei especial, sendo inaplicável o Estatuto dos Servidores Públicos Municipais." (TJSC — AC 2002.002760-0 — 2ª C. Dir. Pub. — Rel. Des. Luiz Cézar Medeiros — J. 13.2.2003)

Oportuno, no momento, trazer o entendimento do Tribunal de Justiça do Rio Grande do Sul sobre o Conselho Tutelar:

"Conclusões do Centro de Estudos do TJRS:

Para a escolha de Conselheiro Tutelar, a Lei Municipal pode estabelecer outros requisitos compatíveis com o cargo, além dos indicados no art. 133 do ECA, ante o permissivo dos arts. 24, inc. XV e 30, inc. II, da Constituição Federal. (Unanimidade).

A orientação jurisprudencial desta Corte firmou-se no sentido de admitir que cada Município pode legislar supletivamente, consoante suas próprias peculiaridades e necessidades, estabelecendo exigências, requisitos ou condições para o registro de candidatura ao pleito para o cargo de Conselheiro Tutelar, tal como autoriza o art. 30, inc. II, da Constituição Federal, visto que o art. 24, inc. XV, da Carta Magna estabelece a competência concorrente entre a União, o Estado e o Município para legislar sobre a proteção à infância e à juventude. Entende-se, portanto, que os requisitos indicados no art. 133 do Estatuto da Criança e do Adolescente são aqueles mínimos necessários ao desempenho do cargo, sendo que o art. 139 da precitada Lei estabelece processo para a escolha dos membros do Conselho Tutelar deve ser regulado por Lei Municipal. Claro que tal competência legislativa não se limita a definir mera forma de funcionamento, senão de adequar os critérios de escolha, a partir do que for conveniente e necessário para o Município, assegurando-se a livre e ampla, mas qualificada, participação popular." (Fonte TJRS) (Ver precedentes APC 70002367613, MS 70002245603).

Capítulo III

A Responsabilidade Objetiva e Subjetiva da Empresa na Prática do Direito do Trabalho (a Posição dos Tribunais do Trabalho)

1. *Introdução*

Entre os inúmeros casos de aplicação da responsabilidade subjetiva e objetiva no caso concreto do Direito do Trabalho, relacionamos alguns casos em que procuraremos demonstrar a ampla aplicação, de longa data, da responsabilidade objetiva na regulação das relações entre o capital e o trabalho, como segue.

2. *A posição de nossos Tribunais*

Para que possamos aferir o entendimento e a posição de nossos Tribunais, elencamos a seguir vários extratos jurisprudenciais, para constatação das linhas de decisão adotadas pelos nossos magistrados, no tratamento da responsabilidade objetiva e subjetiva aplicadas às relações de trabalho.

2.1. Grupo de empresas

O entendimento predominante na doutrina é que existindo ou não relação de subordinação ou de coordenação entre as empresas do mesmo grupo, existe *responsabilidade objetiva* delas em face dos direitos trabalhistas, por presunção *juris tantum*.

É o patrimônio do grupo que garante os direitos dos trabalhadores e em qualquer tipo de cisão, fusão, incorporação ou alteração societária, a regra é: "para onde vai o patrimônio deve ir a demanda trabalhista". No caso do grupo de empresas como empregador único, a jurisprudência já pacificou a tese de sua solidariedade ativa e passiva.

Sob este prisma, o patrimônio da empresa constitui, na verdade, a hipoteca legal dos direitos dos trabalhadores, já que os créditos trabalhistas acompanham o patrimônio do empregador como uma espécie de direito de sequela.

No caso em espécie, trazemos os seguintes acórdãos para elucidar a matéria.

"GRUPO DE EMPRESAS — EFEITOS DA SOLIDARIEDADE — INEXISTÊNCIA DE UM ÚNICO CONTRATO DE TRABALHO — Ocorre grupo econômico sempre que uma ou mais empresas, tendo, embora, cada uma delas, personalidade jurídica própria, estiverem sob a direção, controle ou administração de outra. Constituindo grupo industrial, comercial ou de qualquer outra atividade econômica, serão, para os efeitos da relação de emprego, solidariamente responsáveis a empresa principal e cada uma das subordinadas (inteligência do art. 2º, § 2º, da CLT). Entre os efeitos da solidariedade decorrente do reconhecimento do consórcio empresarial não se encontra o de que o vínculo de emprego com mais de uma das consorciadas gera a unicidade contratual. O efeito da solidariedade restringe-se apenas à responsabilidade de todos os consorciados pelo pagamento dos créditos adquiridos pelo empregado em face de uma das empresas do conglomerado." (TRT 12ª R. — RO-V 00014-2002-014-12-00-0 — (12043/2004) — Florianópolis — 2ª T. — Relª Juíza Marta Maria Villalba Fabre — J. 14.10.2004).

"EMBARGOS DE TERCEIRO — EMPRESAS PERTENCENTES AO MESMO GRUPO ECONÔMICO. A CLT, ao tratar da figura do empregador, determina a *responsabilidade* solidária de *empresas* quando verificada a ocorrência de *grupo* econômico, ou seja, 'sempre que uma ou mais *empresas*, tendo, embora, cada uma delas personalidade jurídica própria, estiverem sob direção, controle ou administração de outra constituindo *grupo* industrial, comercial ou de qualquer outra atividade econômica, serão, para os efeitos da relação de emprego, solidariamente responsáveis a *empresa* principal e cada uma das subordinadas' (art. 2º, § 2º). Assim, caracterizada a formação de *grupo* econômico entre a Embargante e a Executada não há que se falar em pessoa jurídica estranha à lide. Tribunal: 15ª Região Acórdão n. 030833/2000 Decisão: 15.8.2000 Turma: SEP — Seção Especializada." (Comp. Recursal. Relator: Maria Cecília Fernandes Alvares Leite)

"EMBARGOS DE TERCEIRO E O TEOR DO ENUNCIADO N. 205 DO TST. O Enunciado n. 205 do TST assevera *in verbis*: 'O responsável solidário, integrante do *grupo econômico*, que não participou da relação processual como reclamado e que, portanto, não consta do Título Executivo Judicial como devedor, não pode ser sujeito passivo na execução'. A bem da verdade trata-se de um retrocesso o referido entendimento jurisprudencial. Exigir do reclamante, na fase de conhecimento, litigar contra todas as empresas do *grupo* é por demais exagerado. Deve ajuizar a ação contra a empresa aparente. Cabe a esta discutir o mérito do contrato de trabalho que se apresenta litigioso. Somente quando a referida empresa se mostrar inadimplente é que o empregado, pela aplicação da solidariedade, tem o direito de exigir das demais integrantes do *grupo* o ressarcimento de seus créditos trabalhistas. Em havendo a lesão ao direito subjetivo trabalhista, pode e deve o empregado procurar a sua reparação, exercitando o seu direito de ação contra o seu empregador efetivo. Reconhecido o direito, através do competente processo de conhecimento, em execução de sentença com base no título executivo judicial (art. 876, CLT), se a empresa devedora se mostrar de fato inadimplente, devem ser penhorados e expropriados os bens das demais empresas integrantes do *grupo econômico*, em função do fato de que a solidariedade passiva é impositivo legal (art. 2º, § 2º, CLT). A *responsabilidade* solidária está prevista na legislação trabalhista, portanto, a mesma pode e deve ser reconhecida na ação de execução. Rejeito o apelo quanto a aplicação do disposto no Enunciado n. 205 do TST." Tribunal: 2ª Região. Acórdão n. 20030390430. Decisão: 5.8.2003. Tipo: AP02 n. 28046. Ano: 2003. Número Único Proc.: AP02 — 28046-2003-902-02-00. Agravo de Petição em Embargos de Terceiro. Turma: 4ª. Órgão Julgador — Quarta Turma. DOE SP, PJ, TRT 2ª. Data: 22.8.2003. Relator: Francisco Ferreira Jorge Neto. Revisor: Salvador Franco de Lima Laurino.

"AÇÃO DECLARATÓRIA DE RESPONSABILIDADE SOLIDÁRIA E/OU SUBSIDIÁRIA CONTRA OUTRAS EMPRESAS DIVERSAS DO EMPREGADOR FORMAL. ACORDO HOMOLOGADO EM COMISSÃO DE CONCILIAÇÃO PRÉVIA. Juridicamente impossibilitado o trabalhador de levar à referida Comissão qualquer outra empresa do mesmo *grupo econômico* ou que seja subsidiariamente responsável por seus créditos trabalhistas é certo que ele tem direito de ação pretendendo a extensão da *responsabilidade* destas empresas pela satisfação do valor do acordo fixado na Comissão de Conciliação Prévia, criada pela Lei n. 9.958, de 12 de janeiro de 2000. Recurso ordinário provido, para afastar a extinção do processo, por indeferimento da inicial, sem notificação das reclamadas." (Tribunal: 2ª Região. Acórdão n. 20020797812. Decisão: 10.12.2002. Tipo: RS01 n. 49992200290202009. Ano: 2002. Número Único Proc.: RS01 — Recurso Ordinário Em Rito Sumaríssimo. Turma: 5. Órgão Julgador — Quinta Turma. DOE SP, PJ, TRT 2ª. Data: 7.1.2003. Redator designado: Fernando Antonio Sampaio da Silva)

É de se destacar que a Súmula n. 205 do TST foi cancelada pela revisão dos enunciados do TST realizada no final de 2003, atendendo a uma espécie de clamor dos advogados, que entendiam que o Tribunal Superior do Trabalho tinha exorbitado nas suas atribuições constitucionais ao dar uma interpretação extremamente restritiva ao art. 8º, inciso III, da Constituição Federal de 1988.

O entendimento estampado nessa Súmula ficou ainda mais comprometido, a partir do momento em que o Código de Defesa do Consumidor (Lei n. 8.078/90), em seu art. 81, *caput* e parágrafo único, III e art. 82, ao mesmo tempo em que a Ação Civil Pública (Lei n. 7.347/85), no art. 5º, passaram a contemplar a plena substituição processual ou extraordinária das associações, entre as quais se encontram os sindicatos, para figurarem no polo ativo das ações coletivas, difusas ou individuais homogêneas na defesa dos interesses dos trabalhadores.

A substituição processual dos sindicatos(1), que é entendida como substituição processual extraordinária, já que o sindicato, em seu próprio nome,

---

(1) "CARÊNCIA DE AÇÃO — SUBSTITUIÇÃO PROCESSUAL — AÇÃO DE CUMPRIMENTO — ART. 872, PARÁGRAFO ÚNICO, DA CLT [...] SUBSTITUIÇÃO PROCESSUAL DE UM ÚNICO TRABALHADOR. Não há nos dispositivos legais disciplinadores da matéria (arts. 843 e 872 da CLT

postula em juízo direitos de terceiros (seus associados), consoante art. 6º[(2)] do Código de Processo Civil, não se confunde com a substituição processual autônoma[(3)] do Ministério Público do Trabalho, já que este postula em juízo, independentemente de qualquer tipo de autorização dos interessados, por fulcro de mandamento constitucional emanado dos arts. 127 a 129 da Carta Magna e dos arts. 83 e 84 da Lei Complementar n. 75/93.

Dessa forma, com o cancelamento da Súmula n. 310 do TST, os sindicatos passam a ostentar um alargamento de sua legitimidade para figurar no polo ativo, como substituto processual, nas lides de defesa dos interesses dos trabalhadores, que não mais fica restrita às ações que pleiteavam aumentos salariais, adicionais de periculosidade ou insalubridade etc.

2.2. Grupo econômico típico

No grupo econômico típico, o grupo não é empregador único. A responsabilidade é subsidiária, e não solidária. Temos aqui um caso de obrigação meramente passiva, e não ativa. Na situação atípica, em que o grupo é empregador único, o contrato de trabalho existe com todo o grupo, e a obrigação é solidária, existindo solidariedade ativa e passiva.

2.3. Sucessão trabalhista

A OJ (Orientação Jurisprudencial) n. 225 da SDI — I do TST (Seção de Dissídios Individuais do Tribunal Superior do Trabalho) traz-nos um exemplo de responsabilidade objetiva do empregador em sucessão trabalhista.

---

e 8º, III, da CR) qualquer vedação para que o sindicato se apresente como substituto processual em defesa de um único trabalhador. Se a lei não faz a distinção, não cabe ao intérprete fazê-la. Ademais, não é o número de substituídos que fixa a forma de postular em juízo, mas, sim, o título pleiteado." [...] (TST, RR 461.124/1998.3, (Ac. 3ª T.), 8ª R., Relª Min. Maria Cristina Irigoyen Peduzzi, DJU 19.9.2003, p. 566)

(2) Art. 6º Ninguém poderá pleitear, em nome próprio, direito alheio, salvo quando autorizado por lei.

(3) Em relação ao Ministério Público, não é da sua natureza constitucional defender direitos subjetivos individuais disponíveis; nos casos em que o legislador o legitimou para tal tarefa (tutela de consumidores, de credores de instituições financeiras em regime de liquidação e de investidores no mercado financeiro), ocorre substituição processual autônoma, para demandar pretensão condenatória genérica, em caráter coletivo e impessoal. A compatibilidade constitucional dessa legitimação está em que a lesão conjunta àqueles direitos individuais implica também lesão a valores sociais especialmente privilegiados pelo direito positivo, cuja tutela constitui obrigação do Ministério Público. Com exceção dos casos expressamente previstos em Lei, a legitimidade do Ministério Público na defesa de direitos individuais poderá ser admitida apenas em situações especiais, quando a lesão ao conjunto dos direitos venha representar, à luz dos valores jurídicos estabelecidos, não apenas a soma dos interesses particulares, mas também o comprometimento de interesses relevantes da sociedade, como um todo. A substituição é uma figura processual por meio da qual uma pessoa estranha às relações de direito material e processual ingressa em juízo em nome de uma das partes. Assim, o substituto é parte no sentido processual, mas não o é no sentido material. Logo, é atingido apenas pela coisa julgada formal. O substituído, parte no aspecto substancial, porém, é que é albergado pela coisa julgada material.

Diz a orientação:

"225. Contrato de Concessão de Serviço Público. Responsabilidade Trabalhista. Inserida em 20.6.2001 e alterada pelo Tribunal Pleno, em 18.4.2002 — MA n. 10.999/02 (nova redação). Celebrado contrato de concessão de serviço público em que uma empresa (primeira concessionária) outorga a outra (segunda concessionária), no todo ou em parte, mediante arrendamento ou qualquer outra forma contratual, a título transitório, bens de sua propriedade: I — em caso de rescisão do contrato de trabalho após a entrada em vigor da concessão, a segunda concessionária, na condição de sucessora, responde pelos direitos decorrentes do contrato de trabalho, sem prejuízo da responsabilidade subsidiária da primeira concessionária pelos débitos trabalhistas contraídos até a concessão; II — no tocante ao contrato de trabalho extinto antes da vigência da concessão, a responsabilidade pelos direitos dos trabalhadores será exclusivamente da antecessora."

Colacionamos, a seguir, alguns acórdãos recentes elucidativos sobre a temática em análise.

"CONCESSÃO DE SERVIÇO PÚBLICO — SUCESSÃO DE EMPREGADORES — RESPONSABILIDADE — NÃO CONTINUAÇÃO DA PRESTAÇÃO DE SERVIÇOS PELO EMPREGADO — TRANSFERÊNCIA DE PATRIMÔNIO — Em que pese o entendimento consolidado na OJ n. 225 da SDI-I do TST, que trata da responsabilidade trabalhista em contrato de concessão de serviço público, o caso em apreço possui particularidade apta a distingui-lo do que hodiernamente acontece no caso de sucessão entre concessionárias de serviço público. A questão nevrálgica configuradora da sucessão de empregadores é a de que o empregado vincula-se ao empreendimento e não à pessoa jurídica singularmente considerada e que a responsabilidade patrimonial pelas verbas trabalhistas passam àquele que adquire os bens da empregadora. Caso contrário, estar-se-ia apoiando o descumprimento das regras trabalhistas, posto que foi transferido à sucessora o ativo, boa parte do patrimônio e das instalações da empregadora original capaz de solver as dívidas trabalhistas dos então empregados, inclusive os não absorvidos pela nova empresa." (TRT 1ª R. RO 0001338-07.2012.5.01.0302 — 10ª T. — Rel. Leonardo Dias Borges — DOERJ 23.7.2014)v108

"EMBARGOS DA FCA — SUCESSÃO TRABALHISTA REDE FERROVIÁRIA FEDERAL S/A. ARRENDAMENTO DA MALHA FERROVIÁRIA PARA A FERROVIA CENTRO ATLÂNTICA S/A. — O acórdão embargado apresenta estrita consonância com a OJ n. 225/SBDI1: em razão da subsistência da Rede Ferroviária Federal S/A., e da transitoriedade da transferência dos seus bens pelo arrendamento das malhas ferroviárias, a Rede é responsável subsidiariamente pelos direitos trabalhistas referentes aos contratos de trabalho rescindidos após a entrada em vigor do contrato de concessão; e quanto àqueles contratos rescindidos antes da entrada em vigor do contrato de concessão, a responsabilidade é exclusiva da Rede. De fato, o acórdão do TRT noticia que a FCA absorveu o contrato de trabalho do reclamante, assumindo plenamente a condição de empregadora (fl. 664). Nessa hipótese, ao teor da Orientação transcrita, a responsabilidade da RFFSA tem alcance meramente subsidiário, conforme decidido, sendo responsável principal a FCA, por todo o período contratual. Embargos não conhecidos.

II — EMBARGOS DA RFFSA. RESPONSABILIDADE DA RFFSA — RECURSO DE REVISTA NÃO CONHECIDO AUSÊNCIA DE INDICAÇÃO EXPRESSA DE OFENSA AO ART. 896 DA CLT. O recurso de revista da RFFSA não foi conhecido por ausência de violação dos arts. 10 e 448 da CLT e inaptidão da jurisprudência colacionada. Os presentes embargos não indicam expressamente violação do art. 896 da CLT, desatendendo à OJ n. 294/SBDI1. Embargos não conhecidos." (TST — ERR 464398 — SBDI 1 — Relª Juíza Conv. Rosita de Nazaré Sidrim Nassar — DJU 3.12.2004)

"PRELIMINAR DE ILEGITIMIDADE PASSIVA *AD CAUSAM*. SUCESSÃO. RESPONSABILIDADE. A controvérsia em torno da *responsabilidade* da sucessora pelos débitos trabalhistas encontra-se pacificada pela Orientação Jurisprudencial n. 225 da SDI-1 desta Corte, no sentido de que as empresas que prosseguiram na exploração das malhas *ferroviárias* da *Rede Ferroviária Federal* são responsáveis pelos direitos trabalhistas dos ex-empregados desta, cujos contratos de trabalho não foram rescindidos antes da entrada em vigor do contrato de concessão de serviço respectivo. Assim, vem à baila o Enunciado n. 333 do TST, em que os precedentes da SDI foram erigidos à condição de requisitos negativos de admissibilidade do recurso. Recurso não conhecido. PRELIMINAR DE INÉPCIA DA PETIÇÃO INICIAL. Incide o óbice das disposições do Enunciado n. 297/TST, em face da ausência de prequestionamento da matéria pela ótica suscitada na revista. Revista não conhecida. NULIDADE POR CERCEAMENTO DE DEFESA. INDEFERIMENTO DA DENUNCIAÇÃO À LIDE. A decisão regional apresenta-se em perfeita consonância com a jurisprudência desta, cristalizada na OJ n. 227 da SDI-1. Assim sendo, o apelo esbarra no óbice no Enunciado n. 333 do TST. Recurso de revista não conhecido. HORAS EXTRAS. O Recurso de Revista, em face de sua natureza extraordinária, tem lugar apenas nas hipóteses elencadas no art. 896 da CLT. Recurso não conhecido. ADICIONAL DE PERICULOSIDADE. A decisão foi baseada nos fatos colhidos em laudo pericial e sua conclusão foi expressamente lastreada na Orientação Jurisprudencial n. 5, SDI-1, erigindo-se, do art. 896, § 4º, CLT e Enunciado n. 333, TST, óbice ao recurso." (Recurso não conhecido. Decisão: Por unanimidade, não conhecer do recurso de revista. DJ Data: 7.11.2003. Relatora Juíza Convocada Maria do Perpétuo Socorro W. de Castro)

"NULIDADE PROCESSUAL. IMPOSSIBILIDADE DE DECRETAÇÃO. ALTERAÇÃO DO RITO PROCESSUAL. AUSÊNCIA DE PREJUÍZO. Pontua o art. 794 da CLT que "nos processos sujeitos à apreciação da Justiça do Trabalho só haverá nulidade quando resultar dos atos inquinados manifesto prejuízo às partes litigantes". Este preceito tem na instrumentalidade do processo seu principal fundamento. A aplicação do princípio se revela na hipótese em que a arguição de nulidade, por alteração do rito processual, em segundo grau de jurisdição, não vem calcada em prejuízo processual para o Litigante, eis que, a despeito da alteração do rito, o Tribunal Regional do Trabalho findou por analisar, de forma fundamentada, todos os argumentos suscitados pela Parte, em seu recurso ordinário, e renovados no Recurso de Revista. Recurso de Revista não conhecido. 2. REDE FERROVIÁRIA FEDERAL S.A. FERROBAN — FERROVIAS BANDEIRANTES S.A. CONTRATO DE CONCESSÃO DE SERVIÇO PÚBLICO. SUCESSÃO TRABALHISTA. RESPONSABILIDADE. DISSOLUÇÃO CONTRA-

TUAL EFETIVADA EM DATA PRETÉRITA AO APERFEIÇOAMENTO DA CONCESSÃO. EFEITO. 'Em razão da subsistência da Rede Ferroviária Federal S/A e da transitoriedade da transferência dos seus bens pelo arrendamento das malhas ferroviárias, a Rede é responsável subsidiariamente pelos direitos trabalhistas referentes aos contratos de trabalho rescindidos após a entrada em vigor do contrato de concessão; e quanto àqueles contratos rescindidos antes da entrada em vigor do contrato de concessão, a responsabilidade é exclusiva da Rede' (OJ n. 225/SDI-1). Constatando-se a efetivação da dissolução contratual em data pretérita ao aperfeiçoamento da concessão, nenhuma obrigação remanesce para a sucessora. Recurso de Revista parcialmente provido." (Tribunal: TST Decisão: 17.9.2003. Numeração Única Proc: RR 251-2000-100-15-00. Recurso de Revista. Turma: 3. Órgão Julgador — Terceira Turma. DJ Data: 10.10.2003. Relator Juiz Convocado Alberto Luiz Bresciani Pereira)

2.4. Bancos. Sucessão trabalhista

Caso idêntico é disciplinado pela Orientação Jurisprudencial n. 261 da Seção de Dissídios Individuais I do Tribunal Superior do Trabalho, que assim se expressa:

"*Bancos. Sucessão trabalhista.* As obrigações trabalhistas, inclusive as contraídas à época em que os empregados trabalhavam para o banco sucedido, são de responsabilidade do sucessor, uma vez que a este foram transferidos os ativos, as agências, os direitos e deveres contratuais, caracterizando típica sucessão trabalhista."

Transcrevemos, a seguir, acórdãos para esclarecer a matéria.

"BANCOS — SUCESSÃO TRABALHISTA — NÃO CONHECIMENTO — Conforme dispõe a Orientação Jurisprudencial n. 261 da SDBI-1 desta col. Corte: As obrigações trabalhistas, inclusive as contraídas à época em que os empregados trabalhavam para o banco sucedido, são de responsabilidade do sucessor, uma vez que a este foram transferidos os ativos, as agências, os direitos e deveres contratuais, caracterizando típica sucessão trabalhista. Estando a decisão regional de acordo com esse entendimento, não há como conhecer da Revista em razão da redação do art. 896, § 4º, da CLT e da Súmula n. 333/TST. BANERJ — DIFERENÇAS SALARIAIS — PREVISÃO EM ACORDO COLETIVO 1991/1992 — O art. 5º do acordo coletivo de trabalho do BANERJ, ano 1991/1992, o qual previu o pagamento de reajuste de 26,06%, referente às diferenças referentes ao Plano Bresser, não estava submetido a uma condição suspensiva, tendo, portanto, eficácia plena. Dessa forma, devido o pagamento do reajuste pactuado, tendo como limitação o mês de agosto de 1992, como também previsto no instrumento coletivo firmado. Recurso de Revista parcialmente conhecido e parcialmente provido." (TST — RR 722.225/2001.6 — 4ª T. — Relª Juíza Conv. Maria de Assis Calsing — DJU 1º.7.2005)

"SUCESSÃO DE EMPREGADORES — A discussão sobre a sucessão de bancos encontra-se dirimida na Orientação Jurisprudencial SBDI-1 n. 261, o que implica o pressuposto negativo contido no art. 896, § 4º, da CLT e Enunciado n. 333 do TST. Recurso de Revista não conhecido. QUITAÇÃO — Enunciado n. 330/TST. A tese, firmada pelo Tribunal Regional, quanto à limitação da eficácia liberatória do recibo de quitação devidamente homologado às parcelas expressamente consignadas, e pertinência da apreciação pelo Judiciário de outras verbas trabalhistas que nele não estejam incluídos, consoa à redação do referido Enunciado n. 330, I (RA 108/2001); incidência do art. 896, § 4º, da CLT. Recurso não conhecido. RECURSO DE REVISTA, ADESIVO, DO RECLAMANTE — A interposição de recurso adesivo pressupõe a inexistência da iniciativa recursal, pela parte, em face da decisão judicial; a anterior interposição do Recurso autônomo configura a preclusão consumativa para a atuação recursal, ainda que tenha sido negado seguimento ao recurso por intempestivo. Recurso não conhecido." (TST — RR 617.725/1999.8 — 1ª T. — Relª Juíza Conv. Maria do Perpétuo Socorro Wanderley de Castro — DJU 13.5.2005)

"DA SUCESSÃO — Os arestos paradigmas são inservíveis para demonstrar o dissenso de teses porque inespecíficos (En. n. 296/TST). As alegações de que o contrato de trabalho do reclamante extinguiu-se antes de efetivado o negócio de compra e venda entre os bancos reclamados não foi objeto de análise pelo Regional, o que impede a sua apreciação por esta instância extraordinária, por falta de prequestionamento (En. n. 297/TST). Além disso, a questão atinente à sucessão do Banco Bamerindus S/A, hoje em liquidação extrajudicial, pelo Banco HSBC Bamerindus S/A, é de muito conhecida desta Corte, restando assentado o entendimento de que compete ao sucessor o pagamento dos débitos trabalhistas devidos pela sucedida. Não conheço. APLICABILIDADE DO EN. N. 304 — JUROS DE MORA — A alegação de divergência jurisprudencial não logra prosperar, porque o aresto paradigma é oriundo de Turma desta Corte (art. 896, *a*, da CLT). Ademais, na hipótese, a empresa sucedida e em regime de liquidação extrajudicial não foi responsabilizada pelo pagamento dos créditos trabalhistas, tendo sido, inclusive, deferida a sua exclusão do polo passivo da presente reclamação. Assim, o fato de o sucedido encontrar-se sob intervenção em nada altera a questão, não se vislumbrando a alegada violação ao art. 18, *d*, da Lei n. 6.024/74, nem contrariedade ao En. n. 304 desta Corte. Não conheço." (TST — RR 641918 — 3ª T. — Relª Min. Conv. Dora Maria da Costa — DJU 21.11.2003)

"SUCESSÃO TRABALHISTA. BANCO BANDEIRANTES E BANCO BANORTE. Sobre a sucessão do Banco Banorte pelo Banco Bandeirantes a jurisprudência desta Corte encontra-se concentrada na Orientação Jurisprudencial n. 261 da SBDI-1, vazada nos seguintes termos: 'as obrigações trabalhistas, inclusive as contraídas à época em que os empregados trabalhavam para o banco sucedido, são de responsabilidade do sucessor, uma vez que a este foram transferidos os ativos, as agências, os direitos e deveres contratuais, caracterizando típica sucessão trabalhista'. Hipótese de incidência da Súmula n. 333 do TST como óbice ao conhecimento do Recurso. QUITAÇÃO. SÚMULA N. 330 DO TST. Não tendo constado do acórdão regional que as horas extras pleiteadas foram objeto do termo de rescisão contratual nem havendo menção de tratar-se de circunstância incontroversa nos autos, é inviável a aferição de contrariedade à Súmula n. 330 do TST. Recurso de Embargos de que não se conhece." (Tribunal: TST Decisão:

29.9.2003 Proc: ERR n. 480559 Ano: 1998 Região: 6. Embargos em Recurso de Revista Turma: D1 Órgão Julgador — Subseção I Especializada em Dissídios Individuais DJ Data: 10.10.2003 Relator Ministro João Batista Brito Pereira)

"PRELIMINAR DE DESERÇÃO POR AUSÊNCIA DE PAGAMENTO DE CUSTAS PROCESSUAIS E DE DEPÓSITO RECURSAL, SUSCITADA NA CONTRAMINUTA. A efetivação do depósito recursal é exigível somente no Recurso Ordinário, Recurso de Revista, Embargos e Recurso Extraordinário, nos termos do art. 899 da CLT. Carece, portanto, de amparo legal a exigência de pagamento de depósito recursal em Agravo de Instrumento. 2 — CUSTAS PROCESSUAIS. EXIGÊNCIA. AGRAVO DE INSTRUMENTO. As custas na Justiça do Trabalho são recolhidas apenas uma vez, pelo vencido. Salvo quando o Tribunal Regional acrescer o valor da condenação, o que não ocorreu na hipótese vertente. A Lei n. 10.537, de 27.8.2002, que acrescentou, entre outros, o art. 789-A à CLT, a qual instituiu o pagamento de custas ao Agravo, não pode ser aplicada a estes autos, porque o Agravo foi interposto, no dia 30.10.2001 (fl. 2), data anterior à vigência da referida lei. 3 — PRELIMINAR POR FALTA DE INSTRUMENTALIDADE DO RECURSO ARGUIDA NA CONTRAMINUTA — AUSÊNCIA DE REQUERIMENTO DO IMEDIATO JULGAMENTO DO RECURSO. As normas contidas no processo civil somente são aplicadas ao processo do trabalho quando há omissão e mesmo assim, desde que não sejam incompatíveis com os princípios norteadores do Direito do Trabalho (CLT, art. 769). A disciplina do agravo de instrumento no processo do trabalho encontra-se delineada pelo art. 897 da CLT. A aludida norma não impõe ao Agravante o ônus de instrumentar o Agravo, com o requerimento do imediato julgamento do Recurso de Revista. Sua obrigação é a de instruir o processo, trasladando todas as peças que reputar essenciais para o deslinde da controvérsia. Se, porventura, o Agravo for provido, caberá à Turma julgadora deliberar sobre o Julgamento do Recurso principal, nos termos dos §§ 6º e 7º do referido preceito legal. 4 — PRELIMINAR DE NÃO CONHECIMENTO DO AGRAVO, POR SE ENCONTRAR DESFUNDAMENTADO, ARGUIDA NA CONTRAMINUTA. O Reclamado arguiu a prefacial em epígrafe, argumentando que o Agravo de Instrumento não merece ser conhecido, porque o Recurso de Revista não atendeu aos pressupostos contidos no art. 896 da CLT. A ausência de demonstração de ofensa a lei e/ou dissenso pretoriano não enseja o não conhecimento do Agravo de Instrumento, mas tão somente pode acarretar o seu desprovimento. A questão arguida pelo Reclamado não constitui matéria objeto de preliminar de não conhecimento. 5 — DO PEDIDO DE CONDENAÇÃO DO RECLAMADO POR LITIGÂNCIA DE MÁ-FÉ FORMULADO NA CONTRAMINUTA. O Agravado, na contraminuta, à fl. 156, pede que o Agravante seja condenado por litigância de má-fé, asseverando que, ao interpor o Agravo de Instrumento, estaria apresentando recurso procrastinatório. O pedido formulado na contraminuta tem apoio nos arts. 16 a 18 do CPC, que dispõem que a litigância de má-fé será declarada de ofício ou a requerimento da parte. Em princípio, não há motivo para se aplicar a sanção, tendo em vista que o Agravante logrou demonstrar que o apelo apresentado tem objetivo infirmatório, como se depreende da leitura dos argumentos veiculados na minuta, em que a parte busca desconstituir os fundamentos da decisão agravada mediante a demonstração de suposta divergência pretoriana. REJEITO o pedido. 6 — PRELIMINAR DE INÉPCIA

DO AGRAVO DE INSTRUMENTO, SUSCITADA NA CONTRAMINUTA, POR INCOMPETÊNCIA DA INSTÂNCIA OU POR AUSÊNCIA DE IDENTIFICAÇÃO DA AUTORIDADE A QUAL FOI DIRIGIDA. O Agravo de Instrumento é utilizado no processo trabalhista de forma diferente da utilizada no processo civil, pois, na seara do Direito do Trabalho é cabível, no prazo de oito dias, 'dos despachos que denegarem a interposição de recurso'. Esse Recurso será dirigido à autoridade judiciária prolatora do despacho impugnado. Isso porque tal Recurso tem de ser apreciado pelo Tribunal que seria competente para conhecer o Recurso,cujo seguimento fora obstado. 7 — SUCESSÃO TRABALHISTA — BANCO BANORTE S.A. E BANCO BANDEIRANTES S.A. De acordo com os arts. 10 e 448 da CLT, a alteração na estrutura jurídica da empresa não afeta os contratos de trabalho dos empregados, ou os respectivos direitos por eles adquiridos. Considerando o princípio da despersonalização da pessoa jurídica do empregador, o patrimônio da empresa é que assegura o cumprimento das obrigações trabalhistas e, se ao Banco Bandeirantes S.A. fora transferida parte operacional do Banco Banorte S.A., sem interrupção da prestação do trabalho, consoante se inferiu do acórdão recorrido, deve aquele responder pelas verbas trabalhistas reconhecidas ao Reclamante. A sucessão, no Direito do Trabalho, é modalidade de assunção de débito e crédito, obrigatória por força de lei, pela qual o sucessor responde com seu patrimônio pelos direitos trabalhistas pendentes. Dessa peculiaridade decorre que a responsabilidade do sucessor alcança indiferentemente os débitos oriundos dos contratos de trabalho vigentes à época do repasse da empresa e os débitos relativos a contratos resilidos anteriormente. 8 — HORAS EXTRAS — PROVA TESTEMUNHAL ÚNICA — VALIDADE — MATÉRIA FÁTICA. Se a prova está plenamente delineada pelo Regional que, com base no depoimento da testemunha, que demonstrou o horário em sobrejornada, não há que se cogitar de ofensa aos arts. 818 da CLT e 333, I, do CPC. A testemunha é do juízo, e uma vez produzida a prova, valerá tanto para o Autor como para o Reclamado. Não existe vedação legal quanto a se formar o convencimento em depoimento único. Os arts. 130 e 131, ambos do CPC, dão conta de que a prova é produzida nos autos para o convencimento do Julgador, e não da parte, estando o Magistrado livre para sua apreciação, estando tão somente obrigado a indicar os motivos do seu convencimento." (Tribunal: TST Decisão: 10.9.2003 Numeração Única Proc: AIRR — 14769-2002-900-13-00 Agravo de Instrumento em Recurso de Revista Turma: 5 Órgão Julgador — Quinta Turma DJ Data: 10.10.2003 Relator Ministro Rider Nogueira de Brito)

2.5. Extinção de estabelecimento

Na extinção do estabelecimento ou cessação da atividade da empresa, temos também casos de responsabilidade objetiva do empregador, pelo risco inerente que corre em relação à atividade produtiva, objeto do art. 2º da CLT.

A Súmula n. 44 do Tribunal Superior do Trabalho destaca:

"a cessação da atividade da empresa, com o pagamento da indenização, simples ou em dobro, não exclui, por si só, o direito do empregado ao aviso-prévio."

Por outro lado, o direito não contempla a exorbitância do paternalismo nas relações laborais, como ocorre com a cessação da estabilidade provisória de dirigente sindical, a partir da data do fechamento da empresa ou encerramento de suas atividades, sem a responsabilidade do empregador pelo pagamento das verbas até doze meses após o respectivo mandato.

É que o direito visa à proteção do trabalhador, o que não se confunde com um paternalismo exacerbado. O mesmo acontece com os salários dos empregados que somente são devidos até a data de extinção ou de cessação das atividades da empresa.

Mesmo nos casos de força maior, consoante os arts. 501 e 502 da CLT, aplica-se a teoria da responsabilidade objetiva, uma vez que todo acontecimento que atinge a empresa entra na esfera jurídica de responsabilidade do empregador. Não cabe ao empregado correr o risco do negócio. A força maior não desobriga o pagamento de indenizações por parte do empregador. Apenas tem o condão de as reduzir, em alguns casos pela metade, embora a jurisprudência invariavelmente seja exigente, rejeitando com frequência a configuração de força maior.

Trazemos à lume os acórdãos, a seguir:

"UNIÃO — RECURSO ORDINÁRIO — NÃO CONHECIMENTO — Não se deve conhecer de recurso ordinário cuja fundamentação esteja em total dissociação com a matéria versada na reclamação, já devidamente analisada e decidida na sentença atacada. Recurso Ordinário da empresa reclamada. Estabilidade da Gestante. Extinção do estabelecimento e desconhecimento do estado gravídico. Consequências. A extinção do estabelecimento não retira da empregada gestante o direito à estabilidade prevista no art. 10, II, *B*, do ADCT, mas apenas determina a conversão do período estabilitário em indenização. Nem mesmo o desconhecimento do estado gravídico pelo empregador afasta o direito ao pagamento da indenização decorrente da garantia de emprego prevista na Constituição. Na medida em que a gravidez teve início ao tempo do vínculo de emprego, é irrelevante o desconhecimento dessa condição pelo empregador e até mesmo pela empregada. Inteligência do item I da Súmula n. 244/TST. Recurso patronal a que se nega provimento." (TRT 21ª R. — RO 119400-65.2009.5.21.0007 — (98.873) — Rel. Eridson João Fernandes Medeiros — DJe 03.12.2010 — p. 172)v87

"ESTABILIDADE DA GESTANTE — EXTINÇÃO DO ESTABELECIMENTO — A empregada gestante tem jus à estabilidade de emprego conferida pelo art. 10, II, *b*, do ADCT, ainda que a despedida tenha ocorrido em virtude do fechamento da empresa, a qual assume os riscos da atividade econômica e com eles deve arcar em caso de perdas advindas do empreendimento, consoante o disposto no art. 2º da CLT. Recurso conhecido e provido (...*omissis*...). (Proc. n. TST-RR-627.917/2000.3. Publicação: DJ 12.3.2004 — 1ª Turma. Rel. Ministro Lelio Bentes Corrêa)." (TRT 12ª R. — RO-V 00110-2004-024-12-00-8 — (00586/2005) — Florianópolis — 1ª T. — Rel. Juiz Marcos Vinício Zanchetta — J. 16.12.2004)

"MEMBRO DA CIPA — ESTABILIDADE PROVISÓRIA — EXTINÇÃO DA EMPRESA — INDENIZAÇÃO SUBSTITUTIVA — IMPROCEDÊNCIA — De acordo com o disposto no art. 165, da CLT, mostra-se impossível a reintegração do empregado representante da CIPA ao emprego, no caso de extinção da empresa e, em consequência, indevido o pagamento de indenização substitutiva, visto que com a extinção da empresa ou de sua unidade fabril, local onde o reclamante trabalhava, extingue-se, também, a CIPA e o mandado de seus integrantes. A estabilidade provisória assegurada ao cipeiro na Constituição Federal (alínea *a*, do art. 10 do ADCT) tem por finalidade a garantia ao emprego, para possibilitar ao empregado o exercício do mister para o qual foi eleito. Se não existe mais o estabelecimento e, consequentemente, a CIPA, inexiste direito a ser assegurado no que concerne à reintegração ao emprego e também com referência ao pagamento de indenização substitutiva." (TRT 3ª R. — RO 00861-2004-079-03-00-1 — 7ª T. — Relª Juíza Wilmeia da Costa Benevides — DJMG 24.2.2005)

"EMPREGADO ESTÁVEL — EXTINÇÃO DA EMPRESA PÚBLICA EMPREGADORA — REINTEGRAÇÃO — IMPOSSIBILIDADE — CONVERSÃO EM INDENIZAÇÃO EM DOBRO — Mesmo havendo decisão de mérito com trânsito em julgado reconhecendo a estabilidade no emprego, operando-se, no curso da execução da obrigação de fazer, a extinção da empresa pública empregadora, impossível a reintegração, devendo-se convertê-la em indenização em dobro, nos termos do art. 497 da CLT." (TRT 22ª R. — AP 01187-1993-002-22-00-0 — Rel. Juiz Manoel Edilson Cardoso — DJU 7.12.2004 — p. 6)

"ESTABILIDADE PROVISÓRIA CONCEDIDA POR NORMA CONVENCIONAL — EXTINÇÃO PARCIAL DA FILIAL DA EMPREGADORA NO LOCAL DE PRESTAÇÃO DOS SERVIÇOS — NULIDADE DA DISPENSA — REINTEGRAÇÃO DO EMPREGADO NO EMPREGO — POSSIBILIDADE — A extinção do estabelecimento ou da empresa no local de prestação de serviços torna inviável, do ponto de vista fático, a reintegração do empregado no emprego, mesmo sendo detentor de estabilidade provisória conferida por norma convencional. Nesse caso, é cabível apenas a correspondente indenização, tal como ocorria com o estável decenal, que a recebia em dobro (art. 498/CLT), ou, atualmente, com o servidor estável regulado pelo art. 41 da CF/88, ao qual se assegura a disponibilidade remunerada, nos termos dos §§ 2º e 3º do referido dispositivo constitucional. A situação é diversa quando se comprova que apenas as atividades técnicas da empregadora foram encerradas na filial, sem implicar a sua extinção, ainda que tenha havido uma redução de sua estrutura para permitir a continuidade do empreendimento. Comprovadas a estabilidade provisória do empregado e a continuidade operacional da reclamada no local da prestação dos serviços, há de ser declarada a nulidade da dispensa e determinada a reintegração do empregado no emprego, com os efeitos jurídicos dela decorrentes, pois, nulo o ato, determina o Direito que as partes retornem ao *status quo ante*, sem reconhecimento de repercussões ao ato jurídico viciado." (TRT 3ª R. — RO 00438-2003-111-03-00-4 — 1ª T. — Rel. Juiz Mauricio J. Godinho Delgado — DJMG 5.9.2003 — p. 4)

"RECURSO DE REVISTA DA FERROVIA CENTRO ATLÂNTICA S.A. — SUCESSÃO TRABALHISTA. A sucessão que pressupõe a continuidade da atividade lucrativa dá-se com ou sem a extinção da empresa sucedida. Neste último caso, é suficiente a transferência do *estabelecimento*, como unidade produtiva, com a consequente prestação de trabalho. Não se verificando a *extinção* empresarial, não haverá sucessão de empregador relativamente aos contratos de trabalho extintos antes da transferência do *estabelecimento*. Embora, até mesmo do ponto de vista administrativo, a *responsabilidade* e risco sejam pressupostos imanentes no caso de concessão, a obrigação atribuída ao concessionário deve ater-se aos limites de sua substituição quanto à figura do empregador. Pela própria característica da concessão, a hipótese de extinção da empresa fica de difícil evidência, não se caracterizando também a sucessão quando não houver a continuidade da prestação de trabalho após a data da concessão. Recurso de Revista conhecido e provido, para, atribuindo o ônus da condenação somente à Rede Ferroviária Federal S.A., excluir da relação processual a Ferrovia Centro Atlântica S.A. RECURSO DE REVISTA DA REDE FERROVIÁRIA FEDERAL S.A. — APOSENTADORIA ESPONTÂNEA — EXTINÇÃO DO CONTRATO DE TRABALHO. A jurisprudência desta Corte Superior Trabalhista firmou-se no sentido de que a aposentadoria espontânea do empregado importa em *extinção* do contrato de trabalho, nos termos do art. 453 da CLT. A legislação previdenciária no que se refere à retroação do benefício à data do seu requerimento, quando não há desligamento do emprego, não repercute no contrato de trabalho, cuja *extinção* ocorre a partir da concessão da aposentadoria." (Tribunal: TST. Decisão: 3.4.2002. Proc.: RR n. 579326. Ano: 1999. Região:18. Recurso de Revista. Turma: 5. Órgão Julgador — Quinta Turma. DJ Data: 19.4.2002. Relator Ministro João Batista Brito Pereira)

2.6. Supressão de horas extras

Outro caso de responsabilidade objetiva podemos inferir da Súmula n. 291 do TST:

"*Horas extras. Supressão.* A supressão, pelo empregador, do serviço suplementar prestado com habitualidade, durante pelo menos um ano, assegura ao empregado o direito à indenização correspondente ao valor de um mês das horas suprimidas para cada ano ou fração igual ou superior a seus meses de prestação de serviço acima da jornada normal. O cálculo observará a média das horas suplementares efetivamente trabalhadas nos últimos 12 meses, multiplicada pelo valor da hora extra do dia da supressão."

Transcrevemos as seguintes ementas:

"Súmula n. 291/TST. APLICAÇÃO. A hipótese é de aplicação da Súmula n. 291/TST, e não da Súmula n. 76, que foi cancelada. A supressão de horas extras não implica em alteração lesiva do contrato de trabalho, porque o trabalho em regime extraordinário pode e deve ser suprimido pelo empregador quando não há mais necessidade de serviço de natureza extraordinária, e não há obrigatoriedade de integração, ao salário, de forma integral, do valor das horas suprimidas, porque com a supressão não fica configurado o intuito de prejudicar o empregado, mas de atender a circunstâncias de fato que tornam desnecessário o trabalho em regime de sobrejornada. Embargos não conhecidos." (TST — ERR 548.494/1999.7 — SESBDI 1 — Rel. Min. Carlos Alberto Reis de Paula — DJU 1º7.2005)

"INDENIZAÇÃO PELA SUPRESSÃO DE HORAS EXTRAS — INDEFERIMENTO — A inclusão do tempo de deslocamento da boca da mina até a frente de trabalho na jornada legal do mineiro, prevista no art. 293 da CLT, não se confunde com a supressão de horas extras de que trata a Súmula n. 291 do TST." (TRT 12ª R. — RO-V 01606-2003-003-12-00-7 — (10677/2005) — Florianópolis — 1ª T. — Rel. Juiz Edson Mendes de Oliveira — J. 17.8.2005)

"CONVENÇÃO COLETIVA DE TRABALHO — SUPRESSÃO DE HORAS EXTRAS — TEORIA DO CONGLOBAMENTO — POSSIBILIDADE — A análise das vantagens e conquistas dos empregados, no âmbito de instrumentos coletivos, não pode ser feita de forma isolada e individualizada tomando por base, apenas, uma cláusula. Segundo a teoria do conglobamento, devem ser observadas as vantagens e avanços conquistados no pacto como um todo, de forma sistêmica, após observação de todas as cláusulas estipuladas pelas partes. No caso dos autos, a supressão do adicional de 50%, incidente sobre as aulas que extrapolaram o limite previsto no art. 318 da CLT, ou seja, 4 aulas consecutivas ou 6 intercaladas, foi compensada pela concessão de outros direitos, tais como pagamento da hora aula, acrescido de 50%, quando os professores participavam de reuniões, trabalhos e atividades fora do seu trabalho normal, além da garantia ao filho ou dependente de gratuidade plena da anuidade escolar. Recurso conhecido e não provido." (TRT 16ª R. — Proc. 01044-2003-003-16-00-0 — (01659-2005) — Rel. Juiz Alcebíades Tavares Dantas — J. 1º.6.2005)

2.7. Dispensa obstativa

A responsabilidade objetiva do empregador também se manifesta na dispensa obstativa.

As ementas ilustram a matéria:

"DISPENSA OBSTATIVA — NULIDADE — REINTEGRAÇÃO — EMPREGADA ENFERMA E SEM O DEVIDO ENCAMINHAMENTO AO INSS — É nula a dispensa que se revela obstativa do direito da reclamante de ter tratada a enfermidade da forma adequada, seja ela decorrente ou não da atividade laborativa. O Reclamado tinha plena ciência do seu estado de saúde, conforme prova a ressalva aposta no TRCT pelo sindicato assistente, e ainda assim procedeu à dispensa, descumprindo as regras contidas nos arts. 168, II e 169 da CLT, densificadoras do princípio constitucional de proteção à saúde do trabalhador (art. 7º, XXII, da CR/88). A reiteração dos afastamentos da reclamante, inferiores a quinze dias, demonstra de forma inequívoca que eles eram insuficientes, daí porque a atitude do reclamado deveria ter sido encaminhá-la para o INSS, para que este pudesse avaliar a sua capacidade ou não para o trabalho. Assim não procedendo, impediu-a do gozo do benefício previdenciário, seja ele qual for: O auxílio-doença comum ou acidentário. Recurso provido para condenar o reclamado à reintegração da reclamante, e subsequente encaminhamento ao INSS, com o pagamento dos salários e demais direitos desde a data de ajuizamento da demanda, compensados os valores pagos a título de verbas rescisórias." (TRT 3ª R. — RO 00712-2002-072-03-00-6 — 3ª T. — Rel. Juiz Paulo Roberto Sifuentes Costa — DJMG 9.10.2004 — p. 5)

"ESTABILIDADE PROVISÓRIA. GESTANTE. CONFIRMAÇÃO DA GRAVIDEZ APÓS A DISPENSA. ART. 10, INCISO II, ALÍNEA *B*, DO ADCT. O objetivo social da norma constitucional é proteger a gestante contra a *dispensa obstativa* ao exercício das prerrogativas inerentes à maternidade. A norma também resguarda a indispensável atenção ao recém-nascido, tanto que prorrogou a estabilidade até 5 meses após o parto. A concepção ocorreu durante a vigência do pacto laboral e, assim, independente da inexistência de ato ilícito perpetuado pelo empregador, já que nem a própria Reclamante tinha conhecimento de seu estado gravídico, à época da *dispensa*, já havia o direito à estabilidade, porque ocorrido o fato gerador, a concepção, ante a *responsabilidade* objetiva. A gravidez preexistiu à *dispensa*. No entanto, deve ser levado em consideração que, apesar de o direito estar vinculado à gravidez contemporânea à relação de emprego, os seus efeitos pecuniários somente se expressam com o ingresso da ação, considerando a demora do pedido da providência jurisdicional. A Reclamante afirma, em suas próprias razões recursais, que postulou indenização equivalente ao período de estabilidade provisória pelo estado gravídico. Por esse fato, verifica-se que não foi requerida a reintegração, mas somente a indenização equivalente ao período estabilitário. Entretanto, como a ação foi ajuizada ainda durante o período estabilitário, não se pode deixar de reconhecer o direito à indenização relativa à estabilidade, fixado como termo inicial a data do ingresso da ação, até o quinto mês após o parto. Revista provida parcialmente." (Tribunal: TST Decisão: 13.8.2003. Proc.: RR n. 541830. Ano: 1999. Região: 2. Recurso de Revista Turma: 3. Órgão Julgador — Terceira Turma. DJ Data: 5.9.2003. Relator Ministro Carlos Alberto Reis de Paula)

"ENTE PÚBLICO DA ADMINISTRAÇÃO INDIRETA. EMPRESA PÚBLICA. TOMADORA DE SERVIÇOS. RESPONSABILIDADE SUBSIDIÁRIA. EMPREGADA DISPENSADA PELA EMPRESA PRESTADORA DE SERVIÇOS EM FACE DA EXTINÇÃO DAS ATIVIDADES. ESTABILIDADE PROVISÓRIA (ACIDENTÁRIA). PAGAMENTO DE INDENIZAÇÃO. INDEVIDO. Se a hipótese é de encerramento das atividades da empregadora (empresa prestadora de serviços), não há que se falar em direito à manutenção do contrato de trabalho do empregado que detenha garantia de emprego temporária na hipótese da estabilidade acidentária (art. 118 da Lei n. 8.212/91). Se a *dispensa* se dá em face da extinção das atividades, não há que se falar em direito a reintegração nem a pagamento de salários. O motivo da rescisão afasta qualquer presunção de intenção *obstativa* da garantia de emprego. Recurso de Revista conhecido e provido apenas quanto a este tema." (Tribunal: TST. Decisão: 4.12.2002. Proc.: RR n. 548721. Ano: 1999 Região: 3. Recurso de Revista. Turma: 5. Órgão Julgador — Quinta Turma. DJ Data: 7.2.2003. Relator Ministro Rider Nogueira de Brito)

A dispensa obstativa também pode ocorrer quando a empresa dispensa o trabalhador prestes a obter o benefício previdenciário decorrente do acidente de trabalho, doença profissional ou ocupacional. Dessa forma, obstando o empregado acidentado ou doente de preencher os requisitos do art. 118 da Lei n. 8.213/91, ou seja, o afastamento do serviço por período superior a 15 dias e a percepção do auxílio-doença acidentário, o empregador estaria, maliciosamente, obstando a aquisição desse direito ao empregado.

O acidente de trabalho[4] equipara-se à doença profissional e já temos inúmeros exemplos em nossa jurisprudência de responsabilidade civil do empregador por dano moral nos casos decorrentes de LER ou DORT.

O art. 7º, inciso XXVIII da Constituição Federal, no caso específico do acidente de trabalho, adota a teoria da responsabilidade subjetiva do empregador (*... sem excluir a indenização a que este está obrigado, quando incorrer em dolo ou culpa*), enquanto a norma infraconstitucional disposta no parágrafo único do art. 927 do novo Código Civil, que introduziu definitivamente em nosso ordenamento jurídico a responsabilidade objetiva, com base na Teoria do Risco inerente à atividade, dispensa ao empregado a prova da culpabilidade do empregador em tais casos.

Os dissídios individuais entre trabalhadores e empregadores decorrentes de indenizações derivadas de acidente de trabalho que tenham como causa a relação de emprego, em que houver a responsabilização do empregador por dano moral, estão no âmbito de competência da Justiça do Trabalho.

A propósito, o Tribunal Superior do Trabalho recentemente divulgou o entendimento disposto na Súmula n. 392, que dispõe:

> "N. 392 — DANO MORAL. COMPETÊNCIA DA JUSTIÇA DO TRABALHO. (CONVERSÃO DA ORIENTAÇÃO JURISPRUDENCIAL N. 327 DA SDI-1)

---

(4) A título ilustrativo, informamos que o art. 124 da Lei n. 8.213/91 dispõe: "Salvo os casos de direito adquirido, não é permitido o recebimento conjunto dos seguintes benefícios da Previdência Social: I — aposentadoria e auxílio-doença; II — mais de uma aposentadoria; III — aposentadoria e abono de permanência em serviço; IV — salário-maternidade e auxílio-doença; V — mais de um auxílio -acidente; VI — mais de uma pensão deixada por cônjuge ou companheiro, ressalvado o direito de opção pela mais vantajosa. Parágrafo Único. É vedado o recebimento conjunto do seguro-desemprego com qualquer benefício de prestação continuada da Previdência Social, exceto pensão por morte ou auxílio-acidente". Para saber se os benefícios previdenciários podem ou não ser cumuláveis, temos que nos atentar para sua origem, de onde podemos examinar o seguinte critério de distinção entre os vários benefícios: a) prestações devidas aos segurados (aposentadorias e os auxílios-doença e natalidade); b) prestações garantidas aos dependentes (pensões, auxílio-reclusão e auxílio-funeral) e c) prestações devidas às duas categorias anteriores, sem distinção (benefícios de uma forma geral). Assim, podem-se acumular, por exemplo, a aposentadoria e a pensão por morte, pois a primeira é derivada das prestações devidas aos próprios segurados e a segunda aos dependentes, portanto, de origem distinta. No que tange à pensão por morte, após a edição da atual Lei de Benefícios da Previdência Social, ela passou a ser partilhada, em quotas iguais entre todos os dependentes que a lei habilita ao recebimento (art. 77, Lei n. 8.213/91). Em havendo a perda de qualidade de qualquer um deles, a sua parte será redistribuída entre os remanescentes (§ 1º do art. 77). Entre os dependentes, se incluem o marido e a mulher, conforme for o caso, e ambos terão direito à pensão pela morte do outro. A hipótese dessa dupla proteção também se estende aos demais dependentes (os filhos, por exemplo). Logo, se morrerem marido e mulher, ambos segurados, os filhos receberão duas pensões, uma de cada um dos segurados filiados.

Nos termos do art. 114 da CF/1988, a Justiça do Trabalho é competente para dirimir controvérsias referentes à indenização por dano moral, quando decorrente da relação de trabalho." (ex-OJ n. 327 — DJ 9.12.2003)

Podemos assim destacar que a Justiça Comum[5] possui competência para o julgamento das ações que envolvam o ressarcimento de danos de natureza compensatória ou tarifada, cuja responsabilidade da entidade autárquica (INSS) é objetiva, independe de perquirição de culpa (negligência ou imprudência) e de dolo (intenção deliberada de produzir um resultado lesivo para a vítima).

A responsabilidade objetiva do INSS pelo adimplemento das prestações acidentárias fundamenta-se no nexo etiológico (relação de causa e efeito) e o dano ou lesão, com base no risco criado pela própria atividade econômica do empregador, que se beneficia da mesma, e é segurado obrigatório da Previdência Social.

Vemos, dessa forma, que o nosso ordenamento jurídico alberga o ressarcimento dos danos provenientes de acidente de trabalho em dois campos: o da responsabilidade objetiva (infortunística) e o do direito comum (subjetiva, com base na culpa ou dolo), permitindo a acumulação da prestação previdenciária do INSS e a reparação civil pelo empregador. Tal previsão encontra-se no art. 121 da Lei n. 8.213/91, *in verbis*:

> "o pagamento pela Previdência Social, das prestações por acidente de trabalho não exclui a responsabilidade civil da empresa ou de outrem."

Anteriormente à previsão constitucional do art. 7º mencionado, o Supremo Tribunal Federal já assegurava uma indenização ao empregado acidentado em caso de dolo ou culpa grave do empregador, bem como a possibilidade da responsabilidade objetiva ou subjetiva. Vejamos a Súmula n. 229 do STF:

> "Acidente. Indenização. A indenização acidentária não exclui a do Direito comum, em caso de dolo ou culpa grave do empregador."

Em decorrência da evolução do tempo e com base no princípio da digni dade da pessoa humana do trabalhador, hodiernamente o Supremo Tribunal Federal já não exige a culpa grave[6] do empregador, espelhando seu novo entendimento em inúmeros julgados, em que basta a culpa de natureza levíssima, como veremos em tópico mais à frente nessa obra.

Vejamos a seguinte ementa:

---

(5) Súmula n. 15 do STJ: "SÚMULA STJ N. 15. Compete à Justiça Estadual processar e julgar os litígios decorrentes de acidente do trabalho".

(6) Após o advento da Lei n. 6.367/76, não mais se exige, para a caracterização do dever de o empregador indenizar, a ocorrência do dolo ou da culpa grave. Podemos ainda acrescentar que o dever do empregador de indenizar o empregado por acidente de trabalho acha-se consubstanciado no art. 186 do novo Código Civil e no art. 7º, inciso XXVIII da Constituição Federal de 1988.

"MANDADO DE SEGURANÇA — DISPENSA DE TRABALHADOR PORTADOR DE NEOPLASIA MALIGNA — CONCESSÃO DE TUTELA ANTECIPADA — REINTEGRAÇÃO — CABIMENTO — "Mandado de segurança. Dispensa de trabalhador portador de neoplasia maligna. Concessão de tutela antecipada. Reintegração. O exercício do poder potestativo de dispensa imotivada não é absoluto, posto encontrar limites nos princípios da não discriminação, da função social da propriedade, da dignidade da pessoa humana e dos valores sociais do trabalho, todos com assento constitucional, portanto o empregador, ao pretender desfazer decisão que em sede de tutela antecipada determinou a reintegração do trabalhador acometido de doença cancerígena em seu posto de trabalho, não tem direito líquido e certo a ser amparado pelo *writ*. Segurança denegada." (TRT 14ª R. — MS 0010036-38.2013.5.14.0000 — Relª Desª Vania Maria da Rocha Abensur — DJe 17.9.2013)RST+294+2013+DEZ+144v105

"REINTEGRAÇÃO NO EMPREGO — DOENÇA PROFISSIONAL. O afastamento do trabalho, por prazo superior a 15 dias e a percepção do auxílio-doença constituem condições *sine qua non* para que o empregado adquira o direito à estabilidade, prevista no art. 118 da Lei n. 8.213/91, porém, tal condição não se aplica a este caso. Verifico na decisão do Regional, soberano na apreciação de provas e fatos, que a Reclamada somente enviou a CAT (Comunicação de Acidente de Trabalho) ao INSS em 25.4.1997, na mesma data de demissão do Reclamante, que somente enviou a CAT ao INSS quando do desligamento do Reclamante da empresa, impedindo assim que o empregado se beneficiasse da lei. Revista conhecida e desprovida. (RR-574911/1999, Juiz Conv. Marcos Pina Magnani, DJ 9.5.2003). Têm-se assim que o Recorrente, ao deixar de cumprir a obrigação legal de emitir a CAT respectiva, obstou maliciosamente o implemento das referidas condições, pelo que é lícito concluir que foram efetivamente implementadas, à luz da regra contida no art. 120 do Código Civil de 1916, renovada no art. 129 do novo Código Civil de 2002. Nesse caso, é imperioso reconhecer que nenhuma violação sofreu o disposto no art. 118 da Lei n. 8.213/91. Nessa mesma linha de raciocínio conclui que o Recurso de Revista também não se credencia por divergências jurisprudenciais, porque os arestos produzidos nas razões recursais são inespecíficos, haja vista que as decisões neles retratadas estão assentadas em premissa factual. Diversa da verificada nesse processo, qual seja, de que não houve acidente de trabalho e gozo de auxílio-doença. Incide aqui o óbice constante do verbete sumular n. 296[(7)] dessa Corte. Por essas razões não conheço do Recurso de Revista. Isto posto, acórdão os Ministros da 1ª Turma do TST, unanimemente, não conhecer do Recurso de Revista interposto pela reclamada, nos termos da fundamentação. Brasília, 2 de junho de 2004." (TST RR 512927/998.6, 1ª T., Rel. Juiz Conv. Altino Pedrozo dos Santos, publicada no DJU 25.6.2004)

Recentemente, o Supremo Tribunal Federal passou a se posicionar no sentido de que a competência para julgar lides decorrentes de dano moral ou

(7) SÚMULA TST N. 296 — RECURSO — DIVERGÊNCIA JURISPRUDENCIAL — ESPECIFICIDADE — A divergência jurisprudencial ensejadora da admissibilidade, do prosseguimento e do conhecimento do recurso há de ser específica, revelando a existência de teses diversas na interpretação de um mesmo dispositivo legal, embora idênticos os fatos que as ensejaram. (RA 6/89 — DJU 14.4.1989)

material nos acidentes de trabalho é da Justiça do Trabalho, remanescendo como competência da Justiça Federal apenas as lides acidentárias interpostas em face da autarquia previdenciária.

O Colendo Tribunal Superior do Trabalho pacificou seu entendimento em relação à doença de trabalho, que se equipara ao acidente, consoante súmulas abaixo:

"N. 378 — ESTABILIDADE PROVISÓRIA. ACIDENTE DE TRABALHO. ART. 118 DA LEI N. 8.213/91 (inserido o item III)

I — É constitucional o art. 118 da Lei n. 8.213/91 que assegura o direito à estabilidade provisória por período de 12 meses após a cessação do auxílio-doença ao empregado acidentado. (ex-OJ n. 105 da SBDI-1 — inserida em 1º.10.1997)

II — São pressupostos para a concessão da estabilidade o afastamento superior a 15 dias e a consequente percepção do auxílio-doença acidentário, salvo se constatada, após a despedida, doença profissional que guarde relação de causalidade com a execução do contrato de emprego." (primeira parte — ex-OJ n. 230 da SBDI-1 — inserida em 20.6.2001)

Jurisprudência Vinculada

"III — O empregado submetido a contrato de trabalho por tempo determinado goza da garantia provisória de emprego, decorrente de acidente de trabalho, prevista no art. 118 da Lei n. 8.213/91."

"N. 440 — AUXÍLIO-DOENÇA ACIDENTÁRIO. APOSENTADORIA POR INVALIDEZ. SUSPENSÃO DO CONTRATO DE TRABALHO. RECONHECIMENTO DO DIREITO À MANUTENÇÃO DE PLANO DE SAÚDE OU DE ASSISTÊNCIA MÉDICA. Assegura-se o direito à manutenção de plano de saúde ou de assistência médica oferecido pela empresa ao empregado, não obstante suspenso o contrato de trabalho em virtude de auxílio-doença acidentário ou de aposentadoria por invalidez."

"N. 443 — DISPENSA DISCRIMINATÓRIA. PRESUNÇÃO. EMPREGADO PORTADOR DE DOENÇA GRAVE. ESTIGMA OU PRECONCEITO. DIREITO À REINTEGRAÇÃO. Presume-se discriminatória a despedida de empregado portador do vírus HIV ou de outra doença grave que suscite estigma ou preconceito. Inválido o ato, o empregado tem direito à reintegração no emprego."

2.8. Trabalho temporário

No caso do trabalho temporário, amparado na Lei n. 6.019/74, a Súmula n. 331 do TST dispõe sobre a responsabilidade do tomador de serviços.

Nos casos de intermediação de mão de obra (prestação de serviços), com fraude à lei (art. 9º da CLT), temos o caso de autêntica solidariedade, de acordo com o art. 942 do Código Civil.

A Lei n. 6.019, de 3 de janeiro de 1974, que dispõe sobre o trabalho temporário nas empresas urbanas estabelece em seu art. 16 a responsabilidade solidária da empresa tomadora de serviços ou cliente, *in verbis:*

> "Art. 16. No caso de falência da empresa de trabalho temporário, a empresa tomadora ou cliente é *solidariamente* responsável pelo recolhimento das contribuições previdenciárias, no tocante ao tempo em que o trabalhador esteve sob suas ordens, assim como em referência ao mesmo período, pela remuneração e indenização, previstas nesta lei."

Idêntica é a posição do legislador na Lei n. 6.533, de 24 de maio de 1978, que regula a atividade do artista e técnico em espetáculos de diversões, em seu art. 17, como segue:

> "Art. 17. A utilização de profissional contratado por agência de locação de mão de obra obrigará o tomador do serviço *solidariamente* pelo cumprimento das obrigações legais e contratuais, se caracterizar a tentativa, pelo tomador de serviço, de utilizar a agência para fugir às responsabilidades e obrigações decorrentes desta lei ou de contrato."

A Lei n. 6.615, de 16 de dezembro de 1978, que trata do Radialista, também assim dispõe em seu art. 11, *in verbis*:

> "Art. 11. A utilização de profissional contratado por agência de locação de mão de obra obrigará o tomador do serviço *solidariamente* pelo cumprimento das obrigações legais e contratuais, se caracterizar a tentativa, pelo tomador de serviço, de utilizar a agência para fugir às responsabilidades e obrigações decorrentes desta lei ou de contrato."

Embora não se trate de trabalho temporário, também é interessante trazer ao leitor o disposto na Lei n. 7.195, de 12 de junho de 1984, que regula as atividades dos empregados domésticos e a responsabilidade civil das agências de contratação.

A lei acima dispõe em seu art. 1º que:

> "As agências especializadas na indicação de empregados domésticos são civilmente responsáveis pelos atos ilícitos cometidos por estes no desempenho de suas atividades", enquanto no art. 2º estabelece:

> "No ato da contratação, a agência firmará compromisso com o empregador, obrigando-se a reparar qualquer dano que venha a ser praticado pelo empregado contratado, no período de um (1) ano."

No entanto, o TST fixou seu entendimento no sentido de que a responsabilidade do tomador de serviços é subsidiária, ou seja secundária, de acordo com a Súmula n. 331 do TST, que em sua nova redação, assim dispõe:

> "N. 331 — CONTRATO DE PRESTAÇÃO DE SERVIÇOS. LEGALIDADE. (nova redação do item IV e inseridos os itens V e VI à redação)

I — A contratação de trabalhadores por empresa interposta é ilegal, formando-se o vínculo diretamente com o tomador dos serviços, salvo no caso de trabalho temporário (Lei n. 6.019, de 3.1.1974).

II — A contratação irregular de trabalhador, mediante empresa interposta, não gera vínculo de emprego com os órgãos da Administração Pública direta, indireta ou fundacional (art. 37, II, da CF/88).

III — Não forma vínculo de emprego com o tomador a contratação de serviços de vigilância (Lei n. 7.102, de 20.6.1983) e de conservação e limpeza, bem como a de serviços especializados ligados à atividade-meio do tomador, desde que inexistente a pessoalidade e a subordinação direta.

IV — O inadimplemento das obrigações trabalhistas, por parte do empregador, implica a responsabilidade subsidiária do tomador dos serviços quanto àquelas obrigações, desde que haja participado da relação processual e conste também do título executivo judicial.

V — Os entes integrantes da Administração Pública direta e indireta respondem subsidiariamente, nas mesmas condições do item IV, caso evidenciada a sua conduta culposa no cumprimento das obrigações da Lei n. 8.666, de 21.6.1993, especialmente na fiscalização do cumprimento das obrigações contratuais e legais da prestadora de serviço como empregadora. A aludida responsabilidade não decorre de mero inadimplemento das obrigações trabalhistas assumidas pela empresa regularmente contratada.

VI — A responsabilidade subsidiária do tomador de serviços abrange todas as verbas decorrentes da condenação referentes ao período da prestação laboral."

Trazemos também em complementação os acórdãos a seguir enunciados.

"ADMINISTRAÇÃO PÚBLICA — RESPONSABILIDADE SUBSIDIÁRIA — CONDUTA CULPOSA EVIDENCIADA NOS AUTOS — SÚMULA N. 331, IV E V, DO C. TST — A hipótese dos autos é exatamente a de responsabilidade subsidiária, nos termos da jurisprudência citada e transcrita, isso porque a recorrente não comprovou nos autos que fiscalizava ou exigia o cumprimento das obrigações contratuais e legais da prestadora de serviço como empregadora, pelo que ficou evidenciado sua conduta culposa." (TRT 8ª R. — RO 0000579-32.2013.5.08.0005 — Rel. Des. Fed. Eliziário Bentes — DJe 24.2.2014 — p. 5)v106

"TERCEIRIZAÇÃO — RESPONSABILIDADE SUBSIDIÁRIA DE ENTE PÚBLICO — ADC N. 16 DO STF — Ante o julgado na ADC n. 16 do STF, gerando a alteração do inc. V, da Súmula n. 331 do TST, a responsabilidade subsidiária do ente público em caso de terceirização depende da prova da culpa na fiscalização do cumprimento das obrigações trabalhistas pelo prestador de serviços. "(TRT 9ª R. — RO 0000782-27.2012.5.09.0643 — Rel. Célio Horst Waldraff — DJe 11.3.2014 — p. 172) v106

Decisão do Supremo Tribunal Federal, de março de 2008, altera substancialmente o entendimento sobre a competência para processar e julgar lides envolvendo os temporários contratados pelos órgãos da Administração Pública

Direta, que até então eram julgados pela Justiça do Trabalho. Vejamos extrato desse novo posicionamento:

> "Temporários ficam na Justiça Comum:
>
> Uma decisão tomada nesta segunda-feira (17.3.2008) pelo Supremo Tribunal Federal (STF) pode comprometer a única política nacional de combate a fraudes trabalhistas nos poderes locais, realizada pelo Ministério Público do Trabalho (MPT). O Supremo aceitou uma reclamação do governo do Amazonas e extinguiu um processo em que o Tribunal Regional do Trabalho (TRT) do Estado declarou irregulares sete mil contratos de trabalho temporários e determinou a abertura de concurso público para preencher as vagas. O precedente pode invalidar mais de 50 processos semelhantes abertos pelo órgão contra prefeituras e governos estaduais por contratações irregulares e encerrar novas investigações.
>
> Os ministros do Supremo entenderam que os funcionários temporários são regidos pelo direito administrativo, ainda que não sejam propriamente estatutários. O tema não era mais alvo de discussões na jurisprudência, mas os governos locais aproveitaram um desentendimento em torno da tramitação da Emenda Constitucional n. 45, de 2004, que estabeleceu a reforma do Judiciário, para reabrir o debate. Durante a tramitação da emenda foi discutida a criação da competência trabalhista para questões envolvendo servidores estatutários, mas a proposta não foi aprovada. Para evitar dúvidas, a Associação dos Juízes Federais do Brasil (Ajufe) apresentou uma ação direta de inconstitucionalidade (Adin) pedindo que o Supremo declarasse explicitamente que a competência para julgar os casos não é da Justiça do Trabalho. Governos estaduais e prefeituras foram em peso à corte alegar descumprimento da Adin nas ações movidas pelo Ministério Público do Trabalho: além do caso do Amazonas, há outros 18 processos idênticos em pauta no pleno do Supremo.
>
> O Ministério Público do Trabalho tem uma política de combate às contratações temporárias pelo menos desde 2003, quando foi criada a coordenação de combate a irregularidades na administração pública. O chefe da coordenadoria, Fábio Leal Cardoso, calcula que as unidades do órgão ajuizaram entre 50 e 100 processos do tipo. O servidor estatutário — diz —, é aquele trabalhador com contratação prevista em lei e portaria de nomeação, e toda forma alternativa de contrato não é estatutária, e deve ser julgada na esfera trabalhista. A contratação temporária, segundo o procurador, é uma forma típica de governos e prefeituras locais driblarem a regra do concurso para acomodar apadrinhados políticos. Apesar de previsto na Constituição Federal para situações de emergência — como calamidades públicas —, o contrato é usado para preencher vagas comuns e geralmente se estende até o fim da gestão.
>
> Com a decisão do Supremo o caso deverá ficar na mão dos ministérios públicos locais, que tradicionalmente nunca se ocuparam do assunto e têm outras atribuições, como ações criminais e de improbidade. E na Justiça comum as ações encontrarão um trânsito mais congestionado e a falta de jurisprudência definida."

Em caso análogo, que também versou sobre a contratação temporária de agentes comunitários de saúde pelo Município de Itaperuna, julgado pelo TRT da 1ª

Região, em decisão da relatoria da Exma. Desembargadora Vólia Bomfim Cassar, também foi reconhecida a incompetência desta Justiça Laboral, nos termos que ora transcrevo:

"A reclamante ingressou nos quadros do réu em 1º.12.2010, por meio do processo seletivo 1/2010 (fls. 25/29), em que consta como fundamento para a admissão do agente comunitário de saúde a Lei n. 11.350/06.

O contrato administrativo está às fls. 30/31. Do que consta dos autos, há alguns óbices para reconhecer a competência desta Justiça para analisar o caso.

Primeiro, a própria existência do contrato administrativo. Somente a justiça competente pode declará-lo nulo, da mesma forma que, quando há contrato celetista, somente esta justiça pode apreciar sua nulidade.

Por outro lado, ainda que se argumente que a Lei n. 471/09 não regulamenta o cargo de agente comunitário de saúde no município recorrente, o edital do concurso baseou-se nesta lei. É certo que as regras do edital vinculam as partes, e ao fazer menção à Lei n. 471/09, que prevê normas de direito público para reger a relação (fls. 90/92), o réu deixou claro aos participantes do concurso que o vínculo estabelecido seria de natureza administrativa.

Se o concurso desatendeu à Lei n. 11.350/06, pois trata de contratação temporária, enquanto tal norma veda tal tipo de contratação, questiona-se o próprio concurso, e não apenas a parte que interessa a autora.

Assim, não se pode apenas afastar a incidência da Lei n. 471/09, e transformar o contrato da autora em celetista, pois o concurso todo estaria maculado, ao fixar termo para contratação.

Mas, em se tratando de ente público, não é de competência desta Justiça analisar os possíveis vícios do concurso.

Há, ainda, questão de relevo a se destacar. A Lei n. 11.350/2006, em seu art. 8º, acima transcrito, fixa o regime celetista desde que lei local não disponha de forma diversa, e, *in casu*, há lei local que dispõe.

Deixando-se de lado a questão da aplicação ou não da Lei n. 471/09 para os agentes comunitários de saúde, o fato é que o município de Itaperuna dispõe de lei para seus servidores, que são estatutários (Lei n. 83/76, fl. 113. Disponível em: <itaperuna.rj.gov.br/estatuto/estatuto_lei083_76.pdf>).

A Lei n. 11.350/2006 não diz que é preciso uma lei específica para agentes comunitários, e que nela deve constar o regime de contratação. A exegese da norma é fixar o regime celetista, para os municípios que não têm regime estatutário.

Entender de outra forma seria, mesmo após o julgamento da ADI n. 2.135-4, permitir que os municípios tivessem 2 regimes gerindo seus funcionários.

O réu é integrante da Administração Pública Direta e, por isso, adota o sistema do regime jurídico único imposto pelo art. 39 da CRFB, seja ele estatutário ou celetista, salvo para as contratações temporárias, cujo regime é similar ao estatutário, mas com ele não se confunde.

A reclamante estava submetida ao Regime Jurídico estatuído pela Lei Municipal n. 83/76, sendo subordinada ao Estatuto dos Servidores do Município, não estando, portanto, sob o regime celetista.

Isto se explica porque a Emenda Constitucional n. 19/98, que tinha alterado a redação do art. 39 da CRFB, para permitir a duplicidade de regimes no âmbito federal da Administração Pública Direta, Autárquica e Fundacional, foi declarada inconstitucional em 2007." (ADI n. 2.135-4/00, do STF).

Com isso, a antiga redação prevaleceu.

"Logo, manter a decisão de origem seria desobedecer ao comando contido na ADI n. 2.135-4.

Tem-se, pois, que o art. 114, I, da CRFB, com a interpretação conforme atribuída pela liminar concedida na ADIn n. 3.395-6, exclui da competência da Justiça do Trabalho apreciação de lides entre o Poder Público e seus servidores.

Após o julgamento da ADIN n. 3.395/DF e da Reclamação n. 6.552/MG, ambas as ações julgadas pelo Plenário do STF, a Justiça do Trabalho é absolutamente incompetente para processar e julgar as ações que envolvam contratos de servidores públicos em caráter de regime jurídico administrativo (caso da autora), bem como de estatutários referentes aos Estados, Municípios, União, DF e das autarquias e fundações públicas.

Ainda incorre em um equívoco a decisão de origem, pois o fato da autora perceber direitos trabalhistas não significa que o réu a reconhecesse como celetista. O estatuto dos servidores prevê a percepção de férias, abono Natal e salário-família, como pode ser confirmado no endereço eletrônico acima transcrito.

Diante do reconhecimento da incompetência, prejudicada a análise das demais matérias do recurso do réu e do recurso da reclamante." (TRT — 1ª Região — RO 0000566-85.2013.5.01.0471, Desembargadora Relatora Vólia Bomfim Cassar, 2ª Turma, Data de Julgamento: 21 de maio de 2014)

O Supremo Tribunal Federal, por sua vez, também afasta a competência da Justiça do Trabalho para apreciar demandas que se pretende a nulidade de contrato de trabalho temporário firmado pela administração pública, como se infere dos seguintes arestos:

"[...] 1. Incompetência da Justiça Trabalhista para o processamento e o julgamento das causas que envolvam o Poder Público e servidores que sejam vinculados a ele por relação jurídico-administrativa.

2. O eventual desvirtuamento da designação temporária para o exercício de função pública, ou seja, da relação jurídico administrativa estabelecida entre as partes, não pode ser apreciado pela Justiça do Trabalho.

3. Reclamação julgada procedente." (Rcl 4.464, Pleno, Rel. Min. Cármen Lúcia, DJe de 21.8.2009)

"[...] 1. A Justiça do Trabalho não detém competência para processar e julgar causas que envolvam o Poder Público e servidores a ele vinculados, mesmo que por contrato temporário com prazo excedido, por se tratar de relação jurídico-administrativa. 2. Ainda que possa ter ocorrido desvirtuamento da contratação temporária para o exercício de função pública, não cabe à Justiça do Trabalho analisar a nulidade desse contrato. 3. Existência de precedentes desta Corte nesse sentido. 4. Agravo regimental ao qual se nega provimento." (Rcl 7.028-AgR, Pleno, Rel. Min. Ellen Gracie, DJe de 16.10.2009)

"Compete à Justiça Comum processar e julgar causas instauradas entre o Poder Público e seus servidores submetidos a regime especial disciplinado por lei local editada antes da Constituição Republicana de 1988, com fundamento no art. 106 da Constituição de 1967, na redação que lhe deu a Emenda Constitucional n. 1/69, ou no art. 37, IX, da Constituição de 1988. III — Recurso Extraordinário conhecido e provido." (RE 573.202, Rel. Min. Ricardo Lewandowski, Plenário, DJe 5.12.2008)

"AGRAVO REGIMENTAL. PROCESSUAL CIVIL. SERVIDOR PÚBLICO. CONTRATO TEMPORÁRIO. ART. 37, IX, DA CONSTITUIÇÃO. COMPETÊNCIA. JUSTIÇA COMUM ESTADUAL. PRECEDENTE. Conforme o julgamento proferido no RE 573202, Rel. Min. Ricardo Lewandowski, Tribunal Pleno, DJ 5.12.2008, compete à Justiça comum estadual o julgamento de causas que digam respeito a contratos temporários celebrados pela Administração Pública municipal, nos termos do art. 37, IX, da Constituição. Agravo regimental a que se nega provimento." (AI 784.188-AgR, Rel. Min. Joaquim Barbosa, Segunda Turma, DJe 24.5.2011)

E, ainda, incluímos a jurisprudência dominante sobre o tema, assim se expressa:

"Ementa: CONTRATAÇÃO TEMPORÁRIA. ENTE DA ADMINISTRAÇÃO PÚBLICA DIRETA. NULIDADE. REPERCUSSÃO GERAL. INCOMPETÊNCIA DA JUSTIÇA DO TRABALHO. Nos termos da decisão prolatada no RE n. 573.202-9/AM pelo Supremo Tribunal Federal, com caráter de repercussão geral, não é da competência da Justiça do Trabalho o exame e julgamento de lides decorrentes da contratação temporária, ainda que irregular, de trabalhadores pelo Estado, por retratar típica relação jurídico-administrativa. É reconhecida, dessa forma, a incompetência da Justiça do Trabalho para apreciar e julgar a presente demanda, com a consequente nulidade dos atos decisórios praticados. Recurso obreiro desprovido." (00024011120135010471. Tipo de processo: Recurso Ordinário. Data de publicação: 2014.12.10. Órgão julgador: Quinta Turma. Relator: Des. Enoque Ribeiro dos Santos)

"Ementa: CONTRATAÇÃO TEMPORÁRIA. ENTE DA ADMINISTRAÇÃO PÚBLICA DIRETA. NULIDADE. REPERCUSSÃO GERAL. INCOMPETÊNCIA DA JUSTIÇA DO TRABALHO. Nos termos da decisão prolatada no RE n. 573.202-9/AM pelo Supremo Tribunal Federal, com caráter de repercussão geral, não é da competência da Justiça do Trabalho o exame e julgamento de lides decorrentes da contratação temporária, ainda que irregular, de trabalhadores pelo Estado, por retratar típica relação jurídico-administrativa. É reconhecida, dessa forma, a incompetência da Justiça do Trabalho para apreciar e julgar a presente demanda, com a consequente nulidade dos atos decisórios praticados. Acolho a preliminar de incompetência absoluta, em razão da matéria." (00005970820135010471. Tipo de processo: Recurso Ordinário. Data de publicação: 2014-07-21. Órgão julgador: Quinta Turma. Relator: Des. Enoque Ribeiro dos Santos)

2.8.1. Terceirização permanente e temporária, lícita e ilícita

Terceirização permanente é aquela que ocorre quando empresas privadas ou públicas celebram contratos de prestação de serviços, com ou sem licitação, com empresas prestadoras de serviços meio (limpeza, conservação, vigilância), serviços especializados (manutenção de elevadores, assistência técnica a computadores, a sistema digital, a programas de *software* etc.), bem com os serviços de vigilância (Lei n. 7.102/72), quando se contrata os serviços a serem desenvolvidos, não importando a pessoa do trabalhador que executará as mencionadas atividades. Um dia a empresa prestadora poderá enviar João, no dia seguinte Maria, e no terceiro dia outro trabalhador. O mais importante, neste caso, é a prestação de serviços, independentemente da pessoa do trabalhador que a realiza, e sua permanência ou duração será estabelecida contratualmente, no prazo contratual.

Nesta situação, temos a terceirização permanente, pois o mesmo trabalhador, que cuida da limpeza ou do cafezinho não precisará ser substituído a cada três meses ou seis meses, já que não se trata do trabalhador temporário, regido pela Lei n. 6.019/74.

Até o momento, ainda não temos lei que disciplina a terceirização no Brasil, e tais casos são solucionados de acordo com a Súmula n. 331 do Colendo Tribunal Superior do Trabalho, bem como pela jurisprudência dominante dos Tribunais do Trabalho.

Por outro lado, a terceirização temporária é regida pela Lei n. 6.019/74 e a Súmula n. 331 anteriormente mencionada, que estabelecem que o trabalhador temporário não poderá desenvolver suas atividades em prazo superior a três meses, ou em alguns casos seis meses, se houver autorização neste sentido do Ministério do Trabalho e Emprego. Havendo a extrapolação deste prazo, o temporário poderá ajuizar reclamação trabalhista pleiteando a convocação de seu contrato temporário em contrato por prazo indeterminado, com a empresa tomadora dos serviços.

A terceirização lícita é aquele que segue o disciplinamento do ordenamento jurídico, enquanto a ilícita ocorre quando há ofensa aos direitos dos trabalhadores, seja pela empresa de locação de mão de outra, ou por meio da tomadora de serviços. Neste caso, serão verificados se os serviços contratados se relacionam à atividade-fim ou meio da tomadora, se houve *culpa in vigilando* ou *in eligendo* na contratação etc.

Veja a ementa e trechos do acórdão que trata de terceirização ilícita pela Administração Pública:

"Ementa: RECURSO DO SEGUNDO RECLAMADO. RESPONSABILIDADE SUBSIDIÁRIA. TERCEIRIZAÇÃO. ADMINISTRAÇÃO PÚBLICA. AUSÊNCIA DE FISCALIZAÇÃO. CONFIGURAÇÃO. Se não há prova nos autos demonstrando que o ente público procedeu à fiscalização efetiva da prestadora de serviços, principalmente em relação às suas obrigações trabalhistas, deverá responder subsidiariamente, abrangendo toda a condenação, inclusive em relação às parcelas fiscais e previdenciárias. Recurso a que se nega provimento, neste aspecto. DANO MORAL. NÃO CONFIGURAÇÃO. O inadimplemento de haveres resilitórios, por si só, não acarreta o pagamento da pretendida reparação, porquanto, apesar de representar uma situação desfavorável ao trabalhador, viola apenas seus direitos econômicos, sem ofender, contudo, seu patrimônio ideal. Recurso a que se dá parcial provimento, neste particular." (RO 00009001020135010281. Tipo de processo: Recurso Ordinário. Data de publicação: 2014-06-27. Órgão julgador: Quinta Turma. Relator: Des. Enoque Ribeiro dos Santos. TRT 1ª Região)

[...] Seguem excertos do acórdão retrorreferenciado:

"RESPONSABILIDADE SUBSIDIÁRIA

Pugna o segundo reclamado pela reforma da sentença no que tange à condenação subsidiária que lhe foi imposta.

Não lhe assiste razão."

Em primeiro lugar, não há que se falar em conflito entre Súmulas do TST, haja vista que a Súmula n. 363 trata de trabalhador contratado sem concurso público. Ocorre que não foi pedido vínculo empregatício com o Estado, razão por que inexistente violação ao art. 37 da CRFB e afronta a Súmula n. 363 do C. TST. O caso em análise não se refere a contrato nulo e sim responsabilidade da tomadora dos serviços, para quem o obreiro despende diretamente a sua força de trabalho.

A Súmula n. 331 do TST determinava que:

"I — A contratação de trabalhadores por empresa interposta é ilegal, formando-se o vínculo diretamente com o tomador dos serviços, salvo no caso de trabalho temporário (Lei n. 6.019, de 3.1.1974).

II — A contratação irregular de trabalhador, através de empresa interposta, não gera vínculo de emprego com os órgãos da Administração Pública Direta, Indireta ou Fundacional (art. 37, II, da Constituição da República).

III — Não forma vínculo de emprego com o tomador a contratação de serviços de vigilância (Lei n. 7.102, de 20.6.1983), e de conservação e limpeza, bem como a de serviços especializados ligados à atividade-meio do tomador, desde que inexistente a pessoalidade e a subordinação direta.

IV — O inadimplemento das obrigações trabalhistas, por parte do empregador, implica na responsabilidade subsidiária do tomador dos serviços quanto àquelas obrigações, inclusive quanto aos órgãos da administração direta, das autarquias, das fundações públicas, das empresas públicas e das sociedades de economia mista, desde que hajam participado da relação processual e constem também do título executivo judicial (art. 71 da Lei n. 8.666/93).

O tomador (contratante) tem a obrigação não apenas na seleção ou escolha da empresa de prestação de serviços, bem como de sua fiscalização.

Aplica-se aqui o desdobramento da responsabilidade civil no que respeita às relações de trabalho, por meio da culpa *in elegendo* e *in vigilando*. O tomador de serviços deverá exigir, mensalmente ou a cada dois meses, a apresentação dos comprovantes de recolhimentos previdenciários, fiscais e trabalhistas até mesmo para sua própria proteção financeira. É cediço que o crédito trabalhista é superprivilegiado, de acordo com os arts. 186 do CTN e do art. 449 da CLT.

Verifica-se, no plano fático, a configuração da responsabilidade subsidiária quando a empresa prestadora de serviços for inadimplente em relação aos títulos trabalhistas e previdenciários de seus empregados. Pela experiência forense, é fato corriqueiro que, quando ocorre a finalização dos contratos de prestação de serviços, com a ocorrência de novas licitações e o surgimento, neste plano, de novos vencedores e perdedores, tem-se, assim, a rescisão de contratos de trabalho dos trabalhadores terceirizados e concomitantemente a rescisão de contratos de prestação de serviços entre o tomador e o prestador, com a emergência de inadimplementos de toda sorte em relação aos títulos rescisórios dos empregados terceirizados.

Com a finalidade de proteger estes trabalhadores, que carecem até mesmo de proteção sindical, em situações de inadimplemento, aplica-se a teoria da responsabilidade civil, nos vetores da culpa *in elegendo* e *in vigilando*, devendo o tomador ser devidamente responsabilizado.

Não remanesce dúvida de que o tomador deve compor a relação jurídica processual, para que possa responder, no plano dos fatos, pelo inadimplemento por parte da empresa prestadora dos serviços. Aplica-se, de forma analógica, o entendimento jurisprudencial da Súmula n. 205 do TST (cancelada em 19.11.2003 — Resolução n. 121/03) em relação ao grupo de empresas.

Embora a inclusão do tomador no polo passivo seja uma medida elogiável, na medida em que integrando a relação jurídica processual poderá requerer e apresentar as provas necessárias, declinar seus argumentos e exercer com plenitude seu direito constitucional de ampla defesa e contraditório, fundamentos do devido processo legal, hodiernamente já não mais se discute do acerto do entendimento de que a execução só pode se voltar às empresas que tenham participado do processo, em sua fase de conhecimento.

Em face da dinâmica da vida social, dos efeitos da globalização, na era do conhecimento e da informação e da proliferação da terceirização, que atualmente está presente em praticamente todos os segmentos produtivos, inclusive com intensidade na Administração Pública, a responsabilização dos tomadores de serviços se assemelha aos grupos empresariais, nas palavras do relator Ney José de Freitas (TRT-PR-71350-2003-006-09-00-0. Seção Especializada. DJ PR 4.11.2005):

'não se trata de abrir a exceção à regra e permitir que a execução se volte contra quem não participou do processo cognitivo apenas porque pertence ao mesmo grupo econômico, com clara ofensa ao princípio do devido processo legal. Não pode ser desprezada a circunstância de que a embargante não foi incluída no polo passivo, para que o autor se beneficiasse do art. 2º, § 2º, da CLT, pela simples razão de que sequer existia, à época da propositura da ação. Isentá-la de responsabilidade pode criar perigoso precedente, que permitiria ao executado simplesmente constituir outras empresas que, a despeito de plenas condições de arcar com a dívida, podem livrar-se da execução com o singelo argumento de que não participaram do polo passivo da demanda, na fase de conhecimento. Agravo de petição que se nega provimento para manter a penhora sobre o bem da terceira embargante'."

De acordo com Emília Simeão Albino Sako: "...a terceirização de serviços transformou-se em regra geral, pois o risco é aceitável e bastante razoável. Os números mostram que mais de 50% dos processos ajuizados na Justiça do Trabalho contemplam alguma forma de terceirização. E não só as empresas privadas utilizam essa forma nefasta de trabalho como também o setor público, ou seja, quem, justamente, deveria zelar pelo cumprimento da lei. [...] A terceirização favorece apenas uma das partes da relação, ou seja, favorece apenas o detentor do capital, que com ela reduz os custos de produção com elevação dos lucros. As empresas terceirizadas mal conseguem cumprir o contrato, sendo que na maioria das vezes, encerram suas atividades e desaparecem antes do contrato chegar ao fim. O trabalhador é mal remunerado, cumpre extensas jornadas de trabalho, as condições de trabalho são indignas, o contrato precário e de curta duração. Trata-se de uma forma cruel de exploração do trabalhador, pois passa a ser considerado uma simples peça no sistema da produção. As empresas terceirizadas não sobrevivem sem emprego, desprovidos de direitos mínimos" (SAKO, 2006, p. 346).

As entidades da Administração Pública Direta e Indireta, bem como as concessionárias de serviços públicos, quando investidas na qualidade de empregadores ou tomadores de serviços, devem responder pelos prejuízos que nesta qualidade causaram aos que lhes prestam serviços. Estes dizeres estão em consonância com o art. 37, VI, da CF/88, relativamente à responsabilidade objetiva da Administração Pública, porém, o col. TST, por meio da Súmula n. 331, veio relativizar aquele entendimento, atribuindo-lhe a responsabilidade subsidiária, em caso de culpa na escolha/seleção e fiscalização das empresas prestadoras de serviços.

Por este entendimento é que a jurisprudência cristalizada na Súmula n. 331 do TST há de ser mantida no presente caso concreto. Em face do fenômeno da terceirização, como é o caso dos autos, a jurisprudência do Tribunal Superior do Trabalho adota a tese da responsabilidade civil subjetiva. Neste panorama, o tomador ou contratante dos serviços, seja público ou privado, possui a responsabilidade civil na seleção/escolha e fiscalização no trato das relações trabalhistas da empresa prestadora com seus empregados.

> [...] verifica-se que a Administração Pública (direta ou indireta), quando terceiriza suas atividades, equipara-se aos empregadores da iniciativa privada (art. 173, § 3º, da CF/88), despindo-se, portanto, do *jus imperii* inerentes às atividades de Estado, e destarte, qualquer exclusão em relação à responsabilidade pelo menos subsidiária feriria de morte o princípio constitucional da igualdade.
>
> Com base nestes mandamentos constitucionais que o col. TST inclui, de forma expressa, a responsabilidade subsidiária da Administração Pública em contratos de terceirização.
>
> O Tribunal Superior do Trabalho, ao redigir a Súmula n. 331, de forma concreta, colocou uma "pá de cal" em toda e qualquer discussão que pudesse decorrer da terceirização.
>
> Em primeiro lugar, houve a observância da Súmula n. 331 do col. TST, a qual determina o afastamento do art. 71 da Lei n. 8.666/93.
>
> Em segundo lugar, a não aplicação da Lei n. 8.666/93, não implica, necessariamente, em se dizer que a Lei seja inconstitucional para que não seja aplicada. Se assim o fosse, qualquer negativa de aplicação a um dispositivo legal, de forma concreta, exigiria aferir se a lei é constitucional ou não.
>
> Em terceiro lugar, a discussão acerca da responsabilidade subsidiária da Administração Pública por débitos trabalhistas, baseando-se no confronto entre a Lei n. 8.666 e a Súmula n. 331, TST, reside no âmbito infraconstitucional. (STF — 1ª T. — AI 409.572-AgR — Rel. Min. Ilmar Galvão — DJ 7.3.2003; STF — 2ª T. — AI 401.222-AgR — Rel. Min. Nelson Jobim — DJ 29.11.2002; STF — 2ª T. — AI 453.737-AgR — Rel. Min. Celso de Mello — DJ 5.12.2003)
>
> Em quarto lugar, o STF foi provocado a se manifestar sobre a constitucionalidade do art. 71, § 1º, da Lei n. 8.666/93 (Ação Declaratória de Constitucionalidade n. 16, ajuizada pelo Distrito Federal em março de 2007), sob a alegação de que o TST estaria negando vigência ao citado dispositivo, pela reiterada aplicação do entendimento jurisprudencial cristalizado no tópico IV da Súmula n. 331.
>
> A ADC n. 16 considerou constitucional o art. 71 da Lei n. 8.666/93, de modo a vedar, de forma expressa, a responsabilidade automática do ente público contratante da empresa prestadora pelos débitos trabalhistas de sua responsabilidade, em caso de inadimplemento.
>
> O E. STF deliberou pela constitucionalidade do art. 71 e o seu § 1º, além da indicação ao TST da não generalização da responsabilidade subsidiária da Administração Pública, devendo, assim, investigar caso a caso para que se tenha esta imputação se a inadimplência da empresa prestadora teve por causa principal a falha ou falta de fiscalização pelo órgão público contratante.
>
> A decisão do STF foi no sentido de que o art. 71, § 1º, da Lei n. 8.666/93 afasta a responsabilidade contratual do ente público pelas obrigações trabalhistas da empresa prestadora. Dessa forma, a responsabilidade pelos direitos trabalhistas

dos empregados das empresas prestadoras de serviços deverá ser reconhecida, pelo exame de cada caso concreto, verificando se houve a culpa *lato sensu* do ente público contratante, como nos casos de contração sem licitação, dispensa ilegal do processo licitatório etc. Observe-se que a Administração Pública responde pelos danos que seus agentes causarem a terceiros, assegurado o direito de regresso contra o responsável nos casos de dolo ou culpa (art. 37, § 6º, CF).

Saliente-se que a interpretação do art. 71 da Lei n. 8.666/93 não pode ser realizada de forma isolada. Seu alcance impõe a leitura combinada com a legislação que imputa à Administração Pública o dever de fiscalizar a execução dos seus contratos, diante dos princípios da legalidade e da moralidade, previstos no art. 37, *caput*, da Constituição Federal.

Os arts. 54, § 1º, 55, inciso XIII e 66 da Lei n. 8.666/93 determinam que o prestador de mão de obra está obrigado ao cumprimento das obrigações contratuais a partir do momento em que participou da licitação.

Ademais, o art. 58, III, assegura à Administração Pública o direito de fiscalizar o efetivo cumprimento dos contratos administrativos.

Por sua vez, o art. 67, *caput* e § 1º, assegura que a execução do contrato deverá ser acompanhada e fiscalizada por um representante da Administração Pública, cabendo ao representante anotar em registro próprio todas as ocorrências relacionadas com a execução do contrato, determinando, inclusive, o que for necessário para a regularização das faltas ou defeitos observados.

O art. 78 dispõe expressamente, como motivo para rescisão do contrato, o não cumprimento ou cumprimento irregular das cláusulas contratuais, especificações, projetos ou prazos, o que também se aplica na hipótese de não cumprimento das obrigações trabalhistas.

No que respeita à responsabilidade subsidiária da Administração Pública, após a decisão do STF, quanto a ADC n. 16, o TST reformulou o teor da Súmula n. 331, conforme a Resolução n. 174, de 24.5.2011, DJe TST 30.5.2011 e 20.4.1987 promoveu profundas alterações em sua redação, conforme se observa:

a) o tópico IV foi alterado e agora possui a seguinte redação:

"IV — O inadimplemento das obrigações trabalhistas, por parte do empregador, implica a responsabilidade subsidiária do tomador de serviços quanto àquelas obrigações, desde que haja participado da relação processual e conste também do título executivo judicial";

b) o tópico V foi inserido:

"V — Os entes integrantes da administração pública direta e indireta respondem subsidiariamente, nas mesmas condições do item IV, caso evidenciada a sua conduta culposa no cumprimento das obrigações da Lei n. 8.666/93, especialmente na fiscalização do cumprimento das obrigações contratuais e legais da prestadora de serviço como empregadora. A aludida responsabilidade não decorre de mero inadimplemento das obrigações trabalhistas assumidas pela empresa regularmente contratada."

O item V da Súmula n. 331 do TST reconhece a responsabilidade subsidiária da Administração Pública em caso de não cumprimento com o seu dever de fiscalizar a empresa prestadora quanto ao adimplemento dos direitos trabalhistas dos seus empregados.

Como resultado do julgamento da ADC n. 16 pelo STF e com a nova redação da Súmula n. 331, a jurisprudência do TST tem se posicionado no seguinte sentido:

> "RECURSO DE REVISTA. TERCEIRIZAÇÃO. ENTE PÚBLICO. RESPONSABILIDADE SUBSIDIÁRIA. JULGAMENTO DA AÇÃO DECLARATÓRIA DE CONSTITUCIONALIDADE N. 16 PELO STF. SÚMULA N. 331, INCISOS IV E V, DO TST. 1. No julgamento da Ação Declaratória de Constitucionalidade n. 16, o Supremo Tribunal Federal, ao reconhecer a constitucionalidade do § 1º do art. 71 da Lei n. 8.666/93, não impediu que a Justiça do Trabalho, com base nos fatos da causa e outras normas jurídicas, reconheça a responsabilidade do ente público pelos débitos trabalhistas da empresa prestadora de serviços. 2. A ressalva da Suprema Corte foi sobre a aplicação, de forma irrestrita, do inciso IV da Súmula n. 331 do TST, isto é, sem o exame da conduta culposa da Administração Pública. 3. Em observância ao decidido pelo STF, o Tribunal Superior do Trabalho alterou a redação do inciso IV da Súmula n. 331 do TST, incluindo os incisos V e VI ao verbete. 4. 'Os entes integrantes da Administração Pública direta e indireta respondem subsidiariamente, nas mesmas condições do item IV, caso evidenciada a sua conduta culposa no cumprimento das obrigações da Lei n. 8.666, de 21.6.1993, especialmente na fiscalização do cumprimento das obrigações contratuais e legais da prestadora de serviço como empregadora. A aludida responsabilidade não decorre de mero inadimplemento das obrigações trabalhistas assumidas pela empresa regularmente contratada' (Súmula n. 331, inciso V, do TST — Res. n. 174/11, DEJT divulgado em 27, 30 e 31.5.2011). 5. Na hipótese dos autos, o Tribunal Regional afastou a responsabilidade subsidiária dos entes públicos, apesar de evidenciada a culpa *in vigilando*, pois omissos na fiscalização do cumprimento das obrigações contratuais e legais da prestadora de serviço. 6. Contrariedade ao item V da Súmula n. 331 desta Corte configurada. Recurso de revista conhecido e provido." (RR — 105600-85.2009.5.09.0303, Relator Ministro: Emmanoel Pereira, Data de Julgamento: 11.12.2012, 5ª Turma, Data de Publicação: 19.12.2012)

Nesse sentido, o TRT 1ª Região editou a Súmula n. 43, *in verbis:*

> "RESPONSABILIDADE SUBSIDIÁRIA DA ADMINISTRAÇÃO PÚBLICA. A constitucionalidade do § 1º do art. 71 da Lei n. 8.666/93, declarada pelo STF no julgamento da ADC n. 16, por si só, não afasta a responsabilidade subsidiária da Administração Pública, quando esta decorre da falta de fiscalização. O ônus probatório de comprovar que teria procedido à efetiva fiscalização da empresa prestadora de serviços, inclusive com base na IN n. 2/08 do MPOG, analogicamente aplicável ao ente estadual, é do tomador dos serviços, por se tratar de fato impeditivo do direito pretendido relativo à sua responsabilização subsidiária."

E ainda, a Súmula n. 41, *in verbis:*

"RESPONSABILIDADE SUBSIDIÁRIA DO ENTE DA ADMINISTRAÇÃO PÚBLICA. PROVA DA CULPA (ARTS. 29, VII, 58, 67 e 78, VII, DA LEI N. 8.666/93). 'Recai sobre o ente da Administração Pública que se beneficiou da mão de obra terceirizada a prova da efetiva fiscalização do contrato de prestação de serviços'."

Ademais, a Administração tem o dever de exigir a apresentação de documentos que comprovem a regularidade, pela contratada, das obrigações trabalhistas e sociais e, por corolário, ter a posse desses documentos.

Nesse plano, o Estado tem plena possibilidade de demonstrar em juízo que não incorreu em culpa *in vigilando,* bastando para tanto a juntada de documentos e a comprovação de que, observado o princípio da legalidade e a regra da não intervenção, fiscalizou a contratada no sentido de evitar o inadimplemento das verbas trabalhistas, o que, no caso sob apreço, não ocorreu eis que não há, nos autos, prova dessa fiscalização.

Oportuno salientar ainda que, para que o tomador não seja responsabilizado subsidiariamente, deve ter êxito em demonstrar não apenas que foi diligente na fiscalização, mas sobretudo que tomou providência no sentido de reter os valores correspondentes aos faturamentos da terceirizada, de forma a preservar os pagamentos das verbas salariais (alimentícias) aos respectivos trabalhadores, em conjunto com os consectários legais (FGTS, férias, natalinas etc.). Apenas assim se poderia vislumbrar a possibilidade de haver o afastamento da responsabilidade subsidiária do ente público.

Dessa forma, por não ter havido, no caso concreto, a observância efetiva e profícua da fiscalização do contrato, foi necessário à parte autora que viesse ao Poder Judiciário procurar a satisfação dos seus direitos.

Como o Estado é o tomador e não observou os seus deveres de fiscalização e de escolha, poderá vir a ser responsável em execução, devendo, a sua responsabilidade abranger todos os direitos, inclusive decorrentes da legislação previdenciária e fiscal.

Neste sentido, temos o novo tópico VI da Súmula n. 331:

"A responsabilidade subsidiária do tomador de serviços abrange todas as verbas decorrentes da condenação."

Não é outro o entendimento prevalente nesta Corte Regional, como se infere de sua Súmula n. 13, *in verbis*:

"Cominações dos arts. 467 e 477 da CLT. Terceirização. Responsabilidade subsidiária. Nos casos de terceirização de mão de obra, inserem-se na responsabilidade subsidiária do tomador de serviços, ainda que se tratando de ente da Administração Pública Direta ou Indireta, as cominações dos arts. 467 e 477 da CLT."

Por todo o exposto, nego provimento ao apelo, neste aspecto, mantendo a responsabilidade subsidiária do Estado, uma vez que não houve a observância efetiva e profícua da fiscalização do contrato com a primeira reclamada no sentido de evitar o inadimplemento das verbas trabalhistas.

O STF recentemente atribuiu repercussão geral à matéria da terceirização, consoante ementa:

"REPERCUSSÃO GERAL NO RECURSO EXTRAORDINÁRIO COM AGRAVO N. 713.211 MINAS GERAIS, PRONUNCIAMENTO PRESTAÇÃO DE SERVIÇO — TOMADORA — CONTRATAÇÃO — PRINCÍPIO DA LEGALIDADE ART. 104 DO CÓDIGO CIVIL — AFASTAMENTO NA ORIGEM — RECURSO EXTRAORDINÁRIO — REPERCUSSÃO GERAL CONFIGURADA. REPERCUSSÃO GERAL — INSERÇÃO NO PLENÁRIO VIRTUAL — PROCESSO — PEÇAS — DISPONIBILIZAÇÃO. 1. O Gabinete prestou as seguintes informações: eis a síntese do que discutido no Recurso Extraordinário com Agravo n. 713.211/MG, da relatoria do ministro Luiz Fux, inserido no sistema eletrônico da repercussão geral em 25 de abril de 2014. A 8ª Turma do Tribunal Superior do Trabalho — TST desproveu o agravo de instrumento interposto por Celulose Nipo-Brasileira S.A. Inicialmente, afastou as questões preliminares atinentes à incompetência da Justiça do Trabalho, à ilegitimidade ativa e passiva e à nulidade por cerceamento do direito de defesa e pela não integração de litisconsorte passivo necessário ao processo. Asseverou não ter sido a causa dirimida sob o ângulo dos arts. 104, 421 e 422 do Código Civil e 5º, incisos II, XXXVI e XXXVIII, da Constituição Federal, apontando o óbice do Verbete n. 297 da própria Súmula. Destacou que eventual ofensa ao mencionado inciso II, se REPERCUSSÃO GERAL NO RECURSO EXTRAORDINÁRIO COM AGRAVO 713.211 MINAS GERAIS PRONUNCIAMENTO PRESTAÇÃO DE SERVIÇO — TOMADORA — CONTRATAÇÃO — PRINCÍPIO DA LEGALIDADE — ART. 104 DO CÓDIGO CIVIL — AFASTAMENTO NA ORIGEM — RECURSO EXTRAORDINÁRIO."

2. O Gabinete prestou as seguintes informações:

"Eis a síntese do que discutido no Recurso Extraordinário com Agravo n. 713.211/MG, da relatoria do ministro Luiz Fux, inserido no sistema eletrônico da repercussão geral em 25 de abril de 2014. A 8ª Turma do Tribunal Superior do Trabalho — TST desproveu o agravo de instrumento interposto por Celulose Nipo-Brasileira S.A. Inicialmente, afastou as questões preliminares atinentes à incompetência da Justiça do Trabalho, à ilegitimidade ativa e passiva e à nulidade por cerceamento do direito de defesa e pela não integração de litisconsorte passivo necessário ao processo. Asseverou não ter sido a causa dirimida sob o ângulo dos arts. 104, 421 e 422 do Código Civil e 5º, incisos II, XXXVI e XXXVIII, da Constituição Federal, apontando o óbice do Verbete n. 297 da própria Súmula. Destacou que eventual ofensa ao mencionado inciso II, se Manifestação sobre a Repercussão Geral ARE n. 713.211 RG/MG houvesse, seria reflexa ou indireta. Consignou encontrar-se a decisão do Tribunal Regional do Trabalho de origem em consonância com o Verbete n. 331, item IV, da respectiva Súmula, no que revela mostrar-se ser o tomador do serviço subsidiariamente responsável pelas obrigações trabalhistas, com o objetivo de evitar que o empregado acabe prejudicado em razão da inadimplência da empresa prestadora de serviço. Frisou haver o Regional concluído pela ilicitude da terceirização, em virtude da transferência fraudulenta e ilegal de parte da atividade-fim da empresa, com nítido propósito de reduzir custos de produção, bem como da existência de pleno controle daquela sobre as terceirizadas e os respectivos empregados. Assentou que os verbetes constantes de súmula representam a síntese da atuação dos tribunais no campo da interpretação da lei e da Carta da República, tendo editado o referido enunciado a partir da competência constitucional e legal a si atribuída para uniformizar julgados. Os embargos de declaração foram acolhidos, apenas para prestar esclarecimentos, sem atribuição de efeito modificativo. No extraordinário, protocolado com alegada base no art. 102, inciso III, a recorrente argui desrespeito aos arts. 2º, 5º, incisos II, XXXVI, LIV e LV, e 97 do Diploma Maior. Explicita ter sido condenada a abster-se de contratar terceiros para a prestação de serviços relacionados à atividade-fim que desenvolve, sem que houvesse fundamento em lei. Conforme sustenta, a contratação de terceirizados é um negócio jurídico válido nos termos do art. 104 do Código Civil. Ressalta que o Verbete n. 331 da Súmula do Tribunal Superior do Trabalho estabeleceu as situações lícitas e ilícitas de terceirização sem base legal e com respaldo em premissas genéricas, levando em conta se a transferência realizada ao terceiro alcança atividade-meio ou atividade-fim da sociedade empresarial. Aduz ser a diferenciação incompatível com os processos produtivos modernos. Consoante assevera, a terceirização é um fenômeno econômico que não pode ficar limitado a atividades acessórias, refletindo tendência contemporânea de especialização dos serviços visando maior produtividade. Alega que o acórdão recorrido implicou violação ao art. 97 da Carta de 1988 e ao Verbete Vinculante n. 10, ao negar eficácia ao art. 5º, inciso II, do Diploma Maior e ao citado art. 104 do Código Civil. Diz da ofensa ao princípio da separação dos Poderes, porquanto o Tribunal Superior do Trabalho não possui competência para editar atos normativos primários. Sob o ângulo da repercussão geral, afirma que a matéria versada no recurso ultrapassa os limites subjetivos da lide e é relevante do ponto de vista econômico, político, social e jurídico. Sublinha estar em discussão, no recurso, ofensa a princípios constitucionais e esclarece que o tema da terceirização foi objeto da primeira audiência pública ocorrida no Tribunal Superior do Trabalho bem como da Ação Direta de Constitucionalidade n. 16, cujo julgamento conduziu à alteração da redação do mencionado Verbete n. 331. Nas contrarrazões, o Ministério Público do Trabalho argui a impossibilidade de conhecimento do recurso ante a ausência de impugnação dos fundamentos do acórdão, a inexistência de repercussão geral, a falta de prequestionamento e a inviabilidade de exame de matéria infraconstitucional e fático probatória. No mérito, salienta o acerto do ato atacado. O extraordinário não foi admitido na origem. Consignou se a ausência de ofensa direta ao Diploma Maior. Seguiu-se a interposição de agravo, no qual se defendeu a admissibilidade do extraordinário e reiteraram-se os argumentos veiculados no recurso. Na contraminuta, anotou-se a subsistência da decisão. Inicialmente, o ministro Luiz Fux desproveu o agravo, por entender que não teria havido o prequestionamento concernente aos dispositivos constitucionais tidos por violados [...] e que seria necessário o reexame de matéria fática e legal. A Primeira Turma negou provimento ao agravo regimental protocolado. Embargos de declaração foram providos para determinar-se o processamento do recurso extraordinário, com a submissão ao 'Plenário Virtual'."

Eis o pronunciamento do relator:

"RECURSO EXTRAORDINÁRIO COM AGRAVO. ADMINISTRATIVO. AÇÃO CIVIL PÚBLICA. POSSIBILIDADE DE TERCEIRIZAÇÃO E SUA ILÍCITUDE. CONTROVÉRSIA SOBRE A LIBERDADE DE TERCEIRIZAÇÃO. FIXAÇÃO DE PARÂMETROS PARA A IDENTIFICAÇÃO DO QUE REPRESENTA ATIVIDADE-FIM. POSSIBILIDADE. 1. A proibição genérica de terceirização calcada em interpretação jurisprudencial do que seria atividade-fim pode interferir no direito fundamental de livre-iniciativa, criando, em possível ofensa direta ao art. 5º, inciso II, da CRFB, obrigação não fundada em lei capaz de esvaziar a liberdade do empreendedor de organizar sua atividade empresarial de forma lícita e da maneira que entenda ser mais eficiente. 2. A liberdade de contratar prevista no art. 5º, II, da CF, é conciliável com a terceirização dos serviços para o atingimento do exercício-fim da empresa. 3. O *thema decidendum, in casu,* cinge-se à delimitação das hipóteses de terceirização de mão de obra diante do que se compreende por atividade-fim, matéria de índole constitucional, sob a ótica da liberdade de contratar, nos termos do art. 5º, inciso II, da CRFB. 4. Patente, assim, a repercussão geral do tema, diante da existência de milhares de contratos de terceirização de mão de obra em que subsistem dúvidas quanto à sua legalidade, o que poderia ensejar condenações expressivas. Diante do exposto, manifesto-me pela existência de Repercussão Geral do tema, *ex vi* art. 543, CPC.

3. A inserção do processo no denominado Plenário Virtual pressupõe a liberação das peças que o compõem, viabilizando, com isso, o exame da controvérsia.

No mais, a situação concreta mostra-se passível de repetir-se em inúmeros processos. O princípio da legalidade é medula do Estado Democrático de Direito, cabendo ao Supremo preservá-lo. Para tanto, há de distinguir pronunciamentos judiciais no que colocada em segundo plano norma expressa sobre a possibilidade de ter-se, mediante contrato, o surgimento de relação jurídica.

4. Admito configurada a repercussão geral.

5. À Assessoria, para acompanhar a tramitação própria ao incidente.

6. Publiquem.

Brasília — residência —, 11 de maio de 2014, às 13h05.

Ministro Marco Aurélio."

2.8.2. *Terceirização e intermediação de mão de obra*

A terceirização não se confunde com a intermediação de mão de obra, pois esta se caracteriza como o instituto do *merchandage*, proibido pelo ordenamento jurídico pátrio, na medida em que impõe ao trabalhador um ônus que desfigura sua dignidade e colide com os princípios fundamentais do Estado Democrático de Direitos e dos direitos humanos.

Ainda encontramos no Brasil entes públicos que usurpam a prática do concurso público, por meio de contratação de cooperativas de mão de obra. Mediante tal propósito, toda sorte de servidores são contratados pela cooperativa para prestar serviços ao Poder Público, em verdadeiro processo de mercantilização de mão de obra, já que os trabalhadores têm os direitos trabalhistas e previdenciários sonegados, uma vez que tal contratação é nula, não produzindo quaisquer efeitos jurídicos, a não ser o pagamento dos dias efetivamente trabalhados e do FGTS, consoante Súmula n. 363 do Colendo TST:

> N. 363 — CONTRATO NULO. EFEITOS — NOVA REDAÇÃO
>
> "A contratação de servidor público, após a CF/1988, sem prévia aprovação em concurso público, encontra óbice no respectivo art. 37, II e § 2º, somente lhe conferindo direito ao pagamento da contraprestação pactuada, em relação ao número de horas trabalhadas, respeitado o valor da hora do salário mínimo, e dos valores referentes aos depósitos do FGTS."

Sobre o tema, importante destacar os comentários de Cláudio Brandão[8]:

> "...pode-se concluir que, nos contratos de terceirização, deve prevalecer a regra da responsabilidade objetiva da empresa tomadora quanto aos empregados da fornecedora, com base nos arts. 932, III e 933, ambos do CC, em relação aos acidentes causados aos empregados da empresa terceirizada, que nada mais é do que preposta da empresa tomadora de serviços. Exemplifica-se: um eletricitário que executa serviços de manutenção de rede de alta voltagem para empresa concessionária de energia elétrica, por meio de empresa contratada, está sujeito ao mesmo risco específico acentuado que os empregados daquela e, por conseguinte, se vier a acidentar-se está protegido pela regra de responsabilidade objetiva que alcançará não apenas sua empregadora, em virtude da regra contida no art. 927,

(8) BRANDÃO, Cláudio. *Acidentes de trabalho*. São Paulo: LTr, 2003. p. 158.

parágrafo único do Código Civil, como também a concessionária, em virtude da sua condição de proponente."

2.8.3. Uma nova roupagem jurídica de terceirização ilícita pela Administração Pública

Utilizando-se de critérios jurídicos alternativos para evitar o puro e simples enquadramento da contratação de mão de obra como "intermediação", os interessados lograram aprovar no Congresso Nacional duas Leis: ns. 9637/98 (organizações sociais) e 9.790/99 (organizações da sociedade civil de interesse público).

Pela Lei n. 9.637/98, as organizações sociais podem, entre outras vantagens, contratar empregados sem concurso público, adquirir bens, produtos e serviços sem processo de licitação e ainda não prestar contas de seus gastos a órgãos de controle interno e externo da Administração Pública, porque estas são consideradas atribuições privativas de seu Conselho de Administração. A Lei n. 9.790/99 a segue na mesma trilha.

Trata-se de um tipo de terceirização ou privatização de serviços públicos, que culmina com a transferência de um dever do Estado, atribuído constitucionalmente entre as competências privativas da União para entes privativos, que podem dispor de bens, patrimônio, crédito e até mesmo de servidores públicos para administrar e gerir seus próprios interesses. Não bastasse isso, estas entidades do terceiro setor são ainda declaradas de interesse social e utilidade pública para os fins legais.

A saúde (art. 196), a educação e o ensino (arts. 203 e 204 da CF/88) são deveres do Estado e este não pode simplesmente desobrigar-se ou afastar sua responsabilidade na prestação destes serviços, transferindo-as a terceiros, já que resta ao setor privado o papel de complementariedade (art. 197 da CF/88) na forma da Lei n. 8.666/93.

Não obstante, o que se percebeu pela experiência prática com as terceirizações previstas naquelas leis foi a transferência, pelo Poder Público, de prédios, móveis, hospitais, postos de saúde, equipamentos, recursos públicos e até mesmo cessão de pessoal estatutário para estes entes do terceiro setor, portanto, da iniciativa privada. Sem muito esforço, conclui-se que este último fato trata-se de uma teratologia jurídica: obrigar servidores públicos estatutários a prestar serviços a empresas privadas, quando aprovados em concursos públicos para preencher cargos em órgãos públicos.

Tais instituições do terceiro setor celebram contratos de gestão ou termos de parceria com a Administração Pública, cujo fim inclui a intermediação de mão de obra.

Observa-se a grande semelhança existente entre os contratos de gestão próprios das organizações sociais e os termos de parceria firmados pelo Estado com as OSCIPs. O núcleo central de ambos é a parceria Estado-Entidade Privada na busca de objetivos de interesses comuns, porém, envolvendo a delegação de poder para o exercício de atividade-fim do Poder Público, especialmente as ligadas à saúde e educação, que absorvem grande contingente de trabalhadores, cuja mão de obra anteriormente era fornecida principalmente pelas cooperativas ilícitas de mão de obra.

É digno de realce que a CF/88 (art. 199) permite a participação de entes privados, de forma complementar, afastando a possibilidade de celebração de contratos de administração gerenciada, que tenha por objeto o próprio serviço da saúde e da educação. O Poder Público não tem autorização para transferir à uma organização social, a administração e execução plena de suas atividades de saúde, prestada por exemplo, por um hospital público. Logo, o Poder Público pode apenas contratar terceiros para prestação de atividades-meio (limpeza, vigilância, bem como serviços técnicos especializados, e ainda consultas e exames médicos), e não a transferência de toda a gestão administrativa e operacional.

Sabemos que vários procedimentos devem ser obedecidos na terceirização de serviços públicos, quais sejam:

- A licitação, exigência da norma constitucional (arts. 175 e 37, incisos 21 da CF/88). Constitui procedimento obrigatório na terceirização de serviços públicos, sempre tendo em vista a escolha da oferta mais vantajosa para a Administração, bem como para facultar a igualdade de acesso à contratação pela Administração;

- No que respeita à fiscalização dos serviços, cabe ao Poder Público controlar a execução dos serviços públicos terceirizados, em especial, quanto à prestação de serviços adequados (art. 175, inciso 4, da CF/88, e arts. 84 a 86 da Lei n. 8.666/93);

- As hipóteses de terceirização lícita de serviço público, estão, portanto, circunscritas à terceirização para o trabalho temporário, com observância do art. 10 da Lei n. 6.016/74 (que não pode ser superior a 3 meses, salvo autorização conferida pelo órgão local do Ministério do Trabalho e Emprego), a terceirização dos serviços de vigilantes (Lei n. 7.102/83), a terceirização de atividades-meio (conservação, limpeza, serviços especializados ligados às atividades-meio do Estado, como tomador de serviços).

- Portanto, atividades de saúde e de ensino não são mais passíveis de terceirização lícita. No que diz respeito ao ensino, a Lei de Diretrizes e Bases da Educação Nacional (Lei n. 9.394/96), vedou, de forma definitiva, a terceirização dos serviços educacionais voltados à atividade de "ensinar", uma vez que o profissional da educação deve necessariamente ser selecionado por meio de concurso público.

• Diz o art. 67 desta lei: "Os sistemas de ensino proverão a valorização dos profissionais da educação, assegurando-lhes, inclusive nos termos dos estatutos e nos planos de carreira do magistério público: I — ingresso exclusivamente por concurso público de provas e títulos".

Neste contexto, não poderá mais o Poder Público se valer de estagiários para "ensinar", em lugar de docentes, regularmente contratados, por concurso público.

Em face do exposto, somos levados a acordar em relação à inconstitucionalidade da Lei n. 9.637/98 (organizações sociais) e, como corolário lógico, também pela inconstitucionalidade reflexa dos artigos semelhantes da Lei n. 9.790/99 (OSCIPs), já que existe uma relação de continência entre ambas, o que, certamente, fechará as janelas de oportunidade para a continuidade das práticas fraudulentas de intermediação de mão de obra, por meio de termos de parceria firmados pelas OSCIPs com a Administração Pública, para que trabalhadores prestem serviços, de forma não eventual e subordinada ao Poder Público, em substituição à reincidente prática de contratação fraudulenta por meio das cooperativas de mão de obra.

É cediço que leis infraconstitucionais (Leis ns. 9.637/98 e 9.790/99) não têm o condão de revogar disposições e princípios constitucionais que regem o Poder Público (legalidade, impessoalidade, moralidade, publicidade e eficiência), expressos na CF/88, facultando, por exemplo, a exigência de licitação pelos órgãos da Administração Pública direta e indireta, autárquica e fundacional e a contratação sem concurso público para cargos efetivos, com exceção do disposto no art. 37, inciso 9º, da CF/88.

Se até mesmo as sociedades de economia mista e as empresas públicas que exercem atividades econômicas, não podem eximir-se destas exigências constitucionais, quanto mais e com muito mais razão é de se exigir que as organizações sociais e as OSCIPs curvem-se aos ditamos constitucionais.

Como no caso vertente tais interesses envolvem uma coletividade de trabalhadores e direitos difusos e coletivos, cabe ao Ministério Público do Trabalho não apenas a investigação, como também a pacificação do conflito coletivo por meio de termos de ajuste de conduta, ou alternativamente, o ajuizamento de ações moleculares (ações civis públicas)[9].

---

(9) SANTOS, Enoque Ribeiro dos. As OSCIP (Organizações da Sociedade Civil de Interesse Público) e a administração pública. Intermediação fraudulenta de mão de obra sob uma nova roupagem jurídica. In: SANTOS, Enoque Ribeiro dos; FREITAS JR., Antonio Rodrigues (coords.). *Direito coletivo do trabalho em debate*. São Paulo: LTr, 2009. p. 19 a 50.

2.8.4. *Preterição em concurso público em decorrência de terceirização dos serviços advocatícios e direito subjetivo à nomeação no cargo por empresa pública federal*

Nos casos de preterição de nomeação em concurso público realizado por empresa pública ou sociedade de economia mista, com a contratação dos serviços respectivos por meio de terceirização, demonstrando, claramente, a necessidade de convocação dos aprovados no certame público, a jurisprudência tem-se declinado em dar provimento aos recursos dos trabalhadores pretéritos.

Caso ilustrativo do caso vertente é a decisão do TRT 1ª Região, *in verbis*:

> "RECURSO ORDINÁRIO. PRETERIÇÃO EM CONCURSO PÚBLICO EM DECORRÊNCIA DA TERCEIRIZAÇÃO DOS SERVIÇOS ADVOCATÍCIOS E CONSEQUENTE DIREITO SUBJETIVO A NOMEAÇÃO NO CARGO DE ADVOGADO JUNIOR. As jurisprudências do STF, TST e STJ possuem entendimento sedimentado no direito à nomeação de candidato preterido em decorrência da contratação de terceirizados para o desempenho da idêntica atividade constante no cargo ofertado por meio de concurso público, quando este ainda se encontra válido. Entretanto, no caso em apreço, o reclamante, que ocupa a posição de número 95 na ordem de classificação, não se encontra abarcado pelas vagas que, em tese, surgiriam com a declaração, *incidenter tantum*, de invalidade dos contratos administrativos firmados com os escritórios de advocacia terceirizados, razão pela qual não faz jus à nomeação. No entanto, o reclamante tem direito a ter reservada sua vaga, enquanto perdurar essa situação irregular de terceirização de serviços em que empresa pública federal deveria contratar empregados diretamente, mediante concurso público. Recurso parcialmente provido."

Para elucidar a matéria, peço vênia para transcrever parte do voto acima, de nossa lavra:

> "O reclamante pretende a reforma do julgado alegando preterição em sua nomeação no concurso público para cadastro de reserva realizado pela ré no ano de 2012, para ocupar o cargo de advogado júnior, ainda em validade, ao argumento de que a reclamada estaria terceirizando os serviços advocatícios para escritórios particulares, o que demonstra, por consequência, haver evidente necessidade na convocação dos aprovados no certame. Cumpre mencionar que o autor encontra-se aprovado em cadastro de reserva, ocupando a posição de n. 95 na ordem de classificação (fl. 72). Em primeiro grau, os pedidos foram julgados improcedentes, por entender o Juízo sentenciante não restar caracterizada a preterição do autor em sua nomeação, uma vez que a atividade advocatícia constitui-se em 'atividade-meio' no contexto bancário, passível, portanto, de terceirização. Em textual: '[...] Apesar de integrar a Administração Indireta, fato que traz peculiaridades à sua atuação, haja vista o interesse público especial a recair sobre seus atos e a submissão à força normativa dos princípios constitucionais, a Caixa Econômica Federal exerce atividade econômica, atua em regime de concorrência com outras

pessoas jurídicas de direito privado e goza de liberdade quanto ao estabelecimento do número de empregados que deseja contratar'.

Verifica-se viável, do ponto de vista jurídico, que a empresa pública ocupante do polo passivo opte por recorrer a serviços prestados por profissionais autônomos ou pessoas jurídicas sem que tenha que contratar empregados para o desempenho das atividades das quais necessita, desde que, por óbvio, observe o regime de licitações e não venha a incidir na prática de terceirização ilícita.

A advocacia apresenta-se, notoriamente, como atividade meio no contexto cotidiano de uma instituição financeira como a Caixa Econômica Federal. [...]. Focando-se, especificamente, no pleito do autor voltado à contratação pela Caixa Econômica Federal, de fato é que o mesmo foi aprovado em Concurso Público para a formação de cadastro de reserva, logrando alcançar a 95ª posição no certame.

A menção à formação do cadastro de reserva é indicativa de ausência de direito adquirido do autor à contratação, restando incólume a garantia fundamental prevista no art. XXXVI da Constituição da República.

Relata o autor, na exordial, que até o dia 9.7.2013, apenas 4 candidatos aprovados haviam sido convocados pela Caixa Econômica. Não há nos autos discussão sobre o preterimento do direito do autor à nomeação por nomeação ilegítima de aprovado classificado abaixo do autor, fato que poderia justificar a atuação do Estado-Juiz voltada a preservação da ordem jurídica violada, em especial, dos princípios da impessoalidade e da moralidade.

Verifica-se, a partir do documento de fl. 137, que, por conta de prorrogação publicada no dia 20.6.2013, o concurso do autor dentro do prazo de validade, podendo a contratação dos candidatos aprovados ocorrer até 8.7.2014, não havendo que se falar em reserva de vaga, haja vista a ausência de inobservância à ordem de classificação do concurso, bem como ser o certame voltado à formação da cadastro de reserva [...].

Constato que é incontroversa nos autos a terceirização de serviços advocatícios, por parte da reclamada, a escritórios privados, quando em validade concurso público realizado para o preenchimento de vagas no cargo de advogado júnior, conforme se verifica pelos documentos de fls. 84/90.

Pois bem. Em que pese os aprovados no concurso público constantes no chamado 'cadastro de reserva' possuam, em princípio, mera expectativa de direito à nomeação, em virtude da conveniência e oportunidade inerentes ao ato administrativo discricionário, a jurisprudência do Superior Tribunal de Justiça, transcrita a seguir, consolidou entendimento de que nos casos em que a empregadora contrata, de forma precária (no caso a terceirização), idênticos serviços para os quais realizou o certame, ainda dentro do prazo de validade, a mera expectativa de direito dos aprovados transmuda-se em direito de fato, sendo imperioso concluir pela nomeação e posse dos candidatos."

"ADMINISTRATIVO. CONCURSO PÚBLICO. CANDIDATO APROVADO FORA DO NÚMERO DE VAGAS PREVISTAS NO EDITAL. ABERTURA DE NOVAS

VAGAS. CONTRATAÇÃO TEMPORÁRIA. EXPECTATIVA DE DIREITO QUE SE CONVOLA EM DIREITO LÍQUIDO E CERTO. 1. O STJ adota o entendimento de que a mera expectativa de nomeação dos candidatos aprovados em concurso público (fora do número de vagas) convola-se em direito líquido e certo quando, dentro do prazo de validade do certame, há contratação de pessoal de forma precária para o preenchimento de vagas existentes, com preterição daqueles que, aprovados, estariam aptos a ocupar o mesmo cargo ou função". 2. Agravo Regimental não provido." (AgRg no RMS 36.831/MA, Rel. Ministro Herman Benjamin, Segunda Turma, julgado em 22.5.2012, DJe 15.6.2012)

No mesmo sentido a jurisprudência do Tribunal Superior do Trabalho:

"COMPETÊNCIA DA JUSTIÇA DO TRABALHO. RELAÇÃO PRÉ-CONTRATUAL. CONCURSO PÚBLICO. CADASTRO DE RESERVA. LITÍGIO ORIGINADO NA FASE PRÉ-CONTRATUAL. Consoante o entendimento que vem se consolidando nesta Corte superior, compete à Justiça do Trabalho processar e julgar litígio originado na fase pré-contratual, relacionado à preterição de candidato aprovado em concurso público para cadastro de reserva caracterizada pela terceirização, no prazo de validade do certame, dos serviços para o qual fora realizado o concurso. Hipótese em que não se reconhece afronta ao disposto no art. 114 da Constituição da República. Precedentes. Agravo de instrumento a que se nega provimento. ADMINISTRAÇÃO PÚBLICA INDIRETA. CONCURSO PÚBLICO. APROVAÇÃO PARA CADASTRO DE RESERVA. TERCEIRIZAÇÃO DOS SERVIÇOS NO DECORRER DO PRAZO DE VALIDADE DO CERTAME. PRETERIÇÃO DOS CANDIDATOS APROVADOS. 1. Consoante o mandamento insculpido na cabeça do art. 37 da Constituição da República, a Administração Pública, tanto direta quanto indireta, de qualquer dos Poderes da União, dos Estados, do Distrito Federal e dos Municípios, está submetida aos princípios da legalidade, impessoalidade, moralidade, publicidade e eficiência. Desse modo, constatada a existência de desvio de finalidade na conduta do administrador, afastando-se o ato praticado do interesse público — norteador do desempenho administrativo —, para alcançar fim diverso daquele que a lei lhe permitiu, deve tal ato ser submetido à revisão judicial ou administrativa, porquanto configurada ilegalidade, constituindo-se causa de nulidade do ato administrativo. 2. Conforme entendimento consolidado no Supremo Tribunal Federal, a aprovação de candidato em concurso público realizado para preenchimento de cadastro de reserva não gera, em princípio, direito subjetivo à nomeação, mas apenas expectativa de direito. Tem-se, contudo, que a moderna jurisprudência da Excelsa Corte, bem como do Superior Tribunal de Justiça, tem firmado seu posicionamento no sentido de que a contratação precária de pessoal, dentro do prazo de validade do concurso público, seja por comissão, terceirização ou contratação temporária, para o exercício das mesmas atribuições do cargo para o qual fora realizado o certame, configura preterição dos candidatos aprovados, ainda que fora das vagas previstas no edital ou para preenchimento de cadastro de reserva, evidenciando desvio de finalidade, em inequívoca transgressão à exigência do art. 37, II, da Lei Magna. 3. Na presente hipótese, resultou comprovado que a Petrobras Transportes S.A., ente integrante da Administração Pública indireta, após a realização de concurso público para preenchimento de cadastro de reserva para o cargo de Técnico de

Instrumentação, e dentro do prazo de validade do certame, efetuou contratações para a prestação de serviços técnicos de instrumentação, configurando inequívoca preterição dos candidatos aprovados no referido concurso. Constatando-se que o ente público terceirizou os serviços para os quais houve realização de concurso público para preenchimento de cadastro de reserva, dentro do prazo de validade do certame, resulta configurado o desvio de finalidade do ato administrativo e a expectativa de direito convola-se em direito subjetivo à nomeação, visto que demonstrada a necessidade premente de provimento do cargo descrito no edital. 4. Precedentes do Supremo Tribunal Federal e Superior Tribunal de Justiça. Agravo de instrumento a que se nega provimento." (TST — AIRR: 3464020105190003 346-40.2010.5.19.0003, Relator: José Maria Quadros de Alencar, Data de Julgamento: 6.11.2013, 1ª Turma, Data de Publicação: DEJT 8.11.2013)

"RECURSO DE REVISTA. CONCURSO PÚBLICO. CADASTRO DE RESERVA. CONTRATAÇÃO DE SERVIÇOS ESPECIALIZADOS DE ADVOCACIA. TERCEIRIZAÇÃO. IMPOSSIBILIDADE. Na linha do entendimento do Supremo Tribunal Federal e desta Corte Trabalhista, bem como do Superior Tribunal de Justiça, em observância aos princípios da legalidade, da moralidade e da eficiência, o direito à contratação é assegurado no caso de preterição decorrente de terceirização de serviços especializados de advocacia, ocorrida no prazo de vigência de concurso público, em detrimento da admissão de candidatos aprovados para o emprego de advogado, os quais estão aguardando em cadastro de reserva. A contratação de serviço terceirizado, que se insere na competência da atividade objeto de concurso realizado, evidencia a necessidade do preenchimento de novas vagas com a contratação dos aprovados. Precedentes. Recurso de revista conhecido e a que se nega provimento." (TST — RR: 21676720115220001 2167-67.2011.5.22.0001, Relator: Walmir Oliveira da Costa, Data de Julgamento: 16.10.2013, 1ª Turma, Data de Publicação: DEJT 25.10.2013).

Perfilha o mesmo posicionamento o Tribunal Regional do Trabalho da 10ª Região:

"JUSTIÇA DO TRABALHO: COMPETÊNCIA MATERIAL: CANDIDATO APROVADO EM CONCURSO PÚBLICO REALIZADO POR EMPRESA ESTATAL PARA PROVIMENTO DE EMPREGO PÚBLICO EFETIVO: ALEGAÇÃO DE PRETERIÇÃO À CONTA DE TERCEIRIZAÇÃO INDEVIDA DA ATIVIDADE RELACIONADA AO EMPREGO OBJETO DO CERTAME: CONSTITUIÇÃO FEDERAL, ART. 114, I: ALCANCE AMPLO DA RELAÇÃO DE TRABALHO PELA JURISDIÇÃO. ESPECIALIZADA PARA AS FASES PRÉ-CONTRATUAL, CONTRATUAL E PÓS-CONTRATUAL: PRECEDENTES DO TST. Compete à Justiça do Trabalho processar e julgar as causas derivadas da relação de trabalho, tanto nas discussões pertinentes à admissão quanto à execução do contrato de trabalho e à rescisão, assim alcançando também as discussões pertinentes a eventual discriminação ou preterição para a contratação, seja à conta do art. 7º, XXX e XXXI, da Constituição Federal, seja, quando se tratar de empresa estatal, à conta, também, de desvio à regra do art. 37, II e IV, da Carta de 1988. Doutro lado, ainda que para a análise de eventual preterição do candidato aprovado em concurso público se aprecie a situação decorrente da perturbação do número de vagas disponíveis ou reais por conta de terceirização de pessoal para as mesmas atividades inerentes ao emprego público objeto do certame, não compete à Justiça do Trabalho declarar a nulidade ou a suspensão dos contratos-cíveis administrativos, mas, quando muito, os efeitos pertinentes, *incidenter tantum,* a garantir os direitos dos candidatos aprovados preteridos à contratação pela empresa estatal. Preliminar de incompetência absoluta acolhida em parte, extinguindo-se o processo, sem resolução de mérito, em relação ao pedido de declaração de nulidade dos contratos de terceirização de mão de obra (CPC, 267, IV). EMPRESA PÚBLICA FEDERAL: CAIXA ECONÔMICA FEDERAL: CONCURSO PÚBLICO PARA EMPREGO DE ADVOGADO: PRETERIÇÃO DE CANDIDATOS APROVADOS À CONTA DE DESVIO DA ATIVIDADE INERENTE AO EMPREGO CONCORRIDO PARA ADVOGADOS DE ESCRITÓRIOS CREDENCIADOS MEDIANTE CONTRATO CÍVEL-ADMINISTRATIVO: VAGAS CONSIDERÁVEIS: CONTRATAÇÃO GARANTIDA DOS APROVADOS NECESSÁRIOS A SUPRIR A EXIGÊNCIA RECONHECIDA PELA EMPRESA ESTATAL: CONSTATAÇÃO DE ABERTURA DE NOVO CONCURSO PARA O MESMO EMPREGO PÚBLICO DURANTE A VALIDADE DE CERTAME ANTECEDENTE: PREFERÊNCIA AOS CANDIDATOS APROVADOS NO CONCURSO ANTERIOR: PRECEDENTES DO STF, STJ E TST: AFRONTA AO ART. 37, II E IV, DA CONSTITUIÇÃO FEDERAL. Conforme a pacífica jurisprudência do STF, STJ e TST, emerge a preterição do candidato aprovado em concurso público quando a empresa estatal inibe a contratação deste em prol de contratação de pessoal terceirizado, ainda que não elencada a vaga no edital, porque, nesse particular, há que se ter como reconhecida pela própria empresa estatal a necessidade de tantos advogados quantos sejam, no mínimo, os escritórios de advocacia credenciados a atuar no lugar dos advogados efetivos da empresa, ou os terceirizados identificados, no período de validade do respectivo certame. Não bastasse isso, se no período de validade do concurso a empresa estatal abre outro destinado a prover iguais empregos públicos, revela-se nisso quantitativo de vagas necessárias para o provimento imediato pelos candidatos aprovados no certame anterior. Doutro lado, há que se empreender modulação necessária a preservar interesses de terceiros eventualmente atingíveis pela decisão deste Tribunal, assim aqueles que, conquanto não tenham sido ainda chamados, ou já tendo sido, emergem com ordem classificatória melhor que o dos Autores, inclusive de modo a permitir o adequado controle das ordens de contratação, seja voluntariamente empreendida pela CEF, seja em decorrência de comando judicial, pelo que o provimento judicial primário deve ser conformado a essa possibilidade, de modo que se assegure a contratação dos Autores-Recorridos, após regular chamado dos que lhes antecedem em ordem de classificação no concurso, no limite das vagas já definidas nesta decisão, devendo, ainda, evitar-se delongas além do razoável. Recurso empresarial conhecido, preliminar de incompetência acolhida em parte e demais rejeitadas e, no mérito, provido em parte." (TRT-10 — RO: 590201100710001 DF 00584-2012-011-10-00-4 RO, Relator: Desembargadora Elke Doris Just, Data de Julgamento: 30.1.2013, 2ª Turma, Data de Publicação: 15.2.2013 no DEJT)

Em síntese, a atitude da reclamada em contratar escritórios de advocacia particulares, quando ainda válido concurso público para o cargo de advogado júnior, denota clara ofensa ao princípio constitucional do concurso público, insculpido no art. 37, II, da CF.

Do simples fato da contratação de escritórios particulares infere-se a necessidade dos serviços de advogado, não havendo razão para que se dê preferência à terceirização, ainda mais quando irregular, em detrimento daqueles aprovados no certame, ainda válido, sob pena de se violar o dever de boa-fé que deve permear aos atos da Administração Pública.

Esse é o posicionamento do Supremo Tribunal Federal a respeito do tema:

"ADMINISTRAÇÃO PÚBLICA. PRINCÍPIO DA SEGURANÇA JURÍDICA. BOA-FÉ. PROTEÇÃO À CONFIANÇA. O dever de boa-fé da Administração Pública exige o respeito incondicional às regras do edital, inclusive quanto à previsão das vagas do concurso público. Isso igualmente decorre de um necessário e incondicional respeito à segurança jurídica como princípio do Estado de Direito. Tem-se, aqui, o princípio da segurança jurídica como princípio de proteção à confiança. Quando a Administração torna público um edital de concurso, convocando todos os cidadãos a participarem de seleção para o preenchimento de determinadas vagas no serviço público, ela impreterivelmente gera uma expectativa quanto ao seu comportamento segundo as regras previstas nesse edital. Aqueles cidadãos que decidem se inscrever e participar do certame público depositam sua confiança no Estado administrador, que deve atuar de forma responsável quanto às normas do edital e observar o princípio da segurança jurídica como guia de comportamento. Isso quer dizer, em outros termos, que o comportamento da Administração Pública no decorrer do concurso público deve se pautar pela boa-fé, tanto no sentido objetivo quanto no aspecto subjetivo de respeito à confiança nela depositada por todos os cidadãos." (RE 598.099/MS, Ministro Gilmar Mendes, 10.8.2011)

Contudo, no caso em tela, os documentos de fls. 84 e 85 comprovam que a reclamada possuía, no total, 26 escritórios de advocacia contratados antes da realização do concurso, sendo que somente 8 deles tiveram seus contratos renovados, em janeiro de 2013, não havendo como se precisar o real número de advogados terceirizados que prestam serviços em favor da CEF do Estado do Rio de Janeiro. Assim, ainda que se invalidasse, *incidenter tantum,* os contratos administrativos renovados pela instituição financeira (8, no total — fl. 85), e ainda que se considerasse o razoável número de 10 advogados por escritório prestando serviços, exclusivamente, em favor da CEF, totalizando 80 advogados terceirizados, o autor não faria jus à nomeação, tal como postulada no item 6 de fl. 33, uma vez que ocupa a posição de n. 95 na ordem de classificação (fl. 72), negando-se, por consequência, a antecipação dos efeitos da tutela.

No entanto, merece prosperar o pedido sucessivo, determinando que a requerida, sem violar a ordem legal de convocação do concurso, reserve a vaga pertinente à sua posição no certame (item 2 do rol de fl. 33), enquanto perdurar a utilização indevida de serviços advocatícios mediante terceirização.

Não faz qualquer sentido que a ré, sendo uma empresa pública federal, com capital 100% estatal, descumpra deliberada e propositalmente o mandamento constitucional de observância ao concurso público, insculpido no art. 37, II, da CFRB, *in verbis:*

'Art. 37. A administração pública direta e indireta de qualquer dos Poderes da União, dos Estados, do Distrito Federal e dos Municípios obedecerá aos princípios de legalidade, impessoalidade, moralidade, publicidade e eficiência e, também, ao seguinte: [...]

II — a investidura em cargo ou emprego público depende de aprovação prévia em concurso público de provas ou de provas e títulos, de acordo com a natureza e a complexidade do cargo ou emprego, na forma prevista em lei, ressalvadas as nomeações para cargo em comissão declarado em lei de livre nomeação e exoneração; [...].'

Há que se ressaltar que, embora não constitua sua atividade-fim, é para o pleno desenvolvimento da atividade bancária a utilização de serviços advocatícios, até porque não se concebe o desenvolvimento de tal atividade, toda ela lastreada em contratos de inúmeras naturezas, sem o devido apoio jurídico.

Decidir de forma contrária, seria dar guarida à perpetuação de um ato ilícito, de natureza constitucional, atingindo não apenas direitos individuais, como também direitos e interesses difusos, na medida que qualquer causídico brasileiro que preencha os requisitos editalícios da ré, tenha o direito de postular cargos públicos na referida instituição.

Por fim, mas não menos importante, impende salientar que ao agir dessa forma, a CEF ainda poderá atrair para si ações de indenizações por dano moral coletivo à comunidade interessada, acarretando-lhe prejuízos financeiros ainda maiores.

Diante do exposto, dou parcial provimento ao recurso ordinário para deferir o pedido sucessivo, para deferir o pleito de imediata nomeação e posse do demandante, ora recorrente, antecipando os efeitos da tutela, determinando à recorrida, Caixa Econômica Federal, que, uma vez apresentados os documentos exigidos no edital n. 1, de 2012, dê posse ao recorrente, observando-se o prazo máximo de 60 dias, sob pena de pagamento de multa diária de R$ 1.500,00 pelo descumprimento dessa obrigação de fazer, nos termos do art. 461, §§ 5º e 6º, do CPC, nos termos da fundamentação *supra*." (RO 0001027-56.2013.5.01.0245. TRT 1ª Região. 5ª T. Relator: Des. Enoque Ribeiro dos Santos. Sessão de julgamento: 2.12.2014)

2.8.5. *Obrigatoriedade de motivação da dispensa do empregado de empresa pública ou sociedade de economia mista*

O Supremo Tribunal Federal, no julgamento do recurso de extraordinário n. 589.998/PI, ocorrido em 20.3.2013, adotou o entendimento de que as empresas públicas e as sociedades de economia mista precisam expor as razões do ato demissional por elas praticado, de forma a motivar o ato de rompimento sem justa causa do pacto laboral.

Neste sentido, a ementa do TRT 1ª Região:

"EMPREGADO DE EMPRESA PÚBLICA OU DE SOCIEDADE DE ECONOMIA MISTA. OBRIGATORIEDADE DE MOTIVAÇÃO DA DISPENSA. REINTEGRAÇÃO. O Plenário do E. Supremo Tribunal Federal, no julgamento do Recurso Extraordinário n. 589.998/PI, ocorrido em 20.3.2013 (com publicação do respectivo acórdão em 12.9.2013), posicionou-se no sentido de que as empresas públicas e as sociedades de economia mista precisam expor as razões do ato demissional por elas praticado, de forma a motivar o ato de rompimento sem justa causa do pacto laboral. A motivação resguarda o empregado e, indiretamente, toda a sociedade de eventual ruptura dos princípios constitucionais consagrados nos arts. 37 da CRFB/88, 2º e 50 da Lei n. 9.784/99, os quais devem ser observados pelo agente estatal investido do poder de demitir. Ademais, a exposição dos motivos torna possível sua compreensão e contestação pelos atingidos, além de permitir o exame da legalidade do ato pelo Judiciário. Para além do louvável entendimento jurisprudencial inovador emanado do STF, permanecemos ainda com nossa posição anterior, no sentido de que, na dispensa do servidor público, mesmo os regidos pela CLT, não basta a mera motivação do ato, mesmo porque, por si só, se levada a efeito pelo empregador acaba por deixar o obreiro na mesma situação anterior de ausência de eficaz proteção (OIT, Convenção n. 158), já que o ato do empregador seria considerado perfeito e acabado, não gerando quaisquer direitos aos trabalhadores. É necessário, isto sim, que a motivação do ato de dispensa seja acompanhada do cumprimento do mandamento constitucional insculpido no art. 5º, LIV, pelo qual 'ninguém deve ser privado de seus bens sem o devido processo legal', ou seja, de processo administrativo com ampla defesa e contraditório. Afinal, qual o significado semântico e mesmo sistemático do termo bens no citado inciso constitucional mencionado, que não tenha o sentido de incluir, com clareza solar, que o emprego constitui ao lado da família, os bens mais importantes para a dignidade da pessoa humana e base de sustentação do sistema capitalista de produção de bens e serviços em um Estado Democrático de Direito? Dessa forma, a falta de motivação do ato administrativo de resilição contratual acarreta a sua nulidade, com a consequente reintegração do empregado e pagamento integral das verbas devidas durante o afastamento." (Precedentes do STF e do TST. Recurso conhecido e parcialmente provido. RO 001315-42.2012.5.01.0032. TRT 1ª Região. 5ª T. Sessão 3.12.2014. Rel. Des. Enoque Ribeiro dos Santos)

2.9. Empreiteiro principal

A responsabilidade solidária passiva é do empreiteiro principal, se o subempreiteiro não honrar dívidas trabalhistas com os seus empregados. Vige neste caso o art. 275[10] do Código Civil, em conexão com o art. 455[11], da CLT, impondo a responsabilidade subsidiária ou secundária ou, ainda, solidariedade com benefício de ordem, nas ações em que os empregados do subempreiteiro demandam o empreiteiro principal.

Exemplificamos essa hipótese jurídica com os seguintes acórdãos enunciados:

> Ementa: RECURSO ORDINÁRIO. ACIDENTE DE TRABALHO. DANO MORAL CONFIGURADO. MANTIDA A RESPONSABILIDADE SOLIDÁRIA ENTRE O DONO DA OBRA E O EMPREITEIRO. INAPLICÁVEL O ENTENDIMENTO CONSUBSTANCIADO NA OJ N. 191 DA SBDI-1 DO C. TST. As lides decorrentes de acidente de trabalho, doença ocupacional ou profissional sendo pretensões de natureza eminentemente civil, o Colendo Tribunal Superior do Trabalho tem o entendimento que a regra da orientação jurisprudencial citada restringe-se às obrigações trabalhistas contraídas pelo empreiteiro. Tal entendimento foi confirmada em sessão realizada no dia 22.11.2012, e firmou o entendimento acerca da responsabilidade solidária do dono de obra pelas indenizações devidas por danos morais, estéticos e materiais resultantes de acidente de trabalho decorrentes de culpa por ato ilícito. Recurso parcialmente provido. (RO. 00119008020095010302. Tipo de processo: Recurso Ordinário. Data de publicação: 2014-02-13. Órgão julgador: Quinta Turma. Relator: Des. Enoque Ribeiro dos Santos. TRT 1ª Região)

> Ementa: RECURSO ORDINÁRIO. DONO DA OBRA. RESPONSABILIDADE SUBSIDIÁRIA. A natureza das atividades da rés demonstradas nos presentes autos evidenciam uma força de atração considerável entre seus objetos sociais. Trata-se de contratos de empreitada ou prestação de serviços entre três empresas, em que a dona da obra/incorporadora (ou tomadora de serviços), necessariamente, tenha de realizar tais empreendimentos, mesmo que estes assumam caráter infraestrutural e de mero apoio à sua dinâmica normal de funcionamento. Em tais situações, parece clara a responsabilidade subsidiária da dona da obra/incorporadora (ou tomadora de serviços), nos termos do da parte final da OJ 191 do C. TST. Dou provimento para reformar a r. sentença e declarar a responsabilidade subsidiária das 2ª e 3ª rés pelas verbas devidas. (RO 00009401820115010004. Tipo de processo: Recurso Ordinário. Data de publicação: 2013-11-21. Órgão julgador: Quinta Turma. Relator: Des. Enoque Ribeiro dos Santos)

---

(10) Art. 275. O credor tem direito a exigir e receber de um ou de alguns dos devedores, parcial ou totalmente, a dívida comum; se o pagamento tiver sido parcial, todos os demais devedores continuam obrigados solidariamente pelo resto.

Parágrafo único. Não importará renúncia da solidariedade a propositura de ação pelo credor contra um ou alguns dos devedores.

(11) Art. 455. Nos contratos de subempreitada responderá o subempreiteiro pelas obrigações derivadas do contrato de trabalho que celebrar, cabendo, todavia, aos empregados, o direito de reclamação contra o empreiteiro principal pelo inadimplemento daquelas obrigações por parte do primeiro.

Parágrafo único. Ao empreiteiro principal fica ressalvada, nos termos da lei civil, ação regressiva contra o subempreiteiro e a retenção de importâncias a este devidas, para a garantia das obrigações previstas neste artigo.

RESPONSABILIDADE SUBSIDIÁRIA — EMPREITADA — CULPA *IN VIGILANDO* — SÚMULA N. 331, ITENS IV E V, DO TST — Responde a empreiteira principal (construtora) subsidiariamente pela satisfação dos direitos trabalhistas do empregado do subempreiteiro que lhe prestou serviços quando este não puder arcar com as obrigações decorrentes do contrato de trabalho. Fundamenta essa responsabilidade a culpa *in eligendo* e *in vigilando* com que se houve o empreiteiro. Aplicação da Súmula n. 331, itens IV e V, do TST e do art. 455 e parágrafo único, da CLT. (TRT 11ª R. — RO 0002403-85.2012.5.11.0002 — Relª Desª Rita A. Albuquerque — DJe 26.3.2014 — p. 6) v106

CONTRATO DE SUBEMPREITADA — DONO DA OBRA — O inadimplemento de direitos ao empregado gera obrigação solidária de satisfazer aquilo que inadimplido pelo subempreteiro. Inteligência do art. 455, parágrafo único, CLT. Contudo, se o reclamante postula o reconhecimento da responsabilidade subsidiaria, deve ser observado o limite do pedido. (TRT 1ª R. — RO 0000805-82.2011.5.01.0011 — 1ª T. — Rel. Alexandre Teixeira de Freitas Bastos Cunha — DOERJ 14.5.2013)v108.

SUBEMPREITADA — RESPONSABILIDADE SOLIDÁRIA — CONFIGURAÇÃO — Sendo a construção civil atividade-fim da recorrente, a contratação de terceiros para realizar a obra configura a subempreitada. Nesse caso, há previsão legal de solidariedade, sendo facultado ao empreiteiro principal o uso da ação regressiva ou a retenção de importâncias, conforme o disposto no *caput* e parágrafo único do art. 455 da CLT. (TRT 12ª R. — RO 0004023-65.2011.5.12.0059 — Relª Mari Eleda Migliorini — DJe 14.11.2013)v105.

CONSTRUÇÃO CIVIL — EMPREITEIRA DONA DE OBRA — SUBEMPREITADA — REPONSABILIDADE SUBSISIÁRIA — Restou configurada a hipótese de subempreitada, na forma preconizada no art. 455 da CLT, figurando a 2ª reclamada, como dona da obra e empreiteira principal, enquanto a 1ª reclamada figura como a subempreiteira (empregadora). E nestes termos, persiste a responsabilidade do empreiteiro principal pelos créditos trabalhistas que no caso é subsidiária, em face da disposição literal do art. 455 da CLT. Assim, não satisfeitas todas as parcelas decorrentes do contrato de trabalho com a 1ª reclamada (subempreiteira), legítima é a reclamação também contra a empreiteira principal (2ª reclamada), respondendo esta, de forma subsidiária pelas parcelas deferidas. O mencionado dispositivo é claro ao assegurar ao obreiro até mesmo o direito de reclamar diretamente contra o empreiteiro principal, bastando que haja o inadimplemento das obrigações trabalhistas por parte do subempreiteiro (empregador), ressalvado o direito de regresso a ser exercido pela empreiteira principal no Juízo competente (parágrafo único, art. 455, da CLT). Ressalte-se ainda que a recorrente na condição de empresa de construção civil que contrata empresa construtora para realização de obra certa, responde pelas obrigações trabalhistas contraídas pela contratada, na forma da OJ n. 191 da SDI-I do C. Recurso improvido. (TRT 6ª R. — Proc. 0001383-93.2011.5.06.0144 — 1ª T. — Rel. Des. Ivan de Souza Valença Alves — DJe 23.11.2012 — p. 115)v102.

O empreiteiro principal é responsável solidário pelos haveres trabalhistas do obreiro, juntamente com o subempreiteiro, na forma do art. 455, da CLT. (TRT

5ª R. — RO 02198-2003-015-05-00-9 — (10.600/05) — 5ª T. — Relª Juíza Delza Karr — J. 24.5.2005).

EMPREITEIRO PRINCIPAL — RESPONSABILIDADE SOLIDÁRIA — Deve ser reconhecida responsabilidade solidária do empreiteiro principal, pelas obrigações derivadas dos contratos firmados pelo subempreiteiro, em razão do risco do empreendimento, na forma do quanto disposto no art. 2º, *caput*, e no art. 455, ambos da CLT. (TRT 5ª R. — RO 01513-2004-006-05-00-0 — (7.261/05) — Relª Juíza Elisa Amado — J. 19.4.2005)

CONTRATO DE SUBEMPREITADA — RESPONSABILIDADE SOLIDÁRIA — O art. 455 da CLT autoriza o empregado a propor ação contra o empreiteiro principal, caso haja inadimplemento das obrigações derivadas do contrato de trabalho com o subempreiteiro. O que equivale dizer que o empreiteiro principal só responderá após configurado o inadimplemento pelo subempreiteiro e, portanto, sua responsabilidade é subsidiária. (RO 00097-2004-654 — 1º.6.2005). (TRT 9ª R. — Proc. 00097-2004-654-09-00-4 — (14276-2005) — Rel. Juiz Arnor Lima Neto — DJPR 14.6.2005)

CONTRATO DE SUBEMPREITADA — OBRIGAÇÕES TRABALHISTAS — CLÁUSULA CONTRATUAL QUE EXCLUI A RESPONSABILIDADE — VALIDADE — Consoante o art. 455 da CLT, o empregado poderá reclamar do empreiteiro principal obrigações trabalhistas não cumpridas pelo subempreiteiro. A existência de cláusula contratual que exclui a responsabilidade da empreiteira principal não afasta a incidência desta norma, pois o Direito do Trabalho é regido por normas de ordem pública, inderrogáveis por vontade das partes. (TRT 10ª R. — RO 01110-2004-002-10-00-9 — 1ª T. — Rel. Juiz André R. P. V. Damasceno — J. 8.6.2005)

RESPONSABILIDADE SOLIDÁRIA OU SUBSIDIÁRIA — MUNICÍPIO — DONO DA OBRA — O Município que contrata a realização de determinada obra com empresa que faz, por sua vez, a subcontratação ou subempreitada com outra não tem responsabilidade solidária ou subsidiária pelas dívidas trabalhistas da última. Nos termos do art. 455 da CLT, a responsabilidade alcança o empreiteiro principal, mas não o dono da obra. (TRT 12ª R. — RXN-V 00006-2003-039-12-00-1 — (09594/2005) — Florianópolis — 2ª T. — Relª Juíza Marta Maria Villalba Fabre — J. 29.7.2005)

EMPREITADA. AJUIZAMENTO DA AÇÃO APENAS CONTRA O EMPREITEIRO PRINCIPAL E NÃO CONTRA O SUBEMPREITEIRO, REAL EMPREGADOR. POSSIBILIDADE. O art. 455 da CLT é expresso no sentido de que o empregado poderá ajuizar reclamação trabalhista exclusivamente em face do empreiteiro principal, não obstante fosse empregado do subempreiteiro. Evidencia-se que o legislador, com a norma em comento, optou por garantir ao trabalhador a possibilidade de buscar seus direitos trabalhistas perante àquele que, sem ser seu empregador, usufruiu de seu trabalho, resguardando-o contra uma possível inidoneidade econômica do subempreiteiro. Conforme dispõe a CLT, nessa hipótese cabe ao empreiteiro ação de regresso contra o subempreiteiro, nos termos da lei civil. (Tribunal: TST Decisão: 25.6.2002 Proc: RR n. 528310 Ano: 1999 Região: 2 Recurso de Revista Turma: 5 Órgão Julgador — Quinta Turma DJ Data: 16.8.2002 Relator Ministro Rider Nogueira de Brito)

2.10. Falta de anotação da carteira de trabalho e previdência social (CTPS)

A falta de anotação da carteira de tempo de serviço e de previdência social constitui outra hipótese de enquadramento na modalidade de responsabilidade civil objetiva da empresa ou do empregador.

Trata-se de gravíssima ofensa aos direitos materiais e morais do empregado que podem ensejar reparação por dano material e moral. O fato de não registrar o empregado é gravíssimo e se enquadra no rol da responsabilidade objetiva do empregador, pois obsta o direito básico de aposentadoria, de se beneficiar do auxílio-acidentário ou auxílio-doença da Previdência Social, em caso de necessidade, além de deixar o empregado em posição de inferioridade em relação aos demais empregados devidamente registrados.

Para diminuir a informalidade no mercado de trabalho no Brasil, cremos que uma das mais eficazes medidas a ser adotada seria a utilização efetiva da legislação já em vigor que penaliza o empregador que deixa de anotar a CTPS de seus empregados, como forma de burlar ou fraudar a legislação trabalhista e previdenciária.

Transcrevemos as seguintes ementas elucidativas, como segue:

> CONTRATO POR PRAZO DETERMINADO — AUSÊNCIA DE ANOTAÇÃO CTPS — VALIDADE — Ainda que o art. 29 da CLT disponha sobre a necessidade de anotação na CTPS das condições especiais do contrato de trabalho, a falta de anotação na CTPS do contrato por prazo determinado não importa na nulidade do ajuste, especialmente quando as partes formalizaram contrato com vigência definida. Recurso conhecido e provido. (TRT 16ª R. — ROPS 30600-25.2011.5.16.0009 — Rel. Des. Américo Bedê Freire — DJe 11.10.2012 — p. 57)v107

> RESCISÃO INDIRETA — FALTA DE ANOTAÇÃO NA CTPS — ACIDENTE DE TRABALHO — Em regra, a falta de anotação da CTPS do empregado não enseja, por si só, a rescisão indireta do contrato de trabalho, pois trata-se de infração meramente administrativa, podendo a omissão do empregador, de resto, ser suprida nos termos do art. 39, §§ 1º e 2º, da CLT. No caso, porém, a omissão da Reclamada trouxe grave prejuízo para o Reclamante, que, acidentado no trabalho, viu-se impedido de recorrer à Previdência Social por não ser regularmente registrado. Rescisão indireta acolhida com fundamento no art. 483, alínea "d", da CLT. Recurso provido parcialmente. (TRT 24ª R. — RO 0020/2005-076-24-00-1 — Rel. Juiz Márcio Eurico Vitral Amaro — DOMS 1º.8.2005)

> RESCISÃO INDIRETA — FALTA DE ANOTAÇÃO DA CTPS — FALTA GRAVE DO EMPREGADOR — ART. 483, ALÍNEA "D", DA CLT — A falta de anotação da CTPS configura ato de grave violação das obrigações decorrentes da celebração do contrato de trabalho. A omissão do empregador gera insegurança e prejuízo para o empregado, pela ausência dos oportunos depósitos do FGTS e recolhimentos previdenciários, privando-o da possibilidade de prontamente exercer os direitos daí decorrentes. Sendo a infração de natureza continuada, que se renova

dia a dia, não se exige do empregado buscar imediatamente a reparação da lesão, podendo ele escolher o melhor momento para o fazer. (TRT 3ª R. — RO 6206/03 — 3ª T. — Rel. Juiz Sebastião Geraldo de Oliveira — DJMG 28.6.2003 — p. 6)

Com o advento da Lei n. 9.983/00, que alterou o art. 297, §§ 3º e 4º, do Código Penal, o empregador que deixa de registrar seus empregados e consignar as devidas anotações na CTPS estará tipificado em crime, na conduta do citado dispositivo legal, que assim dispõe:

"Falsificação de documento público

Art. 297 — Falsificar, no todo ou em parte, documento público, ou alterar documento público verdadeiro:

Pena — reclusão, de 2 (dois) a 6 (seis) anos, e multa.

§ 1º Se o agente é funcionário público, e comete o crime prevalecendo-se do cargo, aumenta-se a pena de sexta parte.

§ 2º Para os efeitos penais, equiparam-se a documento público o emanado de entidade paraestatal, o título ao portador ou transmissível por endosso, as ações de sociedade comercial, os livros mercantis e o testamento particular.

§ 3º Nas mesmas penas incorre quem insere ou faz inserir: (AC) (Acrescentado pela Lei n. 9.983, de 14.7.2000)

I — na folha de pagamento ou em documento de informações que seja destinado a fazer prova perante a Previdência Social, pessoa que não possua a qualidade de segurado obrigatório; (AC) (Acrescentado pela Lei n. 9.983, de 14.7.2000)

II — na Carteira de Trabalho e Previdência Social do empregado ou em documento que deva produzir efeito perante a Previdência Social, declaração falsa ou diversa da que deveria ter sido escrita; (AC) (Acrescentado pela Lei n. 9.983, de 14.7.2000)

III — em documento contábil ou em qualquer outro documento relacionado com as obrigações da empresa perante a Previdência Social, declaração falsa ou diversa da que deveria ter constado. (AC) (Acrescentado pela Lei n. 9.983, de 14.7.2000)

§ 4º Nas mesmas penas incorre quem omite, nos documentos mencionados no § 3º, nome do segurado e seus dados pessoais, a remuneração, a vigência do contrato de trabalho ou de prestação de serviços. (AC) (Acrescentado pela Lei n. 9.983, de 14.7.2000)."

Portanto, mesmo que o empregado consinta em não ser registrado pelo empregador, após a Lei n. 9.983/00, tal comportamento se configura como um ilícito penal, capitulado no art. 297 descrito.

Entendemos que em idêntico crime incorrerá o empregador que registrar o empregado com salário menor, uma vez que estará omitindo e relacionando dados incorretos na CTPS e demais documentos respectivos, incorrendo estará em sonegação fiscal, além de estar fraudando o recolhimento do INSS, com o pagamento da contribuição previdenciária com base de cálculo em remuneração inferior à real.

No passado, a doutrina enquadrava tal conduta no art. 203[12] do Código Penal. Todavia, tal entendimento restou superado pelo advento da Lei n. 9.983/00, uma vez que a frustração do direito do empregado se dá mediante fraude, *mas não violência*, ferindo direito assegurado pela legislação de trabalho, como enuncia o dispositivo legal.

Entretanto, poderia se alegar a compatibilidade do art. 203 do Código Penal, pois a previsão legal utiliza-se da conjunção alternativa "ou" e não da conjunção aditiva "e", incorrendo no crime, portanto, o empregador que frustrar direito trabalhista mediante fraude *ou* violência. Assim, se o empregador agir mediante fraude (p. ex., registrando o empregado com salário a menor), mesmo que sem violência, já estará configurado o crime tipificado no art. 203.

Não obstante, cremos que a Lei n. 9.983/00, em seus §§ 4º e 5º, de forma definitiva, clarificou a matéria.

2.11. Consórcio de empregadores rurais

O consórcio de empregadores rurais acha-se regulado pela Portaria n. 1.964/99 do Ministério do Trabalho e do Emprego e pelo art. 25 da Lei n. 8.212/91, por meio dos quais os empregadores rurais, pessoas físicas, compartilham a mesma mão de obra.

A existência do pacto de solidariedade entre eles suscita a responsabilização objetiva de todos pelos direitos dos trabalhadores, sejam eles de índole material ou moral.

Idêntica situação de responsabilidade objetiva encontramos nos casos de *Condomínio de empregadores rurais.*

Transcrevemos a seguinte ementa:

---

(12) Frustação de direito assegurado por lei trabalhista.

Art. 203. Frustrar, mediante fraude ou violência, direito assegurado pela legislação do trabalho:

Pena — detenção, de um ano a dois anos, e multa, além da pena correspondente à violência. (Redação dada à pena pela Lei n. 9.777, de 29.12.1998)

§ 1º Na mesma pena incorre quem: (Acrescentado pela Lei n. 9.777, de 29.12.1998)

I — obriga ou coage alguém a usar mercadorias de determinado estabelecimento, para impossibilitar o desligamento do serviço em virtude de dívida; (Acrescentado pela Lei n. 9.777, de 29.12.1998)

II — impede alguém de se desligar de serviços de qualquer natureza, mediante coação ou por meio de retenção de seus documentos pessoais ou contratuais. (Acrescentado pela Lei n. 9.777, de 29.12.1998)

§ 2º A pena é aumentada de um sexto a um terço se a vítima é menor de dezoito anos, idosa, gestante, indígena ou portadora de deficiência física ou mental. (Parágrafo acrescentado pela Lei n. 9.777, de 29.12.1998).

CONTRATAÇÃO RURAL — CONSÓRCIO DE EMPREGADORES FORMALIDADES PROTEÇÃO LEGAL ASSEGURADA AO EMPREGADO. O novo modelo de contratação rural chamado "Consórcio, ou Condomínio de Empregadores" está definido na Portaria GM/MTE n. 1.964, de 1º.12.1999 como "a união de produtores rurais, pessoas físicas, com a finalidade única de contratar empregados rurais". Nesse modelo admite-se que, além dos empregados diretos do produtor rural, outros possam ser contratados para prestar serviços ao grupo consorciado. A adoção do modelo, no entanto, exige o cumprimento de certas formalidades, dentre as quais a matrícula no Cadastro Eletrônico do INSS (CEI) e o registro cartorial de um pacto de solidariedade firmado pelos produtores nos termos da lei civil, mediante o qual reconhecem sua responsabilidade pelas obrigações trabalhistas, previdenciárias e fiscais decorrentes da prestação de serviços. O Direito do Trabalho não permite que se deixe o empregado ao desamparo; consequentemente, se o exame da situação concreta revela que a prestação de serviços se desenvolveu em violação das normas trabalhistas, não pode o produtor, que usufruiu daquele benefício, eximir-se de sua responsabilidade para com o empregado. A irregularidade do consórcio não obsta a responsabilização dos consorciados, atraindo a solidariedade, aliás prevista como requisito para a regularização do consórcio; o credor pode demandar de qualquer deles o total da dívida (cf. art. 904, do Código Civil Brasileiro). INDENIZAÇÃO SUBSTITUTIVA DO SEGURO-DESEMPREGO PRESSUPOSTO ESSENCIAL. A dispensa sem justa causa obriga o empregador a fornecer ao ex- empregado as guias necessárias ao recebimento do seguro-desemprego, não cabendo a esse último dizer do direito ao benefício (art. 24, Lei n. 7.998/90); deixando o ex-empregador de fornecer os documentos ao trabalhador, obsta-lhe o exercício do direito, devendo indenizá-lo, nos termos do art. 159/Código Civil. Tal não ocorre, todavia, se o próprio trabalhador admite ter obtido nova ocupação após o desligamento do emprego, contrariando a presunção de falta de recursos financeiros no lapso imediatamente posterior à dispensa, pois nesse caso revela-se inexistente o pressuposto essencial que motivou a norma benéfica". (Tribunal: 3ª Região Decisão: 24.10.2000 Tipo: RO n. 16734 Ano: 2000 Número Único Proc: RO — Turma: Quinta Turma DJMG Data: 18.11.2000 p: 25 Relator Juiz Eduardo Augusto Lobato)

CONSÓRCIO DE EMPREGADORES NA ESFERA URBANA — EXTENSÃO ANALÓGICA DA REGRA APLICADA NO MEIO RURAL — RESPONSABILIDADE — Incontroverso nos autos que a 1ª e 2ª rés se utilizaram da força de trabalho do reclamante, uma vez que empreenderam, juntas, por meio da constituição de consórcio de empregadores, esforços mútuos para a execução de atividades de exploração, avaliação, desenvolvimento, produção e comercialização de Petróleo e Gás natural. Restou comprovado, também, que referido consórcio foi firmado para dar estrito cumprimento ao Contrato Administrativo a ser firmado com a ANP e, ainda, que após o abandono do canteiro de pesquisas e dos trabalhadores pela 1ª ré, a 2ª ré deu prosseguimento às atividades contratadas pela ANP. De fato, não existe no ordenamento legal dispositivo regulamentando o consórcio de empregadores na esfera urbana, motivo pelo qual, por força do art. 8º do texto Consolidado, aplica-se ao caso, por extensão analógica, a figura do consórcio de empregadores no meio rural, a qual encontra-se regida pela Lei

n. 10.256, de 9 de julho de 2001, que acrescentou o art. 25-A à Lei n. 8.212/91, que estabelece a responsabilidade solidária dos membros participantes do consórcio. Como o pedido de responsabilização solidária foi feito apenas em sede de impugnação à defesa, de modo que, por ausência de pedido inicial nesse sentido, não cabe falar em solidariedade, na hipótese, sob pena de se configurar julgamento fora dos limites da lide, por força do que dispõem os arts. 128 e 460 do CPC. Reconhecida, portanto, a responsabilização subsidiária da 2ª ré. Recurso parcialmente provido. DONO DA OBRA — OJ N. 191 DA SBDI-1 DO TST — NÃO CONFIGURADA — Da detida análise do contrato firmado entre a ANP e o consórcio Brain/Stratageo, não se vislumbra configurada a condição de dono da obra, nos termos preconizados pela OJ n. 191 da SBDI-1 do C. TST. Nesse prisma, para que se aplique o citado entendimento jurisprudencial, necessário que o objeto contratual da prestação de serviços estivesse relacionado ao ramo de construção imobiliária de prédios e escritórios, típico dos contratos de empreitada, o que não é pertinente ao caso em testilha, em que as atividades contratadas pela ANP se referem a serviços técnicos e especializados de pesquisa de dados sísmicos, motivo pelo qual imperiosa a reforma do *decisum* para afastar a aplicação da OJ mencionada. Recurso provido, nesse aspecto. ANP — ENTE DA ADMINISTRAÇÃO PÚBLICA — RESPONSABILIDADE SUBSIDIÁRIA —SÚMULA N. 331 DO TST — A omissão do tomador de serviços, quando ente integrante da Administração Pública, quanto ao dever legal de fiscalizar a execução do contrato firmado com o empregador, implica na sua responsabilidade subsidiária pelo pagamento das obrigações trabalhistas decorrentes daquele contrato, nos termos da Súmula n. 331, IV, V e VI do C. TST, corroborando o entendimento do Supremo Tribunal Federal que, no julgamento da ADC n. 16, ao reconhecer a constitucionalidade do art. 71 da Lei de Licitações, não eximiu a Administração Pública de responsabilidade quando esta deixa de cumprir seu dever legal de fiscalização. Dessa forma, imperiosa a reforma da sentença para declarar a responsabilidade subsidiária da 3ª ré. Recurso conhecido e provido, no particular. PETROBRAS — RESPONSABILIZAÇÃO SUBSIDIÁRIA — AUSÊNCIA DE PROVAS — Do conjunto probatório encartado aos autos não há nenhuma evidência de que o autor ou sua real empregadora, a 1ª ré, tivessem mantido qualquer vínculo jurídico com a 4ª ré, de modo que não há como imputar-lhe qualquer responsabilidade diante da ausência de prova nos autos. Dessa feita, no caso *sub judice,* cabia ao reclamante demonstrar que a 4ª ré efetivamente se beneficiou dos serviços por ele prestados, conforme regra processual disposta no art. 818 da CLT e art. 333, I do CPC, ônus do qual não se desvencilhou a contento. Assim, nego provimento ao recurso obreiro quanto ao pleito recursal de responsabilização subsidiária da 4ª demandada. Nego provimento. (TRT 23ª R. — RO 0001280-35.2011.5.23.0008 — 2ª T. — Rel. Des. João Carlos — J. 10.2.2014)v107.

VÍNCULO DE EMPREGO — A ocorrência de trabalho nos moldes do art. 3º da Consolidação das Leis do Trabalho é fato constitutivo do direito do autor, cabendo a ele fazer a sua prova nos termos do art. 818 da CLT e 333, inciso I do Código de Processo Civil. No caso dos autos o autor não se desincumbiu do ônus que lhe competia. Ademais, trabalhando o autor para duas empresas, em um mesmo horário e local de trabalho, não há falar em duplo vínculo de emprego, conceituada a figura de um eventual consórcio de empregadores urbanos. Neste sentido a n. Súmula n. 129 do TST. Recurso a que se nega provimento. (TRT 01ª R. — RO 0000237-67.2012.5.01.0064 — 1ª T. — Relª Mery Bucker Caminha — DOERJ 8.5.2013)v108.

CONSÓRCIO DE EMPREGADORES — SÓCIOS — ENDEREÇO COMUNS — RECONHECIMENTO — O consórcio de empregadores, assim como o grupo econômico, é hipótese de empregador único que gera responsabilidade solidária dual. Entretanto, diferentemente do grupo econômico, para a sua configuração é prescindível a interligação entre as empresas, ainda que de coordenação. Assim, estando provado que os sócios das empresas são comuns e que os endereços em que localizam-se são iguais, resta caracterizado o consórcio. Recurso a que se nega provimento. (TRT18, AP-0166701-60.2007.5.18.0007, Rel. Daniel Viana Júnior, 2ª Turma, 29.6.2011) (TRT 18ª R. — RO 1264-06.2012.5.18.0002 — 3ª T. — Rel. Juiz Marcelo Nogueira Pedra — DJe 24.10.2013 — p. 53)v104

2.12. Condomínios residenciais e operadores portuários

Podemos citar como casos de autêntica solidariedade, os condomínios residenciais — Lei n. 2.757/56, art. 3º que dispõe que os condôminos respondem solidariamente (se o condomínio não pagar, pagam os condôminos, cada um a sua parte); o operador portuário — Lei n. 9.719/89, art. 2º, § 4º, por meio do qual o trabalhador avulso pode cobrar do operador e do Órgão Gestor da Mão de obra, independentemente do benefício de ordem, que foi substituída pela nova lei dos Portos (Lei n. 12.815, de 5 de junho de 2013), que dispõem em seu art. 33, § 2º:

"o órgão responde, solidariamente, com os operadores portuários, pela remuneração devida ao trabalhador portuário avulso e pelas indenizações decorrentes de acidentes de trabalho."

Outrossim, a gestão da mão de obra do trabalho portuário deve observar as normas do contrato, convenção ou acordo coletivo de trabalho (art. 36 da nova Lei).

As ementas que seguem elucidam esse caso concreto:

NULIDADE. CITAÇÃO. IMPROCEDENTE. Empresas situadas no mesmo imóvel. A notificação recebida por empresa sediada à frente do imóvel, não implica em nulidade de citação, pois em local onde funcione duas ou mais empresas, essas são condôminas, de forma que se uma recebe a correspondência de outra, seu dever, por *responsabilidade objetiva* é entregá-la, sob pena de responder por danos em ação regressiva. Caso assim não fosse, a correspondência em prédios onde funcionam dezenas e até centenas de *condôminos*, não poderia permanecer nas mãos do zelador. (Tribunal: 2ª Região Acórdão n. 2000020052 Decisão: 19.10.2000 Tipo: 4 n. 1999015757 Ano: 1999 Número Único Proc: 4 — Ação Rescisória Turma: SDI Órgão Julgador — Secretaria de Dissídios Individuais DOE SP, PJ, TRT 2ª Data: 14.11.2000 Relator: João Carlos de Araújo, Revisor(a): Dora Vaz Treviño)

TRABALHADOR AVULSO. RESPONSABILIDADE SOLIDÁRIA DO SINDICATO E DO OPERADOR PORTUÁRIO. LEI N. 8.923/93. Filio-me atualmente à corrente doutrinária e jurisprudencial que atribui ao *operador portuário a responsabilidade* solidária pelos créditos do trabalhador avulso, o que em nada se confunde com reconhecimento de liame empregatício com o sindicato ou com a operadora. E isso porque o § 2º do art. 19 da Lei n. 8.630/93 prevê especificamente a *responsabilidade* solidária do *operador portuário* e do órgão gestor pela remuneração devida ao trabalhador avulso. A tese de que o sindicato não desempenha o papel atribuído ao OGMO também não favorece a reclamada, já que o SINTRAPORT — ao escalar avulsos para o trabalho realizado junto à demandada — nada mais fez do que atuar como órgão gestor; numa conduta suportada pelo ordenamento em virtude do notório desinteresse dos atores sociais envolvidos no processo de modernização dos portos (trabalhadores, operadores e sindicatos) em dar regular cumprimento à dicção da Lei n. 8.630/93. (Tribunal: 2ª Região Acórdão n. 20020791270 Decisão: 2.12.2002 Tipo: RO01 n. 36523200290202000 Ano: 2002 Número Único Proc: RO01 — Recurso Ordinário Turma: 7º Órgão Julgador — Sétima Turma DOE SP, PJ, TRT 2ª Data: 17.1.2003 Relatora: Yone Frediani Revisor(a) Luiz Antonio Moreira Vidigal)

2.13. Dono da obra

A Orientação Jurisprudencial n. 191 da SDI-1 do Tribunal Superior do Trabalho trata da responsabilidade do dono da obra.

A aludida orientação assim se expressa:

"*Dono da obra* — responsabilidade — Diante da inexistência de previsão legal, o contrato de empreitada entre o dono da obra e o empreiteiro não impõe responsabilidade solidária ou subsidiária nas obrigações trabalhistas contraídas pelo empreiteiro, salvo sendo o dono da obra uma empresa construtora ou incorporadora."

Transcrevemos o entendimento da matéria pelo Tribunal Superior do Trabalho, como segue:

RESPONSABILIDADE TRABALHISTA SOLIDÁRIA OU SUBSIDIÁRIA — CONTRATO DE EMPREITADA — DONO DA OBRA E EMPREITEIRA — NÃO CONFIGURAÇÃO — "Recurso de revista. Contrato de empreitada. Construção civil. Aeroporto. Ausência de responsabilidade subsidiária. Nos termos da Orientação Jurisprudencial n. 191 da SBDI-1 do TST, diante da inexistência de previsão legal específica, o contrato de empreitada de construção civil entre o dono da obra e o empreiteiro não enseja responsabilidade solidária ou subsidiária nas obrigações trabalhistas contraídas pelo empreiteiro, salvo sendo o dono da obra uma empresa construtora ou incorporadora, não sendo essa a hipótese dos autos. Recurso de revista conhecido e provido". (TST — RR 1511500-94.2006.5.11.0018 — Rel. Min. Augusto César Leite de Carvalho — DJe 5.8.2011)RST+269+2011+-NOV+119+01/94

EMPREITADA — DONO DA OBRA — RESPONSABILIDADE — INAPLICABILIDADE DO ENUNCIADO N. 331 DO TST — ORIENTAÇÃO JURISPRUDENCIAL N. 191 DA E. SDI-1. É distinta a relação jurídica que existe entre o empreiteiro e o dono da obra, esta de natureza eminentemente civil, e aquela que se estabelece entre o empreiteiro e seus empregados, integralmente regida pela legislação trabalhista. O dono da obra não é empregador dos trabalhadores, que laboram para o empreiteiro, e, em relação a eles, não é titular de nenhum direito ou obrigação de cunho trabalhista. Esse entendimento está consagrado na Orientação Jurisprudencial n. 191 do TST, nestes termos: "Diante da inexistência de previsão legal, o contrato de empreitada entre o dono da obra e o empreiteiro não enseja responsabilidade solidária ou subsidiária nas obrigações trabalhistas contraídas pelo empreiteiro, salvo sendo o dono da obra uma empresa construtora ou incorporadora". O Enunciado n. 331 do TST não guarda relação com o vínculo havido entre o empreiteiro e o dono da obra. O citado enunciado se aplica às empresas prestadoras de serviços, atribuindo às empresas tomadoras a responsabilidade subsidiária pelo inadimplemento das obrigações trabalhistas assumidas pelas primeiras. (Tribunal: TST Decisão: 22.9.2003 Proc: ERR n. 558064 Ano: 1999 Região: 5 Embargos em Recurso de Revista Turma: 1º Órgão Julgador — Subseção I Especializada em Dissídios Individuais DJ Data: 17.10.2003 Redator Designado Ministro Milton de Moura França)

NULIDADE POR NEGATIVA DE PRESTAÇÃO JURISDICIONAL DO TRIBUNAL REGIONAL. A decisão prolatada pela Corte *a quo*, embora contrária ao interesse do recorrente, apresentou uma solução judicial para o conflito, configurando-se efetiva prestação jurisdicional, de modo que restam incólumes os arts. 832 da CLT, 458, incs. I, II e III, do Código de Processo Civil e 5º, incs. XXXV, LIV e LV, da Constituição da República. "DONO DA OBRA. RESPONSABILIDADE. Diante da inexistência de previsão legal, o contrato de empreitada entre o dono da obra e o empreiteiro não enseja responsabilidade solidária ou subsidiária nas obrigações trabalhistas contraídas pelo empreiteiro, salvo sendo o dono da obra uma empresa construtora ou incorporadora." (Orientação Jurisprudencial n. 191 da SBDI-1) (Tribunal: TST Decisão: 8.9.2003 Proc: ERR n.: 779929 Ano: 2001 Região: 3 Embargos em Recurso de Revista Turma: 1º Órgão Julgador — Subseção I Especializada em Dissídios Individuais DJ Data: 26.9.2003 Relator: Ministro João Batista Brito Pereira)

Outrossim, para corroborar o entendimento acima, alguns doutrinadores aludem à responsabilidade solidária do dono da obra e do construtor emanada do art. 30 e incisos da Lei n. 8.212/91, que dispõe:

"VI — o proprietário, o incorporador definido na Lei n. 4.591, de 16 de dezembro de 1964, o dono da obra ou condômino da unidade imobiliária, qualquer que seja a forma de contratação da construção, reforma ou acréscimo, são solidários com o construtor, e estes com a subempreiteira pelo cumprimento das obrigações para com a Seguridade Social, ressalvado o seu direito regressivo contra o executor ou contratante da obra e admitida a retenção de importância a este devida para garantia do cumprimento dessas obrigações, não se aplicando, em qualquer hipótese, o benefício de ordem; (Redação dada ao inciso pela Lei n. 9.528, de 10.12.1997)

VII — exclui-se da responsabilidade solidária perante a Seguridade Social o adquirente de prédio ou unidade imobiliária que realizar a operação com empresa de comercialização ou incorporador de imóveis, ficando estes solidariamente responsáveis com o construtor;

VIII — nenhuma contribuição à Seguridade Social é devida se a construção residencial unifamiliar, destinada ao uso próprio, de tipo econômico, for executada sem mão de obra assalariada, observadas as exigências do regulamento;

IX — as empresas que integram grupo econômico de qualquer natureza respondem entre si, solidariamente, pelas obrigações decorrentes desta Lei."

Oportuno também colacionar o seguinte extrato jurisprudencial, do TRT da 3ª Região, de 20 de março de 2007:

"OJ n. 191 do TST não se aplica a grandes empresas e autarquias que terceirizam mão de obra.

A 3ª Turma do TRT/MG julgou improcedente recurso ordinário de uma autarquia municipal que pretendia reverter a responsabilidade subsidiária quanto aos créditos trabalhistas de empregado terceirizado, imposta pela sentença, invocando a Orientação Jurisprudencial n. 191 do TST, que retira a responsabilidade trabalhista do dono da obra que contrata empreiteiro para a execução de serviços de construção civil. Para o desembargador Bolívar Viegas Peixoto, relator do recurso, cujo voto foi acompanhado pelos demais integrantes da Turma, a proteção conferida pela OJ não alcança as grandes empresas, ainda que públicas. Ele frisa que 'a reclamada, como tomadora dos serviços por intermédio da empresa contratada, aufere benefícios diretos com o trabalho exercido pelo reclamante; e é a proteção ao hipossuficiente o princípio basilar do Direito do Trabalho'.

De acordo com o relator, este direcionamento do TST advém da necessidade de proteção, na maioria das vezes, à pessoa que reforma ou constrói com finalidade domiciliar, sem auferir vantagem econômica com a atividade. 'O que não se pode admitir é que grandes empresas, tendo contratado serviços de empreitada, não se responsabilizem pelo adimplemento das obrigações decorrentes dos respectivos contratos de trabalho firmados entre os trabalhadores e o respectivo empreiteiro', ressalta. Diante deste quadro, a Turma concluiu que a autarquia em questão, ligada ao serviço municipal de água e esgoto, não pode ser destinatária dessa orientação jurisprudencial.

O relator analisa as duas interpretações possíveis para a hipótese de se responsabilizar o dono da obra pelo pagamento das obrigações assumidas pela empresa fornecedora de mão de obra. No primeiro caso, as empresas de grande porte, que irão obter lucro em decorrência dos serviços que lhe foram prestados, sendo equiparadas às construtoras ou incorporadoras. Estas, sem dúvida, respondem subsidiariamente pelo pagamento dos débitos trabalhistas, mas não é o caso das autarquias. A outra interpretação deve levar em conta a aplicação da regra geral da Súmula n. 331 do TST, IV, que estabelece que a responsabilidade subsidiária do tomador de serviços quanto às obrigações trabalhistas inadimplidas pelo empregador. Por essa vertente, chega-se à responsabilização das autarquias, uma vez que a sua condição de pessoa jurídica de direito público, embora obrigada ao processo licitatório, não afasta a hipótese de aplicação da Súmula n. 331 do TST.

Esta responsabilização, ainda segundo o relator, engloba todas as parcelas integrantes da condenação, mesmo que o não pagamento tenha decorrido da inércia do empregador. Isto porque, 'cabe ao tomador de serviços zelar pelo regular cumprimento das obrigações assumidas, sob pena de configuração de culpa *in vigilando*, o que, realmente, ocorreu no presente caso' — arremata."

2.14. Armador de navio

Temos ainda os casos de responsabilidade do armador de navio pelo trabalho em bloco para manutenção de cascos de embarcação, quando o armador contrata empreiteiros. Neste caso, responde o armador pelas obrigações trabalhistas de empreiteiro que contratar para o serviço de bloco, consoante Lei n. 5.385/68, art. 42.

Além disso, o armador do navio ainda responde por danos materiais e morais em relação à integridade dos trabalhadores da embarcação, por imposição inclusive de convenções internacionais emanadas da OIT — Organização Internacional do Trabalho, ratificadas pelo Brasil.

Trazemos, a título de ilustração, a ementa, datada de agosto de 2014:

> Ementa: DANO MORAL. ACIDENTE DE TRABALHO. EMBARCAÇÃO. PERÍODO DE DESCANSO. CONFIGURAÇÃO. O empregador, ao fornecer moradia ao seu empregado, obriga-se a garantir condições mínimas de habitação, como saúde, higiene e segurança, inclusive nos períodos em que o trabalhador não se encontra à sua disposição. No caso, o acidente de trabalho somente ocorreu, e da forma como ocorreu, em virtude das especificidades da relação de trabalho mantida entre empregado e empregador. Nessa linha de raciocínio, não é demais recordar que, nos termos do art. 114, VI, de nossa Lei Maior, compete à Justiça do Trabalho processar e julgar as ações de indenização por dano moral ou patrimonial, decorrentes da relação de trabalho. Assim, a r. sentença que afastou a competência desta Justiça Especializada deve ser reformada. Recurso a que se dá provimento. (RO 00000036420125010071. Tipo de processo: Recurso ordinário Data de publicação: 2014-08-13. Órgão julgador: Quinta Turma. Relator: Des. Enoque Ribeiro dos Santos)

Para fins de esclarecimentos sobre a responsabilidade do armador, pedimos vênia para transcrever excerto deste acórdão, como segue:

> "INCOMPETÊNCIA TERRITORIAL. Dispõe o art. 651 da CLT que "[a] competência das Juntas de Conciliação e Julgamento é determinada pela localidade onde o empregado, reclamante ou reclamado, prestar serviços ao empregador, ainda que tenha sido contratado noutro local ou no estrangeiro."

Com base nessa disposição legal, a reclamada arguiu a incompetência territorial da Justiça do Trabalho do Rio de Janeiro para apreciar a demanda, uma vez que, no momento do assassinato, a filha da autora prestava serviços no Porto de Santos.

Vale ressaltar, antes de mais nada, que tal regra tem como escopo permitir uma melhor apuração dos fatos, o que, no caso, é irrelevante, tendo em vista que o evento danoso foi cometido a bordo de um navio, que é itinerante, e todas as provas necessárias ao deslinde da questão ou já foram apuradas, ou já se perderam.

Por outro lado, tal regra infraconstitucional não pode se sobrepor a Constituição Cidadã de 1988, que garante o amplo acesso à Justiça. Nesse sentido, transcrevo a seguinte decisão acerca do tema:

> "RECURSO ORDINÁRIO OBREIRO. EXCEÇÃO DE INCOMPETÊNCIA EM RAZÃO DO LUGAR. DECISÃO DETERMINANDO A REMESSA DOS AUTOS PARA VARA VINCULADA A OUTRO TRIBUNAL REGIONAL DO TRABALHO. POSSIBILIDADE DE AJUIZAMENTO DA AÇÃO NO LOCAL DE DOMICÍLIO DO TRABALHADOR. PRINCÍPIO DA PROTEÇÃO AO ACESSO AO JUDICIÁRIO APLICÁVEL.
>
> A despeito de o art. 651 da CLT orientar-se no sentido da competência em função da localidade onde prestados os serviços, tal regra processual não pode se sobrepor à diretriz constitucional de proteção ao acesso do jurisdicionado ao Poder Judiciário, especialmente quando se trata de trabalhador, em razão da proteção, também constitucional, dada à função social do trabalho e à dignidade do ser humano.
>
> Recurso, assim, provido, determinando-se o processamento do feito na vara de origem." (Tribunal Regional do Trabalho da 19ª Região. RO 00621.2011.062.19.00-7, Relator: Desembargador João Leite, Data de Publicação: 10.2.2012). Rejeito, também, esta preliminar.
>
> MÉRITO DO RECURSO. INCOMPETÊNCIA MATERIAL DA JUSTIÇA DO TRABALHO. A recorrente, mãe da vítima, como era sua única herdeira, ajuizou a presente demanda com o escopo de buscar reparação pelos danos morais decorrentes do óbito de sua filha em embarcação marítima da ré, mas o Juízo *a quo* extinguiu o processo sem resolver o mérito, nos seguintes termos (fls. 630/631): "Da análise da prova documental carreada aos autos, constata-se que a vítima, no momento de seu óbito, encontrava-se em fruição de seu intervalo interjornada, conforme relatado nas conclusões finais do inquérito, à fl. 98, conclusão 76.9, *in verbis:* 'CAMILLA se encontrava com roupas íntimas, para dormir, pois apenas trabalharia naquele dia após às 12:00h'.
>
> Considerando-se o horário em que ocorreu o infortúnio, resta comprovado que a vítima, ao ser assassinada, não estava no seu horário de trabalho.
>
> Fruía, sim, de intervalo interjornada, lapso temporal em que a prestação de serviços e a disponibilidade do trabalhador perante o empregador ficam suspensas. Ela também não estava no seu local de trabalho, e sim em sua cabine privativa. Entende-se que o local de trabalho do trabalhador marítimo confunde-se com o de residência temporária, pela impossibilidade dele se afastar. Em verdade, o trabalhador do mar é fisicamente obrigado a permanecer confinado em seu local de trabalho enquanto estiver embarcado. Nesse sentido, o C. TST dispõe,

à Súmula n. 96: 'A permanência do tripulante a bordo do navio, no período de repouso, além da jornada, não importa presunção de que esteja à disposição do empregador ou em regime de prorrogação de horário, circunstâncias que devem resultar provadas, dada a natureza do serviço'. Esclareça-se que a exceção legal (art. 21, § 1º, da Lei n. 8.213/91), que dispõe acerca de agressão praticada no período destinado a descanso, trata do intervalo intrajornada, e também exige como requisito que a prática do ilícito se dê no horário ou local de trabalho. Entretanto, deste intervalo não se trata a presente lide. Deste modo, a morte de Camilla Peixoto não configura acidente de trabalho por equiparação, motivo pelo qual, declara-se a incompetência *ex ratione materiae* desta Especializada para julgar a RT 0000003-64.2012.5.01.0071, inclusive quanto às demais preliminares e requerimento iniciais."

A questão, a meu ver, é muito mais complexa do que parece. Inicialmente, há que se frisar que o art. 21 da Lei n. 8.213/91 enumera situações equiparadas a acidente do trabalho, para efeitos desse diploma legal, ou, em outro dizer, para fins previdenciários.

Por outro lado, ainda que para fins previdenciários, entendo que o parágrafo primeiro do art. 21 da precitada lei não se refere, exclusivamente, ao intervalo intrajornada, ante as particularidades desse tipo de relação trabalhista. *In verbis*: "Nos períodos destinados a refeição ou descanso, ou por ocasião da satisfação de outras necessidades fisiológicas, no local do trabalho ou durante este, o empregado é considerado no exercício do trabalho." A vítima, no momento do evento danoso, encontrava-se em período destinado a seu descanso, ainda que entre duas jornadas, no local de trabalho. Há que se ressaltar, outrossim, que "o acidente sofrido pelo segurado ainda que fora do local e horário de trabalho [...] em viagem a serviço da empresa, inclusive para estudo quando financiada por esta dentro de seus planos para melhor capacitação da mão de obra, independentemente do meio de locomoção utilizado, inclusive veículo de propriedade do segurado", nos termos do art, 21, IV, 'c', também se equipara a acidente de trabalho.

De certa forma, não há como negar, a trabalhadora vitimada pelo infortúnio encontrava-se em viagem a serviço da empresa, e, portanto, resta caracterizado o acidente de trabalho, para fins previdenciários, ainda que fora do local e horário de trabalho.

Como bem ressaltado na decisão alvejada, entende-se que o local de trabalho do trabalhador marítimo confunde-se com o de residência temporária, pela impossibilidade dele se afastar. Em verdade, o trabalhador do mar é fisicamente obrigado a permanecer confinado em seu local de trabalho enquanto estiver embarcado.

Ora, e se o acusado de ter cometido o delito fosse um passageiro, cliente do empregador? Ou, ainda, se a trabalhadora apenas tivesse sofrido o acidente em decorrência de sua cama ter quebrado? Sem sombras de dúvidas, nessas hipóteses, não seria necessário maiores debates para que fosse reconhecida a competência material desta Justiça Especializada. Na verdade, implicitamente, ao tomarmos ciência de que o agente causador do dano mantinha relação afetiva com a vítima, tendemos a desassociar, *prima facie*, tal infortúnio da relação de emprego que a filha da autora mantinha com a apelada. Contudo, tal raciocínio, com efeito, acaba retratando julgamento do mérito, e por isso não pode ser admitido.

Entretanto, o triste evento somente ocorreu dessa forma em virtude das especificidades da relação de trabalho mantida com a recorrida. Nessa linha de raciocínio, não é demais recordar que, nos termos do art. 114, VI, de nossa Lei Maior, compete à Justiça do Trabalho processar e julgar as ações de indenização por dano moral ou patrimonial, decorrentes da relação de trabalho.

Não há dúvidas de que o empregador, ao fornecer moradia ao seu empregado, obriga-se a garantir condições mínimas de habitação, com saúde e higiene. No caso de uma embarcação, o patrão também é obrigado ainda a garantir a segurança de toda sua tripulação, inclusive nos períodos em que o trabalhador não se encontra à sua disposição. A título ilustrativo, cito a seguinte decisão: "[...] CONDIÇÕES PRECÁRIAS DE MORADIA. Se o empregador oferece moradia aos seus empregados sem condições mínimas de saúde e higiene, deve este incorrer em pagamento de indenização a título de danos morais, pelas condições degradantes impostas aos seus trabalhadores. [...]" (TRT-14 — RO: 374 RO 0000374, Relator: Desembargadora Maria Cesarineide de Souza Lima, Data de Julgamento: 14.12.2011, Primeira Turma, Data de Publicação: DETRT14 n .233, de 16.12.2011).

Pois bem, se o empregador zelou pela segurança da vítima, ou possibilitou, de alguma forma, a ocorrência da tragédia, é matéria a ser apreciada no mérito da demanda. Assim, dou provimento ao apelo, nesse item, afastando a preliminar de incompetência da Justiça do Trabalho, acolhida no Juízo *a quo*, por não configurada as hipóteses do art. 301 do CPC. Encontrando-se a causa madura para apreciação, adentro ao mérito do pedido com espeque no art. 515, § 3º, do CPC e na Súmula n. 100, VII, TST.

> INDENIZAÇÃO POR DANOS MORAIS E MATERIAIS. Para a efetiva caracterização do dano material e moral individual no Direito do Trabalho, é necessário que estejam presentes todos os elementos exigidos pelo ordenamento jurídico a fim de que se realizem, concretamente, os efeitos desejados contra o lesante. A caracterização do direito à reparação do dano decorrente da relação trabalhista depende, no plano fático, da concordância dos seguintes elementos: a) o impulso do agente (ação ou omissão); b) o resultado lesivo, *i. e.*, o dano; c) o nexo etiológico ou de causalidade entre o dano e a ação alheia; d) o ato ilícito (art. 186 do Código Civil) ou abusivo (art. 187 do Código Civil) do empregador ou seu representante.
>
> De acordo com Fernanda Orsi Baltrunas Doretto, "o nexo de causalidade é o liame que une a conduta do agente ao dano experimentado pela vítima. Desse

modo, o nexo de causalidade corresponde a um pressuposto essencial para que se proceda à reparação civil, vez que se mostra indispensável, ainda que se trate de responsabilidade objetiva". (DORETTO, Fernanda Orsi Baltrunas. *Dano moral coletivo*. Tese (Doutorado) — Faculdade de Direito da Universidade de São Paulo. São Paulo: Universidade de São Paulo, 2008. p. 21)

Portanto, o dano moral e material individual, na seara trabalhista, tem natureza subjetiva. A sua caracterização no mundo dos fatos não prescinde de elementos vinculados ao sofrimento do lesado, tais como a dor moral, a humilhação, a vergonha, o constrangimento, enfim, todos os fatos ou atos que efetivamente tenham proporcionado uma lesão na alma ou no espírito do ofendido.

Dessa forma, o dano moral individual, por seu caráter subjetivo, leva em consideração a culpabilidade

"do ofensor, em seus desdobramentos de negligência ou imprudência, e escora-se no art. 186 do Código Civil Brasileiro e no art. 5º, incisos V e X, da Constituição Federal de 1988, *in verbis* :"Art. 186. Aquele que, por ação ou omissão voluntária, negligência ou imprudência, violar direito e causar dano a outrem, ainda que exclusivamente moral, comete ato ilícito. Art. 5º [...] V — é assegurado o direito de resposta, proporcional ao agravo, além da indenização por dano material, moral ou à imagem; [...] X — são invioláveis a intimidade, a vida privada, a honra e a imagem das pessoas, assegurado o direito à indenização pelo dano material ou moral decorrente de sua violação; [...].

Vale ressaltar, no entanto, que para se configurar o abalo moral e material, basta a simples constatação da ocorrência do fato ofensivo (*damnum in re ipsa*). Dispensa-se, portanto, a comprovação do efetivo prejuízo ao patrimônio material e ideal do ofendido, bastando demonstrar o resultado lesivo em tese e sua conexão com o fato causador para responsabilizar o agente, fazendo nascer a obrigação de pagar a indenização correspondente.

Nesse sentido, o seguinte aresto: 'RECURSO DE REVISTA. [...]. 2. DANOS MORAIS. TRABALHADOR RURAL. AUSÊNCIA DE INSTALAÇÕES SANITÁRIAS APROPRIADAS. [...] Assim, diante do suporte fático entregue pelo Tribunal *a quo* não há de se questionar acerca da clara ocorrência de ofensa à dignidade da pessoa humana e aos bens incorpóreos do trabalhador diante das precárias condições de trabalho descritas'.

Trata-se, no caso, de *damnum in re ipsa*, ou seja, o dano moral é consequência do próprio fato ofensivo, de modo que, comprovado o evento lesivo (violação a honra e a dignidade do trabalhador), tem-se, como consequência lógica, a configuração de dano moral, exsurgindo a obrigação de pagar indenização, nos termos do art. 5º, X, da Constituição Federal. Recurso de revista não conhecido. (TST — RR 668-58.2012.5.09.0459, Relator: Guilherme Augusto Caputo Bastos, Data de Julgamento: 2.10.2013, 5ª Turma, Data de Publicação: DEJT 11.10.2013)

Ainda sobre o tema, ensina José Luiz Goñi Sein que 'o pressuposto da indenização por dano moral é a existência do prejuízo, o qual se presume, sempre que se acredita na existência da intromissão ilegítima' (SEIN, J. L. G. *El respeto a la esfera privada del trabajador. Un estudio sobre los lijmites del poder de control empresarial.* Madrid: Civitas, 1988. p. 313).

Feitas essas considerações preliminares, cumpre-nos enfrentar o busílis da questão, qual seja, se a ré praticou algum ato ilícito e, caso confirmado, se há nexo causal com a produção do dano, que é incontroverso.

A petição inicial nos informa que a tripulante Camilla Peixoto Bandeira foi encontrada morta na cabine 3.171 do MSC Musica, no dia 10 de janeiro de 2010, com sinais de enforcamento em seu pescoço.

Por conta disso, foi instaurado inquérito para apuração da *causa mortis*, pela Polícia Federal em Santos, que concluiu pelo indiciamento de Bruno Souza Bicalho Vale Ricardo como autor do crime de homicídio de Camilla. Diante de tais fatos lastimáveis, a mãe da falecida obreira, como sua única herdeira, buscou nesta Justiça Especializada a reparação pelos danos morais e materiais por ela experimentados com fulcro na negligência da empregadora, ou, ainda, nos termos do art. 927, parágrafo único, do Código Civil, embasando-se na responsabilidade objetiva.

A apelada, em sua defesa, sustentou que não mantinha vínculo de emprego, nos termos da legislação brasileira, com a vítima ou o suposto autor do crime, e que os danos não decorreram de um acidente de trabalho. Outrossim, argumenta a recorrida que Camilla e Bruno (o suposto criminoso) mantinham relação marital, não formalizada, e a tragédia não teve como fundamento o liame empregatício, mas sim o relacionamento afetivo entre a vítima e o suposto agressor.

Aduz, ainda, que a filha da autora, no momento do óbito, estava com roupas íntimas de dormir e, portanto, não se encontrava no exercício de suas atividades laborais.

Pondera a empregadora, por outro lado, que 'é norma do Grupo MSC, que apenas casais oficialmente constituídos, mediante documento comprobatório expedido por autoridade atestando tal relação, podem ser alocados numa mesma cabine. Namorados, companheiros que não tenham esta condição oficializada etc., não estão autorizados a se instalarem na mesma cabine. Vigora a regra de separação por sexo, distribuindo-se os tripulantes pelo número de cabines existentes, alocando-se no máximo dois por ambiente, a teor do que determinam as normas internacionais acerca do trabalho marítimo' (fl. 194). Prossegue, afirmando que, sem o conhecimento dos oficiais do navio e, por ajuste particular com outro casal de namorados, a filha da autora passou a dividir a cabine com Bruno. Alega, nesse sentido, que não teve qualquer culpa por omissão, uma vez que não tinha conhecimento de problemas de relacionamento entre vítima e agressor.

Por fim, alega que um suposto suicídio da filha da autora ainda não foi definitivamente descartado, tendo em vista que até a data do ajuizamento da demanda, o suposto homicídio ainda não havia sido objeto de denúncia criminal pelo Ministério Público Federal.

Afasta-se, inicialmente, a alegação de inexistência de liame empregatício nos termos da legislação pátria, pois, nos termos do art. 3º da CLT, 'considera-se empregado toda pessoa física que prestar serviços de natureza não eventual a empregador, sob a dependência deste e mediante salário'. Vale ressaltar que a contratação da vítima em outro país não afasta o reconhecimento da relação empregatícia em apreço. Nesse sentido, a Lei n. 7.064/82 regula a situação de trabalhadores contratados no Brasil ou transferidos por seus empregadores para prestar serviço no exterior, determinando, em seu art. 3º, II, 'a aplicação da legislação brasileira de proteção ao trabalho, naquilo que não for incompatível com o disposto nesta Lei, quando mais favorável do que a legislação territorial, no conjunto de normas e em relação a cada matéria'.

Como no caso vertente a trabalhadora estava prestando serviços em águas brasileiras, e não demonstrado que a legislação pátria não lhe era mais favorável, a relação de trabalho deve ser examinada à luz das leis nacionais.

Há que se descartar, de plano, a hipótese de suicídio, uma vez que, nos termos do item 31 do inquérito policial (fl. 83), 'todos os pareceres técnicos e médicos chegam à conclusão de que o corpo nunca esteve pendurado, e os ferimentos no pescoço de Camilla não foram causados por um lençol'.

No item 46 de fl. 87, é afirmado "[...] categoricamente que a morte de Camilla Peixoto Bandeira foi consequente à 'ASFIXIA MECÂNICA POR CONSTRIÇÃO DO PESCOÇO, NA MODALIDADE DE ESTRANGULAMENTO COM AS MÃOS', tratando-se de prática tipicamente homicida.

Por outro lado, em relação aos motivos que levaram Bruno a cometer o suposto crime, convém destacar que é irrelevante para o deslinde da questão. É que não se analisa aqui a culpa da empregadora por sua ação, mas sim pela sua omissão/ negligência no dever de fiscalização e fornecimento de condições de habitação seguras aos seus funcionários, durante todo o período a bordo da embarcação, bem como na escolha de seus funcionários. Assim, há que se perquirir na hipótese vertente a culpa *in elegendo* e *in vigilando* da empregadora.

Há que se frisar que o fato de a filha da autora estar em horário de folga não isentaria a empregadora de garantir sua segurança a bordo do navio, uma vez que a moradia fornecida pela apelada integrava o próprio contrato de trabalho. A obreira, ao aceitar o trabalho como tripulante, não tinha outra escolha senão habitar nas acomodações fornecidas pelo empregador.

Aliás, leia-se do contrato coletivo de trabalho, no art. 7º (fl. 297), que o apontado intervalo interjornadas é de apenas oito horas, e poderia ser reduzido, mediante o pagamento de horas extraordinárias. Conclui-se, portanto, que em caso de necessidade, os tripulantes poderiam ser convocados a trabalhar, mediante o pagamento do correspondente adicional. Nesse sentido, a vítima, ainda que não estivesse trabalhando, encontrava-se à disposição do empregador para eventual necessidade de serviço.

Outrossim, da leitura do art. 19 do citado documento (fl. 303), observa-se o compromisso assumido pelo patrão de fornecer alimentação e adequadas, além de instalações recreativas. Certamente, após um longo período de confinamento, o mínimo que se exige do empregador é dar condições dignas a seus funcionários, com direito à moradia e ao lazer, por exemplo, embora tais aspectos não sejam essenciais aos contratos de trabalho ordinários.

Quanto à regra interna do Grupo MSC de que apenas casais oficialmente constituídos, mediante documento comprobatório expedido por autoridade atestando tal relação, podem ser alocados numa mesma cabine, embora a apelada não tenha feito a prova da existência e da ciência pela vítima de tal norma, há que se destacar que, se havia tal determinação, era da responsabilidade do empregador fiscalizar o seu efetivo cumprimento.

Com efeito, não basta o empregador criar normas ou regulamentos internos. É seu dever, também, a sua efetiva fiscalização, inclusive com a aplicação de severas penalidades pelo descumprimento. Analogicamente, seria o mesmo que o empregador fornecer equipamentos de proteção individual, mas não exigir o seu uso efetivo. A culpa *in vigilando,* dessa forma, é inegável. Ao que parece, pelas apurações feitas no Inquérito Policial, a solicitação de uma segunda via do cartão de identificação (utilizado também como chave da porta da cabine) era facilmente obtida, não se questionando, nem monitorando, os reais motivos desse pedido. Talvez, se fosse questionado ou investigado se a regra de conduta interna estava sendo descumprida pela vítima e seu suposto agressor, a fatalidade que ora se aprecia com pesar poderia ter sido evitada.

Aliás, da leitura do termo de declarações do Sr. Chirayath Sunoj (fl. 373), extrai-se que 'no dia 10 de janeiro de 2010 estava trabalhando no Laguna Bar na parte da manhã; QUE no mesmo horário do declarante, naquele dia 10.1.2010, também estavam trabalhando no Laguna Bar as pessoas de Bagus Sugiharka, Bruno, Marcela; QUE no dia 10.1.2010 chegou no bar Laguna por volta das sete horas da manhã, porém Bruno não estava lá, então telefonou para a cabine de Bruno cobrando sua presença'.

A conclusão que se infere do depoimento do Sr. Chirayath Sunoj é que era do conhecimento dos superiores hierárquicos de Bruno que ele se encontrava na cabine 3.771, juntamente com Camilla.

Por fim, como restou apurado no inquérito policial (item 24 de fl. 80), o relacionamento entre Camilla e Bruno estava em evidente crise, inclusive com um histórico de constantes agressões, e tais fatos eram de conhecimento de outros tripulantes. Com efeito, é dever do empregador que mantém seus funcionários sob contato longo e prolongado, em ambiente de semiconfinamento, fiscalizar o cumprimento das regras de conduta dentro de seu estabelecimento, especialmente se for para evitar eventuais desentendimento entre seus funcionários, agressões e até fatalidades como a que ocorreu *in casu.*

O dano é inquestionável, até porque a morte de um ente querido supera todas as dores que um ser humano pode vivenciar, o que se agrava quando se trata da perda de seu próprio filho, tendo em vista o impacto da inversão da ordem natural da vida. Não há *restitutio in integrum* para tais situações, exigindo-se, por isso, maior sensibilidade na sua apreciação.

Restou comprovada, também, como já dito alhures, a culpa *in elegendo* e *in vigilando* da apelada pelos abalos morais experimentados pela autora em virtude do óbito de sua filha, configurando o ato ilícito, nos termos do art. 186 do Código Civil. Não há dúvidas de que a atitude negligente da empregadora contribuiu diretamente para o trágico desfecho da relação empregatícia — com o óbito de Camilla. Assim, estão presentes o dano, o ato ilício omissivo e o nexo causal entre esses dois, fazendo jus a autora à respectiva reparação.

É também evidente o prejuízo material sofrido pela autora, até porque essa, comprovadamente, é dependente previdenciária de Camilla, recebendo o correspondente benefício em decorrência de seu óbito, como se infere do documento de fl. 37.

Após essas considerações, temos que, quanto à estimativa do *quantum* indenizatório por danos morais, a mesma não é tão singela, não sendo realizada mediante um simples cálculo aritmético, mas com critério, em que o magistrado deve verificar em cada caso, a repercussão econômica, a situação econômica das partes, a repercussão social e a duração da lesão. Sobre o tema, aliás, em ensaio doutrinário de minha autoria, indiquei determinados parâmetros que o magistrado deverá levar em consideração para arbitramento do referido valor, *in verbis:* 'a) as condições econômicas, sociais e culturais de quem cometeu o dano e principalmente de quem o sofreu; b) a intensidade do sofrimento do ofendido; c) a gravidade da repercussão da ofensa; d) a posição do ofendido; e) a intensidade do dolo ou o grau de culpa do responsável; f) um possível arrependimento evidenciado por fatos concretos; g) a retratação espontânea e cabal; h) a equidade; i) as máximas de experiência e do bom-senso; j) a situação econômica do país e dos litigantes; k) o discernimento de quem sofreu e de quem provocou o dano'. (SANTOS, Enoque Ribeiro dos. *O dano moral na dispensa do empregado*. 4 ed. São Paulo: LTr, 2009. p. 204-205)

Nesse sentido, reconheço o prejuízo moral sofrido pela mãe da trabalhadora, dou provimento ao recurso para condenar a ré ao pagamento da indenização correspondente, que ora fixo em R$ 200.000,00 (duzentos mil reais), levando-se em consideração não só os abalos sofridos pela recorrente, como a capacidade econômica das partes e a parcela, ainda que pequena, de culpa da vítima. É devida, também, a reparação por danos materiais, ora fixada no importe total de R$ 168.000,00 (cento e sessenta e oito mil reais), com base na remuneração mensal de Camilla (fl. 253), no importe de U$ 1.324,78 (mil trezentos, vinte e quatro dólares, e setenta e oito centavos), o que equivale a cerca de R$ 3.000,00 (três mil reais) por mês. Levando-se em conta que os recursos obtidos pela vítima não eram totalmente revertidos à autora, com base na proporcionalidade e no art. 475-Q do CPC, aplicável de forma analógica ao caso, estipulo que um terço da remuneração da trabalhadora deve ser pago por mais 14 anos, ou seja, até a autora completar 75 (setenta e cinco) anos de idade. O pagamento deve ser feito em parcela única, como autorizado pelo parágrafo único do art. 950 do Código Civil. *In verbis*: 'Art. 950. Se da ofensa resultar defeito pelo qual o ofendido não possa exercer o seu ofício ou profissão, ou se lhe diminua a capacidade de trabalho, a indenização, além das despesas do tratamento e lucros cessantes até ao fim da convalescença, incluirá pensão correspondente à importância do trabalho para que se inabilitou, ou da depreciação que ele sofreu. Parágrafo único. O prejudicado, se preferir, poderá exigir que a indenização seja arbitrada e paga de uma só vez'. Nos termos da OJ n. 421 da SDI1 do C. TST, 'a condenação em honorários advocatícios nos autos de ação de indenização por danos morais e materiais decorrentes de acidente de trabalho ou de doença profissional, remetida à Justiça do Trabalho após ajuizamento na Justiça comum, antes da vigência da Emenda Constitucional n. 45/04, decorre da mera sucumbência, nos termos do art. 20 do CPC, não se sujeitando aos requisitos da Lei n. 5.584/70'.

Assim, como a presente demanda foi ajuizada nesta Justiça Especializada, após a vigência da Emenda Constitucional n. 45/04, não há que se falar em pagamento de honorários advocatícios, nos termos da Súmula n. 219, item I, do Tribunal Superior do Trabalho, uma vez que a autora não se encontra assistida pelo sindicato correspondente. Dou provimento parcial. CONCLUSÃO. Ante o exposto, CONHEÇO do recurso e REJEITO as preliminares de incompetência da Justiça Brasileira e de incompetência territorial. No mérito, DOU PARCIAL PROVIMENTO ao apelo para afastar a preliminar de incompetência material acolhida em primeira instância e condenar a recorrida: ao pagamento de reparação por danos morais, no importe de R$ 200.000,00 (duzentos mil reais); ao pagamento de reparação por danos materiais, no importe de R$ 168.000,00 (cento e sessenta e oito mil reais). TRT 1ª Região. 5ª T. Relator: Des. Enoque Ribeiro dos Santos.

Oportuno, ainda destacar, que a responsabilidade do armador pelos tripulantes e todos os empregados da embarcação é regida pelo Decreto Legislativo n. 2.681/12, que estabelece em seu art. 1º, que '[...] *será sempre presumida a culpa do transportador*', que somente se eximirá da presunção legal, quando restar provada qualquer excludente de responsabilidade.

O armador é a pessoa física ou jurídica que celebra um contrato de parceria marítima ou de sociedade com o proprietário do navio, no sentido de promover sua exploração econômica.

Desta forma, a responsabilidade do armador, no campo do Direito do Trabalho, se equipara a do empregador comum, disposta no art. 2º, § 2º, da CLT, se enquadrando na Teoria do Risco Profissional, de natureza objetiva, independentemente de culpa, nos termos do art. 927, parágrafo único, do Código Civil. Preenchidos os requisitos da responsabilidade, ou seja, o dano ou lesão e o nexo causal, deverá ocorrer a indenização, salvo as excludentes da responsabilidade. Não obstante, existe um forte e consistente mercado de seguro marítimo, que é um instrumento de mitigação de riscos aos empresários do setor.

A OIT — Organização Internacional do Trabalho — divulgou a Convenção do Trabalho Marítimo, conhecida por MLC 2006, que constitui uma carta dos direitos que garante a proteção a cerca de 1,5 milhões de trabalhadores marítimos em todo o mundo, bem como condições equitativas para os armadores.

Esta convenção foi ratificada por 48 países, e estabelece requisitos mínimos de proteção, entre eles, condições de emprego, horários de trabalho e descanso, alojamento, instalações recreativas, alimentação, cuidados de saúde e bem estar, e ainda proteção social.

A responsabilidade dos armadores está disposta no título 'Norma A4.2 — Responsabilidade dos armadores!' na retromencionada Convenção da OIT, que assim dispõe:

'[...] a) os armadores devem suportar os custos, relativamente aos marítimos que trabalham a bordo dos seus navios, de qualquer doença ou acidentes ocorridos entre a data de início e a data em que se considere que o marítimo foi devidamente repatriado, ou resultante do seu trabalho entre estas duas datas;

[...] b) os armadores devem assegurar uma cobertura financeira para garantir uma indenização em caso de morte ou de incapacidade de longa duração dos marítimos, resultante de acidente de trabalho, doença profissional ou risco profissional, nos termos da legislação nacional, do contrato de trabalho marítimo ou convenção coletiva'."

Não obstante, a Convenção também determina, em seu item 4, que a legislação nacional pode limitar a responsabilidade do armador, em casos específicos e previamente estipulados.

No Brasil, é atribuição do Ministério Público do Trabalho promover a instauração de inquéritos civis para pacificar os conflitos coletivos envolvendo os trabalhadores em embarcações marítimas, nacionais e estrangeiras, que circulam em águas nacionais, cuja fiscalização fica a cargo dos auditores fiscais do trabalho.

2.15. Transferência de empregado brasileiro para o exterior. Lei n. 7.064/82

A transferência do empregado brasileiro para o exterior na construção civil, por empresa estrangeira com sócio no Brasil, com no mínimo 5% do capital social é regida pela Lei n. 7.064/82, arts. 12, 13 e 19. Havendo inadimplência do sócio estrangeiro, a responsabilidade objetiva é do sócio brasileiro, ocorrendo típico caso de solidariedade.

Logo a seguir foi promulgada a Lei n. 11.962, de 3 de julho de 2009, que assim dispõe:

"Altera o art. 1º da Lei n. 7.064, de 6 de dezembro de 1982, estendendo as regras desse diploma legal a todas as empresas que venham a contratar ou transferir trabalhadores para prestar serviço no exterior."

O PRESIDENTE DA REPÚBLICA. Faço saber que o Congresso Nacional decreta e eu sanciono a seguinte Lei: art. 1º o *caput* do art. 1º da Lei n. 7.064, de 6 de dezembro de 1982, que dispõe sobre a situação de trabalhadores contratados ou transferidos para prestar serviço no exterior, passa a vigorar com a seguinte redação:

"Art. 1º Esta Lei regula a situação de trabalhadores contratados no Brasil ou transferidos por seus empregadores para prestar serviço no exterior."

Portanto, a Lei n. 7.064/82 foi alterada pela Lei n. 11.962/09, para dar guarida a todos os trabalhadores contratados no Brasil ou transferidos para prestar serviços no exterior, não abrangendo apenas e restritivamente, como outrora, os trabalhadores da construção civil.

As seguintes ementas ilustrarão a presente situação jurídica no Brasil:

> DANO MORAL — FASE PRÉ-CONTRATUAL EM TERRITÓRIO BRASILEIRO — CONTRATO DE TRABALHO NO EXTERIOR NÃO EFETIVADO — INDENIZAÇÃO DEVIDA — "Fase pré-contratual em território brasileiro. Contrato de trabalho no exterior não efetivado. Aplicação da legislação brasileira. No presente caso, como não se efetivou o contrato de trabalho, e a análise recursal limita-se ao pedido de indenização por danos morais na fase pré-contratual, não há como se invocar a aplicação, da Lei n. 7.064/82, sendo plenamente aplicável a legislação brasileira. Dano moral. Expectativa de admissão frustrada. Indenização devida. Uma vez provado, nos autos, que o reclamante viajou para outro país após prévia seleção no Brasil, inclusive, tendo se submetido a exames admissionais, é devida àquele importância a título de indenização por danos morais, tendo em vista que houve expectativa de contratação, que não se efetivou por iniciativa discriminatória da empresa, em razão do expectador ser portador da síndrome de imunodeficiência adquirida (Sida ou AIDS). Recurso parcialmente provido". (TRT 13ª R. — RO 32900-50.2011.5.13.0006 — Rel. Des. Leonardo Jose Videres Trajano)

> FÉRIAS — TRABALHO NO EXTERIOR — REMUNERAÇÃO DO PERÍODO AQUISITIVO — OBSERVAÇÃO — "Férias. Remuneração. Trabalho no exterior. Adquirido o direito às férias em decorrência do trabalho efetuado no exterior, a remuneração delas durante o período concessivo deve ser a mesma devida no período aquisitivo, ainda que elas tenham sido usufruídas no Brasil, sob pena de caracterizar a redução de salários vedada no art. 7º, VI, da Constituição da República, afastada a incidência do art. 10 da Lei n. 7.064/82". (TRT 3ª R. — RO 349/2011-020-03-00.0 — Relª Juíza Conv. Gisele de Cassia V. D. Macedo — DJe 19.9.2011)RST+270+2011+DEZ+1854.2013)RST+293+2013+NOV+49v104

A Súmula n. 207 do Colendo TST foi cancelada pela Resolução TST n. 181, de 16.4.2012, DJe TST 20.4.2012, espelhando a nova posição jurisprudencial daquela Corte em relação à matéria. Predomina atualmente a tese da norma mais favorável ao empregado no cotejo do local da prestação de serviços no exterior, superando a predominância da lei do local da prestação de serviços (*lex loci executionis*).

Uma outra corrente jurisprudencial em caso de conflito de normas espaciais, no tocante à competência material da Justiça do Trabalho é a do local do relacionamento mais significativo ou preponderante. Eis ementa proveniente do TRT da 1ª Região, *in verbis*:

> Ementa: Brasileiro contratado para trabalho no exterior. Navios de turismo em águas internacionais. Competência material da Justiça do Trabalho do Brasil. Conflito especial de leis. Lei da Bandeira. Código de Bustamante. Lei do lugar da execução do contrato. *Most significant relationship*. Critérios de prevalência. Nos casos de contratos de trabalho executados por brasileiro em navios de tu-

rismo em águas internacionais, a eleição do princípio da "Lei da Bandeira", ou "Lei do Pavilhão", resolve o problema da extraterritorialidade da lei e tem como propósito beneficiar o empregado, dando a ele, em princípio, um foro residual, já que não é razoável exigir que o empregado demande o empregador, pelo mesmo contrato, em tantos quantos forem os portos em que tiver atracado, porque evidente a diversidade de legislações. A afetação da competência material pela origem da bandeira fincada nos mastros dos navios em que o empregado tiver trabalhado outorga ao empregado um foro natural, sejam quais forem os lugares por onde tiver navegado durante a execução desse contrato, mas esse princípio somente existe validamente na medida em que seja benéfico ao empregado, isto é, na medida em que, efetivamente, resolva em favor do empregado uma delicada questão de foro. Se, ao contrário, é usado para dificultar o seu acesso à jurisdição do seu país, então deve ser relativizado para que outro assuma o seu lugar e atinja aquele propósito que alimentou a intenção do legislador, ou seja, o de permitir que o empregado, parte débil do contrato, possa reivindicar seus direitos trabalhistas despendendo o menor esforço possível. O direito do trabalho certamente não desconhece o "tráfico de bandeira", ou a "bandeira de aluguel", prática comercial perniciosa que consiste em matricular a embarcação em países onde a legislação trabalhista é nitidamente menos protetiva que a legislação do país de origem do empregado, como forma de compelir o trabalhador a demandar no foro da bandeira do navio onde trabalhou, e, assim, apequenar seus direitos e dividir com o empregador o custo do negócio. Não é por outra razão que a jurisprudência mais bem aceita no foro vem firmando o entendimento de que em matéria de conflitos de leis trabalhistas no espaço vigora o *most significant relationship,* que consagra o que em doutrina se costumou chamar "válvula de escape", técnica de solução de dissídios que permite ao julgador afastar, pontual e excepcionalmente, certas regras de direito internacional, sempre que verificar que, considerada a peculiaridade do caso concreto, a lide deduzida tenha ligação mais forte e efetiva com outro direito, que não aquele do lugar da bandeira ou do pavilhão onde o navio está matriculado. Se o empregado é brasileiro, e foi contratado no Brasil para prestar serviços a bordo de navios no exterior, não é relevante saber se se aplica a lei da bandeira, ou do pavilhão, isto é, a lei do país onde o navio está matriculado, ou onde o armador, dono das embarcações, tem sede ou o centro de sua ocupação principal, como está na Convenção de Havana (Decreto n. 18.871/29). É de pouca serventia o fato de a maior parte do tempo de trabalho ter sido prestada em águas internacionais ou neste ou naquele país. A questão não se resolve por meio dessa aritmética. O que conta é a *most significant relationship,* isto é, o que é mais significativo, o que irradia efeitos mais substanciais no contrato de emprego, pouco importando o lapso de tempo em que isso se deu aqui ou acolá. Prevalece a regra do art. 651, § 3º, da CLT, claramente tuitiva, isto é, protetiva do empregado: se o empregador promove serviços em mais de um lugar, diversos daquele da contratação, o empregado pode demandar em qualquer deles, ainda que contratado no estrangeiro. Nesses contratos extraterritoriais de trabalho vige o princípio do centro de gravidade da relação jurídica, de que falou primeiramente Otto Gierke, depois Savigny (teoria da sede do fato), isto é, não prevalece a lei do pavilhão, ou a do armador. (00011628620125010024. Tipo de processo: Recurso ordinário. Data de publicação: 2014-10-16. Órgão julgador: Segunda Turma. Relator: José Geraldo da Fonseca)

Ementa: SERVIÇOS PRESTADOS EM ANGOLA — CONSTRUTORA NORBERTO ODEBRECHT S/A. LEGISLAÇÃO APLICÁVEL. Caracterizada a contratação do empregado no Brasil, por empresa brasileira, para prestar serviços no exterior, a Lei aplicável é a n. 7.064/82, que dispões sobre a observância da norma mais favorável ao empregado. HORAS EXTRAS — INVERSÃO DO ÔNUS DA PROVA. Na forma do que preceitua o art. 818 da CLT, a prova das alegações incumbe a parte que as fizer. Excepcionalmente, no que tange a jornada de trabalho, o ônus da prova é do empregador que conta com mais de 10 (dez) empregados o registro da jornada de trabalho, na forma do art. 74, § 2º, da CLT. A não apresentação injustificada dos controles de frequência gera presunção relativa de veracidade da jornada de trabalho, a qual pode ser elidida por prova em contrário (Súmula n. 338 do C. TST). (00001432720125010030. Tipo de processo: Recurso Ordinário Data de publicação: 2014-07-08.Órgão julgador: Segunda Turma Relator: Valmir de Araújo Carvalho)

Contudo, se o trabalhador desenvolver suas atividades em outro país, a ele é aplicável a lei desse país e não a lei brasileira. O Brasil ratificou o Código Bustamante, por meio do Decreto n. 18.871/29, que em seu art. 198 dispõe sobre o princípio da territorialidade para as leis de proteção ao trabalho. No entanto, o empregador terá que ter qualquer domicílio no Brasil (filial, agência etc.), senão a citação terá que ser feita por carta rogatória.

Dispõe ainda o Código Bustamante, que é territorial a legislação sobre acidentes de trabalho e proteção social do trabalhador e que não haverá qualquer distinção entre empresas privadas e de capital misto, quando se refere à solução de conflito legislativo no espaço.

Esta temática é regulada pelo art. 651[13] da CLT. Aplica-se a Lei n. 7.064/82 nas situações de trabalhadores contratados ou transferidos para prestar serviços no exterior. Pedidos que tenham por fundamento unicamente a CLT serão julgados improcedentes, uma vez que subsistirão os que têm por base a lei estrangeira, que será aplicada ao caso concreto. Em tais demandas, mesmo

(13) Art. 651. A competência das Juntas de Conciliação e Julgamento é determinada pela localidade onde o empregado, reclamante ou reclamado, prestar serviços ao empregador, ainda que tenha sido contratado noutro local ou no estrangeiro.

A Emenda Constitucional n. 24 substituiu a expressão "Junta de Conciliação e Julgamento" por "Vara do Trabalho", extinguiu o cargo de Juiz Classista e alterou a Justiça do Trabalho.

§ 1º Quando for parte no dissídio agente ou viajante comercial, a competência será da Junta da localidade em que a empresa tenha agência ou filial e a esta o empregado esteja subordinado e na falta será competente a Junta da localização em que o empregado tenha domicílio ou a localidade mais próxima. (NR) (Redação dada pela Lei n. 9.851, de 27.10.1999)

§ 2º A competência das Juntas de Conciliação e Julgamento, estabelecida neste artigo, estende-se aos dissídios ocorridos em agência ou filial no estrangeiro, desde que o empregado seja brasileiro e não haja convenção internacional dispondo em contrário.

§ 3º Em se tratando de empregador que promova realização de atividades fora do lugar do contrato de trabalho, é assegurado ao empregado apresentar reclamação no foro da celebração do contrato ou no da prestação dos respectivos serviços.

que se aplique a lei estrangeira, o empregado brasileiro fará jus ao FGTS, ao INSS e ao PIS (Programa de Integração Social).

O art. 3º da Lei n. 7.064 estabelece que:

"Art. 3º A empresa responsável pelo contrato de trabalho do empregado transferido assegurar-lhe-á, independentemente da observância da legislação do local da execução dos serviços:

I — os direitos previstos nesta lei;

II — a aplicação da legislação brasileira de proteção ao trabalho, naquilo que não for incompatível com o disposto nesta lei, quando mais favorável do que a legislação territorial, no conjunto de normas e em relação a cada matéria.

Parágrafo único. Respeitadas as disposições especiais desta lei, aplicar-se-á a legislação brasileira sobre Previdência Social, Fundo de Garantia do Tempo de Serviço (FGTS) e Programa de Integração Social (PIS/PASEP)."

Observe-se que independentemente da legislação do país da prestação dos serviços, aplicar-se-á a lei brasileira, quando mais favorável no conjunto das normas e em relação a cada matéria, de acordo com o art. 7º, *caput*, da Constituição Federal de 1988.

No caso concreto, no cotejo entre as legislações dos dois países para se identificar o conjunto das normas mais favoráveis, a jurisprudência tem se inclinado na utilização da Teoria do Conglobamento, ou seja, lhe importará mais o conjunto das normais mais favoráveis, e, não levará em conta a Teoria da Acumulação, por meio da qual as normas mais favoráveis são pinçadas dos ordenamentos, individualmente, formando um terceiro conjunto de normas.

Se o trabalhador trabalhar em vários países, aplicar-se-á a legislação do país em que se situa a matriz da empresa em que está subordinado o trabalhador, ou, na falta de parâmetro, a lei do país onde está situada a sede da empresa(14).

De acordo com Henrique Correia e Elisson Miessa(15) "importante destacar, ainda, que o empregado contratado por pessoas de direito público externo, ou seja, que preste serviços, no Brasil, para Estados estrangeiros, ONU, OIT, OMC etc., será regido pela lei trabalhista brasileira, conforme posicionamento majoritário da doutrina e da jurisprudência do STF. O fundamento desta corrente é que, se há prestação de serviços em território brasileiro, aplica-se a lei desse país, conforme previsto na Súmula n. 207 do TST, não havendo, portanto, imunidade de jurisdição em causas de natureza trabalhista.

---

(14) CORREA, Henrique; MIESSA, Elisson. *Súmulas e orientações jurisprudenciais do TST.* 4. ed. Salvador: JusPodium, 2013. p. 74.

(15) *Idem.*

No entanto, a OJ n. 416 da SDI I do TST, assim dispõe:

"OJ n. 416. Imunidade de Jurisdição. Organização ou Organismo Internacional.

As organizações ou organismos internacionais gozam de imunidade absoluta de jurisdição quando amparados por norma internacional incorporada ao ordenamento jurídico brasileiro, não se lhes aplicando a regra do Direito Consuetudinário relativa à natureza dos atos praticados. Excepcionalmente, prevalecerá a jurisdição brasileira na hipótese de renúncia expressa à cláusula de imunidade jurisdicional."

Citamos ainda, a ementa:

TEORIA DO CONGLOBAMENTO ORGÂNICO FLEXIBILIZAÇÃO — INEFICÁCIA DA NORMA COLETIVA AUSÊNCIA DE BENEFÍCIO EQUIVALENTE — A teoria do conglobamento orgânico ou por instituto, trazida por analogia da Lei n. 7.064/82, em seu art. 3º, inciso II, autoriza que, mediante negociação, a flexibilização de um direito legalmente previsto seja compensado com uma vantagem no tocante à mesma matéria, o que resguarda o sentido próprio da transação (que se distingue da renúncia de direitos e, portanto, não encontra óbice no princípio da irrenunciabilidade). Assim, a princípio, se autoriza a flexibilização relativa às horas de trabalho em turno de revezamento, desde que haja no ajuste coletivo, em contrapartida, benefício equivalente, para fins de se promover o necessário equilíbrio que deve permear as boas e justas pactuações. Não se verificando, na hipótese em exame, benefício de maior ou igual relevo àquele suprimido, não se há oferecer validade e eficácia à pactuação. (TRT 3ª R. — RO 00824/2013-034-03-00.3 — Rel. Des. Julio Bernardo do Carmo — DJe 21.7.2014 — p. 158)v108

HORAS *IN ITINERE* — NEGOCIAÇÃO COLETIVA — INVALIDADE — SUPRESSÃO TOTAL — Em princípio deve ser acatada a negociação coletiva em torno de horas *in itinere,* tendo em vista o disposto no art. 7º, inciso XXVI, da CR e, principalmente, porque o direito em questão não se insere em medida de higiene e segurança do trabalho, hipótese em que, aí sim, seria infenso à negociação coletiva. No entanto, o pacto coletivo que estabelece a supressão total não é válido, pois exclui integralmente o direito em lugar de transacionar um limite dessas horas, não observando a teoria do conglobamento. Nessas condições, não houve transação, mas renúncia do direito de receber contrapartida salarial por um tempo legalmente reconhecido como integrante da jornada previsto no § 2º do art. 58 da CLT. (TRT 3ª R. — RO 0011398-13.2013.5.03.0055 — Relª Desª Deoclecia Amorelli Dias — DJe 7.7.2014 — p. 58)v108.

Já o empregado contratado para trabalhar em embarcações e aeronaves será regido, conforme doutrina majoritária, pela lei do país da embarcação ou aeronave, isto é, a nacionalidade de quem explora a atividade econômica. Se o empregado contratado por empresa aérea (GOL ou TAM, por exemplo), mesmo que esteja prestando serviços em outro país, aplicar-se-á a legislação trabalhista brasileira(16).

---

(16) CORREA, Henrique; MIESSA, Elisson. *Súmulas e orientações jurisprudenciais do TST.* 4. ed. Salvador: JusPodium, 2013. p. 74.

Achamos oportuno também incluirmos neste tópico, o extrato jurisprudencial publicado em 18 de agosto de 2005:

"Para a 3ª Turma do Tribunal Regional do Trabalho da 2ª Região (TRT-SP), o brasileiro contratado por empresa nacional para prestar serviços no exterior, pode escolher onde ajuizar processo trabalhista: na Justiça do Trabalho do Brasil, ou no Judiciário do país onde atuava. Na apuração dos direitos do empregado, deve ser aplicada a legislação do país estrangeiro, conforme o Código de Bustamante — Convenção de Direito Internacional privado assinada pelo Brasil. Em 2003, um ex-empregado da TAM — Linhas Aéreas S.A. entrou com processo na 56ª Vara do Trabalho de São Paulo, reclamando verbas referentes ao período em que prestou serviço à empresa aérea em Miami (EUA), de 1998 a 2000. A TAM, por sua vez, alegou a prescrição do pedido, pois estaria ultrapassado o prazo de dois anos para ajuizamento de processo após a rescisão do contrato de trabalho. Além disso, sustentou que o reclamante deveria ter entrado com o processo na Justiça norte-americana. Acolhendo a tese da prescrição, a vara extinguiu a ação, sem julgamento de mérito. Inconformado com a sentença, o ex-empregado recorreu ao TRT-SP, argumentando que nunca teve relação trabalhista com a TAM no Brasil, que a 56ª Vara "aplicou, incorretamente, a prescrição bienal prevista no ordenamento jurídico brasileiro", e que a empresa aérea "não comprovou a prescrição com base na lei estrangeira". Segundo a Juíza Mércia Tomazinho, relatora do recurso no tribunal, "em 1929, o ordenamento jurídico brasileiro, através do Decreto 18.871, recepcionou as regras do Código de Bustamante, ao ratificar o Tratado de Havana, seguindo-o na fixação de suas regras". De acordo com a relatora, o art. 198, do Código de Bustamante, dispõe que "é territorial a legislação sobre acidentes do trabalho e proteção social ao trabalhador". Para a Juíza Mércia, a Consolidação das Leis do Trabalho (CLT) também é expressa quando dispõe no art. 651, § 2º, que a competência das Varas do Trabalho 'estende-se aos dissídios ocorridos em agência ou filial no estrangeiro, desde que o empregado seja brasileiro e não haja convenção internacional dispondo em contrário'". "Definido que a competência para o julgamento do caso pode ser ou da justiça americana ou da justiça brasileira, por se tratar de nacional o demandante, e, considerando que o autor entende ter acostado aos autos as normas relativas aos direitos que pretende ver apreciados nesta Justiça, competiria à ré, ao aduzir a prescrição bienal — tema genuinamente de direito material —, também trazer aos autos a disciplina de tal instituto na lei alienígena, encargo do qual não se desincumbiu, observou a Juíza relatora. Por unanimidade, os juízes da 3ª Turma acompanharam o voto da Juíza Mércia, afastando a prescrição e determinando que o processo retorne à vara para julgamento dos pedidos do ex-empregado da TAM." (RO 00158.2003.056.02.00-4)

2.16. Itaipu Binacional

Por meio do Tratado Internacional de Itaipu, Decreto n. 75.242/75, art. 12, a Itaipu Binacional responde subsidiariamente pelas obrigações resultantes de contratos de trabalho celebrados pelos empreiteiros ou subempreiteiros de obras e locadores ou sublocadores de serviços.

Sujeita-se, ademais à legislação brasileira, como qualquer outra empresa de direito público internacional que opera no Brasil, no exato patamar de todas as demais pessoas jurídicas estabelecidas no Brasil, inclusive na obrigatoriedade de contratar empregados por meio de concurso público de provas e/ou títulos, contratação das quotas legais de aprendizes e empregados com deficiência.

A seguir, as seguintes ementas atinentes à matéria:

ITAIPU BINACIONAL — TRATADO INTERNACIONAL — HIERARQUIA DE NORMAS — LEGISLAÇÃO APLICÁVEL — PRINCÍPIO DA NORMA MAIS FAVORÁVEL — Conforme entendimento do STF, os tratados internacionais celebrados pela República Federativa do Brasil, que não versem sobre direitos humanos e não tenham sido aprovados com *quorum* específico, possuem a mesma hierarquia de Lei ordinária. No caso, o tratado internacional trata-se de ato normativo infraconstitucional e, ante o princípio da norma mais favorável que orienta o Direito do Trabalho, existindo norma mais favorável ao empregado, esta deve prevalecer sobre aquela, razão pela qual se aplica a legislação trabalhista consolidada. (TRT 9ª R. — RO 3115100-48.2009.5.09.0005 — Rel. Francisco Roberto Ermel — DJe 28.2.2014 — p. 166) v106

ITAIPU BINACIONAL. VÍNCULO DE EMPREGO. O Tratado de Itaipu prevê que ela será regida pelas normas estabelecidas no próprio tratado, em seu estatuto e anexos; e o Protocolo Adicional esclarece que grande parte da mão de obra será constituída por trabalhadores dependentes de empreiteiros e subempreiteiros de obras e locadores e sublocadores de serviços. Porém, nenhum desses diplomas autoriza que os contratos de prestação de serviços sejam desvirtuados, servindo para mascarar um vínculo de emprego existente diretamente com a Itaipu Binacional, em manifesto prejuízo aos trabalhadores, nem afasta a aplicação da legislação trabalhista naquelas hipóteses em que for constatada fraude. E, no caso dos autos, as instâncias percorridas consideraram provada a existência de vínculo empregatício diretamente com a Itaipu Binacional, em face da subordinação direta a essa empresa. Decisão em sentido contrário seria possível apenas com o revolvimento das provas dos autos, o que é vedado pelo Enunciado n. 126 do TST. Recurso de revista não conhecido. (Tribunal: TST Decisão: 25.6.2002 Proc: RR n.: 457489 Ano: 1998 Região: 9 Recurso de Revista Turma: 5 Órgão Julgador — Quinta Turma.DJ Data: 23.8.2002 Relator: Ministro Rider Nogueira de Brito)

2.17. Dispensa discriminatória

A dispensa discriminatória disposta na Lei n. 9.029/95[17], art. 4º, também tipifica casos de discriminação no emprego e proíbe tais práticas nas relações

(17) Lei n. 9.029, de 13 de abril de 1995 (DOU 17.4.1995).
Proíbe a exigência de atestados de gravidez e esterilização, e outras práticas discriminatórias, para efeitos admissionais ou de permanência da relação jurídica de trabalho, e dá outras providências.
Nota: Decreto n. 4.316, de 30.7.2002, DOU 31.7.2002, que promulga o Protocolo Facultativo à Convenção sobre a Eliminação de Todas as Formas de Discriminação contra a Mulher.

de trabalho, ensejando a reintegração com pagamento dos atrasados, a percepção em dobro das verbas trabalhistas, e em alguns casos reparação por danos morais.

Assim estabelece o art. 2º e ss., da precitada lei:

"Art. 2º Constituem crime as seguintes práticas discriminatórias:

I — a exigência de teste, exame, perícia, laudo, atestado, declaração ou qualquer outro procedimento relativo à esterilização ou a estado de gravidez;

II — a adoção de quaisquer medidas, de iniciativa do empregador, que configurem:

a) indução ou instigamento à esterilização genética;

b) promoção do controle de natalidade, assim não considerado o oferecimento de serviços e de aconselhamento ou planejamento familiar, realizados através de instituições públicas ou privadas, submetidas às normas do Sistema Único de Saúde — SUS.

Pena: detenção de um a dois anos e multa.

Parágrafo único. São sujeitos ativos dos crimes a que se refere este artigo:

I — a pessoa física empregadora;

II — o representante legal do empregador, como definido na legislação trabalhista;

III — o dirigente, direto ou por delegação, de órgãos públicos e entidades das administrações públicas direta, indireta e fundacional de qualquer dos Poderes da União, dos Estados, do Distrito Federal e dos Municípios.

Art. 3º Sem prejuízo do prescrito no art. 2º e nos dispositivos legais que tipificam os crimes resultantes de preconceito de etnia, raça ou cor, as infrações do disposto nesta Lei são passíveis das seguintes cominações.

I — multa administrativa de dez vezes o valor do maior salário pago pelo empregador, elevado em cinquenta por cento em caso de reincidência;

II — proibição de obter empréstimo ou financiamento junto a instituições financeiras oficiais.

O Presidente da República

Faço saber que o Congresso Nacional decreta e eu sanciono a seguinte Lei:

Art. 1º Fica proibida a adoção de qualquer prática discriminatória e limitativa para efeito de acesso à relação de emprego, ou sua manutenção, por motivo de sexo, origem, raça, cor, estado civil, situação familiar ou idade, ressalvadas, neste caso, as hipóteses de proteção ao menor previstas no inciso XXXIII do art. 7º da Constituição Federal.

[...]

Art. 5º Esta Lei entra em vigor na data de sua publicação.

Art. 6º Revogam-se as disposições em contrário.

Brasília, 13 de abril de 1995; 174º da Independência e 107º da República.

Fernando Henrique Cardoso

Paulo Paiva

Art. 4º O rompimento da relação de trabalho por ato discriminatório, nos moldes desta Lei, além do direito à reparação pelo dano moral, faculta ao empregado optar entre:

I — a readmissão com ressarcimento integral de todo o período de afastamento, mediante pagamento das remunerações devidas, corrigidas monetariamente, acrescidas dos juros legais;

II — a percepção, em dobro, da remuneração do período de afastamento, corrigida monetariamente e acrescida dos juros legais."

Além disso, o Brasil também ratificou a Convenção n. 111 da OIT, que trata da vedação da discriminação nas relações de trabalho e emprego. A proibição de qualquer forma discriminação, porque ofensiva ao princípio da dignidade da pessoa humana, também encontra amparo na Constituição Federal de 1988, em seu arts. 7º Inciso I, 170 e 193, bem como nas leis infraconstitucionais.

Vejamos algumas ementas sobre a matéria:

Ementa: RECURSO ORDINÁRIO. DISPENSA DISCRIMINATÓRIA. PORTADOR VÍRUS DA AIDS. Devemos considerar, como pressuposto para que se configure discriminatória a dispensa do empregado, por ser este portador do vírus HIV, o prévio conhecimento, pela empregadora, dessa condição especial. No caso em tela, analisando o teor da petição inicial, constata-se que o próprio autor confessou que somente veio a conhecer sua condição de portador do vírus HIV após sua dispensa. Nego provimento ao recurso do autor. (00001689520125010044. Tipo de processo: Recurso Ordinário. Data de publicação: 2013-10-15. Órgão julgador: Quinta Turma. Relator: Enoque Ribeiro dos Santos)

REINTEGRAÇÃO NO EMPREGO — PORTADOR DO VÍRUS HIV — DESPEDIDA DISCRIMINATÓRIA — TUTELA ANTECIPADA — CABIMENTO — "Mandado de segurança. Reintegração ao emprego. Portador do vírus HIV. Antecipação dos efeitos da tutela. Despedida discriminatória. Presunção. Presume-se discriminatória a despedida sem justa causa de empregado portador da síndrome de imunodeficiência adquirida (AIDS). Existem dispositivos legais e constitucionais, que, por uma interpretação sistemática, asseguram o deferimento de antecipação dos efeitos da tutela de reintegração ao emprego, tais como os arts. 1º (II, III e IV), 5º (X e XLI), 6º, 170 (III) e 193 da Constituição Federal, bem como o Decreto n. 62.150/68, que introduziu em nosso ordenamento a Convenção n. 111 da OIT (concernente à discriminação em matéria de emprego e profissão). Irreparável, assim, a decisão de primeiro grau que, com base nas provas documentais juntadas na reclamatória trabalhista, considerou presentes os requisitos exigidos no art. 273 do CPC para a concessão antecipada dos efeitos da tutela de mérito. O *periculum in mora,* por sua vez, resta caracterizado pelo simples fato de que o reclamante sofreu supressão de sua fonte de renda, por um ato presumivelmente discriminatório, o que, com certeza, compromete a sua própria subsistência com dignidade (art. 1º, III, da CF). Mandado de segurança, que busca afastar a reintegração, que se rejeita". (TRT 9ª R. — Proc. 00540-2010-909-09-00-5 — Ac.

39658-2010 — Seção Especializada — Rel. Des. Luiz Eduardo Gunther — DJPR 7.12.2010)RST+261+2011+MAR+143.

AIDS — EMPREGADO PORTADOR DO VIRUS HIV — DISPENSA — DISCRIMINAÇÃO — CONSTITUIÇÃO FEDERAL E CONVENCÃO N. 111 DA OIT — PROVA INDICIÁRIA — REINTEGRACÃO — O MAIS-ALÉM DO TEXTO DA LEI — O DIREITO E A JUSTIÇA — O contrato individual de trabalho caracteriza-se como importante instrumento de inclusão social apto a amalgamar princípios e direitos fundamentais, de que são exemplos os incisos II, III e IV do art. 1º, o *caput* e incisos X e XLI do art. 5º, o art. 6º, o *caput* do art. 170 e 193, da Constituição Federal. O nosso ordenamento jurídico, salvo raríssimas exceções expressamente previstas, refuta a estabilidade no emprego, apesar da trilha apontada, desde 1988, pelo art. 7º, inciso I, da Constituição. Dessa forma, a empregadora enfeixa em suas mãos o poder de resilição contratual, por intermédio do qual pode dispensar o empregado sem justa causa, pagando-lhe os direitos inerentes à rescisão sem justa causa. Não lhe é, contudo, outorgado o direito de abusar deste poder, desviando-o de sua finalidade. Uma coisa é despedir o empregado sem justa causa; outra é preencher este vazio — falta de justa causa — com um motivo subjacente lastreado em ato discriminatório. O princípio da igualdade, talhado ao longo dos séculos pelo homem e para o homem, é um autêntico direito fundamental delineador da personalidade humana e dirige-se tanto em face do Estado, quanto do particular, que não podem pautar-se por condutas discriminatórias, preconceituosas ou racistas. Não se desnatura o princípio da igualdade pela circunstância de a conduta ser proveniente de empregadora, empresa privada, ou de empregador, pessoa física, eis que, neste aspecto, adquire as características de um direito social, exercitável pela via da ação judicial, ainda que infiltrada no âmbito das relações privadas. A síndrome de imunodeficiência adquirida (SIDA ou AIDS) que, segundo Pedrotti, é "o conjunto de alterações provocadas pela perda de imunidade mediada por células, a partir da ação de um agente viral, provavelmente o HTLV 3 ou LAVE e que se manifestam pelo aparecimento de infecções oportunistas e/ou neoplasias, particularmente o sarcoma de kaposi" (PEDROTTI, Irineu Antônio. Da AIDS e do direito. *Revista dos Tribunais*, v. 690, p. 295, abr. 1993), nem sempre acarreta a impossibilidade da prestação de serviços, por parte dos infectados, permitindo-lhes, sem risco para os companheiros de trabalho e para a sociedade, a ocupação de um posto de trabalho, que muito lhe será proveitoso para fins de integração social. Muito embora a empregadora não tenha manifestado expressamente que a dispensa tivesse por fundamento o fato de o empregado ser portador do vírus HIV, a prova indiciária apontou para a prática de ato discriminatório, não podendo o julgador esperar que em casos desta natureza a prova seja exuberante. A prova indiciária, que a cada dia ganha maior importância, compreende todo e qualquer rastro, vestígio ou circunstância relacionada com um fato devidamente comprovado, suscetível de levar, por inferência, ao conhecimento de outro fato até então obscuro. A inferência indiciária é um raciocínio lógico-formal, apoiado em operação mental, que, em elos, nos permite encontrar vínculo, semelhança, diferença, causalidade, sucessão ou coexistência entre os fatos que circundam a lide. Se a dispensa sem justa causa está oxigenada pela discriminação, o empregado tem direito à reintegração, com base no princípio constitucional da igualdade. Na sociedade moderna, por essência livre, democrática e pluralista, predomina a interpretação contextual, transtextual, metatextual e intertextual, que permite uma visão atual e completa da realidade, que inúmeras vezes não se acomoda bem em textos genéricos, abstratos e concisos de dispositivos legais. Norma-texto e norma-ambiente (MÜLLER) hão de encontrar-se, a fim de permitir uma adaptação do conteúdo normativo à realidade social, em constante avanço para além do tempo em que foi instituída. Essa aglutinação, normativa-estrutural, permite a constante atualização do texto legal, conduzindo o intérprete por horizontes para os quais a realidade o conduz. Essa é uma atribuição transferida pelo legislador ao intérprete e exigida pela sociedade, que não podem ficar parados no tempo, enquanto os fatos sociais avançam numa velocidade jamais imaginada. A questão do portador do vírus HIV é um problema que precisa ser também enfrentado pelas empresas, que têm importantíssima função social. No plano interno, o estado brasileiro tem tradicionalmente tomado medidas efetivas de inclusão social do aidético, seja através de programas educativos, de distribuição de medicamentos ou até mesmo mediante a possibilidade de movimentação da conta vinculada do FGTS, conforme art. 20, inciso XIII, da Lei n. 8.036/90, regra esta desveladora da intenção do legislador quanto à manutenção do contrato de trabalho. No plano internacional, o Brasil ratificou a Convenção n. 111 da OIT, que trata da discriminação em matéria de emprego e ocupação, e que tem como principais preocupações a afirmação dos valores constantes da Declaração de Filadélfia, entre os quais se inscrevem a igualdade de oportunidades, a dignidade e o progresso material, assim como a conscientização de que a discriminação constitui violação aos direitos enunciados na Declaração Universal dos Direitos do Homem. Assim, existe base jurídica para coibir-se a dispensa do empregado portador do vírus HIV, quando a distinção injustificada provoca a exclusão, que tem por efeito destruir ou alterar a igualdade de oportunidades ou tratamento em matéria de preservação do emprego, a mais importante forma de subsistência do ser humano. O Direito possui um fim belíssimo em favor do qual devemos sempre lutar: a realização da Justiça. Drummond escreveu: "tenho apenas duas mãos e o sentimento do mundo". Os juízes igualmente. Têm eles o ordenamento jurídico e o sentimento do mundo. Esse o material bruto com o qual lidam no seu dia a dia, para o desempenho de sua árdua tarefa de julgar. Os seus julgamentos, as suas decisões, as suas sentenças são o reflexo do seu sentimento, da sua compreensão do Direito e do mundo em que vivem, trabalham, estudam, amam e desamam, se divertem, se alegram, se entristecem, riem e choram. Lapidar o Direito e os fatos são a sua tarefa maior e mais nobre. Se não puderem estar mais-além do seu tempo, que pelo menos estejam no seu tempo. (TRT 3ª R. — RO 00864-2007-072-03-00-3 — 4ª T — Rel. Des Luiz Otávio Linhares Renault — DJe 12.4.2008)

É cediço que entre os objetivos fundamentais da República Federativa do Brasil, para dar suporte à proteção do trabalhador e do cidadão e impedir atitudes discriminatórias, dispõe a Constituição Federal em seu art. 3º:

"Art. 3º Constituem objetivos fundamentais da República Federativa do Brasil:

I — construir uma sociedade livre, justa e solidária;

II — garantir o desenvolvimento nacional;

III — erradicar a pobreza e a marginalização e reduzir as desigualdades sociais e regionais;

IV — promover o bem de todos, sem preconceitos de origem, raça, sexo, cor, idade e quaisquer outras formas de discriminação."

O Brasil também é signatário da Convenção sobre a Eliminação de Todas as Formas de Discriminação contra a Mulher[18], que hoje integra o nosso ordenamento jurídico, como lei ordinária federal.

---

(18) DECRETO N. 4.316, DE 30 DE JULHO DE 2002 (DOU 31.7.2002)

Promulga o Protocolo Facultativo à Convenção sobre a Eliminação de Todas as Formas de Discriminação contra a Mulher.

O Presidente da República, no uso da atribuição que lhe confere o art. 84, inciso VIII, da Constituição, considerando que o Congresso Nacional aprovou o texto do Protocolo Facultativo à Convenção sobre a Eliminação de Todas as Formas de Discriminação contra a Mulher, por meio do Decreto Legislativo n. 107, de 6 de junho de 2002;

Considerando que o Protocolo entra em vigor, para o Brasil, em 28 de setembro de 2002, nos termos de seu art. 16, § 2º.

Decreta:

Art. 1º O Protocolo Facultativo à Convenção sobre a Eliminação de Todas as Formas de Discriminação contra a Mulher, apenso por cópia ao presente Decreto, será executado e cumprido tão inteiramente como nele se contém.

Art. 2º São sujeitos à aprovação do Congresso Nacional quaisquer atos que possam resultar em revisão do referido Protocolo, assim como quaisquer ajustes complementares que, nos termos do art. 49, inciso I, da Constituição, acarretem encargos ou compromissos gravosos ao patrimônio nacional.

Art. 3º Este Decreto entra em vigor em 28 de setembro de 2002.

Brasília, 30 de julho de 2002; 181º da Independência e 114º da República.

Fernando Henrique Cardoso

Celso Lafer

Protocolo Facultativo à Convenção sobre a Eliminação de Todas as Formas de Discriminação contra a Mulher

A Assembleia Geral,

Reafirmando a Declaração e Programa de Ação de Viena e a Declaração e Plataforma de Ação de Pequim, lembrando que a Plataforma de Ação de Pequim, em seguimento à Declaração e Programa de Ação de Viena, apoiou o processo iniciado pela Comissão sobre a Situação da Mulher com vistas à elaboração de minuta de protocolo facultativo à Convenção sobre a Eliminação de Todas as Formas de Discriminação contra a Mulher que pudesse entrar em vigor tão logo possível, em procedimento de direito a petição;

Observando que a Plataforma de Ação de Pequim exortou todos os Estados que não haviam ainda ratificado ou aderido à Convenção a que o fizessem tão logo possível, de modo que a ratificação universal da Convenção pudesse ser alcançada até o ano 2000;

1. Adota e abre a assinatura, ratificação e adesão o Protocolo Facultativo à Convenção, cujo texto encontra-se anexo à presente resolução;

2. Exorta todos os Estados que assinaram, ratificaram ou aderiram à Convenção a assinar e ratificar ou aderir ao Protocolo tão logo possível;

3. Enfatiza que os Estados-Partes do Protocolo devem comprometer-se a respeitar os direitos e procedimentos dispostos no Protocolo e cooperar com o Comitê para a Eliminação da Discriminação contra a Mulher em todos os estágios de suas ações no âmbito do Protocolo;

4. Enfatiza também que, em cumprimento de seu mandato, bem como de suas funções no âmbito do Protocolo, o Comitê deve continuar a ser pautado pelos princípios de não seletividade, imparcialidade e objetividade;

5. Solicita ao Comitê que realize reuniões para exercer suas funções no âmbito do Protocolo após sua entrada em vigor, além das reuniões realizadas segundo o art. 20 da Convenção; a duração dessas reuniões será determinada e, se necessário, reexaminada, por reunião dos Estados-Partes do Protocolo, sujeita à aprovação da Assembleia Geral;

6. Solicita ao Secretário-Geral que forneça o pessoal e as instalações necessárias para o desempenho efetivo das funções do Comitê segundo o Protocolo após sua entrada em vigor;

7. Solicita, ainda, ao Secretário-Geral que inclua informações sobre a situação do Protocolo em seus relatórios regulares apresentados à Assembleia Geral sobre a situação da Convenção.

28ª Reunião Plenária, em 6 de outubro de 1999.

ANEXO

Protocolo Facultativo à Convenção sobre a Eliminação de todas as Formas de Discriminação Contra a Mulher

Os Estados-Partes do presente Protocolo,

Observando que na Carta das Nações Unidas se reafirma a fé nos direitos humanos fundamentais, na dignidade e no valor da pessoa humana e na igualdade de direitos entre homens e mulheres,

Observando, ainda, que a Declaração Universal dos Direitos Humanos proclama que todos os seres humanos nascem livres e iguais em dignidade e direitos e que cada pessoa tem todos os direitos e liberdades nela proclamados, sem qualquer tipo de distinção, incluindo distinção baseada em sexo,

Lembrando que as Convenções Internacionais de Direitos Humanos e outros instrumentos internacionais de direitos humanos proíbem a discriminação baseada em sexo,

Lembrando, ainda, a Convenção sobre a Eliminação de Todas as Formas de Discriminação Contra a Mulher (doravante denominada "a Convenção"), na qual os Estados-Partes condenam a discriminação contra a mulher em todas as suas formas e concordam em buscar, de todas as maneiras apropriadas e sem demora, uma política de eliminação da discriminação contra a mulher,

Reafirmando sua determinação de assegurar o pleno e equitativo gozo pelas mulheres de todos os direitos e liberdades fundamentais e de agir de forma efetiva para evitar violações desses direitos e liberdades,

concordaram com o que se segue:

Artigo 1º

Cada Estado-Parte do presente Protocolo (doravante denominado "Estado-Parte") reconhece a competência do Comitê sobre a Eliminação da Discriminação contra a Mulher (doravante denominado "o Comitê") para receber e considerar comunicações apresentadas de acordo com o art. 2º deste Protocolo.

Artigo 2º

As comunicações podem ser apresentadas por indivíduos ou grupos de indivíduos, que se encontrem sob a jurisdição do Estado-Parte e aleguem ser vítimas de violação de quaisquer dos direitos estabelecidos na Convenção por aquele Estado-Parte, ou em nome desses indivíduos ou grupos de indivíduos. Sempre que for apresentada em nome de indivíduos ou grupos de indivíduos, a comunicação deverá contar com seu consentimento, a menos que o autor possa justificar estar agindo em nome deles sem o seu consentimento.

Artigo 3º

As comunicações deverão ser feitas por escrito e não poderão ser anônimas. Nenhuma comunicação relacionada a um Estado-Parte da Convenção que não seja parte do presente Protocolo será recebida pelo Comitê.

Artigo 4º

1. O Comitê não considerará a comunicação, exceto se tiver reconhecido que todos os recursos da jurisdição interna foram esgotados ou que a utilização desses recursos estaria sendo protelada além do razoável ou deixaria dúvida quanto a produzir o efetivo amparo.

2. O Comitê declarará inadmissível toda comunicação que:

(a) se referir a assunto que já tiver sido examinado pelo Comitê ou tiver sido ou estiver sendo examinado sob outro procedimento internacional de investigação ou solução de controvérsias;

(b) for incompatível com as disposições da Convenção;

(c) estiver manifestamente mal fundamentada ou não suficientemente consubstanciada;

(d) constituir abuso do direito de submeter comunicação;

(e) tiver como objeto fatos que tenham ocorrido antes da entrada em vigor do presente Protocolo para o Estado-Parte em questão, a não ser no caso de tais fatos terem tido continuidade após aquela data.

Artigo 5º

1. A qualquer momento após o recebimento de comunicação e antes que tenha sido alcançada determinação sobre o mérito da questão, o Comitê poderá transmitir ao Estado-Parte em questão, para urgente consideração, solicitação no sentido de que o Estado-Parte tome as medidas antecipatórias necessárias para evitar possíveis danos irreparáveis à vítima ou vítimas da alegada violação.
2. Sempre que o Comitê exercer seu arbítrio segundo o § 1º deste artigo, tal fato não implica determinação sobre a admissibilidade ou mérito da comunicação.

Artigo 6º

1. A menos que o Comitê considere que a comunicação seja inadmissível sem referência ou Estado-Parte em questão, e desde que o indivíduo ou indivíduos consintam na divulgação de sua identidade ao Estado-Parte, o Comitê levará confidencialmente à atenção do Estado-Parte em questão a comunicação por ele recebida no âmbito do presente Protocolo.
2. Dentro de seis meses, o Estado-Parte que receber a comunicação apresentará ao Comitê explicações ou declarações por escrito esclarecendo o assunto e o remédio, se houver, que possa ter sido aplicado pelo Estado-Parte.

Artigo 7º

1. O Comitê considerará as comunicações recebidas segundo o presente Protocolo à luz das informações que vier a receber de indivíduos ou grupos de indivíduos, ou em nome destes, ou do Estado-Parte em questão, desde que essa informação seja transmitida às partes em questão.
2. O Comitê realizará reuniões fechadas ao examinar as comunicações no âmbito do presente Protocolo.
3. Após examinar a comunicação, o Comitê transmitirá suas opiniões a respeito, juntamente com sua recomendação, se houver, às partes em questão.
4. O Estado-Parte dará a devida consideração às opiniões do Comitê, juntamente com as recomendações deste último, se houver, e apresentará ao Comitê, dentro de seis meses, resposta por escrito incluindo informações sobre quaisquer ações realizadas à luz das opiniões e recomendações do Comitê.
5. O Comitê poderá convidar o Estado-Parte a apresentar informações adicionais sobre quaisquer medidas que o Estado-Parte tenha tomado em resposta às opiniões e recomendações do Comitê, se houver, incluindo, quando o Comitê julgar apropriado, informações que passem a constar de relatórios subsequentes do Estado-Parte segundo o art. 18 da Convenção.

Artigo 8º

1. Caso o Comitê receba informação fidedigna indicando graves ou sistemáticas violações por um Estado-Parte dos direitos estabelecidos na Convenção, o Comitê convidará o Estado-Parte a cooperar no exame da informação e, para esse fim, a apresentar observações quanto à informação em questão.
2. Levando em conta quaisquer observações que possam ter sido apresentadas pelo Estado-Parte em questão, bem como outras informações fidedignas das quais disponha, o Comitê poderá designar um ou mais de seus membros para conduzir uma investigação e apresentar relatório urgentemente ao Comitê.
Sempre que justificado, e com o consentimento do Estado-Parte, a investigação poderá incluir visita ao território deste último.
3. Após examinar os resultados da investigação, o Comitê os transmitirá ao Estado-Parte em questão juntamente com quaisquer comentários e recomendações.
4. O Estado-Parte em questão deverá, dentro de seis meses do recebimento dos resultados, comentários e recomendações do Comitê, apresentar suas observações ao Comitê.
5. Tal investigação será conduzida em caráter confidencial e a cooperação do Estado-Parte será buscada em todos os estágios dos procedimentos.

Artigo 9º

1. O Comitê poderá convidar o Estado-Parte em questão a incluir em seu relatório, segundo o art. 18 da Convenção, pormenores de qualquer medida tomada em resposta à investigação conduzida segundo o art. 18 deste Protocolo.

2. O Comitê poderá, caso necessário, após o término do período de seis meses mencionado no art. 8.4 deste Protocolo, convidar o Estado-Parte a informá-lo das medidas tomadas em resposta à mencionada investigação.

Artigo 10

1. Cada Estado-Parte poderá, no momento da assinatura ou ratificação do presente Protocolo ou no momento em que a este aderir, declarar que não reconhece a competência do Comitê disposta nos arts. 8º e 9º deste Protocolo.

2. O Estado-Parte que fizer a declaração de acordo com o § 1º deste art.10 poderá, a qualquer momento, retirar essa declaração através de notificação ao Secretário-Geral.

Artigo 11

Os Estados-Partes devem tomar todas as medidas apropriadas para assegurar que os indivíduos sob sua jurisdição não fiquem sujeitos a maus tratos ou intimidação como consequência de sua comunicação com o Comitê nos termos do presente Protocolo.

Artigo 12

O Comitê incluirá em seu relatório anual, segundo o art. 21 da Convenção, um resumo de suas atividades nos termos do presente Protocolo.

Artigo 13

Cada Estado-Parte compromete-se a tornar públicos e amplamente conhecidos a Convenção e o presente Protocolo e a facilitar o acesso à informação acerca das opiniões e recomendações do Comitê, em particular sobre as questões que digam respeito ao próprio Estado-Parte.

Artigo 14

O Comitê elaborará suas próprias regras de procedimento a serem seguidas no exercício das funções que lhe são conferidas no presente Protocolo.

Artigo 15

1. O presente Protocolo estará aberto à assinatura por qualquer Estado que tenha ratificado ou aderido à Convenção.

2. O presente Protocolo estará sujeito à ratificação por qualquer Estado que tenha ratificado ou aderido à Convenção. Os instrumentos de ratificação deverão ser depositados junto ao Secretário-Geral das Nações Unidas.

3. O presente Protocolo estará aberto à adesão por qualquer Estado que tenha ratificado ou aderido à Convenção.

4. A adesão será efetivada pelo depósito de instrumento de adesão junto ao Secretário-Geral das Nações Unidas.

Artigo 16

1. O presente Protocolo entrará em vigor três meses após a data do depósito junto ao Secretário-Geral das Nações Unidas do décimo instrumento de ratificação ou adesão.

2. Para cada Estado que ratifique o presente Protocolo ou a ele venha a aderir após sua entrada em vigor, o presente Protocolo entrará em vigor três meses após a data do depósito de seu próprio instrumento de ratificação ou adesão.

Artigo 17

Não serão permitidas reservas ao presente Protocolo.

Artigo 18

1. Qualquer Estado-Parte poderá propor emendas ao presente Protocolo e dar entrada a proposta de emendas junto ao Secretário-Geral das Nações Unidas. O Secretário-Geral deverá, nessa ocasião, comunicar as emendas propostas aos Estados-Partes juntamente com solicitação de que o notifiquem caso sejam favoráveis a uma conferência de Estados-Partes com o propósito de avaliar e votar a proposta. Se ao menos um terço dos Estados-Partes for favorável à conferência, o Secretário-Geral deverá convocá-la sob os auspícios das Nações Unidas. Qualquer emenda adotada pela maioria dos Estados-Partes presentes e votantes na conferência será submetida à Assembleia Geral das Nações Unidas para aprovação.

2.18. Empregada gestante

O caso da responsabilidade objetiva do empregador em relação à gestante, de acordo com a Súmula n. 244 do Colendo Tribunal Superior do Trabalho que assim se expressa:

"N. 244 — GESTANTE. ESTABILIDADE PROVISÓRIA (Redação do Item III Alterada na Sessão do Tribunal Pleno realizada em 14.9.2012)

I — O desconhecimento do estado gravídico pelo empregador não afasta o direito ao pagamento da indenização decorrente da estabilidade (art. 10, II, *b*, do ADCT).

II — A garantia de emprego à gestante só autoriza a reintegração se esta se der durante o período de estabilidade. Do contrário, a garantia restringe-se aos salários e demais direitos correspondentes ao período de estabilidade.

III — A empregada gestante tem direito à estabilidade provisória prevista no art. 10, inciso II, alínea *b*, do Ato das Disposições Constitucionais Transitórias, mesmo na hipótese de admissão mediante contrato por tempo determinado."

Após a nova redação da retromencionada Súmula, o entendimento prevalecente no Tribunal Superior do Trabalho é no sentido de que uma norma coletiva, que deflui do princípio da autonomia privada coletiva, embora

---

2. As emendas entrarão em vigor tão logo tenham sido aprovadas pela Assembleia Geral das Nações Unidas e aceitas por maioria de dois terços dos Estados-Partes do presente Protocolo, de acordo com seus respectivos processos constitucionais.

3. Sempre que as emendas entrarem em vigor, obrigarão os Estados-Partes que as tenham aceitado, ficando os outros Estados-Partes obrigados pelas disposições do presente Protocolo e quaisquer emendas anteriores que tiverem aceitado.

Artigo 19

1. Qualquer Estado-Parte poderá denunciar o presente Protocolo a qualquer momento por meio de notificação por escrito endereçada ao Secretário-Geral das Nações Unidas. A denúncia terá efeito seis meses após a data do recebimento da notificação pelo Secretário-Geral.

2. A denúncia não prejudicará a continuidade da aplicação das disposições do presente Protocolo em relação a qualquer comunicação apresentada segundo o art. 2º deste Protocolo e a qualquer investigação iniciada segundo o art. 8º deste Protocolo antes da data de vigência da denúncia.

Artigo 20

O Secretário-Geral das Nações Unidas informará a todos os Estados sobre:

(a) Assinaturas, ratificações e adesões ao presente Protocolo;

(b) Data de entrada em vigor do presente Protocolo e de qualquer emenda feita nos termos do art. 18 deste Protocolo;

(c) Qualquer denúncia feita segundo o art. 19 deste Protocolo.

Artigo 21

1. O presente Protocolo, do qual as versões em árabe, chinês, inglês, francês, russo e espanhol são igualmente autênticas, será depositado junto aos arquivos das Nações Unidas.

2. O Secretário-Geral das Nações Unidas transmitirá cópias autenticadas do presente Protocolo a todos os estados mencionados no art. 25 da Convenção.

constitua fonte formal do direito, não tem o condão de restringir a aplicação de uma norma constitucional, que visa a amparar não apenas a trabalhadora gestante, mas, sobretudo, a criança que carece ainda de maior proteção. Observe-se que o que está em jogo, predominantemente, é o direito constitucional e fundamental à vida[19].

As causas envolvendo trabalhadora gestante são muito recorrentes na Justiça do Trabalho, que, em homenagem ao princípio da dignidade da pessoa humana e a seus direitos imanentes, vem apresentando, de forma salutar, um progressivo avanço na proteção às trabalhadoras.

No mesmo sentido, o art. 391-A da CLT:

> "Art. 391-A. A confirmação do estado de gravidez advindo no curso do contrato de trabalho, ainda que durante o prazo do aviso-prévio trabalhado ou indenizado, garante à empregada gestante a estabilidade provisória prevista na alínea *b* do inciso II do art. 10 do Ato das Disposições Constitucionais Transitórias. (Artigo acrescentado pela Lei n. 12.812, de 16.5.2013, DOU de 17.5.2013)."

Em face da relevância do direito à vida e à proteção da gestante, também não prevalece normas que venham mitigar ou retirar tais direitos, inclusive por negociação coletiva de trabalho, como prescreve a OJ n. 30 da SDC do TST:

> "OJ n. 30. Estabilidade da Gestante. Renúncia ou Transação de Direitos Constitucionais. Impossibilidade.
>
> Nos termos do art. 10, II, *b*, do ADCT, a proteção à maternidade foi erigida à hierarquia constitucional, pois retirou do âmbito do direito potestativo do empregador a possibilidade de despedir arbitrariamente a empregada em estado gravídico. Portanto, a teor do art. 9º, da CLT, torna-se nula de pleno direito a cláusula que estabelece a possibilidade de renúncia ou transação, pela gestante, das garantias referentes à manutenção do emprego e salário."

Ainda no mesmo sentido a OJ n. 399 da SDI I do TST:

> "OJ n. 399. Estabilidade Provisória. Ação Trabalhista Ajuizada após o Término do Período de Garantia no Emprego. Abuso do Exercício do Direito de Ação. Não Configuração. Indenização Devida. O ajuizamento de ação trabalhista após decorrido o período de garantia de emprego não configura abuso do exercício do direito de ação, pois este está submetido apenas ao prazo prescricional inscrito no art. 7º, XXIX, da CF/1988, sendo devida a indenização desde a dispensa até a data do término do período estabilitário."

---

(19) SANTOS, Enoque Ribeiro dos. As *affirmative actions* (ações afirmativas) e a nova redação da OJ (Orientação Jurisprudencial) n. 88 da SDI — I do Tribunal Superior do Trabalho. *Suplemento Trabalhista* n. 67/04, São Paulo: LTr, ano 40, p. 287.

E ainda, a OJ n. 44 da SDI-I do TST:

"OJ n. 44. Gestante. Salário-Maternidade. É devido o salário-maternidade, de 120 dias, desde a promulgação da cf/88, ficando a cargo do empregador o pagamento do período acrescido pela carta."

Importante falar, mesmo que perfunctoriamente, sobre a licença-maternidade.

A licença maternidade compreende o afastamento remunerado da gestante, que, antes da CF/88, era de apenas 12 semanas. Após a promulgação da CF/88, o prazo de duração passou a ser de 120 dias, conforme o art. 7º da CF/88.

Ainda sobre o tema, mesmo em caso de parto antecipado ou de morte da criança, a trabalhadora terá direito adquirido à licença maternidade, uma vez que tal licença não está condicionada legalmente ao nascimento da criança com vida, pois mesmo nascendo morta, este repouso será de 120 dias para ampla recuperação do infortúnio.

Diz, o art. 392 da CLT:

"Art. 392. A empregada gestante tem direito à licença-maternidade de 120 (cento e vinte) dias, sem prejuízo do emprego e do salário. (Redação dada ao *caput* pela Lei n. 10.421, de 15.4.2002, DOU 16.4.2002).

§ 1º A empregada deve, mediante atestado médico, notificar o seu empregador da data do início do afastamento do emprego, que poderá ocorrer entre o 28º (vigésimo oitavo) dia antes do parto e a ocorrência deste.

§ 2º Os períodos de repouso, antes e depois do parto, poderão ser aumentados de 2 (duas) semanas cada um, mediante atestado médico.

§ 3º Em caso de parto antecipado, a mulher terá direito aos 120 (cento e vinte) dias previstos neste artigo.

Art. 392-B. Em caso de morte da genitora, é assegurado ao cônjuge ou companheiro empregado o gozo de licença por todo o período da licença-maternidade ou pelo tempo restante a que teria direito a mãe, exceto no caso de falecimento do filho ou de seu abandono. (Artigo acrescentado pela Lei n. 12.873, de 24.10.2013, DOU de 25.10.2013, com efeitos a partir de 90 (noventa) dias após a sua publicação)

Art. 392-C. Aplica-se, no que couber, o disposto nos arts. 392-A e 392-B ao empregado que adotar ou obtiver guarda judicial para fins de adoção. (Artigo acrescentado pela Lei n. 12.873, de 24.10.2013, DOU de 25.10.2013)

Art. 393. Durante o período a que se refere o art. 392, a mulher terá direito ao salário integral e, quando variável, calculado de acordo com a média dos 6 (seis) últimos meses de trabalho, bem como os direitos e vantagens adquiridos, sendo-lhe ainda facultado reverter à função que anteriormente ocupava."

Também terá direito à licença maternidade, a trabalhadora que adotar ou obtiver guarda judicial para fins de adoção. Tal licença somente será concedida mediante apresentação do termo judicial de guarda à adotante ou guardiã. A duração da licença para este tipo de trabalhadora também será de 120 dias.

A prorrogação da duração do período de licença maternidade por prazo superior a 120 dias, ou seja, por mais 60 dias, foi outorgada pela Lei n. 11.770/2008, que assim determina:

"Art. 1º É instituído o Programa Empresa Cidadã, destinado a prorrogar por 60 (sessenta) dias a duração da licença-maternidade prevista no inciso XVIII do *caput* do art. 7º da Constituição Federal.

§ 1º A prorrogação será garantida à empregada da pessoa jurídica que aderir ao Programa, desde que a empregada a requeira até o final do primeiro mês após o parto, e concedida imediatamente após a fruição da licença-maternidade de que trata o inciso XVIII do *caput* do art. 7º da Constituição Federal.

§ 2º A prorrogação será garantida, na mesma proporção, também à empregada que adotar ou obtiver guarda judicial para fins de adoção de criança.

Art. 2º É a administração pública, direta, indireta e fundacional, autorizada a instituir programa que garanta prorrogação da licença-maternidade para suas servidoras, nos termos do que prevê o art. 1º desta Lei.

Art. 3º Durante o período de prorrogação da licença-maternidade, a empregada terá direito à sua remuneração integral, nos mesmos moldes devidos no período de percepção do salário-maternidade pago pelo regime geral de previdência social.

Art. 4º No período de prorrogação da licença-maternidade de que trata esta Lei, a empregada não poderá exercer qualquer atividade remunerada e a criança não poderá ser mantida em creche ou organização similar.

Parágrafo único. Em caso de descumprimento do disposto no *caput* deste artigo, a empregada perderá o direito à prorrogação.

Art. 5º A pessoa jurídica tributada com base no lucro real poderá deduzir do imposto devido, em cada período de apuração, o total da remuneração integral da empregada pago 60 (sessenta) dias de prorrogação de sua licença-maternidade, vedada a dedução como despesa operacional."

Examinemos algumas ementas sobre a temática:

CONTRATO DE EXPERIÊNCIA — CONFIRMAÇÃO DA GRAVIDEZ — ESTABILIDADE — CABIMENTO — "Recurso de revista. Reclamante. Estabilidade da gestante. Contrato de experiência. Confirmação da gravidez. 1. Conforme a Súmula n. 244, item III, do TST, a empregada gestante tem direito à estabilidade provisória prevista no art. 10, inciso II, alínea *b*, do Ato das Disposições Constitucionais Transitórias, mesmo na hipótese de admissão mediante contrato por tempo determinado. 2. No caso dos autos, constata-se que tem direito à estabilidade. O exame Beta HCG verifica o nível do hormônio gonadotrofina coriônica humana, produzido após a fixação do embrião na parede uterina, cujo índice indicativo de gravidez é atingido de 7 a 10 dias após a fecundação. Apesar de o acórdão do TRT não registrar a data em que foi realizada a coleta, se a reclamante recebeu o exame em 18.2.2010, com resultado positivo, a fecundação ocorreu, no mínimo, 7 dias antes, logo, dentro do prazo do contrato de experiência que terminou em 14.02.2010. 3. Recurso de revista a que se dá provimento". (TST — RR 784-11.2010.5.15.0025 — 6ª T. — Relª Min. Kátia Magalhães Arruda — DJe 26.4.2013)RST+289+2013+JUL+36+01/94

Ementa: RECURSO ORDINÁRIO. ESTABILIDADE GESTANTE. Há direito da empregada gestante à estabilidade provisória na ocorrência de dispensa antecipada em contrato de experiência, antes da alteração ocorrida na redação do item III, da Súmula n. 244 C. TST, que foi modificada pela Resolução n. 185/12, para os casos de admissão mediante regime de contrato por tempo determinado. Até por que, o entendimento sumulado do Colendo TST — Tribunal Superior do Trabalho, que acrescentou o inciso III na Súmula n. 244 não é lei, sequer ordinária, quanto mais constitucional, e quando a mais alta corte trabalhista chega à conclusão de pacificar seu entendimento quanto a determinada matéria é no sentido de que não remanescem dúvidas quanto a titularidade do direito material a ser aplicado. Recurso a que se dá provimento. (00020156620125010551. Tipo de processo: Recurso Ordinário. Data de publicação: 2013-11-19. Órgão julgador: Quinta Turma. Relator: Des. Enoque Ribeiro dos Santos)

ESTABILIDADE PROVISÓRIA DA GESTANTE. INDENIZAÇÃO SUBSTITUTIVA. CONTRIBUIÇÃO PREVIDENCIÁRIA. NÃO INCIDÊNCIA. A indenização da estabilidade gestante não se insere entre as hipóteses elencadas no inciso I, do art. 28, da Lei n. 8.212/91, tendo em vista que o seu pagamento não objetiva a remuneração de qualquer tipo de trabalho, sendo evidente sua natureza indenizatória. Além disso, o art. 214, § 12, do Decreto n. 3.048/99 é claro ao dispor que tal verba não integra o salário de contribuição nos casos de conversão em indenização previstos nos arts. 496 e 497 da CLT. Agravo de petição a que se nega provimento. (00934005020095010018. Tipo de processo: Agravo de Petição. Data de publicação: 2014-04-15. Órgão julgador: Quinta Turma. Relator: Des. Enoque Ribeiro dos Santos)

Ementa: RECURSO OBREIRO. ASSÉDIO MORAL. GESTANTE. LABOR EM CONDIÇÕES INADEQUADAS. CONFIGURAÇÃO. Se a empregada gestante é submetida a trabalhos manifestamente incompatíveis com seu estado gravídico, resta configurado o alegado assédio moral, fazendo jus a trabalhadora à correspondente indenização pelos abalos experimentados. Recurso a que se dá provimento, nesse aspecto. (00018337320125010521. Tipo de processo: Recurso Ordinário. Data de publicação: 2014-07-14. Órgão julgador: Quinta Turma. Relator: Enoque Ribeiro dos Santos)

ESTABILIDADE PROVISÓRIA — GESTANTE — RECUSA EM RETORNAR AO EMPREGO DURANTE O PERÍODO ESTABILITÁRIO — INDENIZAÇÃO SUBSTITUTIVA — PAGAMENTO INDEVIDO — "Estabilidade gestante. Recusa em retornar ao emprego durante o período estabilitário. Indenização substitutiva indevida. Durante o período de estabilidade, a indenização substitutiva somente seria viável se a reclamada não quisesse o retorno da empregada ao trabalho. Assim, ao colocar o emprego à disposição da reclamante com o pagamento dos salários e demais direitos correspondentes como se trabalhando estivesse, a reclamada desobrigou-se de suas responsabilidades. Dispensado o relatório, nos termos do art. 852-I da CLT, acrescentado pela Lei n. 9.957, de 12 de janeiro". (TRT 2ª R. — Proc. 00020858920135020076 — (20140078961) — Relª Desª Odette Silveira Moraes — DJe 8.2.2014)RST+298+2014+ABR+160)

CONTRATO DE EXPERIÊNCIA — GESTANTE — ESTABILIDADE PROVISÓRIA — GARANTIA SUBSISTENTE — "I — Agravo de instrumento. Recurso de revista. Gestante. Contrato de experiência. Estabilidade provisória. A reclamante alega que deve ser reconhecida a estabilidade provisória da gestante, ainda que em contrato de experiência, pois, quando a Constituição Federal elege a gestante para atribuir-lhe a garantia de emprego, entende que para essa cidadã deva ser dado tratamento especial. A intenção do constituinte foi a de preservar não só a mulher, mas sobretudo o nascituro durante a gestação bem como nos seus primeiros meses de vida (fl. 127). O Tribunal Regional indeferiu o pedido da reclamante, com fundamento na redação anterior da Súmula n. 244, III, do TST. A mudança do entendimento jurisprudencial neste Tribunal Superior resultou na alteração do item III da Súmula n. 244 do TST, por meio da Resolução n. 185/12. Dessa forma, atualmente, vigora o entendimento de que a empregada gestante tem direito à estabilidade provisória prevista no art. 10, II, *b*, do ADCT, mesmo na hipótese de admissão por contrato por prazo determinado. Aparente ofensa ao art. 10, II, *b*, do ADCT e contrariedade à Súmula n. 244, III, do TST. Agravo de instrumento a que se dá provimento, a fim de determinar o processamento do recurso de revista, observando-se o disposto na Resolução Administrativa n. 928/03. II — Recurso de revista. Gestante. Contrato de experiência. Estabilidade provisória. O Tribunal Regional consignou, com fundamento na redação anterior da Súmula n. 244, III, do TST, que o estado gravídico ocorreu no período de experiência, não existindo por tal razão o direito a estabilidade provisória (fl. 106), afastando a estabilidade provisória de que trata o art. 10, II, *b*, do ADCT. A garantia à estabilidade no emprego da gestante constitui medida de proteção à maternidade (art. 6º da Constituição Federal) e ao próprio nascituro. Por essa razão, o entendimento atual dominante nesta Corte é no sentido de que a circunstância de ter sido a reclamante admitida mediante contrato de experiência, por prazo determinado, não constitui condição obstativa ao reconhecimento da estabilidade provisória constitucional da gestante. A regra do art. 10, II, *b*, do ADCT possui caráter humanitário e veda a dispensa arbitrária da empregada gestante de forma objetiva, desde a confirmação da gravidez até cinco meses após o parto. O fato de a reclamante ter sido admitida sob contrato de trabalho de experiência não exclui o seu direito à estabilidade provisória, uma vez que se extrai do acórdão regional que a concepção ocorreu ainda na vigência da relação de emprego. Não é caso de reintegração da reclamante ao emprego, considerado o tempo transcorrido entre o período da estabilidade provisória e a data de julgamento deste recurso. Nos termos da Súmula n. 396, I, desta Corte, exaurido o período de estabilidade, são devidos aos empregados apenas os salários do período compreendido entre a data da despedida e o final do período de estabilidade, não lhe sendo assegurada a reintegração no emprego. Assim, a reclamante tem direito aos salários relativos ao período compreendido entre a data do ilegal afastamento e cinco meses após o parto, inclusive a gratificação natalina, férias acrescidas de um terço e depósitos e multa relativos ao FGTS, na forma do entendimento consagrado na parte final do item II da Súmula n. 244 desta Corte Superior. Recurso de revista de que se conhece e que se dá provimento, para (a) reconhecer o direito da reclamante à estabilidade provisória no emprego e (b) condenar a reclamada ao pagamento dos salários e demais direitos correspondentes ao período compreendido entre a data de sua despedida ilegal e cinco meses após o parto". (TST — RR 1231-23.2010.5.09.0071 — Rel. Min. Fernando Eizo Ono — DJe 30.5.2013 — p. 2020) RST+289+2013+JUL+38+01/94v103.

ESTABILIDADE PROVISÓRIA — GESTANTE — CONFORMAÇÃO DA GRAVIDEZ APÓS A RESCISÃO CONTRATUAL — EFEITOS — "Agravo de instrumento interposto pela GP. Procal S/C Ltda. Nega-se provimento a agravo de instrumento quando suas razões, mediante as quais se pretende demonstrar que o recurso de revista atende aos pressupostos de admissibilidade inscritos no art. 896 da CLT, não conseguem infirmar os fundamentos do despacho agravado. Recurso de revista interposto pela reclamante garantia provisória de emprego. Gestante. Confirmação da gravidez após a dispensa. A estabilidade, como proteção à gestante e ao nascituro, prescinde do conhecimento do empregador ou mesmo da empregada para produzir efeitos por ocasião da dispensa. Por isso, não se pode extrair da expressão confirmação da gravidez, contida no art. 10, inciso II, alínea b, do ADCT, outro entendimento senão o da certeza da gravidez, a proteger a gestante desde a concepção. Recurso de revista de que se conhece e a que se dá provimento". (TST — ARR 121900-08.2006.5.02.0050 — Rel. Min. João Batista Brito Pereira — DJe 1º.2.2013 — p. 755)RST+287+2013+Maio+159+01/94v102)

2.19. Empregado acidentado

A responsabilidade do empregador em relação ao acidentado é objetiva. É cediço que o acidentado precisa de dezesseis dias afastado para receber o auxílio-doença acidentário. Se o empregador, dolosamente, deixa de emitir a CAT — Comunicação de Acidente de Trabalho, responderá objetivamente, pois não poderá se beneficiar da própria torpeza, de acordo com a Lei de Introdução ao Código Civil, art. 3º que declara que:

"ninguém se escusa de cumprir a lei, alegando que não a conhece."

Se não houver neste caso o afastamento e, por consequência, o empregado deixa de receber o auxílio-doença acidentário, pré-requisito para a obtenção da estabilidade provisória, a responsabilidade é do empregador negligente.

A Súmula n. 378 do TST, em sua nova redação atualizada, assim estabelece:

"N. 378 — ESTABILIDADE PROVISÓRIA. ACIDENTE DE TRABALHO. ART. 118 DA LEI N. 8.213/91 (inserido o item III)

I — É constitucional o art. 118 da Lei n. 8.213/91 que assegura o direito à estabilidade provisória por período de 12 meses após a cessação do auxílio-doença ao empregado acidentado. (ex-OJ n. 105 da SBDI-1 — inserida em 1º.10.1997)

II — São pressupostos para a concessão da estabilidade o afastamento superior a 15 dias e a consequente percepção do auxílio-doença acidentário, salvo se constatada, após a despedida, doença profissional que guarde relação de causalidade com a execução do contrato de emprego. (primeira parte — ex-OJ n. 230 da SBDI-1 — inserida em 20.6.2001)

III — O empregado submetido a contrato de trabalho por tempo determinado goza da garantia provisória de emprego, decorrente de acidente de trabalho, prevista no art. 118 da Lei n. 8.213/91."

Oportuno mencionado que o período estabilitário de 12 meses, previsto no inciso I, retro mencionado, trata-se de norma de ordem pública, de indisponibilidade absoluta, infenso inclusive à negociação coletiva de trabalho e ao princípio da autonomia privada coletiva, não remanescendo, portanto, de transação com o empregado visando a sua redução.

Neste sentido, a OJ n. 31 da SDC do Colendo TST:

"OJ n. 31. Estabilidade do Acidentado. Acordo Homologado. Prevalência. Impossibilidade. Violação do art. 118 da Lei n. 8.213/91. Inserida em 19.8.1998. Não é possível a prevalência de acordo sobre legislação vigente, quando ele é menos benéfico do que a própria lei, porquanto o caráter imperativo dessa última restringe o campo de atuação da vontade das partes."

De acordo com a doutrina de Henrique Correa e Elisson Miessa[20] "[...] algumas doenças ocupacionais não se manifestam de forma rápida, ou seja, ao longo dos anos vão se alojando no organismo. Exemplo: A LER em determinado empregado que exerce a atividade de digitador na empresa, diagnosticada após a sua dispensa. Neste caso, mesmo que o trabalhador não tenha recebido auxilio doença, pois os afastamentos foram de poucos dias, terá direito à estabilidade. Isto porque a doença do trabalho ou profissional tem ligação com o trabalho desenvolvido na empresa".

Ainda segundo estes autores "sobre a doença ocupacional, cabe destacar que existe discussão sobre o inicio do prazo prescricional. Este caso é chamado

(20) CORREA, Henrique; MIESSA, Elisson. *Súmulas e orientações jurisprudenciais do TST...*, cit., p. 441.

pela doutrina de lesão pós-contratual. O início da prescrição, em regra, inicia-se com o término do contrato. Quando constatada a lesão pós-contratual, a contagem do prazo inicia-se com o surgimento da legislação ou do trânsito em julgado da sentença. Seguem alguns exemplos de lesões pós-contratuais: a) identificação de doença relacionada com o trabalho após o término do contrato; b) inscrição do nome do trabalhador em lista negra, ou ainda afronta a direitos da personalidade do trabalhador, c) expurgos inflacionários etc."[21].

Neste sentido, a Súmula n, 278 do STJ:

"278 — O termo inicial do prazo prescricional, na ação de indenização, é a data em que o segurado teve ciência inequívoca da incapacidade laboral."

Se houver instrumento normativo regulamentado esta matéria, prevalecerá sempre a norma mais favorável ao empregado, conforme dispõe a OJ n. 41 da SDI I — do TST:

"OJ n. 41. Estabilidade. Instrumento normativo. Vigência. Eficácia. Preenchidos todos os pressupostos para a aquisição de estabilidade decorrente de acidente ou doença profissional, ainda durante a vigência do instrumento normativo, goza o empregado de estabilidade mesmo após o término da vigência deste."

Aplica-se, neste caso, uma espécie de ultra-atividade da norma coletiva, à medida que prevalece a estabilidade do empregado, que preencheu os requisitos e, portanto, passou a ter direito adquirido ao benefício, que se incorporou ao seu patrimônio jurídico, mesmo após o término da vigência do instrumento autocompositivo, e que ainda foi substituído por outro (as partes ainda estão em processo de negociação coletiva, de dissídio coletivo em trâmite no TRT/TST etc.) provendo guarida ao trabalhador quando mais necessita desta proteção, ou seja, quando doente ou acidentado.

A seguir, transcrevemos algumas ementas sobre o trabalhador acidentado:

RECURSO ORDINÁRIO. INDENIZAÇÃO. ESTABILIDADE PROVISÓRIA. INCIDÊNCIA DA SÚMULA N. 378/TST. A jurisprudência do TST orienta que deve ser reconhecida a reintegração ou indenização substitutiva decorrente da estabilidade provisória por período de doze meses após a cessação do auxílio-doença ao empregado acidentado (alta previdenciária), na forma do item I da Súmula n. 378/TST. Recurso a que se nega provimento. (00004930920135010247, Tipo de processo: Recurso Ordinário. Data de publicação: 2014-04-15. Órgão julgador: Quinta Turma. Relator: Enoque Ribeiro dos Santos)

Ementa: LIMITAÇÃO DO DIREITO POTESTATIVO DE RESILIÇÃO CONTRATUAL. ABUSO DE DIREITO. TRABALHADOR DOENTE. SUSPENSÃO DO CONTRATO DE TRABALHO. REINTEGRAÇÃO. A interpretação sistemático-teleológica, efetiva, dinâmica e evolutiva do ordenamento pátrio evidencia a

(21) CORREA, Henrique; MIESSA, Elisson. *Súmulas e orientações jurisprudenciais do TST...*, cit., p. 441.

intenção de proteger a saúde do trabalhador e evitar a sua dispensa arbitrária, ainda que não seja ele detentor de estabilidade provisória no emprego. Portanto, se na data da dispensa, a empregada encontrava-se doente, ainda que a moléstia não seja relacionada às atividades desenvolvidas no reclamado, o ato resilitório deve ser declarado nulo, devendo o contrato de trabalho permanecer suspenso enquanto persistir a incapacidade. Trata-se de hipótese de suspensão, a que se referem os arts. 472 e 476 da CLT. Do mesmo modo, dispõem os arts. 60, § 4º, e 62 da Lei n. 8.213/91. Nesse diapasão, em homenagem, especialmente, aos princípios fundamentais da proteção, da dignidade da pessoa humana, da boa-fé, da função social do contrato e do valor social do trabalho, deve haver uma mitigação do direito potestativo de dispensa, eis que, no período em o trabalhador que está doente é quando ele mais necessita dos benefícios advindos do pacto e, além disso, as chances de recolocação profissional são muito reduzidas. Ademais, a conduta reprovável de dispensar trabalhador doente pode configurar discriminação, tendo em vista o disposto no art. 1º da Lei n. 9.029/95 e nos arts. 5º, XIII e XLI e 7º, I, da CRFB/88. Com efeito, o direito à manutenção do contrato de trabalho enquanto durar a suspensão contratual não se confunde com o de estabilidade provisória do empregado acidentado. No primeiro caso, não há a prestação de serviços, porque o contrato permanece em verdadeiro estado de hibernação. No segundo, ao empregado é garantido o direito ao trabalho pelo período de doze meses após o seu retorno. Recurso obreiro conhecido e provido para declarar a nulidade de sua dispensa, determinar a consequente reintegração, com o respectivo pagamento de toda a remuneração e vantagens contratuais e normativas relativas ao período do afastamento (conforme pedidos iniciais), além da suspensão contratual para tratamento até que cesse sua incapacidade. (00016495720125010056. Tipo de processo: Recurso Ordinário. Data de publicação: 2014-04-09. Órgão julgador: Quinta Turma. Relator: Enoque Ribeiro dos Santos)

ESTABILIDADE ACIDENTÁRIA — INDENIZAÇÃO SUBSTITUTIVA — HIPÓTESE DE CABIMENTO — "Estabilidade acidentária. Garantia de emprego x indenização substitutiva. Renúncia. Inconteste que o intuito do art. 118 da Lei n. 8.213/91 é a manutenção do emprego do trabalhador acidentado, já que, acaso dispensado em tal ocasião, raramente conseguiria outro emprego. Por isso, tem direito o empregado à reintegração. E, somente nas hipóteses de impossibilidade do retorno ao trabalho, de ser desaconselhável tal medida (CLT, art. 496) ou de transcorrido o período de estabilidade (OJ n. 399 da SDI-I do col. TST), é que se torna cabível a indenização substitutiva, que se revela como medida excepcional. *In casu,* a empregadora reconheceu o equívoco da dispensa, colocando o emprego à disposição da empregada no dia imediatamente posterior ao ocorrido. Não obstante, preferiu a reclamante ajuizar a presente ação trabalhista, recusando-se a retornar ao emprego e formulando apenas o pedido de indenização substitutiva da estabilidade, sem comprovar qualquer incompatibilidade, pelo que desvirtuado está o espírito da lei que objetiva a continuidade da relação de emprego, sendo de se reconhecer a renúncia ao benefício". (TRT 3ª R. — RO 1169/2009-019-03-00.1 — 6ª T. — Rel. Des. Anemar Pereira Amaral — DJe 13.9.2010)DPU+39+2011+MAI-JUN+184.

ESTABILIDADE DO ACIDENTADO — EXTINÇÃO DA EMPRESA — Extinguindo-se a unidade fabril em que trabalhava o empregado, cessa o contrato de trabalho, desaparecendo as garantias decorrentes da relação de emprego, inclusive a estabilidade de que trata o art. 118 da Lei n. 8.213/91, e isto porque a garantia conferida ao trabalhador tem como objetivo impedir que o empregador, de maneira arbitrária, dispense o empregado que não raramente tem sua capacidade laborativa diminuída em decorrência do acidente de trabalho. A circunstância de a reclamada ter encerrado as suas atividades no ramo em que trabalhava o reclamante constitui óbice à percepção da indenização correspondente ao período de estabilidade provisória do acidentado. Recurso de Revista a que se nega provimento. (TST — RR 718.179/00.1/7ª R. — 1ª T. — Rel. Juiz Guilherme Bastos — DJU 24.6.2005 — p. 910)

É hoje pacífico na doutrina que foi ampliado consideravelmente o posicionamento do Supremo Tribunal Federal em relação ao acidentado, no tocante à interpretação da Súmula n. 229, *in verbis*:

"SÚMULA STF N. 229. A indenização acidentária não exclui a do direito comum, em caso de dolo ou culpa grave do empregador."

Anteriormente a Justiça do Trabalho somente dava provimento ao pedido de indenização no caso de dolo ou culpa grave do empregador. Entretanto, mudando para melhor e denotando uma maior preocupação com a saúde e segurança do trabalhador, hodiernamente, havendo culpa do empregador ou de outrem, de qualquer grau, mesmo que levíssima, o trabalhador acidentado faz jus à reparação.

Constitui obrigação do empregador a emissão da CAT (Comunicação de Acidente de Trabalho), como dito, até o 1º (primeiro) dia útil seguinte ao da ocorrência, e, em caso de morte, de imediato, à autoridade competente, sob pena de multa variável entre o limite mínimo e máximo do salário de contribuição, sucessivamente, aumentada nas reincidências e cobrada pela Previdência Social, conforme se depreende do art. 22, *caput*, da Lei n. 8.213/91.

Nesta vertente, as ementas dos Tribunais do Trabalho:

DANO MORAL — ACIDENTE DE TRÂNSITO — MOTOCICLETA — AUSÊNCIA DE EMISSÃO DA CAT — IMPROCEDÊNCIA — É juridicamente irrelevante no processo judicial trabalhista a circunstância de ter sido emitida, ou não, a CAT, pois se trata de um mero documento formulário exigido pela legislação previdenciária, para que seja dado início ao processo administrativo de concessão do benefício acidentário, se for o caso. A CAT emitida pelo empregador cinge-se a relatar o suposto evento danoso, o que também pode ser feito por qualquer pessoa dentre as arroladas pelo art. 22, § 2º, da Lei n. 8.213, de 1991, para que, ao final, após a submissão do segurado à perícia médica, o INSS possa proferir a decisão administrativa, concedendo, ou negando, o benefício previdenciário acidentário. (TRT 3ª R. — RO 00399/2013-134-03-00.0 — Rel. Des. Milton V. Thibau de Almeida — DJe 21.7.2014 — p. 221)v108.

ACIDENTE DE TRABALHO — FALTA DE EMISSÃO DA CAT — Após a ocorrência de acidente de trabalho, a reclamada não cumpriu com a obrigação de emitir a CAT, o que impossibilitou o reclamante de usufruir o benefício previdenciário, da espécie 91, violando o disposto no art. 22 da Lei n. 8.213/91, razão pela qual deve reintegrar o reclamante. (TRT 8ª R. — RO 0000605-30.2013.5.08.0005 — Relª Desª Fed. Maria Valquiria Norat Coelho — DJe 27.5.2014 — p. 9)v107

ACIDENTE DE TRABALHO — INDENIZAÇÃO POR DANOS MORAIS E MATERIAIS — Provado nos autos que o reclamante acidentou-se em serviço, por conta do que sofreu lesões no ombro esquerdo, ocasionando sequelas de traumatismo de músculo e tendão do membro superior e síndrome do manguito rotador, resta claro o direito inarredável de ser indenizado pelos danos morais e materiais sofridos, tanto mais quando sequer a empresa emitiu a CAT, violando o disposto no art. 22 da Lei n. 8.213/91, a evidenciar a sua culpa, juntamente com a falta de equipamentos de proteção para o trabalho em altura (arts. 186 e 927 do CCB). (TRT 11ª R. — RO 0001679-31.2012.5.11.0051 — Relª Desª Rita A. Albuquerque — DJe 26.3.2014 — p. 5)v106

RECURSO ORDINÁRIO — ACIDENTE DE TRABALHO, DE TRAJETO — EMISSÃO TARDIA DO COMUNICADO DE ACIDENTE DE TRABALHO (CAT) — OBRIGATORIEDADE — ART. 22 DA LEI N. 8.213/91 — ENQUADRAMENTO EQUIVOCADO DO BENEFÍCIO PREVIDENCIÁRIO — NEGLIGÊNCIA EMPRESARIAL — INDENIZAÇÃO CORRESPONDENTE AO PERÍODO DE ESTABILIDADE PROVISÓRIA — PEDIDO DE INDENIZAÇÃO AMPARADO PELO ORDENAMENTO JURÍDICO TRABALHISTA E PELA PREVISÃO DO ITEM I DA SÚMULA N. 396 DO C.TST — I — Ocorrido o acidente de trabalho (de trajeto) e demonstrado que a emissão tardia do Comunicado de Acidente de Trabalho (CAT), ocasionou o enquadramento equivocado do benefício previdenciário na modalidade B-31 (auxílio-doença), quando deveria ser B-91 (auxílio-doença acidentário), há de responder o empregador pelo pagamento da indenização correspondente ao lapso temporal definido no art. 118 da Lei n. 8.213/91, como sendo de garantia de emprego. II — Indiscutível o dever legal da empresa de comunicar a ocorrência do acidente de trabalho, a teor da Lei n. 8.213/91, que dispõe sobre os Planos de Benefícios da Previdência Social e dá outras providências, sendo certo afirmar que a violação da obrigação legal afronta, ainda, o próprio interesse público. III — A opção de formular pedido indenizatório, ao invés da reintegração ao emprego, não encontra óbice no ordenamento jurídico trabalhista, desde que evidenciada a inviabilidade dela ou exaurimento do período de estabilidade quando da prolação da sentença, de modo que, ao julgador, em face de ponderação e do que dispõe o art. 496 da CLT, é dado adotar a primeira solução, ainda que não postulada. III — Apelo provido, em parte, no particular. (TRT 6ª R. — RO 0001344-55.2012.5.06.0017 — 1ª T. — Relª Desª Valéria Gondim Sampaio — DJe 6.11.2013 — p. 267)v104

Várias empresas na tentativa de justificar sua omissão na obrigação de emitir a CAT vêm se posicionando no sentido de que as normas regulamentadoras não são vinculantes, com fulcro no disposto no art. 5º, inciso II, da Constituição Federal de 1988[22], esquecendo-se da previsão legal estatuída no art. 154[23] e ss., bem como do art. 169[24] da CLT.

O art. 200 da CLT apresenta, com clareza solar, que cabe ao

> "Ministério do Trabalho estabelecer disposições complementares às normas de que trata este Capítulo, tendo em vista as peculiaridades de cada atividade ou setor de trabalho, especialmente sobre:

---

(22) Art. 5º, inciso II da CF/88: "ninguém será obrigado a fazer ou deixar de fazer alguma coisa senão em virtude da lei".

(23) Art. 154. A observância, em todos os locais de trabalho, do disposto neste Capítulo, não desobriga as empresas do cumprimento de outras disposições que, com relação à matéria, sejam incluídas em códigos de obras ou regulamentos sanitários dos Estados ou Municípios em que se situem os respectivos estabelecimentos, bem como daquelas oriundas de convenções coletivas de trabalho. (Redação dada pela Lei n. 6.514, de 22.12.1977)

Art. 155. Incumbe ao órgão de âmbito nacional competente em matéria de Segurança e Medicina do Trabalho: (Redação dada pela Lei n. 6.514, de 22.12.1977)

I — estabelecer, nos limites de sua competência, normas sobre a aplicação dos preceitos deste Capítulo, especialmente os referidos no art. 200;

II — coordenar, orientar, controlar e supervisionar a fiscalização e as demais atividades relacionadas com a segurança e a medicina do trabalho em todo o território nacional, inclusive a Campanha Nacional de Prevenção de Acidentes do Trabalho;

III — conhecer, em última instância, dos recursos, voluntários ou de ofício, das decisões proferidas pelos Delegados Regionais do Trabalho, em matéria de Segurança e Medicina do Trabalho.

Art. 156. Compete especialmente às Delegacias Regionais do Trabalho, nos limites de sua jurisdição:

I — promover a fiscalização do cumprimento das normas de Segurança e Medicina do Trabalho;

II — adotar as medidas que se tornem exigíveis, em virtude das disposições deste Capítulo, determinando as obras e reparos que, em qualquer local de trabalho, se façam necessárias;

III — impor as penalidades cabíveis por descumprimento das normas constantes deste Capítulo, nos termos do art. 201. (Redação dada pela Lei n. 6.514, de 22.12.1977)

Art. 157. Cabe às empresas:

I — cumprir e fazer cumprir as normas de Segurança e Medicina do Trabalho;

II — instruir os empregados, através de ordens de serviço, quanto às precauções a tomar no sentido de evitar acidentes do trabalho ou doenças ocupacionais;

III — adotar as medidas que lhes sejam determinadas pelo órgão regional competente;

IV — facilitar o exercício da fiscalização pela autoridade competente. (Redação dada pela Lei n. 6.514, de 22.12.1977)

Art. 158. Cabe aos empregados:

I — observar as normas de Segurança e Medicina do Trabalho, inclusive as instruções de que trata o item II do artigo anterior;

II — colaborar com a empresa na aplicação dos dispositivos deste Capítulo.

Parágrafo único. Constitui ato faltoso do empregado a recusa injustificada:

a) à observância das instruções expedidas pelo empregador na forma do item II do artigo anterior;

b) ao uso dos equipamentos de proteção individual fornecidos pela empresa. (Redação dada pela Lei n. 6.514, de 22.12.1977)

Art. 159. Mediante convênio autorizado pelo Ministro do Trabalho, poderão ser delegadas a outros órgãos federais, estaduais ou municipais, atribuições de fiscalização ou orientação às empresas quanto ao cumprimento das disposições constantes deste Capítulo. (Redação dada pela Lei n. 6.514, de 22.12.1977)

(24) Art. 169. Será obrigatória a notificação das doenças profissionais e das produzidas em virtude de condições especiais de trabalho, comprovadas ou objeto de suspeita, de conformidade com as instruções expedidas pelo Ministério do Trabalho. (Redação dada pela Lei n. 6.514, de 22.12.1977)

I — medidas de prevenção de acidentes e os equipamentos de proteção individual em obras de construção, demolição ou reparos."

No caso de recusa da empresa em emitir a CAT, esta poderá ser preenchida pelo próprio acidentado, seus dependentes, pela entidade sindical competente, pelo médico que o assistiu ou qualquer autoridade pública, não prevalecendo nestes casos o prazo previsto no *caput* do art. 22[(25)] da Lei n. 8.213/91.

Se a CAT for emitida pelo empregador, a entidade autárquica (INSS) concederá o benefício "auxílio-doença acidentário", mas se ela for formalizada pelo próprio acidentado ou pelas demais pessoas ou entidades indicadas, o benefício poderá ou não ser concedido pelo órgão previdenciário sob a forma de "auxílio-doença". Como regra geral, decorridos 90 dias, no máximo, o benefício, nesse caso, poderá ser suspenso e o trabalhador será liberado para retornar ao emprego.

Luiz Salvador afirma que entre as razões da recusa de não emissão da CAT pelos empregadores são conhecidas, entre outras:

a) obrigação de continuar depositando o FGTS, enquanto o empregado estiver com o contrato suspenso;

b) garantia de emprego até um ano após a suspensão do benefício acidentário do art. 118 da Lei n. 8.213/91;

c) elevação dos custos operacionais por incidência de uma alíquota maior, em razão do reconhecimento dos riscos existentes na empresa por infortúnios, instituídos pela Lei n. 8.212/91, que pelo art. 22 obriga a recolher sobre a folha de pagamento 1,0%, 2,0% ou 3,0% as empresas em cuja atividade preponderante esse risco seja considerado grave. Tais contribuições se referem ao antigo SAT e atualmente LDRAT e destinadas ao financiamento dos benefícios concedidos em razão

(25) Art. 22. A empresa deverá comunicar o acidente do trabalho à Previdência Social até o 1º (primeiro) dia útil seguinte ao da ocorrência e, em caso de morte, de imediato, à autoridade competente, sob pena de multa variável entre o limite mínimo e o limite máximo do salário de contribuição, sucessivamente aumentada nas reincidências, aplicada e cobrada pela Previdência Social.

§ 1º Da comunicação a que se refere este artigo receberão cópia fiel o acidentado ou seus dependentes, bem como o sindicato a que corresponda a sua categoria.

§ 2º Na falta de comunicação por parte da empresa, podem formalizá-la o próprio acidentado, seus dependentes, a entidade sindical competente, o médico que o assistiu ou qualquer autoridade pública, não prevalecendo nestes casos o prazo previsto neste artigo.

§ 3º A comunicação a que se refere o § 2º não exime a empresa de responsabilidade pela falta do cumprimento do disposto neste artigo.

§ 4º Os sindicatos e entidades representativas de classe poderão acompanhar a cobrança, pela Previdência Social, das multas previstas neste artigo.

do grau de incidência de incapacidade laborativa decorrentes dos riscos ambientais do trabalho[26].

De outra parte, verificando o magistrado ou o Tribunal, no caso concreto, que o empregador age no sentido de obstruir a aquisição do direito pelo empregado ao se recusar a emitir a CAT, de forma maliciosa, deixando de cumprir obrigação que lhe é imposta pela lei, à luz do art. 129[27] do novo Código Civil, aplicado subsidiariamente no ordenamento jurídico trabalhista, poderá ser levado à ilação de que o preenchimento das condições necessárias à obtenção da estabilidade provisória foram efetivamente implementadas.

2.19.1. Prescrição aplicável em ações com pedido de dano moral decorrente de acidente de trabalho

Os arts. 23 e 204 da Lei n. 8.213/91, assim estatuem, respectivamente:

"Art. 23. Considera-se como dia do acidente, no caso de doença profissional ou do trabalho, a data do início da incapacidade laborativa para o exercício da atividade habitual, ou o dia da segregação compulsória, ou o dia em que for realizado o diagnóstico, valendo para este efeito o que ocorrer primeiro.

Art. 104. As ações referentes à prestação por acidente do trabalho prescrevem em 5 (cinco) anos, observado o disposto no art. 103 desta Lei, contados da data:

I — do acidente, quando dele resultar a morte ou a incapacidade temporária, verificada esta em perícia médica a cargo da Previdência Social; ou

II — em que for reconhecida pela Previdência Social, a incapacidade permanente ou o agravamento das sequelas do acidente

Por seu turno, a Súmula n. 278 do Superior Tribunal de Justiça diz:

'O termo inicial do prazo prescricional, na ação de indenização, é a data em que o segurado teve ciência inequívoca da incapacidade laboral'.

E a Súmula n. 230 do Supremo Tribunal Federal:

---

(26) SALVADOR, Luis. Acidente do trabalho. Empregador que não emite a CAT deve indenizar trabalhador pelo prejuízo. *Revista Justiça do Trabalho*, Porto Alegre, ano 21, n. 248, p. 26, ago. 2004. O autor ainda informa que "diante dos abusos já consabidos dessas subnotificações, o governo, preocupado com a tragédias dessas despedidas de trabalhadores doentes e lesionados, sem emissão da CAT, onerando a previdência e a própria sociedade, alterou os critérios para o recolhimento das referidas alíquotas, que doravante poderão ser menores ou maiores, como se extrai do exame da Lei n. 10.666, de 8 de maio de 2003, que permite a redução no pagamento das alíquotas instituídas em até 50% e/ou um acréscimo em até 100%, em razão do desempenho da empresa em relação à respectiva atividade econômica, apurado em conformidade com os resultados obtidos a partir dos índices de frequência, gravidade e custo, calculados segundo metodologia aprovada pelo Conselho Nacional de Previdência Social".

(27) Art. 129. Reputa-se verificada, quanto aos efeitos jurídicos, a condição cujo implemento for maliciosamente obstado pela parte a quem desfavorecer, considerando-se, ao contrário, não verificada a condição maliciosamente levada a efeito por aquele a quem aproveita o seu implemento.

'A prescrição da ação de acidente do trabalho conta-se do exame pericial que comprovar a enfermidade ou verificar a natureza da incapacidade'."

Assim, se posiciona a jurisprudência:

"RECURSO DE REVISTA — PRESCRIÇÃO — ACIDENTE DE TRABALHO — DOENÇA OCUPACIONAL — INÍCIO DO PRAZO — CIÊNCIA INEQUÍVOCA. Cinge-se a controvérsia em definir o prazo prescricional em relação ao pleito de indenização por danos morais e materiais decorrentes de doença ocupacional equiparada ao acidente do trabalho e, consequentemente, o momento da ciência inequívoca da lesão, ou seja, se ocorreu antes ou depois da vigência do Código Civil de 2002 e da promulgação da Emenda Constitucional n. 45/04, com vista a definir a incidência de prescrição civil ou trabalhista. O Tribunal Regional entendeu que a prescrição aplicável ao caso é a trabalhista. Para tanto considerou que, embora tenha sido emitido CAT em 2000, não se verificou a consolidação de lesão já nessa época, tendo em vista o gozo de benefício previdenciário até 2007. Assim, não considerou prescrita a pretensão, porque a ação foi proposta em 2008, dentro do prazo de dois anos da ruptura do contrato. É assente na jurisprudência desta Corte o entendimento de que o termo inicial do prazo prescricional da pretensão de indenização por danos decorrentes de acidente do trabalho, a que se equipara a doença profissional, é a data em que o trabalhador teve ciência inequívoca da incapacidade laboral ou do resultado gravoso. Logo, convém definir o que vem a ser a expressão ciência inequívoca da incapacidade. No caso, tal expressão não se trata da ciência das primeiras lesões da doença, como quer fazer crer a reclamada, mas da efetiva consolidação da moléstia e da consequente repercussão na capacidade de trabalho do empregado. Aliás, este tem sido o posicionamento adotado nesta Corte nas demandas relacionadas a doença ocupacional, que se caracteriza, justamente, por resultar de um processo, e não de um ato isolado, na medida em que a pretensão apenas poderia ter surgido no momento em que foram consolidados os efeitos desse processo. Admitiu-se, ainda, que, somente após o trânsito em julgado da decisão que reconheceu a doença profissional, é que tem início a prescrição da pretensão à indenização por danos morais, materiais e estéticos decorrentes daquela doença. Com efeito, a ciência inequívoca da lesão é efetivamente a data em que o empregado tem a certeza da extensão e dos efeitos do dano causado. Logo, correta a decisão que rejeitou a prescrição total da pretensão." (RR 122700-50.2008.5.04.0231, Data de Julgamento: 22.5.2013, Relatora Desembargadora Convocada: Maria das Graças Silvany Dourado Laranjeira, 2ª Turma, Data de Publicação: DEJT 31.5.2013)

Dessa forma, o prazo prescricional em ações de dano moral decorrente de doença profissional ou acidente de trabalho tem início na data da ciência inequívoca da lesão pelo empregado, o que se dá por meio de perícia médica. Em muitas, ocorre a consolidação da lesão em prazo bem superior à Comunicação do Acidente de Trabalho (CAT), por algum motivo desencadeador.

Superada a controvérsia acerca da data do início da contagem do prazo prescricional nos casos de doenças profissionais decorrentes de acidente de trabalho, cumpre perquirirmos qual a prescrição a ser adotada, se a trabalhista ou a civil.

Filiamo-nos à posição que aplica a prescrição civil quando a ciência inequívoca da incapacidade laborativa tiver ocorrido antes da EC n. 45/04, e aplica a prescrição trabalhista quando a referida ciência tiver ocorrido após a promulgação da referida Emenda.

Assim, se houver a ciência inequívoca da incapacidade laborativa em prazo posterior à Emenda Constitucional n. 45, a prescrição aplicável é a trabalhista, de 5 (cinco) anos (art. 7º, XXIX, CRFB/88).

Há que se ressaltar, a título de esclarecimento, que, se a ciência inequívoca da moléstia tivesse ocorrido antes da entrada em vigor da supramencionada emenda constitucional, a prescrição a ser aplicável seria a civil, aplicando-se o Novo Código Civil, que estabelece como prazo prescricional o de três anos.

Acerca do tema, arestos, *verbis*:

"AGRAVO DE INSTRUMENTO. RECURSO DE REVISTA. ACIDENTE DE TRABALHO. PRESCRIÇÃO. Com relação à fonte legal da prescrição (civil ou trabalhista), esta Corte Superior tem decidido reiteradamente que as ações decorrentes de acidente de trabalho ou doença profissional estão sujeitas à incidência da norma prescricional trabalhista, salvo no caso em que a lesão é anterior à entrada em vigor da Emenda à Constituição n. 45, em 31.12.2004. Para esse caso excepcional, entende-se que se deve aplicar a norma prescricional civil, em respeito aos princípios da segurança jurídica e do direito adquirido, tendo em vista que, até 31.12.2004, era incontroverso que competia à Justiça comum a apreciação de pedido de pagamento de indenização por danos morais e materiais decorrentes de acidente de trabalho ou enfermidade ocupacional, com a aplicação dos prazos prescricionais estabelecidos no direito civil. Consignado no acórdão recorrido que o Reclamante teve conhecimento inequívoco da incapacidade laboral no dia 13.11.2006, a prescrição de sua pretensão deve ser examinada sob a ótica da norma prescricional trabalhista (art. 7º, XXIX, da CF). Examinando a questão sob o enfoque da norma trabalhista, a contagem do prazo prescricional para o exercício do direito de ação pelo Reclamante findou em 13.11.2008. Como a reclamação trabalhista foi proposta em 2.9.2010, a pretensão do Reclamante está realmente prescrita, não merecendo reparos a decisão recorrida. Agravo de instrumento a que se nega provimento. ACORDAM os Ministros da Quarta Turma do Tribunal Superior do Trabalho, à unanimidade, negar provimento ao agravo de instrumento." (Processo: AIRR — 1504-27.2010.5.02.0255 Data de Julgamento: 23.4.2014, Relator Ministro: Fernando Eizo Ono, 4ª Turma, Data de Publicação: DEJT 2.5.2014)

"RECURSO DE EMBARGOS REGIDO PELA LEI N. 11.496/2007. PRESCRIÇÃO. INDENIZAÇÃO POR DANOS MORAIS DECORRENTES DE SUPOSTO ATO ILÍCITO DO EMPREGADOR PRATICADO EM 1995. EXTINÇÃO DO CONTRATO DE TRABALHO EM 10.12.1999. AJUIZAMENTO DA AÇÃO NA JUSTIÇA COMUM EM 15.4.2003. INCIDÊNCIA DA PRESCRIÇÃO TRIENAL. Pretensão de indenização por danos morais decorrentes da instauração de Comissão Interna de Sindicância em 1995, com ajuizamento da demanda em 15.4.2003. Considerando que a suposta lesão ocorreu ainda na vigência do Código Civil de 1916, durante o ano de 1995, seria aplicável, a princípio, a regra prescricional prevista nesse diploma legal. Todavia, em janeiro de 2003, entrou em vigor o Novo Código Civil que alterou o prazo prescricional relativo à reparação de dano. Assim, em consonância com a inteligência do art. 2.028 do CC/2002, o qual estabeleceu regra de transição, é de três anos o prazo prescricional relativo à reparação de dano, quando, pela lei anterior, não houver transcorrido mais da metade do prazo anteriormente estabelecido. Com o advento da EC n. 45/04, ocorreu o deslocamento da competência para julgar ação de indenização por dano decorrente da relação de trabalho. Nessa ocasião, surgiram questões relativas ao prazo prescricional a ser aplicado, sendo essa a discussão dos autos, tendo em vista que a presente ação de indenização foi ajuizada perante a Justiça Comum em 15.4.2003 e, em face da mencionada Emenda Constitucional, os autos foram remetidos a esta Justiça Especializada. Cumpre destacar que a competência desta Justiça Especializada para dirimir tais controvérsias somente se consolidou após o julgamento pelo Supremo Tribunal Federal do Conflito de Competência n. 7.204, publicado em 9.12.2005. Entendeu, inclusive, o Supremo Tribunal Federal que a competência da Justiça do Trabalho para as demandas relativas a danos morais oriundos da relação de trabalho não impede a aplicação da legislação civil pertinente, em face do princípio da segurança jurídica. Considerando que a instauração da sindicância ocorreu no ano de 1995, o contrato de trabalho foi extinto em 10.12.1999, e a ação foi ajuizada em 15.4.2003, tem-se que a prescrição prevista no art. 7º, XXIX, da CF, aplicada pelas instâncias ordinárias e mantida pela Turma, causará ao reclamante o prejuízo que se quis evitar com a norma de transição, razão pela qual incidente, no caso, a prescrição constante do art. 206, § 3º, do Código Civil de 2002. Não seria justo ou jurídico que a vítima fosse surpreendida com um prazo menor em razão da mudança da competência material. Verifica-se, finalmente, que a jurisprudência desta Subseção Especializada firmou-se no sentido de que, em relação às lesões ocorridas antes da promulgação da EC n. 45/04, ainda que não decorrentes de acidente do trabalho, a prescrição a ser aplicada é a do Código Civil, não o sendo a do art. 7º, XXIX, da Constituição Federal, em observância aos princípios do direito adquirido e da segurança jurídica. Há precedentes. Recurso de embargos conhecido e provido." (TST — E-RR — 172200-06.2003.5.02.0041, Relator Ministro: Augusto César Leite de Carvalho, Data de Julgamento: 28.6.2012, Subseção I Especializada em Dissídios Individuais, Data de Publicação: 3.8.2012)

Nesse mesmo sentido, destaco que, em seu estudo sobre o tema, Sebastião Geraldo de Oliveira conclui o seguinte, *in verbis:*

> "a prescrição aplicável nas ações indenizatórias decorrentes de acidente do trabalho deve ser a do Código Civil para as ações ajuizadas até 2004 e a trabalhista para aquelas iniciadas posteriormente." (OLIVEIRA, Sebastião Geraldo de. *Indenizações por acidente do trabalho ou doença funcional.* São Paulo: LTr, 2008).

Oportuno, esclarecer, que o gozo do benefício previdenciário não possui aptidão para suspender o prazo prescricional, haja vista que o tema já foi pacificado pelo C. TST, por meio da OJ n. 375 da SDI 1, cujo teor transcrevo a seguir:

"AUXÍLIO-DOENÇA. APOSENTADORIA POR INVALIDEZ. SUSPENSÃO DO CONTRATO DE TRABALHO. PRESCRIÇÃO. CONTAGEM (DEJT divulgado em 19, 20 e 22.4.2010)

A suspensão do contrato de trabalho, em virtude da percepção do auxílio-doença ou da aposentadoria por invalidez, não impede a fluência da prescrição quinquenal, ressalvada a hipótese de absoluta impossibilidade de acesso ao Judiciário."

De outra parte, a incapacidade absoluta em questão, apta a suspender o prazo prescricional, de acordo com a jurisprudência Tribunal Superior do Trabalho, é aquela que impossibilita a prática dos atos da vida civil, prevista no art. 198, I, do Código Civil brasileiro, e também a incapacidade física absoluta, que inviabiliza totalmente o acesso do obreiro ao poder judiciário, e que decorre do princípio contra *non volent agere non curit praescriptio*, isto é, "contra quem não pode agir judicialmente não corre a prescrição".

Neste sentido, dispõe o art. 198 do Código Civil brasileiro, *in verbis*:

"Art. 198. Também não corre a prescrição:

I — contra os incapazes de que trata o art. 3º."

Os incapazes tratados no art. 3º são os seguintes, *in verbis*:

"Art. 3º São absolutamente incapazes de exercer pessoalmente os atos da vida civil:

I — os menores de dezesseis anos;

II — os que, por enfermidade ou deficiência mental, não tiverem o necessário discernimento para a prática desses atos;

III — os que, mesmo por causa transitória, nao puderem exprimir sua vontade."

Em relação à incapacidade física absoluta, para o Tribunal Superior do Trabalho é aquela que possui caráter excepcional, que impossibilita o obreiro, de forma absoluta, de se locomover e de ter acesso ao judiciário, caso em que o reclamante, na pior das hipóteses, poderia ter ido ao judiciário com auxílio de cadeira de rodas.

Oportuno trazer à colação a decisão da SDI-1 do Col. TST, de lavra do Ministro João Oreste Dalazen, que cita, como exemplo dessa incapacidade física absoluta de acesso ao judiciário, o caso em que o demandante está acometido por uma doença denominada "leucopenia", em que o enfermo fica proibido categoricamente de ingressar em qualquer ambiente social, não podendo sequer sair de sua residência, uma vez que tal moléstia reduz de forma significativa a quantidade de leucócitos no sangue, fazendo com que o portador da moléstia não possa ter contato com outras pessoas, em razão do alto risco de contaminação por doença oportunista, que poderia levá-lo à morte.

Transcrevo a mencionada decisão, *in verbis*:

"SUSPENSÃO DO CONTRATO DE TRABALHO – AUXÍLIO DOENÇA – PRESCRIÇÃO – NÃO FLUÊNCIA – 1 – Suspenso o contrato de trabalho, em virtude de o empregado haver sido acometido de doença profissional (leucopenia), com percepção de auxílio-doença, opera-se a correlata suspensão igualmente do fluxo do prazo prescricional para ajuizamento de ação trabalhista [...]." (TST-E-RR-741962/2001, Rel. Ministro João Oreste Dalazen, DJ 13.12.2002)

Já no caso dos presentes autos, tem-se que, pelas regras de experiência comum, a hérnia discal, em regra, não tem aptidão para impossibilitar de forma absoluta a realização de todas atividades cotidianas do paciente, gerando um estado vegetativo ao mesmo, mas apenas reduz, em diferentes graus, a gama de atividades que este pode praticar, não abarcando esta redução, evidentemente, a impossibilidade de acessar o judiciário.

E, ainda as ementas sobre a matéria:

"PRESCRIÇÃO. SUSPENSÃO DO CONTRATO DE TRABALHO. A concessão de auxílio-doença, mesmo sendo motivo de suspensão do contrato de trabalho, não se enquadra em nenhuma das causas impeditivas, suspensivas ou interruptivas do prazo prescricional, enumeradas quer nos arts. 168, 169, 170 e 172 do Código Civil de 1916, quer nos arts. 197, 198, 199, 200 e 202 do Código Civil de 2002. Tampouco é possível considerá-lo causa oficiosa de interrupção ou suspensão da prescrição a partir do princípio geral de direito, segundo o qual *contra non volent agere non curit praescriptio*, isto é, contra quem não pode agir judicialmente não corre a prescrição. Isso porque não há provas de que a doença que acometera a recorrente, em razão da qual fora afastada do serviço em gozo do benefício previdenciário, a tivesse impedido de ingressar em juízo. Esse impedimento é sabidamente de ordem objetiva, pelo que se mostra irrelevante eventual escusativa de que não pudesse demandar, na pendência daquele benefício, até porque a prescrição extintiva pauta-se pelos pressupostos da inércia e do decurso do tempo, não cabendo indagar das razões psicológicas da atitude omissiva do titular do direito. Proc. TST-E-RR-2713/2002-076-02-00.6." (TST-E-RR-12713/2002-076-02-00.6, SBDI-1, Relator Ministro Milton de Moura França, DJ 28.5.2007)

"APOSENTADORIA POR INVALIDEZ. SUSPENSÃO DO CONTRATO DE TRABALHO. COMPLEMENTAÇÃO DE APOSENTADORIA. PRESCRIÇÃO. Não há previsão legal que sustente a tese da suspensão do curso da prescrição quinquenal pela intercorrência da concessão do auxílio-doença ou aposentadoria por invalidez. Apenas em casos excepcionais, quando caracterizada a absoluta impossibilidade material de o autor buscar no Poder Judiciário reparação pela lesão sofrida, afigura-se justificável a suspensão da contagem do prazo prescricional. Destaca-se, contudo, que, nessas hipóteses, não há falar na aplicação do prazo prescricional bienal extintivo, visto que tal prazo está estritamente vinculado à extinção do contrato de trabalho." (TST-E-ED-RR-754/2002-003-24-00, Min. Relator Lelio Bentes Corrêa, DEJT de 13.3.2009)

"AUXÍLIO-DOENÇA – SUSPENSÃO DO CONTRATO DE TRABALHO – Esta SBDI-I, interpretando o art. 475 da Consolidação das Leis do Trabalho cumulado com os arts. 198 e seguintes do Código Civil de 2002, vem firmando o entendimento segundo o qual a suspensão do contrato de trabalho, em virtude da percepção do auxílio-doença ou da aposentadoria por invalidez, não impede a fluência da prescrição quinquenal." (TST-E-RR-1300/2003-014-15-00, Min. Relator Vieira de Mello Filho, DEJT de 29.5.2009)

"EMBARGOS — PRESCRIÇÃO SUSPENSÃO DO CONTRATO DE TRABALHO — AUXÍLIO-DOENÇA — APOSENTADORIA POR INVALIDEZ. A suspensão do contrato de trabalho em virtude de concessão de auxílio-doença e posterior aposentadoria por invalidez não implica em suspensão do prazo prescricional quinquenal relativamente a parcelas que não são exigíveis somente com a rescisão do contrato, pois essa hipótese não está contemplada na lei como causa interruptiva ou suspensiva do instituto da prescrição e porque o afastamento por doença não impede o titular do direito de ajuizar ação trabalhista. No caso, nada foi dito com relação ao fato de que o estado de saúde do reclamante o impedia de exercitar seus direitos. [...] fico vencido diante do posicionamento majoritário desta C. Corte, que se firmou no sentido de que não há interrupção do prazo de prescrição pelo fato de o reclamante receber auxílio-doença, uma vez que inexiste, no ordenamento jurídico, dispositivo que autorize essa conclusão e, permitir que qualquer incapacidade de trabalho seja prestigiada pela suspensão do prazo prescricional, implicaria comprometer o princípio da segurança jurídica, já que a qualquer tempo o empregado poderia exigir pretensos direitos decorrentes da relação de emprego. [...] Uma coisa é o afastamento por doença implicar em suspensão do contrato de trabalho, outra coisa é suspensão do prazo de prescrição. Afastamento do serviço por doença não é causa de suspensão de prescrição. A uma, porque não é causa de suspensão prevista em lei; a duas, porque o afastamento por doença, tal como já dito, não impede o titular do direito de exercitá-lo. Aliás, nada foi dito quanto ao fato de que o estado de Saúde do reclamante o impedia de exercitar seus direitos." (TST-E-RR- 746633, Min. Relator Vantuil Abala, DEJT de 3.10.2008)

"AUXÍLIO-DOENÇA — SUSPENSÃO DO CONTRATO DE TRABALHO — [...] A Turma deu provimento ao Recurso de Revista interposto pela parte reclamada para, afastando a prescrição quinquenal, declarar como marco inicial da prescrição a data em que expirou o benefício previdenciário. Valeu-se, para tanto, dos seguintes fundamentos (205/207): o Eg. Tribunal Regional negou provimento ao recurso da autora, no tema, ao seguinte fundamento: não procedem as alegações acerca de suspensão da prescrição devido aos afastamentos causados por doença profissional, estando corretas as fundamentações a fls. 71/72. Isso porque mesmo afastada, não deixou de ter o direito de ação; se a autora quisesse ter discutido em juízo suposto direito à época do afastamento poderia fazê-lo. Portanto, acertada a decisão em declarar a prescrição quinquenal." (fl. 72) (TST-E-RR- 30/2003-068-02-00, Min. Relator Brito Pereira, DEJT de 22.5.2009)

"OJ N. 375, DA SDI-1 — AUXÍLIO-DOENÇA. APOSENTADORIA POR INVALIDEZ. SUSPENSÃO DO CONTRATO DE TRABALHO. PRESCRIÇÃO. CONTAGEM (DEJT divulgado em 19, 20 e 22.4.2010). A suspensão do contrato de trabalho, em virtude da percepção do auxílio doença ou da aposentadoria por invalidez, não impede a fluência da prescrição quinquenal, ressalvada a hipótese de absoluta impossibilidade de acesso ao Judiciário. O Autor que foi admitido aos serviços da Ré em 7.2.1996, para exercer a função de "motorista" e que em 2003 foi diagnosticado com hérnia de disco e submetido a diversos tratamentos, todos infrutíferos, razão pela qual esteve afastado de suas atividade laborativas com a percepção de auxílio-doença-acidentário (Código 91) concedido pelo Órgão Previdenciário, até sua aposentadoria por invalidez (Código 92), pretendeu, assim, o pagamento de indenização por danos morais, materiais e estéticos decorrentes da doença ocupacional equiparada a acidente de trabalho [...] De outro giro, cumpre gizar que o afastamento do empregado em gozo de benefício previdenciário acarreta a inarredável suspensão do contrato de trabalho após o 15º dia consecutivo, situação que perdura até o advento da aposentadoria definitiva, o que, incontroversamente, até o momento não ocorreu, encontrando-se ainda suspenso o contrato de trabalho, prevalecendo, ainda, a aposentadoria temporária por invalidez. A suspensão do contrato de trabalho, em tais casos, não impede a fluência da prescrição quinquenária, a menos que reste comprovada a absoluta impossibilidade de o empregado acessar o Judiciário, o que não se verifica no caso dos autos, não existindo sequer qualquer alegação neste sentido." (RO — 0022000-26.2009.5.01.0066 — Relator Desembargador Antonio Carlos de Azevedo Rodrigues, 9ª Turma, Data de Publicação: 25.3.2014)

2.19.2. Empregado acidentado no contrato de experiência

Encontramos várias definições para o contrato de experiência: contrato de prova, pacto de prova, período de experiência, pacto de experiência, contrato de experiência etc. A CLT utiliza-se da expressão contrato de experiência nos arts. 443, § 2º e 445, parágrafo único.

A rigor, o contrato de experiência é utilizado para que haja um conhecimento recíproco entre empregador e empregado, aquilatando-se nesse período de 90 (noventa) dias, que pode ser prorrogado uma única vez (desde que não extrapole este prazo de 90 dias), as reais aptidões, técnica e responsabilidade do empregado, bem como a sua adequação ao quadro funcional, prerrogativas e exigências do empregador.

O contrato de experiência equipara-se levemente ao instituto do estágio probatório do Direito Administrativo, de 3 anos para os servidores em geral, conforme se depreende do art. 41 da Constituição Federal, e de 2 anos para servidores públicos com regulamento próprio (magistrados, procuradores etc.), de acordo com o art. 37 e parágrafos da mesma Constituição.

Sergio Pinto Martins[28] afirma que o contrato de experiência não deixa de ser um contrato de trabalho por tempo determinado. Assim, há necessidade de anotação na CTPS do empregado do referido pacto, que dará ao obreiro todos os direitos e obrigações pertinentes ao citado acordo.

(28) MARTINS, Sergio Pinto. *Direito do trabalho*. 19. ed. São Paulo: Atlas, 2003. p. 142.

O problema que se afigura é se o empregado, no curso do contrato de experiência, vier a se acidentar, estará protegido e usufruirá dos benefícios do art. 118 da Lei n. 8.213/91, da mesma forma que o empregado contratado por prazo indeterminado.

A matéria atualmente encontra-se pacificada pelo Colendo Tribunal Superior do Trabalho, nos termos da Súmula n. 378, III:

"III — O empregado submetido a contrato de trabalho por tempo determinado goza da garantia provisória de emprego, decorrente de acidente de trabalho, prevista no art. 118 da Lei n. 8.213/1991."

Neste sentido as ementas:

"ESTABILIDADE PROVISÓRIA — ACIDENTADO — CONTRATO DE EXPERIÊNCIA — COMPATIBILIDADE — SÚMULA N. 378, III, DO TST — Já está pacificado na jurisprudência que o contrato de trabalho por prazo determinado, no que se inclui do contrato de experiência, não é incompatível com a estabilidade provisória por acidente de trabalho. Neste sentido é a Súmula n. 378, III, do TST, que se aplica imediatamente a todos os processos em curso." (TRT 17ª R. — RO 0155200-45.2012.5.17.0013 — Rel. Des. Gerson Fernando da Sylveira Novais — DJe 18.7.2014 — p. 165) v108.

"ACIDENTE DO TRABALHO — CONTRATO DE EXPERIÊNCIA — BENEFÍCIO PREVIDENCIÁRIO — SUSPENSÃO CONTRATUAL — GARANTIA PROVISÓRIA DE EMPREGO — ART. 118 DA LEI N. 8.213/91 — APLICABILIDADE — SÚMULA N. 378, III, DO TRIBUNAL SUPERIOR DO TRABALHO — 1) O art. 118 da Lei n. 8.213/91 prevê que 'o segurado que sofreu acidente do trabalho tem garantida, pelo prazo mínimo de doze meses, a manutenção do seu contrato de trabalho na empresa, após a cessação do auxílio doença acidentário, independentemente de percepção de auxílio-acidente'. Observa-se que o legislador não estabeleceu qualquer diferença em relação à duração dos contratos abrangidos pelo texto legal. Tal dispositivo consagra proteção especial ao trabalhador acidentado, devendo prevalecer sobre outras normas, de caráter genérico. 2) É de se notar que a estabilidade acidentária é compatível com o contrato a termo, pois o fim maior da norma é proteger o cidadão trabalhador, garantindo-lhe a possibilidade de se reinserir no mercado de trabalho. 3) Assim, o acidente ocorrido no ambiente de trabalho, local em que o empregador detém o encargo de velar pela segurança, estabelecendo mecanismos tendentes a evitar infortúnios no ambiente laboral, além de cumprir as normas de saúde, segurança e higiene previstas em lei, justifica a incidência da proteção consagrada no art. 118 da Lei n. 8.213/91, a despeito da natureza do contrato de emprego celebrado. Tal consequência deriva, ainda, da responsabilidade social que se impõe ao detentor dos meios de produção, a quem incumbe arcar com os riscos do empreendimento — Exegese do art. 170, inciso III, da Constituição da República. 4) Não se olvide, ademais, que o juiz aplicará a Lei atendendo aos fins sociais a que ela se dirige e às exigências do bem comum (art. 5º da Lei de Introdução ao Código Civil). Ao aplicador da lei, portanto, cabe valer-se do método teleológico a fim de encontrar o sentido da norma que realize os fins sociais por ela objetivados. Indubitável que o art. 118 da Lei n. 8.213/91 encerra disposição de grande relevância social, prevenindo que o empregado, vítima de acidente do trabalho, venha a sofrer ainda mais graves consequências do ato a que não deu causa, ao ser lançado no mercado de trabalho, sem proteção, em momento que tem sua saúde e capacidade laboral debilitadas. Entendimento em sentido contrário atentaria contra o ideal da realização da justiça social, vilipendiando ainda o princípio da dignidade da pessoa humana, consagrado no art. 1º, III, da Constituição da República. 5) Hipótese de incidência da Súmula n. 378, III, desta Corte superior. 6) Agravo de instrumento não provido. (TST — AIRR 0004020-47.2012.5.12.0004 — Rel. Min. Lelio Bentes Corrêa — DJe 13.6.2014 — p. 702) v108.

"CONTRATO DE EXPERIÊNCIA — ESTABILIDADE ACIDENTÁRIA — POSSIBILIDADE — O contrato de experiência é um período de teste que ocorre dentro de uma das modalidades de contrato por prazo determinado, oportunidade para serem averiguadas a capacidade e a aptidão do trabalhador ao cumprimento de tarefas no ambiente de trabalho eleito, ao mesmo tempo em que serve para o empregado aferir se aquele labor preenche suas necessidades pessoais. Tal contrato converte-se naturalmente em contrato por prazo indeterminado, salvo manifestação em sentido contrário das partes, de maneira que a ocorrência de acidente de trabalho frustra a expectativa do empregado de continuidade da relação empregatícia. Ademais, o infortúnio decorre do próprio trabalho, advindo, portanto, de fatores que estão sob o risco do empregador, sendo justificável, portanto, a proteção legal em favor do obreiro acidentado. A Constituição de 1988 ampara com atenção especial as normas de segurança e saúde do trabalho, dispondo em seu art. 7º, XXII que é direito dos trabalhadores urbanos e rurais a redução dos riscos inerentes ao trabalho, por meio de normas de saúde, higiene e segurança, permitindo a interpretação de que a aplicabilidade da estabilidade provisória de um ano após o término da licença acidentária prevista no art. 118 da Lei n. 8.213/91 estende-se a todos os empregados, inclusive os admitidos por meio de contrato de experiência, não havendo distinção quanto à modalidade de contratação." (TRT 23ª R. — RO 0000530-64.2012.5.23.0051 — 1ª T. — Rel. Des. Roberto Benatar — J. 16.4.2013) v108.

Em supedâneo ao entendimento esposado assinado, podemos citar a Súmula n. 371 do Tribunal Superior do Trabalho, que enuncia:

"N. 371 — AVISO-PRÉVIO INDENIZADO. EFEITOS. SUPERVENIÊNCIA DE AUXÍLIO-DOENÇA NO CURSO DESTE. (CONVERSÃO DAS ORIENTAÇÕES JURISPRUDENCIAIS NS. 40 E 135 DA SDI-1)

A projeção do contrato de trabalho para o futuro, pela concessão do aviso-prévio indenizado, tem efeitos limitados às vantagens econômicas obtidas no período de pré-aviso, ou seja, salários, reflexos e verbas rescisórias. No caso de concessão de auxílio-doença no curso do aviso-prévio, todavia, só se concretizam os efeitos da dispensa depois de expirado o benefício previdenciário." (ex-OJs ns. 40 e 135 — Inseridas respectivamente em 28.11.1995 e 27.11.1998)

A OJ 41 da SDI I do TST, no mesmo sentido, também dispõe:

"OJ n. 41. Estabilidade. Instrumento normativo. Vigência. Eficácia. Preenchidos todos os pressupostos para a aquisição de estabilidade decorrente de acidente ou doença profissional, ainda durante a vigência do instrumento normativo, goza o empregado de estabilidade mesmo após o término da vigência deste."

A Súmula n. 46 do TST, por seu turno, reforça a tese de que as faltas ou ausências decorrentes de acidente de trabalho configuram típica situação de interrupção do contrato de trabalho, ao dispor:

"N. 46 — ACIDENTE DO TRABALHO — As faltas ou ausências decorrentes de acidente de trabalho não são consideradas para os efeitos de duração de férias e cálculo da gratificação natalina." (RA 41/73 — DJU 14.6.1973)

2.20. Aviso-prévio indenizado

Nesta mesma esteira podemos enquadrar o aviso-prévio indenizado, pela superveniência de auxílio-doença, que vem regulado pela Súmula n. 371 do Colendo TST, que assim dispõe:

"N. 371 — AVISO-PRÉVIO INDENIZADO. EFEITOS. SUPERVENIÊNCIA DE AUXÍLIO-DOENÇA NO CURSO DESTE. (CONVERSÃO DAS ORIENTAÇÕES JURISPRUDENCIAIS NS. 40 E 135 DA SDI-1) A projeção do contrato de trabalho para o futuro, pela concessão do aviso-prévio indenizado, tem efeitos limitados às vantagens econômicas obtidas no período de pré-aviso, ou seja, salários, reflexos e verbas rescisórias. No caso de concessão de auxílio-doença no curso do aviso -prévio, todavia, só se concretizam os efeitos da dispensa depois de expirado o benefício previdenciário." (ex-OJs ns. 40 e 135 — Inseridas respectivamente em 28.11.1995 e 27.11.1998)

As seguintes ementas tratam do presente caso:

"MANDADO DE SEGURANÇA. TUTELA ANTECIPADA. Deve ser mantida a reintegração concedida em antecipação de tutela, quando comprovado que o terceiro interessado estava em gozo de auxílio-doença por acidente de trabalho, concedido no curso do aviso-prévio indenizado." (Súmula n. 371 e Orientação Jurisprudencial n. 64 da SDI-I, ambos do C. TST). (01314001320085010000. Tipo de processo: Mandado de Segurança. Data de publicação: 2009-06-05. Órgão julgador. Seção Especializada em Dissídios Individuais. Relator: Edith Maria Correa Tourinho)

"ESTABILIDADE — LEI ELEITORAL N. 9.504/97 — PROJEÇÃO DO AVISO-PRÉVIO INDENIZADO — INCIDÊNCIA DA ORIENTAÇÃO JURISPRUDENCIAL N. 40 DA SBDI-1 DO TST — A matéria em debate encontra-se superada pelo entendimento consagrado na Orientação Jurisprudencial n. 40 da SBDI-1 do TST, no sentido de que 'a projeção do contrato de trabalho para o futuro, pela concessão do aviso-prévio indenizado, tem efeitos limitados às vantagens econômicas obtidas no período de pré-aviso, ou seja, salários, reflexos e verbas rescisórias'. Não merece conhecimento o recurso de revista, quando o tema for objeto de enunciado ou de orientação jurisprudencial da Seção de Dissídios Individuais desta Corte, situação em que a missão do TST ter-se-á, previamente, ultimado. Aplicação do disposto na alínea a e no § 4º do art. 896 da CLT. Agravo a que se nega provimento." (TST — AIRR 48.949/2002-900-02-00.3 — 1ª T. — Rel. Min. Lélio Bentes Corrêa — DJU 6.5.2005)

"RECURSO DE REVISTA — ADMISSIBILIDADE — AVISO-PRÉVIO INDENIZADO — EFEITOS — SUPERVENIÊNCIA DE AUXÍLIO-DOENÇA NO CURSO DESTE — 1. Inadmissível recurso de revista interposto contra acórdão de Tribunal Regional do Trabalho proferido em consonância com a Súmula n. 371 do Tribunal Superior do Trabalho, segundo a qual os efeitos da dispensa, quando concedido auxílio-doença no curso do aviso-prévio indenizado, só se concretizam depois de expirado o benefício previdenciário (CLT, art. 896, § 4º). 2. Agravo de instrumento a que se nega provimento." (TST — AIRR 3065/1997-061-02-40.2 — 1ª T. — Rel. Min. João Oreste Dalazen — DJU 27.5.2005)

"CONCESSÃO DE BENEFÍCIO PREVIDENCIÁRIO DURANTE AVISO-PRÉVIO INDENIZADO — SUSPENSÃO DO CONTRATO DE TRABALHO — RESCISÃO CONTRATUAL — NULA — CONSIGNAÇÃO EM PAGAMENTO — IMPROCEDENTE — Se durante o aviso-prévio é concedido à autora benefício previdenciário, isso suspende o contrato de trabalho. Por consequência, é nula a rescisão contratual, sendo a reintegração ao emprego e a improcedência do pleito constante da ação de consignação em pagamento mero consectários dessa declaração. Ademais, cumpre acrescentar que o término contrato de trabalho somente se efetiva com o fim do aviso-prévio, pois esse período integra o tempo de serviço para todos os efeitos legais (aplicação do § 6º do art. 487 da CLT)." (TRT 3ª R. — RO 01196-2003-036-03-00-4 — 3ª T. — Relª Juíza Maria Cristina Diniz Caixeta — DJMG 26.2.2005)

2.21. Seguro-desemprego

O seguro-desemprego constitui benefício de natureza previdenciária, conquanto não seja pago pela Previdência Social (INSS), mas sim com recursos do FAT (Fundo de Amparo ao Trabalhador), em convênio com a Caixa Econômica Federal (CEF), alimentado de forma plural (recursos de recapacitação, qualificação profissional, multas etc.).

O período de fruição do seguro-desemprego[29] varia de acordo com o período trabalhado com carteira assinada, ou seja, com o devido registro na CTPS. Assim, se o período trabalhado com carteira assinada for de 6 a 11 meses, o número de prestações do seguro-desemprego será de 3 parcelas mensais; se de 12 a 23 meses de trabalho, o número de prestações será de 4 parcelas mensais e se o trabalhador trabalhou mais de 23 meses, o número de parcelas do seguro-desemprego é de 5 parcelas mensais.

(29) A Lei n. 10.608/02 concedeu o benefício do seguro-desemprego aos trabalhadores resgatados da condição análoga à de escravo, na proporção de 3 (três) parcelas de seguro-desemprego, além de cursos de requalificação profissional no SINE. A Lei n. 10.779/03 proporcionou o pagamento de parcelas de seguro-desemprego ao pescador profissional, individual ou em regime de economia familiar (pescador artesanal), no período de defeso.

O valor dessas parcelas varia de acordo com a remuneração do trabalhador, e este tem um prazo de 7 a 120 dias para requerer o benefício. Esse prazo é decadencial, ou seja, uma vez que o empregado deixa transcorrer o prazo *in albis* há a perda efetiva do direito.

De outra parte, o período aquisitivo do direito ao seguro-desemprego é de 16 meses, sendo possível a fruição de mais de um seguro-desemprego, desde que seja observada a comprovação de mais de uma atividade pelo trabalhador. Se voltar a trabalhar, há a suspensão do benefício.

Após 16 meses, se o trabalhador voltar a ficar desempregado, terá o direito de receber as parcelas que não recebeu anteriormente. Vale dizer, na primeira fruição do benefício: exigência de 6 meses, no mínimo, de período trabalhado; já na segunda vez o período aquisitivo é elastecido para 16 meses.

Temos as seguintes hipóteses de suspensão do benefício do seguro-desemprego: a) admissão em novo emprego e b) início de percepção de benefício de prestação continuada da Previdência Social, exceto auxílio-acidente e pensão por morte (hipóteses em que a cumulação dos benefícios é permitida).

As hipóteses de cancelamento do benefício do seguro-desemprego, por seu turno, são assim enumeradas: a) recusa por parte do trabalhador-desempregado de outro emprego condizente com sua qualificação e remuneração anterior; b) comprovação de falsidade na prestação de informações necessárias à habilitação do benefício; c) comprovação de fraude para obtenção do benefício e d) morte do trabalhador.

O seguro-desemprego também está contemplado nos casos de responsabilidade objetiva da empresa ou empregador.

Não obstante, em janeiro de 2014, o Governo Federal promoveu alterações no seguro desemprego, de forma que somente receberá o seguro-desemprego pela segunda vez, quem tiver permanecido no trabalho por pelo menos um ano. De acordo com o MTE, se esta regra já estivesse em vigor em 2014, 26% dos desempregados teriam ficado sem o benefício.

A mudança no seguro desemprego objetiva reduzir a rotatividade da mão de obra, embora o principal motivo oculto é reduzir as despesas orçamentárias do Estado com esta sigla.

De acordo com a Súmula n. 389 do TST, o não fornecimento pelo empregador da guia necessária para o recebimento do seguro-desemprego dá origem ao direito à indenização. Vejamos:

> "N. 389 — SEGURO-DESEMPREGO. COMPETÊNCIA DA JUSTIÇA DO TRABALHO. DIREITO À INDENIZAÇÃO POR NÃO LIBERAÇÃO DE GUIAS. (CONVERSÃO DAS ORIENTAÇÕES JURISPRUDENCIAIS NS. 210 E 211 DA SDI-1)

I — Inscreve-se na competência material da Justiça do Trabalho a lide entre empregado e empregador tendo por objeto indenização pelo não fornecimento das guias do seguro-desemprego. (ex-OJ n. 210 — Inserida em 8.11.2000)

II — O não fornecimento pelo empregador da guia necessária para o recebimento do seguro-desemprego dá origem ao direito à indenização." (ex-OJ n. 211 — Inserida em 8.11.2000)

É outro caso típico de responsabilidade objetiva do empregador, que poderá ser decorrente de uma responsabilidade indireta. É o caso de negligência de um de seus prepostos, encarregado desta função na empresa. Se houve dolo ou culpa do empregado, o empregador terá o direito da ação regressiva contra ele.

As seguintes ementas ajudam a esclarecer a presente situação fática:

SEGURO-DESEMPREGO — INDENIZAÇÃO SUBSTITUTIVA — HIPÓTESE DE CABIMENTO — "Período clandestino. Ônus da prova. Ao autor incumbe comprovar os elementos caracterizadores da relação de emprego delineados no art. 3º, consolidado. Entretanto, caso a demandada reconheça a prestação de serviços pelo obreiro, atribuindo-lhe caráter diverso daquele pertinente ao vínculo empregatício, atrai para si o ônus de provar as circunstâncias em que fundamenta essa asserção. Incidência dos arts. 818 da CLT e 333, II, do CPC. Seguro desemprego. Indenização substitutiva. A irregularidade praticada pelo empregador, de modo a impossibilitar a percepção do seguro desemprego pelo obreiro, agrega o mesmo resultado jurídico imposto ao não fornecimento das guias relativas ao benefício, o que obriga a reclamada ao pagamento da indenização substitutiva, conforme aplicação analógica do disposto no item II da Súmula n. 389 do TST. Recurso ordinário parcialmente provido". (TRT 6ª R. — RO 0000614-35.2012.5.06.00020 — 4ª T. — Relª Desª Gisane Barbosa de Araújo — DJe 17.09.2013) RST+293+2013+NOV+141v104.

"SEGURO-DESEMPREGO — COMPETÊNCIA DA JUSTIÇA DO TRABALHO — DIREITO À INDENIZAÇÃO POR NÃO LIBERAÇÃO DE GUIAS — SÚMULA N. 389 DO TST — I — Inscreve-se na competência material da Justiça do Trabalho a lide entre empregado e empregador tendo por objeto indenização pelo não fornecimento das guias do seguro-desemprego. (ex-OJ n. 210 — Inserida em 8.11.2000) II — O não fornecimento pelo empregador da guia necessária para o recebimento do seguro-desemprego dá origem ao direito à indenização." (ex-OJ n. 211 — Inserida em 8.11.2000). Recurso de revista de que não se conhece. (TST — RR 636358/2000.3 — 5ª T. — Rel. Juiz Conv. "Walmir Oliveira da Costa — DJU 1º7.2005)

S"EGURO-DESEMPREGO — LIBERAÇÃO DAS GUIAS — INDENIZAÇÃO SUBSTITUTIVA — SÚMULA N. 389 DO TST — A decisão do Regional, que nega provimento ao recurso ordinário da reclamada, para manter a sentença que a condenou ao pagamento da indenização substitutiva pela não liberação das guias do seguro-desemprego, está em consonância com o item II da Súmula n. 389 do TST. Inviável, portanto, a admissibilidade do recurso de revista, nos termos do art. 896, § 5º, da CLT. Agravo de instrumento não provido." (TST — AIRR 41964/2002-900-01-00.6 — 4ª T. — Rel. Juiz Conv. José Antonio Pancotti — DJU 1º.7.2005)

"SEGURO-DESEMPREGO — INDENIZAÇÃO SUBSTITUTIVA — A conversão da obrigação de fazer descumprida em obrigação de pagar fundamenta-se no art. 186 do novo Código Civil. A omissão do empregador, não entregando as guias do seguro desemprego, impede que o empregado tenha acesso ao benefício, causando-lhe prejuízo. Deve, portanto, reparar o dano causado." (TRT 5ª R. — RO 00125-2004-011-05-00-8 — (16.593/05) — Relª Juíza Débora Machado — J. 4.8.2005)

2.22. Planos de demissão voluntária

Podemos também dizer que cabe a responsabilidade objetiva do empregador nos casos de pagamentos genéricos feitos nos Planos de Demissão Voluntária, após o aparecimento no mundo do Direito da OJ n. 270 da SDI I do TST, que assim se expressa:

"Programa de Incentivo à Demissão Voluntária. Transação extrajudicial. Parcelas oriundas do extinto contrato de trabalho. Efeitos. A transação extrajudicial que importa rescisão do contrato de trabalho ante a adesão do empregado a plano de demissão voluntária implica quitação exclusivamente das parcelas e valores constantes do recibo."

Logo, aplica-se neste caso o adágio da sabedoria popular que diz: "quem paga mal, paga duas vezes", por inobservância a preceitos legais. Essa orientação acha-se em íntima conexão com a Súmula n. 330[30] do TST sobre quitação de parcelas salariais.

As ementas abaixo relacionadas esclarecem a presente situação jurídica.

QUITAÇÃO GERAL — PROGRAMA DE DEMISSÃO VOLUNTÁRIA — RECLAMAÇÃO TRABALHISTA — PROPOSITURA — CABIMENTO — "A adesão ao programa de demissão voluntária, programa este que serve para reduzir o quadro de funcionários da empresa, não desautoriza o empregado a ajuizar reclamação trabalhista, direito de ação constitucionalmente garantido (art. 5º, inciso XXXV, da Constituição Federal). Mesmo que o acordo em questão tenha sido celebrado com a participação de entidade sindical ou de representação dos empregados, é direito que lhe assiste. A quitação, no caso, refere-se, exclusivamente, as parcelas e valores constantes do recibo. Inconformadas com a decisão de fl. 24/30, que julgou procedente em parte a reclamação trabalhista, recorrem as partes. O autor, às fl. 871/874, pretende os reflexos das diferenças salariais, decorrentes da

(30) ENUNCIADO TST N. 330 — QUITAÇÃO — Validade — (Revisão do Enunciado n. 41) — A quitação passada pelo empregado, com assistência de entidade sindical de sua categoria, ao empregador, com observância dos requisitos exigidos nos parágrafos do art. 477 da CLT, tem eficácia liberatória em relação às parcelas expressamente consignadas no recibo, salvo se oposta ressalva expressa e especificada ao valor dado à parcela ou parcelas impugnadas.

I — A quitação não abrange parcelas não consignadas no recibo de quitação e, consequentemente, seus reflexos em outras parcelas, ainda que essas constem desse recibo.

II — Quanto a direitos que deveriam ter sido satisfeitos durante a vigência do contrato de trabalho, a quitação é válida em relação ao período expressamente consignado no recibo de quitação. (Redação dada pela Res. n. 108/2001, DJ 18.4.2001)

equiparação salarial, na verba paga em razão do incentivo financeiro, quando da sua adesão ao PDV. Insiste na devolução de descontos efetuados na rescisão do contrato e durante a vigência da relação de emprego, sob a rubrica 'acerto de horas', 'estorno banco de horas especial', 'acerto de horas mês', 'acerto de horas mês anterior e adiantamento hora extra sábado adicional de produção'. Pugna pela reforma. Tempestivo (fls. 847/871). Contrarrazões às fls. 897/900. Isento de preparo. Representação processual regular. A reclamada recorre às fls. 848/870. Argui, preliminarmente, o cerceamento de defesa, em razão das perguntas indeferidas; negativa de prestação jurisdicional e nulidade da sentença, em razão do julgamento ultra petita. Aduz que é lícita a transação, pois é válido o acordo celebrado entre as partes, devendo a ação se julgada extinta; por cautela, requer a devolução do valor pago a título de incentivo financeiro; assegura que autor e paradigma exerciam funções distintas; que não há fundamento legal para deferir ao autor o pagamento de horas extras decorrentes do tempo despendido no trajeto interno da empresa; que são indevidas as diferenças de horas extras relativas aos minutos que antecedem a jornada, esclarecendo que o autor poderia dispor livremente de seu tempo; que os descontos na remuneração do autor são lícitos; que são indevidos; insiste que, desde novembro de 1999, houve inclusão no salário-hora do autor o reajuste de 10,5% no qual estava incluso o abono salarial de 2,98%; que não são devidas as diferenças de integração de horas extras e adicional noturno em DSRs, tendo em vista a previsão no acordo coletivo. Pugna pela reforma. Tempestivo (fls. 847/848). Contrarrazões às (fls. 876/896). Preparado (fl. 642/870). Representação processual regular". (TRT 2ª R. — Proc. 0008000-32.2007.5.02.0464 — (20120807585) — Relª Wilma Gomes da Silva Hernandes — DJe 24.7.2012)RST+279+2012+SET+166.

TRANSAÇÃO — PROGRAMA DE DEMISSÃO VOLUNTÁRIA — ADESÃO — PARCELAS DECORRENTES DO EXTINTO CONTRATO DE TRABALHO — EFICÁCIA LIBERATÓRIA GERAL — INEXISTÊNCIA — "Recurso de embargos em recurso de revista. Publicação do acórdão embargado sob a égide da Lei n. 11.496/07. Nulidade por negativa de prestação jurisdicional. Não lastreadas as razões dos embargos, no aspecto. Em invocação de específico dissenso pretoriano *interna corporis*, não se viabiliza o conhecimento do apelo, a teor do art. 894, II, da CLT. Transação extrajudicial. Adesão a Programa de Incentivo à Demissão Voluntária. Efeitos. Aplicação da OJ n. 270/SDI-I. Besc. Ao se posicionar no sentido de que a transação extrajudicial, decorrente da adesão da autora ao Plano de Demissão Incentivada, não tem eficácia liberatória geral em relação às parcelas decorrentes do extinto contrato de trabalho, a Turma deslindou a controvérsia em consonância com a OJ n. 270 da SDII/TST, a atrair o óbice no art. 894, II, *in fine*, da CLT. A questão relativa à aplicação do referido verbete jurisprudencial aos casos do Besc não comporta mais discussão no âmbito desta Corte, referendada por decisão do Tribunal Pleno do TST, do Processo n. TST-ROAA 1115/2002-000-12-00.6, proferida em sessão realizada em 9.11.2006. Recurso de embargos não conhecido". (TST — E-ED-RR 269/2005-037-12-00 — Relª Min. Rosa Maria Weber — DJe 18.12.2009)RST+249+2010+MAR+154+01/94.

"RECURSO DE REVISTA DO RECLAMADO — PROGRAMA DE INCENTIVO À DEMISSÃO VOLUNTÁRIA — QUITAÇÃO RESTRITA ÀS PARCELAS

CONSTANTES DO RECIBO — A adesão do empregado a plano de incentivo à demissão voluntária importa em quitação exclusivamente das parcelas e valores constantes do recibo, na forma do disposto no art. 477 da CLT e na Orientação Jurisprudencial n. 270 da SBDI-1 do TST. Compensação e PDV. Não há falar em compensação dos valores pagos em decorrência da adesão ao Plano de Incentivo à Demissão Voluntária, de natureza indenizatória pela perda do emprego, com os oriundos da condenação judicial. Folgas previstas em acordos coletivos, resultantes da conversão de índices de reajustes salariais. Na hipótese dos autos, foi firmado Acordo Coletivo em que se estabeleceu a conversão do direito ao pagamento de diferenças salariais decorrentes de planos econômicos em fruição de folgas, sem a possibilidade de conversão em pecúnia. O acórdão regional autorizou a conversão da obrigação de fazer em pagar. Entretanto, o Recurso de Revista não se viabiliza porque não demonstradas violação aos dispositivos legais da Constituição da República e divergência jurisprudencial. Recurso de Revista não conhecido. Recurso de revista do reclamante folgas previstas em acordos coletivos, resultantes da conversão de índices do plano Bresser quitadas em acordo coletivo. O acórdão regional afirmou que as diferenças salariais referentes ao Plano Bresser foram quitadas em acordo nos autos de Dissídio Coletivo, não podendo o Banco reincluir a parcela postulada. Os dispositivos legal e constitucional invocados não foram prequestionados, a teor da Súmula n. 297 do TST. Os arestos são inservia teor da Súmula n. 296 do TST e do art. 896 do TST. Recurso de Revista não conhecido." (TST — RR 631.228/2000.2 — 3ª T. — Relª Minª Maria Cristina Irigoyen Peduzzi — DJU 1º7.2005).

O Colendo TST emitiu a seguinte Orientação Jurisprudencial Transitória, em relação ao tema:

"OJ N. 67. TELEMAR. PRIVATIZAÇÃO. PLANO DE INCENTIVO À RESCISÃO CONTRATUAL (PIRC). PREVISÃO DE PAGAMENTO DA INDENIZAÇÃO COM REDUTOR DE 30%. APLICAÇÃO LIMITADA AO PERÍODO DA REESTRUTURAÇÃO. Não é devida a indenização com redutor de 30%, prevista no Plano de Incentivo à Rescisão Contratual da Telemar, ao empregado que, embora atenda ao requisito estabelecido de não haver aderido ao PIRC, foi despedido em data muito posterior ao processo de reestruturação da empresa, e cuja dispensa não teve relação com o plano."

2.23. Execução trabalhista até a penhora

Encontramos na execução trabalhista típica situação de responsabilidade objetiva do credor, geralmente o empregado, na figura de credor.

Com o advento da Lei n. 11.232/05, a execução provisória sofreu algumas modificações, sendo regida pelo art. 475-O, *in verbis:*

"Art. 475-O. A execução provisória da sentença far-se-á, no que couber, do mesmo modo que a definitiva, observadas as seguintes normas:

I — corre por iniciativa, conta e responsabilidade do exequente, que se obriga, se a sentença for reformada, a reparar os danos que o executado haja sofrido;

II — fica sem efeito, sobrevindo acórdão que modifique ou anule a sentença objeto da execução, restituindo-se as partes ao estado anterior e liquidados eventuais prejuízos nos mesmos autos, por arbitramento;

III — o levantamento de depósito em dinheiro e a prática de atos que importem alienação de propriedade ou dos quais possa resultar grave dano ao executado, dependem de caução suficiente e idônea, arbitrada de plano pelo juiz e prestada nos próprios autos.

§ 1º No caso do inciso II do *caput* deste artigo, se a sentença provisória for modificada ou anulada apenas em parte, somente nesta ficará sem efeito a execução.

§ 2º A caução a que se refere o inciso III do *caput* deste artigo poderá ser dispensada:

I — quando, nos casos de crédito da natureza alimentar ou decorrente de ato ilícito, até o limite de sessenta vezes o valor do salário-mínimo, o exequente demonstrar situação de necessidade;

II — nos casos de execução provisória em que penda agravo de instrumento junto ao Supremo Tribunal Federal ou ao Superior Tribunal de Justiça (art. 544), salvo quando da dispensa possa manifestadamente resultar risco de grave dano, de difícil ou incerta reparação.

§ 3º Ao requerer a execução provisória, o exequente instruirá a petição com cópias autenticadas das seguintes peças do processo, podendo o advogado valer-se do disposto na parte final do art. 544, § 1º:

I — sentença ou acórdão exequendo;

II — certidão de interposição do recurso não dotado de efeito suspensivo;

III — procurações outorgadas pelas partes;

IV — decisão de habilitação, se for o caso;

V — facultativamente, outras peças processuais que o exequente considere necessárias. (Artigo acrescentado pela Lei n. 11.232, de 22.12.2005. DOU 23.12.2005, com efeitos a partir de 6 (seis) meses após a publicação)."

De acordo com Carlos Henrique Bezerra Leite[(31)] a execução corre por conta e risco do exequente, que deverá ser responsabilizado, no mesmo processo, ou melhor, nos mesmos autos (inciso IV), pelos prejuízos que vier a causar ao executado. No Processo do Trabalho, o juiz deve ter redobrada cautela ao permitir a execução provisória que importe atos de expropriação dos bens do executado, pois o exequente, na grande maioria dos casos, é (des)empregado e não tem condições de arcar com eventuais prejuízos decorrentes do resultado final desfavorável do processo.

A exceção fica por conta do levantamento do crédito, em execução provisória, nos casos de necessidade, conforme se depreende da seguinte ementa:

---

(31) LEITE, Carlos Henrique Bezerra. *Curso de direito processual do trabalho*. São Paulo: LTr, 2003. p. 638.

EXECUÇÃO TRABALHISTA — ART. 475-O DO CPC — HIPÓTESE DE APLICABILIDADE — "Recurso de revista. Execução provisória. Art. 475-O do CPC. Compatibilidade com o processo do trabalho. A regra e o princípio constitucionais da razoável duração do processo e da efetividade da jurisdição (art. 5º, LXXVIII, da CF) tornam compatíveis com o processo do trabalho os novos dispositivos processuais civis favorecedores da célere, eficiente e efetiva prestação jurisdicional, tal como o recente art. 475-O do CPC reformado. Em par com essa fonte constitucional inovadora e heurística (por si só bastante), o art. 475-O do CPC é de aplicabilidade no processo do trabalho em face do permissivo contido no art. 769 da CLT e também porque a natureza do crédito trabalhista se compatibiliza com normas de índole protetiva que busquem o aperfeiçoamento dos procedimentos executivos, com o objetivo de se alcançar de forma efetiva a satisfação dos créditos reconhecidos judicialmente. A finalidade social da norma é inquestionável, possibilitando a diminuição do impacto sofrido pelo trabalhador que é dispensado sem a percepção de todos os direitos adquiridos ao longo do pacto laboral e é impedido de obter recursos financeiros para suprir necessidades básicas em virtude das várias medidas processuais disponibilizadas às partes, que permitem que seja protelado o pagamento das verbas deferidas em juízo. A absorção, pelo processo do trabalho, das regras processuais civis, naquilo que tornam a execução mais rápida e eficaz, tem respaldo ainda em outro Texto Constitucional que, no art. 100, § 1º-A, reconhece expressamente a natureza alimentar dos créditos trabalhistas. Nesse sentido, é nítida a harmonia entre a norma contida no art. 475-O do CPC e o sistema processual trabalhista especializado. Recurso de revista não conhecido". (TST — RR 163640-69.2008.5.03.0139 — 6ª T. — Rel. Min. Mauricio Godinho Delgado — DJe 13.8.2010) DPU+39+2011+MAI-JUN+184 RST+258+2010+DEZ+148+01/94

EXECUÇÃO PROVISÓRIA — PROCESSO DO TRABALHO — LIMITAÇÃO ATÉ A PENHORA — HIPÓTESE DE CABIMENTO — "Recurso ordinário em mandado de segurança. Execução provisória. Constrição de pecúnia. Impossibilidade. Súmula n. 417, III, do TST. Nos termos do art. 899 da CLT, a execução provisória, no processo do trabalho, somente é permitida até a penhora. Por outra face, a jurisprudência desta Corte está orientada no sentido de que, em se tratando de execução provisória, a determinação de penhora em dinheiro, quando nomeados outros bens, fere direito líquido e certo do executado a que a execução se processe da forma que lhe seja menos gravosa (CPC, art. 620). Esta é a diretriz da Súmula n. 417, III. Recurso ordinário conhecido e provido". (TST — RO 10900-17.2010.5.02.0000 — SDI-2 — Rel. Min. Alberto Luiz Bresciani de Fontan Pereira — DJe 29.6.2012)RST+279+2012+SET+161+01/94v98

"EXECUÇÃO PROVISÓRIA — Levantamento de crédito — estado de necessidade. O art. 588, II, c/c com o § 2º do mesmo dispositivo do CPC, autoriza o levantamento de depósito em dinheiro na execução provisória, até o limite de sessenta vezes o salário mínimo, independentemente de caução, nos casos de crédito de natureza alimentar, quando o exequente se encontrar em estado de necessidade. Desse modo, encontrando-se pendente agravo de instrumento interposto contra decisão que negou seguimento ao recurso de revista do executado, e visto que a situação é aquela descrita e contemplada pela lei processual, deve ser permitido o recebimento da importância pelo credor até o limite legal. As aludidas normas processuais merecem ser aplicadas ao processo do trabalho, ao título de integração, conforme previsão contida no art. 769 da CLT, quando se trate de crédito do trabalhador, que tem inequívoca natureza alimentar." (TRT 3ª R. — Ap 00654.2002.087.3.40.4 — 1ª T. — Rel. Juiz Marcio Flavio Salem Vidigal — DJMG 26.3.2004)

E o que dizer da execução provisória nas obrigações de fazer[32]? Entendemos plenamente cabível a execução provisória nas obrigações de fazer, uma vez que o art. 588 do CPC, revogado pela Lei n. 11.232/05, tendo sido substituído pelo art. 475, aplicável subsidiariamente ao processo do trabalho, não faz qualquer distinção entre obrigação de dar e de fazer. Ademais, partindo da máxima de que o legislador não profere palavras inúteis, não caberá, neste caso, ao intérprete fazê-lo.

De outra sorte, o entendimento jurisprudencial vem gradualmente sedimentando-se no sentido da admissibilidade da tese da possibilidade de antecipação de tutela na obrigação de fazer. Vejamos as ementas abaixo relacionadas:

> "EXECUÇÃO PROVISÓRIA — REINTEGRAÇÃO NO EMPREGO — ART. 461 DO CPC — INTELIGÊNCIA — A efetividade do processo, diante de sua natureza instrumental, supõe a justa prestação jurisdicional que comporta antecipação da tutela específica da obrigação de fazer, segundo o comando que emerge do art. 461 do CPC com a redação que lhe deu a Lei n. 8.952 de 1994." (TRT 2ª R. — MS 10233-2004-000-02-00 — (2005023092) — SDI — Rel. p/o Ac. Juiz Jose Carlos da Silva Arouca — DOESP 16.8.2005)

> "MANDADO DE SEGURANÇA — ANTECIPAÇÃO DA TUTELA JURISDICIONAL — EXECUÇÃO PROVISÓRIA DE OBRIGAÇÃO DE FAZER — REENQUADRAMENTO — DIREITO LÍQUIDO E CERTO. Com o advento da recente reforma ao Código de Processo Civil, de modo a atender aos anseios sociais de maior celeridade na entrega da jurisdição, o legislador, alterando a redação dos arts. 273 (tutela antecipada) e 461 do CPC (tutela específica das obrigações de fazer e não fazer) atribuiu ao magistrado o poder de antecipar os efeitos da tutela jurisdicional, sempre que presentes os pressupostos ali discriminados. O ato atacado que, após julgado o feito em primeira e segunda instâncias, exaurida, portanto, a fase de conhecimento, determinou o imediato reenquadramento do reclamante em sede de execução provisória, processada por carta de sentença, não feriu direito líquido e certo da impetrante, porque embasado no disposto no art. 461 do CPC, que autoriza a execução provisória das obrigações de fazer, bem como porque estão presentes, na espécie, os requisitos autorizadores da antecipação dos efeitos da tutela jurisdicional. Emerge da confirmação da sentença de primeiro grau, que deferiu o pedido de reenquadramento, pela

(32) Entre as obrigações de fazer, encontramos a reintegração ou readmissão de empregado no emprego; anotação na CTPS; concessão de férias e fornecimento de carta de referência a empregado dispensado do emprego.

decisão proferida em segundo grau, a relevância do fundamento da demanda, que justifica a concessão do adiantamento da tutela definitiva de mérito. Registre-se, por relevante, que o contrato de trabalho continua em vigor e nenhuma providência foi tomada pela impetrante para regularizar a situação do litisconsorte, de modo a proceder o seu correto enquadramento, tendo em vista as funções efetivamente por ele exercidas. Recurso ordinário não provido." (TST — ROMS 341104/1997 — SBDI-II — Rel. Min. Milton de Moura França — DJU 13.8.1999)

"MANDADO DE SEGURANÇA — CANDIDATO APROVADO EM CONCURSO DENTRO DO NÚMERO DE VAGAS PREVISTO NO EDITAL — NOMEAÇÃO — ADMISSIBILIDADE — PAGAMENTO DE REMUNERAÇÃO — EFEITO SECUNDÁRIO DA DECISÃO — RECONHECIMENTO — 'Agravo interno em execução de acórdão em mandado de segurança. Decisão que determinou a imediata nomeação de candidato aprovado em concurso público dentro do número de vagas previsto no edital. Pagamento de remuneração. Efeito secundário da decisão. Inexistência de vedação legal. Agravo interno conhecido e improvido. I — A pendência de trânsito em julgado do *mandamus* não constitui óbice à sua execução provisória. II — A ordem não configurou violação às vedações contidas na Lei n. 12.016/09 e na Lei n. 9.494/97, porquanto não determinou a inclusão em folha de pagamento ou pagamentos de qualquer natureza, até porque o agravado ainda não ostentava a condição de servidor público. III — Agravo interno conhecido e improvido'." (TJAM — AI-Ex-MS 2009.003978-5/0002.01 — TP — Rel. Des. João de Jesus Abdala Simões — DJe 22.7.2011 — p. 1)RAP+4+2011+AGO-SET+144

No mesmo sentido, a OJ n. 65 da SDI-2 do TST, como segue:

"OJ n. 65. Mandado de segurança. Reintegração liminarmente concedida. Dirigente sindical. Ressalvada a hipótese do art. 494 da CLT, não fere direito líquido e certo a determinação liminar de reintegração no emprego de dirigente sindical, em face da previsão do inciso X do art. 659 da CLT."

Nesse sentido, acórdão do TST:

"MANDADO DE SEGURANÇA. REINTEGRAÇÃO NO EMPREGO — OBRIGAÇÃO DE FAZER — EXECUÇÃO PROVISÓRIA. O Código de Processo Civil, com a redação contida no art. 587, parece autorizar a execução provisória da obrigação de fazer, na medida em que não faz qualquer distinção entre as diversas espécies de obrigações exequíveis. A jurisprudência do Tribunal Superior, contudo, vem entendendo ser desaconselhável a execução provisória das obrigações de fazer, pois sobrevindo decisão que modifique a sentença que foi objeto da execução, torna-se difícil restituir as partes ao estado anterior. Assim, salvo em situações excepcionais, quando esteja plenamente revelada a possibilidade de êxito do pedido inicial, não se procede a execução provisória das obrigações de fazer, pois a regra geral é que a decisão deve ser cumprida após o trânsito em julgado (art. 729, e CLT). Recurso a que se nega provimento." (TST — ROMS 139863/1994 — DI — Rel. Min. Indalécio Gomes Neto — DJU 17.11.1995 — p. 39361)

No mesmo sentido, as ementas:

"REINTEGRAÇÃO EM EXECUÇÃO PROVISÓRIA — LEGITIMIDADE — Viável a execução provisória de qualquer sentença cujos recursos não tenham efeito suspensivo, em vista do que dispõe o art. 899, *caput*, da CLT, inclusive aquelas relativas à obrigação de fazer, sendo certo que a espera do trânsito em julgado da decisão colegiada, que determina a reintegração de empregado provisoriamente estável, para somente então efetivar-se o cumprimento da medida acarreta-lhe prejuízos que não poderão ser completamente reparados posteriormente. Por outro lado, a reintegração não impõe qualquer dano ao empregador, que apenas remunerará serviços que lhe forem prestados. Segurança que se concede." (TRT 2ª R. — MS 10909200200002005 — Ac. 2002022249 — SDI — Relª Juíza Vânia Paranhos — DOESP 28.2.2003)

2.24. Redirecionamento da execução

A frustração da execução em face do devedor principal implica a imediata assunção da obrigação pelo devedor subsidiário. Sobre o assunto o TRT da 1ª Região fixou seu entendimento jurisprudencial:

"SÚMULA N. 12.

IMPOSSIBILIDADE DE SATISFAÇÃO DO DÉBITO TRABALHISTA PELO DEVEDOR PRINCIPAL. EXECUÇÃO IMEDIATA DO DEVEDOR SUBSIDIÁRIO. Frustrada a execução em face do devedor principal, o juiz deve direcioná-la contra o subsidiário, não havendo amparo jurídico para a pretensão de prévia execução dos sócios ou administradores daquele."

Relacionamos as ementas sobre a matéria:

CONTRIBUIÇÃO ASSISTENCIAL E SINDICAL — SUCESSÃO TRABALHISTA — EXECUÇÃO — REDIRECIONAMENTO — CABIMENTO — "Cobrança de contribuições assistenciais e sindicais. Sucessão trabalhista. Redirecionamento da execução. A sucessão de empresas não está configurada na hipótese dos autos, pela inaplicabilidade dos arts. 10 e 448 da CLT quando se trata de ação de cumprimento para cobrança de contribuição assistencial e sindical. Além disso, nos termos do art. 889 da CLT e da Lei n. 6.830/80 (Lei de Execuções Fiscais), os elementos dos autos não autorizam, por si sós, o reconhecimento da pretendida sucessão trabalhista. Decisão mantida". (TRT 4ª R. — AP 0001164-71.2010.5.04.0241 — S.Esp. — Rel. Des. Marcelo José Ferlin D'Ambroso — DJe 28.10.2013) RST+296+2014+FEV+150v105.

RESPONSABILIDADE TRABALHISTA SUBSIDIÁRIA — DEVEDOR PRINCIPAL EM RECUPERAÇÃO JUDICIAL — REDIRECIONAMENTO DA EXECUÇÃO — ADMISSIBILIDADE — "Agravo de petição. Responsabilidade do devedor subsidiário. Devedor principal em recuperação judicial. Redirecionamento da execução. Possibilidade. Não se logrando êxito na execução contra a empresa devedora principal, a qual se encontra submetida a processo de recuperação judicial, que suspendeu o trâmite de todas as execuções em seu desfavor, resta permitido o redirecionamento dos atos executórios em face da responsável subsidiária, em razão da impossibilidade de se promover a execução contra aquela devedora. A possibilidade de tal redirecionamento está inserida na diretriz contida na Súmula n. 331 do col. TST. Agravo não provido". (TRT 6ª R. — AP 0001518-74.2010.5.06.0101— 3ª T. — Relª Desª Maria Clara Saboya A. Bernardino — DJe 24.8.2012 — p. 296) RST+280+2012+OUTRUBRO+164v98

2.25. Responsabilidade do sucumbente no objeto da perícia

Os honorários periciais, que antes tinham suporte jurisprudencial no Enunciado n. 236 (cancelado pela revisão das Súmulas do TST, realizada no final de 2003) atualmente são regulados pela Lei n. 10.537/02, que veio introduzir o art. 790-B[(33)] da CLT, estabeleceu a responsabilidade pelo pagamento de tais despesas pela parte sucumbente na pretensão objeto da perícia[(34)], salvo se beneficiária de justiça gratuita.

Dessa forma, uma vez comprovada a concessão do benefício da justiça gratuita[(35)], espécie do gênero assistência judiciária, direito constitucional disposto no art. 5º, inciso 74[(36)], da Constituição Federal de 1988, a isenção de custas se estende aos honorários periciais.

É de se afirmar ainda que a Lei n. 1.060/50, que estabelece normas para a concessão de assistência judiciária aos necessitados, dispõe em seu art. 3º, inciso V:

> "Art. 3º A assistência judiciária compreende as seguintes isenções: [...] V — dos honorários de advogados e peritos."

Os benefícios da Lei n. 1.060/50 compreendem as taxas judiciárias, selos, emolumentos e custas, despesas com publicações, indenizações de testemunhas, honorários[(37)] de advogados e peritos e as despesas eventualmente

(33) Art. 790-B da CLT. "A responsabilidade pelo pagamento dos honorários periciais é da parte sucumbente na pretensão objeto da perícia, salvo se beneficiária de justiça gratuita".

(34) A OJ n. 98 da SDI-II do TST assim dispõe: "OJ n. 98. Mandado de segurança. Cabível para atacar exigência de depósito prévio de honorários periciais. É ilegal a exigência de depósito prévio para custeio dos honorários periciais, dada a incompatibilidade com o processo do trabalho e com o Enunciado n. 236 do TST, sendo cabível o mandado de segurança visando à realização da perícia independentemente do depósito".

(35) OJ n. 269 da SDI-I do TST: Justiça gratuita. Requerimento de isenção de despesas processuais. Momento oportuno. O benefício da justiça gratuita pode ser requerido em qualquer tempo ou grau de jurisdição, desde que, na fase recursal, seja o requerimento formulado no prazo alusivo ao recurso.

(36) Art. 5º, inciso 74, da CF/88: "O Estado prestará assistência jurídica integral e gratuita aos que comprovarem insuficiência de recursos". Observa-se neste inciso que o legislador não distingue patrão de empregado. Logo, mister se faz que a parte prove que não tem condições de demandar em juízo, sem prejuízo de seu próprio sustento e de sua família. Atualmente, a simples afirmação na própria petição inicial já enseja a sua concessão pelo magistrado no caso concreto, uma vez configurados seus pressupostos. Não obstante, se a parte beneficiária da assistência judiciária se recuperar financeiramente em um período de 5 anos deverá pagar pelos benefícios anteriormente alcançados, sob pena de arcar com uma multa de até o décuplo das custas, como se depreende do art. 4º da Lei n. 1.060/50.

(37) Temos as seguintes hipóteses em que os honorários advocatícios podem ser incluídos na condenação: 1) empregado beneficiário da assistência judiciária (Lei n. 5.584/70); 2) aplicação da multa pelo descumprimento do dever de lealdade — caráter punitivo (art. 18 do CPC); 3) hipótese em que o juiz,

realizadas com exame de DNA. Os benefícios se estendem a todos os atos do processo, até decisão final (art. 9º). Embora parte da doutrina seja refratária a esse entendimento, o Supremo Tribunal Federal vem admitindo a concessão de assistência judiciária a pessoas jurídicas, principalmente pequenos empreendedores (feirantes e microempresários, por exemplo), desde que comprovem insuficiência de recursos ou a prova de miserabilidade, com fundamento no art. 179[(38)] da Constituição Federal de 1988.

Incabível também a condenação em honorários advocatícios em sede de ação rescisória na Justiça do Trabalho, conforme se depreende da Súmula n. 219 do TST, *in verbis*:

"N. 219 — HONORÁRIOS ADVOCATÍCIOS. HIPÓTESE DE CABIMENTO. (incorporada a Orientação Jurisprudencial n. 27 da SDI-II)

I — Na Justiça do Trabalho, a condenação ao pagamento de honorários advocatícios, nunca superiores a 15% (quinze por cento), não decorre pura e simplesmente da sucumbência, devendo a parte estar assistida por sindicato da categoria profissional e comprovar a percepção de salário inferior ao dobro do salário mínimo ou encontrar-se em situação econômica que não lhe permita demandar sem prejuízo do próprio sustento ou da respectiva família. (ex-Súmula n. 219 — Res. n. 14/1985, DJ 19.9.1985)

II — É incabível a condenação ao pagamento de honorários advocatícios em ação rescisória no processo trabalhista, salvo se preenchidos os requisitos da Lei n. 5.584/70. (ex-OJ n. 27 — inserida em 20.9.2000)."

A assistência judiciária, emanada de norma constitucional, não se confunde com a assistência sindical, decorrente do disposto no art. 14 da Lei n. 5.584/70, que diz:

"Art. 14. Na Justiça do Trabalho a assistência judiciária, a que se refere a Lei n. 1.060/50, de 5 de fevereiro de 1950, será prestada pelo Sindicato profissional a que pertencer o trabalhador.

§ 1º A assistência é devida a todo aquele que perceber salário igual ou inferior ao dobro do mínimo legal, ficando assegurado igual benefício ao trabalhador de maior salário, uma vez provado que sua situação econômica não lhe permite demandar, sem prejuízo do sustento próprio ou da família."

---

com base nos arts. 16 e 18 do CPC, fixar honorários entre 10% e 20% sobre o valor da condenação (art. 20 do CPC), por litigância de má-fé. Essa última hipótese refere-se à indenização devida e paga à parte contrária dos prejuízos mais honorários advocatícios e despesas, que podem envolver tanto o reclamante como o reclamado.

(38) Art. 179 da CF/88. A União, os Estados, o Distrito Federal e os Municípios dispensarão às microempresas e às empresas de pequeno porte, assim definidas em lei, tratamento jurídico diferenciado, visando a incentivá-las pela simplificação de suas obrigações administrativas, tributárias, previdenciárias e creditícias, ou pela eliminação ou redução destas por meio de lei.

"Art. 16. Os honorários do advogado[39], pagos pelo vencido, reverterão em favor do Sindicato assistente.[40]

Art. 18. A assistência judiciária, nos termos da presente Lei, será prestada ao trabalhador ainda que não seja associado do respectivo sindicato."[41]

A assistência judiciária gratuita decorrente da Lei n. 1.060/50 estabelece que ela deve ser prestada mediante serviço especial mantido pelo Estado, ou com a utilização dos serviços de advogado indicado pela OAB (Ordem dos Advogados do Brasil) ou nomeados pelo juiz.

Em virtude da existência do princípio do *jus postulandi* (art. 791, CLT) na Justiça do Trabalho, por meio do qual as partes podem demandar em juízo sem a presença de advogado, nossas Cortes Trabalhistas entendem que a contratação de advogado é mera opção do empregado, não cabendo, dessa forma, a sucumbência[42] para a parte vencida, geralmente o empregador.

---

(39) A OJ n. 305 da SDI-I do TST assim dispõe: "OJ n. 305. Honorários advocatícios. Requisitos. Justiça do Trabalho. Na Justiça do Trabalho, o deferimento de honorários advocatícios sujeita-se à constatação concomitante de dois requisitos: o benefício da justiça gratuita e a assistência por sindicato".

(40) Os honorários serão fixados na condenação e, pagos pelo vencido, revertem em proveito do sindicato assistente, arbitrados pelo juiz, até o montante de 15% sobre o líquido apurado na execução da sentença.

(41) Enunciado n. 219 do TST: Na Justiça do Trabalho, a condenação ao pagamento de honorários advocatícios, nunca superior a 15% (quinze por cento) não decorre, pura e simplesmente da sucumbência, devendo a parte estar assistida por sindicato da categoria profissional e comprovar a percepção de salário inferior ao dobro do salário mínimo ou encontrar-se em situação econômica que não lhe permite demandar sem prejuízo do próprio sustento ou da respectiva família. E Enunciado n. 329 do TST: "Mesmo após a promulgação da CF/88, permanece válido o entendimento consubstanciado no Enunciado n. 219 do Tribunal Superior do Trabalho".

(42) SANTOS, Enoque Ribeiro dos. Considerações sobre a revisão dos enunciados do Tribunal Superior do Trabalho. Uma reforma necessária. *Justiça do Trabalho,* Porto Alegre, v. 21, n. 244, p. 7-20, abr. 2004. Sobre o assunto escrevemos: "Honorários advocatícios. Leis ns. 1.060/50 e 5.584/70. Como é de conhecimento pleno dos profissionais do Direito, o fato de, nas lides trabalhistas, se permitir o *jus postulandi,* a contratação de advogado é considerada pelos nossos pretórios simples opção do empregado. Logo, o empregado tem de dividir suas verbas rescisórias com o advogado, remanescendo em seu poder, após o deslinde da causa, com 80% e em muitos casos apenas com 70% do valor de suas verbas rescisórias. A experiência nos ensina que a parte, quando desacompanhada de advogado, passa a enfrentar dificuldades, não raro intransponíveis, no curso da ação e no resultado da demanda. Russomano afirma que: "É por isso que, hoje em dia, só muito excepcionalmente a parte comparece a juízo sem advogado, usando da faculdade dos §§ 1º e 2º do art. 791. Esses dispositivos tinham certa significação nos primórdios da Justiça do Trabalho brasileira; mas há muito estão superados pela prerrogativa universalmente consagrada de poder a parte ser defendida em juízo por advogado regularmente habilitado ao exercício da profissão". Hodiernamente tal procedimento já não faz sentido pela superação do princípio do *jus postulandi,* uma vez que é fato notório que as lides trabalhistas evoluem invariavelmente até o processo de execução, e o empregado não tem condições técnicas de elaborar as sucessivas peças jurídicas pertinentes. A exceção recai no caso de ser o empregado pobre, na acepção jurídica do termo, e recorrer à assistência do sindicato de sua categoria, para daí ficar livre de tal encargo. Nesse caso, em caso de procedência do pedido do empregado, os honorários são carreados para o Sindicato. Para Manoel Antônio Teixeira Filho, "no processo civil se lastreia o dogma da igualdade formal das partes, que informa o direito substancial comum e que constitui, mesmo, o sustentáculo de todo o Direito Positivo liberal e racionalista, que se edificou no processo histórico da Revolução Francesa de 1789". Já o Direito Material do Trabalho, ao contrário, consagra a desigualdade

Sobre a matéria em exame, oportuno trazer à reflexão a seguinte ementa:

Ementa: GRATUIDADE DE JUSTIÇA. SINDICATO AUTOR. CABIMENTO. Tratando-se de sindicato, embora seja pessoa jurídica de direito privado, a mesma tem a finalidade de prestar serviços à coletividade, inclusive a assistência judiciária gratuita, sendo também imune a tributos, conforme reza o art. 150, inciso VI, alínea *c*, da CRFB. Seria, em meu entender, incoerente a Justiça do Trabalho obrigar os sindicatos a darem assistência gratuita, não cobrar tributos deles, mas cobrar custas deles. Portanto, há que se deferir a gratuidade de justiça. (00023359520135010482. Tipo de processo: Agravo de Instrumento em Recurso Ordinário. Data de publicação: 2014-01-23. Órgão julgador: Nona Turma. Relator: Ivan da Costa Alemão Ferreira)

ASSISTÊNCIA JUDICIÁRIA GRATUITA NA JUSTIÇA DO TRABALHO. A Lei n. 10.288/01 derrogou os dispositivos da Lei n. 5.584/70 (arts. 14 a 16) referentes à assistência judiciária gratuita, tratando a questão nos moldes do § 10, que acrescentou ao art. 789 da CLT. Mais tarde, a Lei n. 10.537/02 trouxe novo regulamento para o art. 789 da CLT, e simplesmente não repetiu a regra contida no § 10 mencionado. Consequentemente, a matéria pertinente a assistência judiciária gratuita na Justiça do Trabalho não pode ser tratada sob o prisma do que dispunha a Lei n. 5.584/70, pois não existe em nosso ordenamento jurídico o fenômeno da repristinação. Necessariamente, deve se recorrer à Lei n. 1.060/50, que nenhuma ligação faz, por óbvio, a necessidade de a parte estar assistida por entidade sindical. Ademais, o § 3º do art. 790 da CLT, cuja redação também foi dada pela Lei n. 10.537/02, confere ao juiz a possibilidade de conferir a todos, partes ou não, os benefícios da assistência gratuita, sem qualquer vinculação à assistência sindical. Quanto à forma de se pleitear tal benefício, o entendimento de que deve haver declaração de próprio punho do interessando ou requerimento formulado por procurador com poderes específicos desconsidera por completo os termos expressos do art. 4º da Lei n. 1.060/50, cuja redação foi dada pela Lei n.

---

real das partes, fixada como pressuposto para a sua atuação protetiva do trabalhador, cujo caráter está muito bem expresso nas palavras de Gallart-Folch: "Eminentemente desigual, o Direito do Trabalho se propõe compensar com uma superioridade jurídica a inferioridade econômica do trabalhador, hoje erigidas em verdadeiro lema doutrinário deste Direito especializado". Se isso é verdade, já não faz sentido permitir que a parte, inferiorizada economicamente, seja ainda obrigada a arcar com os honorários advocatícios, o que constitui, a nosso ver, uma espécie de locupletamento indevido do empregador, que invariavelmente deu causa à lide trabalhista, por negligenciar sua obrigação de pagar, de forma espontânea, as verbas devidas ao trabalhador, de natureza alimentícia. Apregoamos, ademais, a *contrario sensu*, ou seja, nas lides trabalhistas em que exista uma igualdade formal entre as partes, casos de altos empregados (diretores, gerentes especializados, presidentes, altos funcionários etc.), que tenham condições de arcar com os ônus dos honorários advocatícios, que caberá ao magistrado, no exercício de seu livre e prudente arbítrio, calcado no princípio da livre persuasão racional, acolher ou não o pedido de sucumbência da parte vencedora, mesmo que procedente parcialmente o pleito, de acordo com o caso concreto e as circunstâncias peculiares (condição social, econômica e financeira) aplicável principalmente ao trabalhador. Dessa forma, os magistrados estariam exercendo eficazmente a tão almejada função social, a que alude o art. 5º da Lei de Introdução ao Código Civil Brasileiro, ou seja, tendo em vista os fins sociais a que se dirige a aplicação da norma, bem como ao art. 421 do novo Código Civil, que alude que "a liberdade de contratar será exercida em razão e nos limites da função social do contrato", de molde a evitar a imposição de cláusulas onerosas ou danosas aos contratantes economicamente mais fracos".

7.510/86, que revogou os arts. 1º e 3º da Lei n. 7.115/83, que fazia tais exigências. Dispõe o art. 4º: "A parte gozará dos benefícios da assistência judiciária, mediante simples afirmação, na própria petição inicial, de que não está em condições de pagar as custas do processo e os honorários de advogado, sem prejuízo próprio e de sua família". Além disso, somente não se deferirá o requerimento se o juiz tiver fundadas razões para isso, fundamentando sua decisão. Do contrário, o pedido deverá ser deferido, mesmo sem um fundamento específico, conforme prevê, aliás, o art. 5º da Lei n. 1.060/50: "O juiz, se não tiver fundadas razões para indeferir o pedido, deverá julgá-lo de plano, motivando ou não o deferimento dentro do prazo de 72 horas". Desse modo, concede-se ao agravante o benefício da assistência judiciária gratuita. (TRT 15ª R. — Proc. 19.086/03 (514/04) — PATR). 6ª T. — Rel. Juiz Jorge Luiz Souto Maior — DOESP 23.1.2004)

Em relação à matéria, temos as seguintes Orientações Jurisprudenciais do Tribunal Superior do Trabalho, da SDI-I, como segue:

"OJ n. 331. Justiça Gratuita. Declaração de insuficiência econômica. Mandato. Poderes específicos desnecessários. Desnecessária a outorga de poderes especiais ao patrono da causa para firmar declaração de insuficiência econômica, destinada à concessão dos benefícios da justiça gratuita."

"269. Justiça gratuita. Requerimento de isenção de despesas processuais. Momento oportuno. O benefício da justiça gratuita pode ser requerido em qualquer tempo ou grau de jurisdição, desde que, na fase recursal, seja o requerimento formulado no prazo alusivo ao recurso."

"304. Honorários Advocatícios. Assistência Judiciária. Declaração de Pobreza. Comprovação. Atendidos os requisitos da Lei n. 5.584/70 (art. 14, § 2º), para a concessão da assistência judiciária, basta a simples afirmação do declarante ou de seu advogado, na petição inicial, para considerar configurada a sua situação econômica (art. 4º, § 1º, da Lei n. 7.510/86, que deu nova redação à Lei n. 1.060/50)."

"305. Honorários Advocatícios. Requisitos. Justiça do Trabalho. Na Justiça do Trabalho, o deferimento de honorários advocatícios sujeita-se à constatação da ocorrência concomitante de dois requisitos: o benefício da justiça gratuita e a assistência por sindicato."

No Processo do Trabalho, de acordo com o art. 3º da Lei n. 5.584/70, o exame pericial é realizado por um só perito, sob designação do juiz. O parágrafo único do referido artigo faculta às partes a indicação de assistentes. Neste caso, como se trata de uma opção da parte, sem qualquer obrigatoriedade, prevalece a interpretação de que quem deve arcar com os honorários do assistente é a parte que optou por essa faculdade decorrente da lei, independentemente do resultado da perícia, ou seja, se vencedor ou perdedor.

Hodiernamente, em face da complexidade de algumas lides, já se admite a presença de mais de um perito no levantamento de assuntos de natureza técnica-científica, no sentido de prover elementos para a convicção do magistrado.

A respeito, a Súmula n. 341 do Tribunal Superior do Trabalho, enuncia:

"341. A indicação do perito assistente é faculdade da parte, a qual deve responder pelos respectivos honorários, ainda que vencedora no objeto da perícia."

E o que dizer do caso em que o perito deixa de receber seus honorários periciais em decorrência de ser o Reclamante beneficiário da justiça gratuita? Poderá ele recorrer? O entendimento prevalecente é que o perito não pode recorrer, pois não é parte. Assim sendo, de acordo com o art. 499(43) do Código de Processo Civil não tem legitimidade para recorrer. Poderá, outrossim, o perito, como auxiliar da Justiça, peticionar um pedido de reconsideração ao magistrado, sob o fundamento de que quem deve arcar com os honorários, no caso em exame, é a União.

O TRT 2ª Região São Paulo decidiu que o perito terá seus serviços pagos pelo Estado, quando seu trabalho envolver empregado beneficiário da justiça gratuita. Neste sentido, a matéria abaixo transcrita:

"Provimento do Tribunal Regional do Trabalho da 2ª Região (TRT-SP) isenta trabalhador beneficiário da justiça gratuita de pagar a remuneração dos peritos, em caso de perda da causa.

Esse benefício só será concedido se, cumulativamente, o juiz fixar os honorários e tiver ocorrido o trânsito em julgado.

Nesses casos, os serviços dos peritos judiciais serão remunerados pelo tribunal, observado o limite máximo de R$ 1 mil.

Atualmente, os peritos não recebem pela prestação de seus serviços aos beneficiários da justiça gratuita.

Para fixar os honorários dos peritos, o juiz deverá considerar a complexidade da matéria, o grau de zelo profissional, o lugar, o tempo, os custos envolvidos no trabalho e as peculiaridades locais."

Eis a íntegra do Provimento:

PROVIMENTO GP/CR N. 4/07

"Dispõe sobre a remuneração dos peritos nos casos de concessão dos benefícios da justiça gratuita; altera a Consolidação das Normas da Corregedoria deste Tribunal.

O PRESIDENTE E O CORREGEDOR DO TRIBUNAL REGIONAL DO TRABALHO DA 2ª Região, no uso de suas atribuições legais e regimentais,

CONSIDERANDO a necessidade legal e processual da realização de perícia em processo trabalhista, e o art. 790-B, que isenta o trabalhador sucumbente de pagar honorários periciais quando beneficiário da justiça gratuita;

---

(43) Art. 499. O Recurso pode ser interposto pela parte vencida, pelo terceiro prejudicado e pelo Ministério Público. § 1º Cumpre ao terceiro demonstrar o nexo ou interdependência entre o seu interesse de intervir e a relação jurídica submetida à apreciação judicial. § 2º O Ministério Público tem legitimidade para recorrer assim no processo em que é parte, como naqueles em que oficiou como fiscal da lei.

CONSIDERANDO as disposições contidas na Consolidação das Normas da Corregedoria deste Tribunal a respeito da remuneração dos peritos nesses casos e os termos da Resolução n. 35/07 do Conselho Superior da Justiça do Trabalho,

RESOLVEM:

Art. 1º A Subseção II da Seção III do Capítulo XIII da Consolidação das Normas da Corregedoria deste Tribunal passa a vigorar com a seguinte redação:

'SUBSEÇÃO II
DA REMUNERAÇÃO DOS PERITOS NOS CASOS DE CONCESSÃO DOS BENEFÍCIOS DA JUSTIÇA GRATUITA

Art. 141. Pelos serviços de perícia, quer na fase de conhecimento, quer na fase de execução, os peritos judiciais serão remunerados pelo Tribunal Regional do Trabalho da 2ª Região, se beneficiária da Justiça Gratuita a parte, e esta for sucumbente na pretensão relativa ao objeto da perícia, observadas as disposições da Resolução n. 37/07 do Conselho Superior da Justiça do Trabalho.

Parágrafo único. A parte ficará isenta do pagamento da remuneração pericial mediante o implemento, cumulativo, dos seguintes requisitos:

I — concessão dos benefícios da Justiça Gratuita;

II — fixação de honorários periciais pelo Juiz;

III — trânsito em julgado da decisão.

Art. 142. Nos feitos em que houver a isenção mencionada no artigo anterior, observado o limite máximo de R$ 1.000,00 (um mil reais), o Juiz, para fixar os honorários, deverá considerar: a complexidade da matéria; o grau de zelo profissional; o lugar, o tempo e os custos envolvidos no trabalho e as peculiaridades locais.

§ 1º A fixação dos honorários periciais em valor superior ao estabelecido neste artigo deverá ser devidamente fundamentada e submetida à apreciação do Juiz Presidente deste Regional.

§ 2º Do valor fixado poderá haver antecipação de 35% (trinta e cinco por cento) para despesas iniciais.

§ 3º Para o pagamento dos honorários mencionados no *caput*, o Juiz do feito deverá encaminhar ao Presidente do Tribunal requisição, conforme modelo do Anexo X, desta Consolidação, acompanhada dos respectivos documentos comprobatórios e este determinará a realização do depósito na conta corrente indicada pelo perito beneficiário, observada a ordem cronológica de apresentação das requisições e a disponibilidade orçamentária e financeira, transferindo-se para o exercício financeiro subsequente as requisições não atendidas.

Art. 143. A requisição de pagamento de honorários periciais será autuada pela Secretaria do Tribunal Pleno/Órgão Especial, após despacho de deferimento do pedido pela Presidência.

Art. 144. Os autos serão encaminhados ao Ordenador de Despesa do Tribunal para que proceda à solicitação de empenho e pagamento.

Art. 145. A transferência de valores relativos à remuneração pericial ficará a cargo da Secretaria de Coordenação Orçamentária e Financeira, observado o disposto no § 3º, do art. 142, *supra*.

Art. 2º Este Provimento entra em vigor na data de sua publicação.

Registre-se, publique-se e cumpra-se.

São Paulo, 29 de junho de 2007'."

ANTONIO JOSÉ TEIXEIRA DE CARVALHO
Juiz Presidente do Tribunal

DECIO SEBASTIÃO DAIDONE
Juiz Corregedor Regional

2.26. Responsabilidade pelo pagamento da multa do FGTS

Com o reconhecimento do direito à correção monetária, que fora expurgada por planos econômicos (Plano Collor e Plano Bresser), de quem é a responsabilidade pelo pagamento da multa sobre os 40% nas contas dos empregados no FGTS?

Com base no disposto no art. 18[44], § 1º, da Lei n. 8.036/90, regulamentado pelo art. 9º do Decreto n. 99.684/90, com a alteração introduzida pelo Decreto

(44) Art. 18. Ocorrendo rescisão do contrato de trabalho, por parte do empregador, ficará este obrigado a depositar na conta vinculada do trabalhador no FGTS os valores relativos aos depósitos referentes ao mês da rescisão e ao imediatamente anterior, que ainda não houver sido recolhido, sem prejuízo das cominações legais. (Redação dada ao *caput* pela Lei n. 9.491, de 9.9.1997)

§ 1º Na hipótese de despedida pelo empregador sem justa causa, depositará este, na conta vinculada do trabalhador no FGTS, importância igual a quarenta por cento do montante de todos os depósitos realizados na conta vinculada durante a vigência do contrato de trabalho, atualizados monetariamente e acrescidos dos respectivos juros. (Redação dada ao parágrafo pela Lei n. 9.491, de 9.9.1997)

§ 2º Quando ocorrer despedida por culpa recíproca ou força maior, reconhecida pela Justiça do Trabalho, o percentual de que trata o § 1º será de vinte por cento.

§ 3º As importâncias de que trata este artigo deverão constar da documentação comprobatória do recolhimento dos valores devidos a título de rescisão do contrato de trabalho, observado o disposto no art. 477 da CLT, eximindo o empregador, exclusivamente, quanto aos valores discriminados. (Redação dada ao parágrafo pela Lei n. 9.491, de 9.9.1997)

Art. 19. No caso de extinção do contrato de trabalho prevista no art. 14 desta Lei, serão observados os seguintes critérios:

I — havendo indenização a ser paga, o empregador, mediante comprovação do pagamento daquela, poderá sacar o saldo dos valores por ele depositados na conta individualizada do trabalhador;

II — não havendo indenização a ser paga, ou decorrido o prazo prescricional para a reclamação de direitos por parte do trabalhador, o empregador poderá levantar em seu favor o saldo da respectiva conta individualizada, mediante comprovação perante o órgão competente do Ministério do Trabalho e da Previdência Social.

A Portaria MTE n. 366, de 16.9.2002, DOU 17.9.2002, aprova normas para autorização do saque do FGTS de contas vinculadas, em nome de empregadores, individualizadas por empregados na condição de não

n. 2.430/97, que de maneira expressa atribuem ao empregador, na hipótese de dispensa sem justa causa, a responsabilidade pelo pagamento, de forma direta, ao trabalhador da importância equivalente a 40% do montante de todos os depósitos realizados em sua conta vinculada durante a vigência do contrato de trabalho, atualizados monetariamente e acrescidos dos respectivos juros, inclusive sobre eventual saque realizado no FGTS pelo empregado nesse interregno, não remanesce qualquer dúvida que é do empregador a responsabilidade pelo pagamento das diferenças da multa de 40% sobre os depósitos do FGTS, decorrentes dos expurgos inflacionários mencionados.

Atribuir a responsabilidade à Caixa Econômica Federal, mera gestora dos recursos, não teria fundamento jurídico, em face da previsão legal, a não ser eventual ação de direito regresso, por má-gestão no gerenciamento daqueles recursos.

Mas o problema que se afigura diz respeito à prescrição envolvendo o termo inicial (*dies a quo*) para a contagem do prazo para a propositura da ação trabalhista pelo reclamante postulando o reconhecimento judicial da diferença da multa de 40% sobre o FGTS, decorrente dos expurgos inflacionários.

A título meramente informativo, sabe-se que a prescrição trabalhista nas relações de trabalho é de 5 anos (no curso do contrato) e de até 2 anos, após a rescisão do contrato de trabalho (art. 11, CLT e art. 7º, inciso 29 CF/88).

Temos seis correntes com entendimentos divergentes sobre a prescrição do direito de ação sobre comento. Vejamos:

> A primeira corrente, de origem jurisprudencial, sustenta que o prazo prescricional de 2 anos corre a partir do trânsito em julgado da ação proposta perante a Justiça Federal, que reconheceu o direito à correção monetária.
>
> A segunda corrente já entende que o prazo prescricional de 2 anos começa a fluir da data da edição da Súmula n. 252[45] do Superior Tribunal de Justiça estipulando os prazos da correção do FGTS. Essa súmula foi editada em agosto de 2001.

---

optante, quando não há indenização a ser paga ou decorrido o prazo prescricional para a reclamação de direitos por parte do trabalhador.

Art. 19-A. É devido o depósito do FGTS na conta vinculada do trabalhador cujo contrato de trabalho seja declarado nulo nas hipóteses previstas no art. 37, § 2º, da Constituição Federal, quando mantido o direito ao salário.

Parágrafo único. O saldo existente em conta vinculada, oriundo de contrato declarado nulo até 28 de julho de 2001, nas condições do *caput*, que não tenha sido levantado até essa data, será liberado ao trabalhador a partir do mês de agosto de 2002.

(45) Súmula n. 252. Os saldos das contas do FGTS, pela legislação infraconstitucional, são corrigidos em 42,72% (IPC) quanto às perdas de janeiro de 1989 e 44,80% (IPC) quanto às de abril de 1990, acolhidos pelo STJ os índices de 18,02% (LBC) quanto às perdas de junho de 1987, de 5,38% (BTN) para maio de 1990 e 7,00% (TR) para fevereiro de 1991, de acordo com o entendimento do STF (RE 226.855-7-RS).

A terceira corrente entende que o prazo prescricional de 2 anos conta-se a partir da data da promulgação da Lei Complementar n. 110/01, ocorrida em 29 de junho de 2001.

Essas duas últimas correntes, na verdade, apenas reconhecem um direito do trabalhador que já existia no passado, embora em latência.

A quarta corrente, de origem no Tribunal Regional do Trabalho da 2ª Região — São Paulo, sustenta que a prescrição da ação que postula a multa de 40% do FGTS tem um prazo de 30 anos, uma vez que trata-se de ação derivada ou acessória, que deve seguir a principal, envolvendo o FGTS, cujo prazo prescricional é o de 30 anos, em face dos depósitos, desde que dentro do prazo de até 2 anos após a extinção do contrato de trabalho. O fundamento dessa corrente está amparado no Código Civil, para o qual o acessório segue o principal.

A quinta posição entende que o prazo prescricional inicia-se a partir do momento em que o titular do direito tem ciência da lesão a que foi acometido, o que ocorreria apenas e tão somente com os respectivos depósitos dos valores equivalentes aos índices expurgados da conta vinculada do empregado. Assim sendo, o prazo de prescrição de 2 anos fluiria apenas a partir da quitação feita pela Caixa Econômica Federal, que faz a gestão do FGTS.

A sexta e última corrente, de sua parte, entende que o prazo da prescrição de 2 anos conta-se a partir da extinção do vínculo empregatício, com fulcro no fato de que como a multa de 40% tem natureza de crédito trabalhista, sobre ela deve se aplicar o mesmo prazo bienal fixado na Constituição Federal de 1988 (art. 7º, inciso XXIX), em obediência à Súmula n. 362[46] do TST. Reforça seu entendimento, com o disposto no art. 6º da Lei de Introdução ao Código Civil e art. 5º Inciso XXXVI, da CF/88, isto é, com fundamento de que teríamos um ato jurídico perfeito se materializado no passado, imodificável por vontade de outrem, de modo a prover a tão necessária segurança jurídica, a paz social e definitividade da coisa julgada.

Com o advento da Lei Complementar n. 110/00 e com base no princípio do *actio nata*, pode-se considerar que a partir da data da promulgação dessa lei é que nasceu o direito do empregado à percepção da diferença da multa do FGTS. E essa responsabilidade cabe ao empregador, uma vez que a ele cabe a responsabilidade principal, ou seja, o adimplemento de sua obrigação de dar (pagamento dos salários do empregado). Logo, constituindo-se o FGTS uma obrigação acessória, não remanesce dúvida que o acessório segue o principal, daí a responsabilização do empregador.

---

(46) N. 362 — FGTS. PRESCRIÇÃO — NOVA REDAÇÃO
É trintenária a prescrição do direito de reclamar contra o não recolhimento da contribuição para o FGTS, observado o prazo de 2 (dois) anos após o término do contrato de trabalho.

O Tribunal Superior do Trabalho veio pacificar essa questão com a divulgação da Orientação Jurisprudencial n. 341, da SDI-1, que passamos a transcrever:

"344. FGTS. Multa de 40%. Diferenças Decorrentes dos Expurgos Inflacionários. Prescrição. Termo Inicial. DJ 10.11.2004 (alterada em decorrência do julgamento do processo TST IUJ-RR 1577/2003-019-03-00.8).

O termo inicial do prazo prescricional para o empregado pleitear em juízo diferenças da multa do FGTS, decorrentes dos expurgos inflacionários, deu-se com a vigência da Lei Complementar n. 110, em 30.6.2001, salvo comprovado trânsito em julgado de decisão proferida em ação proposta anteriormente na Justiça Federal, que reconheça o direito à atualização do saldo da conta vinculada."

Nesse sentido, transcrevemos as ementas:

FGTS — MULTA DE 40% — DIFERENÇAS DECORRENTES DOS EXPURGOS INFLACIONÁRIOS — PRESCRIÇÃO — TERMO INICIAL — LEI COMPLEMENTAR N. 110/01 — MATÉRIA A CUJO RESPEITO JÁ FOI EXERCIDA A FUNÇÃO UNIFORMIZADORA DA JURISPRUDÊNCIA PELO TRIBUNAL SUPERIOR DO TRABALHO — "O termo inicial do prazo prescricional para o empregado pleitear em juízo diferenças da multa do FGTS, decorrentes dos expurgos inflacionários, deu-se com a edição da Lei Complementar n. 110, de 29.6.2001, que reconheceu o direito à atualização do saldo das contas vinculadas". Nesse sentido, a jurisprudência pacífica do Tribunal Superior do Trabalho, que se traduz na Orientação Jurisprudencial n. 344 da SBDI-1, em consonância com a qual foi proferido o acórdão recorrido. Não se conhece de recurso de revista que veicula tema a cujo respeito o Tribunal Superior do Trabalho já exerceu a sua função uniformizadora em termos contrários à pretensão recursal. Violação de dispositivos constitucionais e contrariedade a Súmulas do TST não caracterizadas. Recurso de revista de que não se conhece. DIFERENÇAS DA INDENIZAÇÃO DE 40% DO FGTS DECORRENTES DOS EXPURGOS INFLACIONÁRIOS — RESPONSABILIDADE PELO PAGAMENTO — A jurisprudência desta Corte superior, consagrada na Orientação Jurisprudencial n. 341 da SBDI-1, firmou-se no sentido de ser de responsabilidade do empregador o pagamento da diferença da indenização de 40% sobre os depósitos do FGTS, decorrente da atualização monetária referente aos expurgos inflacionários. Recurso de revista não conhecido. (TST — RR 936/2003-112-03-00.3 — 1ª T. — Rel. Min. Lelio Bentes Corrêa — DJU 3.2.2006)

DEPÓSITOS DO FGTS — CORREÇÃO DEVIDA X EXPURGOS — ACRÉSCIMO DE 40% — RESPONSABILIDADE DO EMPREGADOR — No Estado de São Paulo, todos os trabalhadores jurisdicionados pela Justiça Federal da 2ª Região estão abrangidos pela decisão proferida pela 18ª Vara de São Paulo no Processo n. 93.0002350-0. Demais disso, a Lei Complementar n. 110, de 29 de junho de 2001 assegurou, desde logo, a todos, independentemente de terem ajuizado ação objetivando o restabelecimento do valor dos depósitos, aviltados pela negativa reputada ilegal de aplicar índices próprios de correção (art. 6º, III). Deste modo, torna-se dispensável para haver as diferenças do expurgo o ajuizamento de ação específica. Se, exigiu-se do trabalhador com melhor remuneração e maior antiguidade, transação, com renúncia de parte do crédito e recebimento parcelado, para concretizar "o maior acordo do mundo", como foi destacado pelo Ministério do Trabalho, a ressalva não invalida o reconhecimento do erro e a dispensa de acesso ao Poder Judiciário para reclamar contra a lesão do direito. Por sua vez, o art. 18 do diploma, no § 1º, obriga o empregador na hipótese de despedida sem justa causa a depositar na conta vinculada do trabalhador importância igual a 40% do montante de todos os depósitos realizados na conta vinculada durante a vigência do contrato de trabalho, atualizados monetariamente e acrescidos dos respectivos juros. Já pacificado que atualizados monetariamente significa considerados, também, os índices expurgados. E aí a responsabilidade é do empregador e não da Caixa Econômica Federal. (TRT 2ª R. — RO 20010369087 — (20020485357) — 8ª T. — Rel. Juiz Jose Carlos da Silva Arouca — DOESP 13.8.2002)

MULTA DE 40% SOBRE O FGTS — EXPURGO INFLACIONÁRIO — RESPONSABILIDADE PELO PAGAMENTO — Sendo incontroverso o direito do empregado à recomposição do saldo do FGTS, em decorrência dos expurgos inflacionários dos Planos Econômicos Verão e Collor, impõe-se reconhecer a procedência do pedido relativo às diferenças da indenização de 40%, cujo pagamento de responsabilidade do ex-empregador, nos termos do art. 18, § 1º, da Lei n. 8.036/90. (TRT 3ª R. — RO 8221/03 — 1ª T. — Rel. Juiz Mauricio Godinho Delgado — DJMG 11.7.2003)

EXPURGOS INFLACIONÁRIOS — DIFERENÇAS DA MULTA DO FGTS — Não obstante seja a Caixa Econômica Federal a administradora das contas vinculadas do fundo de garantia, a decisão do STF e a Lei Complementar n. 110/2001, atribuíram-lhe apenas a aplicação da correção monetária suprimida pela edição dos desventurados planos econômicos Verão e Collor. 1. Nem poderia ser diferente, uma vez que recomposto o saldo do FGTS, o pagamento da multa de 40% pela dispensa imotivada que recai sobre a totalidade dos depósitos, incluindo-se aí, as diferenças decorrentes do expurgo inflacionário, é obrigação que deve ser satisfeita pelo empregador, consoante o disposto no § 1º do art. 18 da Lei n. 8.036/90, ficando vedada a dedução dos saques eventualmente realizados. Com vistas ao pagamento da multa de 40%, considerar apenas o valor do FGTS depositado, sem a atualização feita pela Caixa das contas mediante a aplicação do expurgo inflacionário, resulta em inegável desfalque ao patrimônio financeiro do empregado, que além de perder o emprego, fica reduzido a receber apenas aquilo que o empregador acha que lhe deve, desconsiderando assim determinação legal em sentido contrário. (TRT 2ª R. — RS 00975 — (20040095058) — 6ª T. — Rel. p/o Ac. Juiz Valdir Florindo — DOESP 16.4.2004)

2.27. Excludentes de responsabilidade civil

Temos duas situações em que encontramos exceções ao princípio geral da responsabilidade civil objetiva ou subjetiva. Vejamos.

2.27.1. *Dono da obra*

A primeira envolve a OJ n. 191 da SDI-1 do Tribunal Superior do Trabalho, que preceitua:

> "OJ n. 191. Dono da obra. Responsabilidade. Diante da inexistência de previsão legal, o contrato de empreitada entre o dono da obra e o empreiteiro não enseja responsabilidade solidária ou subsidiária nas obrigações trabalhistas contraídas pelo empreiteiro, salvo sendo o dono da obra uma empresa construtora ou incorporadora."

O Tribunal Superior do Trabalho não reconhece a responsabilidade do dono da obra em relação aos créditos dos empregados contratados pelo empreiteiro, a não ser que o dono da obra seja empresa construtora ou incorporadora.

Existe, ademais, uma corrente minoritária que entende que o dono da obra é responsável, de forma solidária com o empreiteiro pelos créditos trabalhistas, mesmo não sendo empresa construtora ou incorporadora, com supedâneo legal e por interpretação analógica com o art. 30, inciso VI da Lei n. 8.212/91, que estatui:

> "VI — o proprietário, o incorporador definido na Lei n. 4.591, de 16 de dezembro de 1964, o dono da obra ou condômino da unidade imobiliária, qualquer que seja a forma de contratação da construção, reforma ou acréscimo, são solidários com o construtor, e estes com a subempreiteira, pelo cumprimento das obrigações para com a Seguridade Social, ressalvado o seu direito regressivo contra o executor ou contratante da obra e admitida a retenção de importância a este devida para garantia do cumprimento dessas obrigações, não se aplicando, em qualquer hipótese, o benefício de ordem." (Redação dada ao inciso pela Lei n. 9.528, de 10.12.1997)

Tal corrente leva em consideração que todos se apropriaram da força de trabalho, eis porque deverão responder por eventuais créditos trabalhistas devidos. Eis ementa, no mesmo sentido:

> RECURSO ORDINÁRIO. ACIDENTE DE TRABALHO. DANO MORAL CONFIGURADO. MANTIDA A RESPONSABILIDADE SOLIDÁRIA ENTRE O DONO DA OBRA E O EMPREITEIRO. INAPLICÁVEL O ENTENDIMENTO CONSUBSTANCIADO NA OJ N. 191 DA SBDI-1 DO C. TST. As lides decorrentes de acidente de trabalho, doença ocupacional ou profissional sendo pretensões de natureza eminentemente civil, o Colendo Tribunal Superior do Trabalho tem o entendimento que a regra da orientação jurisprudencial citada restringe-se às obrigações trabalhistas contraídas pelo empreiteiro. Tal entendimento foi confirmada em sessão realizada no dia 22.11.2012, em que se firmou o entendimento acerca da responsabilidade solidária do dono de obra pelas indenizações devidas por danos morais, estéticos e materiais resultantes de acidente de trabalho decorrentes de culpa por ato ilícito. Recurso parcialmente provido. (00119008020095010302. Tipo de processo: Recurso Ordinário. Data de publicação: 2014.2.13. Órgão julgador: Quinta Turma. Relator: Enoque Ribeiro dos Santos)

2.27.2. *Contrato de trabalho com associação de pais e mestres*

O Tribunal Superior do Trabalho não reconhece a responsabilidade solidária ou subsidiária do Estado em relação aos créditos trabalhistas decorrentes de contrato de trabalho firmado entre Associação de Pais e Mestres e eventuais empregados, consoante se depreende da OJ n. 185 da SDI-1 do TST, *in verbis*:

"185. Contrato de trabalho com a Associação de Pais e Mestres — APM. Inexistência de responsabilidade solidária ou subsidiária do Estado."

2.28. A inimputabilidade civil

De acordo com o art. 3º do Código Civil, são considerados absolutamente incapazes:

a) os menores de dezesseis anos;

b) os que, por enfermidade ou deficiência mental, não tiverem o necessário discernimento para a prática desses atos; e

c) os que, mesmo por causa transitória, não puderem exprimir sua vontade.

Já o art. 4º do Código Civil considera como relativamente incapazes:

a) os maiores de dezesseis e menores de dezoito anos;

b) os ébrios habituais, os viciados em tóxicos, e os que, por deficiência mental, tenham o discernimento reduzido;

c) os excepcionais, sem desenvolvimento mental completo; e

d) os pródigos.

A capacidade dos índios será regulada por legislação especial (art. 4º, parágrafo único).

Francisco Ferreira Jorge Neto e Jouberto de Quadros Pessoa Cavalcante[47] informam que, pela doutrina, o absolutamente incapaz não é responsável pelos seus atos, pois é o que se costuma denominar de "inimputável", sendo que não possui as condições pessoais de consciência e vontade para a prática do ato lesivo.

Não obstante, a inimputabilidade apenas elide a responsabilidade civil do ofensor, mas, por outro lado, cria a obrigação do responsável de reparar o dano experimentado, seja ele o pai, tutor, curador etc. Essa responsabilidade é fundada na culpa *in vigilando* (art. 921, I e II, CC)[48].

---

(47) NETO, Francisco Ferreira Jorge; CAVALCANTE, Jouberto de Quadros Pessoa. *Manual de direito do trabalho*. 2. ed. Rio de Janeiro: Lumen Juris, 2003. t. I, p. 778.

(48) *Idem*.

É importante ainda destacar que o menor, entre dezesseis e dezoito anos, não pode, para se eximir de uma obrigação, invocar a sua idade se dolosamente a ocultou quando inquirido pela outra parte, ou se, no ato de obrigar-se, declarou-se maior, de conformidade com o art. 180 do Código Civil.

Importante ressaltar que na seara do Direito do Trabalho, o acidentado impossibilitado de buscar a tutela de seus direitos trabalhistas/previdenciários pode ser qualificado como "absolutamente incapaz" (art. 3º Código Civil), o que por si só atrairia a não fluição do prazo prescricional. Contudo, esse não é o entendimento da maioria dos Tribunais do Trabalho do país.

> Danos morais. Prazo prescricional. Recurso de revista fundamentado em divergência jurisprudencial. A regra de prescrição para as ações de pedido de reparação de dano moral por acidente de trabalho tem como marco regulatório a Emenda Constitucional n. 45/04, momento em que a competência para processar e julgar referidas ações passou a ser da Justiça do Trabalho. Assim sendo, toda e qualquer controvérsia há que ser dirimida observando-se a eficácia temporal da referida norma. Diante desse contexto, considera-se que, como regra, a prescrição a ser aplicada nas reparações por dano moral decorrente de acidente de trabalho é a prevista no art. 7º, XXIX, da CF/1988. Precedentes. Recurso de revista conhecido por divergência jurisprudencial e parcialmente provido. Danos morais e *quantum* indenizatório. Recurso de revista fundamentado em divergência jurisprudencial. O dano moral é considerado *in re ipsa*, isto é, não se faz necessária a prova objetiva do sofrimento ou do abalo psicológico, mesmo porque é praticamente impossível a sua comprovação material na instrução processual. Precedentes. No que se refere ao *quantum* indenizatório, não há como apreciar o requerimento do recorrente, porquanto o apelo encontra-se mal aparelhado, uma vez que não há denúncia de violação de dispositivo legal e/ou constitucional tampouco divergência jurisprudencial. Recurso de revista não conhecido. Promoções por antiguidade. Prescrição. Ato único do empregador. Orientação Jurisprudencial n. 404 da SBDI-1. Recurso fundamentado em contrariedade à Súmula n. 294 do TST. A insurgência recursal é fundamentada no argumento de que, em se tratando de alteração do pactuado em norma regulamentar e em se tratando de direito não amparado por lei, a prescrição incidente é a total nos termos da Súmula n. 294 do TST. O quadro fático delineado pelo eg. TRT é no sentido de que a pretensão do trabalhador é o recebimento de diferenças salariais decorrentes dos reajustes que supostamente deveria receber em razão das promoções por antiguidade, circunstância fática que denota que a questão envolve parcela de trato sucessivo que se renova mês a mês, a incidir a prescrição parcial. Incidência da OJ n. 404 da SBDI-1. Recurso de revista não conhecido. Sobrejornada. Período de pico: 5º dia ao 10º de cada mês. Ônus da prova. Recurso de revista fundamentado em violação legal. A Corte de origem manteve a condenação ao pagamento das horas extras com base na prova oral colhida, diante da invalidade das Folhas Individuais de Presença — FIPs, ao entendimento de que imprestáveis para demonstrar a real jornada cumprida pelo autor por consignarem horários invariáveis. Assim, não há falar em ônus da prova, porquanto a questão não foi dirimida com base na inversão do ônus da prova e sim com base no alcance das provas produzidas.

Recurso de revista não conhecido. Quitação geral. Verbas constantes do verso do Termo de Rescisão do Contrato de Trabalho (TRCT). Súmula n. 330 do col. TST. Recurso de revista fundamentado em contrariedade a súmula do TST e divergência jurisprudencial. Não merece reforma decisão do eg. TRT em consonância com a Súmula n. 330/TST e a Orientação Jurisprudencial n. 270 da SBDI-1. Recurso de revista não conhecido. Conclusão: recurso do autor parcialmente conhecido e provido e recurso de revista do banco parcialmente conhecido e parcialmente provido. (TST — RR 0444185-17.2007.5.12.0014 — Rel. Min. Alexandre de Souza Agra — DJe 22.11.2013)RST+297+2014+MAR+155+01/94v108.

TRABALHO PORTUÁRIO AVULSO — OGMO — PORTO ORGANIZADO — ILEGITIMIDADE PASSIVA *AD CAUSAM* — ACIDENTE DE TRABALHO — RESPONSABILIDADE — "Solidária recurso de revista do OGMO. Órgão gestor de mão de obra do trabalho portuário avulso do porto organizado do Estado do Espírito Santo. Ilegitimidade passiva *ad causam*. Acidente de trabalho. Responsabilidade solidária. Não há como reconhecer a ilegitimidade passiva *ad causam* do OGMO, em face da responsabilidade solidária pelos créditos devidos aos trabalhadores portuários avulsos e demais obrigações e encargos decorrentes da prestação de serviços aos operadores portuários, consoante a previsão antes contida no art. 19, § 2º, da Lei n. 8.630/93, hoje reproduzida no texto do art. 29, § 2º, da Medida Provisória n. 595/2012. Recurso de revista não conhecido. Trabalhador portuário avulso. Atividade de risco. Acidente de trabalho. Responsabilidade objetiva solidária da empresa e do órgão gestor da mão de obra. *In casu*, o autor, na condição de trabalhador portuário avulso, sofreu acidente de trabalho no desempenho de atividade cotidiana portuária, cujo risco é expressamente reconhecido pela Lei n. 4.860/1965, que inclusive determina o pagamento de adicional a esse título, enquadrando-se na previsão contida na parte final do parágrafo único do art. 927 do Código Civil, em face da responsabilidade solidária objetiva do tomador de serviços e do gestor da mão de obra. Recurso de revista conhecido e desprovido. Recursos de revista da Gerdau Açominas S.A. e OGMO — Órgão Gestor de Mão de Obra do trabalho portuário avulso do porto organizado do Estado do Espírito Santo. Matérias comuns. Análise conjunta. Prescrição bienal. Trabalhador avulso. Delimitado pelo eg. Tribunal Regional que não houve extinção do contrato de trabalho, mas mera suspensão decorrente de concessão de benefício previdenciário, e constatado que a ação foi ajuizada em 29.1.2009, ou seja, antes do transcurso de cinco anos da data do acidente de trabalho sofrido em 18.11.2006, não há de se falar em inobservância do prazo prescricional estabelecido no art. 7º, XXIX, da Constituição Federal. Arestos inespecíficos a teor das Súmulas ns. 23 e 296 do col. TST. Recursos de revista não conhecidos. Recurso de revista da Gerdau Açominas S.A. matérias remanescentes. Competência da Justiça do Trabalho. Acidente de trabalho. Denunciação à lide da empresa seguradora. A aplicabilidade do instituto da denunciação à lide no processo do trabalho, a despeito da ampliação da competência desta Justiça Especial, deve ser analisada caso a caso, considerando-se o interesse do trabalhador na celeridade processual, tendo em vista a natureza alimentar dos créditos trabalhistas, bem como a própria competência da Justiça do Trabalho para apreciar a controvérsia surgida. Precedente da col. SBDI-1 de minha relatoria. Recurso de revista não conhecido. Acidente de trabalho. Dano moral. Caracterização. Redução do valor da indenização. O único julgado trazido ao cotejo não se presta ao exame, porque originário de Turma deste Tribunal, fonte não autorizada pelo art. 896 da CLT. No mais, o pedido alternativo de redução do valor atribuído à indenização por danos morais revela-se desfundamentado, à luz do art. 896 da CLT, na medida em que não apontada violação de dispositivos de lei ou da Constituição Federal, tampouco colacionados arestos para caracterização de divergência jurisprudencial. Recurso de revista não conhecido. Honorários advocatícios. Credencial sindical. Ausência. Na Justiça do Trabalho o deferimento de honorários advocatícios sujeita-se à constatação da presença concomitante de dois requisitos: o benefício da justiça gratuita e a assistência do sindicato. Neste sentido a Orientação Jurisprudencial n. 305 da SBDI-1 do col. TST. Não preenchidos os requisitos preconizados na lei, a reclamante não faz jus aos honorários advocatícios. Esta col. Corte Superior também já consolidou seu entendimento acerca da matéria, nos termos das Súmulas ns. 219 e 329. Recurso de revista conhecido e provido". (TST — RR 9300-72.2009.5.17.0001 — 6ª T. — Rel. Min. Aloysio Corrêa da Veiga — DJe 24.5.2013) RDM+15+2013+JUL-AGO+205v103

RESPONSABILIDADE CIVIL DO ESTADO — ACOSTAMENTO EM DESNÍVEL — ACIDENTE — LESÃO GRAVE — OBRIGAÇÃO DE INDENIZAR — NEXO DE CAUSALIDADE — AUSÊNCIA — "Constitucional e administrativo. Responsabilidade civil objetiva do estado. Prescrição. Decreto n. 20.910/32. Acostamento em desnível. Acidente. Lesão grave. Omissão. Obrigação de indenizar. Inocorrência. Ausência de prova do nexo de causalidade. 1. A parte autora pretende a condenação do DNIT ao pagamento de indenização por danos materiais, morais e estéticos, por suposta omissão estatal (existência de desnível entre a pista de arrolamento e o acostamento), o que teria sido determinante para a capotagem do veículo que conduzia. 2. Prescrição afastada, já que, em relação às dívidas da Fazenda Pública, a prescrição opera-se no prazo de cinco anos, a partir da ocorrência da lesão jurídica, nos termos do 1º do Decreto n. 20.910/32, não se aplicando, portanto, o disposto no inciso V do § 3º do art. 206 do Código Civil. Como o acidente ocorreu em 10.6.2007 e a ação foi proposta em 23.8.2011, não há que se falar em prescrição da pretensão à reparação civil. Precedente do TRF da 5ª Região (AC552733). 3. Ausência de prova de que o acostamento, no local do acidente, apresentava desnível acentuado capaz de provocar o acidente. 4. Presença de indícios de que autor, quando trafegou seu veículo no acostamento da BR-101, após sair da pista de rolamento, tentou retornar para esta em velocidade incompatível. 5. Certo é, ademais, que o acostamento é a 'parte da via diferenciada da pista de rolamento destinada à parada ou estacionamento de veículos, em caso de emergência, e à circulação de pedestres e bicicletas, quando não houver local apropriado para esse fim' (Lei n. 9.503, anexo I), incidindo em infração quem não deixa de reduzir a velocidade do veículo de forma compatível com a segurança do trânsito (Lei n. 9.503, art. 220, III). 6. Precedente do TRF da 5ª Região (AC426635). 7. Apelação não provida". (TRF 5ª R. — AC 0006405-31.2011.4.05.8200 — (544029/PB) — 2ª T. — Rel. Des. Fed. Fernando Braga — DJe 15.8.2013 — p. 261) RRP+19+2014+FEV-MAR+184+001/2013-GAB/DRv108

Acidente do trabalho. Doença profissional. Prescrição. 1. Orienta-se o entendimento desta Corte superior no sentido de que a regra prescricional aplicável à pretensão relativa à indenização por danos morais decorrente de acidente do trabalho é definida a partir da data em que a parte tem ciência inequívoca do evento danoso. Cientificada a parte da incapacitação ou redução da sua capacidade laboral em ocasião posterior ao advento da Emenda Constitucional n. 45/04, por meio da qual se definiu a competência da Justiça do Trabalho para processar e julgar tais demandas, a prescrição incidente é a prevista no art. 7º, XXIX, da Constituição da República, porquanto indiscutível a natureza trabalhista reconhecida ao evento. Contrariamente, verificado o infortúnio anteriormente à entrada em vigor da referida emenda constitucional, prevalece a prescrição civil, em face da controvérsia que pairava nas Cortes quanto à natureza do pleito — circunstância que não pode ser tomada em desfavor da parte. 2. Na presente hipótese, conforme reconhecido pela egrégia Turma, a lesão restou configurada com a expedição da CAT, ocorrida em outubro de 1997 — ou seja, em data anterior à edição da Emenda Constitucional n. 45/04. A prescrição incidente, portanto, é a civil, com a regra de transição consagrada no art. 2.028 do Código Civil de 2002, porquanto não transcorridos mais de dez anos até a data da entrada em vigor do referido Código. 3. Assim, em face da regra contida no indigitado dispositivo de lei, forçoso concluir que a prescrição aplicável, no presente caso, é a trienal, estabelecida no art. 206, § 3º, V, do novel Código Civil, iniciando-se a contagem a partir da sua entrada em vigor — ou seja, 12.1.2003 — e findando em 12.1.2006. 4. Ajuizada a presente ação em 22.9.2004, não há prescrição a ser decretada relativamente à pretensão à reparação por danos morais e patrimoniais decorrentes de acidente do trabalho. 5. Recurso de revista não conhecido. Pedido enumerativo, não alternativo. Julgamento fora dos limites da lide não configurado. Para a caracterização do julgamento fora dos limites do pedido, é necessário que a parte não formule determinado pedido e o julgador o defira, consoante se extrai dos arts. 128 e 460 do Código de Processo Civil. No caso, a autora explicitou, nas razões do pedido, que 'deixou de receber a cesta básica e/ou ticket-alimentação' (fl. 12), sendo que o fato de deixar a autora de inserir o conectivo 'e' no pedido correspondente, expresso na alínea *d* do rol de pedidos, não prejudica a compreensão, tampouco a defesa do reclamado, razão por que a conclusão do Tribunal Regional no sentido de que se trata de pedido enumerativo, e não alternativo, sendo possível concluir pela procedência de ambas as parcelas, não configura o alegado julgamento *extra petita*. Nessas circunstâncias, não se reconhece afronta aos arts. 128 e 460 do Código de Processo Civil. Recurso de revista não conhecido. Danos materiais. Pensão vitalícia. Cumulação com benefício previdenciário e complementação de aposentadoria. Possibilidade jurídica do pedido. A pensão prevista no art. 950 do Código Civil e os proventos decorrentes da aposentadoria por invalidez (ou da complementação de aposentadoria) constituem prestações absolutamente diversas, originadas de relações jurídicas distintas. Nada obsta, assim, o seu pagamento cumulativo. Precedentes desta Corte Superior. Recurso de revista não conhecido. Doença profissional. Caracterização. Ônus da prova. O debate sobre a valoração da prova efetivamente produzida — ônus objetivo de prova — tende à reavaliação do conjunto probatório dos autos, o que, induvidosamente, não rende ensejo ao recurso de revista, em face de sua natureza extraordinária. Óbice da Súmula n. 126 desta Corte superior. Recurso de revista não conhecido. Pensionamento mensal. Expectativa de vida. Tabela do IBGE. O pensionamento decorrente de indenização pela perda parcial ou total da capacidade laboral, nos termos previstos no art. 950 do Código Civil, não possui limite temporal, sendo impertinente a pretensão patronal de restringir seus efeitos à data prevista para o trabalhador implementar o direito à aposentadoria. A aposentadoria, portanto, não gera nenhuma influência na fixação do prazo do pensionamento ou no arbitramento do valor da indenização. Por outro lado, a manutenção do limite fixado pelo Tribunal Regional com base na tabela do IBGE sobre expectativa de vida não se sujeita à reforma nesta oportunidade em face do princípio da *non reformatio in pejus*. Recurso de revista não conhecido. Multa prevista no parágrafo único do art. 538 do Código de Processo Civil. O manuseio inadequado dos embargos de declaração, buscando fim diverso daquele previsto na lei processual, e a reapresentação de argumentos já oferecidos à consideração do juízo, na oportunidade própria, justificam a conclusão consagrada pelo Tribunal Regional, que divisou caráter protelatório na sua interposição. Recurso de revista não conhecido. Honorários de advogado. Ajuizamento da ação na Justiça comum anteriormente à promulgação da Emenda Constitucional n. 45/04. 1. Muito embora persista nesta Corte Superior o entendimento de que a percepção de honorários advocatícios, na Justiça do Trabalho, está condicionada ao preenchimento dos requisitos previstos no art. 14 da Lei n. 5.584/70, a ampliação da competência desta Justiça Especial, por meio da Emenda Constitucional n. 45/04, ensejou o reconhecimento de exceção a essa regra, a abarcar o período de transição na alteração da competência funcional dos órgãos judiciários. 2. A hipótese sob exame é albergada pela dita transição, porquanto incontroverso nos autos o ajuizamento da presente ação, em que se objetiva a reparação de danos decorrentes de atos ilícitos, em 4.3.1999, perante a Justiça comum. Nesse contexto, justifica-se a condenação do reclamado ao pagamento dos honorários advocatícios em razão da mera sucumbência, nos termos do art. 20 e parágrafos do Código de Processo Civil. 3. Hipótese em que não se reconhece a alegada contrariedade à Súmula n. 219 desta Corte uniformizadora. 4. Recurso de revista não conhecido. (TST — RR 40800-14.2005.5.20.0002 — 1ª T. — Rel. Min. Lelio Bentes Corrêa — DJe 15.6.2012) RST+278+2012+AGO+169+01/94.

Neste sentido, a OJ 421 da SDI I do Colendo TST:

"OJ-SDI-1-421. HONORÁRIOS ADVOCATÍCIOS. AÇÃO DE INDENIZAÇÃO POR DANOS MORAIS E MATERIAIS DECORRENTES DE ACIDENTE DE TRABALHO OU DE DOENÇA PROFISSIONAL. AJUIZAMENTO PERANTE A JUSTIÇA COMUM ANTES DA PROMULGAÇÃO DA EMENDA CONSTITUCIONAL N. 45/04. POSTERIOR REMESSA DOS AUTOS À JUSTIÇA DO TRABALHO. ART. 20 DO CPC. INCIDÊNCIA." (DEJT divulgado em 1º, 4 e 5.2.2013)

PRESCRIÇÃO — Em matéria de infortunística, a teor das Leis ns. 6.367/76 e 8.213/91, o prazo prescricional, embora possa vir a atingir as parcelas periódicas não pagas nem reclamadas no prazo legal, não alcança o fundo de direito. 2. Tais dispositivos legais não se referem à ação para o reconhecimento do acidente do trabalho e de suas consequências, disciplinando, apenas as "ações referentes a prestações por acidente do trabalho". 3. Ocorre, muitas vezes, que o acidentado demora largo período, antes de recorrer ao Judiciário. Durante este período, ocorre o inexorável vencimento das prestações acidentárias. 4. A cada uma das prestações vencidas corresponde uma ação, para a respectiva cobrança. 5. Sobre cada uma destas ações vai incidindo a prescrição quinquenal estabelecida no art. 18 da Lei n. 6.367/76. 6. Como é fácil de perceber, o art. 18 refere-se à prescrição das ações referentes à cobrança das prestações vencidas. Nada dispõe sobre a declaração do direito à indenização acidentária. (TJPE — AC 96257-0 — Rel. Des. Bartolomeu Bueno — DJPE 26.8.2005)

PRESCRIÇÃO QUINQUENAL — SUSPENSÃO — EMPREGADO AFASTADO EM VIRTUDE DE ACIDENTE DE TRABALHO — NÃO OCORRÊNCIA — A licença previdenciária concedida à reclamante, em decorrência de acidente de trabalho, não suspende o contrato laboral (o tempo de afastamento é contado como serviço efetivo) nem a contagem do prazo prescricional: as previsões de suspensão do fluxo prescricional insculpidas em lei visam precipuamente excluir da contagem aqueles períodos em que o titular do direito, por qualquer razão, esteja impedido de postulá-lo em juízo, o que não ocorre, por si só, em razão de acidente de trabalho. Não se pode olvidar, ademais, que as causas suspensivas estão expressamente elencadas em lei, sendo defeso ao intérprete criar hipóteses não previstas. Mantém-se. (TRT 15ª R. — RO 845-2003-018-15-00-2 — (19745/05) — 12ª C. — Relª Juíza Olga Aida Joaquim Gomieri — DOESP 6.5.2005 — p. 52)

PRESCRIÇÃO QUINQUENAL. SUSPENSÃO. Empregado afastado em virtude de acidente de trabalho. Não ocorrência. A licença previdenciária concedida à reclamante, em decorrência de acidente de trabalho, não suspende o contrato laboral (o tempo de afastamento é contado como serviço efetivo) nem a contagem do prazo prescricional: as previsões de suspensão do fluxo prescricional insculpidas em lei visam precipuamente excluir da contagem aqueles períodos em que o titular do direito, por qualquer razão, esteja impedido de postulá-lo em juízo, o que não ocorre, por si só, em razão de acidente de trabalho. Não se pode olvidar, ademais, que as causas suspensivas estão expressamente elencadas em lei, sendo defeso ao intérprete criar hipóteses não previstas. Mantém-se. (TRT 15ª R. — RO 00845-2003-018-15-00-2 — (19745/2005) — (Proc. Orig. 00845/2003) — 6ª T. — Relª Juíza Olga Aida Joaquim Gomieri — DOESP 6.5.2005)

PRESCRIÇÃO QUE NÃO PODE SER DECRETADA DE OFFÍCIO POR ENVOLVER DIREITO PATRIMONIAL — EXTINÇÃO DA AÇÃO SEM JULGAMENTO DO MÉRITO — IMPOSSIBILIDADE — APELO A QUE SE DÁ PROVIMENTO — O prazo de prescrição das pretensões de indenização derivadas de responsabilidade civil extracontratual é de 3 anos (art. 206, § 3º, V). Transcorridos mais de 5 anos da data do evento danoso até a propositura da ação indenizatória, resta prescrito o direito de ação. Não se aplica a regra do art. 200 do novo Código Civil, se o ofendido não exerceu o seu direito de representação, para possibilitar o início da ação penal. A condição para a suspensão do prazo prescricional não é a natureza da ação no juízo penal, mas sua interposição efetiva. Os gastos realizados para recuperação dos traumas decorrentes de atropelo por veículo, bem como o que se deixou de auferir durante o período da convalescença, configuram direito patrimonial, reclamando a aplicação do art. 219, § 5º, do CPC. Tratando a ação de direitos patrimoniais e não sendo requerido pela parte a aplicação da prescrição, ficam desautorizadas a sua decretação *ex officio* com o indeferimento da inicial e a extinção da ação de indenização sem julgamento do mérito. (TJBA — AC 44765-5/2004 — (81063) — 1ª C.Cív. —Rel. Des. Raimundo Antônio de Queiroz — J. 16.3.2005)

PRESCRIÇÃO — AFASTAMENTO POR ACIDENTE DO TRABALHO — SUSPENSÃO DO CONTRATO DE TRABALHO — Não é causa de suspensão ou interrupção da prescrição o afastamento por acidente do trabalho que não afeta a capacidade civil do empregado. (TRT 2ª R. — RO 02483 — (20040535643) — 6ª T. — Rel. p/o Ac. Juiz Rafael E. Pugliese Ribeiro — DOESP 15.10.2004)

CAPACIDADE DO RECLAMANTE — PRESCRIÇÃO — O reclamante somente tornou-se incapaz após o acidente de trabalho, sofrido em 14.8.1976. Assim, quanto às verbas trabalhistas que já eram exigíveis antes do acidente, há de ser observada a prescrição bienal, conforme prevista no art. 11 da CLT, vigente àquela época, de modo que se encontram prescritas as pretensões anteriores a 14.8.1974. Recurso parcialmente procedente. 2) multa do § 8º do art. 477 da CLT. A suspensão da prescrição das verbas rescisórias do reclamante, devidas em 29.8.1976, projetou o débito no tempo, de modo a alcançar a multa instituída em 1989, do § 8º do art. 477 da CLT. Recurso não provido. 3) julgamento *ultra petita*. O pedido abrange as verbas trabalhistas devidas entre a data do acidente (14.8.1976) até a dispensa do reclamante e aquelas que já lhe eram devidas desde o início do pacto laboral, não havendo julgamento *ultra petita*. Recurso não provido. (TRT 18ª R. — RO 00067-2004-201-18-00-0 — Rel. Juiz Saulo Emídio dos Santos — DJGO 10.5.2004)

2.28.1. Suspensão da prescrição. A tese da incindibilidade dos direitos do menor

Em relação ao menor acidentado, temos ainda a tese da incindibilidade dos direitos da família. Em outras palavras, ocorrendo a perpetração de ato ilícito em face de menor herdeiro, já que seus direitos são imprescritíveis (art. 440 CLT), todos os demais membros da família passarão a se beneficiar deste benefício legal, já que tais verbas são fixadas em caráter *intuitu familiae*. A respeito, a ementa:

PRESCRIÇÃO — INDENIZAÇÃO *INTUITU FAMILIAE* — SUSPENSÃO DA PRESCRIÇÃO — A suspensão da prescrição de direito à indenização, por ato ilícito de que resulte morte, em favor da menor aproveita aos demais interessados membros da família, eis que tais verbas são fixadas *intuitu familiae*, isto é, são indivisíveis. Demonstrado que o acidente de trânsito ocorreu por imprudência do agente administrativo que forçou ultrapassagem em local proibido da rodovia, deve o estado indenizar danos de ordem moral e material decorrente do evento. Não se exige que o veículo esteja registrado em nome da vítima para que seja indenizável. Estando na posse dela e havendo provas testemunhais de sua aquisição recente considera-se suprida a demonstração de propriedade. Danos morais fixados em valores razoáveis, de acordo com o potencial lesivo da conduta ilícita, levando em conta situação patrimonial das partes não merecem reformas. A pensão alimentícia é devida à viúva até a data em que a vítima completaria 65 anos de idade, expectativa média de vida do brasileiro. A pensão alimentícia devida à filha menor até a idade de 25 anos, quando completará eventual curso de graduação e estará apta para o trabalho, cessando a dependência mais dos pais. Indenização pelos funerais independente de demonstração dos recibos de despesas, eis que realizados presumidamente pela companheira com a qual a vítima habitava à época do evento danoso de que resultou sua morte. Lucros cessantes consistentes no valor dos rendimentos médios auferidos pela vítima a partir da data do evento até a propositura da ação. Possibilidade de arbitramento de todas as verbas indenizatórias devidas, com fulcro no art. 606, inciso I e II do Código de Processo Civil, à exceção dos danos de ordem moral, fixados pelo prudente critério do julgador. (TJMT — AC 26.500 — 3ª C. Cív. — Rel. Des. Antonio Horácio da Silva Neto — J. 7.5.2003)

SUSPENSÃO DO CONTRATO DE TRABALHO — CONCESSÃO DE BENEFÍCIO PREVIDENCIÁRIO — PRAZO PRESCRICIONAL — EFEITOS — "Prescrição. Causas suspensivas de prescrição. Gozo de benefício previdenciário. Mera suspensão do contrato de trabalho. Efeito lógico no fluxo prescricional. Necessidade de perda da capacidade civil do obreiro, ainda que em caráter transitório, ou direito surgido de que dependa de expressa manifestação para a qual impedido o obreiro (condição suspensiva) enquanto suspenso o contrato de trabalho ou em gozo do benefício. O gozo de benefício previdenciário não se encontra capitulado como causa suspensiva do curso prescricional, a teor dos arts. 197 a 199 do Código Civil, nem emerge tal consequência da mera suspensão do contrato de trabalho. Doutro lado, se o contrato de trabalho for suspenso por gozo de aposentadoria por invalidez, não ocorre causa extintiva do contrato de trabalho e, assim, não há marco para correr o biênio previsto no art. 7º, XXIX, da Constituição enquanto; doutro lado, persiste fluindo a prescrição quinquenal, se não operada qualquer causa impeditiva ao obreiro para manifestação de vontade ou que possa ensejar perturbação da condição de discernimento, nem havendo condição suspensiva traduzida na existência de direito que dependa de expressa manifestação que não possa o obreiro efetivar enquanto suspenso o contrato de trabalho. Não é, pois, o mero gozo de benefício previdenciário que ensejará a suspensão da prescrição trabalhista, mas a ocorrência de fato motivador de incapacidade civil do obreiro, ainda que transitória, perturbando o discernimento ou afetando a possibilidade de devida manifestação de vontades (art. 3º, II e III, c/c art. 198, I, do Código Civil), ou a ocorrência de causa suspensiva de direito coligado ao afastamento do trabalho (art. 199, I, c/c arts. 121 e seguintes do Código Civil), resultando, ainda, que se operada a suspensão do contrato de trabalho, não havendo causa extintiva da relação laboral, não fluirá o prazo bienal previsto no art. 7º, XXIX, da Constituição, podendo, em não verificadas as condições delineadas, ainda assim fluir o prazo prescricional quinquenal. Recurso conhecido e desprovido". (TRT 10ª R. — RO 00299-2006-001-10-00-8 — 2ª T. — Rel. Juiz Alexandre Nery de Oliveira — DJU 3 20.4.2007) RST+218+2007+AGO+158

APOSENTADORIA POR INVALIDEZ — SUSPENSÃO DO CONTRATO — PRESCRIÇÃO — A suspensão do contrato de trabalho em decorrência da aposentadoria por invalidez não implica suspensão da prescrição quinquenal. OJ n. 375 da SDI-1 do TST. (TRT 4ª R. — RO 0001448-68.2012.5.04.0028 — 10ª T. — Relª Desª Rejane Souza Pedra — DJe 10.7.2014) v108.

[...] RECURSO DE REVISTA DO BANCO SANTANDER S.A. AUXÍLIO-DOENÇA — SUSPENSÃO DO CONTRATO DE TRABALHO — PRESCRIÇÃO — Recurso de revista fundamentado em violação dos arts. 7º, XXIX, da Constituição da República e 199, I, do Código Civil e em divergência jurisprudencial. Discute-se se a suspensão do contrato de trabalho, em decorrência de acidente de trabalho e consequente percepção do auxílio-doença, é causa de suspensão do prazo prescricional. No caso, o Tribunal Regional reformou a sentença que afastara a prescrição bienal e declarara a prescrição quinquenal dos créditos anteriores a 27.2.2006. Ora, o instituto da prescrição tem por objetivo a estabilização das relações sociais, motivo pelo qual é um dos sustentáculos do princípio da segurança jurídica. As causas de suspensão da prescrição são taxativamente reguladas por lei, da qual não pode se afastar o intérprete sob pena de colocar em risco o referido princípio. Dessa forma, restabelece-se a decisão do juiz de primeiro grau que entendera que a suspensão do contrato de trabalho em razão da obtenção de auxílio-doença não suspende o prazo prescricional quinquenal. Aplicação da Orientação Jurisprudencial n. 375 da SBDI-1. Recurso de revista conhecido por divergência jurisprudencial e provido. (TST — RR 66000-10.2007.5.15.0061 — Rel. Min. Alexandre de Souza Agra Belmonte — DJe 13.12.2013 — p. 1253)v107

2.28.2. *Caso fortuito e força maior*

Os fatos decorrentes de caso fortuito e força maior também não são passíveis de reparação.

De acordo com Anderson Schreiber(49) "admite-se, tradicionalmente, que o nexo de causalidade pode ser interrompido pela intervenção de fatores estranhos à cadeia causal, desde que aptos a romper o liame de causalidade inicial entre a atividade do agente e o dano. Como excludentes de causalidade — e, consequentemente, de responsabilidade — apontam-se três categorias fundamentais: i) o caso fortuito ou força maior; ii) a causa exclusiva da vítima e iii) o fato de terceiro".

Aduz ainda o doutrinador que "uma análise detida da jurisprudência atual revel, em todo o mundo, uma gradual relativização do poder excludente destes fatores, com a sua absorção pela cadeia causal deflagrada pelo responsável. Assim, por exemplo, ganha calorosa acolhida em diversos ordenamentos a chamada teoria do fortuito interno, desenvolvida no âmbito das relações de consumo, a fim de evitar a exclusão da responsabilidade do fornecedor por acontecimentos que, embora imprevisíveis e irresistíveis, se verificam anteriormente à colocação do produto no mercado. Por consistir em risco ligado à atividade do sujeito responsável, o fortuito interno tem sido considerado insuficiente para o afastamento da relação de causalidade entre a atividade

(49) SCHREIBER, Anderson. *Novos paradigmas da responsabilidade civil:* da erosão dos filtros da reparação à diluição dos danos. 5. ed. São Paulo: Atlas, 2013. p. 68.

desenvolvida e o dano, mesmo quando imprevisível e irresistível. Em outros termos: aos tradicionais requisitos da imprevisibilidade e irresistibilidade do caso fortuito têm-se acrescentado esta terceira exigência — a externalidade ou externidade do caso fortuito, sem a qual se conserva a responsabilidade[50].

E ainda, afirma que "os tribunais brasileiros têm reiteradamente acolhido o conceito de fortuito interno como não excludente de causalidade. E tem mesmo aplicado a noção a situações cuja internalidade à atividade é duvidosa. Os tribunais de justiça do Rio de Janeiro, por exemplo, já considerou como fortuito interno da atividade bancária, o assalto com roubo de bens materiais mantidos em cofre alugado, condenando a instituição financeira a ressarcir o cliente. A mesma corte entendeu haver fortuito interno na situação de empresa de financiamento que promove a abertura de crédito em nome de outrem, com a utilização de documentação falsa, condenando ao dever de indenizar a empresa que, com base em tal documentação, inscreve o nome do suposto devedor no serviço de proteção ao crédito"[51].

Portanto, para este doutrinador "[...] o juízo acerca de incidência ou não da figura do fortuito interno parece, antes, vinculado à lógica do risco de sua imputação a certo sujeito que desenvolve uma atividade potencialmente lesiva. Daí ser o fortuito interno noção recorrente em relações regidas pela responsabilidade objetiva, mas elemento tecnicamente estranho à seara da responsabilidade subjetiva, onde a simples imprevisibilidade é considerada suficiente para desconfigurar o ilícito"[52].

De forma pragmática, podemos dizer que força maior, também conhecida como *Acts of God* são aqueles fatos em que podemos identificar "o local, o dia e a hora em que ocorreram", enquanto todos os demais fatos poderão ser conceituados como caso fortuito.

O art. 393 do Código Civil assim se expressa:

> "O devedor não responde pelos prejuízos resultantes de caso fortuito ou força maior, se expressamente não se houver por eles responsabilizado.
>
> Parágrafo único. O caso fortuito ou de força maior verifica-se no fato necessário, cujos efeitos não era possível evitar ou impedir."

De acordo com Mário Luiz Delgado Régis[53], caso fortuito ou força maior foram empregados pelo legislador, como sinônimos, mas doutrinariamente não se confundem, muito embora os autores sofram divergências sobre as diferenças entre os dois eventos. Os conceitos, muitas vezes, chegam a ser diametralmente

---

(50) SCHREIBER, Anderson. *Novos paradigmas da responsabilidade civil:* da erosão dos filtros da reparação à diluição dos danos. 5. ed. São Paulo: Atlas, 2013. p. 68.

(51) *Ibidem*, p. 352.

(52) *Ibidem*, p. 69.

(53) RÉGIS, Mário Luiz Delgado. Parte especial — livro I. In: FIUZA, Ricardo (coord.). *Do direito das obrigações. Novo código civil comentado.* São Paulo: Saraiva, 2003. p. 352.

opostos. Optamos por seguir a corrente dos que entendem ser o caso fortuito o acidente que não poderia ser razoavelmente previsto, decorrente de forças naturais ou ininteligentes, tais como um terremoto, um furação etc. (Clóvis Beviláqua, João Luiz Alves, Tito Fulgêncio e Carvalho de Mendonça).

A força maior, tomando por empréstimo a definição de Huc, seria "o fato de terceiro que criou, para execução da obrigação, um obstáculo, que a boa vontade do devedor não pôde vencer". Exemplos de força maior: a guerra, o embargo de autoridade pública que impede a saída do navio do porto etc.[(54)].

Data máxima venia ousamos discordar desta definição com base no entendimento de que a força maior traduz *Act of God* (tufão, terremoto, enchente etc.), sendo o intérprete capaz de identificar o local, o dia, a hora, o mês e o ano do acontecimento. Por exclusão, todos os demais fatos em que não seja possível sua identificação serão considerados casos fortuitos (pedreira subterrânea, por exemplo, já que não seria possível se determinar quando se formou a primeira pedra).

Ainda para esse autor, os efeitos do caso fortuito e da força maior são idênticos: isentar o devedor da responsabilidade pelo descumprimento da obrigação. Salvo se o devedor houver assumido por cláusula expressa a responsabilidade pelo descumprimento, mesmo ocorrendo caso fortuito ou força maior[(55)].

Por sua vez, a CLT em seu art. 501 dispõe que:

> "Entende-se por força maior todo acontecimento inevitável, em relação à vontade do empregador, e para a realização do qual este não concorreu, direta ou indiretamente.
>
> Parágrafo primeiro. A imprevidência do empregador exclui a razão de força maior."

Para Valentin Carrion[(56)], a força maior adotada pelo texto abrange o caso fortuito (imprevisto e imprevisível) e a força maior em sentido restrito (fato previsto ou previsível), ambos superiores às forças de quem lhes suporta os efeitos. A norma repisa que a imprevidência exclui a configuração de força maior; pode consistir em fenômenos naturais, atos humanos privados, leis novas ou atos do governo.

Ainda de acordo com esse autor[(57)], no Direito do Trabalho: a) aplica-se a teoria da esfera da responsabilidade: afirma-se que todo acontecimento que atinge a empresa entre na esfera jurídica da responsabilidade do empregador;

---

(54) RÉGIS, Mário Luiz Delgado. Parte especial — livro I. In: FIUZA, Ricardo (coord.). *Do direito das obrigações. Novo código civil comentado*. São Paulo: Saraiva, 2003. p. 352.

(55) *Ibidem*, p. 351.

(56) CARRION, Valentin. *Comentários à consolidação das leis do trabalho*. 29. ed. atualizada. São Paulo: Saraiva, 2004. p. 403-404.

(57) *Ibidem*, p. 404.

b) a força maior aqui não desobriga do pagamento de indenizações, mas as reduz; c) a jurisprudência é muito exigente e com frequência rejeita a configuração de força maior.

Para Valentin Carrion[58] não se configura a força maior: a) no caso de evento considerado força maior, que, todavia, não afete a situação econômico-financeira; b) na hipótese de medidas governamentais de caráter geral no campo da economia; c) extinção de setor da empresa, por obsoleto; d) incêndio, inexistindo seguro contra fogo; e) mau tempo em atividade a céu aberto; g) falência e concordata (em face do que determina o art. 449).

Seguem as ementas:

JOGO DA COPA DAS CONFEDERAÇÕES — CANCELAMENTO DE VOO — EFEITOS — "Juizado Especial Cível. Consumidor. Transporte aéreo. Cancelamento de voo. Alegação de alteração da malha aérea. Ausência de comprovação. Caso fortuito interno. Responsabilidade objetiva de fornecedor do serviço preservada. Realocação dos passageiros em voo cerca de cinco horas depois. Perda do objetivo da viagem. Pretensão de assistir jogo da Copa das Confederações. Falha na prestação do serviço. Pedido de reembolso das passagens aéreas e ingressos. Procedência. Dano moral. Caracterização. Valor. Observância dos princípios da razoabilidade e proporcionalidade. Sentença mantida. 1. Nas relações de consumo, a responsabilidade do fornecedor do serviço ou produto é objetiva, decorrência do risco da atividade. 2. Na esteira do art. 14, § 1º, da Lei n. 8.078/90, o fornecedor do serviço tem responsabilidade objetiva pelos danos decorrentes da prestação viciosa dos seus serviços, a qual somente é afastada se comprovar a ausência de defeito, culpa exclusiva do consumidor ou de terceiros. 3. A alegação de alteração da malha aérea não restou comprovada. Ademais, é fato previsível dentro da atividade comercial de transporte, logo é considerado caso fortuito interno. Portanto, tal escusa não eximiria a companhia aérea de reparar os danos causados pelo atraso ou cancelamento de voo. 4. Os consumidores viajariam para assistir a um evento esportivo de grande porte, mas a mudança dos horários dos voos comprometeu toda a programação, já que eles foram realocados em voo que sairia quase cinco horas depois, tornando exíguo o tempo para a chegada no evento. Além de todo o prejuízo material decorrente dos gastos com passagens e ingressos, a situação vivenciada pelos autores gerou desconforto, apreensão e angústia. O quadro exposto foi capaz de alterar o Estado anímico dos passageiros, que superaram os meros dissabores ou aborrecimentos cotidianos. A jurisprudência pátria já pacificou o entendimento para reconhecer o dano moral no caso de atraso ou cancelamento de voo. 5. Não há motivos para a revisão do *quantum* indenizatório, uma vez que observados os princípios da razoabilidade e da proporcionalidade que informam a fixação da indenização do dano moral, bem como sua natureza compensatória e dissuasória. 6. Recurso conhecido e desprovido. 7. Decisão tomada na forma do art. 46 da Lei n. 9.099/1995, servindo a ementa de acórdão. 8. Condeno a recorrente no pagamento das custas e honorários advocatícios, os quais arbitro em 10% (dez por cento) do valor da condenação".

---

(58) CARRION, Valentin. *Comentários à consolidação das leis do trabalho.* 29. ed. atual. São Paulo: Saraiva, 2004. p. 70.

(TJDFT — Proc. 20130110909795 — (767798) — Rel. Juiz Luís Gustavo B. de Oliveira — DJe 17.3.2014 — p. 298)RDD+18+2014+ABR-MAI+202v108.

AGRAVO REGIMENTAL — AGRAVO EM RECURSO ESPECIAL — RESPONSABILIDADE CIVIL — FALHA NA PRESTAÇÃO DE SERVIÇO BANCÁRIO — DANOS MORAIS — REEXAME DO CONJUNTO FÁTICO-PROBATÓRIO — *QUANTUM* INDENIZATÓRIO — RAZOABILIDADE — IMPOSSIBILIDADE — SÚMULA N. 7/STJ — DECISÃO AGRAVADA MANTIDA — IMPROVIMENTO — 1. A convicção a que chegou o Tribunal *a quo* quanto à existência de dano moral indenizável, decorreu da análise das circunstâncias fáticas peculiares à causa, cujo reexame é vedado em âmbito de recurso especial, a teor do Enunciado n. 7 da Súmula desta Corte. 2. Com a edição da Súmula n. 479 deste Tribunal, a 2ª Seção desta Corte pacificou entendimento no sentido de que as instituições financeiras respondem objetivamente pelos danos gerados por fortuito interno relativo a fraudes e delitos praticados por terceiros no âmbito de operações bancárias. 3. A intervenção do STJ, Corte de caráter nacional, destinada a firmar interpretação geral do Direito Federal para todo o País e não para a revisão de questões de interesse individual, no caso de questionamento do valor fixado para o dano moral, somente é admissível quando o valor fixado pelo Tribunal de origem, cumprindo o duplo grau de jurisdição, se mostre teratólogico, por irrisório ou abusivo. 4. Inocorrência de teratologia no caso concreto, em que foi fixado o valor de indenização em R$ 10.000,00 (dez mil reais), devido pelo ora agravante ao autor, a título de danos morais decorrentes de inscrição indevida em cadastro de proteção ao crédito. 5. O agravo não trouxe nenhum argumento novo capaz de modificar a conclusão do julgado, a qual se mantém por seus próprios fundamentos. 6. Agravo regimental improvido. (STJ — AgRg-AREsp 388.345/SP — 3ª T. — Rel. Min. Sidnei Beneti — J. 26.11.2013 — DJe 6.12.2013) RJU+435+2014+JAN+141+09/90v107.

"APELAÇÃO CÍVEL — DÉBITO DECORRENTE DE USO DE CARTÃO DE CRÉDITO — INCLUSÃO EM CADASTRO DE INADIMPLENTES — FRAUDE — RELAÇÃO JURÍDICA — ÔNUS DA PROVA — FATO DE TERCEIRO — Fortuito interno. Responsabilidade. Dano moral *in re ipsa*. Dispensa de prova. Tratando-se de relação de consumo em que reconhecida a vulnerabilidade do consumidor e invertido o ônus da prova, cabe à instituição financeira demonstrar a existência de relação jurídica entre as partes e, bem assim, que o débito cobrado e inserido nos cadastros de proteção ao crédito foi assumido pelo consumidor e não por terceiro que adquiriu cartão de crédito mediante fraude. A fraude por meio da qual terceira pessoa, fazendo-se passar por outra, adquire cartão de crédito configura fortuito interno, estando a situação inserida no risco da atividade e, portanto, ensejadora de responsabilidade civil da instituição financeira negligente. O dano moral decorrente da inclusão indevida em cadastros de proteção ao crédito se opera *in re ipsa*, dispensando-se a prova do dano, pois este já decorre do próprio fato." (TJDFT — Proc. 20130111065842APC — (727351) — 2ª T.Cív. — Relª Desª Carmelita Brasil — J. 23.10.2013 — DJe 25.10.2013)RJU+433+2013+NOV+171v105.

RESPONSABILIDADE CIVIL OBJETIVA — SERVENTE/MEIO OFICIAL ATIVADO NA CONSTRUÇÃO CIVIL — ATIVIDADE DE RISCO PARA FRATURAS — TORÇÃO DE TORNOZELO EM SERVIÇO AO SAIR DE ANDAIME, FRA-

TURANDO O TALUS — UTILIZAÇÃO DE EPIS E ADOÇÃO DE MEDIDAS DE SEGURANÇA DO TRABALHO INCAPAZES DE IMPEDIR O OCORRIDO — FORTUITO INTERNO À ATIVIDADE QUE NÃO ILIDE A RESPONSABILIDADE CIVIL — IDEIA DE SOCIALIZAÇÃO DOS DANOS — IRRELEVÂNCIA DE CULPA DA RECLAMADA — O Reclamante desempenhava a função de servente/meio oficial, preparando massa e concreto com uso de betoneira, transportando material com carriola, realizando a limpeza da obra com vassourão, abrindo valas e buracos com picareta e pá, com risco de acidente e ferimentos (Laudo de atividades insalubres e periculosas para fins trabalhistas de 2009/2010 — item 4.1.2.4), o acidente inseriu-se no risco presumido da atividade. O PPRA destaca como fontes geradoras dos cortes e ferimentos, a utilização de picareta, pá, e a abertura de valas. A prova oral produzida confirmou que o Reclamante torceu o pé ao descer do andaime, e que este não possuía qualquer irregularidade. Pela vasta documentação encartada aos autos pela Recorrente (PCMSO, Laudo de atividades insalubres e periculosas, e PPRA), da qual consta, inclusive, os EPIs fornecidos por função, com o respectivo certificado, considera-se que o Reclamante utilizava equipamentos de proteção no momento do acidente. Não obstante esta constatação, tem-se que o acidente de trabalho ocorreu durante o desempenho da função de servente/meio oficial, para a qual existia risco de cortes e fraturas, não se podendo, por isso, reputar caracterizada a culpa exclusiva da vítima, pois o risco estava claramente inserido no fortuito interno da profissão de servente/meio oficial. Cuida-se, portanto, de responsabilidade objetiva, em que a ocorrência do fortuito interno (possível ou esperado) é insuficiente à sua elisão. Não se pode descurar que a responsabilidade objetiva ao oposto do que sucede na aquiliana — fundamenta-se na ideia de diluição social dos danos, evitando que o lesado, ao desempenhar atividade lícita em benefício de outrem, arque com os prejuízos que dela decorram, bastando, para tanto, que este se enquadre dentro do risco admitido, como no caso. Recurso da Reclamada a que se nega provimento. (TRT 09ª R. — RO 0001731-86.2011.5.09.0093 — Rel. Ubirajara Carlos Mendes — DJe 11.3.2014 — p. 132)v106.

RESPONSABILIDADE OBJETIVA. Sendo objetiva a responsabilidade contratual do banco, aplicável a inversão do ônus da prova (art. 6º, VIII, Lei n. 8.078/90), compete ao correntista demonstrar a movimentação fraudulenta de sua conta, devendo o banco, para elidir sua responsabilidade civil, comprovar que o fato derivou da culpa do cliente ou da força maior ou caso fortuito (Lei n. 8.078/90, art. 14, § 3º), o que não ocorreu na espécie. 7 — Recurso conhecido, mas improvido. (TRF 2ª R. — AC 2001.02.01.035189-9 — 8ª T. Esp. — Rel. Juiz Fed. Conv. Guilherme Calmon Nogueira da Gama — DJU 20.9.2005 — p. 211)

RESPONSABILIDADE CIVIL OBJETIVA DO ESTADO — DANOS MORAIS E MATERIAIS — FIXAÇÃO DO *QUANTUM* — HONORÁRIOS ADVOCATÍCIOS — I. Consoante precedente da corte, a responsabilidade civil do estado rege-se pela teoria objetiva, conforme disposto no art. 37, § 6º, da CF de molde que as pessoas jurídicas de direito público respondem pelos danos causados a outrem por ação ou omissão de seus funcionários, devendo a ação regressiva autorizada pela norma constitucional, se for o caso, ocorrer mediante ação própria, não havendo que falar em denunciação da lide. II. Em sede de ação de indenização por ato ilícito afigura-se inadmissível a suspensão do processo até julgamento da ação penal, o que somente tem lugar quando a existência do fato delituoso se erigir como questão prejudicial da lide no cível, nos termos do art. 110 do CPC. III. Com base na teoria do risco administrativo, as pessoas jurídicas de direito público são civilmente responsáveis pelos danos que seus agentes, nessa qualidade, causarem a terceiros, assegurado o direito de regresso contra o responsável nos casos de dolo ou culpa, consoante dispõe o § 6º do art. 37 da Constituição Federal. IV. Comprovados pelos lesados o nexo de causalidade entre o fato lesivo (comissivo/omissivo) e o dano, impõe-se a obrigação de indenizar se a Fazenda Pública não se incumbiu de demonstrar que o evento ocorreu por caso fortuito e/ou motivo de força maior ou culpa exclusiva da vítima, subsistindo, pois, a responsabilidade objetiva da administração. V. A fixação do *quantum* indenizatório a título de danos morais, deve ser feita com prudência pelo julgador, observando as peculiaridades e a repercussão do dano, bem como a situação financeira dos ofendidos e do ofensor, de modo que este não seja excessivo ao ponto de se converter em fonte de enriquecimento ilícito, nem tão módica que se torne inexpressivo. VI. Em relação aos danos materiais não tendo o valor pleiteado na inicial (correspondente a 10 salários mínimos) sido contestado pelo réu, presumem-se confessados os fatos alegados pelos autores sobre os fatos da questão, já que o ordenamento jurídico pátrio não admite contestação por negativa geral, consoante dispõe o art. 302 do Código de Processo Civil. VII. A utilização do salário mínimo simplesmente como base para a qualificação do valor da indenização, não configura violação ao art. 7º, inciso IV, da CF, que veda apenas a sua vinculação como fator de correção da moeda. VIII. O fato dos autores serem beneficiários da assistência judiciária não constitui razão plausível para redução da verba honorária de sucumbência arbitrada em R$ 2.000,00 (dois mil reais), o que está em consonância com a norma inserta no art. 20, § 4º, do CPC, remessa obrigatória, apelo e agravo retido conhecidos e improvidos. (TJGO — DGJ 9966-7/195 — 1ª C. Cív. — 3ª T. — Rel. Des. Leobino Valente Chaves — DJGO 14.2.2005)

2.28.3. *Culpa exclusiva da vítima e culpa concorrente*

O art. 945 do Código Civil declara:

"Se a vítima tiver concorrido culposamente para o evento danoso, a sua indenização será fixada tendo-se em conta a gravidade de sua culpa em confronto com a do autor do dano."

A concorrência de culpas do agente causador do dano e da vítima, que, segundo este artigo, deve ser levada em conta na fixação da indenização, não era prevista no Código Civil de 1916, mas já estava consagrada na doutrina e na jurisprudência brasileiras.

De acordo com Rui Stocco(59) "se a vítima não age com a cautela necessária para atravessar a rua em local apropriado, vindo a ser atropelada,

(59) STOCCO, Rui. *Responsabilidade civil e sua interpretação jurisprudencial*. 2. ed. São Paulo: Revista dos Tribunais, 1995. p. 68-69.

justificável a redução proporcional do valor indenizatório, em razão da culpa concorrente" (RT, 609/112): "A partilha dos prejuízos, que se impõe nos casos de concorrência de culpas, deve guardar proporção ao grau de culpa com que cada protagonista concorreu para o evento. Reconhecida a igualdade na proporcionalidade das culpas dos agentes, deve cada parte responder pela metade dos prejuízos causados à outra, e a partilha dos prejuízos não se faz através de mera compensação dos danos, que podem ser diversos e desproporcionais". (RT, 588/188) "A culpa concorrente não altera a natureza da indenização, mas apenas restringe parcialmente a responsabilidade" (RT, 599/260).

Regina Beatriz Tavares da Silva[(60)] aduz que "muito embora vários julgados sigam o critério da partilha dos prejuízos em partes iguais (RT, 564/146, 575/136, 582/94, 585/127), bem estabeleceu este artigo que na fixação da indenização será levada em consideração a existência de culpas concorrentes, sob o critério da gravidade da culpa da vítima em comparação com a culpa do agente causador do dano, cabendo, portanto, ao juiz, na verificação do caso concreto, estimar o valor da indenização segundo o grau de participação culposa da vítima".

Consoante Anderson Schreiber[(61)] "e não é apenas o caso fortuito que vem sofrendo relativização em seu papel de interrupção do nexo causal. Também a culpa exclusiva da vítima e o fato de terceiro tem sido com este escopo aferido de forma restrita, mantendo-se em muitos casos, o nexo de causalidade originariamente formado entre a conduta do responsável e o dano. De um lado, a comum exigência de exclusividade da culpa da vítima, consagrada inclusive em lei especial (CDC, arts. 12, § 3º, inciso III e 14, § 3º, inciso II), afasta, a princípio, a relevância jurídica da concorrência da vítima para o evento, ainda que em grau elevado, o que impede a interrupção da causalidade em uma gama significativa de situações.

E ainda aduz que "de outro lado, não é raro que certos comportamentos por parte da vítima ou de terceiro, ainda que incompatíveis com os *standards* específicos de diligência, sejam considerados inclusos no risco do responsável ou imputáveis à sua esfera por alguma outra razão, a exemplo do que ocorre com o fortuito interno. Tome-se, a título de ilustração desta tendência, o conhecimento do caso do escorrega, decidido pelo Superior Tribunal de Justiça de 2001". A controvérsia envolvia um jovem que viajou com amigos para Serra Negra de São Paulo, hospedando-se em um hotel fazenda e durante a madrugada, após confraternizar com os amigos, dirigiu-se à área da piscina, subiu sobre um escorrega e mergulhou do alto do mesmo dentro da piscina. A piscina, não obstante a presença do escorrega, não era suficientemente profunda para acolher o mergulho daquela altura e o rapaz acabou, por força do

(60) SILVA, Regina Beatriz Tavares da. Título IX: da responsabilidade civil. In: FIUZA, Ricardo (coord.). *Novo código civil comentado*. São Paulo: Saraiva, 2003. p. 843.

(61) SCHREIBER, Anderson. *Novos paradigmas da responsabilidade civil...*, cit., p. 70.

salto, chocando a cabeça contra o solo em um acidente que lhe provou sérios danos à saúde.

E, ainda, "não obstante a consternação que o episódio naturalmente desperta, um caso assim seria tradicionalmente resolvido com a constatação de que a causa dos danos sofridos pela vítima fora a sua própria conduta. O Tribunal de Justiça de São Paulo entendeu ao contrário, que a responsabilidade pelos danos pertencia internamente ao hotel e à agência de turismo que o indicara. E o Superior Tribunal de Justiça manteve a decisão, reduzindo apenas parcialmente a responsabilidade destas sociedades, com base na concorrência dos atos da vitima para o resultado danoso. Considerou-se, no julgamento do caso, que o fato da vítima encontrava-se no âmbito de previsibilidade e prevenção do estabelecimento hoteleiro, excluindo-se a responsabilidade integral da vítima, com o questionável fundamento de que mesmo o sujeito inimputável incorreria no dano"[62].

Neste sentido, transcrevemos a ementa:

HERDEIROS LEGÍTIMOS PARA FIGURAREM NO POLO ATIVO DA DEMANDA — PRELIMINAR REJEITADA — IMPROVIMENTO DO APELO DA EMPRESA RÉ E PROVIMENTO PARCIAL DO DOS AUTORES — "provado o evento danoso e constatado o nexo de causalidade capaz de gerar a responsabilidade civil do empregador, por culpa, incumbe ao réu da ação o ônus do alegado fato desconstitutivo — Art. 333, inc. II do digesto processual civil — Pela culpa exclusiva da vítima, ou, a existência de caso fortuito ou força maior a eximir-lhe de responsabilidade". "Na fixação do dano moral, deve o juiz orientar-se pelos critérios recomendados pela doutrina e pela jurisprudência, com razoabilidade, valendo-se de sua experiência e do bom senso, atendo à realidade da vida e às peculiaridades de cada caso." Em caso de ilícito contratual, os juros de mora fluem a partir da citação, e não do evento. "O pensionamento é devido aos filhos até que estes completem 25 (vinte e cinco) anos, idade provável de conclusão do ensino superior e que estarão aptos ao mercado de trabalho." (TJBA — AC 31.888-4/2004 — (40973) — 1ª C. Cív. — Rel. Des. Robério Braga — J. 20.4.2005)

RESPONSABILIDADE CIVIL DO ESTADO — SEGURANÇA PÚBLICA — ASSALTO DE PESSOA EM CAIXA ELETRÔNICO — INDENIZAÇÃO — NEXO DE CAUSALIDADE — DESCARACTERIZAÇÃO — "Administrativo. Responsabilidade civil do Estado e de instituição financeira. Ação de indenização por danos morais e materiais. Assalto de cliente fora da agência bancária, após ter efetuado saque. Nexo de causalidade descaracterizado. Ausência de omissão do Estado do Paraná com relação à segurança pública e do banco demandado por negligência. Fato de terceiro. Evento imprevisível e inevitável. Sentença mantida. 1. Muito embora seja constitucional o dever estatal de prestar a segurança pública, não se pode perder de vista que é materialmente impossível ter um

(62) SCHREIBER, Anderson. *Novos paradigmas da responsabilidade civil:* da erosão dos filtros da reparação à diluição dos danos. 5. ed. São Paulo: Atlas, 2013. p. 71, STJ. Recurso Especial. 287.849-SP, j. 17.4.2001. Rel. Min. Ruy Rosado de Aguiar Jr.

policiamento ostensivo e preventivo em todas as situações e lugares. O Estado não pode ser concebido como um garantidor universal, sob pena de se atribuir uma responsabilidade a partir do risco integral, o que é inadmissível. 2. 'Para que se possa afirmar que o fato de terceiro constitui causa estranha e atue como excludente da responsabilidade, o comportamento do terceiro causador do dano deve ser inevitável e imprevisto' (STOCO, Rui. *Tratado de responsabilidade civil*. 6. ed. São Paulo: RT, 2004. p. 184). Agravo retido não conhecido. Recurso de apelação não provido". (TJPR — AC 1131081-1 — Rel. Des. Ruy Cunha Sobrinho — DJe 6.3.2014 — p. 70) RRP+20+2014+ABR-MAI+184v108.

RESPONSABILIDADE TRABALHISTA SUBJETIVA — ASSALTO — ALCANCE — "Assalto. Hipótese de responsabilização subjetiva do empregador. Nas hipóteses em que o trabalhador é vítima da violência praticada por assaltantes, a questão não se equaciona, simplesmente, em fato de terceiro, haja vista a violência social que se enfrenta atualmente. Os assaltos tornaram-se frequentes até mesmo nos pequenos e médios centros urbanos, não mais podendo ser atribuídos ao mero acaso e à total imprevisibilidade. Se a conduta do empregador omisso não tem manifesta intenção de lesar o seu empregado, possui, a toda evidência, a intolerável indiferença em face dos previsíveis riscos da atividade laboral prestada em condições inadequadas. A empregadora, conhecendo (ou devendo conhecer) os riscos presentes na atividade do seu empregado, sem lhe proporcionar medidas preventivas de segurança, pratica ato ilícito ensejador de reparação. A contenção dos custos, neste caso, é elemento facilitador para a prática delituosa que redundou na ofensa ao trabalhador, principal vítima dos riscos assumidos pela postura omissiva dos administradores do empreendimento. Através do conjunto probatório dos autos, restaram comprovados o dano causado, o nexo de causalidade entre a atividade desempenhada e os eventos danosos, bem como a culpa *stricto sensu* da empregadora, revelada pela sua indubitável negligência, ao permitir que o trabalhador desempenhasse suas funções em ambiente inseguro". (TRT 3ª R. — RO 1042-20.2012.5.03.0143 — Relª Juíza Conv. Maria Raquel Ferraz Zagari Valentim — DJe 22.8.2013) RST+292+2013+OUT+157v104.

RECURSO DE REVISTA VIGILANTE ASSALTO — ACIDENTE DE TRABALHO INDENIZAÇÃO POR DANOS MORAIS E MATERIAIS RESPONSABILIDADE DO EMPREGADOR FATO DE TERCEIRO — Hipótese em que a controvérsia foi dirimida à luz da indenização derivada de acidente de trabalho, arrimada na responsabilidade civil do empregador (dolo ou culpa), prevista no inciso XXVIII do art. 7º da Constituição Federal. Nesse contexto, o assalto à mão armada praticado no local de trabalho, com a morte da empregada que exercia a atividade de vigilante, quando não evidenciada falha na adoção de medidas de segurança, não obstante o lamentável evento, escapa totalmente à vontade do empregador, tendo no ato de terceiro sua causa exclusiva, circunstância que, por si só, tem o condão de quebrar o nexo de causalidade, afastando, via de consequência, o dever de indenizar os danos materiais ou morais eventualmente sofridos. A repreensão a criminalidade é tarefa do Estado (CF, art. 144), ainda que tal mister não venha sendo cumprido a contento. Nesse passo, transferir essa obrigação para o particular seria responsabilizar injustamente alguém que não concorreu para o infortúnio. Recurso de revista não conhecido. (TST — RR 1842/2007-201-08-00 — 3ª T. — Rel. Douglas Alencar Rodrigues — J. 24.6.2009)

2.28.4. *Estado de necessidade*

O estado de necessidade caracteriza-se pela ofensa de direito alheio para remover perigo iminente a direito do agente causador, quando as circunstâncias tornarem-no absolutamente necessário e quando não exceder os limites do indispensável para a remoção do perigo[(63)].

O estado de necessidade configura-se como circunstância atenuante (ou minorante) prevista no art. 65 do Código Penal Brasileiro. O art. 24 do Código Penal assim tipifica o estado de necessidade:

"Art. 24. Considera-se em estado de necessidade quem pratica o fato para salvar de perigo atual, que não provocou por sua vontade, nem podia de outro modo evitar, direito próprio ou alheio, cujo sacrifício, nas circunstâncias, não era razoável exigir-se."

Logo, podemos enunciar que o estado de necessidade é uma situação de perigo atual ou iminente de interesses legítimos e protegidos pelo Direito, em que o agente, para afastá-lo e salvar um bem próprio ou de terceiro, não tem outra alternativa senão o de lesar o interesse de outrem, igualmente legítimo.

Ricardo Antonio Andreucci[(64)] destaca como exemplos de estado de necessidade o do agente que, em ocasião de incêndio ou desastre, invade domicílio alheio para salvar as pessoas que lá se encontram em perigo e o do náufrago que, de posse apenas de um colete salva-vidas, deixa que outros companheiros se afoguem no mar, bem como o caso do agente que no intuito de socorrer pessoa gravemente enferma, furta um automóvel para transportá-la ao hospital.

As ementas a seguir transcritas referem-se ao estado de necessidade na execução provisória:

O ART. 588 DO CPC, COM A REDAÇÃO DADA PELA LEI N. 10.444/02 — A PROPÓSITO, NA FORMA DO TEXTO LEGAL "A EXECUÇÃO PROVISÓRIA DA SENTENÇA FAR-SE-Á DO MESMO MODO QUE A DEFINITIVA, OBSERVADOS OS SEGUINTES PRINCÍPIOS — I — Corre por conta e responsabilidade do exequente, que se obriga, se a sentença for reformada, a reparar os prejuízos que o executado venha a sofrer; II — O levantamento de depósito em dinheiro, e a prática de atos que importem alienação de domínio ou dos quais possa resultar grave dano ao executado, dependem de caução idônea, requerida e prestada nos próprios autos da execução; III — Fica sem efeito, sobrevindo acórdão que modifique ou anule a sentença objeto da execução, restituindo-se as partes ao estado anterior; IV — Eventuais prejuízos serão liquidados no mesmo processo". Extrai-se do inciso I que se permite até a alienação do domínio, mediante caução idônea, dispensada quando o exequente se encontrar em estado de necessidade, conforme

(63) NETO, Francisco Ferreira Jorge; CAVALCANTE, Jouberto de Quadros Pessoa. *Manual de direito do trabalho*. 2. ed. Rio de Janeiro: Lumen Juris, 2003. t. I, p. 778.

(64) ANDREUCCI, Ricardo Antonio. *Curso de direito penal*. São Paulo: Juarez de Oliveira, 2003. v. 1, p. 234.

o comando do § 2º. (TRT 2ª R. — MS 13132-2004-000-02-00 — (2005025818) — SDI — Rel. p/o Ac. Juiz Jose Carlos da Silva Arouca — DOESP 26.8.2005)

ESTADO DE NECESSIDADE — AUSENTES OS REQUISITOS SUBJETIVOS E OBJETIVOS — RESPONSABILIDADE PENAL — RECURSO IMPROVIDO — Unânime. Ausentes os requisitos do estado de necessidade, não há razão para o reconhecimento da excludente de ilicitude. A necessidade financeira não se presta para afastar a responsabilidade penal. (TJDF — APR 20030310167463 — 1ª T. Crim. — Rel. Des. Lecir Manoel da Luz — DJU 17.8.2005 — p. 71).

EXECUÇÃO PROVISÓRIA — SENTENÇA — CUMPRIMENTO — ART. 475-O DO CPC — APLICABILIDADE — "Cumprimento de sentença trabalhista. Art. 475-O do CPC. Omissão e compatibilidade que se encontram e se casam. Liberação do crédito de natureza essencialmente alimentar. Presunção de estado de necessidade e ausência de caução. Tratando-se de crédito trabalhista, de natureza essencialmente alimentar, e, por conseguinte, prioritário sob todos os aspectos sociais e humanos, cujo valor líquido seja inferior a sessenta salários mínimos, mesmo estando o processo em fase de execução provisória, em decorrência da interposição de agravo de instrumento perante o col. TST, com poucas possibilidades aparentes de acarretar a redução do valor da condenação, aplica-se, por inteiro, a regra prevista no art. 475-O do CPC, para determinar-se a imediata liberação do depósito recursal, até o limite de 60 salários mínimos, independentemente de caução. Lacuna que se preenche, e compatibilidade que se evidencia em duas vertentes: a) interiormente, porque satisfaz, ainda que parcialmente, ao credor, ex-empregado, cujo estado de necessidade é presumido; b) exteriormente, porque dá uma resposta mais ágil à sociedade, que tanto exige resultados concretos do processo em prazo razoável. A referida regra legal torna eficaz e célere a tutela jurisdicional, em menor espaço de tempo e com certa segurança, coibindo, por outro lado, o uso e o abuso do direito de recorrer, em muitos casos, apenas para postergar o cumprimento da sentença, o que acarreta a negação da ideia de justiça e a descrença na função jurisdicional e pacificadora do Estado. Ademais, na hipótese de o comando exequendo vir a ser modificado, a restituição das partes ao estado anterior, na respectiva medida e na exata proporção, poderá ser alcançada pela executada pelas vias processuais adequadas, aliás como vem sendo feito a anos e anos pelos trabalhadores brasileiros, sempre que ajuízam ação trabalhista. O risco é da essência do processo trabalhista e deve ser suportado por ambos os litigantes, observado, entretanto, que o ex-empregado é a parte mais fraca, jurídica e socialmente". (TRT 3ª R. — AP 00408-2006-091-03-00-0 — 4ª T. — Relª Juíza Conv. Maria Cristina Diniz Caixeta — DJe 5.4.2008) RST+230+2008+AGO+147v92.

2.28.5. Legítima defesa

Legítima defesa é a repulsa a injusta agressão, atual ou iminente, a direito seu ou de outrem, usando moderadamente os meios necessários.

O art. 25 do Código Penal assim disciplina esse instituto:

"Art. 25. Entende-se em legítima defesa quem, usando moderadamente dos meios necessários, repele injusta agressão, atual ou iminente, a direito seu ou de outrem."

Para sua configuração, a legítima defesa requer a ocorrência dos seguintes elementos:

a) agressão injusta, atual ou iminente. A agressão é injusta quando viola a lei, sem justificação. Agressão atual é aquela que está ocorrendo. Agressão iminente é aquela que está prestes a ocorrer;

b) direito próprio ou de terceiro. Não há necessidade de qualquer relação entre o agente e terceiro;

c) utilização dos meios necessários: significa que o agente somente se encontra em legítima defesa quando utiliza os meios necessários a repelir a agressão, que devem ser entendidos como aqueles que se encontrem à sua disposição. Deve o agente sempre optar, se possível, pela escolha do meio menos lesivo;

d) utilização moderada de tais meios: significa que o agente deve agir sem excesso, ou seja, deve utilizar os meios necessários moderadamente, interrompendo a reação quando cessar a agressão injusta; e

e) conhecimento da situação de fato justificante: significa que a legítima defesa requer do agente o conhecimento da situação de agressão injusta e da necessidade de repulsa (*animus defendendi*)[65].

A ementa abaixo transcrita elucida esse tópico:

JUSTA CAUSA — AGRESSÃO FÍSICA UTILIZANDO-SE DE ARMA BRANCA — REPERCUSSÃO NEGATIVA DO ATO PRATICADO PELO EMPREGADO, PERANTE OS DEMAIS EMPREGADOS — EXISTÊNCIA — A utilização de arma branca pelo autor em razão do desentendimento com seu colega de trabalho enseja a ruptura do contrato de trabalho por justa causa, a teor do que dispõe o art. 482, *j*, da CLT, ainda que se pudesse considerar que a agressão verbal tenha iniciado pela vítima, o que não restou provado, não autoriza o uso de força física, tampouco o emprego de arma branca. *In casu*, a alegação de utilização do facão em legítima defesa, deve ser mitigado em razão dos vários cortes provocados por arma branca na vítima (na cabeça, ombro do lado direito e mão), o que afasta o uso moderado de força pelo obreiro, ainda mais se considerarmos que em regra o ferimento de facão na mão leva a crer que a vítima, na verdade, tenha tentado se defender de um ataque pelo fato de estar desarmada, ensejando a ruptura do vínculo por justa causa. Acrescenta-se ainda que compete ao empregador zelar por um ambiente disciplinar e saudável de trabalho, inclusive psicológico, mantendo a ordem e respeito entre seus empregados. Nego provimento. (TRT 23ª R. — RO 0000570-61.2012.5.23.0046 — 1ª T. — Rel. Des. Osmair Couto — J. 28.5.2013)v108

ABSOLVIÇÃO COM BASE EM EXCLUDENTE DE ILICITUDE — CONFIRMAÇÃO DA DECISÃO MONOCRÁTICA — I — Em se evidenciando dos autos,

(65) ANDREUCCI, Ricardo Antonio. *Curso de direito penal*. São Paulo: Juarez de Oliveira, 2003. v. 1, p. 235.

provas de que o réu praticou o fato em razão de provocação injusta da vítima e de haver este repelido, utilizando um único meio, necessário e moderado, não há dúvidas de que se fez caracterizada a excludente de legítima defesa. II — Reexame necessário que ratifica integralmente a sentença monocrática. Unanimidade. (TJMA — REO-Cr 001812/2005 — (54221/2005) — São Luís — 1ª C. Crim. — Rel. Des. Benedito de Jesus Guimarães Belo — J. 19.4.2005)

2.28.6. Cumprimento do dever legal

O agente que cumpre um dever legal (eventualmente decorrente do próprio ofício ou profissão), ou em virtude de lei, não tem seu comportamento ou conduta tido como ilícito ou antijurídico, não podendo, dessa forma, ser alcançado pelos efeitos da ação de reparação civil.

Portanto, tratando-se de casos de Responsabilidade Objetiva, o lesado poderá buscar o ressarcimento do dano sofrido do Estado ou do empregador ou empresa da iniciativa privada, nos casos em que o agente público ou empregado vier a causar danos a terceiros em decorrência do cumprimento do dever legal, cumprindo ordens emanadas da direção dessas entidades ou empreendimentos.

Carlos Roberto Gonçalves(66), a propósito, afirma que nos casos de estrito cumprimento do dever legal, em que o agente é exonerado da responsabilidade pelos danos causados, a vítima, muitas vezes, consegue obter o ressarcimento do Estado, já que, nos termos do art. 37, § 6º, da CF/88, "as pessoas jurídicas de direito público responderão pelos danos que seus funcionários, nessa qualidade, causarem a terceiros". E o Estado não terá ação regressiva contra o funcionário responsável (só cabível nos casos de culpa ou dolo), porque ele estará amparado pela excludente do estrito cumprimento do dever legal.

Transcrevemos as ementas a seguir:

RESPONSABILIDADE CIVIL DO ESTADO — PERSEGUIÇÃO — GUARDA MUNICIPAL — DANO MORAL — CUMPRIMENTO DO DEVER LEGAL — EXCLUDENTE DE RESPONSABILIDADE — "Administrativo. Responsabilidade civil do ente público. Ação de indenização por danos materiais e morais. Perseguição por guardas municipais. Fuga empreendida por veículo após avanço do sinal vermelho. Tiro disparado contra os pneus do veículo. Responsabilidade objetiva. Art. 37, § 6º, da CF. Estrito cumprimento do dever legal. Excludente de responsabilidade. Ausência de dever reparatório. Sentença mantida. Recurso não provido". (TJPR — AC 1162405-4 — 1ª C.Cív. — Rel. Des. Ruy Cunha Sobrinho — DJe 6.3.2014 — p. 74)RRP+20+2014+ABR-MAI+179v108.

JUSTA CAUSA — CONFISSÃO DO EMPREGADO — DISPENSA IMEDIATA — PRISÃO DO OBREIRO — AUSÊNCIA DE DANO MORAL — O empregado

(66) GONÇALVES, Carlos Roberto. *Responsabilidade civil*. 6. ed. São Paulo: Saraiva, 1995. p. 503.

que admite, em depoimento pessoal, ter descumprido de forma consciente e deliberada norma interna do empregador, incide nas condutas previstas como mau procedimento e indisciplina, que são autorizadoras para rescisão do contrato de trabalho pelo empregador, por justa causa, conforme art. 482, alíneas *b* e *h*, da CLT. *In casu*, não há que se falar em procedimento ilegal e injusto da empresa, capaz de gerar indenização por danos morais ao obreiro se, em razão da conduta irregular, decorreu a sua prisão, uma vez que o empregador agiu no exercício regular de seu direito e a Polícia no estrito cumprimento do dever legal. Recurso ordinário conhecido e não provido. (TRT 16ª R. — Proc. 01876-2002-012-16-00-6 — (02634-2005) — Rel. Juiz Américo Bedê Freire — J. 10.8.2005)

ESTRITO CUMPRIMENTO DO DEVER LEGAL — NÃO PREENCHIMENTO DOS REQUISITOS PARA EFETIVAR O PROTESTO — OFENSA À HONRA DO TABELIÃO SUBSTITUTO — ABALO NA CREDIBILIDADE DO CARTÓRIO — DANO MORAL CONFIGURADO — DEVER DE INDENIZAR — *QUANTUM* INDENIZATÓRIO ADEQUADO — OBSERVÂNCIA DOS PRINCÍPIOS DA RAZOABILIDADE E PROPORCIONALIDADE — SENTENÇA MANTIDA — Constituiu ofensa moral indenizável a imputação de ato ilícito praticado por tabelião, que se recusa a protestar títulos incompletos, impedindo o aponte de contratos de câmbio não assinados pelo devedor, no estrito cumprimento do dever legal. O valor da indenização por danos morais não pode ser irrisório, de modo a estimular a reiteração da prática danosa. Ao mesmo tempo, deve satisfazer o ofendido, em face do prejuízo sofrido. (TJSC — AC 2003.007628-0 — Florianópolis — 3ª CDCiv. — Rel. Des. Wilson Augusto do Nascimento — J. 18.3.2005)

2.28.7. Exercício regular de um direito

O exercício regular de um direito também constitui causa excludente de responsabilidade civil, não se confunde com a coação. Deve ser exercido tendo por base os princípios da razoabilidade e da proporcionalidade.

O art. 188 do Código Civil assim se expressa:

"Art. 188. Não constituem atos ilícitos:

I — os praticados em legítima defesa ou no exercício regular de um direito reconhecido;

II — a deterioração ou destruição de coisa alheia, ou a lesão a pessoa, a fim de remover perigo iminente;

Parágrafo único. No caso do inciso II, o ato será legítimo somente quando as circunstâncias o tornarem absolutamente necessário, não excedendo os limites do indispensável para a remoção do perigo."

Logo, com base no dispositivo legal, se alguém no uso normal de um direito lesar outrem não terá qualquer responsabilidade pelo dano ou lesão, por não se configurar tal ato como um procedimento ilícito.

Seguem as ementas:

RESCISÃO INDIRETA — REJEITADA — ABANDONO DE EMPREGO — PEDIDO DE DEMISSÃO — Afastando-se o empregado dos serviços pretendendo o decreto de resolução do contrato por falta grave do empregador, a rejeição do pedido não significa tenha incorrido em abandono de emprego, pois não constitui falta grave o exercício regular de direito previsto pela ordem jurídica. Não sendo detentor de estabilidade, existe no caso, mera resilição unilateral do contrato por iniciativa do empregado, a ensejar pagamento dos direitos rescisórios próprios do pedido de demissão. (TRT 15ª R. — Proc. 27018/03 — (38536/04) — 5ª T. — Rel. Juiz João Alberto Alves Machado — DOESP 8.10.2004 — p. 82)

REQUERIMENTO DA PARTE — INDEFERIMENTO — ARGUIÇÃO DE CERCEAMENTO DE DEFESA — NÃO CONFIGURAÇÃO — Estando o magistrado satisfeito com os elementos e as provas trazidas aos autos, a fim de formar o seu convencimento, consoante preconizam os arts. 130 e 131 do CPC e 765 da CLT, não se configura cerceamento de defesa o simples indeferimento de pedido da parte, no sentido de ser oficiado à cia. Telefônica com o intuito de trazer ao processo as contas telefônicas do autor. A atitude do juiz, longe de configurar cerceamento de defesa, decorreu do exercício regular de um direito que lhe dá autoridade na condução do processo, podendo indeferir prova que reputar inútil, de acordo com seu livre convencimento. (TRT 15ª R. — Proc. 07029/04 — (39552/04) — 3ª T. — Relª Juíza Ana Paula Pellegrina Lockmann — DOESP 8.10.2004 — p. 71)

MULTA — LITIGÂNCIA DE MÁ-FÉ — DIREITO DE AÇÃO — O fato de o recorrente ter direito à ação, constitucionalmente garantido, não impede que o legislador infraconstitucional trace normas regulamentadoras do exercício deste direito. Assim, o CPC determina a aplicação de pena à parte que não age em consonância com o princípio da lealdade processual, reputando em seu art. 17, inciso II, como litigante de má-fé aquele que altera a verdade dos fatos. Nenhuma outra conclusão é permitida, ao se analisar a conduta do recorrente. Defender-se em juízo fundamentando-se em fato em relação ao qual altera a verdade é medida que atenta contra o próprio funcionamento da justiça. E não há falar em afronta a princípios constitucionais, no ato de aplicação da multa, haja vista que o exercício regular de todo direito impõe o respeito aos seus limites, sob pena de incidir-se em transgressão a outros valores, igualmente tutelados pela ordem jurídica, desbordando-se para o abuso de direito. (TRT 18ª R. — RO 00357-2003-181-18-00-3 — Rel. Juiz Marcelo Nogueira Pedra — DJGO 22.4.2004)

2.28.8. *Fato ou culpa de terceiro*

Encontramos o fato ou culpa de terceiro como uma das causas excludentes da responsabilidade civil objetiva do Estado, decorrente da Teoria do Risco Administrativo. Neste caso, o Estado apenas se exime de indenizar a vítima, se comprovar: a) a culpa da vítima; b) a culpa de terceiros e c) força maior[67].

(67) A Teoria do Risco Administrativo não se confunde com a Teoria do Risco Integral, que não admite as excludentes da responsabilidade do Estado. A Teoria do Risco Integral não é adotada em nosso ordenamento jurídico, na seara da responsabilidade do Estado, configurando-se por uma posição radical, ou seja, obriga o Estado a indenizar os eventos lesivos decorrentes de culpa ou dolo exclusivos da vítima e os oriundos de força maior.

O fato ou culpa de terceiros aplica-se como causa excludente da responsabilidade do Estado, pois o art. 37, § 6º, da Constituição Federal de 1988 impõe a este a obrigação de indenizar os danos causados a terceiros pelos seus agentes, nessa qualidade. Dessa forma, os danos devem ser oriundos da própria atividade funcional e não de condutas ou comportamentos de terceiros, alheios ao Estado.

Apenas os atos funcionais decorrentes do exercício do cargo, emprego ou função pública têm o condão de gerar a responsabilidade objetiva do Estado.

Caio Mário da Silva Pereira(68) destaca que "fatos de terceiro, em termos de responsabilidade civil, atuam de forma diversa e oposta. Podem importar em responsabilidade, como podem implicar excludente desta. [...] Na definição do que é terceiro reporto-me inicialmente à relação negocial. Nesta, considera-se terceiro quem não é parte no negócio jurídico, mas sofre os seus efeitos ou altera o resultado. Conceitua-se em termos mais sutis a caracterização do terceiro como excludente de responsabilidade civil. Esta se decompõe, nos dois polos ativo e passivo: as pessoas do agente e da vítima. Considera-se, então, terceiro qualquer outra pessoa, estranha a este binômio, que influi na responsabilidade pelo dano. Mas para que seja excludente, é mister que por sua conta atraia os efeitos do fato prejudicial e, em consequência, não responda o agente, direta ou indiretamente, pelos efeitos do dano".

Continua o aludido mestre(69) enfrentando esse tormentoso tema, no que destaca que "ao dizê-lo em termos sintéticos, a conduta do terceiro é ativa, porque é seu comportamento que implica a realização do fato danoso. Segundo aspecto relevante é a determinação do comportamento do terceiro, na etiologia da responsabilidade. Em linguagem estrita, ocorre nesse caso a excludente da responsabilidade, quando se pode estabelecer que o terceiro é o causador do dano".

E conclui(70): "a matéria desloca-se então para a análise dos extremos da responsabilidade civil, estabelecendo-se que a participação do terceiro altera a relação causal. Ocorre o dano, identifica-se o responsável aparente, mas não incorre este em responsabilidade, porque foi a conduta do terceiro que interveio para negar a equação agente-vítima, ou para afastar do nexo causal o indigitado autor. A participação de pessoa estranha na causação do dano pode ocorrer de maneira total ou parcial, isto é, o dano será devido exclusivamente ao terceiro; ou reversamente este foi apenas copartícipe, ou elemento concorrente no desfecho prejudicial. Apenas no primeiro caso é que se pode caracterizar a responsabilidade do terceiro, porque somente então estará eliminando o vínculo de causalidade entre o dano e a conduta do indigitado autor do dano".

---

(68) PEREIRA, Caio Mário da Silva. *Responsabilidade civil*. 8. ed. Rio de Janeiro: Forense, 1997. p. 300.
(69) *Ibidem.*, p. 300.
(70) *Ibidem*, p. 301.

Não obstante, examinando a reparação do dano moral e sua mitigação nos Tribunais de Justiça, Anderson Schreiber se manifesta no sentido de que "a gradual perda de rigor na apreciação do nexo de causalidade, extraída de tantos expedientes empregados pela jurisprudência, com maior ou menor apoio na doutrina, efetivamente assegura às vítimas em geral a reparação dos danos sofridos. Até aqui, o que vem sendo apontado como relativização da prova do nexo causal parece legitimar-se por aquilo que já foi denominado como 'o imperativo social da reparação'"[(71)].

Transcrevemos as ementas:

INDENIZAÇÃO — ACIDENTE DE VEÍCULO — Permissionária de serviço público de transporte coletivo — Danos materiais e morais — Inépcia da inicial e oitiva de testemunha fora do prazo previsto — Preliminares afastadas — Caso fortuito — Fato de terceiro — Antecipação de tutela — Pagamento de pensão. 1. Na eventualidade de serem incompatíveis os pedidos formulados em sede de antecipação de tutela e no mérito, a melhor solução é aproveitar aqueles que se mostrem corretos, e não declarar a inépcia da inicial. 2. Se demonstrado nos autos que a testemunha foi arrolada no prazo previsto em Lei, não há que se falar em nulidade, desequilíbrio entre as partes ou afronta ao devido processo legal. 3. Caso fortuito não pode ser equiparado a fato de terceiro. Como o veículo envolvido é um transporte coletivo, permissionário de serviço público, demonstrados a prática do ato, o prejuízo e a relação de causalidade, a responsabilidade objetiva só poderia ser elidida mediante prova da culpa exclusiva da vítima. Despicienda a discussão sobre fato de terceiro. 4. Na ausência de comprovação do recebimento de diária e diante da inexistência de dúvida acerca do exercício da atividade de diarista, correta a decisão de arbitrar os lucros cessantes em um salário mínimo. 5. As graves lesões sofridas pela vítima, que geraram incapacidade laboral permanente e sequelas irreversíveis, além de padecimentos morais, exigem que os danos sejam indenizados de forma a servir ao duplo objetivo: punitivo e compensatório. Danos morais majorados para R$ 25.000,00 (vinte e cinco mil reais). 6. Presentes os requisitos da verossimilhança do direito, caracterizados o abuso de direito de defesa e o propósito protelatório da permissionária, além de um flagrante desrespeito para com a vítima, está autorizada a antecipação de tutela. A acidentada deverá receber a pensão mensal arbitrada em sentença, a partir da data do julgamento, sem necessidade de publicação do acórdão. 5. Provimento parcial ao recurso da autora. Apelo da ré improvido. (TJDF — APC 19990110206939 — 6ª T. Cív. — Relª Desª Sandra de Santis — DJU 2.8.2005 — p. 133)

RECURSO ADESIVO IMPROVIDO — Documento emitido pela Secretaria de Segurança Pública, contendo todos os dados da pessoa, inclusive o seu CPF,

---

(71) SCHREIBER, Anderson. *Novos paradigmas da responsabilidade civil:* da erosão dos filtros da reparação à diluição dos danos. 5. ed. São Paulo: Atlas, 2013. p. 79. O autor ainda nos informa, na mesma página citada, que: "a análise das decisões em sua totalidade revela, no entanto, o efeito negativo dos expedientes empregados pela jurisprudência. A ampla margem de discricionariedade na aferição da causalidade jurídica não apenas produz decisões incoerentes, mas também resulta, por toda a parte, em certa insegurança no que concerne às próprias responsabilidades. Pior: a liberdade com que o Poder Judiciário trata a questão do nexo causal estimula pedidos de reparação, fundados mais na desgraça da vítima, que em uma possibilidade jurídica de imputação dos infortúnios ao sujeito que se considera responsável. Fala-se, neste sentido, em vitimização social ou *blame culture*".

é, presumivelmente autêntico, pelo que nenhuma razão haveria à recusa na celebração do contrato, já que o falsário apresentou comprovante de residência. — Não se poderia exigir da empresa-apelante maiores cuidados que os por ela tomados, vez que foi induzida a erro invencível, mediante artifício malicioso grave, de terceiro, que acometeria qualquer pessoa normal, nas mesmas circunstâncias, tendo sido a causa determinante do ato, qual seja, a inclusão do nome do devedor no SPC. — Não há dúvida quanto à aplicação do CDC ao caso, vez que se trata de relação de consumo, em que, de um lado, há o consumidor de um serviço telefônico, e, de outro, o seu fornecedor. — Aplica-se a regra do art. 14, § 3º, II, do CDC, já que o fato delituoso, causado por terceiro, foi imprevisível e inevitável, e foi a causa exclusiva do resultado danoso, pelo que restou excluído o nexo de causalidade entre a conduta e o dano, em relação à primeira apelante, também vítima do golpe. (TAMG — AP 0352689-0 — (54513) — Patrocínio — 5ª C.Cív. — Rel. Juiz Mariné da Cunha — J. 21.3.2002)

2.28.9. Cláusula de não indenizar

No campo do Direito das Obrigações, a inserção da cláusula de não indenizar os danos decorrentes de inadimplemento contratual tem por escopo a liberação do lesante do dever de reparação.

Maria Helena Diniz(72) neste tópico nos ensina que, "se, no contrato houver estipulação de que o prejuízo causado a um dos contraentes não deverá ser reparado pelo outro, que a ele deu causa, excluída estará a responsabilidade do agente, não por desaparecer o liame de causa e efeito, mas em razão da própria convenção. Percebe-se que o risco é transferido para a vítima".

Francisco Ferreira Jorge Neto e Jouberto de Quadros Pessoa Cavalcante(73) informam que "apesar do avençado, é muito controvertida a aceitação da cláusula de não indenizar, sendo certo que é inadmitida em matéria delitual e responsabilidade aquiliana, aceita apenas nas relações contratuais, desde que não afronte os princípios de ordem pública, os bons costumes e a boa-fé, *contra bonam fidem contraque bonos mores*".

O Supremo Tribunal Federal, seguindo essa corrente, destaca na Súmula n. 161:

"em contrato de transporte, é inoperante a cláusula de não indenizar."

Silvio Rodrigues(74) também destaca: "É unânime o entendimento de que a cláusula de não indenizar não pode eximir o dolo do estipulante. Seria da maior imoralidade admitir-se a ideia de alguém fugir à responsabilidade pelo

---

(72) DINIZ, Maria Helena. *Curso de direito civil*. 11. ed. São Paulo: Saraiva, 1995. v. VII, p. 82.

(73) NETO, Francisco Ferreira Jorge; CAVALCANTE, Jouberto de Quadros Pessoa. *Manual de direito do trabalho*. 2. ed. Rio de Janeiro: Lumen Juris, 2003. t. I, p. 778-788.

(74) RODRIGUES, Silvio. *Direito civil*. 25. ed. São Paulo: Saraiva, 1995. v. IV, p. 195.

inadimplemento da avença, por sua deliberada e exclusiva decisão. Aliás, na hipótese a cláusula seria ineficaz em virtude do disposto no art. 122 do Código Civil, que veda as condições potestativas".

O art. 122 do Código Civil dispõe:

"Art. 122. São lícitas, em geral, todas as condições não contrárias à lei, à ordem pública ou aos bons costumes; entre as condições defesas se incluem as que privarem de todo efeito o negócio jurídico, ou o sujeitarem ao puro arbítrio de uma das partes."

Maria Helena Diniz[75], destaca entre as condições proibidas:

a) as condições perplexas, se privarem o ato negocial de todo o efeito, como a venda de um prédio sob a condição de não ser ocupado pelo comprador;

b) as puramente potestativas, se advindas de mero arbítrio de um dos sujeitos. Por exemplo, constituição de uma renda em seu favor se você vestir tal roupa amanhã; aposição de cláusula que, em contrato de mútuo, dê ao credor poder unilateral de provocar o vencimento antecipado da dívida, diante de simples circunstância de romper-se o vínculo empregatício entre as partes. Cabe lembrar que a condição resolutiva puramente potestativa é admitida juridicamente, pois não subordina o efeito do negócio jurídico ao arbítrio de uma das partes, mas sim sua eficácia. Sendo tal condição resolutiva, nulidade não há porque existe um vínculo jurídico válido, consistente na vontade atual de se obrigar, de cumprir a obrigação assumida, de sorte que, como observa Vicente Ráo, o ato jurídico chega a produzir os seus efeitos, só se resolvendo se a condição, positiva ou negativa, se realizar e quando se realizar. O art. 122 veda a condição suspensiva puramente potestativa.

Neste sentido, as ementas:

DIREITO DO CONSUMIDOR — Contrato de prestação de serviços de organização de viagem para programa educacional no exterior — Reparação de danos materiais e morais — Cabimento. 1. Tratando-se de relação de consumo, a responsabilidade da apelante é apurada de forma objetiva e solidária, não se perquirindo a extensão de sua culpa pelo defeito na prestação do serviço. 2. Tendo em vista que o contrato estabelece cláusula de exoneração de responsabilidade, esta deve ser desconsiderada, eis que é vedada cláusula contratual que impeça a obrigação de indenizar, a teor do que dispõe o art. 25 do Código de Defesa do Consumidor. 3. Apelo conhecido e não provido. Maioria. (TJDF — APC 20030110947459 — 4ª T. Cív. — Rel. Des. Humberto Adjuto Ulhôa — DJU 9.8.2005 — p. 126)

(75) DINIZ, Maria Helena. Parte geral. In: FIUZA, Ricardo (coord.). *Novo código civil comentado*. São Paulo: Saraiva, 2003. p. 127.

RESPONSABILIDADE CIVIL — Contrato bancário — Locação de cofre — Roubo dos pertences ali guardados configurado — Responsabilidade do banco depositário — Dano material comprovado por prova documental apresentada — Nulidade da cláusula de não indenizar caracterizada — Aplicabilidade das normas do Código de Defesa do Consumidor — Súmula n. 29 do Superior Tribunal de Justiça — Dano moral não demonstrado, devidos os juros moratórios desde a citação, por tratar-se de obrigação contratual de ambas as partes — Art. 1.536, § 2º, do Código Civil/16 — Sucumbência recíproca mantida — Recursos improvidos — Declaração de voto vencedor. (1º TACSP — Ap 1210077-9 — São Paulo — 12ª C. — Rel. Juiz Paulo Razuk — J. 1º.6.2004)

2.28.9.1. Formas de extinção contratual

Para jogar um fecho de luz nessa intricada matéria que diz respeito à forma de extinção do contrato, subentendidas como resolução, resilição e rescisão, podemos aduzir, descrevê-las como segue.

2.28.9.2. Resolução

A extinção do contrato, como regra geral, dá-se pela execução, seja instantânea, diferida ou continuada.

A resolução, como uma das formas de extinção do contrato, pode ser desmembrada em:

a) *Resolução por inexecução voluntária.* Decorre do comportamento culposo de um dos contratantes, com prejuízo ao outro. Produz efeitos *ex-tunc*(76), e está sujeita a perdas e danos e cláusula penal.

Diz o art. 474 do Código Civil:

"a cláusula resolutiva expressa opera de pleno direito; a tácita depende de interpelação judicial."

E o art. 475 se expressa:

"a parte lesada pelo inadimplemento pode pedir a resolução do contrato, se não preferir exigir-lhe o cumprimento, cabendo, em qualquer dos casos, indenização por perdas e danos."

b) *Resolução por inexecução involuntária.* Decorre de fatos inevitáveis e alheios à vontade das partes como, por exemplo, força maior e caso fortuito. O inadim-

(76) *Ex-tunc*: produz efeitos que retroagem no tempo, alcançando a data do início ou da assinatura do contrato, isto é, anulando todos os atos como se o contrato nunca tivesse existido no mundo jurídico, ao passo que efeitos *ex-nunc* só se produzem a partir do momento em que foi declarada a nulidade ou rescisão do contrato (nesse último caso, só produz efeitos para o futuro, e os atos praticados até a decretação da nulidade serão válidos, produzindo todos os efeitos no mundo do Direito).

plente neste caso não fica responsabilizado pelo pagamento de perdas e danos. Ex.: a Caixa Econômica Federal interrompe a concessão de linhas de crédito e obstaculiza o fechamento de um contrato de compra e venda imobiliário.

c) *Resolução por onerosidade excessiva.* Fulcra-se na Teoria da Imprevisão e decorre de acontecimento extraordinário ou imprevisível, que pode acarretar a resolução do contrato. Aplica-se aos contratos comutativos, de execução diferida ou continuada. Diz o art. 478 do Novo Código Civil:

"Nos contratos de execução continuada ou diferida, se a prestação de uma das partes se tornar excessivamente onerosa, com extrema vantagem para a outra, em virtude de acontecimentos extraordinários e imprevisíveis, poderá o devedor pedir a resolução do contrato. Os efeitos da sentença que a declarar retroagirão à data da citação".

d) *Resolução*[77] *de contrato de trato sucessivo.* Neste caso não se restituem as prestações e o seu efeito é *ex-nunc*. Ex.: resolução dos contratos de prestação de serviços de profissional autônomo."

2.28.9.3. Resilição

A resilição[78] não deriva de inadimplemento contratual, mas unicamente da vontade de uma das partes. Como expressa a manifestação de vontade, pode ser unilateral ou bilateral. Bilateral apresenta-se na forma de distrato[79] (acordo de vontades que tem por fim extinguir o contrato). Se unilateral, a resilição pode ocorrer somente em determinados contratos. Tem-se como regra a impossibilidade de um contraente romper o contrato por sua exclusiva vontade. A resilição de contrato de execução continuada, celebrado por prazo indeterminado engloba os contratos de prestação de serviços, fornecimento de mercadorias. A resilição neste caso pode tomar a forma de "denúncia" do contrato, como nos casos de mandato, depósito e comodato. Independe de pronunciamento judicial e opera-se *ex-nunc*. Se uma das partes fez determinados investimentos, a denúncia unilateral só produzirá efeitos depois de transcorrido prazo compatível com o vulto dos investimentos.

2.28.9.4. Rescisão

A rescisão é também empregada como sinônimo de resilição e resolução. Contudo, deve ser empregada para as hipóteses de dissolução de determinados

---

(77) Art. 479 do Código Civil: a resolução poderá ser evitada, oferecendo-se o réu a modificar equitativamente as condições do contrato.

(78) Art. 473. A resilição unilateral, nos casos em que a lei expressa ou implicitamente o permita, opera mediante denúncia notificada à outra parte. Parágrafo único. Se, porém, dada a natureza do contrato, uma das partes houver feito investimentos consideráveis para a sua execução, a denúncia unilateral só produzirá efeito depois de transcorrido prazo compatível com a natureza e o vulto dos investimentos.

(79) Art. 472 do novo Código Civil: o distrato faz-se pela mesma forma exigida para o contrato.

contratos[80], como aqueles em que ocorreu dano ou lesão a um dos contratantes, ou que foram celebrados em "estado de perigo".

Podemos exemplificar a lesão, disposta no art. 157 do Código Civil: é defeito do negócio jurídico, que se configura quando alguém obtém um lucro exagerado, desproporcional, aproveitando-se da inexperiência ou da situação de necessidade do outro contratante.

Temos também como hipótese de rescisão o "estado de perigo", disciplinado no art. 156 do Código Civil. Assemelha-se neste caso à anulação do contrato pelo vício da coação. Ocorre quando a avença é celebrada em condições desfavoráveis a um dos contratantes em situação de extrema necessidade conhecida da outra parte. Opera-se *ex-tunc* (retroage até a data da celebração) e a parte que recebeu o benefício fica obrigada a restituir.

(80) Exemplo de rescisão é trazido pelo art. 455 do Código Civil: "Se parcial, mas considerável, for a evicção, poderá o evicto optar entre a rescisão do contrato e a restituição da parte do preço correspondente ao desfalque sofrido. Se não for considerável, caberá somente direito a indenização".

Considerações Finais

A pedra de toque do Direito do Trabalho é a não imputação dos riscos da atividade econômica ao empregado, correlata à sua não participação nos resultados financeiros do empreendimento. Com esse entendimento, o Judiciário Trabalhista adota, há décadas, a teoria da responsabilidade objetiva, com fulcro no art. 2º, § 2º, da Consolidação das Leis do Trabalho.

No Processo do Trabalho, a responsabilidade dos sócios é objetiva, respondendo os mesmos com seus respectivos patrimônios no caso de descumprimento de obrigações trabalhistas, de forma a não permitir o locupletamento indevido do trabalho alheio.

Faculta-se ao juiz, nesse campo, adotar a teoria da despersonalização da pessoa jurídica, gravada no art. 2º, § 2º, da CLT, fazendo com que o crédito trabalhista busque o patrimônio do devedor onde quer que ele se encontre, como um direito de sequela. Se o patrimônio da pessoa jurídica desaparecer ou não for encontrado, os sócios e os diretores responderão com seus patrimônios particulares.

O novo Código Civil de 2002 veio sedimentar esse entendimento com a adoção explícita da teoria da responsabilidade objetiva, já aplicada no caso concreto há décadas no Direito do Trabalho.

O legislador houve por bem, no que foi feliz e oportuno, promover uma espécie de completude no âmbito da responsabilidade civil no novo Código, por um lado bipartindo-a em responsabilidade subjetiva e objetiva, enquanto por outro essas duas espécies de responsabilidade se completam, aperfeiçoando o ordenamento jurídico e tornando-o mais condizente com a realidade dos fatos.

Da mesma forma que os princípios da eticidade, a operabilidade e a socialidade nortearam a criação do novo Código Civil, podemos dizer que a responsabilidade civil objetiva e subjetiva, que agora se complementam no sentido de dar proteção ao ofendido, transmudou-se de uma concepção individualista para assumir na atualidade uma concepção fundamentalmente social, postando-se em linha com os institutos modernos de proteção à dignidade da pessoa humana, que constitui fundamento de validade do Estado Democrático de Direito e, por que não dizer, da própria preservação da espécie humana.

Na busca do aperfeiçoamento dos institutos da responsabilidade civil objetiva e subjetiva no Direito do Trabalho precisamos criar, sem tardar, por meio dos canais legislativos, uma norma jurídica de proteção aos direitos trabalhistas que tenha o rigor do art. 135 do Código Tributário Nacional, o qual estatui:

> "São pessoalmente responsáveis pelos créditos correspondentes a obrigações tributárias resultantes de atos praticados com excesso de poderes ou infração de lei, contrato social ou estatuto:
>
> III — os diretores, gerentes ou representantes de pessoas jurídicas de direito privado."

Somente com o aprimoramento de nossos institutos, teremos condições de mitigar a perpetração de ofensas materiais e principalmente morais à pessoa do trabalhador, pois elas, dependendo da pessoa, atingem as profundezas do ser, o recôndito do espírito, aquilo que ele possui de mais íntimo, que deveria ser indevassável, e uma vez atingido, de forma violenta e injusta, dificilmente desaparece. Sempre voltarão à tona, à consciência do indivíduo, de acordo com as circunstâncias e estado de espírito. Essa dor moral não tem a característica da dor física ou do dano material, pois o equilíbrio dificilmente será restabelecido e às vezes tem um caráter irreversível. As duas dores são, na maioria das vezes, invisíveis, só que a física se manifesta na carne; já a dor moral, no coração e na mente dos homens.

Referências Bibliográficas

ALVIM, Agostinho. *Da inexecução das obrigações e suas consequências*. 3. ed. São Paulo: Jurídica e Universitária, 1962.

ALMEIDA, Amador Paes de. *Execução de bens dos sócios*. 6. ed. São Paulo: Saraiva, 2003.

ANDREUCCI, Ricardo Antonio. *Curso de direito penal*. São Paulo: Juarez de Oliveira, 2003. v. 1.

BARBOSA, Joaquim B. Gomes. *Ação afirmativa & princípio constitucional da igualdade*. Rio de Janeiro: Renovar, 2001.

BRANDÃO, Cláudio. *Acidentes de trabalho*. São Paulo: LTr, 2003.

BELTRAN, Ari Possidônio. *A autotutela nas relações de trabalho*. São Paulo: LTr, 1996.

BITTAR, Carlos Alberto. *Os direitos da personalidade*. 3. ed. Rio de Janeiro: Forense, 1998.

CAHALI, Yussef. *Responsabilidade civil do estado*. 2. ed. São Paulo: Malheiros, 1996.

CAMPOS, Stela. Um cargo inédito para o assunto do momento: responsabilidade social. *Jornal Valor, Seção Eu & Carreira*, São Paulo, 12 fev. 2001.

CAPPELLIN, Paola. Ações afirmativas, gênero e mercado de trabalho: a responsabilidade social das empresas na União Europeia. In: ROCHA, Maria Isabel Baltar da (org.). *Trabalho e gênero:* mudanças, permanências e desafios. São Paulo: Editora 34, 2000.

CARRION, Valentin. *Comentários à consolidação das leis do trabalho*. 29. ed. São Paulo: Saraiva, 2004.

CORREIA, Henrique; MIESSA, Elisson. *Súmulas e orientações jurisprudenciais do TST*. 4. ed. Salvador: JusPodivm, 2014.

COSTA, Mário Júlio de Almeida. *Direito das obrigações*. 7. ed. Coimbra: Almedina, 1999.

DELGADO, Mauricio Godinho. *Curso de direito do trabalho*. 3. ed. São Paulo: LTr, 2003.

DEMASIO, Domenico. *O futuro do trabalho*: fadiga e ócio na sociedade pós-industrial. Rio de Janeiro: José Olympio, 1999.

DIAS, José de Aguiar. *Da responsabilidade civil*. 10. ed. Rio de Janeiro: Forense, 1995.

DINIZ, Maria Helena. *Curso de direito civil brasileiro*. 11. ed. São Paulo: Saraiva, 1995.

DWORKIN, Ronald. *Los derechos en serio*. 3. impr. Tradução de Marta Guastavino. Barcelona: Ariel, 1997.

D`AMBROSIO, Marcelo. Competência penal da justiça do trabalho. *Revista LTr*, maio 2005.

ENNECCERUS, Ludwig; KIPP, Theodor; WOLF, Martin. *Tratado de derecho civil. Derecho de obligations*. 2. ed. Barcelona: Bosch, 1954.

FRAZÃO, Ana. *Exclusão da responsabilidade:* caso fortuito interno e caso fortuito externo. Perfil contemporâneo da responsabilidade civil. Palestra proferida pela autora no Tribunal Superior do Trabalho em congresso realizado em 10 e 11 nov. 2014.

FILHO, Sérgio Cavalieri. *Programa de responsabilidade civil*. 2. ed. São Paulo: Malheiros, 2000.

FIORILLO, Celso Antonio Pacheco. A ação civil pública e o meio ambiente do trabalho. In: FREDIANY, Yone; TORRES, Jane Granzoto (coords.). *O direito do trabalho na sociedade contemporânea*. São Paulo: Jurídica brasileira, 2001.

FISCHER, H. *A reparação dos danos no direito civil*. Tradução de Ferrer de Almeida. Coimbra: Armênio Amado, 1938.

FIUZA, Ricardo. *Novo código civil comentado*. São Paulo: Saraiva, 2003.

FRAN, Martins. *Curso de direito comercial*. 8. ed. Rio de Janeiro: Forense, 1981.

GUEDES, Gisela Sampaio da Cruz. Causalidade em acidentes de trabalho. In: TEPEDINO, Gustavo; MELLO FILHO, Luiz Philippe Vieira de; FRAZÃO, Ana; DELGADO, Gabriela Neves (coord.). *Diálogos entre o direito do trabalho e o direito civil*. São Paulo: Revista dos Tribunais, 2013.

GONÇALVES, Carlos Roberto. *Responsabilidade civil*. 6. ed. São Paulo: Saraiva, 1995.

JORGE NETO, Francisco Ferreira; CAVALCANTE, Jouberto de Quadros Pessoa. *Manual de direito do trabalho*. 2. ed. Rio de Janeiro: Lumen Juris, 2003.

LAFER, Celso. *A reconstrução dos direitos humanos. Um diálogo com o pensamento de Hannah Arendt*. São Paulo: Cia. das Letras, 1996.

LEITE, Carlos Henrique Bezerra. *Curso de direito processual do trabalho*. São Paulo: LTr, 2003.

LOPES, Tereza Ancona. *O dano estético*: responsabilidade civil. 2. ed. São Paulo: Revista dos Tribunais, 1999.

LORENZETTI, Ari Pedro. *A responsabilidade pelos créditos trabalhistas*. São Paulo: LTr, 2003.

MARTINS, Sérgio Pinto. *Direito do trabalho*. 19. ed. São Paulo: Atlas, 2003.

MARX, Karl. *A ideologia alemã:* crítica da filosofia alemã mais recente. Lisboa: Presença, 1980.

MENEZES, Paulo Lucena de. *A ação afirmativa* (affirmative action) *no direito norte-americano*. São Paulo: Revista dos Tribunais, 2001.

NANNI, Giovanni Ettore. Responsabilidade no acidente do trabalho. *Jornal Gazeta Mercantil*, 13 out. 2003.

NASCIMENTO, Amauri Mascaro. *Curso de direito do trabalho*. 16. ed. São Paulo: Saraiva, 1999.

______. *Comentários à lei de greve*. São Paulo: LTr, 1989.

NETO, Francisco Ferreira Jorge; CAVALCANTE, Jouberto de Quadros Pessoa. *Manual de direito do trabalho*. 2. ed. Rio de Janeiro: Lumen Juris, 2004. t. I.

______. *Manual de direito processual do trabalho*. 2. ed. Rio de Janeiro: Lumen Juris, 2004. t. I e II.

NETO, José Affonso Dallegrave. *Responsabilidade civil no direito do trabalho*. São Paulo: LTr, 2005.

OLIVEIRA, Sebastião Geraldo de. *Indenizações por acidente do trabalho ou doença funcional*. São Paulo: LTr, 2008.

PEREIRA COELHO, Francisco Manuel. *O problema da causa virtual na responsabilidade civil*. Coimbra: Almedina, 1998.

PINTO, Raymundo Antonio Carneiro. *Enunciados do TST comentados*. 8. ed. São Paulo: LTr, 2005.

POTHIER, R. J. *Tratado das obrigações*. Tradução de Adrian Sotero de Witt Batista e Douglas Dias Ferreira. Campinas: Servanda, 2002.

REIS, Clayton. *O dano moral*. 4. ed. Rio de Janeiro: Forense, 1999.

REGIS, Mário Luiz Delgado. Parte especial, livro I. In: FIUZA, Ricardo (coord.). *Do direito das obrigações. Novo código civil comentado*. São Paulo: Saraiva, 2003.

RODRIGUES, Silvio. *Direito civil*. São Paulo: Saraiva, 2003. v. 4.

RUSSOMANO, Mozart Victor. *CLT anotada*. 5. ed. Rio de Janeiro: Forense, 2003.

SALEILLES, Raymond. *Les acidentes de travail et la responsabilité civile. Essai d´une theorie objective de la responsabilité delictuelle*. Paris: Arthur Rousseau, 1897.

SALVADOR, Luis. Acidente do trabalho. Empregador que não emite a CAT deve indenizar trabalhador pelo prejuízo. *Revista Justiça do Trabalho*, Porto Alegre, ano 21, n. 248, p. 26, ago. 2004.

SAVATIER, René. *Traité de la responsabilité civile*. Paris: Dalloz, 1939. v. 1, n. 1.

SANCHEZ VAZQUEZ, Adolfo. *Ética*. 16. ed. São Paulo: Civilização Brasileira, 1996.

SANTOS, Enoque Ribeiro dos. *O dano moral na dispensa do empregado*. 3. ed. São Paulo: LTr, 2002.

______. Contribuições à fixação da indenização do dano moral trabalhista. A tese da aplicação dos *exemplary* ou *punitive damages*. *Revista Direito do Trabalho*, coord. Nelson Mannrich, São Paulo: LTr, ano 30.

______. As *affirmativa actions* (ações afirmativas) e a nova redação da OJ (Orientação Jurisprudencial) n. 88 da SDI-I do Tribunal Superior do Trabalho. *Suplemento Trabalhista,* n. 67/04. São Paulo: LTr, ano 40, p. 287, 2004.

______. Considerações sobre a revisão dos enunciados do TST. Uma reforma necessária. *Revista Justiça do Trabalho,* Porto Alegre, ano 21, n. 244. p. 7, abr. 2004.

SANTOS, Fabiano Pereira do. Meio ambiente e poluição. *Jus Navigandi,* n. 201, 23 jan. 2004.

SCHREIBER, Anderson. *Novos paradigmas da responsabilidade civil. Da erosão dos filtros da reparação à diluição dos danos.* 5. ed. São Paulo: Atlas, 2013.

SERPA LOPES, Miguel Maria. *Curso de direito civil.* 4. ed. Rio de Janeiro: Freitas Bastos, 1995

SILVA, Antonio Álvares da. *Competência penal da justiça do trabalho.* São Paulo: LTr, 2006.

SILVA, Caio Mário da. *Responsabilidade civil.* Rio de Janeiro: Forense, 1985.

SILVA, De Plácido. *Vocabulário jurídico.* 3. ed. Rio de Janeiro: Forense, 1993.

SILVA, José Afonso da. *Curso de direito constitucional positivo.* São Paulo: Malheiros, 1999.

SILVA, José Antonio da. *Curso de direito constitucional positivo.* São Paulo: Malheiros, 1999.

SILVA, Regina Beatriz Tavares da. *Novo código civil comentado.* Coord. Ricardo Fiúza. São Paulo: Saraiva, 2003.

SMANIO, Gianpaolo Poggio. *Interesses difusos e coletivos.* 5. ed. São Paulo: Atlas, 2003.

STOCCO, Rui. *Responsabilidade civil e sua interpretação jurisprudencial.* 2. ed. São Paulo: Revista dos Tribunais, 1995.

______. Um cargo inédito para o assunto do momento: responsabilidade social. *Jornal Valor Econômico,* São Paulo, 12 fev. 2001.

VENOSA, Sílvio de Salvo. *Direito civil.* 3. ed. São Paulo: Atlas, 2003.